Den Komplicerade Universum
Bok Två

av
Dolores Cannon

Översättning av:
Herman Anders Sørensen

© 2011 av Dolores Cannon
Sedish översättning- 2025

Alla rättigheter förbehållna. Ingen del av denna bok, varken i sin helhet eller delar av den, får reproduceras, överföras eller användas i någon form eller med några medel, vare sig elektroniska, fotografiska eller mekaniska, inklusive fotokopiering, inspelning eller via något informationslagrings- och återvinningssystem, utan skriftligt tillstånd från Ozark Mountain Publishing, Inc., förutom korta citat som används i litterära artiklar och recensioner.

För tillstånd, publicering i serieformat, kondenseringar, bearbetningar eller för vår katalog med andra publikationer, skriv till Ozark Mountain Publishing, Inc., P.O. Box 754, Huntsville, AR 72740, ATT: Permissions Department.

Library of Congress Cataloging-in-Publication Data
Cannon, Dolores, 1931 -2014
The Convoluted Universe – Book Two, av Dolores Cannon.
Uppföljaren till *The Convoluted Universe – Book One* tillhandahåller metafysisk information som erhållits genom många försökspersoner via hypnotisk regression till tidigare liv.
1.Hypnos 2.Reinkarnation 3.Terapi för tidigare liv 4.Metafysik 5.Förlorade civilisationer 6.Den Nya Jorden
I. Cannon, Dolores, 1931-2014 II. Reinkarnation III. Metafysik IV. Titel

ISBN: 978-1-962858-71-7

Omslagsdesign: Victoria Cooper Art
Översättning av:Herman Anders Sørensen
Boken satt med typsnittet: Times New Roman
Bokdesign: Nicklaus Pund
Utgiven av:

PO Box 754
Huntsville, AR 72740
WWW.OZARKMT.COM
Tryckt i USA

Det vackraste vi kan uppleva är det mystiska. Det är källan till all sann konst och vetenskap.
– Albert Einstein

En människa är en del av en helhet, som vi kallar "universum", en del begränsad i tid och rum. Hon upplever sig själv, sina tankar och känslor som något skilt från resten ... en slags optisk illusion av hennes medvetande. Denna illusion är som ett fängelse för oss, som begränsar oss till våra personliga önskningar och till vår tillgivenhet för några få personer närmast oss. Vår uppgift måste vara att befria oss själva från detta fängelse genom att vidga vår medkänslas cirkel för att omfatta alla levande varelser och hela naturen i dess skönhet.
– Albert Einstein

Författaren till denna bok ger inte medicinska råd eller föreskriver användning av någon teknik som en form av behandling för fysiska eller medicinska problem. Den medicinska informationen i denna bok är hämtad från Dolores Cannons individuella konsultationer och sessioner med sina klienter. Den är inte avsedd för medicinsk diagnos av något slag eller som ersättning för medicinsk rådgivning eller behandling från din läkare. Därför tar varken författaren eller förlaget något ansvar för någon individs tolkning eller användning av informationen.

Alla ansträngningar har gjorts för att skydda identiteten och integriteten hos de klienter som deltog i dessa sessioner. Platsen där sessionerna hölls är korrekt, men endast förnamn har använts, och dessa har ändrats.

Innehållsförteckning

SEKTION ETT - FÖRDELAR MED TERAPI FÖR TIDIGARE LIV
Kapitel 1: MIN BÖRJAN INOM HYPNOS　　　　3
Kapitel 2: NORMAL TERAPI FÖR TIDIGARE LIV　　15

SEKTION TVÅ - FORNTIDA KUNSKAP OCH FÖRLORADE CIVILISATIONER
Kapitel 3: KATTFOLKET (EN ANNORLUNDA SFINKS)　39
Kapitel 4: GUDINNAN ISIS　　　　63
Kapitel 5: DEN GÖMDA STADEN　　80
Kapitel 6: FLYKT FRÅN ATLANTIS　　98
Kapitel 7: FORNTIDA KUNSKAP　　115
Kapitel 8: FÖRS TILL SÄKERHET　　148

SEKTION TRE - AVANCERADE VARELSER OCH KARMA
Kapitel 9: BARN SKAPAR KARMA　　159
Kapitel 10: LIV I ICKE-MÄNSKLIGA KROPPAR　180
Kapitel 11: FRÄMLING PÅ JORDEN　　191
Kapitel 12: ARBETE UNDER SÖMNSTADIET　205
Kapitel 13: DEN FÖRSTA AV DE SJU　　233
Kapitel 14: AVANCERADE VARELSER　　262

SEKTION FYRA - DE VISA PERSONERNA
Kapitel 15: ATT MINNAS DEN VISE　　293
Kapitel 16: SÖKANDE EFTER DEN VISE　　310

SEKTION FEM - ANDRA PLANETER
Kapitel 17: LIV PÅ ANDRA PLANETER　　333
Kapitel 18: PLANETEN MED DEN LILA SOLEN　342

SEKTION SEX - TIDSPORTALER
Kapitel 19: VÄKTAREN AV PORTALEN 365
Kapitel 20: ABORIGINEN 385
Kapitel 21: TIDSPORTALER FÖR FRAMTIDENS
    VARELSER (TIDSRESENÄRER) 407

SEKTION SJU – ENERGIVARELSER OCH SKAPARVARELSER
Kapitel 22: MYSTERIER 427
Kapitel 23: EN ANNAN ENERGIVARELSE 457
Kapitel 24: OM DU TÄNKER, SKAPAR DU 468
Kapitel 25: EN ENERGIVARELSE SKAPAR 482
Kapitel 26: EN SKAPARVARELSE ÅTERVÄNDER HEM 505

SEKTION ÅTTA - ATT KLIVA UT PÅ DJUPT VATTEN
Kapitel 27: DRÖMMAREN DRÖMMER DRÖMMEN 523
Kapitel 28: ETT ANNORLUNDA ALTERNATIV TILL
    WALK-INS 539
Kapitel 29: DEN MÅNGSIDIGA SJÄLEN 562
Kapitel 30: DEN NYA JORDEN 597
Kapitel 31: FINALE 635

FÖRFATTARSIDA 641

SEKTION ETT

FÖRDELAR MED TERAPI FÖR TIDIGARE LIV

Den Komplicerade Universum Bok Två

Den Komplicerade Universum Bok Två

Kapitel 1
MIN BÖRJAN INOM HYPNOS

MINA ÄVENTYR INOM hypnosfältet har resulterat i tolv andra böcker förutom denna. Jag känner mig ofta som karaktärerna i "Star Trek" som vågar sig dit ingen tidigare har varit. Jag har rest genom tid och rum för att utforska det förflutnas historia och framtidens möjligheter. Jag har färdats till okända planeter och dimensioner och samtalat med många så kallade "utomjordiska" arter. Jag har sett underverk från förlorade civilisationer och fått information om deras undergång. Allt detta har gjorts utan användning av tidsmaskiner som är så vanliga i science fiction. Det enda som krävs för detta äventyrsfyllda arbete är den mänskliga hjärnans kapacitet. Allt känt och okänt är gömt i det undermedvetnas vrår och väntar bara på att upptäckas. Detta är mitt arbete och min passion. Jag ser mig själv som en rapportör, en utredare och en forskare av "förlorad kunskap", även om det mesta av mitt arbete handlar om hypnos och regression till tidigare liv. Jag ser mitt arbete som en utforskning av det okända, eftersom jag har upptäckt en metod för hypnos som gör det möjligt att undersöka de mystiska och outforskade områdena.

Strax efter att jag började arbeta inom detta fält märkte jag att mitt arbete gled bort från det vardagliga och in i "förlorad kunskap". Detta kallas så eftersom jag upptäckte information som antingen hade glömts bort, begravts eller aldrig varit känd. Vi rör oss in i en ny värld, en ny dimension där denna kunskap kommer att uppskattas och tillämpas. Den har varit begravd och förlorad, eller undanhållen av specifika skäl. Många förlorade civilisationer missbrukade sina krafter och uppskattade inte vad de hade uppnått, så denna kunskap togs ifrån dem. Kanske är det dags för dessa talanger, krafter och kunskaper att återigen komma fram och tillämpas i vår tid.

Naturligtvis är huvudmålet med mitt arbete terapi och att hjälpa människor att återhämta sig från eller lösa sina problem. Men den mest spännande och tillfredsställande delen av mitt arbete, "grädden på moset", är att upptäcka historia och att föra information och nya teorier tillbaka till vår tid. Det är verkligen som att upptäcka begravda skatter. De säger att inget egentligen är nytt. Vi återupptäcker bara kunskap som vi en gång hade i tidigare liv men har glömt bort genom årtusendenas gång. Men genom mitt arbete har jag upptäckt att det aldrig helt har glömts bort, eftersom det har lagrats i det undermedvetnas "datorbanker". Det har bara väntat på rätt tid att återigen tas fram. Detta är vad jag har försökt göra genom mitt arbete med hypnos.

Jag håller föreläsningar över hela världen om ämnena i mina böcker. Jag inleder alltid mina föreläsningar med en kort personlig bakgrund, så att publiken ska förstå hur min information erhålls. Jag har blivit anklagad för att hitta på historierna i mina böcker och för att vara en fantastisk skönlitterär författare. För mig skulle det vara en ännu större bedrift att uppfinna materialet jag skriver om, istället för att bara rapportera de fakta som kommer fram i djup trance. Jag har verkligen upptäckt ett sätt att öppna den berömda Pandoras ask. Materialet fortsätter att flöda fram från mina ämnens undermedvetna. Allt jag behöver göra är att organisera det och sätta ihop det i böcker. Och det är ingen liten uppgift.

Mina rötter inom hypnos går tillbaka till 1960-talet, så jag har varit verksam inom detta område i ungefär fyrtio år. Under de tidiga dagarna av mitt arbete var induktionsprocessen tidskrävande och mödosam. Den involverade vad jag kallar "titta på det blanka föremålet", där något dinglades eller svängdes framför subjektet medan hypnotisören fortsatte med induktionen. Och den långa, utdragna processen som involverade avslappning av alla delar av kroppen. Sedan fanns det olika tester som utfördes för att bedöma djupet av trance innan hypnotisören kunde fortsätta. Några av dessa procedurer används fortfarande idag och lärs fortfarande ut, även om de mest ses i filmer eller på TV för dramatiska effekter. De flesta

Den Komplicerade Universum Bok Två

hypnotisörer har gått vidare till mycket snabbare metoder. Detta var hur jag utvecklade min egen teknik, genom att eliminera de delar av induktionen som var tidskrävande och onödiga. Moderna tekniker involverar användning av röst, bilder och visualisering.

Jag blev först intresserad av reinkarnation och regression till tidigare liv 1968. Min man Johnny, som hade en karriär i amerikanska flottan i över tjugo år, hade just återvänt från tjänstgöring i Vietnam. Vi var stationerade i Texas och försökte återgå till ett normalt liv efter en fyra år lång separation på grund av kriget. Min man (som var den huvudsakliga hypnotisören) och jag arbetade med en ung kvinna som hade problem med nervöst ätande. Hon var överviktig och hade njurproblem, så hennes läkare föreslog att hypnos kanske kunde hjälpa henne. Fram till denna tid hade vi endast sysslat med konventionell hypnos som fokuserade på vanor, mest med personer som ville sluta röka, gå ner i vikt etc. Vi hade aldrig ens i våra vildaste fantasier trott att något bortom detta kunde uppnås. När vi arbetade med kvinnan, regresserade vi henne bakåt genom hennes liv i jakt på betydande händelser, när hon plötsligt hoppade in i ett annat liv som en flapper på 1920-talet i Chicago. Att säga att vi blev överraskade är en underdrift. Vi såg hur hon förvandlades till en annan personlighet med olika röst- och kroppsmönster. Hon blev bokstavligen en annan person framför våra ögon. Detta var vår första exponering för reinkarnation. Hela historien om denna händelse finns i min bok Five Lives Remembered. Detta var den första boken jag någonsin skrev, men den har aldrig publicerats. Jag vet inte om den någonsin kommer att publiceras, eftersom den nu verkar för vardaglig i ljuset av de händelser som inträffat i min karriär. Men vissa tycker att det kanske finns ett intresse för berättelsen om mina första steg inom hypnos.

När vi arbetade med kvinnan gjorde vår nyfikenhet att vi ville veta mer om detta fenomen med reinkarnation. Vi ville se vart hypnosen kunde ta oss. Vi regresserade henne genom fem olika och distinkta liv till den punkt där hon skapades av Gud.

Alla sessioner spelades in på den tidens bärbara rullbandspelare. Det kallades "bärbart", även om det var extremt tungt och använde stora åttatums rullar med band. Vid den tiden fanns inga instruktionsböcker som kunde vägleda en hypnotisör om något sådant inträffade. Enda boken av den typen som fanns i tryck var Search For Bridey Murphy av Morey Bernstein. Den boken ansågs då vara en klassiker, men nu är den så vardaglig att den inte ens skulle publiceras. Den kom vid rätt tidpunkt. Så vi hade inget att vägleda oss när vi reste tillbaka i tiden med kvinnan och bokstavligen såg henne bli de andra personligheterna medan vi gick igenom varje tidsperiod. Vi uppfann våra egna regler under arbetets gång, och resultaten var anmärkningsvärda. Under experimenten, eftersom ingen hade sagt att det inte kunde göras, förde vi henne även framåt i tiden för att se vad vi alla skulle göra. Hon såg oss bo i en lantlig miljö och ha barnbarn. Vi berättade inte för någon om kvinnans identitet. Ändå hörde flera vänner från flottan om det och kom hem till oss för att höra den senaste delen, det senaste kapitlet. Denna erfarenhet förändrade våra liv och vår trosuppfattning för alltid.

1968 var ett mycket betydelsefullt år i mitt liv eftersom allt förändrades för alltid. Mitt liv skulle aldrig bli normalt igen. Min man Johnny var nära att dö i en fruktansvärd bilolycka på väg till marinbasen en natt. Han blev påkörd frontalt av en berusad förare och krossades i vraket av vår Volkswagen-buss. Läkarna sa att det var ett mirakel att han överlevde, eftersom hans skador var så omfattande att han borde ha dött den natten. En anledning till att hans liv räddades var att en sjukvårdare som nyligen återvänt från Vietnam åkte i bilen bakom Johnnys. Han var van att behandla akuta skador på slagfältet och kunde behandla Johnny innan han förblödde på motorvägen. När räddningstjänsten kom hade sjukvårdaren kontrollerat blödningen, men Johnny var fortfarande fastklämd i vraket. Det krävdes mycket arbete av brandkåren för att befria honom. Därefter transporterades han med helikopter till marinens sjukhus i Corpus Christi.

När jag anlände till intensivvårdsavdelningen kom fem olika läkare in, en efter en, och gav mig flera anledningar till varför min man omöjligt kunde överleva natten. De var förbryllade över att jag inte var upprörd. Jag sa till dem att de hade fel. Han skulle inte dö. Men självklart kunde jag inte berätta hur jag visste detta. Hur skulle han kunna dö om vi hade sett honom i framtiden med barnbarn? Jag visste att det var sant. Jag trodde på det vi hade gjort och det vi hade upptäckt. Om jag skulle tro på det, måste jag tro på allt. Denna tro hjälpte mig att behålla mitt förstånd under en fruktansvärd tid. Jag insåg inte då, men många människor på basen fick också sina trossystem prövade. Några sa att olyckan var ett straff från Gud, eftersom vi sysslade med något som ansågs vara "samarbete med djävulen" – att utforska reinkarnation. Vi kikade runt hörn in i mörkret och öppnade dörrar som vissa ansåg borde ha förblivit stängda. Jag kunde inte tro på det, eftersom vi under vårt arbete med kvinnan hade blivit visade en Gud som var kärleksfull och vänlig, inte hämndlysten. Jag kunde inte förstå varför detta hade hänt och vänt upp och ner på min värld, men jag visste definitivt att vår nyfikenhet och strävan efter kunskap om det okända inte var ett straff.

Det var ironiskt att Johnny skulle överleva kriget bara för att dö på grund av en berusad förares oaktsamhet. Men det skulle inte ske. Läkarna kallade honom "mirakelmannen" eftersom han, trots alla odds och mot all logik, överlevde. Detta var början på mardrömmen som skulle pågå i många år.

Efter månader på intensivvården och ett år på sjukhuset (varav åtta månader i en kroppsgjutning) blev han utskriven från flottan som en funktionshindrad veteran. Då bestämde vi oss för att flytta till Arkansas kullar där vi trodde att vi kunde leva på hans pension och försörja våra fyra barn. Vid den tiden var det en nödvändighet, men senare var jag glad att ha denna tillflyktsort i bergen som min reträttplats. Johnny tillbringade tjugofem år i rullstol. Som delvis amputerad kunde han gå utomhus med kryckor och köra en bil med handkontroll. Under den tiden fokuserade jag helt på min man och barnen.

Mitt äventyr med reinkarnation och hypnos fick läggas åt sidan medan jag anpassade mig till mitt nya liv. Mitt intresse för hypnos väcktes inte på nytt förrän barnen började lämna hemmet för att gifta sig eller börja på college. Då drabbades jag av "tomma boet-syndromet" och ställdes inför frågan vad jag skulle göra med resten av mitt liv. Jag beslutade att göra något väldigt ovanligt, inte vad den "normala" kvinnan skulle göra i denna situation. Jag bestämde mig för att återgå till hypnos, även om jag inte hade någon aning om var jag skulle hitta klienter i Arkansas kullar. Jag visste bara att detta var något jag ville göra. Men jag gillade inte de gammaldags och långdragna induktionsmetoderna som var populära på 1960-talet. Jag visste att det måste finnas enklare och snabbare tekniker. Så jag studerade de nyare metoderna och fann att trance-tillståndet kunde framkallas genom bilder och visualisering. Jag ville inte längre fokusera på vanlig hypnos för att hjälpa människor att bryta vanor som att sluta röka eller gå ner i vikt. Mitt intresse hade väckts för reinkarnation, och det var det jag ville fokusera på. Under slutet av 1970-talet och början av 1980-talet fanns det fortfarande få böcker som kunde vägleda hypnotisörer inom området terapi för tidigare liv.

Så jag var tvungen att uppfinna min egen teknik. Jag upptäckte snart att det mesta som lärs ut inom traditionell hypnos är onödigt. Så jag började ta bort vissa steg och ersätta dem med snabbare metoder. Så länge personen inte skadas tror jag att hypnotisören kan experimentera för att ta reda på vad som fungerar och vad som inte gör det. När allt kommer omkring måste någon, någonstans, från början ha upptäckt hur man skapar det mest effektiva trance-tillståndet. Jag visste att jag bröt ny mark och gick in i nytt territorium. Nu, efter nästan trettio år av finslipning och förbättring av min teknik, har jag utvecklat en egen metod. Jag gillar att arbeta i somnambulistiskt trance-tillstånd (det djupaste möjliga trance-tillståndet), eftersom jag tror att det är där alla svaren finns. Många hypnotisörer arbetar inte där, eftersom de säger att "underliga saker händer där". Alla som har läst mina böcker vet att underliga saker verkligen händer där. De flesta hypnotisörer är utbildade att hålla klienten i ett lättare trance-tillstånd. På den nivån är det medvetna sinnet mycket aktivt och stör ofta eller inflikar. Viss information kan erhållas på den nivån, men inte den fullständiga medverkan från det undermedvetna som uppstår på somnambulistnivån där det medvetna sinnets störningar avlägsnas. Personen kommer normalt inte ihåg någonting och tror att de helt enkelt har somnat. Normalt går en av tjugo eller trettio personer spontant in i somnambulistiskt trance-tillstånd. Men i den teknik jag har utvecklat är motsatsen sann: en av tjugo eller trettio går inte in. Så det är en mycket effektiv metod för att avlägsna det medvetna sinnet och låta det undermedvetna finna svaren. Detta är den metod jag nu lär ut i mina hypnoskurser, och mina studenter rapporterar samma fantastiska resultat.

När jag började med min terapi på allvar i slutet av 1970-talet upptäckte jag snart ett mönster. Detta var innan jag utvecklade min metod för att kontakta det undermedvetna sinnet. Efter det blev mönstret ännu tydligare. Jag fann att de flesta problem som människor har – fysiska, mentala, allergier, fobier eller relationer – kunde spåras tillbaka till händelser som inte hade sitt ursprung i detta liv, utan i andra liv. Många av mina klienter hade spenderat år på att gå från läkare till läkare inom det medicinska och psykiatriska området, utan att lyckas hitta svar på sina ihärdiga problem. Detta berodde på att läkarna bara fokuserade på de uppenbara fysiska symtomen och händelser som inträffat i nuvarande liv. Ibland kan problemet spåras till händelser som inträffat i barndomen, men i de flesta fall jag har arbetat med ligger svaret begravet längre tillbaka i det förflutna.

Jag tror att tidigare liv existerar på en annan vibration eller frekvens. När vi regresserar till dessa liv ändrar vi frekvenser för att se och uppleva dem, precis som att byta kanaler på en radio eller TV. Ibland är dessa andra frekvenser för nära eller överlappar och orsakar störningar eller sjukdom.

I min teknik får jag de bästa resultaten genom att kontakta det jag kallar det undermedvetna sinnet. Vid en avgörande punkt i sessionen, efter att personen har lokaliserat det tidigare livet som håller svaren på problemen i nuvarande liv, ber jag att få tala med personens undermedvetna. Det svarar alltid och ger den önskade informationen.

Inom traditionell hypnos lär sig utövaren att få svar från det undermedvetna genom att använda handsignaler. Detta innebär att man ber personen att höja ett finger för "ja" och ett annat för "nej". För mig är detta extremt långsamt och mycket begränsande. Varför använda denna metod när du kan tala direkt med det undermedvetna, och det kommer att svara dig verbalt? Med min metod kan du samtala och ha en tvåvägskommunikation med det, och du kan hitta svar på precis vad som helst du vill fråga.

Min definition av det undermedvetna är: den del av sinnet som tar hand om kroppen. Det reglerar alla kroppens system. Du behöver inte säga åt ditt hjärta att slå eller dig själv att andas. Jag identifierar detta

Den Komplicerade Universum Bok Två

som det undermedvetnas uppgift, eftersom det ständigt övervakar och vet allt som pågår i personens kropp. Det är därför vi kan få svar på hälsofrågor med denna metod. Jag har funnit att varje fysiskt symptom, sjukdom eller åkomma är ett meddelande från det undermedvetna. Det försöker desperat få vår uppmärksamhet på ett eller annat sätt. Det försöker säga oss något och kommer att fortsätta tills vi slutligen förstår. Om vi inte uppmärksammar det kommer sjukdomen eller problemet att fortsätta förvärras tills vi inte har något annat val, eller tills det är för sent att vända situationen. Jag vet att detta är sant eftersom samma symtom har relaterat till samma problem i många människors nuvarande liv. Jag önskar bara att det undermedvetna kunde hitta ett mindre smärtsamt sätt att leverera sitt budskap. Jag säger ofta: "Skulle det inte vara enklare att bara ge dem en lapp?" Det undermedvetna tror att det förmedlar budskapet på ett direkt och tydligt sätt som personen borde förstå, men detta är ofta inte fallet. Vi är för fokuserade på våra vardagliga liv för att undra varför vi har ihållande ryggvärk eller huvudvärk, etc.

När vi har en session och upptäcker orsaken till obehaget (och ofta kan orsakerna vara så extraordinära att jag inte tror att någon skulle kunna göra kopplingen medvetet), då har budskapet levererats och obehaget upphör. Det finns inte längre någon anledning för det att finnas kvar eftersom budskapet har levererats och förståtts. Personen kan då återgå till hälsa, om de gör de nödvändiga förändringarna i sitt liv. Det går alltid tillbaka till personens eget ansvar. Det undermedvetna kan bara göra så mycket, och personens fria vilja respekteras alltid.

Jag vet att dessa uttalanden låter radikala och inte passar in med traditionella behandlingsmetoder, men jag kan bara rapportera vad jag har upptäckt och observerat från att ha hjälpt tusentals människor.

Jag tror också att det undermedvetna är en sorts registerhållare, motsvarande en gigantisk dator. Det registrerar allt som någonsin har hänt i personens liv. Detta är varför denna information kan göras tillgänglig genom hypnos. Om personen ombads att återvända till sin tolvårsdag skulle de kunna minnas varje händelse från den dagen, inklusive tårtan, vilka som deltog, presenterna, etc. Det undermedvetna registrerar varje liten detalj. Mycket av detta tror jag

Den Komplicerade Universum Bok Två

är överflödigt, och jag undrar vad det undermedvetna gör med alla dessa små detaljer. Till exempel, vid varje given stund bombarderas du av tusentals informationsbitar: synintryck, ljud, dofter, känsel och mycket mer. Om du skulle vara medveten om allt detta skulle du bli överväldigad och oförmögen att fungera. Du måste fokusera på endast den information som är nödvändig för att leva ditt liv. Ändå är det undermedvetna alltid medvetet och registrerar och lagrar denna information. För vad? Detta kommer vi att utforska vidare i denna bok. Detta kan också förklara var plötsliga psykiska insikter och intuitioner kommer ifrån. Det är en del av den information som vi tar emot på en annan nivå som vi inte nödvändigtvis behöver. Men eftersom den finns där sipprar den ibland igenom in i vår medvetna värld. När detta sker betraktas det som ett mirakulöst fenomen, även om denna enorma informationsmängd alltid finns där och är redo att användas med rätt träning.

Det undermedvetna registrerar inte bara allt som någonsin har hänt personen i detta liv, utan även allt som någonsin har hänt dem i alla deras tidigare liv och existensen i andevärlden. Mycket av detta har ingen tillämpning i det nuvarande livet. Det kan utforskas av nyfikenhetens skull, och det skulle vara intressant för personen. Men vilken nytta skulle det tjäna för att svara på problemen i det nuvarande livet?

Detta är ett av de misstag som många hypnotisörer gör. De ser inget värde i att ta en person till ett tidigare liv, om det inte bara är av nyfikenhet, fantasi eller för nöjes skull (även om många av dessa tidigare liv är långt ifrån glädjefyllda). Det är av denna anledning jag utvecklade min teknik. Jag tar personen till det liv som är mest relevant eller lämpligt för problemen i deras nuvarande liv. Jag leder aldrig processen. Jag låter det undermedvetna ta personen till det liv som det anser vara det viktigaste att se vid tidpunkten för sessionen. Jag blir alltid överraskad, oavsett om det livet är tråkigt eller vardagligt (vilket 90 % av dem är), utspelar sig i gamla eller moderna civilisationer, eller handlar om utomjordingar och liv på andra planeter eller dimensioner. Det undermedvetna gör kopplingen, och det är alltid en koppling som varken jag eller klienten medvetet skulle ha gjort. Men det är fullständigt logiskt när det betraktas från detta perspektiv.

När jag kontaktar det undermedvetna blir jag alltid förbluffad, eftersom det blir uppenbart att jag inte talar med klientens personlighet, utan en separat entitet eller del av dem själva. Jag kan alltid avgöra när det undermedvetna nås och börjar svara på frågorna. Det talar alltid om personen i tredje person (han, hon). Det är känslolöst och verkar vara avskilt eller distanserat från problemen, nästan som en objektiv observatör. Det tillrättavisar ibland personen för att de inte har lyssnat. Ibland är det undermedvetnas första kommentar: "Nåväl, äntligen får jag en chans att prata. Jag har försökt prata med (Jane eller Bob) i åratal, men de lyssnar inte." Det undermedvetna kan vara så objektivt att det ibland låter grymt. Det lägger inga fingrar emellan, utan berättar sanningen om situationen, som det ser den. När det är klart med sin rättframma kritik för att få fram poängen, berättar det alltid för personen hur älskad de är och hur stolt det är över dem för de framsteg de har gjort. Denna del känner också igen mig och tackar mig ofta för att jag satte personen i detta trance-tillstånd och möjliggjorde processen. Det talar ofta om sig självt i plural (vi), som om det inte är en enda entitet utan flera. Detta utforskas vidare i denna bok.

Skeptiker kommer inte att förstå eller tro på detta, och de skulle ha goda skäl att inte göra det om denna kontakt endast skedde med en enda person. Men hur kan folk argumentera för att detta är fantasi, bedrägeri, bluff eller avsiktlig manipulation om det händer med alla jag arbetar med, oavsett var i världen de befinner sig? Jag har cirka 90 % framgång med den hypnotiska tekniken att ta personen till ett lämpligt tidigare liv, och av dessa har jag cirka 90 % framgång med att kontakta deras undermedvetna. Det undermedvetna talar alltid på samma sätt och svarar på frågorna på samma sätt. Detta skulle inte ske om det var en slumpmässig omständighet.

De människor jag har haft svårast att föra in i trance är vanligtvis högt uppsatta affärsmän, de som är dömande och analytiska. Istället för att slappna av och följa förslagen vill de försöka behålla kontrollen över sessionen. Det finns också andra som säger att de är redo att hitta svaren, men i hemlighet är de rädda för vad som kan komma fram, så

Den Komplicerade Universum Bok Två

deras medvetna sinne saboterar sessionen. Men som jag sa, dessa utgör endast cirka 10 % eller mindre av de klienter jag träffar. Resten (90 %) hittar alltid ett tidigare liv. Så jag tror att detta är mycket övertygande bevis för reinkarnation.

Detta har fått mig att undra. Om denna del av personens sinne verkar vara densamma i varje fall, vad är det jag kontaktar? Om det bara tillhörde den enskilda personen jag arbetar med och bara har tillgång till deras information (vilket är det logiska sättet att se på det), varför och hur kan det då få tillgång till information i en större skala? Det undermedvetna självt levererar svaret på den frågan i denna bok, eftersom jag, i takt med att mitt arbete utvecklas, är medveten om att mer pågår och jag är redo (eller tror jag är det) för mer komplicerade förklaringar.

Jag vet nu att jag har begränsat och förenklat det. Det är faktiskt som att kommunicera med en datorterminal ansluten till en gigantisk databas. Denna databas överskrider tid, rum och alla begränsningar av individuell medvetenhet. Detta är den fantastiska delen av mitt arbete. Jag verkar alltid tala med samma del (eller entitet eller vad det nu är), en del som jag nu har upptäckt verkar vara allvetande. Den har inte bara svaren som klienten söker, utan också svar på allt jag vill fråga. En allvetande del av något som har tillgång till all information. Vissa kanske väljer att kalla denna del "Det Totala Jaget", "Högre Jag", "Översjälen", Jungs "Kollektiva Omedvetna" eller "Gud". Alla dessa kan hänvisa till samma sak under olika namn. Jag vet bara att jag i mitt arbete har upptäckt att det svarar på namnet "undermedvetet".

Det finns många andra termer inom vetenskap och religion som kan försöka förklara denna del jag har lyckats komma åt. Vad det än är, är det en glädje att arbeta med, främst på grund av min nyfikenhet och önskan efter information. Jag älskar att forska i bibliotek, och detta är som att ha tillgång till det största biblioteket av dem alla. Så följ med mig när jag utforskar fler av de komplicerade metafysiska koncepten. Jag vet att jag inte har alla svar, men jag har lyckats skrapa ytan lite djupare. Kanske kommer era sinnen att stimuleras av det jag har funnit. Fortsätt söka och ställa frågor. Det är
    det enda sättet att hitta svaren. Kom ihåg uttrycket: "En fallskärm är som sinnet. Det fungerar bara om det är öppet."

Den Komplicerade Universum Bok Två

Kapitel 2
NORMAL TERAPI FÖR TIDIGARE LIV

MÄNNISKOR INSER INTE vilken kraft deras eget sinne har för att bota sig själva.

Min teknik gör det möjligt att få tillgång till den del av deras sinne som kan hitta orsaken till deras problem. Det undermedvetna kan vara mycket bokstavligt i de fysiska symtom det använder för att förmedla sina budskap. Om fler människor blev medvetna om detta skulle de lyssna noggrannare på vad deras kropp försöker säga dem.

Från de tusentals sessioner jag har genomfört kan jag vanligtvis identifiera ett mönster eller en följd av symtom som indikerar möjligheten att personens fysiska problem kan komma från aktuella händelser i det nuvarande livet. Till exempel, om någon berättar att de har ihållande rygg- eller axelsmärtor, frågar jag om de bär en tung börda i sitt liv. Ofta svarar de att de faktiskt känner så, på grund av sitt hemliv, arbetsmiljö, etc., och att de känner sig under stor press. Denna typ av situationer manifesteras som obehag i rygg- eller axelområdet. Smärtor i handleder och händer kan betyda att de håller fast vid något i sitt liv som de behöver släppa taget om. Jag har upptäckt att smärtor i höfterna, benen eller fötterna ofta innebär att de befinner sig i en situation där de kan gå i en annan riktning i sitt liv. Det handlar vanligtvis om ett viktigt beslut som skulle förändra deras liv radikalt. Det manifesteras som obehag i den delen av kroppen eftersom det undermedvetna försöker säga att de är rädda för att ta nästa steg, så smärtan håller dem bokstavligen tillbaka. Magsproblem orsakas ibland av att personen inte kan "smälta" något som pågår i deras liv.

Cancer, särskilt i tarmarna, kan bero på att man håller saker inom sig tills det orsakar stress och börjar förtära organen eftersom det inte kan släppas ut. Epilepsi kan vara en oförmåga att bearbeta eller hantera en hög energinivå i kroppen.

Jag har haft klienter som satte i halsen när de åt viss mat eller tog vissa mediciner. I dessa fall sa det undermedvetna att de inte behövde ta medicinen, eftersom den orsakade mer skada än nytta för kroppen. Reflexen orsakade kvävning och obehag som en form av avvisning, för att hindra personen från att inta den skadliga maten eller medicinen. Det undermedvetna kan vara mycket dramatiskt och kontrollerande ibland.

Även om vissa svar kan hittas i nuvarande livsförhållanden, fokuserar merparten av mitt arbete på andra liv. Jag kommer att presentera några exempel på "normala" tidigare livsregressioner för att visa hur de kan användas för att lösa problem som klienten upplever i sitt nuvarande liv. Resten av boken kommer att fokusera på de onormala eller annorlunda typerna av regression och hur klienten också hjälptes genom att utforska dessa.

Det är viktigt att komma ihåg att dessa förklaringar inte kan tillämpas på alla fall ordagrant, som den enda orsaken till en sjukdom eller ett obehag. Det går inte att göra ett generellt påstående att: övervikt alltid orsakas av detta, eller migrän alltid orsakas av det. Förklaringarna är lika varierade som individen, och det undermedvetna kan vara mycket kreativt. Hypnotisören måste vara flexibel och använda sin intuition för att ställa rätt frågor. Svaret och lösningen som gäller för en person kanske inte är densamma för nästa.

Ett exempel på hur tidigare liv kan påverka nuvarande liv genom att skapa fysiska problem: många fall av artrit härrör från att ha blivit torterad på sträckbänkar eller liknande anordningar i fängelsehålor under medeltiden. Människor har en historia av att göra fruktansvärda saker mot varandra, och detta bärs ibland vidare i kroppens minne.

Den Komplicerade Universum Bok Två

Jag hade en intressant förklaring till muskelknutor i livmodern. En kvinna hade genomgått flera aborter. Hon hade goda skäl för dem, eftersom hon vid den tiden redan hade flera barn och hade mycket svårt att arbeta och försörja dem. Hon kände att hon inte kunde lägga till ytterligare bördor genom att få fler barn. Hon sa att aborterna inte störde henne och att hon hade förlikat sig med det, men hennes undermedvetna och hennes kropp visste något annat. Hon började få problem med muskelknutor. Under sessionen sa hennes undermedvetna att hon kände mer skuld än hon insåg, och muskelknutorna representerade de ofödda barnen. När hon kom till rätta med detta började knutorna krympa och försvann utan behov av operation.

Sexuellt överförbara sjukdomar, herpes, hysterektomi, cystor på äggstockarna, prostatarelaterade problem, etc., har spårats till sexuellt olämpligt beteende eller dålig behandling av det motsatta könet i tidigare liv. Dessa kan också vara ett sätt att hålla det motsatta könet på avstånd i detta liv eller vara självförskrivna som straff. En kvinna hade endometrios, problem med sina könsorgan som också påverkade hennes rygg. Hon hade aldrig fått några barn trots att hon varit gift i 19 år. Hennes läkare ville operera och ta bort hennes äggstockar och äggledare för att lösa problemet. Hennes tidigare liv avslöjade: problem med könsorganen kan ibland bero på ett mönster av att ha levt flera liv som präster och nunnor, där celibat var ett krav. Detta orsakade en undertryckning av sexuella känslor och aktiviteter.

Löften i andra liv kan vara mycket kraftfulla. Särskilt löften om fattigdom bär ofta över till nuvarande liv och orsakar ekonomiska problem. Dessa måste erkännas som nödvändiga i det tidigare livet, men kan nu förkastas som olämpliga.

Ibland har en person varit ett kön under många liv och finner sig plötsligt i kroppen av motsatt kön. Detta kan leda till sjukdomar och problem som ett sätt att avvisa kroppen, särskilt de delar som är kopplade till hormoner. Jag har upptäckt att detta också kan vara en förklaring till homosexualitet. Personen har haft många liv som ett kön och har svårt att anpassa sig till livet som det motsatta könet.

Den Komplicerade Universum Bok Två

Jag har haft många klienter som lider av migrän, och dessa kan ofta spåras tillbaka till tidigare liv som involverar trauma mot huvudet. Skador från människor, vapen eller djur är ofta påminnelser om att inte upprepa ett misstag i detta liv som kan ha orsakat deras död i det andra livet. Ett exempel var en kvinna som återupplevde ett liv som en ung man som blev skjuten i huvudet under det amerikanska inbördeskriget. Ett annat fall i England handlade om en kvinna som haft fruktansvärda huvudvärkar hela sitt liv, som började vid näsryggen och sträckte sig uppåt över pannan och toppen av huvudet. Ingen medicin kunde ge henne lindring. Vi fann orsaken: hon hade blivit slagen med ett svärd på just den platsen under ett av de många krig som utkämpats i Europa genom historien. Förståelsen av orsaken räckte för att ta bort det fysiska problemet.

Ett annat migränfall tog en annorlunda riktning. Kvinnan var resebyråagent och reste världen runt. Hennes huvudvärk började efter att hon lämnat Indonesien och var på väg hem. Hon hade haft en mycket avkopplande semester där och kände sig väldigt hemma, så hon kunde inte koppla huvudvärken till semestern, eftersom inget traumatiskt eller obehagligt hade inträffat. Under regressionen gick hon tillbaka till ett mycket idylliskt liv i den delen av världen, där hon hade en underbar familj och en man som älskade henne. Hennes undermedvetna förklarade att när hon återvände till den delen av världen väcktes minnena av det underbara livet, och hon blev upprörd över att behöva lämna det igen. Detta skapade huvudvärken. Min uppgift var att övertyga den andra personligheten att även om hon skulle återvända och bo där skulle det inte vara detsamma, eftersom människorna hon älskade inte längre fanns där och omständigheterna var annorlunda. Hon skulle inte kunna återfå det livet, så hon måste hitta lycka i det nuvarande livet, kanske med samma människor eftersom vi tenderar att återfödas med våra nära och kära. När detta förståddes försvann huvudvärken omedelbart och har inte återkommit.

Det finns också många förklaringar till övervikt. Några är lätta att förutsäga: personen dog av svält i ett annat liv eller orsakade att andra svalt. Ibland fungerar vikten som ett skydd. Personen bygger upp en "vaddering" för att skydda sig från något (verkligt eller uppfattat) i nuvarande liv, eller för att göra sig oattraktiv för att undvika att bli sårad. Min uppgift är att försöka hitta vad de skyddar sig från. Ofta är personen den sista att inse att detta är orsaken, men när det förklaras under hypnos blir det helt logiskt. Därefter kan klienten göra en återhämtning.

Jag har också stött på oväntade förklaringar till övervikt. En kvinna återvände till ett liv där hon var ledare för en klan i Skottland. Jobbet var mycket krävande, och hon kände en enorm ansvarsbörda. När mannen dog kände han fortfarande denna börda och gav en mycket viktig ledtråd när hon sa (efter döden): "Jag kommer aldrig att bli fri från tyngden av detta ansvar." Dessa ord togs bokstavligen av det undermedvetna och fördes vidare till nuvarande liv.

Ett ovanligt fall beskrevs i Legacy From the Stars, där en kvinna såg sig själv som en utomjording som kraschlandade på jorden. Hon omhändertogs av infödingar och hade många onormala förmågor som drog till sig uppmärksamhet. En av dessa var att den annorlunda gravitationen på jorden gjorde att hon oväntat svävade. Detta utlöste en önskan att hålla sig från att sväva och dra uppmärksamhet till sig själv i nuvarande liv genom att lägga på sig extra vikt, även om det logiskt sett inte gav mening.

En annan ovanlig förklaring till övervikt kom fram när en klient, Rick, ville ha hjälp med sitt viktproblem. Inget verkade fungera, särskilt inte dieter som begränsade honom till vissa livsmedel. Under regressionen gick han direkt tillbaka till ett liv i en typ av forntida kultur. Byggnaderna och strukturerna liknade inget jag tidigare stött på eller läst om i historien. Några av beskrivningarna påminde om aztekerna, särskilt vad arkeologer har upptäckt. Det fanns en rektangulär innergård omgiven av konstiga strukturer som användes som åskådarplatser, liknande läktare. En atlet från varje samhälle tävlade i en match. Rick var en atlet som tränats för detta ändamål. Matchen var mycket viktig eftersom den avgjorde härskaren för de kombinerade samhällena under en säsong. Härskaren roterade varje säsong och valdes utifrån vilken atlet som vann matchen. Rick beskrev hur han bar en konstig uniform och hade ansiktet målat med streck. Spelet påminde om basket. De sprang runt på planen med en boll och skulle kasta den genom en stenring som var monterad på innergårdens sida. Detta fick mig att tänka på aztekerna, eftersom arkeologer har upptäckt en bollplan i Mexiko där aztekerna spelade ett liknande spel. Arkeologerna påstår dock att spelet spelades med ett mänskligt huvud som kastades genom stenringen. Om detta är samma plats, utvecklades spelet till att använda mänskliga huvuden, eller har arkeologerna fel?

Rick var en mycket skicklig atlet och vann konsekvent. Detta innebar att hans sida valde ledaren för många, många säsonger. Han tyckte inte om att arbeta så hårt och önskade ofta att ledarna skulle spela istället. Han fick inte gifta sig och var tvungen att följa en strikt diet som var utformad för att hålla honom smal och i utmärkt fysisk form. Han avundades ofta de andra människorna eftersom de fick socialisera och äta vad de ville. Hans diet bestod av sköldpaddskött, någon typ av vit rot, mycket vatten och en bittert smakande vit vätska som utvanns från en köttig växt. Han var tvungen att dricka denna vätska varje morgon och kväll. Den gjorde honom ofta lite sömnig men ansågs nödvändig för att hålla hans muskler i form. Han hatade smaken och vande sig aldrig vid den.

Till slut tröttnade han på att spela spelet och försökte hitta ett sätt att ta sig ur det. Folket älskade honom, men efter ett tag började de bli uttråkade eftersom han alltid vann. De andra samhällena ogillade det eftersom de aldrig fick chansen att regera. Han bestämde sig för att börja förlora, men det kunde inte vara för uppenbart. När han började förlora bestämdes det att han skulle ersättas. Då fick han leva ett normalt liv, inklusive att äta vad han ville. Han valde att bo hos det motsatta samhället, eftersom de var så glada över att äntligen få regera. Där upptäckte han att deras atleter inte hade restriktiva dieter utan åt normal mat. Han var lycklig där, men levde inte mycket längre. När han dog kändes det som om hans inre stod i lågor. Medicinmannen sa att det var ett resultat av den vita vätskan han tvingats dricka i alla dessa år. Den hade skadat hans kropp.

Den Komplicerade Universum Bok Två

När vi pratade med det undermedvetna blev kopplingen mellan det livet och hans viktproblem uppenbar. Det undermedvetna sa att vätskan var en drog, ett narkotikum som fick hans hjärta att slå snabbare och hans matsmältning eller ämnesomsättning att accelerera för att producera bra muskler och snabbhet. Den åt till slut hål eller sår i hans tarmar, och detta var vad som dödade honom. När jag frågade om hjälp med hans viktproblem sa det undermedvetna att det inte var så enkelt. Det fanns många faktorer inblandade som alla var sammanflätade. På grund av att en auktoritetsfigur (ledaren) tvingade honom att göra något som inte var i hans bästa intresse, hade han lärt sig att vara misstänksam och inte lita på auktoriteter (regering, kyrka, läkare etc.). Dessutom blev ätande associerat med njutning och social aktivitet. Det skulle vara svårt att separera alla dessa komponenter, och han var i tillräckligt god hälsa för att det undermedvetna inte tyckte det var värt att göra något åt det. Det var tydligt varför Rick inte klarade sig bra på restriktiva dieter där han bara kunde äta vissa livsmedel. Detta väckte minnet av det andra livet. Nu älskade han att laga mat och att äta ett stort utbud av mat. Detta var en ovanlig anledning till övervikt och en som skulle vara svår att hjälpa.

När Rick vaknade mindes han ingenting, men han ville ha ett glas vatten eftersom han hade en mycket obehaglig bitter smak i munnen. Han sa att det påminde honom om en gång när han var barn och utforskade skogen med sin vän. De hittade några köttiga växter och tuggade på dem. (Det var ett under att han inte skadade sig, eftersom många växter i skogen är giftiga.) De hade en bitter smak. Jag berättade för honom om den vita vätskan han druckit i det andra livet. Han hade tagit med sig denna smak framåt. Han mådde bra efter att ha druckit lite buteljerat vatten.

Jag har spårat många fall av astma tillbaka till tidigare liv där personen vanligtvis dog av kvävning, eller något som hade att göra med lungorna eller andningen, till exempel deras miljö (damm, sand etc.). Ett betydande fall inträffade tidigt i mitt arbete. En läkare kom till mig som hade haft astmaattacker i många år. Han använde en inhalator men visste att den var beroendeframkallande, så han ville sluta använda den. Han visste tillräckligt om det paranormala och metafysiska för att tro att svaret kunde ligga i tidigare liv. Han gick tillbaka till ett liv som en inföding som bodde i djungeln i Afrika. Detta var under den tid då fransmännen bröt asbest under jord. De tillfångatog infödingar och tvingade dem att arbeta som slavar i gruvorna. Han var en av dem som tillfångatogs och fördes ner under jorden. Den ständiga exponeringen för asbestfibrer under gruvdriften skapade fysiska symtom hos infödingarna, som blödning från lungorna via munnen. Detta orsakade andningsproblem och dödade dem till slut. När detta hände tog de franska gruvarbetarna bara kroppen ut i djungeln och fångade en annan inföding som kunde ersätta den döde. Mannen började få de välbekanta symtomen och visste att han skulle dö av irritationen i sina lungor. I hans kultur var det inte fel att begå självmord om man befann sig i en outhärdlig situation, så han körde en påle genom sitt högra axelområde och dog.

När jag kommunicerade med det undermedvetna förklarades det att minnet av det livet hade förts vidare, och under tider av stress återkom andningsproblemen i form av astmaattacker. Nu när läkaren förstod var problemet kom ifrån kunde det tas bort. När han vaknade sa han: "Jag har alltid undrat varför jag ibland har ont i det området av bröstet." Han gnuggade exakt det ställe där han hade kört in pålen. Denna läkare blev senare en god vän, och ungefär fyra eller fem år efter sessionen frågade jag honom om hans astma. Han log och sa: "Just det! Jag hade ju astma, eller hur?"

Många rädslor och fobier kan enkelt spåras tillbaka till hur en person dog i ett tidigare liv. Höjdskräck, mörkrädsla, klaustrofobi och agorafobi blir lättare att förstå när de betraktas från detta perspektiv. Ett sådant fall (av hundratals jag har arbetat med) var en kvinna som led av klaustrofobi, hade en skräck för att få sina händer eller fötter bundna, och som inte kunde sova hela natten utan att vakna varje timme. Hon hade en déjà vu-upplevelse när hon besökte National Historic Site i Fort Smith, Arkansas, där det finns ett gammalt museum och domstol. Detta var platsen där domare Parker, den ökända "hängdomaren", höll sina rättegångar mellan 1875 och 1897. De har även bevarat fängelset och rekonstruerat galgen. Hon visste att hon hade varit där tidigare och att det hade varit en hemsk upplevelse. Besöket var en kuslig upplevelse för henne.

Under sessionen återvände hon till ett liv där hon var en soldat från konfederationen som hade blivit tillfångatagen tillsammans med flera andra. De pressades in i ett mörkt rum med mycket små fönster. Skräcken för att få sina händer eller fötter bundna kom från att ha varit fastkedjad vid väggen. Oförmågan att sova genom natten orsakades av att hon inte fick mycket sömn i en sådan situation, och också av rädslan för vad som skulle hända. Under de följande dagarna blev de alla hängda.

Detta fall är bara ett exempel på hur déjà vu-upplevelser kan vara en omedveten påminnelse om ett tidigare liv. Samma gäller fascinationen för vissa tidsperioder och kulturer. Dessa attraktioner är inte alltid negativa, men de bär med sig starka känslor som överförs genom olika liv.

Ett annat fall handlade om en professionell sjuksköterska med en magisterexamen i psykologi. Hon hade gått i terapi under en längre tid för att försöka hitta svar på sina problem, men hade inte haft mycket framgång. Den enda slutsatsen de kunde dra var att något hade hänt i hennes barndom som hon inte mindes. Det förklarade dock inte hennes frågor. Hon hade problem med sin äldste son. När hon blev gravid med honom var hon ogift och ville göra abort. Barnets far ville till slut gifta sig med henne och övertalade henne att behålla barnet. Men ända sedan barnet föddes hade hon känt sig hotad och skrämd av honom. Hon trodde att han kanske undermedvetet visste att hon försökt abortera honom. Även om han nu var vuxen kvarstod problemen.

Under sessionen gick hon direkt till en scen där hon var en man och extremt arg. Hon hade sina händer runt någons hals och höll på att strypa honom. När vi kunde se vem mannen var sa hon att det var hennes son i detta liv. Hon hade hittat honom med sin hustru och skulle döda honom. Hustrun, insåg hon plötsligt, var hennes mor i detta nuvarande liv, som hon har en mycket dålig relation med. Hon dödade mannen som nu var hennes son. Myndigheterna kom och tog henne (honom) till en fruktansvärd fängelsecell full av råttor och kackerlackor, utan fönster mot utsidan. Väldigt smutsigt och dystert. Till slut dog han i den platsen. Sonen återvände i detta liv för att de skulle kunna arbeta av den negativa karman, men han kom tillbaka med en stor mängd bitterhet mot henne. Det var inte konstigt att hon kände sig hotad och skrämd av denna pojke.

I sitt nuvarande liv kunde hon aldrig förstå sin absoluta avsky för alkoholister. Lukten av alkohol, hur de talade och hur de uppförde sig äcklade henne verkligen. När vi frågade om detta associerade hon det definitivt med scenen där hon ströp den andra personen. Kanske hade båda druckit, vilket bidrog till den extrema ilskan. Vad det än var ledde det till hemska konsekvenser. Hon var tvungen att återvända i detta liv med alla inblandade för att försöka lösa den negativa karman. Genom att inse detta och se att det verkligen hörde till ett annat liv kunde hon förlåta sig själv och alla deltagare. Vi kunde lämna det i det förflutna, och detta skulle lösa hela problemet.

I mitt arbete har jag upptäckt att det finns lika många sätt att återbetala karma som det finns stjärnor på himlen. Men det minst önskvärda sättet att betala tillbaka för ett mord är att återvända och bli dödad av sitt offer. Det löser inget. Det håller bara karmans hjul i rullning och skapar mer karma. Jag har fått veta att det bästa sättet för en mördare att betala för sitt brott är "den mjuka vägen", genom kärlek. Till exempel skulle personen som var mördaren sättas i en situation där de måste ta hand om sitt offer. De kanske måste ägna hela sitt liv åt att ta hand om den personen: en beroende förälder, ett handikappat barn, etc. De skulle inte få ha ett eget liv. Detta är ett mycket klokare sätt att återbetala än "öga för öga".

Hennes psykolog hade sagt till henne att han inte motsatte sig att hon provade terapi för tidigare liv, men att han inte trodde på det. Trots det hade hon aldrig i livet kunnat hitta orsaken till sina problem genom traditionell ortodox terapi. Jag skulle ha velat vara en fluga på väggen för att se hans reaktion när hon berättade att hon inte längre behövde ytterligare behandling. Hon hade hittat svaren genom denna terapiform.

Ett annat fall i New Orleans handlade om en mycket överviktig ung kvinna som desperat ville få ett barn. Hon hade tagit fertilitetsläkemedel, men inget fungerade. Hon hade också stora problem med sina menstruationer och blödde i flera månader i sträck. Den enda lösningen var att sätta henne på p-piller för att försöka reglera hennes menstruationer, vilket motverkade syftet att försöka bli gravid. Hon försökte också gå ner i vikt. Under regressionen frågade jag om oförmågan att få ett barn. Det undermedvetna sa att hon i sitt senaste liv var fosterförälder och hade upp till elva fosterbarn. Så snart ett barn lämnade hemmet kom ett annat in. Hon var mycket skicklig med dessa barn och tyckte mycket om dem, men i detta liv gav de henne en paus. Det undermedvetna sa att hon inte behövde oroa sig; hon skulle få ett barn. Hennes kropp höll på att regleras och återvände till det normala. Övervikten var en prövning hon var tvungen att gå igenom, särskilt som ung person och in i vuxen ålder, för att se om hon kunde hantera retandet och de elaka kommentarerna, även från vuxna. Hon hade nu klarat testet och fick börja gå ner i vikt. Vid den tidpunkt då hon skulle kunna få ett barn skulle hennes kropp vara i gott skick. Och naturligtvis skulle barnet komma vid rätt tidpunkt.

Hon hade också varit överkänslig hela sitt liv, med perioder av depression, känslor av ensamhet och övergivenhet. Hon fick till slut ett sammanbrott där hon inte kunde sluta gråta. I sina anteckningar skrev hon: "Jag känner mig väldigt tom inombords. Jag känner ofta att livet jag lever är händelsefattigt och tråkigt. Ibland känns det som att jag vilar. Andra gånger är jag rädd att jag väntar på att en katastrof ska inträffa. Alltid är sorgen där. Hur identifierar jag den, och vad gör jag för att förändra det? Sorgen har varit en del av mig sedan jag var ett litet barn, åtta eller nio år gammal." Det undermedvetna gjorde en mycket intressant kommentar. Det sa att hon skulle ha varit en tvilling. Den andra själen hade gjort ett avtal om att komma in i detta liv tillsammans med henne, men i sista stund ändrade den sig och bestämde sig för att inte komma vid denna tidpunkt. Så den andra "kroppen" utvecklades inte, och hon var den enda som föddes. Hela sitt liv kände hon omedvetet att den andra delen, tvillingen som inte fanns där, hade lämnat henne ensam och övergiven. Det fanns en känsla av sorg, att något saknades, tillsammans med depressionen. Det var orsaken: hon saknade denna andra själ som skulle ha följt henne i detta liv. Jag sa det aldrig, men jag kunde inte låta bli att undra om det var möjligt att barnet hon skulle få i framtiden kunde vara denna andra själ som till slut bestämt sig för att inkarnera.

När vi berättade detta för hennes mamma blev hon väldigt förvånad, eftersom hon aldrig hade haft någon indikation på detta. Läkarna hade aldrig sagt något om en möjlig tvilling. Min klient var född 1972. Jag vet inte om de vid den tiden letade efter vad som nu kallas "phantom twin" eller "disappearing twin", vilket är ett fenomen som erkänns idag. Senare, när vi alla åt middag tillsammans, sa hennes mamma att när hon föddes var det en okänd vikarie för den ordinarie läkaren. Kanske hade den ordinarie läkaren berättat om det funnits någon indikation på ett extra barn. Jag antar att vi aldrig kommer att få veta.

Jag har stött på andra fall av infertilitet som orsakats av att personen dog i barnsäng i ett tidigare liv. Detta är ett försök av det undermedvetna att förhindra att det händer igen. Ibland använder det undermedvetna märklig logik.

Denna regression ägde rum i San Jose, Kalifornien, i maj 2000. En kvinna hade burit på extrem sorg hela sitt liv, lidit av depression och känslor av övergivenhet och avvisning. Hennes liv följde ett upprepande mönster av att känna sig ovärdig, som ett "kastat bort"-barn, och rädsla för "vad?". Hon hade blivit övergiven som liten och växte upp på ett barnhem. Hon hade problem med män, äktenskap och arbeten, och kände sig ständigt värdelös och oförmögen att åstadkomma något. Hon led också av migrän, som jag började tro var hennes sätt att straffa sig själv. En väldigt dyster och sorglig person.

Under regressionen gick hon tillbaka till ett viktigt liv som förklarade hennes situation. Hon såg sig själv springa genom gatorna i en stad och bära på en ettårig bebis. Alla människor sprang panikslagna, skrikande, eftersom de jagades av många soldater till häst. Det var uppenbart att någon form av invasion pågick. Rädd för sitt liv försökte hon hitta en plats att gömma sig. Hennes bebis grät, och hon var rädd att det skulle dra uppmärksamhet till dem och att soldaterna skulle hitta henne. Hon satte ner bebisen vid en vägg och sprang för att gömma sig i en byggnad. Hon tänkte att ingen skulle skada en bebis. Men när hon tittade på såg hon hur soldaterna red nerför gatan och dödade bebisen. Hon blev så överväldigad av sorg att hon inte ens brydde sig när de hittade henne och våldtog henne innan de dödade henne. Hon klandrade sig själv för barnets död och tänkte att hon borde ha hållit barnet med sig. Oavsett vad skulle de båda ha dött, men det tänkte hon inte på. Hon klandrade bara sig själv för att ha övergett barnet. Hon var förkrossad, även på andra sidan.

Hon tog med sig sorgen och plågan in i detta liv och upprepade mönstret av att straffa sig själv. Jag frågade henne om hon kunde förlåta soldaterna för att de dödade hennes barn. Hon svarade ja, eftersom de "bara gjorde sitt mansarbete". Men hon kunde aldrig förlåta sig själv för att ha övergett barnet. Efter mycket förhandling med det undermedvetna fick jag henne till slut att förlåta sig själv. Det var väldigt svårt, men det blev en lättnad när hon lyckades göra det. När hon vaknade och vi diskuterade det berättade jag för henne att hon hade plågat sig själv i för många liv och att det var dags att släppa taget. Jag tillade att om vi hade gått ännu längre tillbaka till tidigare liv skulle vi förmodligen ha funnit att hon återbetalade karma för att ha gjort samma sak som en soldat. Det som går runt kommer runt. Efter sessionen kände hon en enorm lättnad. Känslan av ovärdighet försvann och ersattes av hopp och förväntan. Jag kände att hon hade nått en vändpunkt i sitt liv. Det var dags att sluta straffa sig själv och börja leva.

Nästa regression handlade om en ung kvinna från Tjeckoslovakien som bodde i London. Hon hade studerat metafysik i flera år på College of Psychic Studies, men hade ännu inte fått någon examen. Hon kände till mycket information men avslutade aldrig sina slutprov eller essäer. Hennes största bekymmer var eksem över hela kroppen, som hon haft sedan hon var tre månader gammal. Inget som läkarna provade hade haft någon större effekt. Som barn var hon inlagd på sjukhus i flera månader för att försöka hitta en behandling som fungerade. Hon hade tagit steroider men fått biverkningar. Hon hade provat kinesisk örtmedicin och fått viss lindring, men den orsakade maginfektioner. Just nu använde hon en kräm som gjorde att eksemet såg mindre allvarligt ut i ansiktet. Under de värsta perioderna kliade och brände hela hennes kropp. Hon ville ha hjälp att lindra detta, även om eksemet hade varit en del av henne större delen av livet. Hon kände att om det togs bort skulle en del av henne också försvinna, och det skulle behöva ersättas med något annat.

Så snart hon försjönk i djup trans såg hon ett starkt ljus och insåg att hon tittade in i en eld. Elden var vid hennes fötter och spred sig uppåt längs kroppen. Hon blev upprörd så jag förflyttade henne till en plats där hon kunde observera det objektivt. Hon såg att hon (som man) och andra var bundna till pålar på ett fält nära en skog och brändes på bål. När vi gick tillbaka till början av berättelsen såg hon att hon och flera andra män bodde i ett stort herrgårdshus eller gods och var gnostiker. De levde tyst och studerade och skrev i stora böcker utan att störa någon. De lokala myndigheterna trodde dock att de var farliga och arbetade med djävulen. Myndigheterna uppmanades av det religiösa samfundet, som också såg dem som en fara. En natt väcktes de av hundar och män som stormade in i huset. Han och några av de andra sprang genom skogen jagade av män och hundar och tillfångatogs. De fördes till en plats i staden där de torterades på ett fruktansvärt sätt i ett försök att få dem att avslöja var de hade gömt böckerna. Under tortyren gjordes mycket skada i hans ansikte, särskilt käken och ögat (vilket har gett kvinnan problem i det här livet). Slutligen, när de inte kunde få mer information, fördes gnostikerna till ett stort rum för en skenrättegång. Då var han i mycket smärta och helt desorienterad så att han inte kunde delta i rättegången eller svara på några av anklagelserna. Han satt bara där i en dvala och hörde allt som pågick runt omkring honom som i en dröm. Det hade ändå inte spelat någon roll, eftersom rättegången bara var en skenmanöver, en formalitet. De fördes sedan ut till fältet nära skogen och brändes på bål. Han och de andra hade inte gjort något fel. De hade bara hemlig kunskap som de försökte bevara. Hon sa att några av böckerna hade gömts där folket på den tiden aldrig skulle hitta dem.

Denna historia är en av många där grupper försökt bevara kunskap, medan andra försökt stjäla den. Detta var den verkliga orsaken till de så kallade "häxprocesserna" under inkvisitionen. Kyrkan försökte göra sig av med dem som hade hemlig kunskap som de själva misslyckats med att ta del av. Nu vet vi att ingenting någonsin går förlorat. Kunskapen gömdes på den säkraste platsen av alla: det mänskliga undermedvetna.

Det undermedvetna erkände att synen av elden som steg uppför kroppen var orsaken till eksemet. Den brännande och kliande känslan var symbolisk för den döden. Det var lätt att förstå varför hon inte kunde avsluta sina metafysikstudier i sitt nuvarande liv. Hon var omedvetet rädd för att samma sak skulle hända igen om hon förvärvade kunskap, även om detta inte hade hindrat henne från att söka och studera den. Jag var tvungen att övertyga det undermedvetna om att det var mycket osannolikt att hon skulle brännas på bål igen, eftersom hon nu levde i en helt annan tidsperiod. Eksemet kunde också tas bort eftersom orsaken hade identifierats och behovet av det inte längre fanns.

Jag mindes hennes uttalande om att om det togs bort skulle det behöva ersättas med något annat. Hon fick se ett annat liv i Holland där hon hade en stark och frisk kropp. Hon gillade verkligen den kroppen, så det undermedvetna sa att hon kunde ersätta eksemet med visionen av den friska kroppen från den holländska flickan. Detta gjorde henne mycket glad, och hon gick med på att låta det hända.

En kvinnlig klient hade smärta i nedre delen av ryggen på grund av en diskproblematik, och hennes läkare ville operera. Hon återupplevde ett tidigare liv som en svart soldat i Korea. Det var bomber som exploderade överallt. Han träffades i ryggen och kastades ner i ett dike fyllt med vatten. Förlamad kunde han inte ta sig ut och drunknade. Han återvände för tidigt och bar med sig minnet i sin rygg. Detta förklarade också hennes rädsla för slutna utrymmen och för att inte få luft (samt hennes tillfälliga bronkit).

I mitt arbete har jag upptäckt att det finns fler själar som väntar på att inkarnera i handikappade kroppar än i normala kroppar. Detta är lätt att förstå ur ett andligt perspektiv. Planen för att återfödas på jorden är att återbetala så mycket karma som möjligt under ett enda liv, för att undvika att behöva återvända om och om igen. Mer karma kan återbetalas genom en handikappad kropp. Själen lär sig stora lektioner, och även de som tar hand om personen (föräldrar, vårdare, etc.) lär sig viktiga lektioner. Dessa människor har kommit överens innan de föddes att de ska ta hand om individen och hjälpa denne så mycket som möjligt. Allt i livet handlar om lärdomar, även om vissa är svårare än andra. Dessutom, vilka lärdomar lär sig alla som möter en handikappad person? Hur reagerar observatören? De handikappade undervisar alla de kommer i kontakt med. Därför ska de inte tyckas synd om eller undvikas. De ska accepteras och beundras för att de valt en svår väg i detta liv.

Människor som blir adopterade vet att detta kommer att hända. Allt är planerat, och från andra sidan görs arrangemangen mellan de biologiska föräldrarna och adoptivföräldrarna. De biologiska föräldrarna har gått med på att ge generna som formar den fysiska kroppen och lär sig en lektion genom att ge bort barnet. Adoptivföräldrarna har gått med på att uppfostra barnet i den miljö det valt för att lära sig de lektioner det önskar i detta liv. Ändå är planer inte ristade i sten. Det finns alltid fri vilja (inte bara för personen själv, utan även för alla de kommer i kontakt med). Alla inblandade kan förändra utgången.

Nästa fall återgår till min första kärlek: upptäckten av förlorad eller okänd kunskap. Det är en intressant bit av möjlig historia.

En man i England var chef för ett tryckeri och hade särskilt goda färdigheter i att hantera människor och förhandla. Trots detta kände han sig fångad av sitt jobb och sina ansvarsområden, särskilt sitt äktenskap. Han hade utvecklat en irriterande vana att kisa och blinka med ögonen, något som störde honom och fick honom att känna sig obekväm i möten med andra. Han försökte låtsas att det bara handlade om en ögonirritation. Han var också känslig för starkt ljus.

Han ville mest veta om han skulle ändra riktning i livet, skaffa ett annat jobb och kanske lämna sin fru och fyra barn för att leva med sin flickvän. En del av detta kan bero på hans ålder (i 40-årsåldern), när vissa människor börjar ifrågasätta sin väg och tror att de har "missat tåget". Han hade många farliga hobbyer: hängflygning, dykning, bergsklättring. Han älskade spänningen och faran i många fritidsintressen som var motsatsen till hans jobb (som han nu tyckte var tråkigt).

Regressionen visade sig vara mycket märklig och antydde en möjlig okänd historisk händelse från andra världskriget. Till en början gick han tillbaka till ett liv som smed med en familj som levde lyckligt i en liten stad i den amerikanska västern. Det fanns inget särskilt anmärkningsvärt med det livet, så jag bad honom gå framåt till en viktig dag. Plötsligt drog han efter andan i skräck och berättade att han såg en svampformad atomexplosion stiga högt mot himlen. Sedan följde ett extremt starkt ljus som överväldigade honom. Jag antog genast att det måste handla om atombombsexplosionen i Hiroshima eller Nagasaki, eftersom dessa är de enda jag känner till. Men det var inte det.

Han utbrast: "Det var för mycket kraft! De måste ha gjort ett misstag! Det var mycket kraftfullare än de hade tänkt sig!" Han var totalt chockad och började skaka och darra okontrollerat. Han kunde inte prata med mig eftersom han var så uppslukad av sina fysiska reaktioner. Jag lade min hand på honom för att lugna honom och bad honom flytta sig från scenen och betrakta den objektivt så att han kunde förklara vad som hände. Det tog flera minuter innan han kunde göra detta. Han var så starkt påverkad av vibrationerna och tryckvågen att han inte kunde tala, nästan som om han själv befunnit sig mitt i explosionen. När han till slut kunde tala sa han att han var medlem i ett vetenskapligt team som experimenterade med denna typ av kraft. Detta hände i Tyskland, vilket totalt överraskade mig. De arbetade i ett bergsområde och hade ett laboratorium i en ravin mellan två berg. Han trodde att han själv var rysk, inte tysk. Varje forskare hade en del av formeln eller ekvationen, och de var tvungna att sätta ihop alla delar för att få den att fungera. Ingen kunde arbeta separat eftersom ingen kände till hela lösningen. Han hade valts ut för att delta på grund av sina utmärkta kunskaper i fysik och matematik. Forskarna förstod konceptet teoretiskt, hur det borde fungera på papper, men de hade aldrig testat det i praktiken. Eftersom de var engagerade i ett krig försökte de skapa ett nytt vapen. Mänskliga liv spelade ingen roll, eftersom de försökte skydda sitt eget folk. Explosionen skedde, avsiktligt eller av misstag, och han var hänförd av dess kraft. Han trodde inte att den skulle vara så stor. De hade tänkt sig något som kunde förinta ett stort område, men han insåg att detta skulle kunna utplåna en hel stad eller mer. Det var mycket kraftfullare än han, eller de andra forskarna, någonsin kunnat föreställa sig. När han betraktade scenen från ovan kunde han se att inget fanns kvar. Laboratoriet och allt annat hade helt utplånats. Så länge han såg det från denna säkra position kunde han tala sammanhängande och objektivt. Men varje gång han började återuppleva scenen började han skaka och darra igen. Jag var tvungen att lugna honom och föra honom tillbaka till den trygga utsiktsplatsen varje gång.

Den Komplicerade Universum Bok Två

Det undermedvetna förklarade att han fick återuppleva detta liv för att inse att om han hade överlevt något så magnifikt, kunde inget annat störa honom. Han skulle kunna klara av vilken situation som helst i livet. (Även om han bokstavligen inte överlevde explosionen, kom hans själ ur händelsen oskadd.) Detta förklarade också varför han i sitt nuvarande liv kisade, blinkade och hade en aversion mot starkt ljus när han var i stressiga situationer. Hans kropp försökte påminna honom om att han var stark nog att hantera vad som helst.

Experimenterade Tyskland med atomkraft före eller samtidigt som USA? Det finns uppgifter om att tyskarna var involverade i experiment med "tungt vatten". Kanske var detta anledningen till att de inte lyckades. Kanske dog deras främsta vetenskapsmän, som hade alla de enskilda delarna av kunskapen, samtidigt i ett fatalt experiment, vilket gjorde det omöjligt att snabbt återuppta experimenten på samma nivå. Människor jag har berättat detta för säger att någon borde ha märkt explosionen och dess konsekvenser. Men kanske inte. USA experimenterade i White Sands, New Mexico, i flera år innan atombomben faktiskt släpptes över Japan. Där utfördes experimentella explosioner ute i öknen. Om någon såg det på avstånd visste de förmodligen inte vad de såg. Kom ihåg att utvecklingen av atombomben var den mest välbevarade hemligheten under kriget. Endast de som hade en position att veta, kände till något om den tills bomberna slutligen släpptes över Japan. Kanske hände samma sak i Tyskland. Han antydde att laboratoriet låg i en isolerad plats i bergen. Kanske, precis som White Sands, låg det mil från civilisationen, så vem kunde veta om det? Om någon såg explosionen skulle de inte ha vetat vad det var, eftersom något liknande inte fanns i mänsklighetens referensram. Även vanliga bombningar var tillräckligt fruktansvärda. Detta var förmodligen Tysklands bäst bevarade hemlighet också. Efter kriget kom topptyska vetenskapsmän till USA för att arbeta med vårt raketprogram. Vi vet att de experimenterade och framgångsrikt avfyrade raketer (V-2) under andra världskriget. Det är helt möjligt att de också experimenterade med atomkraft. Vi hann bara före dem. Vår atombomb var ursprungligen avsedd att släppas över Tyskland, men kriget tog slut innan den var färdig, så den släpptes över Japan istället för att se om den skulle fungera. Detta är ett historiskt faktum. (Se min bok A Soul Remembers Hiroshima.) Jag tror det är fullt möjligt att båda länderna arbetade på hemliga projekt och kanske var medvetna om varandras framsteg.

Alla dessa fall har funnit svar som aldrig skulle accepteras eller ens undersökas av den logiska medicinska världen. Ändå är de fullständigt logiska utifrån det undermedvetnas perspektiv. De visar också hur terapeuten måste övertyga den delen av klienten om att problemet inte längre är nödvändigt. Att problemet tillhör en annan kropp som slutade existera för många år sedan. Det finns inga böcker som lär hypnoterapeuter vad de ska göra eller säga. Mycket händer i stunden och bygger på "sunt förnuft" när oväntade situationer uppstår. Det viktigaste är att klienten alltid måste skyddas. Vi måste praktisera enligt samma ed som läkare: "Först, gör ingen skada!"

Dessa exempel är bara några få av de tusentals fall jag har arbetat med i terapi. Jag har försökt välja sådana som visar variationen av förklaringar till fysiska och andra problem som en klient kan ha, och hur de kan spåras till ett annat liv. De visar också hur enkelt problemet kan hanteras med ovärderlig hjälp från klientens undermedvetna. Skeptiker kommer att säga att personen fantiserade ihop en historia för att förklara det fysiska problemet. Men om så vore, varför valde de något så bisarrt (och ofta hemskt) som förklaring? Det finns mycket enklare sätt att skapa en fantasivärld. Om dessa fall granskas objektivt kommer det att framgå att de definitivt inte uppvisar fantasins karaktäristika. Även om det bara vore deras fantasi, är det viktigaste att de fann svaret på sitt problem. Och med svaret kom friheten. Detta är min största belöning efter alla års arbete: att kunna hjälpa andra.

Frågor är en väsentlig del av hela processen. Jag har fått höra många gånger av "dem" att sättet frågan ställs på är extremt viktigt. Att ställa frågor blir en konst. Om frågan inte ställs korrekt får jag bara delvis information eller inget av betydelse. Frågan måste formuleras exakt, och detta har jag lärt mig genom nästan trettio års utveckling av min teknik. Övning är avgörande för att utveckla vilken terapiteknik som helst.

När en person har accepterat konceptet om reinkarnation är nästa steg att förstå att jorden inte är den enda skolan man kan välja att delta i. Vi har alla haft liv på andra planeter och även i andra dimensioner där det är möjligt att existera utan en fysisk kropp. Det är möjligt att vara en energivarelse. Vi är inte begränsade av den fysiska värld vi känner som jorden. Allt är möjligt. Detta är vad jag utforskar i de följande kapitlen: andra världar, andra verkligheter, andra möjligheter.

Detta kapitel har fokuserat på "normala" fall av terapi för tidigare liv. De nästa kapitlen kommer att fokusera på "onormala" eller ovanliga fall där klienten ändå fick värdefull information om sina problem, även om det undermedvetna tog dem på ovanliga och obekanta vägar för att nå dit. Samtidigt gav dessa fall ovärderlig information för mitt nyfikna sinne som reporter och forskare av "förlorad" eller okänd kunskap.

Den Komplicerade Universum Bok Två

SEKTION TVÅ

FORNTIDA KUNSKAP OCH

FÖRLORADE CIVILISATIONER

Kapitel 3:
KATTFOLKET
(EN ANNORLUNDA SFINKS)

DETTA VAR EN privat session som jag höll i juni 2001 i Kansas City, Missouri, under Unity Church Convention.

I min hypnosmetod för jag subjektet till ett tidigare liv genom att låta dem stiga ner från ett vitt moln. Metoden ger ofta förutsägbara resultat vid normal terapi för tidigare liv, men ibland blir resultaten helt oförutsägbara och vad som helst kan hända. Det är detta som gör mitt arbete så spännande – jag vet aldrig vart personen kommer att föras. I detta fall, när Jane steg ner från molnet, blev hon förvånad och förvirrad av att befinna sig i Egypten. Hon kunde se pyramiderna, men hennes uppmärksamhet riktades mer mot ett vackert tempel som stod på en höjd i närheten.

"Pyramiderna idag är förstörda. De ser äldre ut. Jag ser dem som de ser ut nu, men jag minns dem som de var då, innan de var förstörda. Jag minns när de var nya, glänsande och vackra. Målningarna var så otroligt vackra. Jag kan se målningarna i ruinerna innan de hade förstörts. Det känns som hemma. Jag kände dessa platser. Detta är min bekväma plats. Det är därför jag kom hit. Är inte det lustigt? Jag går tillbaka till då istället för till nu. Tillbaka till när de var, åh, så otroligt vackra. Jag kan se guldstatyerna i templet. Jag lägger mitt ansikte mot guldfiguren, guldkatten. Och det är lustigt hur guld har en sådan värme. Det finns en energi i det guldet. Jag arbetar med faraonerna, och jag är en av de få som får vara i templen. Jag har gått till ett tempel där jag känner en sådan stor kärlek. Jag ser allt. Åh, herregud! Alla dessa människor."

D: *"Är det människor där?"*
J: "Inte på denna plats. De får inte vara här. Det är en av de få platser där bara de utvalda får vistas." Jane började kämpa med sitt medvetna sinne, som försökte störa processen, en vanlig upplevelse i hypnos. "Det kognitiva inom mig säger: 'Det här är löjligt!' Och jag säger till det: 'Håll tyst!'"

Detta inträffar ofta när personen först går in i ett tidigare livs scen. Det medvetna sinnet försöker distrahera och förvirra. Alla som har försökt meditera för första gången vet precis hur sinnet kan prata och försöka stoppa processen. Det bästa att göra är att ignorera det. När personen går djupare in i beskrivningen av scenerna tystnar det medvetna sinnet, eftersom ingen uppmärksammar det. Den hypnosmetod som jag har utvecklat är designad för att skjuta det medvetna sinnet åt sidan så att det inte kan störa. Du stänger av det och låter det undermedvetna leverera informationen fritt. Utan det medvetna sinnets ifrågasättande och störningar blir informationen mer ren och exakt.

D: *Oroa dig inte för den delen. Berätta bara vad du ser.*
J: Jag känner att andra inte skulle våga komma hit, för att det inte är säkert för dem, på grund av energin. Detta är templet för det vita ljuset. Det är här det existerar på denna plan. Och jag behöver gå in i det ljuset. (Allt detta, sedan hon kom in i scenen, sades med en känsla av vördnad och misstro.) Och det finns en sådan närvaro i det ljuset.

Det var så mycket vördnad och respekt att jag visste att jag måste få hennes uppmärksamhet tillbaka till att beskriva hennes omgivning så att vi kunde hitta hennes plats.

D: *Är templet en separat plats från pyramiden?*
J: När jag svävade ner från molnet kom jag till detta tempel. Jag tror inte ens att de har upptäckt detta än. De kommer närmare. Du går genom gravarna och där går de döda. Men detta är ett tempel dit

de levande kommer. Och det här är där jag bor. Det här är där jag arbetar. Det här är det jag föddes för.

D: *Men du sa att det fanns andra människor?*

J: Det finns hjälpare där inne. De tar med sig de andra till oss som arbetar här, som arbetar i ljuset. De kommer till oss för råd. Och det är så roligt, för de tror att vi är de som vet, men det kommer bara genom ljuset. Och de skulle aldrig våga gå in i ljuset.

D: *Du sa att det finns mycket energi på den platsen. Den genomsnittliga personen kan inte vara i den energin?*

J: Inte på den platsen. Inte i det vita ljuset.

Jag bad henne att beskriva sig själv och hon blev förvirrad igen, för hon var inte säker på om hon var man eller kvinna.

J: (Förvirrad) Jag går fram och tillbaka. Ena minuten känner jag att jag är kvinna, men sen känner jag att jag är man.

Hon bar en lång, böljande vit klädnad, men hon hade inget hår. Hennes huvud hade blivit rakat.

J: "Vi vill inte att något ska störa. Jag känner mig nästan som kvinna, men ändå inte, för vi undviker att vara varken kvinna eller man. Men jag tror att denna kropp skulle kategoriseras som kvinnlig, för jag kan känna mina bröst. Jag är väldigt, väldigt smal, så det finns inte mycket av min kropp."

Jane beskrev också smycken hon bar. De var utsökta och tillverkade av guld och stenar, formade för att omfamna underarmen, vrida sig runt handleden och fortsätta ut på fingrarna.

J: "De smyckar oss fantastiskt. (Skrattar) Det är mer för dem än för mig. Människorna som kommer för att bli helade gillar sådana där fina saker. Det får dem att känna att de får… låt mig se, vad skulle vi kalla det nu? 'Mer för pengarna.' (Skrattar) Det är därför det finns en staty av en guldkatt, och varför de gör våra smycken av guld. De som gör smyckena känner något i guldet. Det är som kärlek i guldets alkemi. Det är det! Det är i alkemin. De gör dessa juveler till oss. (Förvånad) Tusan också, guldet hjälper! Det är det! Det sätt det lyser på. Det är den rena energin som går igenom. Och den går genom guldet, så att när jag rör vid andra för att hela dem, skyddar det dem från att bli skadade."

D: *"Skulle de bli skadade om du inte hade guldet?"*

J: "Ja, det är som en syntetisator från det eteriska till det fysiska. När jag går in i ljuset tar jag av mig mina smycken. Och jag tror ibland att jag till och med tar av mig min dräkt, eftersom jag inte vill ha något mellan mig och det otroliga. Och sedan tar jag på mig dräkten igen, så att den skyddar dem från kroppens energi som jag får."

D: *"Så du genererar mer energi när du är i det energifältet?"*

J: "Åh nej. Jag bara bär den. Det är en så underbar känsla. Den går in i dina... in i atomerna. Det är så fantastiskt."

D: *"Det skadar inte dig, men du måste skydda det?"*

J: "Från de andra. Det är för kraftfullt för dem. Det är som, du rör vid dem och de går 'Poof!' (Skrattar) Det är inget personligt. Det är därför jag måste vara försiktig med dem."

D: *"Finns denna energi i en del av detta tempel?"*

J: "Ja. Vi har vår egen sten där. Och för oss som bär den energin, när vi kommer nära den stenen, vaknar den verkligen till liv."

D: *"Var finns stenen?"*

J: "Människorna kommer in framifrån, och där finns hallen där de vanliga kan vara och samla sig. Sedan finns det ett område där energin börjar förändras lite. Därefter går de in i en annan del, där det finns mer konstverk och juveler i väggarna. Och sedan finns det området där vi förvarar stenen, långt borta från de andra, så att det är säkert. Det finns gardiner som hjälper till att skydda dem."

När jag gjorde min forskning upptäckte jag att de gamla templen i Egypten var designade på det sätt hon beskrev. Templet ansågs vara Guds hus, inte prästskapets hus. Den högsta prästen var Farao, som utsåg höga präster och andra för att utföra hans uppgifter gentemot gudarna. Det fanns två delar i det typiska templet: det yttre templet dit de första invigda fick komma, och det inre templet där man endast kunde gå in efter att ha bevisat sitt värde och varit redo att ta emot den högre kunskapen och insikterna. Tillbederna fick aldrig gå längre än den yttre gården, där de kunde lämna sina offer. Statyn av den gud som templet var vigd åt var placerad i det inre templet. Men i fallet med templet i denna regression fanns det något mer kraftfullt placerat där.

I *Jesus och esséerna* fanns det också en gigantisk kristall i biblioteket vid Qumran, som essén-studenterna kanaliserade sin energi in i, och den styrdes av Mästaren av mysterierna. Jesus lärde sig att använda denna energi medan han var student där. Denna kristall var också i ett skyddat område så att studenterna inte skulle skadas av att komma för nära. Detta är också likt Förbundsarken, som förvarades i det Heliga av Holies bakom förhänget i templet i Jerusalem. Endast kvalificerade präster kunde komma i kontakt med den. I Keepers of the Garden diskuterade Phil ett tidigare liv på en annan planet där hans jobb var som energidirektör, där han styrde energi som riktades till honom. Så det verkar som att många i de gamla tiderna hade tillgång till liknande kraftfulla stenar, och också kunskap om hur man använder och styr den energi de innehöll. Detta är en del av den gamla kunskapen som vi har förlorat. Det verkar som att det nu är dags att återinföra denna information i vår tidsperiod.

D: *"Vanliga människor går inte in i rummet där stenen är?"*
J: "Inte förbi de områdena. Det är inte säkert."
D: *"De har inte den träning som krävs för att hantera den energin?"*
J: "Nej, det handlar om att kunna släppa taget. Det är det jag har arbetat så hårt för i detta liv – att bara släppa taget. (En uppenbarelse.) Åh, är inte det fantastiskt! De av oss som kan arbeta med den heliga stenen placerade en liten bit av den i pyramiderna för faraonerna. Och det är därför människor kan dö om de går in i vissa delar av pyramiderna. Egentligen är stenen så kraftfull att det bara kan finnas en liten bit där inne. Och de som gick in i pyramiderna senare – i vår tid – gravplundrarna, de pratar om förbannelser. Det är ingen förbannelse. Det är stenen."
D: *"Det är bara energi, och den är förmodligen inte kompatibel med alla."*

J: "NEJ! NEJ!"

D: "Och de uppfattar det som något negativt."

J: "Men förstår du, stenen manifesterar vad som helst. Det är stenens hemlighet. Och om deras hjärta inte är rent, det är därför de kan bli förstörda – för att de kommer nära den rena energin."

D: "De manifesterar vad de är rädda för, vad det än är.)Ja, precis.(Det är logiskt. Men vad är det för slags sten?"

J: "Det är lustigt, för man skulle tro att det måste vara en speciell sten. Men det är en dubbelhet i det hela. Kristaller fungerar bra, men det är svårt att hitta en ren kristall. När man väl har en ren kristall, tar man den in i den heliga energin. Det är det som gör kristallen speciell. Det är inte kristallen i sig som var speciell. (Skrattar) Är inte det lustigt? Människor köper alla dessa kristaller nu och tror att det är kristallerna som hjälper dem. (Skrattar) Det är energin. Det är inte kristallen i sig, utan den gudomliga energin."

D: "Men det är som en kristallsten?"

J: "Tja, nej, det är det enda på det fysiska planet som kan hålla den, förutom dessa kroppar som har gått med på det. Vi använder stora kristaller, för när vi går in i vår gemensamma plats och öppnar oss för den energin, kan den rena kristallen hålla det åt oss. Det är lite som de där uppladdningsbara batterierna. Vi kan lagra energin där och sedan gå ut och arbeta med människorna."

D: "Så ni kan ta med er energin och använda den?"

J: "Ja, och ge den. Och sedan försöka hjälpa dem att förstå. Vi kan ge dem en riktigt bra dos av den, eftersom alkemin i guldet på armbanden hjälper till så att de inte blir skadade. Och den energin stannar hos dem lite längre. Jag kan bara röra vid dem så får de en bra dos, men smyckena förstärker den. Smyckena skyddar dem också från sig själva, för den ljusa rena energin är för stark."

D: "Varifrån kommer denna energi?"

J: "Den kommer från andra ljuskällor. Från själva ändarna av det. (Mjukare) Gudskällan."

D: "Hur kan den riktas in i ett enda rum? Den borde finnas överallt, eller hur? Den skulle kunna spridas."

J: "När vi återföds till denna fysiska värld, de av oss som kan bära energin, gör en överenskommelse. Och vi har faktiskt den energin inom oss. Det finns en alkemi i den kroppen. Och det ger den kroppen ganska tuffa utmaningar när de inkarnerar. Det är därför Janes njurar fortsatte att sluta fungera i detta liv – det var en rening av den själens karma. För oavsett vad, måste vi ha dessa svåra upplevelser, eftersom vi vill vara allvetande. Men dessa energier existerar. Så när de kommer in i denna kropp i ett mycket kraftfullt tillstånd, krävs så mycket rening att njurarna inte kunde hantera det."

Jane hade flera sjukdomsperioder som barn och var nära att dö. Hon tillbringade månader på sjukhuset medan läkarna kämpade med ovanliga och obekanta symptom.

J: Det är därför hon blev så sjuk och varför hon var tvungen att vara på sjukhus. Det var den energin hon hade med sig.
D: *"Men borde inte den energin ha stannat kvar i kroppen i Egypten?"*
J: "Tja, tekniskt sett, nej. Det vita ljuset i helandets tempel – det är vad det är, ett helandets tempel – vi kunde sätta energi i kristallen för att snabbare kunna återvända och återuppladda oss själva. Och det gav den ett fokus."
D: *Men jag skulle tro att när själen lämnade den kroppen, så skulle energin ha stannat med den kroppen. Och inte förts vidare. Eftersom det var kroppen i Egypten som dirigerade den, som arbetade med den energin.*

Min första oro är att hjälpa till att läka kroppen i den nuvarande inkarnationen. Så jag försökte separera de två personligheterna så att överföringen inte skulle fortsätta skada Janes kropp.

J: Ja, men vi är här för att ta in den energin. Det är egentligen anden som bär den energin. Och den anden följer med den kroppen. Så det är anden som äger den. Och det beror på i vilken grad anden ska vara i den kroppen fysiskt. Jag trodde inte att det var så tekniskt, men det är det verkligen. I Egypten, vid den tiden och i den kroppen, var alkemin av det fysiska en sak. Men sockerna, föroreningarna i kroppen i denna fysiska tid, miljön, luften. Till och med solen är annorlunda. I Egypten kunde man nästan gå ut och bli helad av solen. Och nu, i detta liv, finns det så mycket skräp i luften, att den nuvarande kroppen, när den gick ut för att leka och försöka hela sig själv, inte kunde. När denna kropp hade operation var det svårt att hantera smärtan. Hon skulle kunna ha sagt: "Nej, jag lämnar denna kropp. Jag drar." Och denna kropp var verkligen lycklig, på grund av inkarnationsteamet, föräldrarna, kärleken. Kärleken, särskilt från den där modern till denna kropp. (Fniss) Jag kunde höra henne kalla på mig att inkarnera från andra sidan. Och jag väntade ett tag, för jag visste att detta liv inte skulle bli särskilt roligt.

D: *(Försöker få tillbaka henne till den ursprungliga berättelsen.) Men det är intressant för mig att anden kunde föra fram den energin.*

J: "Men ser du, det är vad anden är, det är en energi. Vi är alla en gnista av Gud."

D: *Ja. Men den fysiska kroppen i Egypten var utsatt för den energin och visste hur man skulle arbeta med den. Det är därför jag blev förvånad över att den energin fortfarande skulle finnas kvar hos anden.*

J: De var egentligen inte separata. I kärlekens och barmhärtighetens ocean är allt det där ljusa vita ljuset. Och sedan bryter vi oss loss som en liten gnista. Och sedan inkarnerar vi. Och när hon kom in i den inkarnationen i Egypten följde mycket av det vita ljuset med henne. Och sedan ville vi föra in det vita ljuset i nuet. Och när vi gjorde det, på grund av miljön ... jag menar, det var inte den energin då och den här energin nu. För det är allt nu. Det är bara en nyck, och den här delen av nycken, på grund av miljön, det är problemet.

D: *Men energin, du sa, kommer från den allsmäktiga, Källan. Och den gick in i och riktades mot den här kristallen. Blev du utbildad för att veta hur man skapar den här energin och riktar den?*

J: Nej. Du är född med det. Du lärde dig det. Men det kan inte läras ut på detta plan. Du bär det med dig från dina andra skolor på dina andra plan.

D: *Jag undrade om du blev utbildad med andra för att skapa den här energin med kristallen på den platsen.*

Den Komplicerade Universum Bok Två

J: Nej, på den tiden var det tuffare för föräldrarna, för barnen gjorde bara dessa saker. Hur ska vi säga det? Vi bara gjorde det. Barnet bara gjorde det. Och det är därför detta barn behövde vara borta från föräldrarna och från fysiska saker, eftersom kroppen gjorde saker. Om de föräldrarna hade sett det skulle de ha blivit skrämda. De skulle ha blivit för chockade. För som ett barn, när du inkarnerar, så bara gör du det. Och vid pyramiderna, när det barnet föddes, hände saker när det barnet var litet. Så föräldrarna visste att detta spädbarn skulle tas till denna skola. Tas till templet, där de som också gjorde dessa saker kunde uppfostra det barnet, för de föräldrarna visste att de inte kunde det.

Detta liknade fallet med Molly, berättat i ett annat kapitel, som hade fantastiska förmågor i detta liv som en bebis och mycket ungt barn, vilket helt skrämde hennes föräldrar.

D: *Det måste vara i en annan miljö. (Ja.) Men det fanns andra där också med dig.*

J: Och de var också födda på det sättet.

D: *Och de fördes dit. Men du sa att detta tempel ligger nära pyramiderna? Du kan se dem.*

J: Ja. Pyramiderna är längre bort. De hade templet på en höjd, en högre plats. Och sedan kan du titta ut och se var pyramiderna är.

D: *Men du tror inte att det templet någonsin har upptäckts?*

J: Nej. Templet lämnades till dammet, för det var dess tid. Det var inte dess tid att bli känt, som det var för pyramiderna. Och det är något med sfinxen. Kattdelen och sedan ansiktsdelen. Det är lustigt. Det är nästan som om någon visste. Det är som min koppling till kattstatyn. Templet måste lösas upp. Det är därför de byggde sfinxen.

D: *Templet fanns där före sfinxen?*

J: Ja. Och det enda som tilläts vara en påminnelse om det templet som förstördes var denna sfinx. Den representerade kattfolket. De kallade oss kattfolket, för vi hade våra gyllene katter och vi hade våra tempelkatter. Det var för de människor som behövde vår hjälp. Livet de levde, de skulle inte komma till templet. Så vi gick till dem i form av katter.

D: *Hur gör ni det?*

J: Förstår du, katter är mycket speciella. Det är därför de har den där attityden. (Skrattar) Vi kunde lyfta upp dem och kommunicera med dem mentalt. Om du någonsin försöker prata med en katt på det fysiska planet, kommer de att titta på dig som om du är galen. Om du inte är en av oss, då förstår de. Men vi höll katten och pratade med den. Och sedan skickade vi den för att hjälpa någon. När de var klara kom de tillbaka och berättade för oss vad som hade hänt. Men det är därför de byggde den där sfinxen med en kattkropp, eller lejon. Naturligtvis är det det största av alla katter. Vi hade lejon i templet. De var våra bästa katter. Men du vet, om du skickade ut ett lejon bland människorna så skulle de …. (Högt skratt)

D: *De skulle inte gilla det. (Hon skrattade fortfarande åt den mentala bilden.) Och sedan när de kom tillbaka, kunde ni förstå vad katten....*

J: Ja. För vi visualiserade, och katten visade oss att den hade gått dit och gnuggat sig mot den personen. Och kanske öppnade den personen upp för katten, och de kunde hålla den och hålla den. Och de fick den energi som vi skickade med den.

Från encyklopedin:

"I Egypten hölls katter som husdjur inte bara för deras hjälpsamhet, utan också på grund av deras skönhet, intelligens och grace, och de associerades med gudarna. I Egypten var de heliga för den högste guden Ra, som ibland tog formen av en katt, och Isis, den främsta gudinnan, avbildades med katthuvuden. Dessutom vördade egyptierna en gudinna med katthuvud, Pasht, som var nära relaterad till Isis och från vars namn ordet 'puss' tros härstamma. Katt-templen, samt katt-kyrkogårdar innehållande tusentals balsamerade kattkroppar, har grävts fram i olika delar av Egypten. Många andra djur var heliga för egyptierna, men ingen förutom tjuren dyrkades över hela landet som katten, vilken de också odödliggjorde i pyramidtexter och i sina smycken, keramik och möbler."

Kanske förstod inte arkeologerna helt och hållet vilken roll katter spelade i den kulturen.

D: Var du där när templet upplöstes?
J: Nej, jag var där tidigt, när templet var nytt. När det fungerade med energi. När jag hjälpte dem. Om jag skulle gå tillbaka dit nu, skulle jag bara hitta det som en hög av damm. I förhållande till vyn.

D: Gjordes förstörelsen med avsikt?
J: Ja. Människorna behövde gå in i den mörka tiden.

D: Gjordes upplösningen av människor som du, som levde där vid den tiden?
J: Nej. Åh, jag tror att de trodde att de var ansvariga för det. Att energin själv, den gudomliga källan, var arg och sa: "Bra, om ni inte vill ha min hjälp, ska jag upphöra att existera där för er." Och sedan var det bara ... borta. Det fanns inget behov av att det skulle finnas kvar på jordens plan. Det var bara "swoosh".

D: Vad menades med "om ni inte vill ha min hjälp"? Förändrades tiderna efter att du var där?
J: Ja. Folk trodde mer på guldet vi bar, än på energin vi lade in i det. Så de började göra dessa statyer, dessa förbannade statyer. Och de bad till dessa dumma statyer. Och de bad till det guldet. Och de sa, "Nu är jag helad tack vare guldet." Vi försökte lära dem att det inte var guldet. Att det var energin, men de kunde inte förstå det. I det livet bestämde jag mig för att ta av guldet en gång och hela någon, för jag kunde se vart de var på väg. Och jag rörde vid dem, och de dog. Det var för mycket energi. De förbannade mig till och med då. De trodde att jag dödade dem. Och de släpade ut mig, och sedan stenade de mig till döds. Efter att jag inte längre bar guldet,

var det då dessa galna idioter fick idén att det var guldet som helade. De visste inte, förstås. De kunde inte förstå om de inte hade ett barn i sitt liv som vi var. Och även om föräldrarna försökte förklara, var det för sent.

Denna del om templets upplösning lät mycket likt vad som hände med templen för solen och månen i Bartholomews berättelse i bok ett.

D: *Jag trodde att energin bara kunde lämna, men att byggnaden skulle förbli.*
J: På grund av vad vi hade kunnat göra, var det som att molekularisera Gud, på ett sätt. Och varje liten bit av det templet hade den energin i sig, särskilt i det ena området. Och det är därför det måste upplösas, för om människorna hade gått in där senare, skulle de ha blivit dödade. Och därför tog de ut allt guldet, på grund av den energi som guldet hade. Guldet helade fortfarande människor.
D: *Så det gjorde någon nytta.*
J: Åh, ja. Men templet självt, och kvartsbiten, den heliga stenen, förvandlades till damm när det upplöstes. (En insikt.) Åh, för guds skull! När du tittar på sandkornen nu i det området, kommer du att se små kristallina bitar. Och det är de små bitarna av den heliga stenen. Men stenen måste brytas ner i dessa små fragment för att inte döda fler.
D: *Men det finns fortfarande mycket energi i det området, eller hur?*
J: Åh, ja! Och vi säger, en ros är en ros är en ros. Och när det gudomliga går med på något, ändrar det inte bara sitt sinne som en människa gör. (Skratt) Ja, vad det gör, det gör det.
D: *Så templet fanns samtidigt som pyramiderna.*
J: Ja, pyramiderna var de äldsta.
D: *Kom Sfinxen senare?*
J: Ja, för efter att templet var borta, även om folket inte förstod vad vi gjorde, var de tacksamma för guldet. Och mysteriet med kattfolket blev som en legend. Prästerna kunde inte fortsätta det vi gjorde eftersom de inte kände till våra hemligheter. Att skapa en legend var det bästa de kunde göra.
D: *Vad använde de pyramiderna till vid den tiden?*

J: De var som satelliterna från templet. Som jag sa, vi tog en liten bit av den heliga stenen från vårt tempel och satte den i pyramiden, för att hedra de stora. De stora Faraoerna. Och de var stora. De var de som valdes att arbeta med folket. Faraoerna föddes med sina hemligheter, precis som vi föddes med våra hemligheter för att hela och hjälpa människor. Och vi från templet var av främmande energi, och de från pyramiderna var av en annan energi. Och pyramidenenergin hade mer av det negativa. Det är därför den fortfarande existerar, för den kunde assimileras så mycket lättare i denna miljö. Och det var ett sätt att försöka bära och förklara något av det stora templet. (Paus) Vi var de som överlevde Atlantis och dess förstörelse. Det var den första platsen där den energin togs in. Och det var där vi först lärde oss att energin måste skyddas. Den måste vara i det speciella templet, för det var den första platsen där den gudomliga energin användes. Och så snart de där galna människorna började få sina galna idéer... du kan inte ha någon negativitet runt den gudomliga. Det är inte så att den gudomliga pekar på det och säger: "Oooh, det är dåligt!" Så är det inte. Den gudomliga gör inte det. Den gudomliga är bortom det goda och det onda. Men vad som händer är, om du har det negativa och du tar in det i det gudomliga igen, så exponentieras det. Det var den fantastiska delen. Det var inte ens så vid atlanttiderna. Det var inte att de var onda. Det var inte att de var grymma, men det var början på det negativa. Jag antar att den Stora förstod att vi inte lärde oss tillräckligt genom att vara positiva. Det är så anden är. Anden slutar aldrig. Och vi kan inte gå från en kropp till nästa.

D: *Du bara förde vidare informationen från ett liv till ett annat?*

J: Ja. Det fanns faktiskt de som blev informerade om att Atlantis närmade sig sitt slut. Det var så svårt för oss att acceptera, eftersom vi trodde att vi kunde undervisa. Och det var inte så att vi inte kunde undervisa. Alkemin i kropparna förändrades. Och det var en del av vad som ledde till förstörelsen av Atlantis. Därför måste det förstöras helt och hållet igen i Egypten, eftersom den energin inte kunde släppas lös.

D: *Hade energin blivit för kraftfull?*

J: Ja. Jag har lämnat det templet och gått till gamla Atlantis nu. Jag kan förstå det bättre om jag har mina fötter i Atlantis, för, åh, det var så vackert. Och jag var så upprörd när de sa att det måste ta slut.

D: *Men energin missbrukades i Atlantis, eller hur?*

J: Åh, ja. De kallade det nästa steg. Kan du tänka dig det? De kallade det nästa steg. Jag kallade det klippdykning. För vad om jag kunde hoppa från ett stup och gå "splatt"! Vad har jag lärt mig? Jag har lärt mig att jag kan "splatt". Vad är poängen? Men de sa att det inte var splatten, det var fallet. Att lära sig från fallet. Återigen försöker vi se en riktning, och vi pratar om evolution. Det var vad vi försökte utvecklas till. Alkemi i kroppen började förändras. Alkemi i våra kroppar då... åh, mina, vad våra kroppar kunde göra! Dessa kroppar kan fortfarande göra det. Men alkemi började förändras, och då började energin förändras. Då kunde vi inte komma nära det rena. Vi var tvungna att komma längre och längre och längre bort från det. Och det är därför vi nu kan gå tillbaka till den kroppen. Den gömmer sig fortfarande där under alla dessa lager.

D: *Har det fortfarande kunskapen?*

J: Ja. Och det är därför vi kan titta på det och säga, "Okej, jag ska hela detta." (Småskratt) Och det är därför denna kropp har svårt att läka detta här (Hon pekade mot mitten av sin panna), för den kunde inte acceptera den gudomliga delen.

D: *Tredje ögat? (Ja)*

Jag ville återvända till informationen om Sfinxen.

D: *Du pratade om Sfinxen. Du sa att den skapades senare till minne av Kattfolket. Hade den ett ansikte som det har nu?*

J: Nej, det var mer ett kvinnligt ansikte. De gjorde om det senare.

D: *Det är vad jag har hört. Folk har sagt att det ursprungliga ansiktet var annorlunda.*

J: Det ursprungliga ansiktet var vackert. Det var en kvinna. Det var en vacker, vacker kvinna. Åh, jag såg just något! Hon som de stenade? Det var hennes ansikte som de satte på där.

D: *Den du var i det livet?*

J: Ja. Jag insåg inte att de tyckte att jag var så vacker. (Småskratt) Jag var det inte. Det var deras skuld för att de stenade mig. Men de stenade mig för att de var rädda för mig, för att jag dödade någon. Jag hade aldrig förut dödat någon. Allt jag ville göra var att visa dem att deras förbannade guld inte var det som botade folk. – Det fanns också huvudbonaden. Jag bar också en huvudbonad när jag utförde helandet. Den gick ner över axlarna. Åh, det är därför mina axlar gör ont! På grund av den där förbaskade huvudbonaden. Den var så tung. Åh, och det är min skuld. Det är det! Det är därför axlarna gör ont i denna kropp, för att jag trodde att jag orsakade templets förstörelse.

D: *Men det gjorde du inte.*

J: Åh, nej. Det vet jag nu.

D: *Hur ser huvudbonaden ut? Jag försöker få en mental bild av hur Sfinxens ursprungliga ansikte såg ut.*

J: Huvudbonaden hade som en axelbåge, och sedan gick den upp och sedan över. Och den hade en upphöjning. De försökte göra den lite som en sol runt huvudet. De försökte representera den energiglöd vi försökte stråla ut. Den passade över huvudet. Och ner över axlarna, och ut så här, ner till tassarna. Och så satte de den delen på kattkroppen. Ursprungligen var det axeldelen till huvudbonaden, eftersom det var som en mantel som vi satte på oss. (Hon verkar här byta och börjar beskriva sin egen huvudbonad igen.) Och det fanns juveler över toppen. Kanske var det som diamanter, kanske som kristaller, men den delen var klar, och den var infälld i guldet. Och den var fruktansvärt tung, det var vad den förbaskade saken var. Och minnet av det orsakade axelsmärta i detta nuvarande liv. Smärtan orsakades också av att jag hela tiden trodde att jag orsakade templets förstörelse. Tassarna kom ut från axeldelen av huvudbonaden. Det var som om du lade katten ner, och sedan placerade manteln ovanpå den så att tassarna kom ut vid änden. Men detta var en del av manteln på den huvudbonaden.

Hon gjorde handrörelser som visade hur axeldelen gick ner så långt som till hennes handleder, med bara händerna som stack ut.

J: Och det är därför Sfinxens huvud skulle ha varit så mycket större, på grund av huvudbonaden. Och det är därför det föll isär, eftersom den mantel-delen inte kunde stå emot väder och vind.

D: *Ändrade de huvudet medvetet, eller föll det bara isär?*

J: Tja, det var den kvinnliga grejen. Faraonerna, de killarna med pyramiderna som fortfarande står där. De var inte så förtjusta i att ha den där stora kvinnotingen där. (Småskratt) Så de gjorde det mer generiskt, eftersom det inte nu exakt ser ut som en man eller en kvinna.

D: *Just det. Huvudet är för litet för kroppen.*

J: Ja, alldeles för litet för kroppen. Faraonerna gjorde det mindre, för att de ville sätta oss på vår plats när tiden gick. Kroppen var den av en katt. Och så proportionellt försökte de sätta huvudet av en människa på en katt. Och sedan gjorde de beräkningarna. Vad är sextiotvå gånger? Sextiotvå gånger storleken på kattens kropp skulle ha varit proportionen. Sextiotvå, något sådant. Du har sett sakerna som faraonerna bar över sina huvuden. De tog det från oss med vår mantel.

D: *Det pratas om något under Sfinxen. Vet du något om det?*

J: Kanske är det något av vårt gamla tempel. Kanske byggde han Sfinxen ovanpå där vårt tempel var? Är det så? Hemligheter?

Under hela denna session verkade Jane ta emot information som förvånade henne, något hon inte logiskt hade förväntat sig. Dessutom var många av hennes svar nästan viskningar. Mycket mjuka, men bandspelaren lyckades fånga upp dem.

D: *Folk har sagt att det kanske finns något under Sfinxens tassar.*

J: Under kroppsdelen. De behöll några av våra hemligheter i den kroppsdelen, innan templet förstördes. För vi dokumenterade en del av våra lärdomar. Lärdomarna bevarades.

D: *Kan du se var detta skulle vara?*

Den Komplicerade Universum Bok Två

J: Ja, katten sitter på det. (Småskratt) Har du någonsin sett en katt när den fångat en mus och är stolt över sig själv? Den lägger sig på den. Det är vad denna Sfinx har gjort. (Skratt) Den ligger på sitt stora byte, på sitt stora pris. Tassarna, kanske det skulle kunna vara vägen in i det. Visst, visst, det är där du går in. Jag kan nästan se det. Under tassarna finns en ingång. Och de gjorde det så med avsikt, för i vårt ursprungliga tempel … kommer du ihåg att jag berättade hur vi placerade den mest energifyllda delen längst bak? Jag tror att de kanske behöll lite av den sanden från templet som förstördes. (Skratt) Och ingen … (Hon fann detta roande) det här är roligt. De kommer att gå under de där tassarna, de kommer att hitta ingången, de kommer att bli så exalterade. De kommer att gå tillbaka dit, och de kommer att hitta (Skratt) … damm och sand. Och de kommer att säga, "För detta?" (Skratt) De kommer att säga, "Åh, ja, det här var redan plundrat."

Det skulle verkligen vara en chock för upptäckarna, eftersom de inte skulle inse vikten och symboliken i sanden kopplad till den ursprungliga energin från helandetemplet.

D: *De hoppas hitta dokument och liknande saker där.*
J: Det finns dokumenten. Men det kommer att ta dem ett tag att försöka tyda dem, eftersom det var vårt hemliga språk.
D: *Finns det ett sätt att komma tillbaka till den delen om de hittar ingången?*
J: Labyrinter? Jag tror att de gjorde det till en labyrint. (Paus) Jag får inte säga något.
D: *Du får inte säga vad?*
J: Tja, de som inte förstördes i templet var arga. Så de gjorde det här väldigt, väldigt svårt. Och de kommer inte att göra det lättare för någon. De sakerna begravdes. Men när folk tar sig in där kommer de att hitta ett helt annat språk som de inte har stött på tidigare. Annorlunda än vad de vanligtvis tror talades då, eftersom vi hade våra egna sätt. Och det var inte bara att vi hade våra egna sätt. Det var vad vi blev lärda. Det var så trevligt att kunna vara i templet, eftersom det var ett så annorlunda sätt att vara än utanför templet.

Vi hade våra egna språk. Vi hade våra egna färdigheter. Vi hade våra egna sätt att göra allt. Men det måste vara annorlunda, eftersom vår energi var så annorlunda. Och det var samma sak i Atlantis, för att vi skulle lära oss mer. Vi var tvungna att skapa templet, för med våra diskussioner med det gudomliga och vad vi försökte lära oss här, bad vi om att fortfarande kunna undervisa. Men det gudomliga sa, "De kommer inte att lära sig." Och vi sa, "Ni måste ge oss en chans." Och det gudomliga sa, "Okej, här." Det var vad det gjorde. Och han sa, "Men ni måste vara helt separata, helt annorlunda, helt ...." Så när de kommer in där, kommer de inte att förstå vad de hittar. Jag vet inte ens om hieroglyferna ....

D: *Inristningarna?*

J: Ja, ja. Jag vet inte ens om de kommer att förstå dem. De kommer att bli så förvånade. Jag undrar bara om de kommer att få lov att till slut ta sig in där. Men jag antar, med de saker som kommer, de saker som kommer ... (Mjuk röst) kanske. De kommer att bli så förvirrade. (Skratt)

D: *Kan du se, kommer ingången under tassarna att vara svår att hitta?*

Anledningen till att jag försökte följa upp detta och få fler detaljer var att jag hade en session med en vän om samma sak bara en vecka tidigare. Hon arbetar med undersökare i Egypten, som en synsk, för att försöka upptäcka de gömda tunnlarna. Hon hade redan varit nere i en del under tassarna, mellan Sfinxen och pyramiden. Hon planerade att återvända för att göra mer undersökning.

J: Den är gömd i öppen dager. Den är så uppenbar. Energimässigt tror jag att om jag var där skulle jag kunna säga, "Börja gräva här, grabbar." Den är väldigt djup. De gick ur sitt sätt för att göra det komplicerat, men inte omöjligt. De som gjorde detta förstod vilken logik som skulle användas nu, och så använde de det emot dem. (Småskratt) Så om de försöker göra en logisk framsteg om det, kommer de bara att komma längre bort. (Hon fann detta roande.)

Den Komplicerade Universum Bok Två

D: Men när de väl tar sig in där kommer de att hitta en labyrint.

J: Det är det som kommer att sakta ner dem, eftersom det finns så många olika återvändsgränder. Och det finns mycket område mellan där tassarna är och ryggen.

D: Men det är bara rätt personer som kommer att kunna hitta det, eller hur?

J: Tja, det är de som har bett. De har bett om att få ta det till nuet, för det kommer att ta dem så lång tid att förstå det. Det kanske inte är så chockerande för dem, eftersom bilderna kommer att visa att kroppen kan läka sig själv. Men de kommer inte att förstå.

Jag ställde sedan frågor som Jane ville få svar på. Det var det verkliga syftet med sessionen. Jag kommer bara att inkludera kommentarer som relaterar till berättelsen. Resten kanske inte är relevant. Jag frågade det undermedvetna hur det livet i Egypten relaterade till händelserna i hennes nuvarande liv.

J: Den stora upplevelsen var att inse att hon inte förstörde templet. Också axelgrejen. Hon bar mycket av det i detta liv.

Vi visste nu att obehaget kunde tas bort, eftersom vi hade hittat källan till problemet.

J: Vad hon behöver förstå är att det gudomliga, ja, kan kontrollera. Och ibland när vi kommer in i det fysiska tror vi att vi bara försöker saker, men det är det inte. Hon trodde att hon var orsaken till templets förstörelse.

D: Hon hade inget att göra med det, men hon blev stenad.

J: Det var dags för folket att förstå att det inte var guldet som utförde helandet. Men det gudomliga visste, och hon blev visad att hon skulle stenas för det. Varför skulle hon glömma det? Åh! Hon glömde eftersom det var så hemskt. Det är logiskt. Men det var dags för medvetandet att göra den förändringen. Folket behövde göra den förändringen. Fast det var ett stort steg bakåt. Det var tusentals inblandade när hon stenades, och det var en stor tragedi.

D: Ja, det var det, eftersom många förmågor och användningen av energier förlorades vid den tiden.

J: Och det är därför hon har förtjänat privilegiet att få ta tillbaka det i detta liv.

D: Det är därför hon kom in i detta liv med så mycket energi, att hon var tvungen att vara på sjukhus som bebis. För att lära sig assimilera energierna, så att kroppen kunde hantera det?

Jane var tvungen att stanna på sjukhus i månader som bebis på grund av ovanliga symtom som läkarna aldrig kunde förstå. Tydligen var det en tid av anpassning så att kroppen kunde justera sig till den höga energi hon bar med sig in i detta liv från livet i Egypten. Men detta har också nu spårats längre tillbaka till livet i Atlantis när användningen av dessa energier var vardaglig.

J: Det gudomliga har arbetat med människor så att de får dessa ovanliga upplevelser. Det är naturligt. Under den atlantiska tiden, om du inte hade det, var det något fel på dig. Det var en naturlig sak att göra. Och vad vi gjorde med det då i Atlantis ... vi gick in i det negativa. Och efter att ha gått så många år djupare, djupare, djupare, djupare in i det negativa, har vi nu lärt oss vart vårt negativa leder oss.

Jane fick tillåtelse att minnas denna kunskap så att hon kunde använda den för helande i sitt nuvarande liv. Energin var tillgänglig, den hade aldrig riktigt försvunnit. Den hade väntat i ett vilande tillstånd tills hon skulle återfödas i ett liv där hon kunde använda den. Kunskapen om hur man använder dessa förmågor skulle komma till ytan av hennes medvetna sinne, och det skulle bli mycket lätt och naturligt för henne att använda dessa energier i sitt helande arbete. Jag märker att många, många av de människor som lever nu ansluter sig till dessa vilande energier, eftersom tiden nu är inne att återuppliva dem och använda dem på ett positivt sätt.

J: De byggde Sfinxen för henne, eftersom de älskade det hon gjorde. Men de fruktade det också, och det är därför de begravde

Den Komplicerade Universum Bok Två

hemligheterna djupt under den, eftersom de kände att hon var den enda som visste det. Och så när hon dog förstördes templet. Det fanns en sådan stor rädsla, och de begravde dessa saker djupt. Och de byggde Sfinxen för att hedra henne och förhoppningsvis blidka henne så att hon inte skulle skada folket längre.

Det måste också ha varit mycket skrämmande för folket när templet förstördes totalt och upplöstes till en hög av damm och partiklar. Det är lätt att förstå hur onaturliga händelser kan skapa legender, monument och idoler för att symbolisera vad som inträffade. Under senare år skulle människor inte ha hela historien om händelserna (på grund av deras onaturliga komponenter), och andra förklaringar skulle kunna föras fram av dem som hade makten. Särskilt om de vill misskreditera de ursprungliga händelserna. Detta har varit många härskares och prästers roll genom historien, och anledningen till att mycket av vår historia om Jorden (särskilt den antika tiden) har gått förlorad. En del av mitt arbete har varit att föra tillbaka denna historia till vår tid.

Det fanns en märklig och ganska ovanlig följd av denna session. Vi befann oss i Kansas City, Missouri, för att delta i Unity Church-konferensen. Min dotter Nancy och hennes barn var på hotellet där konferensen hölls och sålde mina böcker vid en monter. När konferensen var över skulle vi resa hem till Huntsville, med ett stopp hos min dotter Julia i Lamar. När vi försökte hitta rätt gata som ledde oss till motorvägen ut ur staden körde vi vilse och hamnade på en okänd gata. Vi passerade ett enormt frimurartempel. Jag blev helt förbluffad när jag såg två mycket stora statyer, en på vardera sidan av trapporna som ledde in i byggnaden. De var statyer av liggande sfinxer. De hade en kvinnas ansikte och en ovanlig huvudbonad som gick över huvudet, ner över ryggen, halva vägen över axlarna och ner till tassarnas handleder. Båda statyerna verkade vara identiska. Jag blev häpen och började berätta för Nancy om sammanträffandet med regressionen jag just avslutat. Vi körde flera kvarter innan jag bad Nancy att vända om och köra tillbaka. Jag ville gå ut och titta närmare på statyerna. Jag ville också ta några bilder. Vi körde tillbaka och parkerade. Jag gick ut och gick runt hela templets framsida och tog bilder på statyerna från alla vinklar. Jag ville ha visuella bevis och något konkret som jag kunde hänvisa till i en bok och även använda i min forskning. Jag fortsatte att undra varför frimurarna i Kansas City hade denna symbol för sfinxen. Det var definitivt en avvikelse från den traditionella versionen av den i Egypten. Jag visste att jag skulle behöva forska i bakgrunden till denna symbol. Jag visste också att regressionen hade någon grund i verkligheten och att jag borde skriva om den. Vem vet vad jag kan upptäcka? Jag vet också att det inte var en slump att vi hamnade på den "felaktiga" gatan.

Ända sedan jag hade denna regression har jag försökt att genom forskning hitta bevis på att en kvinnlig sfinx verkligen existerade, men utan framgång. Jag har funnit omnämnanden om att en andra gigantisk sfinx tros ha existerat på andra sidan Nilen, men jag har inte kunnat hitta något mer om det. Jag har fått höra att det finns många, många sfinxer i Egypten, och några av dem har ett kvinnligt ansikte, men de avbildas vanligtvis med vingar. En webbsida på internet sa: "Sällan avbildades den egyptiska sfinxen som en kvinna. När den gjorde det symboliserade den gudinnan Isis och/eller den regerande drottningen." Samma webbplats nämnde att det i forna tider fanns ett soltempel framför den stora sfinxen som tog emot offer till den uppgående solen. (Återigen referensen till guld som representerade solen.)

Det finns också många, många pyramider av varierande storlekar i Egypten. Den stora sfinxen och pyramiden nära Kairo är de som vi är mest bekanta med.

Eftersom jag inte kunde hitta något mer om den gamla sfinxen bestämde jag mig för att ta reda på varför frimurarna i Kansas City placerade statyer av kvinnliga sfinxer vid ingången till sitt tempel. Jag

Den Komplicerade Universum Bok Två

möttes av förvånande resultat. Den magnifika byggnaden är Scottish Rite-templet, beläget på 1330 Linwood Blvd. i Kansas City, Missouri. Det byggdes 1928, och Jorgen C. Dreyer var arkitekten och skulptören av sfinxstatyerna. Jag lyckades slutligen kontakta någon ansvarig på templet, och han var förvirrad av min fråga: "Varför har sfinxerna vid ingången till byggnaden en kvinnas ansikte?" Han sa att ingen någonsin tidigare hade ställt den frågan. Han sa att de går förbi dessa statyer varje morgon på väg till jobbet och aldrig hade ifrågasatt det. Men ja, varför skulle en frimurarloge, en mansdominerad organisation, ha statyer av kvinnor vid sin ingång? Han sa att byggnaden och statyerna var avsedda att vara en exakt kopia av Scottish Rite-högkvarteret i Washington, DC. Detta byggdes i slutet av 1800-talet under den napoleonska eran, när egyptisk arkitektur starkt påverkade byggnader i Amerika.

Jag gick vidare till internet för att hitta mer information om byggnaden i Washington som föregick den i Kansas City, men mysteriet fördjupades. De skulle vara exakta kopior av varandra. Arkitekturen på byggnaden var det, men inte statyerna. Sfinxerna i Washington som står på varsin sida om trapporna är manliga. De är inte identiska, en har ögonen öppna och den andra har ögonen stängda. De sägs representera Visdom och Makt.

Jag försökte hitta mer information om skulptören, Jorgen C. Dreyer, för att ta reda på varför han skulpterade statyerna som kvinnliga. Det fanns information om mannen och byggnaden, men inte om hans motiv. Från Kansas City Librarys webbplats: "Scottish Rite-templets sfinxer blev färdiga 1928 och väger vardera 20 000 pund. Varje av de två kvinnliga huvudena på lejonkroppar med detaljer av gripar bär en medaljong som representerar frimurarorden." Jag försökte få reda på mer genom att forska i tidningsarkiv från invigningsdatumet för byggnaden 1928. Jag trodde att det kanske skulle finnas en hänvisning till varför statyerna designades som de gjorde. Men återigen utan framgång. Kansas City Star tillåter inte längre någon att se deras arkiv. Hur förväntar de sig att människor ska kunna forska om vi inte har tillgång till gamla tidningsarkiv?

Den Komplicerade Universum Bok Två

Jag hade inte heller tur med att hitta något omnämnande av "Kattfolket", förutom att det är känt att katter var högt respekterade och dyrkade i Egypten.

Så jag bestämde mig för att gå vidare med denna bok trots att jag ogillar att lämna lösa trådar. Kanske finns det någon där ute som har svaren och kan dela dem med mig.

Kvinnans huvudsfinxer vid ingången till Scottish Rite Temple, Kansas City, Missouri

Makt   Visdom

Sfinxer med manligt huvud vid Scottish Rite Temples högkvarter i Washington, D.C.

Kapitel 4
GUDINNAN ISIS

DENNA SESSION UTFÖRDES medan jag befann mig i Las Vegas, Nevada, där jag talade på en konferens i april 2002. Ingrid var en liten kvinna i femtioårsåldern som hade vuxit upp i Sydafrika. Hon hade en accent, men jag vande mig vid den under sessionen. Accenter ger mig alltid problem. Jag måste lyssna mycket noga. Ibland går inte personen lika djupt om engelska är deras andraspråk, men i Ingrids fall verkade det inte göra någon skillnad. Hon gick djupt snabbt. Jag hade inte ens chansen att fråga var hon befann sig när hon steg ner från molnet. Hon började med ett känslomässigt utbrott. Jag var tvungen att snabbt slå på mikrofonen.

I: Jag kom hit för att skapa fred! Andra förstår inte våra sätt. De slåss så mycket. De förstör så mycket. Vi har försökt bringa balans, men de förstår inte.

Hon var så känslosam att hon var på gränsen till tårar. Jag undrade vad som orsakat detta utbrott. Var det relaterat till ett tidigare liv, eller var det något som Ingrid hade hållit inom sig under en lång tid?

I: Jag ville inte komma hit, och mina äldre tvingade mig att komma hit, för planeten behövde en förändring. Och jag kom. (Gråter)
D: Har du varit på jorden länge?
I: Jag var här för trettiosextusen (36 000) år sedan, på Memfis tid. (Hennes ord var svåra att förstå eftersom hon snyftade mellan meningarna.) Jag kom då från Sirius för att gottgöra förstörelsen på denna planet.

Den Komplicerade Universum Bok Två

Jag kan inte leda utan måste låta personen berätta sin egen historia. Syftade hon på förstörelsen av Atlantis?

D: *Levde du vid tiden för förstörelsen?*
I: Jag kom efter förstörelsen. För att hjälpa folket. Rasen som var på jorden.

Känslorna avtog. Hon var lättare att förstå.

I: Överlevarna. För att lära dem de nya vägarna. För att lära dem kärlek. För att lära dem harmoni. För att lära dem enhet.
D: *Kom andra med dig?*
I: Det var några av oss som kom i skeppet. Vi landade på platsen som ni kallar Egypten. Några av överlevarna fanns där, eftersom det var en del av Atlantis. En stor del av Atlantis ligger under havet. Och mycket ny mark dök upp. Egypten var en del av Atlantis.

Hennes uttal var mycket noggrant, som om namnen på dessa länder var konstiga och svåra att uttala.

I: Några av överlevarna var i Egypten. Och det fanns andra på små öar, som efter ett tag flyttade till andra höga landområden.
D: *Men du hade bott på det du kallar "Sirius"?*
I: Ja. Vi är en mycket högt utvecklad ras eller frekvens eller energinivå. Vi lever av ljuset. Vi äter inte fysiska saker, som ni gör på denna planet.
D: *Men du sa att de andra tvingade dig att komma?*
I: Det finns ett råd av äldre på vår planet som övervakar mycket av kosmos. De är ansvariga för liv och för skapelse. De skapar många av arterna och många av planeterna. Detta är deras uppgift.

Detta uttalande om skapelsen av vår art överraskade mig inte, eftersom jag har fått samma information genom många av mina ämnen. Det resulterade i mina böcker, *Keepers of the Garden* och *The Custodians*, som täcker materialet i detalj.

D: *Måste de fysiskt gå till dessa planeter för att göra detta?*
I: De behöver inte nödvändigtvis åka fysiskt, men ibland gör de det. När de omprogrammerar saker. När de omstrukturerar saker. När de återskapar arter som är helt – vad ska vi säga? – har gått vilse. När frekvensen och energinivåerna inte längre är användbara för fred och harmoni.

D: *Ursprungligen skapade ni djuren där och tog dem fysiskt till planeten?*
I: De togs inte fysiskt till planeten. Vi designade dem där vi var, och kom sedan fysiskt hit för att ge dem energi. Med substansen från vilka frekvenser som helst som planeten Jorden har; energierna och frekvenserna på denna planet.

D: *Så ni åkte också till många andra planeter?*
I: (Avbryter) Åh, ja! Vi har befolkat inte bara denna planet, utan många, många fler. För vi är portvaktarna för denna planet, och många, många fler. Vi är oroade över vad som händer här. Förstår du inte? (Hon blev känslosam igen.) Med förstörelsen som pågår. (Snyftar) Vi gav dem fri vilja, men för att uppleva kärlek, inte oenighet och förstörelse. De har gått vilse.

D: *Men du sa att du inte ville komma. Varför skickade de dig?*
I: (Hon lugnade sig.) De skickade mig första gången efter Atlantis översvämning för att hjälpa arten. Det var andra som kom med mig. Det var många av oss. Och när arten var redo att klara sig själv, lämnade vi.

D: *Hade ni fysiska kroppar vid den tiden?*
I: Vi var tvungna att ändra vår struktur för att anpassa oss till den mer grundläggande nivån hos Jordens arter. Så vi antog fysiska kroppar för att – hur ska jag säga? – vara mer i linje med strukturen, energierna och frekvensnivåerna på denna planet. Vilket är mycket lågt, och vi skulle kalla det "mycket grundläggande". Stjärnsystemet ni kallar "Sirius", den ljusaste stjärnan ni ser på himlen, det är där vi kommer ifrån.

D: *Hur såg ni ut i er ursprungliga form vid den tiden?*
I: Vi är nu ljuskroppar. Bara energifrekvenser. Ni ser oss som ljus. Ni ser oss inte riktigt som en fysisk form, bara som ljusvarelser.

D: *Då bodde ni på en av kropparna som kretsar runt Sirius? Är det vad du menar?*
I: Vi lever i Sirius.
D: *Men jag tänker på en stjärna som vår sol. Den borde vara väldigt het och väldigt ljus.*
I: Den är inte bara ljus. Den är briljant ljus. Men våra frekvenser och våra energier är i linje med det systemet. Precis som era kroppar är i linje med Jordens system, är våra också i linje med vårt system. Våra frekvenser resonerar med stjärnan ni kallar "Sirius".
D: *Ni skulle vara en energi som var en del av den solen, som vi kallar den? (Ja) Det var vad jag försökte förtydliga. Du sa att det finns ett råd där. Är de också placerade på stjärnan?*
I: De är placerade där, och de är också placerade i det ni kallar "den centrala solen". Vi är ständigt i kontakt med det ni skulle kalla "Ordens Herrar".

Jag kunde inte förstå detta. Jag trodde att hon sa Lagarna, men hon rättade mig och sa att det var "Ordens Herrar".

I: Ordens Herrar i Kosmos, eller som ni skulle kalla det "Ordet". Och som vi skulle kalla det, "Kosmos", eller "Herrarna av den centrala solen", eller de högre varelserna, eller ljusvarelserna från den centrala solen. De är en del av det ni skulle kalla "Gud" eller Gudinna, eller där vårt ljus har sin början.
D: *Jag har hört talas om rådet, men jag var aldrig säker på var de var belägna. Men det är dessa som tar hand om alla planeter?*
I: Om hela Kosmos.
D: *De skapar alla regler och förordningar.*
I: Ja. Det finns många lagar, men de är inte kontrollerande lagar. Det är lagar skapade ur kärlek. Det är lagar som fungerar med frihet och med kärlek.
D: *Har du alltid varit en energivarelse, eller hade du andra liv?*
I: Jag hade förmågan att forma mig efter energifrekvensen. Jag var ibland tvungen att anta en fysisk form för att höja vibrationsfrekvensen av energinivåer. Inte bara på er planet, utan ibland även på andra planeter.

Den Komplicerade Universum Bok Två

D: *Men vid den tiden när du först fick veta att du skulle komma, visste rådet att något skulle hända med Atlantis?*

I: Rådet väntade på att översvämningen i Atlantis skulle inträffa. Det var dags. Det var för sent att rädda Atlantis. Men de behövde hjälpa planeten, överlevarna, ekosystemet och andra livsformer. Hjälpa dem och stötta dem i deras överlevnad.

D: *För det var mycket kaos vid den tiden.*

I: Åh, det var det. För mycket. Alldeles för mycket. Jordens axel förändrades också, så du kan föreställa dig problemen och förstörelsen med något som var helt obalanserat.

D: *Så ditt uppdrag var att landa i Egypten och hjälpa överlevarna där.*

I: Ja, och jag bodde där en väldigt lång tid. Jag levde från det att jag anlände, och från det att jag tog en jordisk kropp för att kunna vara en del av denna frekvens. Och för att kunna resonera med denna frekvens var jag tvungen att ta en jordisk kropp. Och den kroppen var i fysisk form i minst sexhundra år. De flesta av oss levde ungefär så länge, tills människorna blev mer självförsörjande. Sedan lämnade vi.

D: *Så du levde med dem hela den tiden, med denna fysiska kropp som du hade format.*

I: Ja, det gjorde vi. Och några av oss gifte sig med jordiska arter för att ge dem en högre varelse som kunde hjälpa till när vi lämnade.

D: *Visste människorna att ni var annorlunda?*

I: Åh, det gjorde de. De kallade oss "gudar", eftersom de kände igen oss. Det är därför jag var känd som Isis, gudinnan. Jag var kvinnan, Isis, gudinnan. Jag tog den kvinnliga kroppen. Och mitt namn då var inte som du känner det som Isis. De har ändrat det något. Jag hette Ezi (fonetiskt). Det var det ursprungliga namnet. Ezi, som ni nu kallar Isis. Vi hjälpte folket. Vi fick dem att förstå allt om ekologi. Vi lärde dem om olika örter. Vi lärde dem om olika helande metoder. Vi lärde dem hur man höjer frekvenserna. Vi lärde dem om enhet. Vi lärde dem om det som ni kallar "Gud". Det vi vet om den vänliga skaparen. Vi lärde dem om Honom. Vi lärde dem hur man älskar varandra, respekterar varandra, respekterar varandras utrymme. Och respekterar allt liv. Att allt var en del av enheten. Att det inte fanns någon separation.

D: *Jag antar att de var redo att höra detta efter förstörelsen.*
I: Åh, de var väldigt, väldigt redo. De var redo att vända om. De var verkligen redo att förändras.
D: *Lärde ni dem också hur man bygger byggnaderna?*
I: Åh, ja. Pyramiderna är uråldriga, min kära. Mer än tolv tusen år gamla (12 000). De är uråldriga, uråldriga, uråldriga. Mer än du kan föreställa dig. De byggdes med en form av ljusenergi. De stora stenarna som du ser skapades med ljusenergi.
D: *Gjorde ert folk från Sirius det, eller lärde ni de andra hur man gör det?*
I: Vi var delvis ansvariga. Men några av de arter som vi skapade genom giftermål resonerade också med några av våra frekvenser. Och de kunde också arbeta med ljusenergin och teleportera de flesta av dessa massiva stenar och strukturer. Och designa saker exakt i enlighet med vad vi hade planerat, så att de var i linje med planeten, och i linje med Sirius. Och i linje med att ta emot frekvenser och energier med vem som än gick in i dessa enorma tempel. De var verkligen helande tempel. De är inte, som folk tror, begravningstempel. De är det inte.

Jane sa samma sak i kapitel tre, "Kattfolket."

D: *Jag har aldrig trott att de var gravar.*
I: De är inte platser där människor går efter att de har dött. De är tempel för att höja frekvenser. För att höja energin. Det är vad de är till för. Mycket av energin är inte lika kraftfull som den var, men det finns lite frekvens kvar. Det som har hänt över tid är att människor har kommit in med förändringar i energier och vibrationer. Och de har förstört mycket av templets ursprungliga essens. De har förnedrat det.
D: *Det har också gått många år. Det skulle göra skillnad, eller hur?*
I: Det gör det till viss del. Men om människorna hade gått dit med rena intentioner, då skulle deras vibration ha varit mycket, mycket högre. Och det skulle ha förblivit som det var gjort, och skulle ha hjälpt många, många, många människor.
D: *Men världen förblev inte på det sättet.*

Den Komplicerade Universum Bok Två

I: Det gjorde det inte. De har gjort energierna och vibrationerna så förorenade, alla livsformer. Och de har förorenat havet. De har förorenat marken, floderna, allt. Allt. Haven, skogarna, bergen, deras energi är överallt. Vi andas in dessa saker också. Det är överallt. Det är överallt. Allt levande påverkas.

D: *Man kan inte komma undan det nu.*

I: Nej, det är överallt, överallt.

Detta gjorde henne upprörd igen. Jag var tvungen att byta ämne.

D: *Jag har hört att man i Atlantis hade förmågor att göra saker med sina sinnen.*

I: De missbrukade sina sinnen. De arbetade mycket med kristaller. De använde kristallernas ljusenergi för att utföra mycket av sitt arbete. De var öppna för detta, men de visste inte lika mycket som vi gjorde. De visste inte lika mycket om ljusterapin som de visste om den kristallenergi de arbetade med. De missbrukade kristallenergin. Efter förstörelsen visade vi dem hur man gjorde saker på rätt sätt och rensade deras sinnen.

D: *Vad sägs om Sfinxen? Byggdes den ungefär samtidigt som pyramiderna?*

I: Sfinxen byggdes ungefär samtidigt, inom kanske tusen år. Sfinxen byggdes mer av atlantiderna eftersom de använde Sfinxen för några av begravningsplatserna. Du kommer att märka att det finns kammare under Sfinxen som användes som begravningsplatser, eller vad du också skulle kalla "gravar". Det var syftet med Sfinxen. Och lejonet var beskyddaren av dessa gravar. Det var atlantidernas trosuppfattning. Det avbildar lejonenergin. Lejonet är djurens kung. Och det ska skydda och ryta mot eventuella gravplundrare.

D: *De har hittat några dolda kammare under Sfinxen.*

I: Det finns många, många fler som de fortfarande behöver hitta. Och när det gäller "Hall of Records", så är den inte under Sfinxen. Den är under huvudpyramiden. Det finns också tunnlar där under. Många, många tunnlar som leder till avlägsna platser i mitten av denna planet. Till raser som du inte känner till. Du kan ledas från dessa tunnlar till andra raser som bor på denna planet, som lever under ytan.

Underjordiska städer kommer att utvecklas vidare i nästa kapitel.

D: *Men de människor som nu ansvarar för pyramiden vet inte att dessa saker existerar?*

I: De är medvetna om vissa saker, men på grund av trossystemet, på grund av den religiösa doktrin de har, vill de inte att människor ska veta att de har haft tidigare liv. Att de har varit andra livsformer. Att det inte är deras religion som regerar högst. Att det finns andra former av tillbedjan än deras form av tillbedjan. Att det finns andra sätt att nå Källan än bara deras sätt att nå Källan.

D: *Är de medvetna om ingångarna som leder under jordens yta?*

I: Åh, de är medvetna om tunnlarna. Vissa har de stängt. Det finns några som är öppna. Men de är rädda för att offentliggöra detta. Liksom att de själva är rädda för det okända.

D: *Så de låter inte folk veta att tunnlarna finns där.* (Ja) *Men de kan nås från pyramiden?*

I: De kan bara nås från den stora pyramiden.

D: *Men de har aldrig själva utforskat dem eftersom de är rädda?*

I: De är mycket, mycket rädda för det okända. Om de skulle berätta detta för västerlänningar, då är västerlänningarna inte lika – vad du skulle kalla – "fegisar". De är inte rädda för att utforska. De kanske har metoder att gå igenom dessa tunnlar utan att kvävas eller förgiftas. De skulle kunna ta sig igenom dessa tunnlar, men det vore klokare för dem att inte göra det. För dessa tunnlar är mycket, mycket långa. Mil och mil långa. De vill inte att någon ska veta om dem. Nummer ett är risken. Och nummer två är på grund av trossystemet.

D: *Var ditt folk ansvarigt för att bygga dessa tunnlar?*

I: Ja, det var vi. Det var mycket enkelt för oss. Vi använde bara ljusenergi. Och vår form av transport var också mycket, mycket enkel. Vi reser genom ljus.

D: *När ni gjorde tunnlarna, använde ni era farkoster?*

Den Komplicerade Universum Bok Två

I: Vi behövde inte nödvändigtvis använda farkosterna. Vi kunde bara mentalt föreställa oss vad vi ville göra. Och sedan skapa det med våra sinnen.

D: *Varför gjorde ni dem under jorden?*
I: Det fanns en ytras som ville uppleva det. De var en mycket utvecklad ras. De ville vara borta från galenskapen på ytan. Så de bestämde sig för att hjälpa Moder Jord och gå till mitten för att hjälpa henne. För som du vet, är hon en levande varelse. Så de är en del av hennes hjälpare och en del av hennes assistenter. Och de arbetar mycket nära henne. De är mycket, mycket utvecklade.

D: *Fanns det några människor som levde under jorden innan det?*
I: Inte vad jag vet. Men detta hände efter att vi kom hit.

D: *Och de gjorde tunnlarna och sedan ville några människor bo där?*
I: Ja. De har en frekvensnivå och vibrationsnivå där de inte behöver en fysisk sol, som du gör. Men de har medel för att få ljus ur en fysisk mening.

Se kapitel fem, "Den dolda staden". Detta nämns också i *Keepers of the Garden*.

D: *Byggdes tunnlarna innan pyramiden?*
I: Tunnlarna byggdes efter att pyramiderna hade skapats, eftersom de inte skulle vara kända för alla. Bara för de utvalda få.

D: *Finns det fortfarande rester av dessa människor som lever under jordens yta?*
I: Det finns många av dem som fortfarande lever, mycket levande som du och jag.

D: *Har de någonsin försökt ta sig upp genom tunnlarna till ytan?*
I: Åh, det har de. De är mycket, mycket utvecklade. De har sätt och metoder som gör att de ibland kan dyka upp på ytan. Och de har sätt och metoder att återvända. Det är mycket enkelt för dem. De använder olika frekvenser och olika ljusterapier för att göra det, eftersom de förstår ljusterapi.

D: *Det låter som om de tog det du försökte lära ut och höll det rent, medan de på ytan förorenade det.*

I: Det gjorde de. De bestämde sig för att bevara renheten och hjälpa till att utveckla planeten när hon var redo att röra sig och skifta till en högre vibration och en högre frekvens. Vilket hon för närvarande håller på att göra.

D: *Finns det andra öppningar i andra delar av världen som kan leda till dessa människor som lever under marken?*

I: Så vitt jag vet, i några av de andra pyramiderna. Jag ser Yucatán, pyramiderna där. Och det finns en till, tror jag, i Bolivia. Vi kände inte till det som Bolivia, som ni gör nu. Det hade ett annat namn.

D: *Men andra människor gjorde dessa öppningar så att de kunde nå samma plats.*

I: Det var samma ras som vi skapade som gick dit, eftersom transport var mycket enkelt. Vi transporterade genom ljusenergi och ljusfrekvenser. Och varhelst det fanns människor som behövde hjälp, gick vi dit. Och pyramider byggdes där för att lära dem de högre sätten. Och samtidigt skapade vi dessa tunnlar, eftersom några av oss behövde gå med dem. För att arbeta nära med den gudomliga modern. För att hjälpa henne i hennes utvecklingsprocess.

D: *Du sa att du levde i Egypten i sexhundra år. Var du känd då som prästinnan Isis – och du sa att du uttalade det annorlunda – under hela tiden?*

I: Ja, det var jag. Jag var känd världen över. Jag var känd på hela denna planet. Och jag var också känd i många andra sfärer.

D: *Men du avsåg inte att bli dyrkad, eller hur?*

I: Det var fullständigt nonsens att de dyrkade mig, på grund av vem jag var, på grund av den kraft jag hade, på grund av de frekvenser och energier jag bar. De såg på mig som någon som kunde hjälpa dem och assistera dem. Det var inte mestadels en form av dyrkan, utan mer ett tecken på respekt.

D: *Då, efter sexhundra år, hade de utvecklats till den punkt att du trodde att du kunde lämna?*

I: Vi hade då skapat tillräckligt många arter genom att gifta oss med varandra för att ha den frekvensen och den energinivån för att hjälpa rasen vid den tiden. Och även ekologin vid den tiden. För att skapa en balans på denna planet. Så efter sexhundra år lämnade många av oss som kom i ursprunglig form. Vi lämnade hybriderna, och de som skapades från oss, för att fortsätta arbetet.

D: Gick du vid den tiden tillbaka till Sirius?

I: Ja, vi lämnade våra fysiska kroppar och återvände till Sirius. Och tog tillbaka vår gamla form.

D: Om du var hemma igen, varför bestämde du dig för att återvända till planeten Jorden nu?

I: Denna gång har vi bestämt att det ska finnas många av oss. Och det finns många av oss här för att gottgöra det som gjordes under den atlantiska tiden. Och denna gång för att undvika en sådan översvämning. Eftersom vi ser att denna gång, med fler och fler människor som vaknar, kan saker och ting hända, eftersom, som du säger, den skulden måste kastas bort i din papperskorg. Så det är vad vi gör. Vi rensar skulden. Återskapar all negativitet för att rena luften. Så att saker och ting kan bli mer balanserade, mer harmoniska och mer fridfulla. Det kommer att bli problem. Geofysiska, geologiska problem, det kommer att bli problem med människosläkten som kämpar mot varandra. Men bli inte stressad eller arg över det. Stanna i din kärleksfulla plats. Och tro att allt är i gudomlig ordning. Och tro också, att allt kommer att bli bra. Och allt ska bli bra. Det kommer inte att bli så illa som det var under Atlantis. Det är därför många av de som var i Atlantis har kommit tillbaka denna gång, för att gottgöra de fel de gjorde då.

D: När du återvände till Sirius efter tiden i Egypten, stannade du där fram till den nuvarande inkarnationen?

I: Ja, det gjorde jag. Detta är min första inkarnation sedan dess.

D: Men du kom tillbaka denna gång genom en fysisk födelse. Är det inte sant?

I: Ja, det gjorde jag. Men det var tillräckligt för frekvensen och energin som fanns i den fysiska formen. Det var en mycket liten fraktion av mig själv. Och sedan, efter att Ingrid var redo att ta på sig min essens, har jag kommit mer och mer in i denna fysiska kropp, för att integreras med denna kropp.

D: Varför bestämde du dig för att göra det på det sättet istället för att skapa en kropp igen?

I: Det var bättre att göra det på detta sätt, eftersom er planet har en annan frekvensnivå och en annan vibrationsnivå. Efter syndafloden var det mycket enklare att göra så, eftersom de sökte svar. De sökte gudar. Och vi kom som gudar.

D: *Så nu är det lättare att komma in i en bebis kropp.*

I: Det var lättare att komma in vid denna frekvens, eftersom syndafloden inte har inträffat. Det är en annan form och andra händelser som äger rum. Detta är inte efter en syndaflod, utan ett försök att förhindra en syndaflod.

D: *Jag förstår. Jag tänkte att det skulle vara svårare för dig, mer begränsande på detta sätt.*

I: Därför kom en mycket liten aspekt av mig in vid födseln. Många gånger som barn tittade jag på stjärnorna och bad dem ta mig hem. Jag kunde inte förstå människorna. Jag kunde inte förstå mänskligt lidande. När jag som barn såg tiggare i Afrika grät jag.

D: *Men på det andra sättet hade du så mycket mer kraft och förmågor. Det måste kännas väldigt frustrerande att vara begränsad på detta sätt.*

I: Det är begränsande på många sätt.

D: *Och du var tvungen att leva ett liv som också är frustrerande som människa.*

I: Det var mycket, mycket frustrerande, men jag var tvungen att lära mig människors sätt. Jag var tvungen att lära mig sorgens sätt. Jag var tvungen att lära mig om olika religioner. Jag var tvungen att lära mig hur människor beter sig. Av alla slags mänskliga känslor, upplevelser och erfarenheter som människan går igenom, för att jag verkligen skulle förstå. Så det var nödvändigt att göra det på ett annat sätt, eftersom det finns mycket fler av er ras nu än under och efter syndafloden i Atlantis.

D: *Men du sa att en del av dig, din essens, kom in som en bebis. Och att mer av det nu håller på att integreras?*

I: Ja, mer och mer av det integreras i denna fysiska kropp. Denna fysiska kropps frekvens och vibration höjs dag för dag. Hon har gjort mycket nattarbete. Vi arbetar med hennes DNA. Vi arbetar med andra aspekter av hennes fysiska kropp också. Hon vet inte det, men vi tar henne många gånger i hennes sömntillstånd och arbetar på henne. Ledaren berättade för dig tidigare att hennes chakran snurrar hela tiden. Och detta händer henne hela tiden. När hon ligger ner eller är i ett lugnt tillstånd, eller pratar med någon, snurrar hennes vibration kontinuerligt och återintegreras hela tiden. Nu förstår hon vad som pågår med henne. Hon förstod inte.

D: *Det var en av frågorna hon ville ställa: Varför hon kände vibrationerna och ringandet i huvudet?*

I: Nu förstår hon, så hon kommer inte längre att ifrågasätta det. Men kommer att vara mer accepterande av vad som pågår.

D: *Att energin bara integreras mer och mer och förändras.* (Ja, ja.) *Är det en av anledningarna till varför när hon åkte till Egypten för första gången hade hon dessa upplevelser?*

När Ingrid åkte till Egypten med en grupp för några år sedan, fick hon mycket känslomässiga reaktioner när hon besökte ruinerna av Isis tempel. Det påverkade henne så starkt fysiskt att hon var tvungen att avbryta resan och återvända till USA. Det tog flera veckor att återgå till normal mentalt och fysiskt, men hon kunde aldrig förstå den extrema reaktionen. Detta var en av frågorna hon ville ha ett svar på.

I: Hon blev tillsagd att återta sin väg, men hon har inte gjort det. Hon har, som ni säger, (långsamt och noggrant) skjutit upp det. Det är ett svårt ord för mig att säga. Hon måste veta vad hon behöver göra och sätta igång, som ni skulle säga. Och börja göra det hon är menad att göra.

D: *Men det är mänskligt att tveka.*

I: Jag vet. Hon får alla dessa mänskliga känslor och emotioner som hon har integrerats med, i ett försök att lära sig den mänskliga upplevelsen. Det har, till en viss grad, tyngt ner henne. Jag tror att det nu är dags för henne att gå framåt. Hon måste gå framåt. Det är bra för henne att hålla sin Isis-anslutning tyst, eftersom människor inte skulle förstå. Människor skulle få fel intryck. De hamnar i det egotistiska läget. Och detta är varför hon inte bör nämna detta för någon.

D: *Hon kan bara dela det med dem hon tror kommer att förstå.* (Ja) *Men det är därför, när hon gick till Isis tempel, hon hade dessa reaktioner.*
I: Ja, mycket av hennes energi aktiverades då. Mycket av henne själv aktiverades då. Eftersom hon hade delar av sig själv när hon var i fysisk form i det området. Hon levde under en lång, lång, lång tid på den platsen. Så när hon gick dit, plockade hon upp sin energi från frekvensnivåerna där och integrerade det. Och det var hennes syfte med att gå dit egentligen, eftersom det var en del av hennes integration. Hon integrerade med all energi där. Med marken, med floden, med träden. Alla livsformer integrerade hon med när hon var där.
D: *Det var mer eller mindre för att utlösa och aktivera det.*
I: Hon kommer inte att återvända till Egypten igen, eftersom det inte är nödvändigt för henne att åka tillbaka. Det beror på världshändelser. Det händer många saker i Mellanöstern. Och det kommer fler saker.
D: *De var oroliga för henne vid den tidpunkten och tog henne till sjukhuset.*
I: Den gången var hon nära att dö. Och vi höll henne vid liv.
D: *Hon bar med sig för mycket energi tillbaka.* (Ja) *Kan ni hjälpa henne att förstå att det inte kommer att hända igen?*
I: Vi kommer att hjälpa henne på alla möjliga sätt. Vi kommer att se till att det inte händer.
D: *Hon växte upp i Sydafrika. Varför var hon tvungen att lämna det? Det var ett mycket traumatiskt och drastiskt beslut att flytta därifrån.*
I: Det var en del av den gudomliga ordningen. Det var andens vilja att hon skulle komma till centrum. Det var rådets vilja att hon skulle komma hit, eftersom detta var landet som behövde kärlekens vibration. Det är detta land som behöver förstå enhet. Som behöver förstå kärlek. Som behöver förstå respekt för allt liv, eftersom det är den största kraften på denna planet.
D: *Så det var en del av hennes öde att flytta sin energi till detta land.*
I: Världen behöver verkligen vakna till kärlek. Den behöver verkligen respektera människors plats. Den behöver verkligen skapa fred.

Den Komplicerade Universum Bok Två

Den behöver verkligen skapa balans. Dessa frekvensnivåer. Ni behöver inte gå och döda för att ni behöver olja. Ni behöver inte skapa omständigheter på grund av makt och girighet. Ni skapar inte dessa saker på bekostnad av liv. Ni skapar inte dessa saker bara för att få mer ekonomisk makt. Mer girighet och mer kontroll. Det är nu ett tillstånd av delning. Ni borde dela era globala resurser. Ni borde mätta de hungriga. Ni borde älska varandra. Respekt och kärlek.

D: *Det här är väldigt svårt, eftersom de som har makten är de som kontrollerar allt detta.*

I: Vi närmar oss en fas där så mycket av livets energier flödar igenom. Så många högre frekvenser sänds till denna planet. Människorna kommer inte att ha något annat val än att förändras. Alla rigida strukturer som har byggts upp hittills kommer alla att falla. De har inget annat val än att brytas ner och kollapsa. De kommer alla att kollapsa med ljusets kraft, eller med kärlekens kraft. Det är för mäktigt. Det finns inget som överträffar kärlekens kraft. Kärlek är allt som finns. Kärlek är det ni andas. Det genomsyrar universa, kosmos. Och kärlek är det som allt är skapat av.

D: *Det stämmer. Det ska bli intressant att se hur det kan övermanna maktstrukturerna, eftersom de kontrollerar allt.*

I: De kommer att bli sina egna fallmästare. De kommer att skapa sin egen förstörelse. De kommer att skapa sitt eget fall. De kommer att vara helt ansvariga för vad som än händer dem.

Vi fick veta att Ingrids hälsoproblem orsakades av påfrestningarna från ett dåligt äktenskap med en dominerande man. Det hände inte på grund av karma, eftersom hon aldrig hade levt på jorden sedan sitt liv i Egypten. Det kan finnas många skäl att uppleva ett negativt liv med en annan individ förutom att lösa karma från andra livstider. I detta fall var det för att lära sig hantera mänskliga energier. Och som vi vet, kan några av dessa vara negativa. Naturligtvis är detta svårt för människan eftersom de inte har något medvetet minne eller kunskap om vad som är inblandat.

Den Komplicerade Universum Bok Två

I: Hon var tvungen att förstå den mänskliga psyken, mänskliga beteendemönster, människors lögner och svek. Och hur de beter sig. Det enda sättet hon kunde lära sig det var att uppleva det.

Ingrids talmönster hade förändrats till en hackning, där orden förkortades. Detta hade inträffat i början, men hade sedan rättats till. Det lät som någon som hade svårigheter med ord, som om denna metod för att kommunicera var klumpig. Hon separerade ibland längre ord i stavelser. Det lät klumpigt och onaturligt. Mot slutet av sessionen återgick hennes röst återigen till det normala.

I: Ingrid arbetar mer med hela energi- och frekvenssystemet. Och för in vibrationerna av den gudomliga kärlekens energi i deras frekvenssystem. Genom att bara föra in denna gudomliga kärlek genomsyrar kärleken och överträffar allt annat. Den transformerar och inspirerar allt. Kärlek är den mest kraftfulla kraften i världen. Om människor säger att motsatsen till kärlek är rädsla, är det inte så. Kärlek bara är. Kärlek har ingen motsats. Kom ihåg det, kära vän. Kärlek har ingen motsats. Kärlek bara är. Det är svaret på allt. Allt. Där det finns disharmoni. Där det finns smärta. Där det finns hunger. Där det finns sorg. Skicka bara kärlek. Inte bara till mänskligheten, utan till allt liv. Till floderna, haven, skogarna. Till djuren, fåglarna, bina, luften du andas. Till hela kosmos, för att du är en del av helheten. Vi är alla en del av helheten. Det finns ingen separation.

När jag gjorde forskning om gudinnan Isis blev det uppenbart att hon förknippades med de saker Ingrid sa att hon kom till jorden för att göra. Hon etablerade äktenskap och lärde kvinnor de hushållskonster som att mala säd, spinna lin och väva. Hon introducerade jordbruk och läkekonst. Hur passande att hon minns på detta sätt, eftersom hon sa att hon kom efter Atlantis förstörelse för att hjälpa människor att återuppbygga jorden. Hon anses vara den främsta feminina arketypen eller energirepresentanten för naturens gudomliga fertilitet. Hon är fokuset för gudomligt moderskap och drottningen av all förnyelse. Hon är kopplad till de månatliga måncyklerna och årets växtsäsonger. Hon ville att människor skulle lära sig ta hand om jorden. Isis förkroppsligar de feminina styrkorna, förmågan att känna djupt för relationer, skapandets handling och källan till försörjning och skydd.

En annan sak jag fann som stämmer med denna session var att Isis också kallades Eset. Detta liknar det fonetiska namnet Ingrid gav, Ezi, och kan vara samma om man tar hänsyn till Ingrids accent.

Isis spelade en viktig roll i utvecklingen av moderna religioner, även om hennes inflytande till stor del har glömts bort. Hon dyrkades i hela den grekisk-romerska världen, främst som personifikationen av de feminina egenskaperna. Med kristendomens framväxt omvandlades många av Isistemplen till kyrkor. Under fjärde århundradet, när kristendomen fick fäste i det romerska imperiet, grundade hennes anhängare de första madonnakulturerna för att hålla hennes inflytande levande. Vissa tidiga kristna kallade sig till och med Pastophori, vilket betyder "Isis herdar eller tjänare", vilket kan vara där ordet "pastor" har sitt ursprung. De gamla bilderna av Isis som ammar sin son Horus inspirerade stilen på porträtt av moder och barn i århundraden, inklusive de av "Madonnan och barnet" som finns i religiös konst. Således blev bilderna av Isis med den späde Horus Jungfru Maria som håller Jesus.

Kapitel 5
DEN GÖMDA STADEN

JAG RESTE TILL Memphis, TN, för att tala vid Unity Church sommaren 2001 och stannade där en vecka för att hålla privata sessioner på ett motell med ett litet kök.

När man arbetar med detta måste man vara beredd på det oväntade. Det hände allt oftare nu att när jag hade en session med någon, så gick de inte in i vad som kunde betraktas som ett "normalt" tidigare liv. Nästan som om vi får veta att personen måste bli medveten om att de är mer än vad de föreställer sig. De har ett mycket mer färgstarkt själsliv än vad de någonsin kan vara medvetna om. Kanske är detta den tid i vår historia då vi måste bli medvetna om dessa andra delar av oss själva. Det var inte ovanligt att mina subjekt reste till andra planeter, till andra dimensioner, till liv i sedan länge förlorade civilisationer. Var de än hamnade var jag tvungen att ställa frågor relaterade till vad de beskrev. För de såg det definitivt av någon anledning som var viktig för deras nuvarande liv och deras aktuella utveckling och förståelse.

Så var det med Mary. När jag bad henne stiga ner från molnet började hon genast beskriva sina omgivningar utan någon uppmuntran. Det lät inte som något jag kände igen från historien. Hon befann sig inuti en enorm, otrolig byggnad. Det fanns många stora rum med höga tak, och arkitekturen var som inget hon kände igen. Den var mycket unik. Det fanns enorma trädörrar täckta med otroliga, utsirade sniderier. När hon tittade ut genom ett stort fönster mot en innergård såg hon en sjö med en liten bro som verkade ganska orientalisk. Byggnadens storlek var enorm, och obeskrivligt vacker. Allt med den var utsmyckat, och färgerna var kungliga och rika.

Den Komplicerade Universum Bok Två

Jag bad henne beskriva sig själv, och hon var en man klädd i en mycket vacker, utsmyckad mantel av röd och guldfärgad sammet. Hon hade också en huvudbonad som hon inte kunde se, och hennes skor var av någon typ av trä.

När jag bad henne se vilken typ av arbete hon gjorde, befann hon sig i ett av de många rummen i denna enorma plats.

M: Jag tror att jag är en munk eller någon sorts andlig person. Det finns andra människor här nu. De är klädda enklare än jag. Inte alla lika, men bara enkelt. Det finns böcker överallt i det här rummet som jag har gått in i. De är i alla storlekar och former, och de fyller rummet, från golv till tak. Det finns böcker överallt. Böcker. Register.

D: Är det böcker som man kan öppna?

Jag ville skilja mellan böcker och pergamentrullar. Detta skulle hjälpa mig att identifiera tidsperioden.

M: Ja, det kan man. Jag är på en högre nivå och tittar ner i rummet. Och det finns människor på det nedre golvet som skyndar omkring och gör saker.

D: Det här rummet låter som en slags bibliotek. Är det rätt?

M: Det verkar vara det. Jag tror att några av människorna är vårdare av böckerna. De verkar forska eller dokumentera. Det känns som en gammal kunskapshall. Jag tror att detta är en enorm samling. Detta är så enormt.

D: Vad är ditt ansvar om de tar hand om böckerna?

M: Jag är inte helt säker. Jag ser också några väggar av sten nu. (En plötslig insikt.) Det verkar som om jag är under jord. Detta verkar vara en annan del av detta enorma komplex. Det får mig nästan att undra om allt är under jord.

D: Men tidigare såg du en sjö och en bro.

M: Jag undrar om det är en stor underjordisk stad. Det verkar vara det. En av mina första intryck var något vi skulle tänka på som Shambala (hade svårt med ordet) eller en Shangri-La, eller något liknande. Det var för att det var så enormt. Men stenen och tunnlarna och trapporna får mig att tänka att det är dolt. Hela platsen är en gömd plats, även om det finns ljus och vatten. Och jag ser tunnlar. Det är som en plats som är avstängd. Gömda. Det är för skydd. För att bevara registren.

Ett av de huvudsakliga teman som återkommer i regressionerna jag gjort de senaste åren verkar vara att vi är registrerare eller samlare av information och kunskap, och det huvudsakliga jobbet är att bevara detta i olika former, till och med genom att koda det i vårt DNA eller undermedvetna, så att det inte ska glömmas bort. Kunskap verkar vara mycket viktig i sammanhanget. Kanske för att Källan eller Gud behöver oss för att samla all information vi kan. Även utomjordingar är samlare av kunskap och information. Detta är ett av de huvudsakliga syftena med implantat (särskilt de i näshålan), för att överföra och registrera information. Ju mer jag undersöker detta, desto mer inser jag att allt registreras. Mer om detta kommer i andra kapitel.

D: Menar du att genom att placera registren under jord, är det en säker plats?
M: Ja, det är en säker plats. Det finns pyramider ovan jord, men detta är mycket djupt under jord. Jag fick en bild av en pyramid. Men nu får jag en bild av en hög bergskedja också, så det kan inte vara de pyramider vi känner till. Det finns trappor som leder upp till denna plats som är uthuggna i bergen. Saker som inte är kända. Saker som är gömda i bergen. Pyramiden är i bergen. (Överraskad) Detta är en rymdhamn. Och det finns en värld utanför och en värld inuti.
D: Dessa trappor som du sa var uthuggna i berget. Vart leder de?
M: De leder till ingången till denna gömda stad.
D: Så pyramiden är utanför, men ingången går in i bergskedjan?
M: Ja. Pyramiden är inte det som var viktigt. Det troddes att det var det viktiga, men det är det inte. Det som är viktigt är vad som finns i bergen runtomkring, bakom det, under det. Där finns det gömda.
D: Används pyramiden till något?
M: Nej. Den är bara en markör.

I "Isis"-kapitlet sa hon att ingångarna till tunnlar som leder till de underjordiska städerna låg nära pyramider.

D: *Men du sa att det är en rymdhamn.*
M: Det var en rymdhamn, ja, när den ursprungligen byggdes, för länge sedan. Jag ser denna enorma, enorma, djupa, djupa, djupa öppning in i jorden. Denna plats byggs. (Lång paus)
D: *Vad ser du?*
M: Jag ser bara denna otroligt stora, mycket djupa spricka som öppnas in i jorden. Och jag vet att det finns skepp som går ner i denna. Och de tar med sig förnödenheter. De tar med sig människor. Och de tar med sig material. De bygger under jord. Det är nästan som om det var en öppning av vad jag skulle kalla en vulkan, bara att jag inte vet hur stora de är. Men det går ner, och jag kommer till en punkt där jag inte kan se. Det är så mörkt där nere. Det var så de gick in i ingången, för att ta med sig förnödenheter för att bygga denna underjordiska plats. Genom att bara zooma ner genom en otrolig spricka, som en vulkan. Och gå genom enorma öppningar.
D: *Gjordes detta för att människor inte skulle kunna hitta det?*
M: Ja, det var för länge sedan. Det finns primitiva människor som bor på andra sidan, nere vid berget i dalen. De bor i något som liknar hyddor. De är de infödda. De är rädda. Och det finns många saker på himlen ovanför.
D: *Är det därför de är rädda?* (Ja) *Du sa att de tar med sig människor och förnödenheter.*
M: Ja, vi måste gå in. Jag såg precis grottan. När du går djupare ner kan du se ljus längst ner.
D: *Hittade de ett sätt att skapa ljus där nere?*
M: Detta är teknologi som kommer från andra platser. Detta är inte från jorden.
D: *Varför skulle de välja att komma dit och bygga denna stad inne i berget?*
M: Det pågår ett krig som förstör planeten.
D: *Sker detta på planeten Jorden?*

M: Ja, jag tror det. Det var ett krig som förstörde en stor del av ytan. Mycket, mycket förstörelse.
D: *Kämpar dessa människor mot de infödda?*
M: Nej, det var alla andra människor utifrån. De var onda ... de var dåliga. De var elaka. De kom till denna planet. De var mycket hårda. Mycket mäktiga.
D: *Var den andra gruppen här från början?*
M: Det finns fler än en. Det finns många, många grupper. En grupp....(Lång paus)
D: *Vad ser du?*
M: En bild av något som ser ut som en glaciär bredvid en sjö. Och där var ... vad jag skulle kalla ett skepp, som ser mycket underligt ut. Ingenting som jag någonsin skulle se i Star Trek. Långt och strömlinjeformat, men med olika bihang.

Det blev en lång paus medan hon observerade. Det är vid dessa tillfällen det blir frustrerande, när jag inte kan se vad hon ser. Hon försökte beskriva.

M: De gjorde något i närheten. Det finns något slags ... jag vet inte vad det är jag ser. Det är som en anläggning, någon slags fabrik. Och jag känner att de tar resurser. De bryter. Det finns en stor, stor apparat som ... jag ser bara saker som jag inte vet vad de är.
D: *Du sa att de är i närheten av denna glaciär?*
M: Glaciären är högt uppe. Men något av detta börjar komma ner till den lägre delen av berget och dalen.
D: *Är det där de bryter?* (Ja) *Vilken koppling har det med kriget du pratade om?* (Paus) *Du sa att det fanns flera grupper.*
M: Jag ser att det finns missilliknande saker som avfyras och lanseras. Jag ser att glaciären uppstod på grund av dessa krig. Jag ser detta otroliga ljus. En stor del av ytan på denna planet förstördes av detta ljus. Otroliga explosioner. Många människor lämnade i rymdskepp och åkte bort. Vissa bor under jord. Många förstördes.
D: *Du sa att glaciären uppstod på grund av detta?*
M: Ja. Det de gjorde orsakade att land sjönk, land steg. Det orsakade dagar av mörker. Kyla. Förstöring, förstörelse. Enorm förstörelse.

Jag vet att jag är här för att hjälpa. Jag är här för att vaka över registren.

D: *Så det är därför de har transporterat dessa register.*

M: Ja. Kunskapen.

D: *Var fick de dessa register som de försöker bevara i detta enorma bibliotek?*

M: Det är kunskapen som vi aldrig visste att vi hade. Det fanns blomstrande civilisationer. Atlantis. Lemurien. Teknologi vi hade fått från andra. Hur DNA hade blandats med människorna.

D: *Är allt detta en del av registren?*

M: Ja. Denna otroliga, otroliga plats.

D: *Och ditt jobb är att skydda denna kunskap och vaka över den?*

M: Jag är inte helt säker. Jag registrerar det inte. Jag tar inte hand om det. Jag tror att jag är en rådgivare eller .... (Lång paus) Jag ser mig själv gå längs en upplyst trappa. Den är inte hög, den är liten och går bara in i detta utrymme. Det är mycket väl upplyst. Det har kristaller. (Paus) Andra varelser möter mig i detta rum. De kommer i sitt ljus. De har ingen verklig kropp. De tar formen av en kropp, men de är mycket, mycket vackra. (Lång paus) Och det finns en boll .... Och den har alla dessa vackra färger och den strålar och utstrålar. Och jag känner att de kommunicerar med mig. (Lång paus) Som om jag är den de pratar med, och sedan går jag och berättar för de andra.

D: *Men du har en fysisk kropp, medan de inte har det.*

M: Jag har en fysisk kropp. Och jag bor där under jorden.

D: *Du såg att de tog med saker tidigare när de byggde det. Tydligen är det redan färdigt nu. Är det vad du sa?* (Ja) *Kan du gå upp till ytan igen och leva där, eller måste du stanna under jorden?*

M: Vissa kommer att återvända till ytan. Andra kommer inte att välja det. Men ytan kommer att bli beboelig igen med tiden.

D: *Är dessa register från Jorden, eller kom de från någon annanstans?*

M: Från Jorden och andra platser. Det är som all kunskap.

D: *Och dessa varelser tog ner dem dit så att de inte skulle förstöras?*

M: De är mycket, mycket kärleksfulla. De är där för att hjälpa oss och lära oss. Jag är deras röst, tror jag.

D: *Var de rädda för att allt detta skulle förstöras när kriget inträffade på ytan?*

M: Ja, det var för att skydda oss. Det var för att skydda och bevara, och för att hjälpa oss längre fram.

D: *Tog de människor under jorden?*

M: Ja, det finns många olika varelser under jorden.

D: *När de byggde denna vackra stad, var det efter Atlantis förstörelse?*

M: Byggandet av staden började före förstörelsen. Det var känt att detta var på väg. Att det var nära förestående. Det var känt. Våldet hade förändrats. Byggandet av staden och samlandet av registren började för länge sedan, till och med före Atlantis. Långt före Atlantis.

D: *Jag har hört att det fanns många civilisationer före och efter Atlantis.*

M: Det fanns mycket högt utvecklade städer. Och också mycket primitiva platser under Atlantis tid. Jag ser världen utanför nu. Och jag ser portar in till en stad som är omgiven av berg, men den ligger vid vattnet. Denna är ovanför marken. Den andra var redan där under jorden.

D: *Byggdes den ovan marken av människor?*

M: Människor som var mer utvecklade än de människor vi känner till idag. Den staden var mer befolkad. Den underjordiska staden låg i ett glest befolkat område. Människor och utomjordingar levde och samexisterade här. Det fanns de som var här för att hjälpa, och det fanns de som kom för att erövra. En del av människorna hade blivit mycket mer utvecklade. Andra människor var mycket, mycket primitiva. Mer djurliknande. Och det finns en plats där människor behandlades mycket, mycket illa. Mycket dåligt. Mutationer.

D: *Var detta under Atlantis tid? Om vi kan få en tidssekvens.*

Självklart tänkte jag på mutationerna av halv-människa/halv-djur som inträffade under Atlantis tid. Jag visste inte om det var denna tidsperiod hon talade om.

Den Komplicerade Universum Bok Två

M: Den ena är lite före den andra, men nära. (Lång paus) Rådet! Det finns ett råd. Det hålls ett möte för att besluta om att stoppa de onda. Ett stort möte. Galaxer. Fler galaxer. Fler folk.

D: *De vill stoppa några av dem som gjorde mutationerna?*

M: Ja, de var destruktiva. De kontrollerade. Grymma handlingar. Tiden mellan dessa två är så nära att det är svårt att specificera – kanske tio år. Ett område i världen var högt utvecklat och blomstrande. Ett annat område var mycket primitivt, blev plundrat, blev grävt. De grävde efter guld. De var krigarliknande. De försökte hålla sina handlingar dolda. De var nära, men inte i samma område. De blev upptäckta. Och det finns ett råd på en hög plats som diskuterar detta. De gillar inte vad denna grupp gör. Ett stort bord. Mycket diskussion.

D: *Fattar de ett beslut?*

M: Ja. De beslutar att de måste skydda, måste stoppa. (Lång paus) De ber dem att lämna. Att sluta, att lämna. Denna ledare, denna talesperson, klädd i mycket metall. Det verkar nästan som om han har en fågelliknande huvudbonad. De tror inte att detta råd är ett verkligt hot. Och de säger att de har all rätt till denna planet också, och vägrar att lämna. De har tagit med sig vapen. Det finns rymdhamnen. Det finns vapen på marken. De vill ha denna plats. De hade förberett sig för alla attacker. Deras medvetande är krigsliknande, och därför håller de många försvar.

D: *Så de tror inte att de måste lyda rådet.* (Nej) (Paus) *Du kan komprimera tiden och berätta vad som händer som ett resultat av deras handlingar. Vad beslöt rådet att göra?*

M: Det var då de beslutade att flytta människorna till en säker plats och att omplacera. Hoten är kända. Detta kan bli mycket kostsamt, mycket förödande. Det är mycket rörelse för att omplacera människorna, men allt händer för snabbt.

D: *Men vet inte de negativa att om de går i krig kommer de också att förstöra det de kom hit för?*

M: De tänkte verkligen, verkligen inte. Det har varit massiva förstörelser. Det har varit många galaktiska krig.

D: *Så de tänker inte på att det också skulle hindra deras syften?*

M: Nej, nej. Skaparen har gett fri vilja. De har tillåtits låta den mörka sidan flöda. Det har fått finnas. Så när de av ljuset tar ställning, faller jorden in i en period av stor mörker. Mycket lite överlever på ytan. Mycket lite. Det finns några platser som skyddades, men mycket, mycket förstördes. Det sker stora förändringar. Det finns andra planeter runtom som också påverkas av detta, som faktiskt helt utplånas. Detta handlar inte bara om Jorden. Det var ett galaktiskt krig i detta system.

D: *Vilka andra planeter påverkades?*

M: I denna galax, i detta solsystem, påverkades Mars mycket. Det var inte alltid den öde planet som det är nu.

D: *Vi har fått höra att det hände på grund av ett krig på Mars.*

M: Dessa krig var relaterade. En del av skadorna var en del av ett galaktiskt krig.

D: *Så det var inte följderna av vad som hände på Jorden. Menar du att det pågick samtidigt?*

M: Det verkar vara vad jag förstår. Det var många grupper. Jag verkar känna att jag var bland det rådet av tolv. Jag vet inte varför jag sa råd av tolv, för det finns fler vid bordet.

D: *Kanske var de de viktigaste.*

Observera att gruppen som först gav oss information genom Phil i *Keepers of the Garden* identifierade sig som Rådet av Tolv.

M: Och jag var en länk mellan, tilldelad att vaka över den underjordiska staden under en mycket, mycket lång tid.

D: *Så förstörelsen på ytan påverkade inte de underjordiska städerna?*

M: Nej, de var säkra. De finns fortfarande kvar.

D: *Låt mig berätta något jag hört i mitt arbete; att Atlantis gick under för att deras egna forskare gjorde saker de inte borde ha gjort.*

M: Många i Atlantis hade blivit en del av den mörka sidan. De var inte alltid så. Missbruket ledde till det galaktiska kriget. Allt var sammanlänkat.

D: *Så de negativa varelserna blev allierade med människorna i Atlantis?*

Den Komplicerade Universum Bok Två

M: Ja, många föll in i den mörka sidan. Allt detta hände samtidigt, och kanske tidigare. Det fanns många i ljuset som hade stor framsynthet. Som hade stora krafter som vi inte känner till idag. (Lång paus) Allt detta kunde ha stoppats, men det skulle ha gått emot fri vilja. Det var nödvändigt att tillåta allt som var och har varit, att existera. Det har gått och kommit i full cirkel över Jordens miljontals och miljardtals år. Och det finns mycket, mycket kunskap. Mycket, mycket förändring som kommer att ske. Mycket som ska bli känt.

D: *Jag har alltid trott att atlantiderna gjorde det mot sig själva.*

M: Det var mer som pågick. De började inte experimenten utan inblandning av de negativa mörka. Det är som om de glömde vilka de var. De glömde sin upplysning. De blev fångade i den materiella världen, och detta började obalansen som ledde till all förstörelse.

D: *Menar du att de arbetade med de negativa?*

M: Ja. De lockades av den mörka sidan.

D: *Så de negativa hjälpte dem, gav dem kunskapen?*

M: Ja, de frestades.

D: *Rådet tillät detta krig att ske, även om de kände till omständigheterna; resultaten.*

M: Det hade att göra med fri vilja. Och att lära sig. Medvetandet gick mycket långt in i mörkrets riken för att lära sig, för att utforska. Jag ser hela tiden en stor rörelse, som ett hjul, men det är inte ett hjul. Det är som att se ett solsystem vända i full cirkel.

D: *Som cykler? (Ja) Så efter förstörelsen, tog det lång tid innan liv och civilisation kom tillbaka till ytan?*

M: Ja. Några av de inhemska transporterades tillbaka till Jorden. Och de började nya civilisationer. Som att börja om från början.

Detta kommer att nämnas senare i denna sektion. En av mina klienter rapporterade ett tidigare liv där han och många andra togs från planeten precis före en katastrof och återvände senare för att börja sina liv på nytt.

Den Komplicerade Universum Bok Två

D: *Och du sa att detta också orsakade att några av glaciärerna bildades?*
M: Ja. Det förändrade jorden.
D: *Men fanns det inte några som bar på kunskapen och som levde på ytan?*
M: Ja, det fanns. Men den har förts vidare och gömts av rädsla för ... de som ville ha makt och kontroll har alltid funnits ... de mörka krafterna har kommit tillbaka. Efter att jorden började läka, kom de tillbaka i mindre antal, och de har samarbetat med regeringar. De är inte nödvändigtvis mänskliga till utseendet. Vissa är humanoida. Vissa ser reptiliska ut. Vissa är hybrider, både mänskliga och utomjordiska. De har kommit tillbaka. Många av de mörka har dock vänt sig till ljuset. Men det finns de som fortfarande försöker hålla fast vid kontroll och makt. Det verkar finnas saker som jag inte får se. Jag kan bara komma så långt. Jag förstår inte varför jag inte kan veta exakt tid, och jag ser bara bilder. Och jag känner hela tiden att jag var som en länkperson.
D: *Ja, jag har hört förut att det finns vissa saker vi inte är redo att se ännu. Vi får inte. Det måste ske i en tidsföljd. Men känner du att du får se detta nu för att det går i full cirkel?*
M: Ja. Det finns verkligen mycket skönhet som kommer. Det sker förändringar. Det finns ljus där det tidigare fanns mörker. Som en matris av ... vi kan inte se vad som finns precis framför oss. Det är som att titta genom en slöja. Det finns där framför oss. Förvrängda bilder. Förvrängd information. Det kommer att förändras.

Jag bad sedan att få tala med Marys undermedvetna för att försöka få mer information om det hon inte tillåts se.

D: *Varför visades detta för Mary? Vi letade efter något betydelsefullt, och detta är mycket betydelsefullt. Men varför valde undermedvetandet att låta henne se detta just nu?*
M: Hon har alltid känt den kopplingen till Atlantis. Att hon var där. Att det var så. Att det verkligen existerade.

Den Komplicerade Universum Bok Två

D: *Men detta visade att hon var mer kopplad till den underjordiska staden.*

M: Bara under en tid. Hon gick dit för att övervaka. För att vara en länk. Hon var alltid där. Hon valdes för uppdraget.

D: *Hennes jobb var att vaka över kunskapen och de gömda registren.* (Ja) *Men varför visades detta för henne nu? Vad har det att göra med hennes nuvarande liv?*

M: (Djupt andetag) Hon känner många saker, och ändå har hon varit rädd för att veta vissa saker. Vissa saker var hon inte redo för. Och vissa saker är ännu inte tid att veta.

D: *Undermedvetandet är mycket klokt när det låter saker komma fram i sin tid. Betyder detta att hon kommer att ha något att göra med detta i sitt nuvarande liv?*

M: Det finns en kommunikation. Det finns en dörr, en portal, en öppning, som hon delvis har handen genom. Men hon har ännu inte stigit igenom. Hon stoppar in handen, och sedan drar hon tillbaka den. Det är en koppling mellan henne och hennes guide, änglar, genom portalen. En kommunikation av sammankopplade medvetanden. Att bli ett och röra sig in och ut ur varandra. Dörren, portalen, kommer att öppnas där hon kan se det hon länge har längtat efter att se. Andevärlden som hon minns den. Andra dimensioner. Hon valde att komma till jordelivet efter att hon lämnade platsen som länkperson. Många kom till jorden, som valde en fysisk kropp.

D: *De beslutade att komma och hjälpa?*

M: Ja, de hade ett val. De behövde inte.

D: *Men hon har fortfarande detta minne att det fanns mer bortom det fysiska. Är det vad du menar?*

M: Vi är alla tidlösa. Det fanns andra liv. Andra dimensioner. Andra verkligheter.

D: *Den information hon gav om krigen och den underjordiska staden, skulle jag få tillåtelse att använda den informationen i mitt arbete?*

M: Ja, du har tillåtelse. Mer kunskap kommer att komma till dig som gör detta mer komplett än det är idag. Det finns vissa luckor som inte kunde fyllas för dig idag, som kommer att fyllas vid ett senare tillfälle. Du kommer att förstå tydligare. Du skriver redan detta, har skrivit detta, det är på gång. Det finns mer kunskap som du kommer att få. Det är inte klart i detta ögonblick varifrån den kommer. Det finns en dörr som öppnas för dig till denna kunskapskälla. Den är stängd för dig just nu. Det är samma dörr som du kommer att få gå in i och granska kunskapen. Du kan tas dit genom en annan varelse, eller du kan tas dit på en andlig resa med din egen guide. Detta är en verklig och underbar plats. Dörren är stängd just nu. Dörren kommer att öppnas för dig, och du kommer att få ett varmt välkomnande.

D: Denna stad som var under jorden, finns den staden fortfarande kvar?

M: Ja, den finns fortfarande kvar.

D: Är informationen, biblioteket, fortfarande där?

M: Ja, det är fortfarande där. Det finns många, många kompletta underjordiska städer.

D: Jag är glad att höra det, för förstörelsen av kunskap är för mig en mycket hemsk sak. (Ja) Det är mitt jobb att försöka få den tillbaka.

M: Ja, det är det. Det är ditt uppdrag. Och det är ditt uppdrag att hjälpa andra att minnas.

D: Det är vad de har sagt till mig. Det handlar inte om att ta reda på mer, utan om att minnas mer.

Det tog tre år, men de hade rätt. Mer information kom fram 2004 efter att jag öppnade ett kontor i Huntsville, Arkansas, och började ta emot klienter regelbundet. Bob var en man som hade flyttat från norr efter att hans fru hade gått bort. Han kom till vårt område utan att ha sett det tidigare och hade bara med sig sina böcker och sin hund. Han hade lämnat allt bakom sig. När han köpte sitt hus vid sjön, hade den tidigare ägaren lämnat kvar alla möbler, så allt fungerade utmärkt. Ett nytt liv på en ny plats, även om han inte kände någon.

Han var en glupsk läsare, särskilt av allt han kunde hitta om metafysik. Han ägde några sällsynta och unika böcker. Detta var hans passion. Ändå tror jag att informationen som kom fram under hans session skulle vara svår att hitta någon annanstans. Jag tror inte att han omedvetet påverkades av sitt läsande.

I början av sessionen hade han svårt att se något. Även om han kände att han stod på något bergfast, kunde han inte se annat än grått omkring sig. Efter flera försök att trigga visualisering bad jag honom föreställa sig hur hans guide eller skyddsängel skulle kunna se ut. Han såg en vacker kvinna med blont hår, klädd i flödande, skimrande blå kläder. Han kände sig bekväm med henne och gick med på att låta henne leda honom till en plats som skulle vara lämplig. Hon tog honom i handen och ledde honom neråt genom en öppning in i en underjordisk tunnel. Tunneln öppnade sig oväntat till en ovanlig plats.

B: Vi är i ett stort öppet utrymme. Men jag kan känna att det finns ett tak ovanför oss, fast på mycket högre höjd. Det är som att vara inne i en grotta. En väldigt, väldigt stor sådan. Den är mycket fint upplyst. Det finns träd överallt. Jag känner att det är en mycket fridfull plats att vara på. Många mycket vackra byggnader i alla pastellfärger. Det finns träd, gräsmattor, trädgårdar och vackra blommor, och djur springer omkring överallt.

D: *Allt detta är under marken?*

B: (Upphetsad) Ja! Ja! Ja! Det är mycket väl upplyst. Ljuset verkar komma från en central sol som kan ses ganska enkelt. Den är inte lika stark som vår sol på ytan. Gråaktig i nyansen, men den ger ett vackert ljus. Byggnaderna här och allt annat ser ut precis som det skulle göra om du var utomhus i vårt solljus. Temperaturen håller sig mellan cirka 22 och 24 grader, och det blir aldrig varmt. Det regnar, men det är självklart programmerat.

D: *Hmmm, detta låter ovanligt att ha allt detta under marken, eller hur?*

B: Tja, det har funnits där i många, många miljoner år. Och deras teknologi är naturligtvis långt överlägsen vår, så mycket att några av oss kommer och går därifrån ganska ofta. Men vi inser aldrig att vi gör det. Och jag har varit en av dem som har varit där många gånger tidigare.

D: *Du sa att det också finns djur där nere?*

B: Åh, ja! Ja, ja. Många djur som vi ser på den här planeten hela tiden. Men det finns många andra typer där som folk undrar över. Som du aldrig ser så ofta. Till exempel finns det ett stort simmande djur som folk bara får glimtar av. En Loch Ness-monsterliknande sak. De kommer upp från underjordiska kanaler genom jorden. Ibland simmar de in i dem och dyker upp på ovanjordiska platser, eftersom de kan gå båda vägarna.

D: *Så det finns också vatten där nere?*

B: Åh, ja! Faktiskt finns det nästan lika mycket vatten inuti planeten som det finns ovanpå. Det kommer dit genom att flöda genom olika sprickor i planetens skorpa. Och en del kommer naturligtvis från polöppningarna i båda ändarna av planeten.

D: *Du sa att det finns städer där nere?*

B: Ja, allt du någonsin kan föreställa dig, inklusive en av de största datorerna i hela universum. Långt, långt överlägsen allt som finns på ytan.

D: *Hur ser den ut?*

B: Faktiskt är det inte bara en liten del av något, som vi ser här. Men det är bokstavligen hektar och hektar och mil efter mil, allt självförsörjande. Den lagrar all universell kunskap. Du kan gå längs dessa vackra trädgårdsgångar, som om du vore på en tjugo hektar stor gård, till exempel. Det finns blomsterbäddar, små rosbuskage och alla möjliga exotiska växter. Du kan gå längs dessa små gångar och komma till olika trädgårdsområden eller blomsterbäddar. Och du kan hitta en upphöjd stol, eller det är mer som en liggbädd. Och du sätter dig på den som om du skulle sätta dig i en hängmatta. Och den gungar inte, den stabiliserar sig. Men när du sätter dig ner i den och sedan drar upp benen och lutar dig bakåt, omsluter den dig som ett bananskal. Det är en maskin som du sedan kan ställa en fråga till, och automatiskt kan du resa vart som helst i universum som du vill. Du kan göra det på det sättet. Det är också en inlärningsmaskin. Den lär dig allt du behöver veta eller vill veta. Eller det är också en virtuell verklighetsmaskin som låter dig resa. Du kan använda den typen av transport. Om du inte vill använda den, kan vi använda en mer fysisk kroppstransport. Du kan gå upp för små trappor till det som de kallar "portaler",

Den Komplicerade Universum Bok Två

men som folk på ytan kallar "stjärnportar". Du går in där, och du kan bokstavligen transportera dig själv vart som helst i de kända universumen som du vill resa till. Du tar med dig din kropp, och du kan också komma tillbaka. Det finns också höghastighetstunnlar, sammanvävda som ett spindelnät, där tåg färdas genom jordens inre i över 3000 miles i timmen. Det är väldigt vanligt. Det tar bara en timme att resa någonstans. Detta är bara en av planeterna i de kända universumen. Men det är i stort sett samma sak överallt, eftersom de flesta planeter är ihåliga. De flesta har civilisationer som lever inuti. Vi har också en kontinuerlig flotta av interstellära skepp som reser mellan alla dessa världar på en ganska regelbunden basis. Ibland ser ni dem här, men vanligtvis har vi dessa så kallade "maskeringsanordningar", som verkar vara hämtade från Science Fiction-filmer som ni visar på ytan. Ni kallar dem för "Klingon cloaking device"? Alla skepp har dem. Det är bara standardförfarande.

D: *Varför skulle människor vilja bo under jorden istället för på ytan?*
B: Det är säkrare. Det finns sekundära skäl. På planeten Jorden finns något som kallas för "frekvensbarriären". Frekvensbarriären håller på att minska nu, eftersom ni närmar er den nya frekvensförändringen på planeten Jorden. Det är i grund och botten vad alla väntar på. Det är därför det finns så stort intresse från intergalaktiska raser. Vi kan komma hit och se allt detta hända. För även om ni kanske inte kan se det med era jordiska instrument, är vi medvetna om det. Och nu kan vi mäta detta med våra instrument som är mycket mer avancerade än era. Så vi väntar alla, för det är väldigt snart på gång.

Han talade om frekvensförändringarna som leder till skapandet av den Nya Jorden. (Se Kapitel 30.)

D: *Men vi tänker inte på Jorden som ihålig, eftersom vi tror att det finns magma i Jordens centrum.*
B: Men det är en av de där gulliga små historierna de får dig att tro på ytan. De berättar alla möjliga osanningar. Egentligen är ytan på

95

denna planet 800 miles tjock. Under det är den helt ihålig. Solen vi har där inne är 600 miles i diameter. Den togs hit för miljontals år sedan och installerades där. – Men de människor som stannar här kommer att vara inne i planeten. Det påverkas inte på insidan. Det påverkas bara på utsidan. De 800 milen inom den skalet är där er planets magnetism egentligen kommer ifrån. Det är inte från centrum. Era vulkaner kommer alla från friktionen mellan stenar som glider fram och tillbaka inom ramen. Centrum är mycket ihåligt, och förstås har det solen som jag har nämnt. Alla andra planeter är väldigt lika denna konstruktion. Så med friktionen mellan stenarna som glider på varandra, byggs era vulkaner upp. Alla era vulkaner är under ytan. Kanske några av dem går ner två eller tre hundra miles, men de går inte hela vägen till planetens centrum. Planetens centrum är inte magnetiskt. För om det skulle vara så skulle jag misstänka – och jag är inte den som kan tala om sådana saker – men om en annan stor planetarisk kropp kommer in i solsystemet och stryker förbi Jorden, så skulle detta hända. (Slår händerna ihop.)

D: *Den imploderar.*

B: Nej, nej. Du skulle ha ett drag som en magnet. En magnet skulle bokstavligen dra en planet med ett solidt smält kärna rätt in i den. Och skulle inte släppa ut den nödvändigtvis. Den andra planetariska kroppen är designad så att när den flyter förbi Jorden, kommer den att magnetiskt dras till ena eller andra sidan. Den sida som är som en magnet. Norr drar söder, som det skulle vara. Om planeten Jorden var en solid kropp, skulle den bokstavligen koppla ihop. Och den skulle inte släppa. Men i verkligheten är det inte så starkt, men dragningen skulle kunna få planeten att tippa över. Vad än den starkaste dragningen kommer in från. Vad än den starkaste sidan.

D: *Har du haft många liv under planeten?*

B: Jag har varit där inne flera gånger under mina liv på denna planet. Du ser, det är annorlunda där. För utanför har du liv, eller andra platser där du har liv. Och inne i planeter kan du bokstavligen leva för evigt om du vill. Egentligen var de flesta av mina liv ute och om någonstans.

Den Komplicerade Universum Bok Två

D: *Andra planeter?*
B: Ja, du rör dig från ett liv till ett annat. Det är vad du behöver åstadkomma. Hela universum är bara som en jättestor skola. Du går från en plats till en annan, beroende på vad du behöver lära dig.

D: *Stannar du länge på varje plats?*
B: Den tid du behöver för att slutföra din lektion eller vad du nu arbetar med. Ditt projekt. Och glöm inte att vissa av oss är miljontals år gamla. Vi lever för evigt, tekniskt sett.

D: *Så att komma till Jorden är ganska som att gå tillbaka till förskolan, eller hur?*
B: Åh, ja, det är lite av ett byte. Men ibland gör man det för en uppfräscharkurs. (Skrattar) Ett helvete att göra det, när det finns så många miljarder saker du kan göra i universum. Planeter du kan besöka. Livsstilar. Alla möjliga saker. Det är oändligt. Men i mitt liv som Bob är det väldigt lågmält. Det ger mig en chans att rensa mitt sinne, och ligga tillbaka och släppa hela grejen. Bara sitta där och observera, och titta på människor. Det är en semester. Vad andra människor gör på en semester, gör jag här nu. Jag är en observatör.

Kapitel 6
FLYKT FRÅN ATLANTIS

JAG HAR FUNNIT flera exempel på människor som flydde från den katastrof som orsakade Atlantis förstörelse. Alla omkom inte, även om omvälvningarna spreds över hela världen. Många lyckades ta sig över haven till andra länder och försökte bevara sin livsstil i en helt annan miljö. Följande är ett exempel:

Marie var en sjuksköterska som arbetade på en förlossningsavdelning på ett sjukhus. Hon kom till mitt kontor i Huntsville 2004 för att söka svar på problem, precis som alla andra som kommer. Sessionen var dock inte som ett vanligt tidigare liv och verkade till en början inte ha någon relation till hennes nuvarande liv. När hon steg ner från molnet sa hon att hon svävade mitt ute på havet.

Detta kan betyda flera olika saker: ett havsdjur, någon som simmar, eller någon som anländer vid dagen för sin död och håller på att drunkna. Men hennes röst visade ingen rädsla, vilket skulle ha hänt om hon gick in vid sin dödsdag.

När hon såg sig omkring insåg hon att hon befann sig i en liten båt. "Havet är lugnt just nu. Och jag känner att det kommer att bli värre innan det lugnar sig igen. Överallt jag tittar finns det bara vatten. Det finns inget annat än vatten. Det är en träbåt. Den är inte särskilt stor. Den skulle kunna rymma tre eller fyra personer. Jag känner att vi är ute på havet. Och vi har inte mycket kontroll över vart vi är på väg. Vi driver mer eller mindre. Jag tror vi har några åror, men de gör inte mycket skillnad med tanke på båtens storlek och vattnets storlek. Vi är i strömmen, och den tar dig mer eller mindre dit den vill."

D: *Försöker ni inte ta er till en specifik plats?*

M: Jag känner att vi lämnar en plats och försöker hitta en säker plats.
D: Vet du vart ni är på väg?
M: Nej. Vart båten än tar oss. Vi har inget val.

Det fanns en annan person i båten. "Jag känner att det är en väldigt nära vän. En nära följeslagare. Jag är inte säker på om det är en man eller kvinna. Det är någon jag har en mycket nära relation till." Hon såg att hon var en medelålders man klädd i en grov tygklädnad knuten med ett repbälte.

D: Vad gör du i båten?
M: Jag känner att vi var tvungna att lämna. Och ... jag känner att jag är från Atlantis eller Lemurien. Och att vår ö inte längre skulle finnas kvar, och vi var tvungna att ge oss av medan det fortfarande fanns tid.
D: Trodde ni att en liten båt skulle vara säker?
M: Jag tror inte att vi hade mycket val. Många andra hade redan lämnat. Och vi anmälde oss frivilligt att åka i den mindre båten, eftersom de andra tog de större båtarna. De hade definitivt varit säkrare. Det var något vi visste skulle hända, att vi var tvungna att lämna. Och vi lät de andra ge sig av först.
D: Hände något när ni lämnade?
M: Det hade pågått ett tag. Och vi visste att vår värld inte längre skulle finnas. Och då försökte vi förbereda oss för det. Och ta med oss det vi behövde. Vi ville inte att hela civilisationen skulle gå förlorad, så vi tog med oss minnen av den. Viss information, vissa kristallsaker som skulle hjälpa oss i den nya världen.
D: Är detta saker som ni använde?
M: Ja, de är en del av vår civilisation. Och det var saker vi kunde ta med oss som skulle vara hjälpsamma om vi behövde dem för att skapa ett nytt liv.
D: Vad var ditt arbete, din sysselsättning?
M: Jag var i templet. (Lång paus) Jag tillbringade min tid med att lära mig om användningen av energi och hur man kunde göra vår värld bättre för olika former av liv. Jag arbetade med att läka och hjälpa andra. Jag var inte en av de upphöjda, jag var fortfarande en

student, men jag gjorde framsteg. Jag lärde mig, men jag undervisade också. Jag hjälpte andra.

D: *Den andra personen som är i båten med dig, var de också en student?*

M: De var också i templet med mig, och de arbetade vid min sida. Det var som en assistent.

D: *Du blev undervisad och använde energin?*

M: Ja. Kristaller och användningen av energi. Och hur man skapar saker. Hur man förändrar situationer. Hur man läker. Hur man hjälper människor som hade tappat balansen. Jag kunde göra dessa saker, men jag hade inte fulländat det. Jag höll fortfarande på att lära mig kombinationen av sinnet och energins närvaro. Att man kunde förändra den och hjälpa till att föra den in i en fysisk form. Och sedan kunde den användas för allas bästa. Manifestationen kunde användas i samhället, eller till och med för individuellt bruk, eller av dem som följde denna väg.

D: *Det är bra att du arbetade med det positiva.*

M: Ja. Jag blev bättre på det. Jag kunde påverka vädermönster om det behövdes. Men mitt intresse låg mer i att hjälpa andra, med deras fysiska och mentala sjukdomar.

D: *De kom till dig i templet?* (Ja) *Och hur läkte du dem?*

M: Vi använde ibland kristaller. Ibland manipulerade vi bara energin genom beröring. Ibland behövde vi inte ens nödvändigtvis röra dem, utan bara föra energin till dem med händerna.

D: *Så dessa kristaller var mycket kraftfulla.*

M: Ja. De förstärkte energierna som vi skickade ut. Och de gjorde dem ännu starkare. Ibland hjälpte de till att omvandla energier till positiva.

D: *Du sa att du kontrollerade vädermönstren. Varför ville du göra det?*

M: Om vi hade en period med för mycket torka och saknade vatten. Eller om det fanns stormar som hotade att förstöra där vi var. Vi kunde försöka förändra energierna så att det inte blev så förödande. Det var mycket oro i området. Det fanns många människor med negativa energier. Och därför försökte vi balansera det.

Den Komplicerade Universum Bok Två

D: I samma land som du bodde i?

M: Ja. Det fanns de som experimenterade med energiernas mörka sida och dess krafter. Och de skapade kaos. De skapade oro bland många människor där.

D: Så det är möjligt att använda energierna på ett negativt sätt också.

M: Ja, det är det. Det var aldrig meningen att energierna skulle användas så. Men på grund av så många entiteter och energier, hade deras tankemönster förändrat det. De lärde sig hur man gjorde det. Det fanns negativa krafter som skapade alla slags problem.

D: Man skulle tro att de skulle veta att det inte var rätt sätt att använda det på.

M: Det finns många som inte är så långt avancerade. Som inte har förstått hur saker borde vara.

D: För allt du skickar ut kommer tillbaka, eller hur?

M: Det stämmer.

D: Fanns det inget ni kunde göra för att bekämpa det negativa?

M: Vi gjorde många saker för att bekämpa det, men till slut blev det för överväldigande. Och det fanns fler negativa vibrationer och energier som skickades ut, och fler människor som drogs in i det. Vi blev rädda. Och till slut fanns det inget mer vi kunde göra vid den tidpunkten, på den platsen. Så vi var tvungna att göra det vi ansåg vara det bästa sättet att rädda vår kunskap och våra metoder. Och det är därför många människor bestämde sig för att lämna. Att ge sig ut i båtarna och ta med sig det de kunde.

D: Vad såg ni som skulle hända, som fick er att göra något så drastiskt?

M: Landet som vi bodde på bröts sönder. Det var många jordbävningar. Och det skulle dras under havet. Och vi visste att vi inte kunde stoppa det.

D: Så det pågick redan jordbävningar?

M: Det hade det, ja. Vi visste att det bara var en tidsfråga innan vi skulle ha en helt ny tillvaro. Att några av oss skulle lämna sina fysiska kroppar. Och att andra av oss skulle försöka rädda några av resterna av den gamla världen och ta det in i den nya.

D: *Man skulle kunna tro att de som använde den negativa energin skulle ha slutat när de såg vad som hände.*

M: De var berusade av förmågan att förändra saker, att manipulera med kraften. De brydde sig inte. Det fanns också några som planerade att fly i båtar.

D: *Vet du vad de specifikt gjorde med den negativa energin? Vad de använde den till?*

M: De försökte vända människor bort från ljuset. Försökte vända dem bort från det positiva. Och få dem att bara känna rädsla och se de negativa sakerna. De ville ha dem under sin kontroll, så att de kunde vara deras ledare och ha många människor som var rädda och bara skulle lyssna på dem.

D: *Genom att använda rädsla?* (Ja) *Men några av dem försökte också fly när de såg vad som hände.*

M: Ja. Det hade gått för långt. Marken och området kunde inte längre klara av störningarna. Det skulle inte kunna existera mycket längre. Marken skulle dras under vattnet.

D: *Du sa att de större båtarna redan var tagna?* (Ja) *Så många visste vad som skulle hända. Sedan tog du och din assistent den mindre båten. Och ni har några av kristallerna med er?*

M: Vi har kristaller och några skriftrullar. Vissa läror eller information som vi vill bevara. Många har kopior. Många har fler föremål med sig i hopp om att några av oss ska klara sig. Alla gav sig inte av i samma riktning. Vi försökte alla ta olika vägar. Igen, i hopp om att vi skulle kunna fortsätta med några av lärdomarna, lärorna, informationen som vi hade.

D: *Så ingen av er visste egentligen vart ni skulle?* (Paus) *Ni hade inte varit på dessa platser förut?*

M: Vissa hade rest. Mest med båt, men de kunde också besöka platser i sömnen. De kunde resa genom levitation. (Meditation? Det lät som levitation.) De kunde röra sig på det sättet. De behövde inte nödvändigtvis använda båten. Men vid den här tiden, med så mycket energistörningar och krafter – det var nästan som en hemsk, våldsam storm – kunde vi inte använda några av dessa resmetoder. Vi var tvungna att resa med båt.

D: *Men ni kunde inte heller ha tagit med dessa saker om ni reste i andlig form.*

M: Det stämmer.

D: *Ni var tvungna att ta fysiska föremål med er.*

M: Informationen skulle bevaras för alltid i de eteriska sfärerna och i de högre sfärerna ovanför, men den skulle inte vara lika lättillgänglig i fysisk form om vi inte tog med oss dessa saker.

De hade inte sett vad som hände med landet eftersom de redan var ute till havs. De ville bara komma bort och lät strömmen föra dem dit den ville.

D: *Har ni någon mat med er?*

M: Ja, vi har lite. Vi ransonerar det. Och vi har lärt oss att klara oss på mycket små mängder, eftersom vi vill att det ska räcka så länge som möjligt. Eftersom vi inte har någon aning om hur lång tid det kommer att ta att nå land.

D: *Vad för slags mat har ni med er?*

M: Det är som en mycket koncentrerad form av energi. Det är någon slags spannmål. Och små kakor som vi kan äta. Vårt vatten är självklart mycket värdefullt, och vi tar bara små klunkar av det. Eftersom man bara kan bära med sig en begränsad mängd. Och vi försöker att inte använda årorna så mycket. Vi försöker spara på vår energi. Och vi sover så mycket vi kan. Vi äter så lite som möjligt.

D: *Det låter logiskt. För när ni sover använder ni inte lika mycket energi.*

M: Det stämmer.

D: *Det låter inte som den typen av mat som skulle bli dålig.*

M: Nej, den håller länge.

D: *Har ni redan varit ute till havs ett tag?*

M: (Paus) Jag är inte säker på om det är dagar eller veckor. Men det känns som en tid. Vi kan markera dagarnas gång på båten.

D: *Men det känns ändå som en dag efter den andra.*

M: Det stämmer. Särskilt när du sover mycket. Och du vaknar och somnar om igen.

Jag förde honom framåt i tiden för att se vad som hände, eftersom han kunde ha drivit på havet under en lång tid.

D: Hittar ni en plats att stanna på?
M: Ja, det gör vi. Det står många människor och tittar på oss när vi går i land. De undrar varifrån vi har kommit, och i en så liten båt. Och vi tror att det är i ... det ser ut som om vi kommit i land i Egypten. Människorna som står runtomkring har mörkare hud.

D: Kan ni förstå varandra?
M: Vi kan kommunicera telepatiskt, men med språket finns det en barriär.

D: Kan de förstå dig telepatiskt?
M: Några kan det, men vi kan förstå dem mer än de kan förstå oss.

D: Har något hänt på landet där de bor?
M: Det har varit många stormar och förändringar i årstiderna. De vet att något ovanligt händer, och de är rädda för det. Haven har varit oroliga, och vädret har varit ovanligt för dem. Och sedan när människor anländer i en liten båt och ser uppenbart annorlunda ut, gör det dem ännu mer misstänksamma.

D: Kan du berätta för dem vad som händer?
M: Vi delar inte den allmänna kunskapen om vad som har hänt med alla. Vi säger bara att vi har förlorat vårt hem och att vi seglade under lång tid för att komma hit. Det verkar som om det finns någon där som kan översätta. Men vi berättar inte för alla vi möter hela historien om vår resa. Och de har inte någon större förståelse för den civilisation som vi kom ifrån.

D: Deras civilisation är inte så avancerad?
M: Nej. Den är inte som vår var.

D: Kommer de låta er stanna?
M: Ja. Vi är lite av en nyfikenhet för dem. De låter oss komma.

D: Vad är era planer nu?
M: De omedelbara planerna var att återhämta oss, och bara få lite mat, vatten och skydd för en tid. Och det finns en man som tar oss in och låter oss bo hos honom.

Den Komplicerade Universum Bok Två

D: *Men de saker ni tog med er, överlevde de? Kristallerna, skriftrullarna och informationen.*

M: Ja, de gjorde det. Vi håller dem inslagna i något ... det är som ett tygstycke. Det kanske till och med är en bit material som vi har de sakerna inslagna i. Vi är rädda att de skulle kunna förstöras, eller att någon skulle stjäla dem om de såg dem.

D: *Om de visste vad det var.*

M: Ja. Vi gömmer dem i en grotta.

D: *Tror du att du kommer kunna lära någon om kunskapen?*

M: Vi är ganska säkra på att det finns människor här. Det finns lärare, eller det finns ... vad vi kan kalla sökare, som vi skulle kunna dela dessa saker med. Och när vi väl inser att de går att lita på, kan vi gradvis börja dela detta med dem.

D: *Det kommer ta tid. Och ni har tid nu, eller hur?*

M: Ja, det har vi.

D: *Åtminstone har ni hittat en plats att stanna på. Ni vet inte om de andra klarade sig eller inte.*

M: Det har rapporterats om att några andra har kommit i land på olika platser. Så vi vet att några människor på olika platser har klarat sig. Några har vi inte hört något om. Men vi vet att det finns fler som har överlevt.

D: *Det visar att kunskapen inte kommer att försvinna då.*

M: Det är en mycket glädjande nyhet att höra att det finns andra. Att vi inte är de enda överlevande. Ansvarsuppgiften var att fortsätta bära denna information och dessa gåvor.

Jag förde honom framåt i tiden till en viktig dag i det livet för att se vad som hände.

M: Vi har hittat en plats att förvara kristallerna och skriftrullarna. Vi känner att vi kan vila nu, när vi inte längre behöver oroa oss för deras välbefinnande hela tiden. Vi har delat en del av informationen, men dessa människor är inte redo för allt. Så vi måste lägga undan dessa saker för tillfället.

När jag frågade var de hade gömt dem, blev han orolig. Jag var tvungen att övertyga honom om att jag inte var ett hot, att det var säkert att berätta för mig.

M: De är förvarade ... de finns inom en pyramid. Men det är nästan som ett interdimensionellt förvaringsutrymme. Det är inte en plats som man kan hitta om man inte vet hur man ska komma åt det. Man skulle inte lätt kunna se det eller veta att det är där. Det kräver vissa energier för att föremålen ska bli synliga. För att de ska dyka upp. Föremålen är fysiska, men de är förvarade i en plats där ... det är som om de är där, men du kan inte se dem. Det är som ett interdimensionellt utrymme. En låda som vi har placerat dem i och sedan förslutit. Och bara vissa energier kan öppna dörren till detta, och då skulle de bli synliga.

D: *Är detta interdimensionella utrymme något ni visste hur man skapar?*

M: Jag fick hjälp av några av de andra som överlevde, och vi träffades till slut. Genom att arbeta tillsammans kunde vi skapa detta utrymme.

D: *Så det är inte en fysisk plats inne i pyramiden?*

M: Det är en fysisk plats, men det är som om den är osynlig. Den finns där. Och så länge den är förseglad ... kan en person inte bara gå förbi och se den. Det krävs en viss mental energi, kunskap och till och med symboler för att öppna den.

D: *Men är det som att ni har placerat den i en vägg?*

M: Ja, det är liknande. Det är som att det är inuti en av de stora stenarna. Det finns där, men du kan inte se något sätt att komma in i det. Det finns ingen indikation på att det är där.

D: *Det finns inget sätt att fysiskt öppna det?*

M: Det stämmer. Du kan inte fysiskt öppna det. Det måste göras med energi. Det kräver ett visst tankemönster. Och det måste vara rätt person med rätt symboler. De måste bära dessa symboler i sitt energifält för att kunna låsa upp stenen.

D: *Det är inte fysiska symboler som de känner till?*

M: Innan de inkarnerade här var de medvetna om det, och symbolerna fanns i deras energifält.

Den Komplicerade Universum Bok Två

D: *Så de placerades där innan personen inkarnerade?*
M: Ja. Och ibland var de tvungna att förtjäna dem. De behövde lära sig vissa saker eller gå igenom vissa tester för att symbolerna skulle bli funktionella. För att aktiveras. För att de skulle fungera. Så kanske om samma person var på rätt plats vid rätt tidpunkt, kanske inget hade hänt. De behövde lära sig. Men nu, om de hade uppnått vissa saker i detta liv. Om de hade klarat vissa tester som visade deras sanna avsikter, deras goda avsikter, då skulle dessa symboler aktiveras i deras energifält. Och om de gick dit, skulle de kunna öppna detta. Förstå var de skulle gå. Och med sina mentala tankar skulle det öppnas som en nyckel. Och det finns fler än en person med dessa symboler. Det måste finnas många, i fall någon misslyckas.

D: *Det låter logiskt. När människor inkarnerar, har de då vissa symboler som placeras i deras ... ande, aura eller vad det nu är?*
M: Ja, vi bär alla dessa. Och det är så vi ibland kompletterar varandra eller känner igen varandra. Vi ser dem inte med våra fysiska ögon, men vår kropp vet det, eller vårt energifält vet det. Och vi kan uppleva vissa känslor. Antingen avstötning eller attraktion, eller en känsla av välbefinnande.

D: *Så dessa symboler är viktiga.* (Ja) *Är dessa symboler skapade på den andliga sidan?* (Paus) *Jag undrade var de kommer ifrån. Vem bestämmer att sätta dem i... jag antar att aura-fältet är ett bättre ord?*
M: De är en del av det universella sinnet. Den universella intelligensen. Och de sammanfaller med vad vår livsplan är innan vi inkarneras. De är som nycklar genom hela vårt liv. Om vi går till en viss plats eller träffar en viss individ, och nyckeln passar i låset. Eller om två symboler smälter samman. Eller motstående symboler. De hjälper oss att veta vad vi ska göra. Ibland kan de låsa upp minnen. Ibland kan de trigga en respons inom oss som hjälper oss att fatta beslut och förändra vårt liv. Vår livsstil, våra livsbeslut. Så de är nästan som ett litet styrsystem. Vid en viss tidpunkt kan det aktiveras och hjälpa oss att veta vad vi ska göra, när vi ska göra det.

D: *Men det här är saker som de flesta inte vet om och som vi inte är medvetna om.*
M: Nej, men vi har alla dem.
D: *Och vanligtvis kan du inte se dem eller veta att de finns där.*
M: Vissa människor kan, men de flesta av oss kan inte se med våra ögon.
D: *Du får bara känslor, instinkter.*
M: Ja, ja. Det är det.
D: *Det är viktigt. Och det betyder att symboler är mycket viktiga för det universella sinnet.*
M: Det stämmer. Det är ett universellt språk.

Detta stämmer överens med den information jag har fått och rapporterat i mina andra böcker. Att utomjordingar kommunicerar genom symboler, och att dessa innehåller block av information och koncept som kan överföras mentalt. Det förklarar också delvis de många rapporter jag har fått om människor som upplever en flod av symboler som tränger in i deras sinne. Vissa har rapporterat att de legat på soffan i sitt vardagsrum och sett en ljusstråle komma genom fönstret som innehåller många geometriska och andra symboler. Denna ljusstråle koncentrerar sig på deras panna. Andra har berättat om en tvångskänsla att sitta i timmar och rita symboler eller ovanliga mönster. (Många har skickat mig kopior av sina teckningar, och det är fantastiskt hur lika de verkar vara.) Utomjordingarna har berättat för mig att symbolerna i sädescirklar också innehåller informationsblock. Observatören behöver inte vara inne i cirklarna för att ta emot detta. Bara genom att se symbolen i en tidning, i ett magasin eller liknande, är det tillräckligt för att ladda ner informationen. De har beskrivit olika sätt som denna nedladdning sker på. De säger att det är deras språk. Personen som tar emot det behöver inte nödvändigtvis förstå det. Det implanteras i personens undermedvetna på en cellulär nivå. Syftet är att personen någon gång kommer att behöva informationen, och de kommer att ha den utan att ens veta varifrån den kom. Detta väcker frågan: Om vi inkarnerar med ett symboliskt mönster inpräglat på vår själ, aura eller hur det än görs, lägger nedladdningen från utomjordingarna till detta mönster, eller aktiverar det? Han nämnde att detta mönster förändras när personen går igenom livserfarenheter.

D: *Jag vet att det finns många pyramider i Egypten. Lämnade ni dem i en stor?*

M: (Paus) Jag tror att de placerades i Sfinksens tass istället för i själva pyramiden. Jag tror det. Det finns många underjordiska tunnlar och kammare där. Om jag tittar på Sfinksen, tror jag att det förmodligen är den vänstra tassen.

D: *Går dessa tunnlar också under pyramiden?*

M: Ja. Det finns många tunnlar under pyramiderna.

D: *Men de flesta vet inte hur man kommer åt dessa, eller hur?*

M: Nej, bara vissa invigda, präster och viss kunglighet. Den genomsnittliga personen vet inte om dem. Det finns rykten om att de existerar, eftersom de var tvungna att byggas. Och det finns alltid läckor av information som kommer ut. Men den vanliga personen känner inte till detaljerna, de har bara hört rykten.

D: *Men om Sfinksen och pyramiderna redan fanns där när ni kom, har du någonsin hört några berättelser om vem som byggde dem?*

M: (Paus) Ja. Jag tror att civilisationen – även om den inte var lika avancerad som vår egen – hade fått viss hjälp av utomjordingarna. Eftersom intelligensnivån i det samhället inte var särskilt högt utvecklad. De fick information, men återigen, bara en liten del av folket. Det var inte alla. Och många av dem var mer anhängare än självständiga tänkare.

D: *Har du hört hur de kunde bygga med så stora stenar?*

M: Det gjordes med energimanipulation. Det gjordes med en typ av gravitationsanordning. Levitation. Det skulle ha varit nästan omöjligt att fysiskt bygga dem.

D: *Skulle ni där ni kom ifrån ha kunnat göra något liknande?*

M: Ja. Även om mitt område inte var arkitektur eller byggande, kände jag till grunderna i energimanipulation och levitation. De flesta studenter, invigda och de som arbetade i templen, de kunde dessa saker. Det var en del av utbildningen – levitation och användning av energi.

D: *Så detta var något som alla lärde sig?*

M: Ja. Och det fanns de som var mycket långt avancerade i dessa saker. Inom arkitektur och skapande av materiella saker. Men det var inte bara materiellt. Det var inte bara tredimensionellt. Det var en sammanvävning av det materiella och de högre vibrationerna, som var närmare andemanifestationer. Det var inte bara fysiskt.

D: *Men du sa att människorna som bodde i Egypten inte var tillräckligt avancerade för att ha gjort detta själva.*

M: Nej. Det fanns några som var mer avancerade och mer villiga att lyssna. Och de var mer öppna ... vanligtvis de som var mer utbildade än genomsnittspersonen som bodde där. Och de fick denna information i hopp om att det skulle hjälpa civilisationen att utvecklas. Så de blev kontaktade av utomjordingarna, de som övervakar. Och de kom och hjälpte dem med dessa saker. Och tack vare vår kunskap och varifrån vi kom kunde vi också hjälpa till med deras lärande och utveckling.

D: *Varför byggdes pyramiderna? Hade de ett syfte?*

M: (Lång paus) De var mycket kompakta energikällor. De var inte som kristaller, men de kunde nästan förstärka och hjälpa till att skapa många saker inom pyramiden. Och inom pyramidens vibration. De var lärandecenter, men det var också som att gå in i en annan dimension, på grund av den energi de innehöll. Och de kunde förstärka och även sända vibrationer och energier till andra områden. Det var som ett gigantiskt energifält eller kraftcentrum – kanske inte nödvändigtvis en kraft. Det var ett centrum för mycket kraft och energi.

D: *Så det var därför utomjordingarna ville att dessa skulle byggas?*

M: Det var en del av anledningen till att de byggdes, eller deras funktion. Utomjordingarna ville bara att mänskligheten skulle skapa en värld med mer harmoni, och mer fred. Och en lyckligare plats att leva på, snarare än en av fattigdom, smärta och förtvivlan.

De hoppades att vi skulle kunna använda denna information och dessa gåvor för att expandera den möjligheten.

D: Det måste vara människor som har kunskapen om hur man använder den.

M: Det stämmer. Och det är därför det bara var vissa individer som fick denna kunskap om pyramidernas krafter och de möjligheter de kunde utveckla i det området. Men med den kraften kommer också möjligheten – precis som Atlantis – till det negativa.

D: Till missbruk.

M: Det stämmer. (Djup suck) Den fria viljan, den kan vända åt vilket håll som helst.

D: Det är därför det kan gå åt båda hållen. Men snarare än att använda era skriftrullar och kristaller, bestämde ni er för att gömma dem där de skulle vara säkra.

M: Ja, människorna var inte redo för all information. Och de använde den inte på det sätt som den borde användas. Det fanns redan missbruk av krafterna i vissa områden, där det mycket lätt kunde förvandlas till ett nytt Atlantis. Om de fick kunskapen och användningen av den absoluta kraften.

Jag bestämde mig sedan för att föra Marie framåt till mannens sista dag i livet, eftersom jag inte trodde att det fanns mer att lära efter att han hade gömt hemligheterna.

M: Jag är mycket gammal. Och min kropp har hållit sig i ganska gott skick tack vare min kunskap om läkning och användning av energi, och tankarna som vår lärare lärde oss formar det fysiska. Men min kropp har åldrats. Och den är mycket trött. Och jag är redo att lämna.

D: Så det är inget fel på kroppen.

M: Den åldras. Den har förändrats av effekterna av detta jordeliv. Det är inget allvarligt fel.

D: Bodde du där i Egypten under en lång tid?

M: Ja. Jag vill säga kanske ytterligare fyrtio år.

D: Så du kunde föra vidare en del av din kunskap.

M: Ja, det kunde jag. Jag delade det jag tyckte var lämpligt med de lärda. De som hade tränats i metoderna. Men återigen kunde jag inte dela allt eftersom det inte hade varit lämpligt vid den tiden.

D: *Ja, men du gjorde mycket med ditt liv.*

M: Jag försökte. Det fanns alltid några felbeslut. Ibland berättade man saker för människor eller undervisade dem, och de ... precis som när som helst i livet, tar vissa det och använder det, och andra gör det inte. Och några missbrukar det.

D: *Det är samma sak överallt.* (Ja) *Är det någon med dig under din sista dag i livet?*

M: Nej, jag är ensam. Jag är inte rädd, men jag vet att jag är redo att lämna.

Efter att han hade lämnat kroppen och gått till andesidan, bad jag honom att granska livet han just hade lämnat och se om det fanns en lektion han lärde sig.

M: Jag tror att jag behövde lära mig tålamod, för jag var alltid ivrig att lära mig, men jag ville lära mig mer. Och jag kände aldrig att jag var där jag kunde vara. Jag nådde en milstolpe, och det var aldrig tillräckligt. Jag trodde att jag borde veta mer, och lära mig snabbare. Och det var en mycket svår lektion.

D: *Tror du att du lärde dig det?*

M: Kan någon någonsin lära sig det? Det är en tuff lektion. Ja, jag lärde mig att bli mer tålmodig.

D: *Du hade också en stor mängd kunskap.*

M: Ja, och det var en annan del av lektionen. (Djup suck) Att lära sig användningen och delandet av kunskapen. Ansvarigheten som följer med det. Om du ges den kunskapen måste du lära dig att använda den klokt. Ibland är den avsedd för andra, och ibland är den det inte. Och om du ger den till fel person vid fel tidpunkt, kan det bli katastrofalt. Och om du ger den till dem vid rätt tidpunkt kan det ge underbara, underbara resultat.

D: *Så du måste vara urskiljande.*

M: Det stämmer. Och det är ett mycket stort ansvar.

Jag lät sedan entiteten dra sig tillbaka och integrerade Maries personlighet tillbaka i kroppen så att jag kunde tala med hennes undermedvetna.

D: *Varför valde du det livet för Marie att se idag?*
M: För att det väldigt mycket liknar det hon går igenom idag. Hon är på en lärandets väg. Och hon har stora möjligheter att göra mycket för att förändra denna värld. Att hjälpa till att föra in den nya världen. Det är ett mycket stort ansvar.

D: *Men på ytan verkar det inte riktigt likna.*
M: Hon har förmågan att göra mycket gott i denna värld i relation till användningen av sina energier, sin kunskap från alla sina tidigare liv. Hon kan kommunicera med många. Eller hon kommer att kunna det när hon är redo. Och om hon inte gör detta vid rätt tidpunkt, i rätt ordning, kommer många värdefulla saker att gå förlorade. Och det är mycket viktigt att hon förstår detta: för det första, tålamod är mycket viktigt. Allt kommer när det är dags. Och för det andra: när hon erhåller dessa krafter och förmågor, att använda dem mycket urskiljande. Och även om hennes intentioner är rätt, att hjälpa andra, hjälper du dem inte alltid genom den enklaste vägen. Ibland måste de lära sig själva. Och att ge dem allt, som på ytan ser ut som det de behöver, är inte alltid rätt beslut. Hon måste ge till dem, när tiden är rätt, kanske lite mindre än vad de faktiskt kunde använda.

D: *Varifrån kommer denna kunskap?*
M: Denna kunskap som hon har haft, som hon har lärt sig från alla tidigare liv. Och när rätt tid kommer, kommer den att ges till henne.

D: *Menar du att allt kommer tillbaka?*
M: Ja. Och det har arrangerats att delar av henne ... av mig, av översjälen, vid rätt tidpunkt kommer att träda in och medföra dessa gåvor. Dessa energier och denna kunskap som hon behöver för att ta nästa steg, till nästa nivå.

D: *Men hennes nuvarande personlighet kommer fortfarande att finnas kvar, eller hur?*
M: Ja, mycket tydligt.

D: Det är som ett överlägg, eller en sammanslagning? Av den som har informationen.

M: Det stämmer. Det kommer bara att smälta samman med hennes nuvarande väsen.

D: Då behöver hon inte studera, eller gå några kurser?

M: Jo, hon behöver fortfarande göra dessa saker. Det kommer att hjälpa till att utlösa minnen. Och det kommer att hjälpa henne att återlära sig. Det är ibland mycket svårt att bara få in dessa speciella tankemönster. Och genom att återlära dem med hjärnans olika kretsar, kommer det att hjälpa henne i detta nuvarande liv. Hon tränas från denna sida.

D: Hon har en annan fråga. Varför blir hon så sjösjuk? Hon älskar vattnet och delfinerna, men hon blir så sjösjuk.

M: Havets energinivå är mycket hög. Det skapar mycket kraftfulla energier. Och eftersom hennes kropp, hennes väsen, är en omvandlare av energier, kan hon bara absorbera en viss mängd innan hon börjar känna det fysiskt. Det har också att göra med hennes långa tid på havet när hon först lämnade Atlantis. Det var mycket stressigt att vara på havet. Och igen, energinivåerna var mycket höga. Även om hon hade viss kraft och förmåga över elementen, och förmågan att förändra energier för att hålla haven från att bli för våldsamma, var hon i ett försvagat tillstånd på grund av brist på mat och vatten.

D: Traumat av situationen.

Kapitel 7
FORNTIDA KUNSKAP

DENNA SESSION HÖLLS i maj 2002 på en ranch utanför Bozeman, Montana, där jag bodde i ett gästhus. Jag åkte till Bozeman för att hålla några föredrag, men huvudorsaken var att jag äntligen skulle få träffa Leila Sherman, den 100-åriga kvinnan som fotograferade bilden av Jesus som jag använde på omslaget till Jesus and the Essenes. Jag visste att detta kanske skulle vara min enda chans att träffa henne. En kvinna arbetade med Leila för att producera och marknadsföra bilden. Leila berättade att hon trodde att hon var redo att dö, men när de skapade hemsidan www.christpicture.com och marknadsföringsplanen, hade de så roligt att hon sa att hon kanske skulle stanna kvar i 100 år till. Leila bor på ett äldreboende, men är fortfarande mycket aktiv och kan ta hand om sig själv. Hon berättade att hon är den äldsta på hemmet och den enda som inte behöver hjälp.

Lorraine flög från en annan delstat för att vara i Bozeman samtidigt. Hon var en healer och arbetade med läkare och sjukhus för att introducera och kombinera naturlig healing med traditionella metoder. I den stora stad där hon bor arbetar hon med fem sjukhus och börjar med att utbilda sjuksköterskor. Hon är mycket intelligent och tror att detta kommer att utvecklas till något mycket viktigt.

Under sessionen, när hon kom ner från molnet, fann hon sig själv som en 14 eller 15 år gammal flicka med långt, rödbrunt hår, i en fridfull miljö som jag trodde var en kuststad. Det lät som det, men jag skulle få veta annorlunda när vi fortsatte. Hon beskrev sitt hus som beläget vid en vik, mycket stort med valvgångar som såg ut mot vattnet på båda sidor. Hon ville leva ett normalt liv där med sina föräldrar och bröder, men en mäktig grupp på ön hade andra planer för henne. De hade upptäckt att hon var annorlunda än de andra människorna och ville använda hennes förmågor. Hon skulle flytta till ett stort tempel på kullen ovanför staden.

L: Jag har gåvan. Jag kan se.
D: *Vad kan du se?*
L: (Viskar.) Framtiden. (Lång paus) Jag kan se framtiden. De vill lära mig att styra den.
D: *Även om du har gåvan, vet du inte hur du ska kontrollera den. Är det det du menar?*
L: Nej! De vill kontrollera den – genom mig. (Viskar) Orden. Männen som styr allt. Havet. Folket. Jag ska bo i det stora templet på kullen och göra som de säger åt mig att göra.
D: *Männen i templet styr saker?*
L: (Nyfiket.) Ja. De kommer att kontrollera mig. Jag vill stanna hos min familj. Jag vill segla iväg på havet. Mina bröder kan göra vad de vill. Jag vill sjunga. Jag får inte sjunga. Saker händer när jag gör de där ljuden.
D: *Jag ser inget fel med att sjunga. Vad händer när du gör ljud?*
L: Vad jag vill! – Männen på kullen är rädda för mig.

Jag försäkrade henne om att hon kunde prata med mig om det, eftersom jag inte var ett hot mot henne. "Vilka slags ljud gör du?" Lorraine formade sin mun som om hon gjorde ett "oooo"-ljud. "Du rör på din mun, men jag kan inte höra något."

L: Hör du inte ljudet? Det är som vinden. Det är ljud av vinden.

Hon började sedan göra ett kusligt, skarpt, utdraget tonfall. Det var gradvis, men konstant, från Ooooooooooooooooooh (mellanton) till Ooooooooooooooooh (hög ton) till Ooooooooooooh (högre ton, sedan för högt för att höras) och sedan tillbaka nedåt igen till Ooooooooooooooooooh (mellanton). Senare när Lorraine lyssnade på bandet, sa hon att det var ett ljud som skulle vara omöjligt för henne att göra. Särskilt delen som gradvis blev högre i tonhöjd tills det var för högt för att höras.

Hon förklarade vad ljudet gjorde: "Det öppnar dörrar." Jag förstod inte vad hon menade. Fysiska dörrar? "Du kan gå genom de dörrarna. De kan inte se dem." Så det var uppenbarligen inte fysiskt. Hon syftade på något som till synes fanns i den osynliga världen.

L: De är förgyllda dörrar med juvelbesatta kanter och vitt och färgat ljus i mitten. De är inte – egentligen – fysiska dörrar. De är öppningar, portaler.

D: *Var ser du dem?*

L: Framför mig. Där i rymden.

D: *När du är utomhus?*

L: Nej, var jag än är, är de med mig. De finns i rymden. Ljudet skapar dörrarna och öppnar dörrarna. När de öppnas kan jag gå igenom in i dörrarna.

D: *Och ingen annan kan se dessa dörrar. När upptäckte du först att du kunde göra det?*

L: Jag var fem. Min familj, min farbror. Jag berättade för dem saker jag kunde se genom dörrarna. De trodde att jag hittade på historier – och att jag var rolig.

D: *Vad såg du genom dörrarna?*

L: (Viskar) Jag ser framtiden.

D: *Hur visste du att det var framtiden?*

L: För att jag berättade historierna, och sedan hände de. De började tro mig när jag var åtta. Sedan tog männen på kullen mig. De började testa mig. Jag placerades i ett rum där jag tvingades utföra mina förmågor. Och de skrev ner det jag berättade för dem. Sedan började de träna mig att ändra det jag såg. De ville att jag skulle ändra det för att hjälpa dem. Att styra om det. Få bra saker att hända för dem och flytta tragedin till någon annan.

D: *Så du såg negativa saker?*

L: Jag kunde se allt. Jag visste vad som skulle komma. Det fanns tre fönster inne i dörrarna. Jag kan se hur det kan bli. Tre olika sätt det kan hända på.

D: *Så framtiden är inte bara en väg.*

L: (Viskar: Nej.) Jag kunde ändra den. Skicka den någon annanstans. Flytta den. Göra den annorlunda.

D: *Är det tillåtet att göra det?*
L: Det är som tur. Den goda turen kommer, den dåliga turen måste gå någon annanstans. De såg inte det. De trodde att de kunde ta all tur och behålla den. De tog den för sig själva och kontrollerade alla. Vi bor på en stor ö, med många vikar. Jag såg den från molnet när jag kom ner. Den är vacker. Och de har höga strukturer på toppen av kullen, och de styr över alla människor nedanför.

Jag trodde det lät som någon typ av organiserad religion.

L: Ingen kyrka ännu. Det är inte ännu religion. Det är makt. Det är templet. Det är platsen för allt varande.

Tydligen var vi längre tillbaka i tiden, innan organiserad religion började. Men det spelar ingen roll, makt och girighet har funnits sedan människan började leva på jorden. Det verkar ha varit en ständig kamp mellan goda och onda krafter.

D: *Och de ville kontrollera alla som bodde på den ön genom att ändra det du såg?*
L: Det gör de. Alla sinnen med kraft bor i templet. Jag måste bo i templet. Jag måste lämna min familj.
D: *Hur känner din familj om det?*
L: De har blivit mycket framgångsrika tack vare det jag har gjort. Jag gav dem turen. Du tänker det, och det händer. Och du tar det in och riktar det i den riktningen och skickar det andra någon annanstans. Det är bara en riktning. De skulle ha total kontroll över all kraft om jag bor där. Jag ska visa dem hur.
D: *Tror du att du kan visa dem hur man gör det?*
L: Nej. (Hon började göra "ooooh"-ljud igen.) Allt jag gör är att öppna fönstret. Portalen öppnas med ett ljud. Och sedan kan jag se mer genom dörren om jag tittar. Ljudet bär vågor. Och vågorna öppnar fönstret. Och jag kan titta på vad som ska komma.
D: *Men du sa att du ska lära dem hur man gör det?*
L: Ja, de tror att de kan lära sig det. (Skrattar) Jag vet inte varifrån det kommer.

D: *Hur kan du visa dem hur man gör något om du inte vet hur du gör det själv?*

L: Jag vet inte hur jag ska undanhålla dem informationen. De tvingar mig att göra det, annars kommer min familj att lida.

D: *Jag förstår. Men de är män, de kan förmodligen inte göra ljuden på samma sätt.*

L: (Viskar) Nej, det är inte möjligt. Jag lärde mig detta år hur jag inte ska berätta sanningen för dem. Jag ska få dem att göra saker på rätt sätt. Jag lär mig av min farbror hur jag ska kontrollera deras makt. Men jag måste låtsas att jag inte vill veta. Och sedan lär de mig mer och mer. Snart kommer jag att ha all deras kunskap. Var och en av gruppen har olika gåvor inom olika områden. Och de vet olika saker om hur man kontrollerar människors sinnen. Och de lär mig varje gåva. – Jag måste göra något. De gör det för fel anledning. De kommer att förstöra oss. De tar all positiv energi och dumpar all negativ energi i ett hål. Och det kommer snart att bli mycket stort ... och det kommer att explodera.

D: *Det måste gå någonstans, är det det du menar?*

L: Ja, det ser de inte! Alla tror att du bara kan ha det goda. Jag vet inte om jag kommer att kunna ha all deras kunskap i tid.

D: *Vad ser du som kommer att hända?*

Hon tvekade, sedan började hon gråta.

L: Allt faller isär och sjunker ner i havet.

D: *Försöker du berätta det för dem?*

L: Ja. De säger att det är upp till mig. Att skicka det och ändra det. Jag kunde göra det, om de använde sin kraft på rätt sätt. Men det gör de inte, och de fortsätter att lägga mer av den dåliga sidan i hålet. Och det växer, och de blir mer och mer tanklösa och vårdslösa. Jag är rädd att jag måste kontrollera dem. Så snart jag känner till alla deras gåvor kan jag ta deras kraft från dem och rikta den tillbaka till folket.

D: *Är det din plan?* (Ja.) *Flyttade du för att bo med dem i det stora templet?*

L: Ja. Det är vackert. Det har många trappor och pelare. Och valvgångar som ser ner mot vattnet. Och det finns stora färgglada fåglar. Och vacker musik. Det är väldigt vackert. Jag har en svart leopard. (Jag blev förvånad.) Hennes namn är Sasha. Hon är mitt husdjur. Hon hör mina tankar. Hon är med mig hela tiden.

D: *Jag skulle tro att en leopard skulle vara farlig.*

L: (Skrattar) Hon kan vara det. Men hon väljer att inte vara det.

D: *Har de andra människorna också djur som husdjur?*

L: Ja, många av dem har det. Djuren är överallt. De lever i harmoni i den här stora platsen. Det finns stora korridorer och många vackra rum här. Jag talar till folket dagligen. Jag ljuger för dessa människor. Jag berättar vad männen vill att jag ska säga.

D: *Vad ljuger du om?*

L: Faran med att leva med så mycket, med så många gåvor. Ingen är någonsin sjuk längre. Vi har lärt oss att hela. Jag måste vara ungefär 25 nu.

D: *Hur gör du helandet?*

L: Vi gör inte längre helande.

D: *När ni gjorde det, hur gjorde ni då?*

(Hon gjorde det skarpa "Ooooh"-ljudet igen.)

D: *Berätta vad du gör.*

L: Jag roterade taket för att ställa in ljuset.

D: *(Jag förstod inte.) Vilket ljus?*

L: Vi är ljus inuti. Det blir splittrat och måste justeras för att flöda. Och alla lär sig tonerna för att justera sitt ljus.

D: *Du sa att du roterade taket. Vad menade du?*

L: Jag använder färgerna och tonerna genom ljuset för att justera dem. Det finns ett mönster i taket av solsystemet. Och färgerna och tonerna måste matcha. Färgerna är i ljuspanelerna på taket. De ser ut som korta ljusblixtar i olika färger. Det verkar vara en solid glasskiva, men det är små ljusblixtar inuti de olika panelerna. Någon typ av rör kopplar dem. Och ljusen ser fasta ut, men det är små blixtar av ljus inuti panelerna. Solsystemets mönster förändras för varje person som kommer under ljuset. Det läses av

Den Komplicerade Universum Bok Två

ett ljus i din handled, och det visas som ett mönster i taket. Sedan justeras ljusen och de kommer ner genom basen av din skalle. Och in i kroppen och det justerar ditt ljus.

D: *Då är det en sorts maskin?* (Ja.) *Så mönstret av zodiaken ändras för varje enskild person.*

L: Det är deras karta. Jag brukade göra det själv individuellt för dessa människor. Och så småningom lärde jag dem att använda tonerna själva. Vi har inte längre någon sjukdom.

D: *Finns det något annat på taket, eller bara de där mönstren och panelerna och ljuset?*

L: Det finns ett stort objekt i mitten som riktar strålarna. Det är en serie kristalliknande objekt placerade vid vissa segment i rymden. Och ljuset splittras genom det när det roterar mycket snabbt. Mycket, mycket snabbt. Du ser det inte röra sig. Du måste bara veta att det rör sig. Det skjuter ljusskärvor genom glaset, och siffror klickar, och det drar ljusen från de färgade panelerna (Sagt med en ton av upptäckt). Det studsar genom alla små lager av kristaller tills det når siffrorna som skapar individens personliga mönster. Och sedan skjuter det ner vid basen av skallen genom kroppens punkter. Små punkter i kroppen som motsvarar vart och ett av ljusen. Och tillbaka upp genom rotchakrat och ut genom kronchakrat.

D: *Och det här helar personen?*

L: Det justerar deras individuella ljus!

D: *Och alla har sitt eget mönster?* (Ja!) *Och detta hittar mönstret så att ljuset kan aktivera det och hela personen?*

L: Ja, vi vet hur man justerar ljuset. När ljuset är splittrat försvinner informationen om sjukdom från dessa kroppar. Så länge deras ljus är justerat åldras inte kropparna.

D: *Och det måste finnas vissa toner som aktiverar detta?* (Ja.) *Vet männen hur man gör det?*

L: Nej. Bara jag. Jag har hamnat i problem för att ha gjort det. Folket tvingades betala mycket för att bli botade. Bara de rika kunde bli botade. De är mycket arga på mig för att jag lärde andra att bota sig själva. Men det spelar ingen roll. Vårt sätt att leva håller på att ta slut.

D: *Är det vad du ser?*

L: Ja. All otur växer i storlek och proportioner som kommer att explodera. Och de bryr sig inte; de tror inte på mig. Det är upp till mig att ändra det. Att skicka bort oturen någon annanstans. De har valt en plats. Det är ett land där många människor bor. De är inte rika människor. De är stödet för vårt system. Och de tror inte att de behöver dem längre. Fiskarna, bönderna. De brukade stödja landet. De behöver inte dem så länge de har mig för att styra turen!

D: *Vad ska de använda för mat?*

L: De behöver det inte längre.

D: *De behöver inte äta?*

L: Inte som vi gjorde.

D: *Så dessa människor är förbrukningsvaror?*

L: De tycker det. Det är fel, för människor är det enda som är viktigt. Vad de inte vet är att det kommer att ta med sig allt. Inte bara de människorna, oss alla, för det är så stort, så kraftfullt.

D: *Har du lärt dig all deras kunskap?*

L: Ja, men jag har inte tillräckligt än. Jag tror inte att det kommer att finnas tillräckligt med tid. Jag behöver sluta cirkeln i all kunskap för att kunna kontrollera dem. För att kunna ändra vad vi gör och acceptera oturen. Och släppa ut den lite i taget för att lindra trycket det ligger på, så att det inte exploderar. De tror att jag kan skicka ut det och förstöra andra långt borta. Och att det kommer att försvinna. Men vad de inte inser är att det är så stort att det tar med sig oss alla.

D: *Så, vad händer?*

L: (Lång paus) Jag lät det förstöra oss.

D: *Styrde du det lite i taget?*

L: Nej. Det var vad jag ville göra, men jag fick inte. Ingen var villig att leva med oturen. Att släppa ut det lite i taget skulle betyda att människor skulle leva med misslyckanden, svält, sjukdomar och disharmoni. Jag berättade inte för dem att det skulle komma. Jag lät det explodera. (Sorgset) Och det tog allt. Allt föll isär. Det var ett mycket långt, lågt mullrande under jorden. Allt började falla runt oss. Vi rullade ner i havet.

D: *Hela ön?*

L: (Viskar) Allt.
D: *Vad ser du när detta händer?*
L: (Svagt viskar.) Skräck ... skräck! Allt förstördes. Inget överlevde. Det var som jordbävningar och atombomber samtidigt. Bara enorm kraft. Rött och svart och mörker från jordens inre. Exploderade och tog med sig allt, så att allt blev jämnat igen.
D: *Allt balanserades ut igen?* (Ja.) *Var är du när du ser detta?*
L: Jag står mellan en pelare under en av bågarna och ser ut när det händer. Det såg ut som om jorden öppnade sig för att svälja allt och spydde upp det igen. Det är svarta moln på himlen och eld. Och all konst och skönhet är borta. Jag är också borta.

Hon började andas häftigt. Jag gav förslag att hon kunde betrakta scenen som en observatör om hon ville, så att hon inte skulle uppleva några fysiska känslor.

L: (Viskar) Vatten. Jag drunknade. Från vår höga utsiktspunkt var vi de sista som gick under. (Viskar) Vi såg alla dö.
D: *Så tittar du på det ovanifrån nu efter att du lämnat kroppen?*
L: (Starkt och tydligt) Ja!
D: *Vad ser du från det perspektivet?*
L: Saker som faller ner i havet. Döda kroppar och djur som flyter i vattnet. Min familj är med mig. De är alla med mig!
D: *Hur känner du inför det som hände när du ser det från den sidan?*
L: Det är ett allvarligt misstag att låta girigheten kontrollera makten. Det var fruktansvärd girighet. Det finns en skala av saker: djur, träd, växter, människor. Och på något sätt dominerade den negativa sidan av krafterna den positiva sidan.
D: *Men det var egentligen inte ditt fel. Du behöver inte känna dig ansvarig för något.*
L: Jag känner mig ledsen för att jag misslyckades.
D: *Du försökte göra det rätta.*
L: Ja. Havet har lugnat sig. Det är stilla nu. Den rosa himlen är tillbaka. Det finns ingenting för evigt; bara vatten.
D: *Vad hände till slut?*
L: Vi kom tillbaka till ett land som var en öken.

D: *Återkom landet så småningom?*
L: (Nyfiket) Ja. Vattnet drog sig tillbaka. Det är väldigt vackert här.
D: *Varför bestämde ni er för att återvända till en plats som är en öken?*
L: För att börja om. Vi måste göra det rätt!
D: *Har ni fortfarande samma krafter?*
L: Nej! Vi är enkla människor. Det är säkrare. Det tar tid ... många, många generationer. Och med tiden kommer förståelse. Vi kommer att bygga upp igen till den nivån, men den här gången kommer vi att göra det på rätt sätt. Och männen kommer inte att styra! Ingen girighet.
D: *Tror du att ni kommer att kunna återfå den kunskap och kraft ni hade på den tiden?*
L: Det kommer. Vi kommer att ha det.
D: *Men, med tanke på att människor är som de är, tror du att de kommer att kunna kontrollera eller styra det rätt den här gången?* (Ja.) *Tror du att de är redo för det?* (Ja.) *För du vet att det alltid finns giriga människor i världen som vill kontrollera allt.*
L: De är avslöjade. De har ingen kontakt med makten. De kommer att vara vana vid att vara utanför. De som håller makten kommer inte att låta dem kontrollera längre.
D: *Vilka är de som håller makten?*
L: Kvinnorna. De leder världen med kärlek.
D: *Menar du att den här gången kommer männen inte att vara involverade?*
L: Nej, de är involverade. De tar mycket längre tid att nå makten.
D: *Kvinnorna kommer att vara de som bestämmer hur makten ska användas. Tror du att det kommer att användas på rätt sätt den här gången?*
L: Under många, många år. Hundratals och hundratals år.
D: *Kommer detta att vara hela världen eller bara en viss del?*
L: Hela världen.
D: *Kommer det att ske snabbt eller kommer det att ta tid att förändra världen?*
L: Det tar tid.
D: *Man måste börja någonstans, eller hur?*
L: Ja. För den kunskap som har missbrukats.

Jag bad sedan om tillåtelse att tala med det undermedvetna för att ta reda på varför detta liv valdes för Lorraine att se.

D: *Varför valde du det livet för henne att se vid den här tiden? Vad försökte du berätta för henne?*
L: Att hennes tankar är okej. Det gamla sättet håller på att försvinna och det nya sättet kommer. Det kommer aldrig att bli detsamma. Hon måste förbereda sig för att vara ensam.
D: *Vad menar du?*
L: Det är i den kvinnliga energin som hennes roll spelas.
D: *Men hon är gift.*
L: (Paus) Livet har en annan väg för henne. Vi kan inte säga mer om det just nu.

Detta är ett sätt jag vet när jag kommunicerar med det undermedvetna. Det kan vara väldigt objektivt utan känslor, och det kan vara väldigt rakt på sak. Ibland till och med grymt.

Många gånger när Lorraine slappnade av eller mediterade hade hon sett rummet där hon utförde helandet, med kristallen och zodiaktecknen i taket. Det undermedvetna höll med om att det var samma rum.

D: *Hon känner att hon har denna helande kraft, men hon kan inte riktigt nå den.*
L: Hon ska återföra den. Det är alltid detsamma. Det som börjar i början kommer att fullbordas.
D: *Hon försökte använda den på rätt sätt. Det som hände var inte hennes fel, eller hur?*
L: Det finns inget fel. Det finns inget att ångra. Kraften stängdes av ett tag, tills alla förstår maktens balans.
D: *Det låter som att hon mestadels ska undervisa kvinnor, men de flesta läkare är män.*
L: Många fler kvinnor blir läkare. Du kommer att se i framtiden att det kommer att vara väldigt få män som är läkare. Helandet kommer

genom det kvinnliga. Positiv energi. Det är där helandet börjar; det är där livet börjar.

D: *De underskattar den kvinnliga energins kraft, eller hur?*

L: De har kontrollerat den för alltid.

D: *Mest för att jag tror att de är rädda för den.*

L: Umm, det borde de vara. Vi förde henne till dig så att hon kunde hitta några svar. Vi hoppas att hon kommer att ta det hon såg idag och kunna använda det.

Denna session innehöll information om förstörelsen av jorden i det avlägsna förflutna. Jag har fått höra att jordens civilisationer har nått anmärkningsvärd utveckling bara för att helt försvinna många, många gånger. Detta har inträffat långt innan den "moderna" människan kom in på scenen. Det finns ett enormt gap i historien som vi inte vet något om. Det är en del av mitt jobb: att återfå denna förlorade kunskap.

I en annan av mina sessioner beskrev personen en liknande grupp av högutvecklade människor som levde i en civilisation långt tillbaka i tiden. Rita, en TV-producent, befann sig i en mycket stor sal med pelare. Taket var en kupol som var cirka 18 meter högt. Väggarna var gjorda av vacker gyllene alabaster eller agat. Golven verkade också vara gjorda av alabaster, arrangerade i geometriska mönster med ett tunt lager av silver som skiljde dem åt. Det fanns en mycket bred trappa med tre eller fyra stora stensteg som ledde upp till en upphöjd central plats under kupolen. Det var där hon och elva andra kvinnor arbetade.

"Denna runda kammare är en mycket speciell plats där vi samlas för att utföra vissa typer av arbete. Den kupolformade strukturen är i centrum av denna byggnad av en energisk anledning. Det är här vi framkallar energi med intention för att justera energifälten."

De var klädda i löst sittande, lätta kläder knutna med en lös snodd runt midjan. Det påminde henne om bilder av klassiska gudinneliknande varelser. Kläderna var i ljusa pastellfärger. Hon var i 30-årsåldern med mörkrött hår och blek hy.

"Det finns inga män tillåtna i denna byggnad. Bara kvinnorna gör detta arbete. Vi är inte den enda gruppen kvinnor som gör detta. Det finns en grupp äldre kvinnor som arbetar med en annan typ av energi. Allt jag vet är att det finns äldre kvinnor som gör detta, och vi är de yngre kvinnorna. Det finns en äldre kvinna i vår grupp. Vi måste ta över arbetet eftersom det är deras tur att inte behöva arbeta så hårt. När olika typer av energier behövs med deras gamla sätt att veta, kommer de in för det. Det är väldigt specifikt för deras släktlinjer och deras sätt att förstå. Vi är den yngre eller nästa generationen. Så de utbildar oss, och nu är vi tillräckligt gamla och erfarna för att fortfarande ha en vis en med vitt hår som arbetar med oss. Och vi kan lära de yngre. Kunskapen får inte gå förlorad."

När de alla hade samlats beskrev hon ceremonin eller ritualen som de använde för att påbörja energiarbetet. "Det är mycket tyst. Den äldre kvinnan sätter tonen, bokstavligen. Det är en ton. Jag vet inte var källan kommer ifrån, men hon kallar på den eller skapar en ton i rummet. Och tonen verkar i en cirkulär, medurs rörelse. Hon kallar på tonen och den sätter den vibrerande frekvensen i rummet för det arbete vi ska göra. Sedan måste vi förbereda våra egna aurafält. Vi går in i våra aurafält och skapar ett blått ägg runt var och en av oss för vårt skydd. Men det är mer än bara skydd. Det blå ägget tar oss till en plats där vi kan höra och se tydligare. Det är nästan som en plats för både överföring och mottagning. Så det finns ett blått ägg, och vi tar emot och sänder både från detta speciella energifält som omger var och en av oss."

De hade samlats för att arbeta med ett särskilt viktigt problem. "Något påverkar vegetationen utanför i regionen, och det verkar vara ett problem med solen. Vad jag uppfattar har att göra med solfläckar, solstormar, något i den stilen. Vi har just nu problem på jorden med någon form av störning, någon strålningsnivå från solen som påverkar vegetationen och varelserna här. Det stör energifälten hos vissa individer och växter, och de reagerar inte bra på det. Det är väldigt intensivt, och vi försöker korrigera effekterna. Vi kan känna det i de vibrerande mönstren runt oss."

Jag tänkte att solen skulle vara ett stort objekt att arbeta med eftersom den har så mycket kraft. "Inte för oss. Vi kan inte förändra solen i sig, men vi kan mildra intensiteten av effekterna som solens anomalier har på vissa människor. För det bränner och skadar och förstör vissa människors emotionella fält. Atmosfären verkar tunnas ut, för varje gång det sker extraordinära händelser på solen påverkas vi väldigt mycket av det. Det är väldigt märkbart och obekvämt för allt levande här. Fiskar också. Vattnet också. Vattnet är varmt."

Hon fortsatte sedan med deras rituella process. "Vi gör alla vår stora bön tillsammans och talar med varelserna som ingriper och arbetar mellan oss och solen, och ber om att effekterna ska mildras. Vi ber och åkallar ett skyddande lager som i princip är som en skyddande bubbla för att skärma oss från några av de effekter som vi själva har skapat här."

Självklart ville jag veta mer om varelserna de var i kontakt med. "De är stora varelser som naturens devas och solens ande, och allt som fungerar däremellan. Det finns en hierarki av änglalika och devavarelser som fungerar mellan solen och oss som agenter i ett samarbetsförhållande. Detta möjliggör assimilering av solens energier för att användas, absorberas och tas upp på rätt sätt på planeten. Något har förändrats. Detta är väldigt stort. Jag vet inte om vi kan fortsätta få deras stöd på samma sätt. Vi står vid en vändpunkt. Jag känner stor sorg, och hela min kropp skakar. Vi har alltid kunnat kalla på varelserna för att hjälpa oss, och de skulle göra det om de kunde. Men de kan inte göra det nu. Detta är en mycket intensiv tid."

Alla tolv kvinnor stod i en cirkel för att åkalla skyddet. "Vi går in i de blå äggen, annars kan vi inte fungera. Det är en skyddande barriär mellan elementen som sker på en vibrerande nivå här, så att vi tolv kan fungera. Detta kommer att pågå länge. Vi kan stå länge. Vi känner inte våra kroppar. Vi är inte medvetna om våra kroppar. Vi ber devavarelserna om hjälp och tillåtelse att projicera våra energier ut till det som skulle bli en slags skyddande bubbla för att ge oss isolering en gång till. Tiden rinner ut. Vi har fått detta beviljat många gånger för att avvärja ett visst öde, en slags ekliptisk händelse. Eklips är ett ord som är framträdande här. Detta är en eklips av en händelse, och jag vet inte vad det betyder. En ekliptisk tid, vad det än betyder. Nu står vi inför en tid då vi inte vet om de kommer att låta oss fortsätta åkalla varelsernas skydd, på grund av människors rädsla på planeten nu. Eftersom saker förändras dramatiskt och snabbt nu. Allt påverkas här, och vi vet att vi bara kan stå här och be, och vi accepterar vad som än kommer att hända. Det är allt vi kan göra. Vi har varit mycket framgångsrika med att förhindra detta tidigare. Vi har arbetat med dessa energier tidigare, det här är inte första gången. De har arbetat med oss i generationer och generationer. Vi befinner oss på en mycket annan tidslängd här eftersom generationer är mycket långa perioder. Och under de senaste generationerna har vi åkallat detta skydd. Det fungerade tidigare, men vi förstår att det här håller på att ta slut. Vi måste göra vad vi kan."

Trots sina bästa ansträngningar misslyckades de. Hon gjorde ett märkligt uttalande som jag inte förstod. Hon sa, "Vi kan inte fortsätta på det här sättet längre. Vi går och sover nu. Det finns inget annat förfarande efter detta. Vi måste alla sova länge." Jag bad om en förklaring. Menade hon att de dog och skulle lämna sina fysiska kroppar?

Det var delvis så, men mer än så. "Det betyder att när våra kroppar inte längre kan stå emot effekterna av denna strålning, kommer våra kroppar att brytas ner, och sedan måste vi lämna kropparna. Jag är som alla andra. Jag är också rädd. De sätt som vi har känt till kommer att förtäras av någon kraft som verkar vara delar av solen. Det kommer att förtäras, och vi kommer inte längre att existera som vi har känt till vid denna tidpunkt. Detta kommer att vara slutet på en epok. Men det kommer att ta lång tid innan vi kan komma tillbaka och återupta verksamheten. Vi måste gå igenom en sovperiod där vi måste låta andra saker ske, uppenbarligen för att komma tillbaka till en punkt där vi kan börja om där vi var och återuppbygga denna gyllene tid. Vi kommer att sova ett tag. Det betyder att vår medvetna kunskap inte kommer att vara som den är idag. Den kommer inte att vara som den var före oss och tidigare generationer. Den kommer att somna och stängas ner, medan vi går igenom denna mörkare cykel. Den kan vakna igen när tiden är rätt, och det kommer att finnas tider och platser som denna igen på ett nytt sätt. Med dessa feminina varelser som återigen kommer att åkalla alla krafter, och alla devavarelser från solen, atmosfären och jordens sfärer och kosmos, alla som samlas för att arbeta igen. För att återvända till en gyllene tid som detta alabaster som vi omgavs av. Vi kommer att förenas igen en dag på ett nytt sätt. Signalerar att vi vaknar upp igen. Vi är väldigt ledsna. Kunskapen kommer att somna tills... det är nästan som om det var förprogrammerat i oss att det skulle komma en tid när vi, precis som Törnrosa, skulle vakna upp igen, och det skulle bli väldigt vackert igen."

Tydligen menade hon att kunskapen och människans förmåga att använda den skulle stängas ner under en lång tid, tills tiden var rätt för dessa förmågor och talanger att återigen komma till jorden. Jag fick höra att detta var vad som hände efter missbruket av förmågorna i Atlantis. Det var som att blåsa en säkring, och det mänskliga sinnet skulle inte kunna återuppliva det förrän tiden var rätt. Det var tvunget att stängas av från mänskligheten. Jag har också fått höra att de tror att vi nu har nått tiden för uppvaknande, och dessa förmågor börjar återuppstå hos många människor. Jag vet att det händer med de människor som kommer till mig för sessioner. Ett syfte med sessionen verkar vara att låta dem veta att de hade dessa förmågor, och att de kan få tillbaka dem nu.

Från hennes utomkroppsliga perspektiv visste jag att hon kunde se allt som hände, så jag bad henne att berätta vad hon kunde se. "Det bränner allt! Allt! Livsformerna kan inte överleva strålningen. Vi bränns av strålning, men det är genomträngt med denna gyllene energi och ljus. Jag förstår inte något av detta. Allt är borta." Jag frågade om byggnaderna. "Jag tror inte ens att det är relevant längre. Allt som behövde leva inom den frekvensen, inom den dimensionen, alla saker som är känsliga och som upprätthålls av rätt elektromagnetisk balans, rätt nivåer av strålning, rätt temperatur och fuktighetsnivåer. Allt liv är känsligt för allt inom det spektrumet av liv som vi känner till, vilket inkluderar växter och djur, finns inte längre där. Det tar slut."

Sedan beskrev hon hur det såg ut efter att allt hade lugnat ner sig. Tydligen var det inte slutet för mänskligheten, eftersom hon såg några människor överleva. "Det är väldigt mörkt. Människor är tillbaka. Det är bara en annan plats. Det är en annan geografisk plats. Det är mycket mörkare. Landmassan verkar vara det som skulle kallas Mellanöstern, kanske i Afrika. Det ser liknande ut förutom att det finns mer landmassa mellan Mellanöstern och Afrika."

Jag ville ha mer information om orsaken till katastrofen. "De experimenterade och lekte. De använde energi, eftersom vi hade kommit väldigt långt i vår kunskap om energi, ljus och kristall/silikonkrafter. Vi hade bemästrat mycket av det, men uppenbarligen pressade de detta till gränsen. Jag arbetade inte inom det området. Det var inte mitt jobb. Jag var här i det kupolformade området, eftersom jag var kvinna och det var vad jag gjorde. Men det fanns andra, männen, utanför, och de fick arbeta med energierna. Det fanns också några kvinnor som tilläts arbeta med det. De arbetade tillsammans med dessa generatorer och kristaller och liknande saker. Jag kan se dem nu. De ökar verkligen kraften, men de skapar verkliga problem som vi inte kan reversera. Och det fungerar inte bra med effekterna av strålningen från solen som interagerar med det de har skapat. Det hade en mycket förödande effekt. Det fanns inget sätt att stoppa det. De skapade det. De överdrev det. För de störde strålningsbalansen här kraftigt. De gjorde så att vi blev helt sårbara och hade absolut inga atmosfäriska barriärer kvar för att skydda oss från solen och dess strålning. Och det på något sätt interagerade med det de gjorde. De förstörde, de förångade våra skyddsbarriärer, för vi är inte tänkta att vara helt utsatta för solens effekter. Vi är för nära den. Alla sorters extraordinära sofistikerade element var redan på plats för att skydda oss, och de blev förstörda. De lekte med kraftkällor. Nu måste vi gå tillbaka till mörkret. Vi måste nu lista ut allt igen."

Jag frågade: "Var det bara i ditt område på jorden som detta hände, eller var det andra platser i världen också?"

"Det är landmassan och området som brändes. Men det fanns stora problem på andra platser också. Jag vet inte ens hur mycket tid som har gått. Det finns liv. Det är dystert. Det är bräckligt, men det finns där i detta Mellanösternområde och sträcker sig in i Afrika. Det finns lite växtlighet, men inte mycket. Det finns inte mycket sofistikerat överhuvudtaget. Det brukade vara väldigt frodigt. Jag ser bara var jag var tidigare. Det finns inte längre. Det är slut. Men det fanns miljöeffekter som påverkade andra områden också. Det var inte bara lokaliserat, och det tog lång tid för livet att återetablera sig i viss mening, eftersom andra områden också påverkades. Och det som blev kvar var inte särskilt vackert eller trevligt. De var inte de mest önskvärda platserna att gå till, men vi var tvungna att gå dit. Och det fanns inte mycket växtlighet och det var inte attraktivt. Det är torrt."

Jag undrade om detta var orsaken till att öknarna, som är de största i världen, bildades i det området. "Det kan mycket väl ha varit så, för det finns inte mycket växtlighet som har återbildats. När jag tittar på det framåt i tiden ser jag mycket svarta, mörka energier. Det finns mycket förtorkade, torra områden, vad vi känner igen som ökenliknande regioner. Karga, ökenbruna. Inte mycket växtlighet alls, bara små, spretiga bitar här och där. Ingenting som vi kände till. Vi hade vackra skördar och vackra växter och ett så vackert sätt att odla växterna på. Och vi hade energin för att odla dem på helt unika och rena sätt. Allt frodades tio gånger mer än i moderna tider, utan några kemikalier alls. Bara för att vi visste hur man använde energi väl för att odla våra grödor och få rikliga skördar utan att någonsin utarma eller förstöra något. Och nu ser jag inte ens hur vi ska kunna leva på detta eländiga land."

"Du sa att ni var tvungna att sova ett tag."

Ja, och den kraften vaknade inte upp. Den kunskapen vaknade inte upp. Det enda som vaknade var våra primitiva sinnen och kroppar; överlevnadsinstinkten. Själen skyddades från oss själva. Vi visste egentligen inte ens längre vad själen var."

"Så ni började om igen i en mer primitiv livstid?"

"Inte primitiv som grottmänniskor. Vi är människor, som de vi känner idag. Men primitiv på det sättet att det bara är en desperat, hungrig tillvaro. Ingen överflöd. Ingen rikedom längre. Kunskapen var borta. Och maten och växterna. Du ser knappt några djur här. Några få små krypande saker. Bara de som kan överleva riktigt hårda miljöer är kvar. Det är allt. Vi äter till och med några av dessa saker. – En av mina sista insikter var att vi hade så mycket skönhet här och så mycket hjälp gavs till oss. Så mycket samarbete från så många dimensioner och världar gjorde denna plats så vacker och livbar, en överflödande, grönskande livsupplevelse för oss. Och vi respekterade inte det. Vi respekterade inte alla de intrikata nivåer av intelligens som krävdes för att få denna plats att fungera som en holistisk enhet. Det fanns många bland oss som inte respekterade det, eftersom de var så besatta av att bara öka kraften. Mer kraft är bättre kraft, och de tog själva källorna av kristallin och silikon och allt detta och dessa elementkrafter. Och de förstärkte det så mycket, trodde att mer skulle vara bättre. Jag förstår inte riktigt varför de trodde det, eftersom jag inte var involverad i energifältet, i energiproduktionen som de var. Jag är fortfarande inte helt klar ens från mitt perspektiv vad de egentligen trodde att de gjorde. Vi hade redan allt. Vi behövde inget mer. Jag förstår inte ens varför de trodde att vi behövde mer kraft. Det måste ha varit något de försökte uppnå eller minnas. Jag vet inte."

"Tror du att det fanns en lärdom där?"

"Mer är inte bättre. Missbruk av energi, missbruk av kraft, att gå emot hela den deviska, änglalika och naturliga ordningen som var så vackert skapad för oss. Att gå emot allt detta genom att avfärda det som om det inte hade någon betydelse, för kraft är kraft. Rå kraft och deras experiment verkade för några vara viktigare än att hedra det som redan existerade här som skyddade oss. För de förstod inte att det finns en större kraft än något de kunde föreställa sig som kunde förgöra oss. Det verkar som om vi gör liknande saker nu. Historien upprepar sig. Men det var mycket skada på alla själar och varelser som levde där. Stor skada, stor sorg. Stor chock, sorg och bara mörker och skada föll över dessa själar. Vi var alla där vid den tiden och vi gick med på att vara där vid den tiden. Några var minneshållare. Andra var där bara för att bevara minnet tills vi vaknade. Andra var där för att aktivt föranleda händelsen, och visst, det var inte det smartaste, klokaste att göra. Men det gjordes och alla spelade sin roll exakt som de hade gått med på att göra när de kom in. Jag förstår inte varför det måste vara så här. Det måste ha funnits någon slags process som vi behövde gå igenom. Jag förstår inte varför det någonsin behövde gå så, men det gjorde det. Så nu nödvändiggjorde det processen som följde."

Jag kallade sedan fram det undermedvetna för att fråga varför denna livstid hade valts för Rita att se. Vad kunde detta ha att göra med hennes nuvarande liv?

Det sa: "Det här är där hjärtat blev sårat. Det här är där hela själen blev sårad. Allt blev sårat för många. Det här är där vi föll. Det var mycket chockerande på alla nivåer. Varje nivå. Ett angrepp på själen.

På de astrala nivåerna, varje nivå i varandet var så chockad. Det kunde inte tillåtas minnas, för ångesten av att veta vad som hade varit skulle orsaka så djup depression i dagarna av >inte så mycket< som låg framför oss. De mörkare dagarna som låg framför oss. Det fanns ingen poäng i att minnas det eftersom det skulle ta lång tid att komma tillbaka. Ritas hjärtcenter har varit skyddat för länge, och samma skydd är nu inte längre lämpligt. Hon kan ta tillbaka minnena. Detta är en mycket viktig tid för alla. Det är intressant att se att vi en gång till har lärt oss hur man odlar saker och gör dem överflödande. Och vi har ett överflöd av djur och växter och allt. Och vi förstör det igen. Detta kan inte tolereras."

Vetenskapen hade spårat ur under den tiden, och forskare lekte med att kontrollera väder och atmosfär. "Tydligen gjorde de något som gjorde oss oerhört sårbara på en elektromagnetisk nivå. Vi blev mycket mottagliga för Solens påverkan och dess anomalier. De var ansvariga för detta. På något sätt tunnades en skyddande barriär mot Solen ut. Och Solen gör det den kan göra om Jorden inte är ordentligt isolerad."

Den här gruppen som hon var en del av visste att detta negativa utnyttjande av naturen bara kunde leda till katastrof. De försökte använda sin positiva energi för att motverka det, men lyckades inte. Missbruket av energin resulterade i att ett stort hål revs upp i ozonlagret. Solens direkta kraft trängde igenom och brände Jorden på vissa platser. Många miljoner förlorade sina liv och klimatet förändrades. Stora öknar bildades där den direkta solkraften slog ned, och livet och bördigheten återvände aldrig till dessa områden. Detta låter skrämmande bekant för vår egen tidsperiod. Hur många gånger måste historien upprepa sig innan mänskligheten äntligen förstår budskapet? Jorden är en levande varelse och kommer att göra motstånd om för mycket skada sker. Och den har kraften att slå tillbaka om dödliga tror att de kan försöka styra den.

Ett annat exempel på en civilisation som förstördes under forntiden:

Carol är en mycket begåvad synsk som arbetar med polisen och också med människor över hela världen som försöker avslöja förlorad information från historiska platser. Vi har varit vänner i många år, och denna session ägde rum när jag besökte henne i hennes hem i Little Rock, Arkansas. Vi letade efter information som skulle kunna hjälpa henne i hennes undersökningar i Egypten. Som vanligt började jag med att låta det undermedvetna ta personen tillbaka till den mest lämpliga tidigare livstiden som kan förklara vad som pågår i deras liv nu. Carol gick in i trance mycket snabbt, men som synsk var hon van vid detta tillstånd; dessutom kände hon mig och litade på mig.

Hon kom ner från molnet i en okänd miljö och hade svårt att beskriva vad hon såg. "Det är bostäder, men de är staplade ovanpå varandra." De var byggda av lera i olika pastellfärger. "Jag har inget att jämföra det med. De är förskjutna. Många, många enskilda bostäder med öppningar, förskjutna ovanpå varandra. Som ett berg eller en kulle av bostäder." De var inte byggda in i ett berg, utan reste sig som ett berg eller en klippa. "Några sticker ut mer än andra. Vissa är indragna, och vissa är det inte. Och några av de som är indragna är för gångvägar. De är mycket konstiga. Det finns byggnader till vänster om mig som inte är en del av denna bergslika struktur. De är också mycket konstiga. Tak som lutar konstigt. Platta, udda vinklar. Det finns inte mycket växtlighet. Bara denna stora stad med märkliga byggnader."

Jag bad om en beskrivning av henne själv, och hon såg att hon var en ung flicka, cirka fjorton år, med rött hår och mycket ljus hy. Hon var klädd i en lös, lager-på-lager-tunika med ett band runt midjan. Det mest anmärkningsvärda var att hon hade en stor röd sten på en kedja runt halsen. Hennes röst blev barnslig när hon identifierade sig närmare med personligheten.

C: Ett halsband. (Hon grep detta ord som om det inte var ett hon själv skulle ha tänkt på.) Med en röd sten.
D: *Det låter vackert.*

C: Vacker, nej. Ett verktyg. Det är naturligt. Det är väldigt långt. Det är inte perfekt. Det är ett verktyg att använda ... (Hon hade svårt med språket och att hitta rätt ord. Hon pratade primitivt, ofta med ett ord istället för en mening.) Hjärtat. Används för hjärtat. Håller hjärtat öppet.

D: *Vet du hur du använder det på det sättet?*

C: Jag har alltid vetat. Var och en av oss vet på vilket sätt vi ska använda dessa stenar. Var och en av oss gör det.

D: *Finns det olika stenar för olika saker?* (Ja) *Har var och en av er en annan sten?*

C: Var och en av oss, ja. Min är den röda. För att hålla hjärtat öppet och i flöde med enheten.

D: *Du sa att det finns andra. Är ni en grupp?*

C: Ja. Och vi har alltid gjort detta.

D: *Även som barn?*

C: Alltid.

D: *Har någon lärt dig hur man använder det?*

C: (Förvirrad.) Lära?

D: *Visa dig hur?*

C: Umm. Många.

D: *Många människor visade dig ....*

C: (Avbryter) Människor, nej. Inte människor. Människor förstår inte. Människor förstår inte.

D: *Menar du att vanliga människor inte förstår hur man gör detta?*

C: Nej, vi hjälper dem.

Det var tolv pojkar och flickor i hennes grupp, och de var alla ungefär i samma ålder. Hennes svar gavs på det enklaste sättet. Nästan barnsligt.

D: *Men du sa att du alltid vetat hur man gör detta. Och någon annan visade dig hur?*

C: (Förvirrad.) Ummm. Jag behöver ett namn för detta.

D: *Tja, kanske inte ett namn, men bara en beskrivning. Du sa att de inte är vanliga människor?*

C: De är inte mänskliga. (Hon hade svårt att hitta orden för att beskriva dem.) De är de vackra.

D: *Hur ser de ut?*

C: Skimrande, vackra. De är av Källan. Enheten. De får mig att minnas vem jag är. Men inte alltid.

D: *Varför inte alltid?*

C: Inte säkert.

D: *Varför skulle det inte vara säkert?*

C: Prövning. För mycket uppmärksamhet.

D: *Från människorna i staden?*

C: Nej. Mörka krafter. Vi är säkra. Vi är skyddade. (Det ordet sades som om det var ett konstigt ord.) Men om vi drar för mycket uppmärksamhet – eftersom vi fortfarande är unga – kan det vara farligt för vår fysiskhet.

D: *Så det är inte människorna i staden ni behöver oroa er för?*

C: Umm, nej. De är på en nivå av förståelse och öppenhet. Inte alla. Men till största delen. De är unga i sin visdom.

D: *Har du en familj där?*

C: Familj. Ja.

D: *Vet din familj vad du lärde dig?*

C: De hade inget val. De är vår familj. De är fysiska, och vi älskar dem. Men de förstår inte fullt ut.

D: *Du sa att de hade inget val. Vad menar du?*

C: (Hon hade svårt att hitta orden.) Tvingade? (Förvirrad) Jag har inte full kunskap än. De måste låta oss göra det vi behöver göra. De kan inte stoppa oss, och de skulle egentligen inte vilja det heller. Men de förstår att vi är annorlunda. Och därför försöker de inte hindra oss från det vi gör. Men de förstår inte varför de är tvingade att låta oss göra det vi behöver göra. De vet inte varför. De är tvingade.

Detta liknade de tidigare kapitlen där barn med speciella förmågor föddes i vanliga familjer som inte kunde förstå deras unika gåvor. I andra fall gavs barnen till templet för att uppfostras eftersom deras föräldrar inte förstod dem. I detta fall fick de utvecklas och praktisera sina förmågor utan föräldrarnas inblandning.

Jag ville veta mer om den speciella stenen hon bar runt halsen. "Du sa att de andra i gruppen har olika stenar. Är de för andra delar av kroppen? Som din är för hjärtat?"

C: Ja, ja. Energi. Energicenter.
D: *Vilka är några av färgerna de har?*
C: Blå. Det är för att hjälpa med kommunikation. Med att tala ordet, med kanalisering, med att föra fram information. (Detta sades väldigt eftertänksamt, nästan som om orden var obekanta och svåra att uttala.) Gul. För hälsa. Helig balans.
D: *Menar du balans mellan det andliga och det fysiska?* (Ja) *Finns det andra stenar?*
C: Andra stenar, ja. Grön. Grön är för helande. Grön är också för att upprätthålla balans med jordens energier. Och växter. Det hjälper med kommunikation med växter.
D: *Åh, kan du kommunicera med växter?*
C: (Bestämt) Ja! Så de lär oss.
D: *Jag har aldrig tänkt på det. Vad kan en växt lära dig?*
C: Hur man använder dem.
D: *Åh? Hur kan du använda växterna?*
C: På vilket sätt de skapades för. (Som om detta var självklart.) För att hjälpa människor. För att hjälpa andra växter. För att hjälpa miljöer. För att hjälpa djur. För att hjälpa till att skapa enhet. De kan göra allt!

Hennes tonfall var ett av misstro att jag inte visste dessa saker. För henne var det så uppenbart och grundläggande att det borde ha varit lika självklart för mig.

D: *Jag antar att jag aldrig har tänkt på det så. Använder du växterna för att hjälpa människor?*
C: Ja. Vi får veta vad vi ska göra. De vet hur de behöver användas.
D: *Jag antar att jag tänkte på att plocka blad eller något sådant.*
C: Vi behöver inte förstöra växten för att använda den.
D: *Jag tänkte på att använda växterna, eller bladen, bären eller blommorna. Behöver du inte göra det?*

C: Det kan man.
D: *Hur skulle du använda den om du inte förstörde växten?*
C: (Enkelt, som om hon talade till ett barn.) Du använder medvetandet. Vibrationen och essensen. Och ber dem göra vad de gör.
D: *Åh, jag har aldrig tänkt på att de har ett medvetande.*
C: Allt har medvetande. Men vi måste vara väldigt försiktiga med hur vi använder det, eftersom det skulle dra till sig uppmärksamhet.
D: *De andra människorna förstår bara inte, eller hur?*
C: Det spelar ingen roll. Vissa gör det.
D: *Den här staden du bor i, har ni transporter i staden?*
C: (Förvirrad) Transport?
D: *Hur tar du dig från en plats till en annan?*
C: (Paus, fortfarande förvirrad.) För vem?
D: *Tja, om du skulle gå från en del av staden till en annan. Hur skulle du göra det? Eller till och med utanför staden?* (Fortfarande förvirrad.) *Jag antar att jag bara är nyfiken på staden.*
C: Staden? Rörelse? *(Ja)* Fordon? (Ett okänt ord.)
D: *Ja. Känner du till det ordet?*
C: Genom nuets sinne.
D: *Nuets sinne. Vad betyder det?*
C: (Förvirrad och frustrerad paus.) Översätter. Översätter genom ordets sinne av nuet. (Med eftertanke) Översätter denna tid genom nuets sinne.
D: *Översätter denna tid genom nuets sinne. (Jag förstod inte, men jag följde hennes terminologi.) Finns det fordon? Du använde det ordet.*
C: Fordon. (Hade svårt att förklara.) Singulära fordon. Vissa dubbelfordon med rörelse. Och normal rörelse. Och som ... magnetisk?
D: *Kan du sitta i dessa fordon och åka någonstans?*
C: Sitta i, ja.
D: *Går de över marken?* (Tvekan) *Över ytan?*
C: Typ, ja.

Det blev svårare ju djupare hon gick. Jag visste att hon identifierade sig mer och mer med den andra personligheten och hade svårare att beskriva saker på sätt som vi kunde förstå. Hon var helt bortkopplad från Carols sinne men försökte använda hennes vokabulär.

C: Jag kan inte ... Försöker översätta genom nuets sinne. Elektromagnetisk.
D: Du går bara in i fordonet, och sedan vad gör du?
C: Åker!
D: Du kan bara göra det? (Uh-huh) Genom att använda nuets sinne.

Jag förstod inte att hon syftade på Carols sinne. Hon menade att hon översatte genom Carols sinne med hjälp av hennes vokabulär.

C: Nej. Översätter genom nuets sinne.
D: (Jag förstod fortfarande inte.) Genom att översätta via nuets sinne kan du få fordonen att röra sig. Stämmer det? (Hon var frustrerad: Nej.) *Jag är ledsen att jag har sådana problem, för jag vill verkligen förstå.*
C: Jag översätter till dig vad som är här genom det sinne som är ... (Förvirrad)
D: Nu tror jag att jag förstår vad du menar. Du försöker hitta orden. Stämmer det? (Ja) *Och det andra sinnet, ditt sinne, har inte samma ord.*

Hon blev lättad att jag äntligen förstod. Hon kunde äntligen få mig att förstå.

D: Gör ditt bästa. Det är allt jag förväntar mig. Gör ditt allra bästa med de ord du kan hitta. Hur drivs dessa fordon?
C: (Långsamt) Elektromagnetisk ... puls.
D: Måste du styra det på något sätt, eller hur får du det att röra sig?
C: Tankekraft.
D: Ditt sinne måste vara väldigt kraftfullt om du kan göra detta. Bara tänka vart du vill åka?
C: Fordonet är följsamt.
D: Det följer dina tankar. (Ja) Har alla i staden samma förmåga?

C: (Tveksamt igen.) Några. Några kan inte. Då kan de tas av de som kan.
D: *Jag förstår. De som inte vet hur man gör det måste tas av någon annan. Så staden är en bra plats att vara på.*
C: Ja, för nu. Mörka tider kommer.
D: *Hur vet du att mörka tider kommer?*
C: (Sorgset) Vi vet. (Nästan gråtande) Vi vet.
D: *Vad är det du ser? (Hon grät.)*
C: Allt kommer att gå förlorat! Borta!
D: *Vad ser du hända?*

Hon grät öppet, och det var svårt att prata.

C: (Mellan snyftningar) Det kommer att bli ett mörker ... och en förskjutning. Och det finns inget vi kan göra.
D: *Vem kommer att orsaka mörkret? Kan du se det?*
C: (Snyftande) Jag vet inte allt. De kommer inte att vakna. De kommer inte att ansluta sig ... till uppvakningsprocessen. Processen av enheten.
D: *Du vet inte vad som orsakar mörkret?*
C: Det kommer. (Tvekan och förvirring.) De mörka krafterna? Inte härifrån.
D: *De kommer från någon annanstans?*
C: Delvis. Det är hemskt. Vi kan inte fokusera på det. Vi vet att det kommer att komma. Men vi ska göra det vi kan medan vi kan.

Jag bestämde mig för att flytta henne bort från den scenen för att ta reda på vad som skulle hända. Jag instruerade henne att gå framåt till en viktig dag och frågade vad hon såg. Hon var där direkt och verkade upprörd. Hon stönade bara.

D: *Vad händer?*
C: (Hon svarade inte på några sekunder, men jag kunde se från hennes ansiktsuttryck att något hände.) Jag är borta. (Enkelt och direkt, utan känsla.)

Den Komplicerade Universum Bok Två

Jag visste att jag skulle behöva flytta henne tillbaka till innan händelsen om jag skulle ta reda på vad som hände. Jag instruerade henne att hon kunde betrakta det som en observatör om hon ville. Det verkade vara något traumatiskt, och det skulle vara enklare om hon såg det ur en objektiv synvinkel. Hennes ansiktsuttryck visade känslor. Hon tog sedan ett djupt andetag och började berätta vad hon såg.

C: Cirkel. Vi är alla i en cirkel. Och vi rör oss i cirkeln, och det finns något i mitten. (Förvirring när hon försökte förklara vad som hände.) Det är en obelisk som har en sten på toppen. Och vi går runt den. Motsatt ... motsols.

D: Varför gör ni ceremonin?

C: För att bringa ljus. Mörkret kommer. Vi måste göra det så länge vi kan.

D: Vad händer sedan?

C: Det är explosioner. Det är ... explosioner av mörker, mullrande, rullande. Skrik! Vi måste fortsätta.

D: Varifrån kommer explosionerna?

C: De kommer från väster.

D: Vet du vad som orsakar explosionerna?

C: Jag vet inte. Det är ... (Total förvirring, hon kunde inte forma ord för vad som hände.) Jord ... förändringar. Något exploderar, vilket orsakar många explosioner. Vet inte. Mörker. Ett mörker som ... du kan se det komma. Vi måste hålla ljuset. För kopplingen, och hoppet.

D: Vad händer sedan?

C: (Stor suck) Det är över!

D: Vad orsakade det?

C: Allt. Det är som ... (förvirring) explosioner? Det är som en enorm våg. Av vatten. (Förvirrad.) Energi. Vatten. Explosion. Värme. Allt som var ... (frustrerad) det finns ett ord. Skräp? Berg av skräp.

D: Åh, den typen av våg, av skräp. Då skulle ni inte kunna fly från något sådant, eller hur?

C: Nej. Vi var tvungna att fortsätta.

Den Komplicerade Universum Bok Två

D: Så länge ni kunde? (Ja) *Och sedan träffades ni av allt detta mörker och explosioner.* (Ja) *Är det då ni lämnade kroppen?* (Ja) *Lämnade ni alla kroppen samtidigt?* (Ja) *Det var bra. Åtminstone var du inte ensam, eller hur?*

C: Nej, det var vi inte.

D: När du ser ner på det från det perspektivet, kan du se vad som hände?

C: Jord ... förändring. Enorm jordförändring. Förskjutningen!

D: Hände det överallt?

C: (Förvirrad, sedan:) Ja. Massivt.

D: Om detta hände överallt på en gång måste det ha varit många människor som förlorade sina liv.

C: Miljoner.

D: När du ser på det från det perspektivet kan du se mer nu, eftersom du är bortkopplad från kroppen. Har du någon uppfattning om var den här platsen var? Hade den något namn eller något som folk kallade den?

C: (Stor suck.) Inte något du skulle känna till nu.

D: Men det låter som att det var en civilisation.

C: Det var det. Det var det.

D: Väldigt avancerad. Men er grupp var mer avancerad än de andra, eller hur?

C: Vi var tvungna att vara det.

Många experter och arkeologer förnekar att dessa forntida civilisationer kan ha existerat. De hävdar att om det vore sant, skulle de ha hittat bevis för dem. Denna session förklarar varför det kanske inte är möjligt. Inte bara ligger vissa begravda under oceanernas vatten, utan de är också begravda under berg av lera och bråte, och under öknars ständigt föränderliga sanddyner. Därför är det mycket osannolikt att några artefakter någonsin kommer att hittas. Samma sak skulle hända om vår nuvarande civilisation plötsligt begravdes i en monumental katastrof. Alla våra fantastiska strukturer och vår teknologi skulle plötsligt försvinna. Och människor i framtiden skulle aldrig veta att vi existerade i ett så avancerat tillstånd, förutom genom legender som kanske fördes vidare. Så jag säger till skeptikerna att inte vara så säkra på att dessa underverk inte fanns i det förflutna. Vi kanske talar om vår egen framtid.

D: *När du levde det livet talade du om andra varelser som lärde dig saker.* (Ja) *Nu när du ser det från denna sida, vet du mer om vilka dessa varelser var?*
C: Våra guider. Det fanns också många, många andra, som hjälpte och assisterade. Som var andliga varelser från andra ... rymder? Dimensioner?
D: *Varför hjälpte de er grupp?*
C: Vår var inte den enda. Det fanns andra grupper också.
D: *Men de gav inte denna information till vanliga människor.*
C: Kunde. Människorna ville inte ha den. Bara vissa ville ha den. Men sedan ville de som ville ha den, ha den för sitt ego. Det skulle ha varit fel.
D: *Men det är okej nu, för du överlevde det, eller hur?*
C: Överlever alltid. Kan inte inte överleva.
D: *Det är sant, för ingen kan verkligen döda dig. Du dör aldrig.*
C: Det är korrekt. Men vi har begränsade utrymmen för att uppnå medan vi är i det fysiska. Och det finns aldrig tillräckligt med tid.

Jag flyttade henne sedan bort från den upprörande scenen och förde Carols personlighet tillbaka till kroppen, så jag kunde ställa frågor till det undermedvetna.

D: *Varför valde du det livet att visa för Carol?*
C: Det har alltid varit detsamma. Vi kommer alltid tillbaka tillsammans. Vi gör alltid detta i samma tidsramar när vi kommer tillbaka tillsammans.
D: *Menar du gruppen?*
C: Ja. Vi kommer tillbaka separat, men inte i samma tidsram.
D: *Menar du i det förflutna?* (Ja) *Men nu är ni alla tillsammans igen?*
C: Många av dessa förlorades. I det livet. Mellan. Och i detta liv.
D: *Menar du att de inte alla är tillsammans igen?*
C: Många togs från andra grupper som gjorde liknande arbete, för att skapa en balans, så att arbetet kunde utföras.

D: *Vilken koppling har det livet med hennes nuvarande liv?*
C: Kunskapen. Enheten. Kunskapen om medvetandet. Allt som är ett kan kopplas samman, och all kunskap kan användas och föras fram för förändring.
D: *Menar du att vi går igenom samma sak igen?* (Ja) *Det låter faktiskt liknande på vissa sätt, eller hur? Ska hon föra fram denna kunskap till vår nuvarande livstid?* (Ja) *I det livet hade hon mycket kunskap om stenar och växter, eller hur?*
C: Mer än så. Kunskap om harmonik. Kunskap om frekvenser. Kunskap om att få information genom frekvenser från vem eller vad som helst. Tidsresor.
D: *Denna grupp kunde göra det genom kunskapen om harmonik och frekvenser?*
C: Ja. Hjärnan är ... (letar efter ordet) hologram.
D: *Holografisk. Hur kunde de göra tidsresor?*
C: Portaler.
D: *Och hon vet hur man hittar dessa portaler?* (Ja) *Så hon har den kunskapen från det livet?*
C: Ja. Och från andra som är kopplade till detta.

Jag ville veta om Carol skulle få tillgång till denna kunskap i sitt nuvarande liv, eftersom ingenting någonsin går förlorat. Det finns alltid kvar i det undermedvetna om det är lämpligt att använda igen. Det undermedvetna sa att det fanns ett problem eftersom hon hade en djupt rotad rädsla, då hon hade använt denna kunskap i många andra livstider och det hade varit extremt farligt i några av dem. Denna rädsla hade implanterats för att skydda henne, så att hon inte skulle utsättas och riskera fara för sin fysiska kropp. Det undermedvetna höll med om att det nu var dags att frigöra rädslan så att hon kunde föra fram kunskapen till vår tid. Det instruerade mig att det hade nyckeln, men att jag var den som behövde aktivera proceduren för att låsa upp den. Jag fick veta att jag behövde kalla fram "väktaren". Detta var nytt för mig. Jag frågade vad det betydde.

C: Väktaren av intern/extern kunskap.

Den Komplicerade Universum Bok Två

D: Och denna väktare kan tillåta att det frigörs långsamt på ett säkert sätt?

C: Långsamt är inte nödvändigt.

D: Men säkert.

C: Säkert.

D: Vi vill inte överväldiga hennes sinne. Det måste frigöras på ett sätt som hon kan hantera.

C: Ja, men skydd ... rädsla ... implantat måste tas bort.

D: Väktaren låter som en mycket viktig person. Har han makten att göra detta och tillåta att informationen frigörs i kontrollerade mängder på det sättet?

C: Jag ger dig tillåtelse att låsa upp rädsloskyddsimplantatet. Allt annat kommer att falla på plats. Jag låser nu upp rädsloskyddsimplantatet. Permanent.

D: Och kunskapen kommer endast att användas för gott. För positiva ändamål. Är det inte korrekt?

C: Endast för gott.

D: Och så kommer informationen börja komma tillbaka, som har varit dold under lång tid. (Stor suck) Och hon kommer kunna använda den. Det är verkligen underbart. Jag tackar dig för att du tillåter det att hända. Utan dig kunde det inte ha hänt.

C: Utan dig kunde det inte ha hänt.

D: Men jag är bara ett verktyg för att hjälpa till att få fram informationen som Carol vill använda. Jag tackar dig för att du tillåter det att hända. Hur ska du frigöra informationen? Kommer det att ske i drömmar, eller genom intuition?

C: Kunskap. Hon kommer att veta det. Hon kommer att minnas.

Dessa exempel visar att vi i det förflutna har tillägnat oss stor kunskap om hur man använder tankens kraft. Även om vi har glömt dessa förmågor, finns de fortfarande kvar och väntar på tiden för deras återuppvaknande. Många av de människor som lever idag bär på minnen av hur man använder sinnet, och det verkar som om tiden är inne för att detta ska återaktiveras och användas för vår planets bästa. Dessa är verkligen de speciella människorna. Och mitt arbete visar att de är mycket fler än vad någon hade kunnat ana. Tiden för uppvaknande är nu!

Kapitel 8
FÖRS TILL SÄKERHET

GENOM MITT ARBETE MED utomjordingar och mina regressioner har jag många gånger fått höra att om jorden stod inför förstörelse, eller om en annan massiv katastrof skulle inträffa som skulle hota mänskligheten, så skulle utomjordingarna ta oss bort från planeten. Det har funnits flera versioner av detta i mitt arbete. I en av dem sa de att en annan planet höll på att förberedas, en planet som skulle vara nästan identisk med jorden. Den skulle vara topografiskt annorlunda, men människor skulle kunna överleva där. Den kallades för "Nya Eden", och djur och växter förbereddes redan där för att människorna skulle känna sig bekväma. Ett annat scenario skulle vara att människor skulle tas ombord på rymdskepp för att invänta att jorden lugnade sig efter katastrofen. I båda fallen antog jag att det skulle ta tusentals år för jorden att lugna sig och bli beboelig igen, eftersom allt skulle behöva börja om från början beroende på katastrofens allvar. Om överlevarna togs bort från jorden för att invänta detta, antog jag att det skulle vara deras ättlingar som skulle återvända för att återuppbygga civilisationen igen (även om det i primitiva stadier). Jag har fått höra att detta har hänt många gånger genom jordens turbulenta historia, att civilisationer har förstörts och att livet måste börja om från början. Det viktigaste budskapet från utomjordingarna är att mänskligheten inte får gå under! De har investerat för mycket tid och energi i vår utveckling för att låta oss förstöra oss själva helt genom vår egen dumhet.

Detta var mina antaganden enligt vårt logiska sätt att tänka. Att det skulle behöva vara ättlingarna till de ursprungliga överlevarna som skulle återvända för att återbefolka jorden på grund av den otroliga tidslängd som skulle vara inblandad. Under den följande regressionen upptäckte jag att mina antaganden var felaktiga.

När Marian kom ner från molnet fann hon sig själv som en man i trettioårsåldern med långt svart hår, enkelt klädd i en kort tunika knuten med ett rep. Han stod vid kanten av en skog och tittade ut över en grässlätt mot en liten by. Detta var hans destination, och han hade lämnat sin egen by två eller tre dagar tidigare. När han gick in i byn rådde det stor förvirring bland invånarna. "Något pågår, och människorna förstår det inte. De är väldigt oorganiserade. De går omkring, springer omkring och försöker ta reda på vad som händer." Det verkade som om ingen visste exakt vad som var fel, men de reagerade på samma sätt som djur kan känna fara. Han kände också oro.

"Jag ska få denna grupp i byn att gå ihop med min grupp eller by. Jag är lite som ett sändebud, men det är som att, okej, var börjar jag med detta kaos. Det finns en naturlig ledare som verkligen kommer att samla ihop det. Jag måste söka upp den personen som kan hjälpa mig att åstadkomma det jag behöver göra. Det kanske inte är den officiella ledaren. Något händer. Detta är inte den enda platsen. Något stör allt. Det påverkar alla. Det är därför vi måste gå samman."

När han hittade personen han sökte, var det en kvinna. "Hon är i ett av husen. Hon är av samma sinne. Hon vet att det behövs kontroll. Att organisation behövs för människorna, för gruppen. Och hon är villig att samarbeta med mig. Hon är lugn. Hon är respekterad."

Han visste att folket skulle lyssna på henne, och han stod i bakgrunden medan hon pratade med folket. "Jag bekräftar det hon behövde veta och göra. Så hon går ut och gör det. Hon börjar prata med dem, så de börjar lyssna. För de behöver det. De vill ha det, för de är rädda. De behöver någon form av vägledning och tydligen ger ledaren inte det."

Jag hade ingen aning om vart detta skulle leda, eftersom orsaken till förvirringen var vag och Marians roll i detta var otydlig. Men jag kunde inte leda. Jag var tvungen att låta berättelsen utvecklas genom att bara ställa frågor. Jag frågade: "Vad bestämmer du dig för att göra?"

"Jag låter henne arbeta med dem ett tag innan hon presenterar idén om en allians. Att gå samman med andra byar, så vi kan diskutera strategi. Det finns andra personer som gick till andra byar. Det kommer att bli som ett råd. Det finns ett hot som är gemensamt för oss alla. Det är inte andra människor som hotar."

Jag trodde att det kanske kunde vara en invaderande armé, eftersom sådant har hänt otaliga gånger genom historien. "Det är svårt att definiera, för jag förstår det inte heller. Jag kan inte säga om det är jordförändringar eller om det kommer utifrån. Ingen är riktigt säker på vad det är. Om vi kan organisera oss, kan vi klara oss."

Jag bestämde mig för att ta honom framåt i tiden för att se vad som hände, i hopp om att det skulle bli tydligare. Alla människor hade samlats på en stor glänta. Hon drog en djup suck och sa: "Det är galet." Efter en paus berättade hon motvilligt vad hon såg. "Jag ser skepp. Utländska skepp. De kommer ner. Det skapar rädsla, men de är inte fientliga."

Han beskrev skeppen som "Typ runda, men inte klotformade. Mer ovalformade. De är inte små två- eller tremanssaker. De är större. De kan hålla många människor." Skeppen landade inte, utan svävade över marken.

D: Vad gör du?
M: (Hysteriskt skratt) Försöker låtsas att jag inte är rädd.
D: Visste människorna att något sådant här skulle hända?
M: Vi har aldrig sett något liknande i våra liv. Kanske visste vi det på
   ett psykiskt plan. På ett djuriskt plan visste vi att något var på väg,
   men vi visste inte vad det var. Det är därför vi organiserade oss.
   Det fanns ett hot. Men ingen förstod hotet.
D: Så det var något ni inte riktigt kunde förbereda er på.

M: Nej, men vi var tvungna. För annars skulle människor bara springa runt som galningar. Så vi måste vara organiserade. Och alla människor från många byar är här.

D: *Vad händer?*

M: Vi måste lämna. Alla måste gå ombord på skeppet.

D: *Är det någon som säger det till er?*

M: Nej, jag vet det. Jag bara vet det.

D: *Varför måste ni lämna? Det här är ju ert hem.*

M: För att något kommer att hända. Och om vi inte lämnar kommer vi att dödas. Så den här kvinnan från den byn, och jag från min by, är här med människorna som kom från olika byar. Vi vet att vi måste få människorna att gå.

D: *Har du någon aning om vad som skulle döda er? Vad som skulle hända om ni inte går?*

M: Något som kommer att hända med jorden.

D: *Är människorna villiga att gå?*

M: De är alla rädda. Det är svårt. Jag kan inte låta dem veta att jag är rädd. Jag och den här kvinnan, och andra från andra byar, kommer att hjälpa till att leda dem till skeppen. Vi försöker samla dem. Vissa går frivilligt. De är villiga att följa. Och andra måste du uppmuntra. De tycker att det är galet.

Jag bad om en beskrivning av insidan av skeppet efter att alla gått ombord.

M: Det är stort. Det finns plats för alla. Och det är inte trångt.

D: *Du sa att det finns flera skepp?*

M: Ja. På olika platser. Du kan se dem på avstånd. Du kan ta med dig saker om du vill. Eller djur och vad du än tycker är viktigt.

D: *Kan du se människorna som kommit med skeppet? Hur ser de ut?*

M: (Lätt skratt) De försöker se ofarliga ut. De försöker le, sträcka ut handen och vara vänliga. De är försiktiga med vilka de närmar sig.

D: *Ser de mänskliga ut?* (Ja) *Det är inte lika skrämmande då. Nåväl, om de som kommer går ombord med sina djur och annat, vad händer sedan?*

M: (Lång paus) Skeppen flyger ut i rymden och himlen.

D: Hur känner du inför det?
M: Det finns mycket att göra. I termer av att prata med människorna och säga till dem att det är okej. Att det är rätt sak att göra. Och att det kommer att bli bra. Jag börjar slappna av. Jag är så upptagen.

Han kunde se utanför skeppet och ner mot jorden. Jag ville veta hur det såg ut. Han suckade djupt när han försökte beskriva vad han såg. "Jorden ser ut som jag skulle föreställa mig att solutbrott ser ut. Saker som flammar upp från jorden. Jag kan inte säga om det är vulkaner. Jag vet inte vad det är."

D: Kan du fråga någon av människorna på skeppet vad som händer?
M: Jag skulle kunna. De är upptagna, men jag skulle kunna.
D: Fråga dem bara vad som händer där nere?
M: Bara planetära förändringar som du inte skulle förstå. (Lätt skratt) Du kan försöka. (Skratt)
D: Ja, låt honom försöka.
M: Det är som en blandning av en vulkan, en komet och en kärnvapenexplosion. Det är det närmaste han kan beskriva som jag kan förstå. De visste att det skulle komma, och det är därför de ville ta med sig så många människor som möjligt. Och vi kommer att återvända.
D: Kommer ni att återvända direkt?
M: Han börjar förklara att vi kan hållas i en situation där tiden går, men vi förändras inte. Och sedan kommer vi bara att återvända.
D: Det är ett intressant sätt att uttrycka det. Tiden går men ni förändras inte. Kan han förklara det bättre?
M: Det är inte någon slags suspenderad animation. Tiden går, men ni ... (Mycket mjukt:) Hur ska jag förklara det? Tiden går på jorden, tiden går inte på skeppet. Jorden kommer att genomgå saker, men skeppet kommer inte att göra det.
D: Det är lite som två olika – Jag tror inte att "tidsperioder" är rätt ordval.
M: Tiden går där, tiden går inte här.

Den Komplicerade Universum Bok Två

Detta är mycket likt det koncept de har berättat för mig om, att tiden är en illusion. Tiden går från det mänskliga perspektivet: timmar, dagar, veckor, månader, eftersom vi är fångade i det konceptet. De har ingen uppfattning om tid och därför existerar det inte för dem. Detta är en av anledningarna till att de kan resa så enkelt genom tid och rum utan begränsningar. De sa att mänskligheten förmodligen är den enda arten i universum som har hittat ett sätt att mäta något som inte existerar.

D: *Ska de hålla er på skeppet tills det är dags att återvända?*
M: Precis. Det kommer inte att vara så länge.
D: *Men på jorden skulle det vara mycket längre.* (Ja) *Så ni kommer inte att åka någon annanstans. Ni stannar bara på skeppet.*
M: *Vi svävar bara.*

Det besvarade den fråga jag hade tidigare. Jag trodde att de skulle behöva tas någonstans där de kunde vänta ut en katastrof och inte kunna återvända förrän jorden var kapabel att stödja liv igen, vilket kunde ta tusentals år. Om de inte var fångade av konceptet tid, skulle det snarare vara som att titta på händelserna som en snabbspolning på ett videoband.

M: Det är bra att det inte kommer att ta lång tid, för människorna kommer inte att bli så upprörda. Det finns gott om plats, så några av dem tog med sina djur. (Skratt) Det är som en Noas ark!
D: *(Skratt) Det var precis vad jag tänkte. Det lät som det.*
M: Vi kommer inte att känna det som att det är lång tid på skeppet.

Jag flyttade honom framåt för att se vad som hände på jorden nedanför.

M: Det är nästan som fjärde juli. Du vet, en av de där konformade fyrverkeripjäserna som går av. Det är vad det ser ut som händer på olika delar av jorden. Det var bränder och askmoln. Du kan se färgerna förändras.
D: *Vad menar du med färgerna?*

M: När det först gick av var det grönt och blått och de vita molnliknande sakerna. Och sedan dessa ljusflammor. Och ibland fanns det gråa moln. Sedan klarnade de gråa, och de fula bruna och gråa molnen långsamt upp. Och sedan återvände saker till blått, grönt och vitt.

På en kort tid såg han vad som skulle ha tagit tusentals år att hända. Han flyttade sedan framåt till när de alla återvände till jorden.

D: *Tar de er tillbaka till samma plats?*
M: Det är svårt att säga. Det finns träd och sånt igen. De kom tillbaka. Men det finns inga byar och inga människotillverkade saker kvar. Det finns inga djur förutom de djur vi tog med oss.
D: *När de släppte av er, stannade de med er?*
M: De sa till oss att vi skulle behöva börja om från början.
D: *Så det är inte deras ansvar att hjälpa er?*
M: De försökte bara få människorna att förstå att de skulle behöva använda sina färdigheter, vad de än kan.
D: *Det är svårt att börja om från början.* (Ja) *Men åtminstone räddade de alla.*
M: Precis. Och de arbetade med människorna för att stärka deras moral och ge dem självförtroende. De sa varför det kunde göras.
D: *Vet du om allt förstördes?* (Ja) *Hela världen?* (Ja) *Sedan lämnade de?*
M: Ja. De kommer att fortsätta sina uppgifter.
D: *Ni måste börja om. Det visade mycket uthållighet att göra allt detta.*

Jag flyttade henne sedan framåt för att försöka hitta en annan viktig dag, även om jag inte trodde att något kunde vara viktigare än vad han just gått igenom. Han meddelade: "Jag lever inte så mycket längre. Något händer mig. Det sker en olycka. Ett träd faller under återuppbyggnaden. Det krossade mig." Jag lät honom sedan flytta till andesidan och se livet ur det perspektivet. Jag frågade vad han hade lärt sig från livet. "Man måste ibland följa det okända."

Den Komplicerade Universum Bok Två

Jag integrerade sedan Marians personlighet tillbaka i kroppen, ersatte den andra entiteten och framkallade det undermedvetna.

D: *Varför valde du detta märkliga liv för Marian att se?*
M: Det kommer att hända igen.
D: *(Detta var en överraskning.) Tror du det?*
M: Det kommer att hända igen. Det kommer att ske jordförändringar. Och skeppen kommer att komma igen.
D: *Vad är kopplingen till Marians liv nu?*
M: För att hon vet att det kommer att hända igen. Hon gick igenom det en gång tidigare, och hon kommer att leva när jorden går igenom det igen.
D: *Mannen kunde se något hända från skeppet. Vad hände med jorden?*
M: Det var många förändringar. Många störningar. Det är en cykel.
D: *Orsakades det av människan förra gången?*
M: Nej, det är en cykel. En naturlig cykel.
D: *Som jorden går igenom?* (Ja) *Men det var inte meningen att allt liv skulle förgås, eller hur?*
M: Nej, de vill inte att allt ska utplånas.
D: *Det är viktigt, eftersom det är mycket arbete att börja om från början. Vad menade de när de sa: "Tiden skulle gå på jorden, men inte på skeppet"?*
M: För att det är så tiden fungerar.
D: *Det måste ha tagit lång tid för jorden att bli beboelig igen. Ändå förändrades inte människorna på skeppet.*
M: Tid är där du fokuserar. På jorden går du steg för steg för steg för steg. Du behöver inte det när du inte är på jorden. Du fokuserar bara, och du är där. Om du fokuserar där borta, är du där. Det finns ingen tidsskala. Du är utanför skalan, för de behöver ingen skala.
D: *Det är alltid svårt för våra sinnen att förstå.*
M: Det kommer att hända igen. Jag är inte ens säker på om det kommer att hända i detta liv eller inte. Jag menar Marians liv. Men uppgiften är att få människor att bli medvetna. Planen är att hon långsamt ska avslöja information, så det inte överväldigar henne. Men informationen finns där, och hon måste avslöja den. Och det

155

har att göra med detta ... saker utanför världen. Det här jordprojektet. Hon måste få människor att se vad som finns där ute. Få människor förberedda. Fler människor medvetna. Att det finns mer än bara jäkt och stress i denna värld. Det finns mer än att bara gå till mataffären. Hon måste öppna deras sinnen. De måste vakna. De är inte dumma.

D: *Jag har fått höra många gånger att människor verkligen skadar jorden. Är det vad du menar?*

M: (Djup suck) Det är bortom det. Att sluta skada jorden skulle ha saktat ner processen. Det kommer att hända. Punkt slut!

D: *Finns det inget sätt att stoppa det nu?*

M: Nej. Det är på väg.

D: *Vad är det hon ska göra?*

M: Bara fortsätta väcka människor. Det kanske inte händer i denna generation. Men ju fler människor som är medvetna om att saker kan hända med själva jorden, desto fler människor kommer att vara redo och villiga att gå ombord på skeppen.

D: *Det kommer att vara samma sak igen?* (Ja) *De kommer att komma för att ta några?* (Ja) *Men det kommer att finnas några som inte vill gå?*

M: De ödmjuka kan få jorden.

D: *Jag antar att de ödmjuka är de som är rädda för att gå.*

M: Hon måste berätta för människor om saker de aldrig har tänkt på. Saker de aldrig har tittat på. Saker de alltid har trott var konstiga och skrattretande.

D: *Menar du metafysiska idéer?*

M: Rätt. Det behöver inte vara UFO:n.

D: *Skulle detta vara ett sätt att utvecklas?*

M: Det skulle vara ett sätt att rädda sitt skinn.

Det är fantastiskt att jag fortsätter få dessa pusselbitar från så många människor runt om i världen. Det är mitt jobb att sätta ihop pusslet, och när jag gör det börjar det ge någon form av mening, även om vårt medvetna resonemang inte riktigt kan greppa enormiteten av det hela. Det verkar finnas mycket mer som ligger precis utom räckhåll.

SEKTION TRE

AVANCERADE VARELSER OCH KARMA

Kapitel 9
BARN SKAPAR KARMA

ETT FALL JAG arbetade med i Kalifornien år 2001 visade svårigheterna som själar, som inte tidigare har upplevt jordeliv, har att anpassa sig till denna hektiska planet. En ung kvinna kom för att träffa mig medan jag var i San Jose för en heldagsföreläsning för A.R.E.-gruppen (Edgar Cayce Foundation). Jag försöker vanligtvis träffa personer som står på min väntelista för privata sessioner och schemalägger dem runt mina föreläsningar. Susan var överviktig, och jag tänkte genast att detta skulle vara ett av de problem hon ville undersöka. Men hennes huvudsakliga problem var att hon och hennes man ville ha barn, men hon hade inte kunnat bli gravid. Jag leder alltid det undermedvetna att ta personen till det mest lämpliga livet för att förklara de problem de har i detta liv. Detta var proceduren jag följde med Susan.

När Susan gick in i det djupa hypnotiska tillståndet fann hon sig inte i ett tidigare liv på jorden, utan svävade genom rymden och stod framför en stor metallport med ett stort X på. X:et bestod av fyra trianglar, och medan vi pratade öppnades trianglarna utåt så att hon kunde gå in. Genom dörren kunde hon se att hon definitivt inte var på jorden. Hon stod på en klippa med utsikt över en dal, och allt – stenarna, marken och himlen – hade en rödaktig färg. Hon såg en stor kupol i dalen, men det fanns inga träd eller växtlighet. Hon visste genast att man inte kunde andas luften där. Ingen var säker utomhus. Hon visste att det fanns människor i skydd under markytan, och dit var hon tvungen att gå. Hon hittade ingången på sidan av klippan och gick ner i ett mycket mörkt område under ytan där människorna gömde sig. Susan verkade vara en lång, smal, blond man. "Ingen fett!" skrattade hon.

Hennes jobb var att leverera förnödenheter till olika utposter på planeter i deras system med två solar. Detta var ett av stoppen på vägen, och hennes uppgift var att kontrollera människorna och se vad de behövde. Människorna hade mat, men vatten var en bristvara. De kunde inte gå upp till ytan utan var tvungna att leva trångt tillsammans under marken. Människorna verkade vara mänskliga men var klädda i trasor. Kupolen innehöll motorer och hade något att göra med att generera energi. Den filtrerade också luften som nådde underjordiska skydd. Hon förklarade att det hade varit ett krig för många, många år sedan som hade förstört atmosfären och gjort den farlig för den överlevande befolkningen. Det hade orsakats av något som liknade en kärnvapenbomb, och livet hade inte återvänt till ytan eftersom luften var förorenad. De hade anpassat sig till denna typ av liv och byggt det underjordiska skyddet, men nu fanns ett nytt hot. En annan grupp hade upptäckt planeten och försökte ta över den för dess mineraler. Detta ledde till mer strider, vilket gjorde det dubbelt farligare att vara på ytan.

När striderna lugnade sig för en stund gick hon tillbaka till ytan och återvände till sitt lilla spaningsskepp och lämnade planeten. Jag bad henne sedan gå till en viktig dag i det livet. Jag väljer alltid en viktig dag, eftersom de flesta dagar i livet (även i våra nuvarande liv) ser mycket lika ut. Vad en person anser vara en viktig dag, kanske en annan inte gör. Ofta är dessa dagar ganska vardagliga, men det beror på att livet är vardagligt och det inte finns mycket som förändrar det. Susans liv var inget undantag. Även om det verkade utspela sig på en annan planet, verkade det mycket vanligt. Bara en man som levererade förnödenheter från en utpost till en annan. Även platsen där han hämtade förnödenheterna (en karg planet) verkade ointressant. När jag bad henne gå framåt till en viktig dag utropade hon plötsligt: "Jag kraschar!" Det verkade inte störa henne att säga detta. Hon var känslomässigt avskild när hon beskrev känslan av att falla. "Vi träffade något, eller något träffade oss. Främre delen av farkosten är halvvägs borta. Jag vet inte vad som hände." Hon hade redan lämnat kroppen innan skeppet kraschade tillbaka på planeten.

Den Komplicerade Universum Bok Två

Jag kunde inte förstå hur detta märkliga liv på en annan värld kunde förklara Susans oförmåga att bli gravid. Det undermedvetnas logik överträffar alltid min, och svaret det gav var inte vad jag förväntade mig.

Det undermedvetna hade visat henne det livet så att hon skulle minnas var hon kom ifrån: planeten med två solar. Susan hade haft drömmar sedan barndomen om en plats som inte var jorden och där det fanns två solar på himlen. Hon hade till och med ritat bilder av denna märkliga plats, men hon kunde inte förstå var dessa minnen kom ifrån. Det undermedvetna sa att anledningen till att hon inte kunde få barn var att hon fortfarande identifierade sig med den andra personligheten som hade kraschat.

Hennes andra liv hade mestadels varit på andra planeter, och när hon beslutade sig för att experimentera och prova på att leva på jorden hade hon svårt att anpassa sig. Hon tyckte inte om att vara här och ville lämna och åka hem. Hon sa: "Det är för mycket ansvar. För mycket av allt. För svårt. Mer utmanande."

Hennes andra personligheter hade mestadels varit i kroppar som saknade könsorgan och inte kunde definieras som varken manliga eller kvinnliga. Detta kallas "androgyn", och många utomjordingar som jag har undersökt lever så idag på sina världar. Hon tyckte inte om att vara kvinna eller att ha könsdelar. Hon sa: "Det finns inget kön när det inte finns något kön." Dessa andra varelser reproducerade sig inte utan var "skapade". Detta sker vanligtvis genom en kloningsprocess och kräver därför inte kön för reproduktion.

Jag försökte förklara att jag förstod hennes identifiering med de andra personligheterna, men att för att få ett barn i detta liv var sex det enda sättet som människor känner till för att få barn här. Hon svarade att hon inte ville vara människa. Hon tyckte inte om denna värld alls. Hon kände att hon hade lärt sig tillräckligt och ville åka. Detta är alltid ett varningstecken, och jag visste att jag var tvungen att fortsätta med försiktighet. Även om den medvetna personligheten hos Susan verkade vara välanpassad och ville ha barn, var denna andra del av henne totalt motsatt. Den tyckte inte om att vara här och ville lämna. Min uppgift är alltid att skydda personen jag arbetar med och inte tillåta att någon fara drabbar dem, även om det kommer från en annan del av dem själva. Hon fortsatte att insistera: "Jag är klar nu. Jag är klar. Jag är klar. Jag vill åka."

Hon insisterade också på att hon inte behövde ha ett barn. Ett barn skulle skapa kopplingar till jorden. Hon ville bryta alla kopplingar. Hon ville inte skapa karma med ett barn som skulle få henne att återvända hit. Om hon inte hade några band till jorden skulle det vara lättare att återvända till hennes hemplanet. Detta experiment hade inte blivit som hon hade trott att det skulle bli. Orsaken till att hon var överviktig var att skydda sig mot sex, så att hon inte skulle få barn. Jag har hört detta förut när människor undermedvetet får sig själva att bli överviktiga för att göra sig oattraktiva för det motsatta könet, och den extra vikten fungerar som skydd och skapar en barriär. Så även om Susans medvetna sinne sa att hon ville ha barn, hade det undermedvetna en annan plan.

Jag försökte argumentera med henne. Hon sa att hon tyckte om barn och att hon tyckte om att arbeta med dem. Så jag föreslog att eftersom hon hade kärleksfulla tendenser skulle hon bli en bra mamma. Om hon hade ett eget barn skulle hon kunna lära det alla möjliga underbara saker, och det skulle vara en ny upplevelse. Det skulle vara en utmaning att lära ett barn att leva i denna värld. Det skulle vara en gåva som hon kunde ge till denna planet. Hon var fortfarande rädd för att skapa kopplingar som skulle binda henne till denna värld. "Det skulle få mig att komma tillbaka hit om och om igen. Jag gillar det inte här. Jag gillar inte kopplingar."

Hon var mycket bestämd med att hennes liv skulle bli kort. Att det nästan var dags att lämna eftersom hon ville åka hem. Jag argumenterade att om hon avslutade sitt liv för tidigt skulle hon bara behöva komma tillbaka och göra det igen tills hon slutförde sina skyldigheter. Det ville hon absolut inte skulle hända, eftersom hon ville slippa undan. Jag trodde därför att jag gjorde framsteg med mina övertalningar. Hon hade haft drömmar om sin hemplanet under större delen av sitt liv, så att hon inte skulle glömma var hon kom ifrån och fastna här. Det är alltför lätt att glömma när själen går in i kroppen. Personen blir fångad i denna värld och dess unika problem. När jag pratade om att hon skulle gå ner i vikt, sa hon att denna värld var för tung. Ett sätt att bli av med vikten var att bara lämna sin kropp. Hon

Den Komplicerade Universum Bok Två

var verkligen beslutsam. Jag kan bara hoppas att mina positiva bekräftelser nådde igenom hennes envishet. Jag fortsatte att insistera på att hon inte kunde lämna förrän hon hade fullgjort sina skyldigheter. Hon behövde inte fastna i cykeln av att komma tillbaka till jorden. Det är en svårare cykel att bryta.

Detta var ett svårt fall eftersom jag inte visste att jag skulle möta sådant motstånd från Susans undermedvetna. Jag skulle senare upptäcka andra själar som frivilligt hade kommit till denna värld vid denna tidpunkt för att hjälpa till. De ville inte heller ha barn eftersom det kunde binda dem till vår värld. De behövde förbli fria från karma för att kunna lämna när de var klara.

Det är intressant att många av de personer jag har arbetat med under de senaste åren återgår till liv där de var ljusvarelser som levde i ett tillstånd av salighet. De hade ingen anledning att komma in i jordens densitet och negativitet. De hade alla frivilligt kommit för att hjälpa jorden vid denna tid, men hade ingen aning om hur svårt det skulle bli när de väl var i kroppen.

Jag har stött på vad jag anser vara flera olika vågor av själar som har kommit in vid olika tidpunkter. Den första vågen var själar som Phil i min bok Keepers of the Garden. Dessa är nu i fyrtioårsåldern. De hade svårt att anpassa sig och många ville begå självmord för att kunna återvända "hem". De har normalt ett bra hem, ett utmärkt jobb och allt som vi skulle anse utgör ett bra liv. Men något saknades eftersom de aldrig kände att de hörde hemma här. De tyckte inte om våldet och fulheten de fann i denna värld. De ville återvända hem även om de inte hade någon medveten aning om var det hemmet kunde vara. Jag har hört från många människor över hela världen som tror att de tillhör denna grupp. De trodde att de var de enda i världen som kände så här, och blev mycket lättade när de läste min bok, över att upptäcka att de verkligen inte var ensamma.

En andra våg som jag upptäckte kom ungefär tio år senare. Dessa är nu i tjugo- och trettioårsåldern. Några av dessa har anpassat sig mycket väl. Under hypnos säger de att de helt enkelt är här för att fungera som en kanal för att leda den typ av energi till jorden som behövs vid denna tidpunkt. Dessa personer lever mycket anspråkslösa liv, ofta ogifta och utan ansvar (särskilt inga barn). De har jobb som ger dem gott om fritid att utforska sina sanna intressen, som verkar kretsa kring att hjälpa människor. De verkar inte ha några problem och har anpassat sig till denna värld mycket lättare än den första vågen.

Den tredje vågen är definitivt de speciella barnen (de så kallade Indigo-barnen) som har kommit och fortfarande kommer. Några av dem är nu i tidig pubertet. Dessa är verkligen de speciella, och har kallats mänsklighetens hopp. De behöver förstås, eftersom de fungerar på en annan nivå och frekvens än andra barn i deras ålder. Det har skrivits många böcker om dessa barn, och jag har talat vid konferenser som fokuserar på dem. De är verkligen annorlunda. Till och med deras DNA har visat sig vara annorlunda. I mitt arbete har jag fått höra att jag ska betona att de inte ska sättas på mediciner, särskilt inte Ritalin, som är en sinnesförändrande substans. De blir uttråkade i skolan och är ibland störande eftersom de har förmågan att lära sig och absorbera information i en mycket snabbare takt än barn från tidigare generationer. Jag har fått veta att de behöver utmaningar. Detta kommer att stimulera deras nyfikenhet och skärpa deras förmågor. Det finns många barn i denna åldersgrupp som redan får uppmärksamhet i media på grund av sina anmärkningsvärda förmågor. Genom historien har det alltid funnits berättelser om underbarn – barn som har haft talanger långt utöver sin ålder. Dessa har dock varit få och sällsynta. Vetenskapen har inte kunnat förklara dem, men jag tror att deras förmågor kommer från talanger som lärts in och förfinats i tidigare liv. Däremot verkar den nya gruppen vara annorlunda. Medan de tidigare fallen var ovanliga och unika, verkar det finnas många fler av denna nya våg av barn som visar upp genialitet. De barn som intervjuas på TV går redan på universitet och satsar på sina karriärer. Men var och en av dem betonade sin önskan att skapa organisationer för att hjälpa mindre lyckligt lottade barn i världen.

Jag tenderar att tro, utifrån mitt arbete, att dessa talanger inte kommer från deras tidigare liv, utan från skillnaden i deras själmönster. Alla dessa tre vågor som jag har observerat har kommit för att hjälpa jorden i hennes tid av behov. De flesta av dem har aldrig levt på denna planet tidigare, och därför tycker de att det är en svår plats att leva på. De är här för specifika syften och vill slutföra sitt uppdrag och sedan återvända "hem". Även om de inte vet det medvetet, är de fullt medvetna om sin mission på jorden. Den är inte dold under lager av tidigare liv och karma. Den nyaste vågen är inte lika dold som de andra. De makter som fattar beslut om vilka som ska skickas, gör dem mer synliga, eftersom tiden håller på att rinna ut för att genomföra de förändringar som antingen kommer att rädda eller förstöra vår värld. Fler och fler själar som inte är ursprungliga från vår värld, utan som har levt större delen av sina liv på andra planeter eller i andra dimensioner, skickas hit eftersom man tror att de kan göra skillnad. De "inhemska" själar som har levt otaliga liv på jorden har blivit så nedtyngda av karma och de dagliga påfrestningarna av att leva i vår hektiska värld att de har tappat bort syftet med att vara här. Detta gör att de fortsätter att komma tillbaka och upprepa samma misstag. Därför ligger hoppet för vår framtid i själar som inte har påverkats av jorden, och som kan hjälpa oss att överleva – om de själva kan undvika att fastna och glömma sitt uppdrag.

I början av mitt arbete trodde jag att det skulle vara omöjligt för en ande att komma direkt in i en fysisk kropp i vår civiliserade och hektiska kultur som sin första inkarnation. Jag hade fått höra att de logiskt sett först skulle inkarnera i någon primitiv samhällsform där livet var enklare. På så sätt kunde de anpassa sig och lära sig hur man lever på jorden och hur man hanterar andra människor innan de kom in i vår moderna livsstil. Nu upptäcker jag att det inte alltid är fallet. Jag möter allt fler av de speciella människor som har skickats hit eller som har frivilligt valt att komma för att hjälpa till under dessa utmanande tider. De säger att de har skickats som energikanaler eller antenner, och så vidare. Det är naturligtvis svårare för dessa känsliga själar eftersom de inte har någon bakgrund av jordiska liv som kan förbereda dem.

I oktober 2004 mötte jag ytterligare två av dessa speciella människor. Och ännu mer ovanligt var att de var man och hustru. Jag tycker att det är fantastiskt att de lyckades hitta varandra bland miljontals människor i världen, så att deras identiska energier kunde arbeta tillsammans. Men sedan har jag också fått höra att ingenting händer av en slump. De hade uppenbarligen kommit överens och gjort upp planer på andra sidan innan de inkarnerade.

De gav båda identiska berättelser medan de var i djup trans, även om de var omedvetna om dessa saker medvetet. När Tony kom ner från molnet såg han bara ett mycket starkt ljus. "Det är väldigt starkt. Det strålar, det har strålar som går i alla riktningar. Det är mycket vackert, men du kan inte titta direkt på det. Det har också många olika färger genom hela. Det är mycket lugnande. Det finns så mycket kärlek som kommer från det. Det omger dig precis som om det kramar dig." När detta händer vet jag att de antingen har gått till andesidan, eller tillbaka till Källan (eller Gud). Dessutom ser olika energiväsen ut så här. Jag bad det att ta Tony och visa honom något som var viktigt för honom att se. Istället för att gå in i ett tidigare liv, togs han till ett rum där det fanns flera varelser klädda i dräkter. Han kunde inte urskilja några drag då varelserna svävade lätt omkring i rummet.

T: Jag ser inga väggar, men du känner att du är i en sluten miljö. Det här är som ett råd, och det pågår ett möte där de har samlats för att diskutera alla möjliga saker. Saker om universum. Alla de olika planeterna. De måste fatta beslut för andra typer av varelser eller för ... Jag antar att det skulle vara för lägre vibrationer. För de som inte har nått de högre planen eller högre vibrationer. Det här är rådet som hjälper dem att fatta beslut i deras processer eller vad de kommer att göra.

Han såg att han hade samma typ av fladdrig, spöklik kropp, och kände att han var medlem i detta råd.

T: Annars skulle jag inte kunna vara här. Det här är en högre vibration, en högre frekvens. Och de hjälper till att fatta beslut. De fattar inte nödvändigtvis besluten, men de hjälper till i beslutsfattandet. Vad som än skulle vara lämpligt för de lägre vibrationerna.

D: *Hur hjälper de till att fatta dessa beslut?*

T: Det verkar som att för varje lägre vibration finns det vissa saker de behöver lära sig för att kunna höja sina vibrationer till en annan nivå. För att hjälpa dem. Rådet hjälper dem faktiskt att fatta beslut som kommer att höja deras vibrationer.

D: *Är detta inte att ingripa?*

T: Nej, det är bara en form av vägledning.

D: *Har du något specifikt du arbetar med just nu?*

T: Bara att vara till tjänst. Att hjälpa. Att ge vägledning. Det är det enda vi är här för att göra. Att hjälpa dem att få kunskap.

D: *Finns det något särskilt projekt som du är engagerad i just nu?*

T: Det finns alla möjliga olika typer av projekt. När vi hjälper de lägre vibrationerna hjälper vi också oss själva. För det lär oss lika mycket som vi lär dem. Om du tjänar, får du också. Det hjälper dig att få kunskap.

D: *Arbetar du med någon specifik planet för tillfället?*

T: Det handlar om alla universum. Det är inte bara en planet.

D: *Var du tvungen att gå igenom fysiska livstider för att nå den punkten? Där du kunde vara med i rådet?*

T: Nej. Jag behövde inte gå igenom fysiska livstider. Endast om jag valde det.

D: *Så hur nådde du den punkt där du kunde vara med i rådet?*

T: Du kan höja din vibrationsnivå, även om du inte behöver genomgå fysiska livstider för att vara med i rådet. Ibland kan det ta en längre tid. Men ibland kan du utvecklas mycket snabbt.

D: *Har du någonsin haft en önskan att vara fysisk?*

T: Inte vid denna tidpunkt, nej.

D: *Du utförde ditt arbete där då.*

T: Det var allt jag behövde göra.

D: *Nåväl, det låter som ett mycket viktigt arbete.*

T: Det var allt som begärdes av mig att göra.

Jag bad honom sedan att gå till den tidpunkt då han fattade beslutet att komma in i den fysiska världen, för trots allt kommunicerade jag nu med en fysisk kropp i vår dimension. Han måste ha bestämt sig för att komma hit och inkarnera. Jag ville veta om någon hade sagt åt honom att komma.

T: Nej, det var endast genom eget val. Och möjligheten fanns där. Förmågan ... eller den fysiska formen, med andra ord, som skulle passa, var tillgänglig vid tidpunkten för valet.

D: *Hände något som fick dig att fatta beslutet?*

T: Att uppleva. För det var något jag aldrig hade gjort tidigare. Det var definitivt nytt.

D: *Har du valt ut kroppen som du ska gå in i? (Ja.) Hur ser den ut?*

T: Det är nuet. Det finns ingen annan tid.

D: *Förklara vad du menar.*

T: Det är den person du talar till.

D: *Tony, menar du? (Ja.) Menar du att Tony aldrig har haft några andra fysiska inkarnationer före denna? (Nej.) Jag har alltid trott att om det var fallet, skulle det vara mycket svårt, eller hur? Att komma direkt från den andliga sidan till livet så som vi har det här på jorden. Utan några tidigare livstider för att förbereda personen.*

T: Det är mycket svårt. Men det finns sätt de hjälper till på. Det fanns vissa saker. Jag vet inte om jag kan beskriva dessa saker för dig.

D: *Jag skulle verkligen uppskatta om du kunde försöka. Liknelser är alltid bra också.*

T: Det är som att informationen ges till dig. Det är som att du går in i en kammare. Och när du kommer ut ur denna kammare har denna information placerats inom dig. Sedan, när denna information har placerats inom dig, ger den dig en bakgrund. Något att relatera till.

Jag visste vad han pratade om. Han syftade på imprinting. Detta diskuteras i denna bok liksom i *Keepers of the Garden* och *Between Death and Life*. Det är ett sätt att ge själen information från andra människors liv så att den kan ha en viss bakgrund för att kunna fungera.

T: Jag tror inte att du kan komma in med ingenting. Det är fortfarande svårt, även med denna information inlagd. Det är extremt annorlunda här. Det finns mycket att lära sig och att uppleva. Det var svårt att lämna den vackra platsen, men det var något som behövde upplevas. Denna tid i historien är en period av stora förändringar. Saker och ting rör sig mycket snabbt; mycket snabbt. Han ville kunna observera dessa saker.

D: Så ingen sa åt honom att han var tvungen att göra dessa saker?

T: Nej, ingen styr dig eller säger att du måste göra dessa saker. Det är val. Och även diskussioner. Och han fick hjälp av andra medlemmar i rådet. De hjälper eller vägleder honom att göra dessa val.

D: Vi är vana vid att tänka på jordeliv där vi samlar på oss karma och sedan måste vi komma tillbaka igen och igen för att återbetala den.

T: Han har inte den typen av karma som du talar om. Han är här för att observera människors utveckling. Hur de faktiskt höjer sina vibrationsnivåer. För att se hur de tar emot kunskap. Och hur de använder kunskap. Om de använder den för mänsklighetens bästa, eller om den används för girighet.

D: För jorden är en komplicerad planet.

T: Det är extremt komplicerat. Det är olikt någon annan planet. Jag tror att formen av negativitet på denna planet gör den annorlunda. Människorasen är en mycket krigisk ras. De har stora svårigheter att leva i fred. Det är nästan som om deras ras inte kan samexistera i fred. Detta kan bero på deras lägre vibrationer. Jag tror att varje individ som kommer hit måste vara mycket försiktig så att de inte fastnar i dessa lägre vibrationer. Det är en mycket utmanande planet. Jag tog den risken. Jag tror att varje gång du kommer in i denna existens, skapar du karma. Och utan tvekan kommer jag att behöva återbetala denna karma. Men jag tror att det viktigaste jag gör här är att försöka upprätthålla en balans genom att vara mycket positiv, mycket kärleksfull. Och den karma jag har skapat med jorden är inte av en negativ form i sig. Det handlar om att faktiskt hitta sätt att arbeta för att minska den. Och sedan ta hand om den karmiska skulden och inte låta den överföras.

D: *Vad är din plan då?*
T: För närvarande är planen att komma in för detta enda liv. Jag får se när jag återvänder.
D: *Vill du inte stanna och uppleva andra existenser?*
T: Jag vet inte om jag kommer att återvända för andra existenser. Det kan finnas viktigare saker för mig att göra än att återvända. Än att vara fysisk. Jag vet inte om jag kommer att kunna fullfölja detta eller inte. Det skulle vara mycket lätt att bli fångad här. Det finns så många saker som kan fånga mig. Det är därför det är så svårt att komma hit, in i den fysiska formen. Även om många längtar efter denna närvaro, är det extremt svårt. Det ser ganska enkelt ut tills du kommer in. När du väl är i den fysiska formen, då är det extremt svårt.
D: *Ett av problemen är att den fysiska kroppen glömmer och inte känner till alla dessa saker?*
T: Ja, helt sant.
D: *Skulle det vara lättare om de kunde minnas?*
T: Jag tror inte att det skulle vara rätt för den fysiska formen att minnas. Jag tror att det skulle bli för mycket. Att minnas allt detta skulle vara för överväldigande. Det skulle vara förvirrande och de skulle försöka förändra saker, troligtvis på ett mindre önskvärt sätt. Och kanske inte lära sig de saker de kom hit för att lära sig för sin egen utveckling.
D: *Folk säger alltid att om de bara visste hur det var innan, skulle det vara lättare.*
T: Jag tror att detta skulle vara för mycket information för dem. Om du hade all denna kunskap framför dig, vad skulle då vara syftet med att komma in? Vi lär också ut. Barn lär sina föräldrar lika mycket som föräldrar tror att de lär sina barn. Mer tvärtom, mer än vi inser.
D: *Jag verkar arbeta med många människor på senare tid som är energiarbetare och helare.*
T: Det kommer att bli många fler. Detta är bara början. Och människor söker andra alternativ. De letar efter olika sätt. De ser att det de är vana vid faktiskt inte fungerar för deras bästa. Vissa kommer att hålla fast vid de gamla formerna. De har svårt att komma förbi

Den Komplicerade Universum Bok Två

det. Det är deras uppfostran och conditioning, men du har många där ute, och särskilt de nya som kommer in, som kommer att söka denna nya information. Och naturligtvis kommer de också att föra med sig den nya informationen. De flesta av dessa kunskaper är inte nya. De är nya för de människor som är här nu. Men egentligen är det gammal information. Det finns bara ett visst antal fysiska former tillgängliga. Och det finns så många fler andliga former som vill komma, men det finns inte tillräckligt många fysiska former.

D: *Men just nu, med vår befolkningstillväxt, finns det många fysiska former tillgängliga.*

T: Men det finns det inte. Du har också vissa som försöker kontrollera de metafysiska former som är tillgängliga. Du har ledare som försöker kontrollera tillgången på fysiska former. Naturligtvis, sjukdomar, krig.

D: *Menar du att de eliminerar många av de fysiska formerna?* (Åh, ja.) *Sedan finns det de fysiska formerna som är "reserverade" för de själar som vill komma tillbaka för att återbetala karma också?*

T: Ja, det är helt sant.

D: *Är det vad du menar, att det bara finns begränsat antal fysiska former som din typ av ande kan komma in i?*

T: Ja, det stämmer. Det är svårt att hitta lämplig föda på grund av alla kemikalier i maten. Men den mänskliga kroppen anpassar sig också. Just nu ser du nya människor som kommer in med den gamla kunskapen. Källan till föda kommer att bli mer problematisk med tiden. Det kommer att bli ett verkligt problem.

D: *Allt detta kommer att påverka höjningen av vibrationerna.*

T: Vi måste göra kroppen lättare. Och detta kommer att hjälpa i processen.

Tony fick veta hur han kunde använda sitt sinne för att hela. "Han kommer att behöva utveckla sitt sinne och även lita på sitt sinne. Sinnet är mycket kraftfullt. Genom att betrakta problemet, se problemet, kommer hans sinne att göra förändringarna. Det blir som om han kan se in i kroppen. Som om han går in i en person och tittar på den personen inifrån. Det är som att gå in i ett löv och flyta genom dess klorofyllkanaler. Han kommer att se dem som bilder. Och dessa förändringar kan äga rum. Han behöver inte ha personens direkta medverkan, men han behöver deras tillstånd. Eftersom vissa väljer att ha dessa tillstånd av olika skäl."

På eftermiddagen hade jag en session med Tonys fru, Sally, och jag blev förvånad över att upptäcka att hon var samma typ av själ. Detta var också hennes första gång på jorden. Det är anmärkningsvärt att de två kunde hitta varandra. Naturligtvis sker ingenting av en slump, men jag hade aldrig tidigare stött på två sådana fall på samma dag.

I början av sessionen hade Sally också svårt att se något annat än skiftande färger, och efter flera försök att föra henne till ett tidigare liv eller något visuellt, kontaktade jag till slut det undermedvetna. Det gav mig den information jag tidigare hade blivit nekad. Ibland, om personen inte är redo, kommer informationen inte fram. På grund av det undermedvetnas beskyddande natur är det mycket noggrant med vem det släpper information till.

S: Det som händer med Sally är ett experiment. Det har aldrig gjorts förut. Vi försöker höja energinivåerna. Det finns energiregler för inkarnation på jorden och överallt annars. Men på grund av tiden vi lever i och nödvändigheten av detta, försöker vi föra in en högre vibration i jorden och sedan expandera den, höja nivån även efter inkarnationen. Och också att föra in den högsta möjliga nivån utan att skada den fysiska kroppen. Det finns en nivå som den mänskliga kroppen inte kan bära. Detta är mycket viktigt för Sally eftersom vi misslyckades med det tidigare. Det är därför hon frivilligt kom hit för att föra in den energin, gå igenom processen och genomföra den. Och vi lyckades den här gången. När det misslyckades tidigare var det som att bränna en krets.

D: *Skadade det den fysiska kroppen som hon försökte komma in i?*

Den Komplicerade Universum Bok Två

S: Ja, det gjorde det. Kroppen dog. Det var för mycket energi, för mycket information, för hög vibration i en enda fysisk kropp.

D: *Den kunde helt enkelt inte hålla det.*

S: Precis. Men den här kroppen har kunnat det. Och dessutom har vi finjusterat kroppen i takt med att den har åldrats, så att den kan hålla mer, och vi har tillfört mer energi efter hand.

D: *Har hon haft fysiska inkarnationer tidigare?*

S: Avtryck. Många av de fysiska problemen beror på stressen och påfrestningen på kroppen från att hålla energin som finns där.

D: *Menar du då att Sally aldrig har haft en fysisk inkarnation någonstans?* (Nej.) *Men jag har alltid trott att när de kommer in i den fysiska kroppen för första gången i en sådan här civilisation, skulle det vara för påfrestande för kroppen. För själen.*

S: Hon har varit en assistent till jorden. Inte inkarnerad på jorden, men runt jorden och assisterat andra som inkarnerar. Hon har en fungerande kunskap, men ingen faktisk erfarenhet av inkarnation. Hon har varit bakom kulisserna och hjälpt andra som inkarnerar.

D: *Varför bestämde hon sig då för att komma denna gång?*

S: För att det var mycket viktigt för jorden, och hon hade förmågan att föra in den energi som behövdes vid denna tidpunkt. På det sättet, i den omfattningen och i de proportioner som behövde komma vid just denna tidpunkt. Det är mycket vetenskapligt. Jag förklarar det inte särskilt bra. Det är nästan som matematiska ekvationer av energi. Hennes energi var mest anpassningsbar för att komma in eftersom hon hade arbetat nära jorden. Hon visste hur saker fungerade, reglerna och föreskrifterna och allt sådant, rent vetenskapligt. Så hon kunde justera sin energi och anpassa kroppen. Och vi hjälper också till med det.

D: *Men när någon gör detta för första gången, tar hon då inte risken att fastna i karma?*

S: Nej. Anledningen till att hon inte riskerar att fastna i karma är att hon inte samlar på sig karma. Hon är på en annan nivå. Eller ett annat kontrakt, kan vi säga, med jorden. Hon kommer inte att fastna. Hennes kontrakt var att komma in och föra in den energin. Att föra sin energi till jorden. Det är inte ett karmiskt kontrakt.

D: *Det är väldigt komplicerat.*

S: Och de människor hon kom hit med är sådana som har karmiska kontrakt och har fastnat i dem. De dras till henne eftersom hon, på en undermedveten nivå, hjälper dem att frigöra sig från det.

D: *Så de hade ingen karma med henne?*

S: Nej. Hon kom för att hjälpa dem att lösa sin karma med andra, utan att själv bli indragen i den. Det är nästan som en bollmaskin när man övar på att slå bollar. Bollen kommer emot dig och du slår den. Hon var den bakgrund som bollen studsade mot. Men det fanns inget faktiskt lag där ute som fångade bollen och sprang iväg med den. Hon höll en plats så att de kunde frigöra sin karma med henne.

D: *Så dessa andra människor behövde någon som kunde hjälpa dem att arbeta igenom sin karma?*

S: Precis, eftersom de var på en nedåtgående väg. De hade fastnat i en negativ spiral. Hon gick med på att hjälpa jorden, men på en annan nivå. Det var inte på en inkarnationsnivå. Men nu valde hon att göra detta, att föra in mer energi vid denna tidpunkt. Det är en strategisk tid på grund av den fria viljan och eftersom... det handlar om balans. Det är en balanspunkt där jorden kan gå åt endera hållet, och det är en stor förändring på gång. Det är en brytpunkt, en korsväg.

D: *Är det därför fler av dessa... jag vill inte kalla dem "nya" själar, eftersom ni har mycket kunskap och kraft, men är det därför fler av dessa själar kommer in just nu?* (Ja.) *Jag träffar fler och fler av dem. En del av dem säger att de bara är observatörer. De vill inte fastna här.*

S: Det är inte så att de bara är observatörer, men om du kan föreställa dig hur jag sa det: det är som att slagmannen slår bollen och den träffar något. Så du slår och skickar ut den, men bakgrunden reagerar inte på något sätt. Den ackumulerar ingen karma. Allting studsar bort. Men den personen gör sitt och släpper det de behöver släppa. Och det är därför de inte samlar på sig karma. De kom inte hit för att samla på sig karma. Och de är inte bara observatörer. De är healers. De för in positiv energi för att hjälpa andra själar att se. Och de känner av deras vibrationer och vill anpassa sig till det.

Den Komplicerade Universum Bok Två

D: *Men det viktigaste är att de inte blir indragna.*
S: Det finns ingen risk att de blir indragna. Eftersom deras energinivå är vad den är, är det nästan som att ljus strålar ut hela tiden. Eller att energi flödar ut och interagerar med andra på ett helande sätt. Och det finns inga hål som kan dra in dem. Det finns ingen karma att ansluta till. Så det är en mycket positiv sak.

Några av mina andra fall där personer var av denna speciella typ av varelse skyddades från att ackumulera karma genom att ha skyddsanordningar eller sköldar placerade runt dem. Detta rapporteras i andra kapitel. Men Sallys undermedvetna sa: "Det finns inget behov av skydd, eftersom det är inbyggt, på grund av syftet och på grund av energinivån. Och eftersom det inte finns någon tidigare karma. Det finns inget att ansluta till."

S: Hennes dotter har kommit in på ett liknande sätt som sin mor, men det är mer förfinat nu. Hennes kropp har anpassat sig bättre. På grund av dem som kom in först och förde in energin, är det inte lika svårt för de nya att komma. De första försöken fungerade inte. Det var för hårt; för påfrestande för den mänskliga kroppen.
D: *Jag har fått höra att all energi från en persons själ inte skulle kunna få plats i en mänsklig kropp. Att det skulle förstöra kroppen.*
S: Det stämmer. Hennes man, Tony, har kommit in på ett mycket liknande sätt. För att bana vägen.
D: *Och han samlar heller inte på sig karma?* (Ja) *Var det en slump att de två träffades?*
S: Nej, det var ingen slump. De planerade att komma tillsammans till samma område innan de inkarnerade. De är två liknande typer av energi. Inte exakt samma, men mycket lika. Sally var ett experiment. Mängden energi som finns i hennes kropp skulle normalt motsvara energin i två separata kroppar. Och en del av problemet var mängden energi, men också vibrationsnivån. Förra gången misslyckades det. Vi hade inte tajmingen och den finjusterade balansen mellan kroppen och själen när den kom in, och de exakta mängderna energi vid rätt tillfällen. Det är mycket tekniskt.

D: Men det var tvunget att vara lika mycket energi som normalt skulle finnas i två kroppar?

S: Ja. Detta var experimentet. Det var mycket viktigt, och det har uppnått mycket. Det var mycket fördelaktigt. Hon är inte den enda som har gjort detta. Precis som hennes man. Han var en av dem som kom. Det är något annorlunda, men mycket nära samma sak. Det finns fler. Och hon har också hjälpt dem, när hon är utanför kroppen. Hon har hjälpt dem att justera sig och komma in i inkarnation. Hon har hjälpt flera att göra detta, men det som hon inte förstår är att sedan dess har ännu mer energi kommit in i henne. Du har hört talas om "walk-ins", där en själ lämnar och en annan kommer in. Det här är inte så. Det var faktiskt inte två själar. Det var bara att den del som kom in motsvarade volymen av två själar. Dubbelt så mycket som normalt har kommit och förenats med henne nyligen. Detta är nu inkarnerat med henne.

D: De två utbyttes inte?

S: Nej, det var inget utbyte. Det var en sammansmältning, ett tillägg. Vi talade om för henne två gånger att denna nya del av henne var på väg. Och nu är den här och nu har den förenats med henne.

D: Visste hon när detta hände?

S: Inte medvetet. Men hon visste att det skulle hända, och hon förberedde sig medvetet, vilket var till stor hjälp. Och hon vet att hon känner sig annorlunda nu. Men hon har ännu inte medvetet erkänt att det finns mer av henne och att det har förenats med henne. Hon kommer nu att få mycket kunskap. Det kommer inte att ske allt på en gång, men det kommer att utlösas i takt med att hon anpassar sig.

D: När detta liv är över, kommer hon då att återvända och slippa fortsätta återfödas?

S: Ja. Hon kommer att stanna tills hennes uppgift är slutförd. Hon behöver inte inkarnera igen. Hon kommer att stanna tills skiftet är fullbordat.

D: Den plats hon kom ifrån, är det vad jag kallar andesidan?

S: Allt som inte är en fysisk form är andesidan. Det finns många, många platser. Det är inte så att du dör och går dit. Det är platsen där du befinner dig innan du inkarnerar. Det är helt enkelt en annan verklighet.

D: *En del människor anser att dessa andar är änglar som aldrig har inkarnerat.*

S: Det är ingen ängel. Det är en själ precis som alla andra. Den har bara aldrig inkarnerat i en fysisk form. Den behövde inte. Den kände aldrig behovet förrän nu. Hon var i en form, men inte i en kroppslig form. Hon var i en andlig form. Och det finns olika nivåer av... vi kallar dem inte inkarnationer, eftersom de inte är lägre former likt en kropp på någon planet. Det är en energi, och den har en kropp. Den har en individualitet, men den är bara energi. Men den befinner sig i en specifik sfär. Det är inte den energi vi kallar Den Enda energin. Sjö-energin. Det är en separat, individuell energi. Men den är inte i en kropp eller i en fysisk form som en mänsklig kropp. Eller en kropp på någon planet.

D: *Det låter logiskt för mig. Men nu möter jag fler och fler människor som är här som healers och energiarbetare.*

S: Det beror i stor utsträckning på att tiderna förändras. Det är slutskedet av en epok. Så dessa typer av varelser, som Sally och Tony, är här för att hjälpa till med denna övergång. – Jag ska berätta vem du har pratat med. Detta är den del av Sally som just har anslutit sig.

D: *Den nya energin?* (Ja.)

Ett annat märkligt fall från 2004 handlade om en man inom den medicinska professionen vars huvudsakliga klagomål var att han kände att han bar på vad han kallade "rädsla och ångest" inom sitt solar plexus-område. Det kändes som en stor knut och orsakade honom mycket obehag. Han var ständigt osäker och hade en rädsla för något som kunde hända, trots att det inte fanns någon anledning i hans välordnade liv som kunde förklara vad detta "något" var. Han ville veta varifrån denna känsla kom, vad den betydde och hur han kunde bli av med den.

Han gick in i ett av de mest ovanliga tidigare liv jag någonsin undersökt. Han befann sig på en annan planet och var en dödsmaskin. I sitt medvetna tillstånd skulle han ha blivit förskräckt över den råa hatkänsla som hördes i hans röst när han utbrast att han ville döda allt. Det var hans enda syfte: att förinta allt han kom i kontakt med. Och han gjorde det på ett unikt sätt. Hans hemplanet och en annan planet hade varit i krig i många generationer. Han var en produkt av genetisk ingenjörskonst. Hans kropp var designad för att lagra en enorm mängd energi. Han skickades till fiendeplaneten i ett rymdskepp. När han landade skulle han söka upp fienden, som hade lärt sig att gömma sig för dessa maskiner. Han använde inga vapen av något slag. Han var vapnet. Han var en självmordsmaskin. Han kunde utlösa energin i sin kropp, och den skulle explodera med kraften av tio vätebomber. Det skulle utplåna allt inom flera kilometers avstånd. Hans planet var tillräckligt avancerad för att förstå metafysik. När han exploderade och dog, skulle hans själ omedelbart återfödas i samma samhälle. Och processen skulle börja om igen. När han nådde en viss utvecklingsnivå och en viss ålder, skickades han ut igen. Det var en ond cirkel, och det verkade som om han var fast i den. Han hade aldrig någon familj eller något socialt liv inom planetsystemet. Han var bara designad som en dödsmaskin. Det var hela hans mentala program: hat, dödande och förstörelse. Till slut, efter många, många generationer, insåg de två planeterna att det enda sättet att stoppa dödandet var att höja sin medvetandenivå, och detta började ske.

Vid den tidpunkten kunde han äntligen bryta sig loss och återföddes på jorden. Även då var driften så stark att han genomlevde många livstider där han fortsatte att döda och mörda. Han hade ännu inte förlorat programmeringen. Han sa att jorden på ett sätt var som hans hemplanet, eftersom det fanns mycket dödande här. Skillnaden var att det inte var i lika stor skala. Hans nuvarande liv var slutligen ett försök att bryta cykeln. Han föddes in i en familj som tryckte ner honom, bröt hans själ och gjorde honom foglig och mild. (Så även sådana familjer fyller en funktion.) Han sa att han som barn hade en stark önskan att bli legosoldat när han växte upp, vilket skulle ha fortsatt samma cykel. Istället valde han att gå in i den medicinska professionen och hjälpte nu människor.

Den intensiva känslan han kände i sitt solar plexus-område var resultatet av den undertryckta rädslan, hatet och våldet som hade varit en så stor del av hans personlighet i eoner. Han var rädd för vad som skulle hända om det släpptes lös, och därför var han tvungen att hålla det under kontroll. Han lyckades bra med det, och med hjälp av det undermedvetna såg det ut som att han skulle kunna vinna denna kamp. När han vaknade sa han att denna märkliga förklaring var den saknade pusselbiten han aldrig skulle ha kunnat lista ut på egen hand. En av anledningarna till att han var här på jorden vid denna tidpunkt var att jorden också höll på att lämna sin våldsamma cykel och var på väg att höja sitt medvetande till en ny era.

Jag undrar hur många andra som bär på dessa undertryckta känslor och emotioner som de inte kan förstå och som inte kan förklaras av deras uppväxt? Hur många unga människor upplever liknande känslor som förstärks och väcks av våldet i vår värld och på TV? Detta öppnar upp ett nytt sätt att se på dessa omständigheter som myndigheterna inte tycks ha någon förklaring på.

Kapitel 10
LIV I ICKE-MÄNSKLIGA KROPPAR

DENNA SESSION GENOMFÖRDES i Clearwater, Florida, när jag var där för en Expo i oktober 2002.

Som människor blir vi vana vid att tänka (när vi väl har accepterat konceptet om reinkarnation) att vi endast har upplevt tidigare liv som människor. Denna tro är mycket begränsande, vilket jag har upptäckt genom min forskning. Liv i vilken form som helst har en läxa att lära oss. Det är vad livet på jorden handlar om – att gå i jordens skola och lära sig sina lektioner. Man kan inte gå vidare till nästa nivå förrän man har klarat av den nivå man för närvarande arbetar på. Naturligtvis är lärdomen som erhålls från att vara människa mycket mer komplex än livet som en sten eller ett majskolv, men båda är lika levande, bara vibrerande på olika frekvenser.

I min bok *Legacy From the Stars* tog jag en ung man tillbaka till hans första livstid på jorden, och jag trodde att det förmodligen skulle vara som en grottmänniska eller något liknande. Istället gick han tillbaka till en tid då jorden fortfarande höll på att svalna för att kunna stödja liv. Vulkaner sprutade fortfarande ut lava och farliga gaser i atmosfären. Det var ännu inte en hälsosam miljö för liv att utvecklas i. Den unge mannen fann sig själv vara en del av atmosfären. Hans uppgift, tillsammans med många andra, var att hjälpa till att rena luften från ammoniak och andra giftiga gaser, så att jorden, i takt med att den svalnade, skulle bli gästvänlig för de första rudimentära livsformerna. Trots att han inte hade vad vi skulle kalla en "kropp", var han levande och medveten om sitt uppdrag. Han hade definitivt en personlighet och såg allt ur sitt eget unika perspektiv. Han tog till och med ibland en paus från sitt "jobb" för att leka genom att gå in och ut ur den flödande lavan för att uppleva hur det kändes.

Jag upptäckte och rapporterade i min bok *Between Death and Life* att vi måste uppleva livet i alla dess former innan vi slutligen går in i det mänskliga stadiet. Detta har ett syfte som vårt medvetna sinne inte kan förstå. Det är för att visa oss att allt liv är ett, och att vi alla är sammankopplade på en djupare själslig nivå. Vi är först och främst andar och har många olika äventyr när vi klättrar uppför kunskapens stege, för att så småningom återvända och bli ett med Skaparen igen. Därför blir jag inte längre förvånad när en person rapporterar ett icke-mänskligt liv. Det undermedvetna väljer det liv som det anser att personen behöver se vid den tidpunkt i deras liv när de söker svar.

Några av de icke-mänskliga liv som har rapporterats för mig är: ett liv som en majskolv, där njutningen låg i att bada i solen och svaja i den milda brisen. Ett liv som en sten, där tiden passerade otroligt långsamt. Ett liv som en mammut, där den dominerande känslan var kroppens enorma tyngd. Ett liv som en jättelik fågel, där den största känslan var skyddandet av sitt ägg och gemenskapen med andra i samma art. Ett liv som en jätteapa, där individen kände frid och tillfredsställelse med sin grupp och hade de enklaste av känslor. Gruppen hade en äldre apa som ledare, och de förväntade sig att han skulle ta hand om dem. När han dog uppstod stor förvirring, och de petade på kroppen i ett försök att väcka honom.

Alla dessa liv var enkla i jämförelse med mänskligt liv, men de hade ändå sina unika egenskaper som visade att de var levande och kännande varelser. Kanske, om vi kunde förstå detta och inse att vi alla har gått igenom dessa stadier, skulle vi ta bättre hand om vår miljö och vår planet, med insikten att vi alla är sammankopplade på en djupare och mer omfattande själslig nivå.

Denna session med Rick var ytterligare ett exempel på en person som återupplevde ett ovanligt och oväntat liv som icke-människa. När Rick steg ner från molnet var han förvirrad eftersom han inte kunde förstå vad han var eller var han befann sig. Vanligtvis, när en person kommer ner från molnet, finner de sig själva stående på något fast underlag, och intrycken fortsätter därifrån. Skeptiker hävdar att personen fantiserar ihop en scen för att tillfredsställa hypnotisören.

Men Rick kände ingenting under sina fötter när han nådde ytan, och detta gjorde honom bara ännu mer förvirrad. Jag sa åt honom att lita på de intryck som kom.

R: Tja, det är som att jag tittar uppåt. Och himlen är lilaaktig. (Förvirring) Och det är precis framför mina ögon när jag tittar upp. Men det jag ser i ögonvrån ... det är svårt att beskriva. Det är suddigt. Jag känner inget tryck mot mina fötter.

Jag instruerade honom att intrycken skulle bli tydligare.

D: *Titta till höger och se vad du kan se i din ögonvrå.* (Lång paus) *Det kommer att börja bli tydligt, istället för suddigt.* (Paus) *Lita på vad som än kommer. Det första intrycket.*

R: Okej, nu finns det fler färger. Det är ljusare, som vid soluppgången. Och kanske som vatten.

D: *Som solen på vattnet?*

R: Ja, eller som ... har du någonsin sett solen under vatten?

D: *Det har jag inte, men jag antar att det är möjligt.*

R: Det är som ... ja, jag känner att jag är under vattnet.

Detta var en överraskning. Jag var inte säker på om han simmade eller om vi hade kommit till slutet av hans liv och han hade drunknat. Det fanns flera möjligheter. Men jag kunde aldrig ha förutspått den verkliga upplevelse han hade. Detta var en nyhet.

R: Det är den purpurblå färgen. Jag tittar upp genom vattnet. Och till höger om mig är det som soluppgången över vattnet, sett under vattnet. Hmm. Bara färger som rör sig och böljar, som när vågorna i vattnet förvränger ljusmönstren. Och det är en gyllene färg, som på morgonen när solstrålarna kommer in i vattnet. Det är därför det inte finns någon form. Jag är i vattnet.

D: *Det är därför du inte känner något tryck heller.* (Ja) *Ser du något åt andra hållet?*

R: Nej, inte riktigt. Bara mörkare. Motsatsen, eftersom solen stiger i den andra riktningen.

D: *Solen låter vacker när den filtreras genom vattnet.* (Ja) *Hur känns vattnet på din kropp?*
R: Hmm. Naturligt. Det finns ingen rädsla. Det känns bara väldigt bekvämt.
D: *Bli medveten om din kropp. Hur ser din kropp ut?*
R: Den är slät. (Han fann detta humoristiskt.) Jag vet inte. Det är som en delfin. (Tyst) Hur kan det vara? Men ja, det är vad jag ser. Jag ser en delfin. Som om jag är utanför och tittar på den, eller om jag tittar på en annan. Men jag ligger inte på ryggen och tittar upp. Jag ligger på magen och tittar upp. Som om jag sover, på ett sätt. Bara ligger där i vattnet. Rör mig upp och ner. Med ett öga kan jag se solen, och med det andra kan jag se mörkret. Och jag kan också se uppåt, utan att behöva vända mig om och röra mig. Hela panoramat från öst till väst.

Hur ser delfiner eller havsdjur egentligen? Vad är deras synfält? Vet vi verkligen? Kanske kan de se ett mycket bredare område med sina ögon placerade på varsin sida av huvudet. Det verkade definitivt vara så.

D: *Det är intressant. Och du tror att det finns en till där?*
R: Jag tror det. Eller jag såg det. Jag rör mig in och ut, tittar runt. För jag var inne och sedan flyttade jag ut för att se hur kroppen såg ut. Så jag tror att det är min. Den är slät. Mjuk. (Med övertygelse.) Jag är en delfin. Det är väldigt fridfullt. Det är överraskande.
D: *Känns det bra att vara i vattnet?*
R: Ja. Det känns fritt. Inga begränsningar. Du har allt du behöver där.
D: *Bara total frihet i vattnet.* (Ja) *Vad gör du med din tid? Just nu sa du att du sov.*
R: Sover. Det är dags att göra något nu när jag är vaken. Vi bara existerar... vi bara lever! Det finns ingen plan. Det finns att äta. Måste bara äta. Men just nu verkar det som... att vi bara flyter och sedan... det är svårt att relatera. Det finns inget jobb. Inget måste göra något. Förutom att bara känna. Och att känna – jag vet inte – trevligt, verkligen. Det känns lite konstigt för mig just nu.
D: *Varför känns det konstigt?*

R: För att jag inte kan sätta det i rätt sammanhang. Jag kan inte ge det en etikett.
D: *Gör ditt bästa. Vad äter du?*
R: Åh, andra fiskar.
D: *Kan du andas i vattnet?*
R: Ja. Men luft. Fantastiskt! (Paus) Jag ser något. Jag ser byggnader som... är på stranden.
D: *Är du ovanför vattnet nu?*
R: På ett sätt. Lite grann. Sidledes. Jag kan se dem med huvudet ovanför vattnet. De är som hyddor. Som djungelliknande saker, med grästak. Jag undrar bara vilka de är? Vad det är?
D: *Har du någonsin sett människor?* (Nej) *Har du sett stranden på det sättet förut?* (Nej. Nej.) *Har du mest varit ute till havs?* (Ja)

Han identifierade sig mer och mer med delfinen. Hans svar var långsamma och enkla.

D: *Och nu kan du se kanten där vattnet tar slut?* (Ja)

Jag strukturerade mina frågor för en mycket enkel varelse. Jag trodde inte att den skulle förstå något för komplext. Den hade redan visat att den var en kännande varelse.

D: *Hur känns det?*
R: Nyfiket.
D: *Att veta att det finns en gräns i vattnet eller vad?*
R: Ja. (Han hade svårt att hitta orden.) Det är... varför... vad är det? Det är annorlunda. Jag känner att jag måste åka någon annanstans.

Det blev en lång paus. Han hade uppenbarligen svårt att hitta rätt ord i delfinens hjärna.

R: (Lång paus medan han kämpade med orden.) Det är... det är bara... jag vet inte. Jag förstår det inte. Jag förstår inte vad de där... vad det gör här. Vad... varför jag är här. Och varför jag gör det. Det är något nytt. Och jag förstår det inte. Och jag vet inte. Jag förstår saker där jag var. Jag förstår inte detta. Och jag vet inte vad det är. Det är bara annorlunda.

Det var uppenbart att han som havsvarelse var van vid att bara se vattnet. Nu kunde han se att havet hade gränser, och gruppen av hyddor var någ ot han inte var bekant med, så det fanns inget sätt att beskriva det.

D: Men du sa att du kände att du borde åka någon annanstans?
R: Ja, för ett ögonblick kände jag att jag borde vara borta.
D: Vad menade du med att åka någon annanstans?
R: Som bort. Som att röra mig snabbt.
D: Bort från där de där hyddorna var?
R: Nej, bort från det... där jag är. Jag... (Paus) Ut ur den kroppen?
D: Berätta vad som händer. Hur känns det?
R: Jag är förvirrad. För jag kan se den kroppen. Den där... tumlaren. Och sedan är det som om jag vill lämna den. Eller vill åka någon annanstans. Jag kände att jag rörde mig snabbt ett ögonblick. Sedan stannade det, för det skrämde mig. Men jag skulle vilja gå tillbaka dit. Jag gillade det i delfinen, men jag... det var för... (hade svårt att uttrycka sig) förvirrande... för annorlunda? Jag kunde inte relatera till det.
D: Men om du vill åka någon annanstans kan du. Du kan åka vart du vill. Vi letar efter något som är lämpligt och har betydelse. Så låt oss gå till det stället. Berätta vad som händer när du rör dig. Vad ser du när du går till något annat som är lämpligt och viktigt för dig att veta om?

Rick befann sig sedan i ett liv i forntida tider där han var en ledare för en grupp människor. Han hade ett stort ansvar och kände att han förrådde dem när han ledde dem in i ett krig som var omöjligt att vinna. Det var mer för hans eget egos skull än för folkets bästa. Han bar fortfarande på den skulden i sitt nuvarande liv, vilket förklarade många av hans fysiska problem. Detta inkluderade ryggproblem, eftersom han dog genom att falla från en klippa och levde i flera dagar i smärta med en bruten rygg. Minnena fanns kvar i hans nuvarande kropp som en påminnelse om att inte ta ansvar lättvindigt i detta liv. Jag kontaktade sedan hans undermedvetna för att vi skulle kunna ställa hans frågor. Den viktigaste frågan jag var intresserad av var anledningen till att han visades livet som delfinen eller havsvarelsen.

D: *Varför visade du honom det livet?*
R: För att det är främmande. För att det är en plats där hans sanna rötter finns. Han har blivit förändrad på ett sätt för att uppleva "mänsklighet" från rötterna av den första inkarnationen.

D: *Var det hans första inkarnation på jorden?*
R: Nej. Det var en annan plats där det inte fanns några människor. Bara den typen av varelser.

D: *De som lever i vattnet?*
R: Ja. Det är därför han upplevde ögonblicket av att röra sig snabbt. För han var en nyfiken en och undrade hur det skulle vara på den platsen, den stranden. Den synen han hade av träden och hyddorna. Det var därför han inte förstod det. Det var en vision av en plats han aldrig hade sett.

D: *Så det var inte en fysisk plats i hans vattenvärld?*
R: Det var en fysisk plats som han var nyfiken på. Han var nyfiken på hur det skulle vara att vara utanför vattnet. Så han önskade sig den erfarenheten.

D: *Och detta ledde till att han återföddes som människa?*
R: Till slut gjorde det det. Detta är hans sanna rötter. Det är här hela hans resa började.

D: *I vattenvärlden.*
R: Från vattenvärlden.

D: *Och du sa att han var tvungen att förändras?*
R: Ja. Hans förändring skedde genom en serie av processer. Vibrationsförändringar. Med hjälp av dem som fortfarande bistår planetens oändliga utveckling. Experimentet har pågått i många årtusenden. De valde och de frågade. De sökte ut kärnan och grundmaterialet som kunde användas och modifieras för den mänskliga upplevelsen.

Den Komplicerade Universum Bok Två

D: *Men kunde inte själen, anden bara komma och träda in i en mänsklig kropp?*
R: Den var tvungen att modifieras. Det fanns inkompatibiliteter mellan själen, energin, essensen av den vattenvarelsen. Innan den kunde komma till denna upplevelse var dessa modifieringar nödvändiga för att varelsen skulle kunna förstå känslorna och instinkterna som var programmerade i människan.
D: *Jag förstår. Så det hade varit för svårt – eller omöjligt – för honom att komma direkt från vattenvarelsen till en människa.*
R: Det stämmer.

Detta liknar hur Estelle kom från den reptiliska rasen och genomgick förändringar i sin mänskliga kropp för att anpassa sig till den annorlunda energitypen.

D: *Men sedan började han en serie av liv på jorden.* (Ja) *Och det var därför du visade honom delfinen i början.* (Ja) *Han har undrat hela sitt liv varför han har ett intresse för UFO:n och utomjordingar. Är det därför?* (Ja) *Fast jag tror att han föreställer sig det som i filmerna.* (Skratt) *Så detta är annorlunda, eller hur?*
R: Liknande, men annorlunda. Det finns program etablerade i hela universum. Alla typer av material. Låt oss säga att alla källor övervägdes för denna upplevelse. Detta råkar vara hans primära källa, som är vattenvarelsernas värld. Det fanns andra som också kom från olika grupper, alla inblandade i detta tillsammans.
D: *Så det är inte nödvändigtvis som han tänker sig, med rymdskepp och sådant. Det kan finnas många olika typer?*
R: Ja. Men de var definitivt involverade i transporten. Modifieringen och experimentet.
D: *Anpassningen av kroppen.*
R: Genom årtusendena.
D: *Så de kunde hjälpa dem som ville komma in i en mänsklig kropp att anpassa sig.*
R: De var nödvändiga. Den ursprungliga avsikten var att uppleva. Den ursprungliga avsikten beviljades och faciliterades av de andra. Till den grad att han placerades här.

D: *Jag förstår. Har han haft någon kontakt med dem sedan han varit i den mänskliga kroppen som Rick?*
R: Inte fysiskt. I sina drömmar. I sitt icke-fysiska tillstånd. När han mediterar, när han sover.
D: *Då är han utanför kroppen?*
R: Ja. När han känner sig väldigt kall eller när han känner sig väldigt varm. Det är övergången.
D: *När han lämnar kroppen, menar du?*
R: Ja. Eller när han träder in. När han går in i sin fysiska kropp blir han varm. När han lämnar den och går in i sin ljuskropp blir han kall.
D: *Och han minns inte detta.*
R: Han blir mer medveten om det onormala i sina normala drömmar. Han experimenterar nu med något som kan kallas "fjärrsyn". Det sker vid vissa tillfällen när han är i stillhet. Det händer inte ofta, men han är medveten om det. Han borde träna på detta oftare. Han skulle kunna se tydligt händelser, både i nuet, det förflutna och den potentiella framtiden. Denna förmåga kommer att vara viktig, inte bara för honom, utan för dem som önskar skydd.

Detta liknade en annan session jag hade några månader innan jag arbetade med Rick. En kvinna kom till mig när jag var i Memphis. Hon var så smal att hon såg ut som ett vandrande skelett. Hon berättade att hon nästan hade dött tre gånger. Läkarna sa att det var något fel på varje organ i hennes kropp. De var förvånade över att hon fortfarande levde. Naturligtvis hade hon mycket smärta och obehag, och var mycket olycklig i sitt liv. Hon sökte desperat efter svar, men när de kom var det något hon aldrig hade förväntat sig. Hon regresserades till ett bekymmerslöst, underbart liv som en havsvarelse, lik en delfin. Hon njöt mycket av sitt liv, simmade i en helt fri miljö utan problem. Sedan kom tiden då hon var tvungen att lämna det livet. Oavsett hur lycklig en person kan vara i ett visst liv, så kommer en tid då alla lärdomar är uppnådda och ingenting mer kan vinnas genom att stanna kvar. Då är det dags för själen att gå vidare till mer djupgående och komplexa lärdomar. Själen måste utvecklas. Så hon var tvungen att lämna och påbörja sina mänskliga inkarnationer. Hon hatade att tvingas in i den mänskliga kroppen med dess begränsningar. Hon längtade efter friheten i vattnet, men det var inte möjligt. Så i sin frustration försökte hon förstöra sin nuvarande kropp, för att kunna lämna den. Detta var naturligtvis okänt för henne på en medveten nivå, men det var anledningen till hennes många fysiska problem. Men hon tilläts inte lämna på det sättet. Hon gjorde sig bara olycklig genom att inte anpassa sig till sin fysiska kropp. Det krävdes mycket terapi för att få henne att se anledningen till sina sjukdomar. En märklig förklaring, men den visade hur starkt en person kan hålla fast vid ett underbart, okomplicerat liv i frihet.

När jag såg henne ett år senare verkade hon ha gått upp i vikt och hade inte lika många hälsoproblem. Hon började äntligen anpassa sig och bestämde sig för att stanna i denna värld tills denna lektion var lärd. Trots allt, om man lämnar för tidigt, av vilken anledning det än må vara, måste man återvända för att fullborda lektionen. Man slipper aldrig undan det så lätt.

Det fanns också ett fall som rapporterades i The Convoluted Universe, Book One, om en ung man från Australien som tillbringade eoner som en fritt svävande ande på en vacker planet. Han hade inga skyldigheter eller ansvar, bara ett bekymmerslöst liv av ren njutning. Han fick många gånger möjlighet att lämna och utvecklas i en annan form, men han trivdes så bra att han inte ville lämna. Till slut var ödet (eller de styrande krafterna, eller vilka det nu är som ansvarar för sådana saker) tvungna att ingripa och fatta beslutet åt honom. Han sögs bort från den planeten på ett sätt som han beskrev som att en dammsugare suger upp en bit silkespapper. Och han placerades i en fysisk kropp, till sin stora bestörtning och ovilja. När han först såg sin vackra planet i början av sessionen blev han mycket känslosam. Han grät och kallade den sitt "hem", eftersom alla minnen av att vara där i fullständig frid och harmoni kom tillbaka på en gång. Det var en omedelbar igenkänning och en intensiv sorg över att ha blivit tvungen att lämna. Så det är möjligt för oss att bära med oss ett minne av en plats av fullständig lycka, som skapar en djup sorg inom oss. Oavsett om det är som en fritt svävande ande i en vacker värld, eller som en obegränsad havsvarelse i en vattenvärld.

Kapitel 11
FRÄMLING PÅ JORDEN

JAG FORTSÄTTER ATT hitta dessa speciella själar, som inte ursprungligen kommer från jorden, på de märkligaste sätten. Det faktum att de är annorlunda och att de är här på ett speciellt uppdrag är aldrig uppenbart vid vårt första möte. De ser fysiskt ut precis som alla andra. Oftast är de inte medvetna om att de är annorlunda, även om de ofta känner sig malplacerade. Deras unika egenskaper avslöjas endast av det undermedvetna, och endast om det anser att personen är redo att veta sådan information. Det är lika beskyddande som jag är och är väl medvetet om att viss information kan orsaka mer skada än nytta. Men det verkar som att när personen är redo att veta dessa saker, hittar de på något sätt sin väg till mig, och hemligheterna avslöjas.

Aaron var en man som arbetade för NASA som ingenjör inom rymdprojekt. Jag vill inte avslöja platsen där han arbetade, av skäl som snart kommer att bli uppenbara. Han körde många timmar för att delta i denna session. Han tog med sig sin flickvän, och hon ville sitta med under sessionen. Hon blev ganska insisterande när jag sa att ingen fick vara närvarande under mina terapimöten. Hon sa att Aaron ändå alltid berättade allt för henne. Jag insisterade på att jag inte tänkte ändra mina rutiner, och motvilligt gick hon tillbaka till sitt motellrum. Efter att hon hade gått sa Aaron att han var glad att jag inte lät henne stanna. Han ville inte ha henne där, men hon kunde vara mycket påstridig. När hon var borta kunde han slappna av, och vi kunde genomföra vår intervju. Denna session hölls på ett motell i Eureka Springs, Arkansas, i februari 2002, under den period då jag avsatte en vecka för sessioner med lokalbefolkningen från Arkansas, Missouri, Oklahoma och

Kansas. Men när Aaron såg det på min webbplats reste han en lång väg eftersom han var så angelägen om att genomgå en regression. När vi påbörjade sessionen kom Aaron ner från molnet. Det första han såg var en liten by med hyddor med halmtak, inbäddad bland böljande gröna kullar. Han såg att han var en ung man i tjugoårsåldern, mörkhårig, skäggig, klädd i löst sittande kläder. Detta lät som början på en vanlig tidigare-liv-regression, där personen återupplever ett enkelt bondeliv, men det blev snabbt uppenbart att det fanns en skillnad. Han stod på en kulle och tittade ner på byn, nervös eftersom han gömde sig. "Jag känner mig orolig över något. Som om något kommer att hända i byn. Jag tror att det finns någon grupp, eller några militärer, som kommer för att leta efter mig." Dessa var inte bybor. De verkade vara från den lokala regeringen eller militären. Han kände sig orolig. "De letar efter mig av någon anledning. Och det är därför jag är här uppe. Jag vill inte vara nere i byn. Rädd att de ska fånga mig eller vad som helst." Han var inte ursprungligen från byn, men bodde hos en familj där.

D: Varför tror du att de letar efter dig?
A: (Långsamt) För att jag på något sätt är annorlunda. Jag använder vissa saker som telepati, eller vissa psykiska förmågor som jag har vuxit upp med. Jag kan flytta föremål bara med mitt sinne och få saker att passera genom andra fasta föremål. Och jag kan manipulera saker på detta sätt. Bara några få känner till detta. Och det skapar ett problem. Det drar till sig uppmärksamhet. De tror att jag är någon annan sorts varelse, eller någon sorts djävul. Jag försöker att inte dra till mig uppmärksamhet.

D: Jag kan förstå varför det skulle skrämma vissa människor. Hur fick militären reda på det?
A: Jag tror att någon kom på besök i byn, och några bybor berättade helt enkelt om mig. De tyckte inte att det var något de borde hålla hemligt. De är vana vid att jag gör dessa saker. Jag är rädd att de kommer att döda mig eller något.

Den Komplicerade Universum Bok Två

Han kände att han var tvungen att ge sig av för sin egen säkerhet, även om han inte visste vart. "Jag har redan lämnat ett par andra platser."

D: *Varför var du tvungen att lämna de andra platserna?*
A: Samma skäl. Samma sak skulle hända. Jag känner att jag aldrig kommer att ha en plats att stanna på. Känner mig ensam, rädd. (Djupt andetag)
D: *Hur lärde du dig att göra detta?*
A: Jag tror att jag kom från ett annat stjärnsystem eller en annan plats. På något sätt bara visste jag detta. Jag hade bara dessa förmågor. Jag växte upp med dem.

Detta skulle definitivt inte bli en vanlig tidigare-liv-regression. Jag undrade om han hade kommit direkt från ett annat stjärnsystem som fullvuxen, eller om han hade trätt in i kroppen som en bebis och uppfostrats på Jorden. Detta liknade personer jag har arbetat med som kom in i kroppen som en ande i sitt nuvarande liv och senare upptäckte att de var "Stjärnbarn".

A: Jag föddes här, men jag vet att jag inte kommer härifrån.
D: *Kommer du ihåg den andra platsen du kom från?*
A: Menar du de andra platserna jag har bott på?
D: *Tja, du pratade om att komma från ett annat stjärnsystem.*
A: Jag tror att jag besöker det på nätterna eller vid andra tillfällen. Och det är så jag vet vem jag är.
D: *Försökte du någonsin hålla dina förmågor hemliga så att folk inte skulle upptäcka dem?*
A: Ja, jag försökte. Och sedan hände något ovanligt. Och sedan hände något annat. Och de förstod på något sätt att jag var ansvarig.
D: *Vad gör du för att försörja dig när du är i dessa byar?*
A: Jag vet hur man gör saker av glas. Som glasblåsning, och jag kan använda några av mina förmågor för att manipulera glaset på sätt som man normalt inte skulle kunna göra.

Hans ovanliga förmågor varnade honom också om det fanns någon fara. Det var därför han gick upp i kullarna ovanför byn för att gömma sig. Han hade en föraning om att skada var på väg. När soldaterna inte kunde hitta honom såg han dem lämna. Nu bestämde han sig för vad han skulle göra, eftersom han visste att han inte längre var säker i byn. "Jag måste hitta en annan plats att bo på. Kanske hitta några människor som – om de inte är som jag – åtminstone är mer öppna och skulle vara lite mer beskyddande."

Eftersom han tillfälligt hade undkommit sina förföljare, flyttade jag honom framåt till en viktig dag och frågade vad han kunde se.

A: Jag är på ett torg, och jag har fått en utmärkelse för att ha gjort någon form av hedervärd tjänst i detta samhälle. Jag hittade några platser där de kunde få vatten och även några andra sorters mineraler. Jag ser en grotta. Och några mineraler som används till olika saker de kan tillverka med dem. Och jag är lycklig. Jag är äldre nu. Mer i kontroll över allt egentligen.

D: *Dina förmågor?*

A: Förmågor och också förmågan att hantera människor mer effektivt. Och inte lika rädd.

Han hade upptäckt dessa saker för samhället genom sina psykiska förmågor. Han hade tydligen lärt sig att kontrollera och använda dem utan att skapa oönskad uppmärksamhet. Uppenbarligen var dessa människor mer förstående, och han behövde inte längre flytta sig hela tiden.

D: *Tror du att mycket av det handlade om att lära sig att kontrollera förmågorna?*

A: Ja, bara att vara mer fokuserad. Man måste vara mer fokuserad med energin. Jag är i ett annat område nu. Och det känns som om det är en högre nivå av civilisation. Inte lika primitiv. Jag har nu ett samhälle att stanna i där jag känner mig som en del av det.

D: *Du sa att du kände att du gick tillbaka till platsen du kom ifrån på nätterna (det andra stjärnsystemet). Känner du fortfarande att du gör det?*

Den Komplicerade Universum Bok Två

A: Nej, jag tror att jag gör det på ett mer direkt sätt. Jag avsätter tid för att dra mig tillbaka, och sedan går jag mentalt tillbaka dit.

D: *Jag trodde kanske att du inte behövde gå tillbaka längre.*

A: Nu handlar det mer om att utbyta information. Det är att förklara vad min livserfarenhet här är för dem där borta. Det här är som en träningsuppgift. En träningsplats. Det här lär mig att lära mig hur man gör dessa saker och interagerar med människorna här.

D: *Menar du att jorden är som en träningsuppgift?*

A: Nej. Det är mer som att detta liv förbereder sig för en framtid där mycket av detta kommer att behövas. Det kommer att kännas mer naturligt och ge en bättre förståelse för hur människor reagerar på dessa olika saker.

Jag flyttade honom framåt igen till en annan viktig dag, och Aaron fortsatte att överraska mig.

A: Jag möter dessa varelser från planeten jag kommer ifrån.

D: *I den fysiska världen?*

A: Jag tror att det är i den fysiska världen.

D: *Kan du åka tillbaka dit?*

A: Nej, jag tror att de faktiskt kom hit till där jag var. I någon form av farkost. Åtminstone är det den bilden jag ser. Det här är bara ett besök. Det är som en belöning för gott arbete, istället för att bara gå tillbaka mentalt. Så nu är det en fysisk närvaro, och det är som att träffa gamla vänner. Du vet, bara krama dem.

D: *Så kroppen dog inte. Är det vad du menar?*

Det här är den typ av sak som normalt skulle hända efter döden, för att återvända "hem".

A: Inte än i detta liv, nej. Jag är ganska gammal nu. Det är en bra känsla. Jag ska tillbaka med dem.

D: *Har de berättat vad du ska göra nu?*

A: Jag ska i princip kasta av mig denna mänskliga kropp och återvända med dem. Vår civilisation existerar inte i denna fysiska densitet. Det är annorlunda. Det är en lite högre vibrerande frekvens. Men när vi kommer till jorden tar vi på oss en fysisk form precis som alla andra varelser här på jorden gör. Så det är på det sättet, förutom att vi är mer medvetna om det. Och vi arbetar bara med den processen lite mer direkt, det är allt.

D: *Så när du åker tillbaka dit kan din fysiska kropp inte existera där. Är det vad du menar?*

A: Ja, i princip. Den bara upplöses, eller den skulle upplösas, så ja.

D: *För att du inte behöver den längre. (Nej) Hur känner du inför att åka tillbaka?*

A: Verkligen bra. Det är hemma. (Djupt andetag) Och att vara på jorden var bara svårt, och inte lätt att göra. Det är som ett riktigt tufft uppdrag. Och när du slutför det, känner du dig bra med det, och lättad. Jag vet att jag förmodligen kommer att återvända till jorden vid någon framtida tidpunkt, men nu är det dags för vila. Att komma ikapp med saker som har pågått.

D: *Var det första gången du åkte till jorden i en jordisk kropp?*

A: Jag vet inte. Jag tror att det var första gången från detta hem. Från denna plats. Jag tror att det var den första. Jag vet inte riktigt.

D: *Är denna plats en fysisk plats? En fysisk planet?*

Jag försöker alltid avgöra om vi pratar om andevärlden där du går mellan fysiska liv, eller en annan faktisk fysisk plats.

A: Ja, den har fysiska aspekter för mig, precis som jorden skulle ha för dig och andra.

D: *Förutom att du inte skulle behöva denna kropp.*

A: Vi har en form. Det är bara att den vibrerar på en annan frekvens. Det är som att vara på jorden, men å andra sidan är energiutbytet med miljön annorlunda. Du är mer en del av den. Du känner dig som en del av allt, och du kan uppfatta saker så mycket mer direkt.

D: *Hur ser din form ut?*

A: Vi är ganska långa och smala. Långa – som du skulle säga – lemmar eller armar. Vi ser ganska smala ut ur ett jordiskt perspektiv. Och jag antar att du skulle säga att vi ser lite... gräshoppslika ut, egentligen.

D: *Spinkiga?*

Den Komplicerade Universum Bok Två

A: Vi är spinkiga, ja. Och vår planet har mycket röd färg, så vi tenderar att vara röda också.

D: *Så när du bestämmer dig, kan du bara åka till en annan plats? Eller blir du skickad?*

A: Vi kan besöka, som på uppdrag, för att åka till vissa platser. Men det innebär alltid en nedväxling i energi. Och det finns vissa protokoll som vi måste följa, som fastställts av styrande – inte styrande, men varelser som övervakar olika områden. Så det är inte så att du bara kan ge dig av och åka vart du vill.

D: *Det finns vissa regler och föreskrifter.* (Ja) *De måste tala om för dig vart du ska åka?*

A: Tja, om vi har ett intresse i ett särskilt område, eller om vi har ett uppdrag att utföra, kan vi föreslå eller be om, eller planera ett besök. Och om det är förenligt med andra begränsningar kan vi genomföra det. Just nu har vi detta projekt på planeten jorden som vi arbetar med. Det är ett långsiktigt projekt som vi faktiskt blev ombedda att hjälpa till med.

D: *Du sa tidigare att du arbetade för att göra dessa förmågor mer utbredda. Är det en del av projektet, eller finns det något annat med det?*

A: Det är en del av det; att tillåta varelser i mänsklig form att börja använda några av dessa förmågor på ett sätt som hjälper människor att övergå till en högre fungerande nivå. Att ta sig igenom denna krisperiod där det fortfarande skulle finnas en tendens att vilja stoppa detta från att hända. Att stoppa dessa individer, eller på något sätt begränsa deras rörelse, eller betrakta dem som ett hot.

D: *Kunde inte människorna på jorden utveckla detta på egen hand utan er hjälp?*

A: Vi betraktas som rådgivare eller vägledare.

D: *Jag tänkte på lärare, men då skulle ni faktiskt visa dem.*

A: Ja. Mer som en stjärnspelare i fotboll eller något liknande. Där människor ser dem, beundrar dem och förstår vad de kan göra. Det handlar mer om att vara ett exempel.

D: *Det låter som om det är ett pågående, mycket långvarigt projekt, om du kommer till jorden under olika tidsperioder.*

A: Ja, allt har sin tid och plats, och vi arbetade bara med en aspekt av saker och ting.

D: *Uppenbarligen har din grupp tålamod, eftersom ni håller fast vid projektet.*

A: Jorden är inte deras enda projekt. Det finns andra som fokuserar på olika saker. Vi arbetar även med andra civilisationer. Och denna tjänst är en del av vår evolutionära process, eller hur vi utvecklas genom detta arbete.

D: *Du sa tidigare att det var en krisperiod på jorden. Vad menar du med det?*

A: Det finns energier som vill hålla tillbaka alla betydande framsteg inom detta område. De är rädda för att förlora sin kontroll. Och det gör det svårt. Det liknar mycket den upplevelse jag hade på jorden tidigare. Det handlar om att lära sig att göra detta utan att dra till sig för mycket uppmärksamhet, eller för mycket synlighet. Så småningom kommer det att ha hänt, och då finns det inget som kan göras åt det.

D: *Om det var en krisperiod, då kunde det ha gått åt båda hållen.*

A: Jag tror att det är därför vi andra blev skickade för att hjälpa till, ja. Det fanns en oro att... det är inte så att det helt skulle ha stoppats. Det är bara en fråga om timing och faser. Det skulle så småningom ha hänt, men det kanske hade hänt först efter att civilisationen hade förstörts, försvunnit och startat om igen.

D: *Det skulle vara svårare, eller hur?*

A: Ja. Du tappar en viss momentum, och det har andra effekter på andra platser. Vad som händer här påverkar andra saker någon annanstans. Så det är i allas intresse att säkerställa den framgångsrika vägen.

D: *Det låter som om ni är en mer avancerad art än de på jorden.*

A: Vi har gjort många framsteg, men vi har våra egna utmaningar och våra egna mål att sträva efter.

D: *Så ni är inte på ett perfekt stadium än.* (Nej) *Men ni verkar mer avancerade än människorna på jorden, om ni kan komma tillbaka och hjälpa dem.*

A: Ja, det är vi, ja.

D: *När ni kommer tillbaka för att hjälpa dem, gör ni det alltid genom att födas in i en kropp som en bebis?*
A: Vanligtvis. Även om vi ibland kan sammansmälta vår frekvens med någon annan som är villig, som redan finns här i mänsklig form. Ibland kan en koppling ske genom överenskommelse. Och så arbetar vi genom dem, eller kan arbeta med dem, ge dem vägledning eller styra dem. Det är ett sätt att åstadkomma en del av detta utan att behöva gå igenom födelseprocessen.
D: *På din planet, dör kroppen?*
A: Den genomgår också en övergång. Och det tar – jag vill säga – tusentals av era år för detta att ske. Men det sker mer i form av att kasta av sig den fysiska formen, i den bemärkelsen att vi vet att det finns en högre del av oss själva också. Vi är mer medvetna om det. Och det är nästan som en planerad händelse där vi vet att det kommer att ske.
D: *Så ni är inte ofelbara eller odödliga. Kroppen måste till slut dö.*
A: Inte riktigt. Vi ser det inte på det sättet. Vi ser det mer som en regenereringsperiod där vi går till vårt högre jag, till de högre energierna och blir återställda, föryngrade. Och sedan kommer vi tillbaka och tar på oss en form igen.
D: *Vilken form ni vill?* (Ja) *Det är ganska intressant. Så du har haft liv på många olika platser då.*
A: Ja. Det är något jag tycker om. Jag njuter av att gå igenom olika upplevelser i olika civilisationer.
D: *Även om det låter som att när du kommer till jorden är det mer begränsande.*
A: Ja, det är inte så roligt här. Ur ett bredare perspektiv är det givande, men när man är här, ja, en del av det är inte så bra.
D: *Men åtminstone är det inte tråkigt. Du får prova olika saker.*

Jag kände att vi hade lärt oss allt vi kunde från denna ovanliga entitet, så jag bad den att lämna och förde tillbaka Aarons fulla personlighet för att kontakta hans undermedvetna. Aaron drog ett djupt andetag när denna övergång skedde. Jag frågade undermedvetandet varför det valde just det livet för Aaron att se.

A: Detta är en del av anledningen till att han är här vid denna tidpunkt. Det handlar om denna förmåga och aspekter av honom själv som han inte har låtit manifesteras, att existera här i detta liv. Detta har ännu inte kommit fram ordentligt. Han har hållit tillbaka, varit rädd, precis som han var rädd i början av det första livet. Så han behöver släppa den rädslan och komma till den punkt där han upplevde känslan när han fick utmärkelsen i det livet. Den känslan istället för den andra. Han har märkt vissa saker som har hänt, och han har varit rädd att dessa skulle dra uppmärksamhet till honom som en utomstående. Att skapa en hotfull situation där han skulle ses som en främling eller något annorlunda.

D: *Men det skulle förmodligen inte hända nu, eller hur?*

A: Nej. Det här är en rädsla han kan släppa nu. Denna koppling är något han inte har låtit komma fram ordentligt.

D: *Det låter som att han egentligen inte är en jordisk person. Är det rätt?*

A: Detta var under kamouflage, ja.

D: *Att han egentligen kommer från andra platser.* (Ja) *Och att han bara kommer till jorden ibland?*

A: Ja. Han har gjort båda. Som en födelse och som en sammansmältning. Båda sorterna. Han har alltid gjort det ena eller det andra. Men ja, han är inte som andra, även om han har en koppling till ett annat hem.

D: *Så som jag förstår det, när människor har många jordiska liv skapar de karma som kräver att de fortsätter att komma tillbaka hit gång på gång. De är mer eller mindre bundna hit ett tag tills det är återbetalt.*

A: Han arbetar med de karmiska mönster som finns, på ett sådant sätt att de tillåts utvecklas inom ramen för en mänsklig upplevelse. Men hans öde är inte bundet av dem. Han bidrar till det kollektiva mänskliga undermedvetna. Och i den bemärkelsen skapas och upplöses karmiska mönster, men han är inte bunden av dem. Förstår du?

D: *Det är svårt att vara på jorden utan att skapa karma.*

A: Det är nästan omöjligt.

D: *Men det är en annan sorts sak, eftersom han inte är bunden att återvända gång på gång?*
A: Det stämmer. Det är som ett skyddande hölje som lagts över honom. På grund av denna tjänst, detta ansvar, är han skyddad från den karmiska skuld som annars skulle uppstå.
D: *Så han kommer inte att fastna här.* (Ja)

Aaron hade bett om att få veta varför hans äktenskap slutade i skilsmässa. Jag hade trott att den händelsen skulle ha skapat karma, men det undermedvetna höll inte med. En del av det var en möjlighet till lärande och hjälp. "Ett hölje av känslomässig instabilitet" som också gjorde det möjligt för honom att uppleva mänskliga känslor som han annars inte skulle ha stött på. Det var också ett sätt att kamouflera honom och få honom att verka normal för omvärlden.

A: Dessa är lärdomar för honom att uppleva. Han kan inte skapa karma eftersom han är skyddad från dessa jordiska ting genom det hölje som har placerats runt honom.

Jag bestämde mig för att gå vidare till de frågor som Aaron hade velat få svar på under större delen av sitt liv.

D: *Han sa att han i mycket tidig barndom minns att han hade någon typ av upplevelser med andra varelser. Det lät som om de var av gräshoppsliknande typ. Han var inte säker på om han drömde detta, eller om han verkligen upplevde det. Kan du berätta för honom om det?*
A: Ja, dessa var verkliga upplevelser. Det var de varelser vi just nämnde som kom från hans hemplanet. De besökte honom tidigt i hans liv för att förbereda honom för den skada han fick som barn. Och för andra saker som skulle hända och som skulle göra det lättare för honom att ta sig igenom detta liv.
D: *Och han var inte tänkt att minnas mer än så. Bara att de var som drömpersoner, lekkamrater?*

A: Precis. Han fick instruktioner och vägledning. De har funnits där hela tiden för att hjälpa och vägleda honom, men han är inte medveten om dem.

D: *Eftersom du nämnde skadan, varför var han tvungen att uppleva den? Vad var syftet med det?*

Aaron hade som barn råkat ut för en traumatisk olycksskada. Jag vill inte specificera vilken kroppsdel det gällde, eftersom jag försöker skydda hans identitet av uppenbara skäl. Men det lämnade honom med en mindre deformitet och nedsatt funktion. Jag kunde inte förstå varför de ansåg att en sådan skada skulle göra det lättare för honom att ta sig igenom detta liv.

A: Det var ett handikapp som vi ansåg vara det bästa för honom, som du kanske skulle säga, en form av kamouflage för att låta honom fungera i vissa sammanhang utan att dra till sig för mycket uppmärksamhet. Det skapade en instabilitet i hans känsloliv, vilket påverkar honom ibland. Och därför gör det att han inte sticker ut lika mycket.

D: *Menar du att ha någon form av handikapp får honom att verka mer normal, mer mänsklig?*

A: Ja, i grunden mer mänsklig. Detta var ett karmiskt monster som behövdes av andra runt honom. Så det handlade om att passa in igen. Det var en uppoffring han var villig att göra. Vi försökte anpassa det till omständigheterna. Det är viktigt att han inte känner sig ensam. Jag säger åt honom att hålla sitt fokus på stjärnorna. Att inte tappa perspektivet på varifrån han kommer och vart han försöker gå i detta liv. Det finns många olika krafter som kommer att försöka få honom att tappa det fokuset. Men om han håller fast vid det, kommer han att vara framgångsrik och lyckligast.

Den Komplicerade Universum Bok Två

En session med en annan man involverade också interaktion med rymdvarelser i ett tidigare liv. Vi tenderar att tro att UFO-kontakt är något nytt och unikt för vår moderna tid, men jag har haft sessioner där människor i andra livstider upplevde samma observationer, interaktioner och känslor som sina moderna motsvarigheter. En man gick tillbaka till ett tidigare liv som till en början verkade vara vanligt och tråkigt, precis som nittio procent av tidigare-liv-återupplevelser är. Han var en enkel herde som levde i en liten hydda i en dal mellan höga berg. Hans enda sällskap var de får han tog hand om. Han hade ingen familj och såg ingen annan om han inte var tvungen att gå till grannstaden. Han var mycket olycklig och längtade efter sällskap.

Det fanns också ett inslag av rädsla i hans ensamma tillvaro, eftersom han ibland såg enorma ljus komma över bergen och sväva över betesmarkerna där hans hydda och får fanns. Vid dessa tillfällen gömde han sig inuti sitt hus tills ljusen försvann. Åtminstone var det hans medvetna minnen. I verkligheten landade vid flera tillfällen ett av ljusen, som visade sig vara ett rymdskepp, inte långt från hans hydda. Han vaknade och gick ut på fältet och samtalade med dess besättning. Vid dessa tillfällen bad han dem att ta med honom. Han ville åka "hem". De sa att tiden ännu inte var inne. Han hade frivilligt valt att vara en del av detta experiment, och han var tvungen att stanna tills det var över. Han fick veta att det fanns många som hade valt att komma och leva ett liv som människa under olika omständigheter, för att se hur de kunde anpassa sig till livet på jorden. Några av de andra levde andra typer av liv, men hans skulle vara ett liv i ensamhet och isolering för att se hur han skulle hantera det. När skeppet flög iväg, stod han på fältet och grät, bad dem att komma tillbaka och ta med honom, eftersom han fann denna tillvaro outhärdlig. Sedan gick han tillbaka in i hyddan, somnade och vaknade på morgonen utan något minne av vad som hade hänt under natten.

Detta var mycket likt moderna UFO-fall som jag har undersökt. En persons medvetna minnen av vad som hände och den faktiska upplevelsen är ofta mycket olika. Vad det medvetna sinnet minns med rädsla är ofta en mycket harmlös och vänlig upplevelse. Människor blir oftast rädda för det de inte förstår. När sanningen blir känd är den lättare att hantera, eftersom det aldrig är så illa som de trodde att det var.

Herdepojken blev inte befriad från sitt ensamma liv i dalen förrän han slutligen var döende som gammal man. Då återvände skeppet en sista gång. Han kunde gå ut och lyckligt hälsa på besättningen och stiga ombord på skeppet för resan hem. Som i många av dessa tidigare-liv-kontrakt och överenskommelser att leva på jorden och lära sig hur det är att vara människa, var detta liv varken spännande eller dramatiskt. Kanske finns det mer att lära för en utomjordisk själ från ett liv av monoton enkelhet än av våld eller dramatik. Det var uppenbart att denna typ av liv inte kunde skapa karma, eftersom det inte fanns någon interaktion med andra människor.

Som Aaron sa, är det svårt att undvika karma medan man lever på jorden. När själen skapar karma blir den fast och dömd att återvända för att återbetala den. Aaron sa att i hans fall hade ett skyddande hölje placerats runt honom för att skärma av honom från karmans påverkan, för att förhindra att den binder honom. Utan en sådan skyddande mekanism skulle det vara omöjligt att leva bland människor och sedan återvända "hem" utan att bli indragen i och fångad av karmans konsekvenser. Bobbi's band nämnde också en skyddande mekanism. Hon beskrev det som en skyddsfilm för att hindra henne från att fastna i "flugpappret av karma", som hon beskrev det. Detta utvecklas mer i kapitel 28, "En annorlunda syn på Walk-Ins." Sessionen med Bobbi gjordes på samma plats i Eureka Springs, direkt efter Aarons regression. Nästan som om "de" ville att jag skulle ha två exempel på individer som kunde undvika karma och slippa fastna i det.

Den Komplicerade Universum Bok Två

Kapitel 12
ARBETE UNDER SÖMNSTADIET

DENNA SESSION GENOMFÖRDES i Clearwater, Florida i oktober 2002, medan jag var där för att tala på en Expo. Patricia var en sjuksköterska och hospicearbetare som hjälpte de döende och deras familjer genom rådgivning. Jag visste inte när jag började denna session att hon också fortsatte sitt arbete under sömnstadiet och hjälpte själar att övergå till andra sidan. Inte konstigt att hennes yrke gav henne sådan tillfredsställelse. Hon arbetade med de döende både i vaket tillstånd och i sömnstadiet.

När du har gjort regressioner så länge som jag har, lär du dig att känna igen när klienten beskriver något som är annorlunda än en normal jordisk miljö. När de kommer ner från molnet in i ett tidigare liv kan miljön vara en stad, ett fält, en öken, skog, trädgård osv., men beskrivningen låter normal och de går igenom ett tidigare liv som kan användas för terapi. Här är lyssnandet mycket viktigt, eftersom om miljön är en annan planet, en annan dimension eller andevärlden, kommer ledtrådarna att finnas i deras beskrivning. Jag följer alltid med och försöker inte korrigera dem eller ändra det. Deras undermedvetna har valt denna miljö för att de ska uppleva något de behöver veta, vilket kommer att hjälpa dem i detta liv. Om det också hjälper mig i min forskning, välkomnar jag det, men jag vet aldrig vart vi kommer att ledas.

Till en början lät Patricias beskrivning normal och jordisk, men när hon fortsatte blev det uppenbart att den inte var det. När hon svävade ner från molnet såg hon land under sig med gröna kullar och blått vatten. Det lät tillräckligt normalt, och när hennes fötter rörde marken sa hon: "Det känns väldigt bekvämt. Det är väldigt ljust.

Väldigt, väldigt ljust, men det är behagligt. Allt ser ut som en trädgård. Det känns som en trädgård, men det är inte så att någon måste ta hand om den. Den bara är så. Det finns en stig, och den förgrenar sig i olika riktningar. Jag är liksom i en park. Och det finns grön gräsmatta och små platser att sitta på. Och vackra träd. Och vattnet är framför mig. Det finns sand, och den har en gyllene färg. Och när jag går känns det som om jag är en del av allt. Jag går på det, och jag är inte åtskild från det, men jag är fortfarande jag. Och jag kan gå i vattnet utan att bli blöt, om jag vill."

Nej, detta började redan låta som något annat än en vanlig trädgård.

P: Det finns några blommor som växer överallt. Det är bara en vacker plats. Och jag går, men det är annorlunda. Det känns som att jag bara vill röra mig, och jag gör det. Jag bara tänker det, och det sker. Det är ansträngningslöst.
D: *Finns det någon där?*

Hon blev oväntat och ologiskt känslosam. "Åh, det är där min familj är!"

D: *Vad menar du med din familj?*
P: Det känns som platsen jag kommer ifrån. (Sorgset) Och jag ville inte lämna den.
D: *Det låter väldigt vackert.*
P: Det är det. (Hon var redo att gråta. Hon lugnade sig själv:) Det är okej. Bara att vara här är bra.

Detta har hänt många gånger i mitt arbete och har rapporterats i *Keepers of the Garden* och *Book One of The Convoluted Universe*. Personen ser en plats som verkar främmande jämfört med något de känner till på jorden, och det finns ingen logisk anledning till känslorna. Ändå kommer känslorna rusande till ytan vid åsynen av denna plats, tillsammans med en enorm känsla av melankoli och hemlängtan. Trots att de inte har något medvetet minne av denna plats, får de en överväldigande känsla av att ha kommit "hem" efter en lång resa till en plats som är så speciell, men så djupt begravd i minnet. Att se den igen väcker alla de förlorade och bortglömda känslorna till liv.

D: *Det låter som en vacker plats. Men du sa att det finns många stigar som går åt olika håll?*

P: Ja, i många olika riktningar. Jag kan gå var som helst, och det är annorlunda. (Skrattar) Det är väldigt annorlunda.

D: *Vad gör det annorlunda?*

P: (Djupt andetag, sedan en viskning:) Vad gör det annorlunda? Det är svårt att hitta orden. Vi är bara alla där tillsammans hela tiden. Allt är precis som det ska vara. Det är svårt att förklara det. Jag kan ta en stig eller tänka på en riktning, och jag kan vara med dessa människor, och vi kan göra många saker tillsammans. Vi kan skapa saker tillsammans. Vi kan vara tillsammans och bara njuta av att vara tillsammans, eller så har vi projekt vi arbetar med för att hjälpa andra, eftersom detta är en speciell plats. Jag ser att luften är annorlunda. Den har färger, och den kan vara olika färger på olika platser. Jag kommer från en plats där luften ser gyllene ut. Man kan ta en stig och gå till olika – vi skulle kalla dem "grannskap". Det är ungefär så. Och jag kan röra mig till vissa grannskap med olika färger och känna mig mycket bekväm. Och andra jag går till för särskilda projekt.

D: *Det är inte dina favoritplatser att gå till? (Jag kunde höra det på tonfallet i hennes röst.)*

P: Nej, nej. Men jag går dit på grund av *mina* färger.

D: *Vad menar du?*

P: För att jag är bekväm i den gyllene färgen. Och det är en väldigt hjälpsam, mycket kärleksfull färg. Och det är där jag kommer ifrån.

D: *Är himlen den färgen där?*

P: Jag ser genom den gyllene färgen, och himlen kan vara vilken färg jag vill att den ska vara.

D: *Men du sa att du blir ombedd att gå till några av de andra platserna för projekt?*

P: Jag går på projekt. Jag går på uppdrag när jag väljer det. Jag är inte tvingad. Det föreslås. Jag skulle kunna säga "nej", men jag gör det inte.

D: *Är några av dessa platser i andra färger?*

P: De har en helt annan känsla. Olika platser, olika energier, och färgen är annorlunda. Jag gillar inte de mörkare platserna. Mörkare färger, mörkare energi, tyngre energi. Och jag går inte för ofta till dessa mörka platser. Vissa av dessa stigar tas bara av andra, eftersom deras energi fungerar bättre med dem. De kan hantera det bättre. Men jag kan, om jag skulle välja att göra det.

D: *Det finns stigar som leder till de platserna också.*

P: Ja. Vi går alla till de platser där vi är lämpade att arbeta. Det är därför jag kom hit. Jag vill arbeta med den lättare energin. (Paus) Jag kan inte hitta orden. De som kan hantera tyngre energier går till de andra stigarna. De mörkare stigarna. Jag gillar inte att göra det. Men jag gillar att vara hemma.

D: *Åker du tillbaka dit då och då?*

P: (Suck) Ja, när jag sover.

D: *Varje gång Patricias kropp sover kan du återvända till denna plats?*

P: Ja. Patricia, kroppen, det jag är som jag har, det är med mig. Jag är ansluten till den kroppen.

D: *Hur är du ansluten?*

P: Genom energin. Energin kommer till kroppen, och den kroppen kan hålla mycket energi, för jag är med den kroppen.

D: *Men du menar att på natten, när kroppen sover, gillar du att återvända till denna plats?*

P: Ibland återvänder jag dit. Ibland går jag till andra platser. Jag stannar oftast runt jorden och arbetar. Jag gör mycket arbete.

D: *Vilken typ av arbete gör du medan kroppen sover?*

P: Jag hjälper människor som är på väg hem. Hjälper människor som är vilse att hitta hem. Jag arbetar mellan världarna för att hjälpa dem att komma hem. Det är mitt jobb. Jag kan hålla energierna från båda platserna. Det gyllene ljuset är mycket starkt på jorden, så jag är här för att hjälpa människor att hålla den energin. Och att hjälpa människor att gå genom den energin till hemmet. Så jag arbetar alltid.

D: *Kan inte dessa människor hitta hem på egen hand?*

P: Vissa kan inte. Vissa är rädda. Vissa är förvirrade. Vissa vet inte ens att det finns ett hem. Jag är en vägledare, en som visar människor var hemmet är. Vissa vet att det finns ett hem, men de är rädda; de är tveksamma. De vet inte var de ska leta. Jag kan gå dit mycket enkelt. Och även om jag inte går in i den platsen, vägleder jag dem till ingången där andra väntar. Det är vad jag gör.

D: *Du menar att de letar efter hemmet när de lämnar den fysiska kroppen?* (Ja) *Inte bara på natten, utan när de lämnar den permanent?*

P: Precis. Det finns några som snart kommer att lämna, och de ... vi skulle kunna kalla det "övning", men det är inte övning. Det är snarare lärande, eftersom (suck) när så många lämnar, finns det en ... tja, man kan inte säga "trafikstockning", eftersom det inte är som på jorden. Men många lämnar, och det är lättare om de vet vägen.

D: *Annars uppstår det förvirring när så många andar lämnar på en gång?*

P: Ja. Så vi hjälper människor att lära sig hur man gör det.

D: *Jag trodde alltid att när de lämnade kroppen och faktiskt återvände hem, var det en automatisk sak. Att de skulle veta vilken riktning de skulle gå.*

P: Det finns de som hjälper. Men när människor lämnar i en stor energi av förvirring eller rädsla, löser inte deras emotionella kropp upp sig direkt. Och ibland ser de inte. Det finns olika sätt att hjälpa dem även innan de går. Vi kan kalla det "övning" eller undervisning eller vägledning. Det är vad det är.

I min bok *Between Death and Life* fick jag veta att det finns "mottagare" som möter personen när de dör, lämnar kroppen och påbörjar resan mot ljuset. Jag antog alltid att dessa var andesjälar, avlidna släktingar eller vänner, eller personens skyddsängel eller guide. Nu verkade det som om detta jobb också utförs av de som fortfarande lever i en kropp. Det görs under den nattliga resa vi alla gör när vi sover. Åtminstone sa Patricia att hennes jobb var att vägleda de döda till ingången, där andra skulle ta över och leda dem resten av vägen. Hon skulle inte kunna gå hela vägen så länge hon fortfarande var ansluten till sin fysiska kropp genom silversträngen.

D: *Du vet att dessa är människor som snart ska lämna?* (Ja) *Hur vet du att det är deras tid?*
P: För att det är deras plan. De vet det inte alltid. Men deras högre ande vet, har kommit överens om det och vet att det är dags. Så det finns de som arbetar med dem, med deras kroppar. Inte deras fysiska kropp, utan den del av deras ande som är kopplad till deras kropp, eftersom vi har många nivåer av varande. En del av oss är på andevägen, i andevärlden. Och delar är mittemellan. Och delar är på den fysiska världen. Och vissa människor är inte kopplade till sin andliga del, eller de känner inte till den kopplingen, är ett bättre sätt att uttrycka det. Så vi hjälper dessa människor att öva. När det är dags vet de hur de ska röra sig. De vet hur de ska känna, och de kommer att veta hur de ska uppfatta sin andliga del.
D: *Men de behöver inte gå hela vägen. De får bara se vägen.*
P: Åh, ja. Bara se vägen så att de kan ansluta sig lättare. Det finns många samlingar av dessa människor.
D: *Vad menar du med samlingar?*
P: Många ljusplatser nära jorden dit dessa människor tas. Vi förbereder oss.
D: *Men hur vet du att det är deras tid? Blir du informerad på något sätt?*
P: Ja, eftersom jag är annorlunda än de flesta. Jag kom från hemmet för att frivilligt vara här och göra detta.
D: *Men kom vi inte alla från hemmet?*
P: Ja, vi gjorde det, men från olika vägar av hemmet. Alla kom inte från den vägen där den gyllene energin är.
D: *Har detta att göra med personens utveckling?*
P: Det har att göra med hur mycket av din ande du har omfamnat, eftersom vi alla har samma ande. Ingen är mer andlig än andra. Det handlar om hur mycket du har omfamnat den.

D: *Jag trodde bara att det var automatiskt, men när det händer vet de inte alltid vägen att gå.*

P: Det stämmer. När det händer i förvirrande omständigheter, eller när det händer en person som är rädd, eller som inte vill gå. Vi skulle kunna säga "förberedelse". Det är inte exakt en förberedelse, men det är en sorts visning i förväg, så att det blir lättare.

D: *Vad händer om den medvetna delen av personen bestämmer sig för att den inte vill gå vid den tidpunkten? Kan den ändra sig?*

P: Inte alltid, nej. Ibland kan det förlängas. Kanske ibland inte. Det beror på vad kontraktet är. I vissa kontrakt finns det en specifik händelse eller omständighet som involverar många människor. Och man kan inte ändra det kontraktet. Det finns andra där det finns möjligheter i tid eller omständighet. Det beror på kontraktet.

D: *För du vet, människor är alltid mycket ovilliga att gå.* (Ja) *Även om anden känner till planen, vill den mänskliga kroppen hålla fast vid livet så länge som möjligt.*

P: Ja. Och det finns tillfällen då det inte är ett alternativ. Olyckor, katastrofer, eller till och med en personlig händelse som en stroke eller hjärtattack. Många gånger kan det inte ändras. Det står i deras kontrakt.

Kontraktet är den överenskommelse du gör medan du är på andesidan innan du åter går in i den fysiska kroppen. Det finns mer om detta i *Between Death and Life*.

D: *Men du sa att det fanns vissa grupper där många människor gick samtidigt.*

P: Det känns så. (Suck) Jag kände det förra året också (2001), innan den 11 September. Det var många varelser, och jag förstod inte. Den del av mig som är på jorden kände det. Om många, många människor som kom för att hjälpa. Fler än vanligt var här. Jag kände alla andliga hjälpare. De var här. Och jag kände att de hjälpte människor. Och jag känner att det kommer igen. Jag känner att fler kommer att gå.

Den Komplicerade Universum Bok Två

D: *Menar du att på grund av förvirringen vid den tiden ville de visa dem den rätta vägen att gå?* (Ja) *Eller skulle det bara ha varit massförvirring med så många som lämnade?*
P: Ja. Det var för mycket ... en energi av skräck. Men det fanns många andliga varelser här som hjälpte.
D: *Hjälpte du vid den tiden?*
P: (Mjuk röst) Ja, det gjorde jag.
D: *Hade några av dessa människor ingen förberedelse i förväg? Det var så oväntat.*
P: Alla hade förberedelser.
D: *Alla visste på en annan nivå att det var deras tid att gå?*
P: Ja. Alla hade förberedelser. Det är därför de som var tvungna att vara där var där. De som inte skulle vara där var inte där.
D: *Det fanns berättelser om människor som mirakulöst undkom.*
P: Ja. Det fanns också förberedelser för det. Och det fanns förberedelser för dem som inte undkom. Just nu finns det många möjligheter, och jag vill inte se dem.

Jag fick ett mejl år 2004 från en okänd avsändare som jag tycker är passande att inkludera här:

Efter den 11 september bjöd ett företag in de återstående medlemmarna av andra företag som hade förlorat många anställda i attacken mot World Trade Center att dela deras tillgängliga kontorsutrymme. Vid ett morgonmöte berättade säkerhetschefen historier om varför vissa människor fortfarande levde. Och alla historier handlade om SMÅ SAKER:

Företagschefen kom sent den dagen eftersom hans son började förskolan.

En annan man överlevde eftersom det var hans tur att ta med munkar till jobbet.

En kvinna var sen eftersom hennes väckarklocka inte ringde i tid.

En person var sen eftersom han fastnade i en trafikolycka på New Jersey Turnpike.

En annan missade sin buss.
En person spillde mat på sina kläder och var tvungen att ta sig tid att byta.
En persons bil startade inte.
En annan gick tillbaka för att svara i telefonen.
En hade ett barn som drog ut på tiden och inte blev klar så snabbt som han borde ha blivit.
En kunde inte få tag på en taxi.
En av de mest ovanliga var mannen som satte på sig ett par nya skor den morgonen och tog olika transportmedel för att ta sig till jobbet. Men innan han kom fram fick han en blåsa på foten. Han stannade vid ett apotek för att köpa ett plåster. Det är därför han lever idag.

Nu när jag fastnar i trafiken, missar en hiss, går tillbaka för att svara i en ringande telefon ... alla de små saker som irriterar mig, tänker jag för mig själv: "Detta är exakt där Gud vill att jag ska vara i detta ögonblick."
Nästa gång din morgon verkar gå fel – barnen är långsamma med att klä på sig, du hittar inte bilnycklarna, du träffar varje rödljus – bli inte arg eller frustrerad:
Gud arbetar och vakar över dig.
Må Gud fortsätta att välsigna dig med alla dessa irriterande små saker, och må du komma ihåg deras möjliga syfte.
(För mig låter detta som förberedelser för överlevnad.)

D: Men du sa att du hade en känsla av att många människor skulle lämna under det kommande året? (Ja) Är det bara många möjligheter och sannolikheter, eller är det något definitivt?
P: Detta är en annorlunda tid. Händelsen jag talade om... Den från förra året (2001) var i det vi kallar det "etiska", och sedan blev den fysisk. Det finns många händelser i det eteriska nu. Vissa är stora, vissa är små. Det finns många olika möjligheter, men även

Den Komplicerade Universum Bok Två

vi som arbetar med potentialen vet inte vilka som kommer att manifesteras. För det här är en tid... Jag ser en cirkel. Det är som om allt är inneslutet i en ljuscirkel. Den representerar helheten, det gudomliga, anden. Den representerar allt som är. I den finns många potentialer. Och vi behöver inte veta exakt just nu. Det känns som att vi gör förändringar. Allt kanske inte manifesteras. Och jag ser bortom det. Och jag känner mig mycket mer bekväm, för jag kände mig inte bekväm när jag tänkte på det.

D: *Men om du arbetar med människor för att förbereda dem under det kommande året, och det finns så många sannolikheter och möjligheter, vad händer om omständigheterna förändras?*

P: Det är det som är så vackert. Vi arbetar med människor, hjälper dem lite i taget att se mer och mer av ljuset, av vilka de är. Så när tiden kommer kommer de inte att vara rädda. Och vad som än kommer spelar ingen roll, för tiden kommer för dem att känna sitt sanna ljus. Att gå in i en större expansion. Och det spelar ingen roll hur den tiden kommer, och jag vet det. Den del av mig som arbetar med människorna vet det. Vi har många olika sätt att gå vidare in i det större ljuset. Och vi är på väg dit. Vi är alla på väg dit snart.

D: *Hur snart? Som i "så småningom"?*

P: Snart, som i ... för den fysiska kroppen i detta liv.

D: *Dessa livstider kan ha många olika längder, dock.* (Ja)

Det lät som om hon kunde syfta på uppstigningen till nästa dimension, när frekvensen och vibrationen i våra kroppar förändras och vi blir rent ljus. Detta har diskuterats i många av mina sessioner och behandlas mer utförligt i detta kapitel och genom hela boken.

D: *Men lite tidigare sa du att det kunde bli katastrofer där många människor lämnar.*

P: Det är möjligt. Dörrar kommer att öppnas. Även om det är svårt att säga, kommer dörrar att öppnas på olika sätt, beroende på hur vi behöver att de ska öppnas. Och det finns många val att göra i det.

D: *Men vid katastrofer lämnar fler människor på en gång.*

P: Ja. Men det kommer att finnas öppningar och dörrar i framtiden där många kommer att kunna gå genom ljuset. Som en promenad på stigen i mitt hem.

D: *Vad händer med de människor som är förvirrade och inte vill gå? De som inte förstår vad som händer?*

P: Deras kropp är borta. Men ibland vet de det inte, eftersom deras energikropp fortfarande är bunden till den fysiska kroppen. Och de tror att de fortfarande är i den. De är bara förvirrade och vet inte vad de ska göra. Men många är där för att hjälpa dem, och de kan vägleda dem. Sättet vi hjälper dessa människor på är att vi sänder ut energi för att omfamna dem. Och när vår energi omfamnar dem, känner de en tröst. Och eftersom de har känt denna tröst förut, kan de uppmärksamma den. Deras energi är mycket kaotisk. Men de börjar känna den lugnande trösten, eftersom de har upplevt den tidigare. Och då kan de fokusera mer. Och de kan förstå. Då kan deras egen andliga del göra kontakt. Så vi arbetar för att hjälpa dessa människor. Det är en mycket kaotisk energi som uppstår i en katastrof. Det är som om alla vibrationer börjar röra sig på ett obekvämt sätt. Så man måste föra in tröstande och lugnande energi. Så att människor kan börja känna den och minska kaoset i sin energi. Och de som i sina egna hjärtan är fridfulla och kopplade till sin inre ande, har inte lika svårt att gå vidare. Och det kommer många fler av dem. Många, många fler är på väg. Det är det vi gör. Det är därför vi arbetar med människor. Dörren är deras egen ande. De rör sig genom sin ande till de högre vibrationerna. Och när de gör detta, kan de gå hem på ett fridfullt sätt.

D: *Vad händer med en persons trossystem? Hindrar det inte processen på vissa sätt?*

P: Ibland gör det det. Det är därför det finns rädsla. De som har skuld, de som är rädda för det de kallar "Gud". De skäms och är så rädda. De har blivit lärda att vara rädda för döden, för helvetet. Det hindrar dem från att omfamna ljuset, som bara är kärlek. Det är kärleken som råder, och kärlek är hemma.

D: *De tror att det är något dåligt.*

P: Det gör de. Och allt vi är, är kärlek. Men den mänskliga delen av oss är mycket formbar, mycket lätt att manipulera. Det är som lera, och ibland blir de något de inte är. Och då blir det mycket svårt för dem att se vägen hem.

D: *Människor påverkas av sina kulturer, sin utbildning.*

P: Och det är en del av vår läxa. Att lära sig på olika sätt.

D: *Du sa också att det fanns andra projekt på de andra stigarna. Detta är ditt projekt, men vilka är de andra projekten på de andra stigarna?*

P: (Suck) Det handlar om människor, varelser ... (försöker hitta orden) ... om du skulle ta gips och täcka något och låta det stelna. Och inuti fanns en vacker juvel, men runtom fanns detta mörka, fula skal. Det är så de är. De vet inte att de är vackra inuti; de tror att de är mörka och fula. Och det finns stora, kärleksfulla varelser som arbetar med dem. Och det är ett helt annat projekt än det jag arbetar med här.

D: *Är dessa energier från människor medan de fortfarande är fysiska, eller efter att de har gått över?*

P: Nej, de är inte på Jorden, som du kallar den.

D: *Var är de? I andevärlden?*

P: Ja, det är en del av en energiplats. Allt är energi, men det är en annan vibration runt dem. Det är en energi som är mycket tät. Ännu tätare än denna planet.

D: *Är dessa andar som har gjort saker som anses vara negativa?* (Ja) *Det är därför de är i detta "skal", så att säga?*

P: Ja, de är det, för de började verkligen tycka om det negativa. Att skada andra – eller vad det än var – att göra saker som fick andra att må dåligt eller hindra dem från att hitta sitt ljus. De gillar mörkret. Så det är deras väg, och det är det de fortsätter att göra tills de förändras.

D: *Det måste kräva mycket tålamod för andliga varelser att arbeta med sådana själar.*

P: Det krävs stor kärlek och starkt ljus för att göra det.

D: *Och engagemang.* (Ja) *Är dessa negativa själar tillåtna att reinkarnera någonstans?*

P: Nej, inte just nu. Nej.

D: *Jag fick höra att den här typen kan föra med sig den negativa energin tillbaka.*
P: Ja, de reinkarnerar inte just nu. Särskilt kan de inte komma till Jorden. Men de kan heller inte komma till andra platser, för det är ett långt projekt. Och det måste komma inifrån. Dessa stora ljusvarelser är där med dem, och de lyser sitt ljus. Och de behöver ta sig igenom detta stora mörker. Och det tar tid – inte tid, men det är en vibrerande process. Och det sker på en annan plats. Det sker på ett annat sätt. Och de kan inte vara här. Det finns vissa här som fortfarande är fysiska som kan hamna där. Det finns en punkt på cirkeln som vi närmar oss. Jag kan se den. Det är en cirkel. Det är inte ett avbrott. Men det finns en punkt vi närmar oss där vi kan röra oss vidare till en annan plats. Och när vi når den punkten, kommer människor att gå till olika platser beroende på deras egen vibration, deras egen energi. Och det kan finnas vissa som måste gå till den mörka platsen.
D: *På grund av vad de har gjort på Jorden?*
P: Ja. Men inte många!
D: *Men detta handlar om karma, eller hur?*
P: Det är något liknande, ja. Vi kan kalla det det, men det är deras energi. Det är inte ett straff, eftersom de själva vill gå dit. Det är där de känner sig bekväma.
D: *Men de tvingas inte att gå dit, som kyrkan lär ut?*
P: Nej, de vill gå. Det är inte ett straff.
D: *Dessa varelser vill vara i dessa mörka platser.*
P: Åh, ja. Och de har fortfarande sitt ljus, för jag kan se ljuset i dem. Det är alltid där. Men det är täckt av gipsen, och de tror att de är själva gipsen.
D: *Men de kommer inte tillbaka hit, eftersom Jorden förändras.*
P: Exakt. Det är därför de inte kan komma längre. Saker och ting har förändrats för mycket. De kan inte se ljuset. De ser mörkret. Men genom förändring av vibration, genom att dessa stora varelser arbetar villigt med dem, börjar de tillåta sitt inre ljus att lysa. Och när det inre ljuset ansluter till det yttre ljuset, då försvinner mörkret. Men det tar så lång tid som det behöver ta. Och när det händer, kan de gå till andra platser, för att gå vidare och vara, så

att de kan föra ljuset till nytta. För allt handlar om att använda ljuset. Och det finns andra platser än denna jord som vi alla rör oss mellan. Men denna plats närmar sig cirkelöppningen. Allt är energi. En annan plats. En annan energi. Det är ... låt oss se. (Försöker hitta orden.) Det är inte hem! Men det är som hem. Förstår du, hem är den energi vi kommer ifrån.

D: *Den ursprungliga energin.*

P: Ja. Det finns många olika nivåer (osäker om det är rätt ord) av energi på denna planet Jorden. Och det kommer att ske en omdirigering av energier, av människor. En omdirigering. Så människor kommer att ta vägar till olika platser där de kommer att känna sig bekväma.

D: *Det handlar inte nödvändigtvis om att gå hem. Det handlar om att gå någon annanstans.*

P: Precis. Vissa kommer att gå hem. Vissa som har kommit för att hjälpa, som inte har något syfte att vara någon annanstans. Deras enda syfte är att hjälpa. Det är mitt syfte.

D: *De skulle gå tillbaka hem.* (Ja) *Men de andra skulle ha ett annat syfte när de går över?* (Paus) *Eller du sa att vi närmar oss en punkt i cirkeln där den skulle öppnas.*

P: Den kommer att öppna olika vägar, olika nivåer. Människor kommer att gå till platser där de känner sig bekväma. Och därifrån kommer de sedan att kunna göra andra val och andra beslut, när det är rätt för dem.

D: *Beroende på vad de har gjort i sina fysiska liv?* (Ja) *Så karma är involverat på det sättet också.*

P: Ja. Karma betyder balansen av deras energi, där den för dem. Och ingen behöver bli straffad. Och där vi är nu, har varit en mycket speciell plan i en mycket speciell plats i universum. Och det känns som om mycket gott kommer ur detta.

D: *Jag har alltid känt att alla, när de går över efter varje liv, skulle gå hem. De skulle gå till den plats du beskriver.*

P: Ja, men hem är olika för människor. Hem för en person är inte detsamma som hem för en annan. Även om det är samma plats, men det är olika nivåer av samma. Det är vad jag menar.

D: *Så du sa att några av dessa människor skulle bli visade andra vägar.* (Ja) *Att gå hem är annorlunda än att gå till andevärlden.*

P: Först kan de gå till andevärlden, sedan kommer de att välja att gå till andra platser. Denna planet är på väg till andevärlden.

D: *Hela planeten?*

P: På ett sätt, eftersom den kommer att bli medveten om sin högre vibration.

D: *Ja, jag har hört detta. De säger att vibrationerna, frekvensen av själva planeten förändras.*

P: Det gör den. Det är därför jag är här. Och många andra är här också, för det finns många olika vibrationer av människor på planeten. Många är här för att hjälpa.

D: *Jag har hört att hela planeten kommer att flytta som en enhet. Är det sant?*

P: Det är vad jag ser.

D: *Så många människor med så många olika vibrationer, det skulle vara svårt.*

P: Det är därför det finns många vägar. Ser du, det är dörren. Det är som cirkeln, och öppningen i den cirkeln. Och när vi når öppningen kommer de att röra sig in i cirkeln, men till olika platser i cirkeln. Till olika vägar. Så det är okej för alla. Alla kommer att vara där de är menade att vara. Och det finns en annan cirkel av varelser runt vår jord. Det finns alla dessa vackra energier. Vackra varelser som är med oss och arbetar med dem på det fysiska planet. Och de är inte våra änglar. De är vad vi skulle kalla de "uppstigna varelserna", som har gjort detta. De har rört sig genom energin. Och de sträcker ut sin energi som vägar för oss. Det är de varelser jag talade om tidigare.

Detta var en perfekt tid för mig att ställa några av Patricias frågor. Jag visste att jag inte behövde kalla fram det undermedvetna, eftersom jag sedan sessionens början hade kommunicerat med den del av henne som hade all kunskap.

D: *Patricia nämnde att hon har sett varelser i sin meditation som var guld och platina. Är det dessa du pratar om?*

Den Komplicerade Universum Bok Två

P: Jag ser många olika varelser omringa planeten. Många olika färgvibrationer. Jag ser blå, vit och violett, och guld och silver och platina. Men dessa är alla kärleksfulla energier som kommer för att hjälpa oss alla nu. De olika färgerna hjälper människor med samma vibrationer.

D: *Så vi har alla olika färger, samt vibrationer?*

P: Färger är vibrationer.

D: *Och dessa varelser dras till de olika färgerna?* (Ja) *Så dessa andliga hjälpare är annorlunda än änglarna?*

P: Ja, de är det. Änglar är också med oss, men dessa är annorlunda, för de har en förståelse. Många av dessa har gått igenom detta, antingen på denna fysiska värld eller andra liknande världar. Men de vet också hur det är att röra sig genom vibrationsplanen. Det är vad de gör.

D: *Så vad är deras syfte, om skyddsänglar och andliga hjälpare som du är till för att hjälpa individer?*

P: De hjälper oss, de andliga hjälparna. Det är som energitransformatorer som trappas ner energi. Och det finns många människor på jorden som inte kunde hålla eller känna energin från dessa stora varelser. Men det finns andra som kan vara mellanled. Så vi är mellanled.

D: *När Patricia kom in i detta liv, visste hon att hon skulle göra dessa saker?*

P: Nej, Patricia visste inte. Patricias själ visste.

D: *Ja, det fysiska är det sista som får veta.*

P: Ja. Patricia satte sig själv i ett självvalt "skåp", så att hon inte skulle veta. Och hon upplevde många saker. Och hon var tvungen att komma ut ur skåpet och säga: "Okej, jag är inte i skåpet längre." Och det gjorde hon. Och hon är också kopplad till det gyllene ljuset. Det är hennes energi.

D: *Men som människor vet vi inte medvetet om de avtal vi har gjort, och vi känner inte till kopplingarna.*

P: Nej. Och hon kände sin andliga familj. Och hon vet var hem är. Hon känner det mycket väl. Och ibland vill hon gå dit. Hon brukade vilja åka dit intensivt och lämna detta liv, men hon kunde aldrig ta sitt eget liv.

D: *För vi har ett kontrakt, eller hur?*
P: Ja, och hon visste att hon var tvungen att vara här. Att det fanns något hon skulle göra. Så hon stannade. Och till slut kunde hon förstå sitt sanna jag. Många av problemen hon har haft i relationer berodde på ett avtal.

D: *Vilket slags avtal?*
P: Om hon valde att göra detta, var det den svåra vägen. Det var ett val. Hon behövde inte göra det, men hon valde att göra det.

D: *Du sa att det fanns ett val, och hon valde den svårare vägen. Vad skulle den andra vägen ha varit? Kan du se det?*
P: Ja. Jag tror att hon skulle ha dött ung.

D: *Varför tror du det?*
P: För att ... det här är komplicerat, men det är dags för henne att veta. Jag måste hitta orden. Om hon hade valt den enkla vägen, skulle hon inte ha fått den kunskap hon har i sitt fysiska liv för att hjälpa så många människor. Genom att acceptera den svåra vägen lär hon sig många erfarenheter och mycket kunskap, men många andra människor kan också hjälpas genom det. Hon behövde inte göra detta. Hon kunde ha hjälpt bara från andra sidan. Från hemmet. Det är på ett sätt ett skämt. För hon har alltid velat åka hem, och ändå är det där hon hjälper människor att komma. Det är hennes arbete.

D: *Och hon åker dit på natten, även om hon inte inser det.*
P: Ja, hon åker dit. Hennes fysiska kropp har ibland svårt att hålla så mycket energi som den gör. Och även om hon är frisk, måste hon vara mycket försiktig och ta extra hand om sig själv, eftersom hennes kropp håller mycket energi. Men hon måste vara mycket försiktig nu, särskilt eftersom energierna blir högre och högre i vibration. Jag ser hennes kropp fyllas med det gyllene ljuset, förvandlas till gyllene energi. Och hon kan göra detta. Hon kommer att hålla mer och mer. Förvandlas mer och mer till det gyllene ljuset, som är varifrån hon kommer. Och när den fysiska kroppen rör sig mot det, hjälper hon många fler att nå dit. De som väljer att ta den vägen. De som tar den gyllene ljusets väg, så att säga. Men vi närmar oss nu den sista tiden. De sista dagarna.

D: *Vad menar du med "de sista dagarna"?*

P: Innan vi når den platsen i cirkeln, där vi alla rör oss till olika platser.

D: *Du sa att på den andliga sidan, när hennes kropp sover, arbetar hon med människor som ska dö, för att hjälpa dem att gå över. (Ja) Men på den fysiska sidan är hon också en hospicearbetare.*

P: Hon har gjort mycket. Hon känner båda världarna. Hon har alltid känt båda världarna.

D: *Är det därför hon känner sig bekväm med att arbeta som hospicearbetare, på grund av kopplingen när hon sover?*

P: Åh, ja. Hon är glad att hjälpa människor hem, för hon vet hur underbart det är.

D: *Självklart är det lättare att arbeta på den andliga nivån, eller hur?*

P: Ja, det är lättare för henne.

D: *För när du är i det fysiska och försöker arbeta med människor som håller på att dö, möter du motstånd från det fysiska – jag vill säga – programmeringen.*

P: Människor känner rädsla, mycket rädsla i det fysiska. Och det är det hon gör, hjälper människor att övervinna rädslan, för hon själv har ingen rädsla för döden. Och när människor är med henne känner de hennes sanning, för hon är äkta. Det är hon. Hon är ansluten till den energin av kärlek.

D: *På det sättet kan hon hjälpa människor mycket mer effektivt. Men hon har haft andra liv på jorden, eller hur? (Paus) För du sa att hon också existerar på den andliga sidan samtidigt som hon lever livet som Patricia.*

P: Det känns som både ja och nej. En del av henne har haft liv. Men inte Patricia, andra delar av hennes själ.

D: *För vi tänker på det som reinkarnation.*

P: Ja, det är det på ett sätt, men det är annorlunda. (Hon hade svårt att hitta orden.) Hon kommer från en själ som har haft många, många liv av andlig betydelse, arbetat på en andlig väg. Och dessa liv har återfört till hennes själ deras energi, deras kunskap, det de har lärt sig. Så den del som är Patricia har tagit små bitar och delar från alla dessa liv. Hon måste komma ihåg att hon alltid är kopplad till hemmet, och alltid är kopplad till sin familj (menar den andliga familjen). Och är mycket älskad.

Under en annan session i Minneapolis i oktober 2002 inträffade en liknande händelse. Jag var i Minneapolis för att hålla en serie föreläsningar och workshops och skulle omedelbart därefter resa till Australien och Nya Zeeland. Denna session genomfördes med en pensionerad lärare som jag ska kalla Ida.

Som jag har sagt brukar jag i min teknik låta subjektet visualisera en vacker plats efter eget val för att få igång visualiseringen. Därefter genomför jag induktionen, vilket inkluderar en nedstigning från molnet. I det här fallet lät Ida mig inte avsluta induktionen. Hon beskrev sin vackra plats, och den lät inte som jorden. Hon pratade redan om den innan jag insåg att hon inte behövde resten av induktionen. Detta händer ibland, och jag har lärt mig att känna igen skillnaden och hur jag ska gå vidare. Jag slog på mikrofonen. Hon beskrev en vacker trädgård på sin planet, en plats full av ljus.

I: Det finns underbara ljusvarelser som går runt överallt. Det finns bara kärlek. Och det är så vackert, så fridfullt, så harmoniskt. Det är här jag kommer ifrån.
D: Du sa att det fanns en trädgård där?
I: Åh, ja. Den är så vacker. Den strålar av Guds gyllene ljus. Den har en upplysning, en energi och en frekvens av fullständig frid, kärlek och harmoni. Det finns vackra gyllene fontäner. De ser ut som vatten, men det är Guds essens som flödar överallt. Det är bara ren skönhet, kärlek och salighet.

Detta lät mycket likt den plats som Patricia beskrev bara en vecka tidigare.

I: Vi är alla ljusvarelser. Vi känner igen varandra genom essensen och de vibrerande frekvenserna. Det finns ingen verbal kommunikation. Vi talar bara utan ord. Det är en vibration av det vi vill säga som den andra plockar upp. Det är här jag kommer ifrån. Och det är här det råder total salighet, total frid och total harmoni. Jag går fram och tillbaka dit i mitt sovande tillstånd. Jag möter rådet och vi diskuterar det arbete jag måste utföra på jorden.

D: *Var är rådet beläget?*

I: Rådet är också beläget på denna planet. Och vi möts i samma vackra trädgårdar.

D: *Du gör detta i ditt sovande tillstånd.*

I: Ja, jag gör det i den frekvensen i mitt sovande tillstånd. Även om min fysiska form och mitt fysiska sinne inte minns det. Men detta görs hela tiden. Och jag går även på uppdrag i mitt sovande tillstånd. Vi ser över alla interaktioner jag har med olika varelser på jorden. Och när det behövs hjälp blir jag vägledd och instruerad att göra det arbete jag måste göra.

D: *Är det med människor du känner eller andra...?*

I: Vissa människor jag känner, och det finns andra som jag inte känner.

D: *Vilken sorts vägledning ger du dem när du möter dem på natten?*

I: Jag arbetar med dem på många nivåer. Jag arbetar med sinnet. Jag inför tankemönster i dem, så att de kan skifta i sina dagliga liv. Jag helar också några av dem. Jag arbetar med helande frekvenser och helande energier med många av dem. Jag går också in i krigszoner och arbetar med de skadade. Jag arbetar med dem som är i smärta. Jag har gjort mycket arbete i Afghanistan. (2002) Det finns så mycket trauma och smärta i det landet. Inte bara med de amerikanska soldaterna och andra fredsbevarande styrkor som är där, utan lokalbefolkningen är också helt och hållet traumatiserad av det som händer. De är inte vana vid alla bomber som har fallit där. Alla skador som har skett på deras land. Det finns så mycket förstörelse där. Hälften av det rapporteras inte i era medier eller nyheter.

D: *Jag kan tro det. Vi vet egentligen inte vad som pågår.*

Resten av sessionen handlade om förutsägelser om kriget som bröt ut i Irak året därpå, 2003. De var extremt korrekta, men jag var osäker på om jag skulle inkludera detta i boken. Jag ville bara inkludera den del som var relevant för det arbete vi utför under vårt sovande tillstånd som är okänt för vårt medvetna sinne. Vi varnades för att det skulle bli många dödsfall under kriget, och att personer som

Ida skulle vara mycket upptagna under sitt "sovande" tillstånd med att leda dem i rätt riktning.

Det finns många skolor på andesidan. Dessa diskuterades i *Between Death and Life*. De mest avancerade är belägna i Temple of Wisdom-komplexet, som har de stora lärdomshallarna där absolut allt, både känt och okänt, kan läras. Dessa beskrivs också i Holiday in Heaven av Aron Abramsen. Många av lärarna är avancerade guider som har slutfört tillräckligt mycket av sin karma för att de inte behöver återvända till jorden för fler lärdomar. De är i en position att undervisa och träna andra. Som det sägs i min andra bok: "Du kan inte bli en guide så länge du själv behöver en guide." Normalt börjar träningen för att bli en guide när personen har lämnat jordelivet. Guiderna och de äldre avgör om personen är redo för denna utveckling efter att ha granskat deras livsöversikt. Men saker och ting förändras snabbt på jorden, och träningen måste anpassas efter det. Det finns så många problem på jorden just nu att många avancerade själar har inkarnerat, inte för att arbeta av sin egen karma, utan för att hjälpa andra som befinner sig i det fysiska. Självklart vet de inte detta medvetet, att de är avancerade själar som skickats till jorden med specifika syften. Men jag stöter på fler och fler av dem genom mitt arbete, och deras undermedvetna tvekar inte längre att tala om för dem att de har ett jobb att utföra och att de måste sätta igång istället för att slösa värdefull tid. I början av mitt arbete i trance nämndes detta aldrig. Nu kommer det upp i nästan varje session. Det betonas att tiden håller på att rinna ut, och att de måste börja utföra det arbete de frivilligt åtagit sig.

Eftersom så många avancerade själar har återvänt till jorden sker en del av den andliga träningen i sömntillståndet. En del av den träning dessa själar får handlar om att assistera själar som lämnar jorden genom dödsprocessen. Under sömntillståndet har de hjälpt till vid många sådana assisteringar med hjälp av en mer erfaren guide. De skickas inte ut att göra arbetet på egen hand förrän de har fått tillräckligt med träning, erfarenhet eller självförtroende för att känna att de klarar av det. Deras huvuduppgift är att leda personen i rätt riktning och ut ur förvirring, så att den mer erfarna och lämpliga "mottagaren" kan ta över. Dessutom kan hjälparen inte gå bortom en viss punkt förrän det är deras egen tid att lämna kroppen.

I mitt arbete har jag upptäckt att den verkliga delen av oss – vår själ eller ande – aldrig sover. Det är den fysiska kroppen som blir trött och måste vila. Anden har inget behov av detta. Jag brukar säga: "Den skulle bli uttråkad av att bara vänta på att kroppen ska vakna så att den kan fortsätta sitt liv." Därför har anden många olika äventyr på egen hand medan kroppen sover. Den kan resa vart som helst i världen, eller bege sig till andesidan och samtala med sina guider, mästare och äldre för att få mer information, delta i klasser och få utbildning. Jag har fått många brev från läsare som berättar om drömmar där de går i skola i sömntillståndet. Jag försöker förklara för dem att det förmodligen är verkligt, eftersom detta är en favoritplats för anden att återbesöka. De kan också resa till andra planeter eller dimensioner. Normalt har det medvetna sinnet inga minnen av dessa resor, såvida det inte minns drömmar om att flyga eller vara på okända platser. Detta är samma sak som upplevs vid ut-ur-kroppen-resor, när personen har tränat sig att lämna kroppen och minnas vad de ser. Under hela det fysiska livet är anden bunden till kroppen genom en silvertråd, som fungerar som en lina under hela ens livstid. Denna livlina bryts inte förrän vid den fysiska kroppens död. När kroppen dör, kapas tråden och anden frigörs för att återvända "hem". När anden färdas ut ur kroppen på natten är den alltid ansluten genom denna tråd. Vid en viss tidpunkt måste kroppen vakna för att fortsätta sitt liv. Då känner anden ett drag i tråden och "rullas in", för att använda en enklare beskrivning. Vid det ögonblicket återinträder anden i kroppen och kroppen kan vakna.

Många har berättat för mig om en märklig känsla de ibland upplever vid uppvaknande. Detta kan också inträffa när kroppen håller på att somna. De säger att de upplever en tillfällig förlamning, vilket

Den Komplicerade Universum Bok Två

kan vara ganska skrämmande. En kvinna berättade att hennes läkare sa att det var ett allvarligt tillstånd kallat "sömnapné" och tog över 1700 dollar för sömntester. Men i verkligheten är det inget så komplicerat, utan en naturlig process. När anden är bortkopplad från kroppen sköts kroppens funktioner av en annan del av hjärnan – den går på "autopilot". När anden återvänder måste kopplingen mellan hjärnan och kroppen återställas. Om kroppen vaknar för tidigt innan denna återkoppling är fullständig kan en tillfällig känsla av förlamning uppstå. Jag har undersökt fall där ett plötsligt ljud i personens omgivning väcker dem innan de är helt tillbaka i kroppen. Om de kan slappna av i några minuter återgår allt till det normala. Samma känsla kan uppstå när anden först lämnar kroppen och kopplas bort. Detta visar hur anden och kroppen är separata men samtidigt en enhet. Kroppen kan inte existera utan livsgnistan som bor i den, men anden eller själen kan existera utan kroppen. Vid dödsögonblicket, när anden lämnar för sista gången, bryts kopplingen och kroppen börjar omedelbart brytas ner. Utan livets ande stänger alla system av. När silvertråden kapas vid döden kan anden inte längre återvända till kroppen.

    I denna session, liksom i andra, ser vi att vårt "verkliga" jag – anden – inte bara färdas och upplever äventyr medan kroppen sover, utan även arbetar. Det verkar vara mycket arbete som utförs i det astrala tillståndet, helt utanför vårt medvetna sinne. I en session fick jag höra: "Dessa saker händer oavsett. Du har ingen kontroll över det. De är en del av din existens som du inte är medveten om. Det finns inget du kan göra åt det. De är naturliga, så det finns ingen mening med att oroa sig över det." Detsamma gäller för reinkarnation och andra metafysiska koncept. De kommer att fortsätta att ske oavsett om en person tror på dem eller inte. Jag fick höra att vi aldrig fullt ut kommer att förstå komplexiteten i allt detta – det är omöjligt. Problemet med förståelse och insikt ligger i sinnet. Det handlar inte om hjärnan, utan sinnet. Det finns inget i sinnet som kan greppa helheten av dessa koncept. Så jag får små bitar och antydningar om dess storhet. Med tiden verkar det som att vi får se mer och mer, och vi kan försöka förstå det. Men det är som att kika genom en liten spricka i väggen av tid och rum, där vi bara får se en bråkdel av hela bilden.

När en ande väljer att återvända till jorden för ännu en livscykel i en fysisk kropp, kommer den med en plan för vad den vill uppnå denna gång. Den har redan träffat de äldre och mästarna, gått igenom det liv den just lämnade och fattat beslut, lagt upp planer och satt upp mål. Den har gjort överenskommelser med andra andar den haft kopplingar till, för att återbetala skulder. Och med deras tillåtelse skulle vissa saker lösas och vissa lärdomar inhämtas. Den kommer tillbaka till jorden med sin fina lilla plan, inslagen som en julklapp. Problemet är att detta är en planet med fri vilja. Det är detta som gör jorden så utmanande. Alla andra kommer också in med sina egna planer. Och på grund av fri vilja kommer dessa planer, förhoppningar och rädslor ibland att kollidera. Dessutom inkarnerar anden med alla minnen raderade om vad planerna var från början. Endast det undermedvetna minns. Jag frågade en gång varför vi inte kunde minnas. Skulle det inte göra allt lättare? Jag fick svaret: "Det skulle inte vara ett test om du redan kände till svaren." Så vi kommer till jorden och tror att vi är förberedda för att möta de utmaningar som kommer i vår väg när vi arbetar mot våra mål, drömmar och prövningar. Men ofta är vi inte så förberedda som vi tror att vi är. Det ser alltid lättare ut från den andra sidan. När vi lever genom de frustrationer som det fysiska livet medför, dras vi in i allt som gör oss "mänskliga". Förhoppningsvis lyckas vi ta oss igenom det och klara provet så att vi kan gå vidare till nästa "klass". Eller så misslyckas vi, och måste komma tillbaka och göra om allt igen. Du kan inte gå vidare till nästa nivå förrän du har slutfört lektionerna och proven i den nuvarande. I denna skola kan du gå bakåt, men du kan inte hoppa över en klass. Det finns mycket strikta lärare med mycket strikta regler och föreskrifter. Men paradoxalt nog är dessa lärare också mycket vänliga, rättvisa och förstående.

Precis som vi kommer in i livet med en plan, har vi också en plan för vår utgång från detta liv. Alla bestämmer innan de föds hur de kommer att lämna livet. Detta sägs helt utan känslor och måste förstås på det sättet. Ingen av dessa planer är kända på det medvetna planet, och det är förmodligen mycket klokt att vi inte minns dem. Människor säger alltid att de inte vill dö, att de inte vill bli sjuka och att de inte planerar att lämna sina nära och kära. De skulle starkt förneka att de har planerat sin död. Men det är en del av en större plan bortom vår förståelse och kunskap. Därför är det enda sättet att förstå det med vårt begränsade mänskliga sinne att se det logiskt, utan känslor.

Det finns olika anledningar till varför en ande bestämmer sig för att det är dags att lämna det fysiska livet. Det kan vara att anden har slutfört sitt mål, sin plan och har bearbetat all karma som var nödvändig för detta liv. I sådana fall finns det ingen anledning att fortsätta. I andra fall kan anden besluta att andra människor skulle utvecklas snabbare om dess närvaro inte längre var en begränsning. I dessa fall väljer anden att avstå från sin egen vidareutveckling för att låta andra, som varit alltför beroende av den, gå vidare själva. Så att de kan "växa upp", så att säga. Dessa skäl är ofta inte uppenbara på ytan och kan bara upptäckas genom djup självrannsakan.

Ett annat intressant scenario är när en persons liv är så låst i en enda kedja av händelser att en förändring för att uppnå livets syfte blir omöjlig. Kanske misslyckades personen med att uppfylla sitt syfte på grund av felaktiga val genom sin fria vilja. Därför bestämmer de sig för att dö, lämna situationen och börja om. Nästa gång, förhoppningsvis, kommer de inte att fastna i samma riktning eller situation.

Ett intressant och mer lämpligt alternativ är när en persons liv "dör" på ett annat sätt. Personen kan vara fast i en kedja av händelser som inte tillåter dem att fullfölja sitt livssyfte. För mycket tid skulle gå förlorad om de dog fysiskt för att börja om. Eller kanske skulle de fysiska förutsättningarna som behövs inte finnas i en annan tidslinje. Istället för att dö fysiskt, bestämmer de sig för att starta om genom att skapa en symbolisk död av sitt nuvarande liv. Genom att förlora allt de håller kärt, särskilt alla sina materiella ägodelar. En sådan händelse gör det också möjligt för dem att fokusera på vad som verkligen är viktigt i livet, och det är inte materiella ägodelar, oavsett hur hårt de håller fast vid dem. När allt har tagits ifrån dem kan de börja om och arbeta mot sitt verkliga livsmål. Det de faktiskt kom hit för att göra. De blev för uppslukade av den materiella världen, så allt behövde tas bort. Utan denna materiella distraktion kan de nu gå i rätt riktning. En sådan incident inträffade för en medlem i min egen familj. Genom en märklig kedja av händelser bortom deras kontroll förlorade de precis allt materiellt: hus, företag, yrke och alla ägodelar. Vid den tiden verkade det som en grym vändning av ödet eller en bestraffning från Gud. Det var mycket svårt att förstå. Men med tiden visade det sig att det var ett sätt att styra dem i en annan riktning. Den riktning de borde ha gått från början, men som de fastnat ifrån. Det sägs att när en dörr stängs, öppnas en annan. I det här fallet stängdes inte bara dörren – den slogs igen med full kraft. De hade inget val annat än att gå i en ny riktning. Det fanns ingen återvändo. Så många gånger visar sig det som verkar vara en katastrof vara en välsignelse i förklädnad.

Ett annat exempel på en drastisk lösning gavs av en klient. Under min intervju med honom berättade han om en fruktansvärd händelse som inträffade när han var yngre. Han blev attackerad i en gränd i en storstad, knivhuggen upprepade gånger av ett gäng och lämnad att dö. Han lyckades krypa ut till gatan där någon hittade honom och tog honom till sjukhuset. Han var nära att dö och tillbringade en lång tid på sjukhuset för att återhämta sig. En av de frågor han ville ha svar på under vår session var syftet med denna hemska upplevelse. Varför hände det? Under sessionen, när jag kontaktade hans undermedvetna och ställde den frågan, var svaret mycket förvånande. Det sa: "Åh, det var en grupp av hans vänner som frivilligt hjälpte honom." Jag tänkte: Med vänner som dessa, vem behöver fiender! Det verkade verkligen inte vara något en vän skulle göra!

Det undermedvetna förklarade att allt hade orkestrerats från den andra sidan. Mannens liv var på väg i fel riktning, och han skulle inte kunna hitta tillbaka till sin väg utan en drastisk händelse som skulle förändra hans liv. Det hade gjorts många subtila försök att få hans uppmärksamhet, och när dessa inte fungerade arrangerades attacken. Drastiskt, dramatiskt, oförklarligt – ja, men det visar vilka extrema åtgärder universum kan ta till för att vända någons liv utan att de fysiskt lämnar denna värld. Om detta inte hade fungerat, hade förmodligen nästa steg varit att låta honom lämna det fysiska livet helt. När en själ har beslutat att det är dags att lämna det fysiska livet, arrangerar den händelser som gör det möjligt att dö. En intressant aspekt som har framkommit genom mitt regressionsmaterial är att en av dagens problem är den medicinska industrin. Om en person ligger för döden på ett sjukhus, försöker ofta läkarna hålla dem vid liv med all den avancerade utrustning som finns tillgänglig. Dessutom är familjen ofta motvillig att låta dem gå, även om den fysiska kroppen är så skadad att den inte längre kan upprätthålla livet och det inte finns någon mening med att stanna kvar. Därför är det snabbaste och enklaste sättet att lämna livet ofta genom en olycka eller en naturkatastrof, där sannolikheten för ingripande är minimal. Vissa av dessa sätt att lämna livet kallas "oförklarliga olyckor" och kan vara ganska bisarra. Jag har alltid trott att om det är ens tid att gå, så kommer det att hända – även om man bara sitter i sitt vardagsrum. Det finns rapporterade fall där flygplan eller bilar kraschat in i hus och dödat någon som befann sig där.

Medan jag skrev detta i slutet av 2003 inträffade den fruktansvärda jordbävningen i Bam, Iran, som tog över 41 000 människors liv. Innan vi hann gå till tryck med denna bok, inträffade den förödande jordbävningen och tsunamin vid julen 2004 utanför Indonesiens kust. Vid senaste uppskattningen hade nästan 200 000 människor valt att lämna livet i en massutvandring. Samtidigt dog många människor i jordskred och laviner i andra delar av världen. Som det rapporteras i detta kapitel bestämmer sig människor ofta för att lämna tillsammans. Detta beslutas på det undermedvetna planet, och arrangemang (eller som Patricia kallade det, "repetitioner") görs i förväg. Det görs också arrangemang för dem som inte är avsedda att vara med i dessa händelser, så att de mirakulöst undkommer eller helt enkelt inte befinner sig där från första början. Detta har hänt många människor som precis råkat missa ett ödesdigert flyg, blivit avbokade i sista minuten eller fördröjts från att lämna sitt hem av ett sista telefonsamtal – bara för att sedan upptäcka att de undkommit en fruktansvärd olycka. Jag tror också att våra skyddsänglar spelar en stor roll i allt detta. De är ständigt upptagna med att försöka varna oss genom subtila signaler, små knuffar och förslag, eller genom den "lilla rösten i huvudet". Och ibland är deras sätt att hålla oss säkra allt annat än subtila. Vi måste lära oss att lyssna noggrant på vår intuition och våra "magkänslor".

Kapitel 13
DEN FÖRSTA AV DE SJU

DENNA SESSION GENOMFÖRDES medan jag talade på Glastonbury Crop Circle Conference i Glastonbury, England, i juli 2002. Detta är en mycket gammal stad med många historiska kopplingar till det förflutna. Det finns en enorm mängd energi som kan kännas där. Sessionen hölls i det Bed and Breakfast vi bodde på, strax utanför torget. Klienten, Robert, tog tåget ner från London för sessionen. Han hade kanaliserat i några år och hade skrivit en bok baserad på sina kanaliseringar. Dock kände han att han inte kunde få tillförlitlig personlig information genom sin kanalisering, särskilt om vilken riktning hans liv borde ta. Därför ville han ha en personlig session för att klargöra vissa saker. Jag försöker hjälpa klienten att hitta det bästa valet för sitt liv, med det undermedvetnas samarbete. Eftersom han var van vid trance-tillståndet, gick han djupt mycket snabbt. Detta är ofta fallet när man arbetar med personer som kanaliserar, synska personer, healers eller människor som mediterar regelbundet. Det förändrade medvetandetillståndet är en bekant känsla för dem.

När han blev ombedd att gå till den vackra platsen var han redan i kontakt med någon, så jag behövde inte fullfölja induktionen som normalt kräver molnmetoden. Jag kan oftast avgöra var klienten befinner sig genom svaren de ger. Och jag vet vad som inte låter som en vanlig vacker plats. Om beskrivningen låter overklig är det oftast den första ledtråden. Jag satte på bandspelaren och försökte sammanfatta vad han hade sagt.

Han såg sig själv på en vacker plats vid ett vattenfall. Där fanns en gammal man med ett silverfärgat skägg. Detta var den första indikationen på att han inte befann sig på en vanlig plats. Robert fortsatte med en mycket mjuk röst, knappt hörbar: "Han säger: 'Du har så mycket smärta. Kom hit." Han vill förmedla kunskap. Han säger att jag måste sprida kunskap. Och han är en del av skapandet av den kunskapen. "Du är medlaren av den kunskapen. Du måste förstå smärtan."

D: *Vad menar du med smärtan?*
R: Dess påverkan på människokroppen. Bördan du bär. Pojken. Han pratar med pojken. Den här pojken.
D: *Ser du dig själv som en pojke?* (Ja) *Hur gammal ungefär?*
R: Pojken är tre år.
D: *Och han är i denna vackra plats vid vattenfallet?*
R: Han är där just nu. Det behöver inte alltid vara vackert. Det är den multidimensionella upplevelsen av molekylär struktur, av dess ekvationer som positiva och negativa. Barnet är här för att lära och undervisa. Det finns inte bara blommor, utan det finns levande blommor och döda blommor. Och den evolverande cykeln är skapande.

Hans röst blev starkare, och jag visste av erfarenhet, från rösten och vokabulären, att en entitet talade genom Robert. Denna entitet visade sig vara annorlunda än de jag normalt samtalade med i detta tillstånd. Den använde ord och komplicerad terminologi som ofta var svår att förstå, och den skapade nya ord. Detta kunde bero på att den inte var van vid det mänskliga språket och improviserade. Entiteten verkade också ha ett kallare, nästan abstrakt intresse för Robert. Det undermedvetna brukar ha en distanserad observatörssynpunkt när det talar om en entitet, men denna var nästan grym i sin observation. När vi fortsatte beskrev den Robert som en annorlunda typ av människa än jag tidigare stött på. Min första uppgift är att skydda klienten, men denna entitet gjorde mig obekväm och var svår att kommunicera med. Språket och terminologin var för komplex för att förstå tydligt, så jag har kondenserat och försökt klargöra mycket av sessionen.

Roberts kropp började uppvisa symptom. Den ryckte till då och då med plötsliga spasmer. Jag frågade: "Vad är det?" Det kom inget svar. Jag visste att om jag inte fokuserade på det, skulle det sluta av sig självt, eftersom det inte verkade orsaka Robert någon fysisk smärta.

R: Barnets multidimensionella frekvens kommer hit för att lära. Han har flera element kopplade till det förflutna, nuet och framtiden. Det finns mycket information att inhämta angående detta. Denna information är av yttersta vikt, och bördan den lägger på det unga barnet är ibland enorm. Men vikten av denna information formas till en vibrerande energifrekvens. Så att ompolariseringen av mänskligheten och de poler han arbetar med kan skapa en ny process av omstrukturering.

D: *Varför måste denna börda placeras på ett ungt barn?*

R: Barnet är inte ett barn. Barnet är en komponent av denna energi. Barnet är verkligheten bakom er mänskliga form. Men verkligheten bakom barnet är att han är en sammansättning av energi. Och den energin är den relevans som förändringarna i människan, kroppen, anden, sinnet och den fysiska formen är en del av. Kampen mellan den tredimensionella och den icke-fysiska verkligheten är mycket svår. För det finns en kamp inom denna mänskliga frekvens. Och tills den kampen upphör, kommer barnet att fortsätta bära smärtan. Och icke-kunskap är det som krävs.

D: *Så det är bristen på kunskap som skapar smärtan? Är det det du menar?*

R: Det är icke-acceptansen av icke-kunskap.

D: *Men du vet, i det mänskliga livet är det så vi är. Vi föds utan kunskap.*

R: Detta barn föddes med kunskap.

D: *Vi var nyfikna på om han hade haft andra liv på jorden?* (Nej) *Var fanns hans tidigare liv?*

Robert började göra en sekvens av obegripliga ljud, snarare som ett klapprande. Detta fortsatte i ungefär en minut i snabb följd, som om han försökte uttrycka något väldigt snabbt, men i en obegriplig form. Det lät inte som ett språk, utan bara en serie ljud. Jag försökte stoppa det.

D: Du måste tala på engelska så att jag kan förstå dig.

Robert andades ut flera djupa, visslande andetag, nästan som om han bromsade in ett hastigt utflöde av ord.

R: Vi måste ladda ner energiformater i frekvensen av den tredimensionella energi som finns här. Så att han kan återvokalisera i sitt format för dig.
D: Men ni får inte skada hans kropp på något sätt.

Jag är alltid mycket försiktig när dessa märkliga fysiska manifestationer inträffar. Jag vill alltid försäkra mig om att entiteterna (eller vad de än är) inser att den fysiska kroppen de försöker tala genom kan skadas av deras energi. Men jag har aldrig behövt oroa mig, eftersom "de" verkar vara lika beskyddande (eller ännu mer) än jag är.

R: Kroppen skadas aldrig. Skadan skapas av det syfte barnet har på den tredimensionella nivån – icke-acceptansen av vem han är. Han skapar sin egen skada. Skadan kommer utifrån, inte från oss. Den fysiska skadan detta barn upplever är den skada han själv skapar. Vi skapar ingen skada inom barnet.

D: Eftersom det är vad jag kräver när jag gör dessa sessioner – att ingen skada någonsin får tillfogas kroppen.

Han upplevde fortfarande spasmodiska ryckningar, nästan som elektriska stötar. Detta och den kroppsliga reaktionen på de märkliga ljuden gjorde mig orolig.

R: Detta har aldrig inträffat. Vi beaktar din information.
D: Okej. Men jag är nyfiken, om han aldrig haft ett fysiskt liv på jorden tidigare, var fanns då de flesta av hans liv?
R: Det finns inget sådant som "haft liv"-format.
D: Han har aldrig haft ett fysiskt liv i någon annan dimension?

R: Jo. Ett liv i en dimension som du inte talar om.
D: *Inte i denna dimension alltså?* (Nej) *Men vilken annan dimension befann han sig i innan han kom hit?*
R: En astral dimension.
D: *Var denna fysisk?* (Nej) *För jag är medveten om att det finns andra dimensioner där fysiska städer och människor existerar.*
R: Ett informationspaket av relevans var en del av övergången mellan detta barn och det liv som han accepterar vid denna tidpunkt. Detta informationspaket är vad barnet bär med sig. Han är en ljuskropp. Han är en eterisk kropp. Han är en fysisk kropp. Men inte bara det, han är en multidimensionell frekvens som bär en enorm mängd kunskap. Denna kunskap omvandlas gradvis, via olika nivåer, ner till en tredimensionell frekvens. Så att detta barn kan vibrera denna kunskap i ett vokalt format. I ett spiralformat mot och tillsammans med en förståelse för dem som arbetar med dessa nivåer vid denna tidpunkt.

Entiteten använde ordet "transducer" flera gånger under denna session, både som ett substantiv och som ett verb. Jag lyckades till slut hitta det i en synonymordbok. Det definierades som något liknande en transformator, eller något som förändrar en sak till en annan.

D: *Det finns många andra som gör samma sak som jag har kommit i kontakt med.* (Ja) *Inträffade detta vid tre års ålder, eller var det före det?*
R: Övergångspunkten, förändringen, skedde vid denna tidpunkt.
D: *Men han föddes som en fysisk människa.* (Ja) *Och kunskapen fanns där redan som bebis?* (Nej) *Före det var han... vad? (Jag försökte förstå.)*
R: Barnet, före dess existens och övergång, var ett övergångstankeformat som sågs av andra, men inte var verkligt.
D: *Det var inte fast och fysiskt?*
R: Nej, det var en apparition.
D: *Men ändå blev han matad och uppfostrad av sina föräldrar.*
R: Ja, det sågs så, men i verkligheten inte. Så ingen överträdelse eller skapelseprocess skedde gentemot mänskligheten genom

användningen av en mänsklig form. Den mänskliga form du ser nu är en skapelseprocess. Det är inte en verklig process. Det är en illusion. En illusion som vi inte kommer att utveckla vidare vid denna tidpunkt. Det är en illusion.

Den fysiska kroppen av Robert, som låg på sängen, verkade dock verklig och solid nog, och inte som en illusion. Jag hoppades att dessa uttalanden skulle förtydligas innan sessionen var över.
En av de händelser som Robert hade bett att få utforska, handlade om hans minne av att något hände honom vid tre års ålder. Han kände att det skett ett bytbarn (changeling). Det var den enda termen han kunde hitta som gav någon mening.

R: Ett bytesskap, sett genom barnets ögon. Förståelsen bakom detta är helt annorlunda.
D: *Han kände som om en uppvaknande inträffade vid den tiden.*
R: Ett uppvaknande ur din synvinkel. Det var en acceptans av en plikt.
D: *Vid tre års ålder?*
R: Vid din ålder av tre år, inte hans. Dimensionen av tanke, timmar, minuter, tid och dimensioner är en process vi måste anpassa oss till. Att förklara det för dig innebär att arbeta inom dina begränsningar. Därför kommer vi att acceptera det du säger, men det är inte den sanna verkligheten bakom sanningen.
D: *Ja. Jag har hört detta många gånger, så jag kan på mitt begränsade sätt förstå vad du talar om. Men scenen han såg med vattenfallet och mannen, var det en faktisk fysisk plats där barnet fördes?*
R: Detta är en portalförbindelsepunkt. Och denna förbindelsepunkt tar honom och energin tillbaka till en punkt av icke-existens. Till en punkt av verklighet. Till en punkt där denna energi och bördan bakom energin skapades av de manifesterade varelser som är här för att hjälpa till att skapa ett nytt syfte. Ett nytt tankesystem för människan att utvidga och tänja sitt sinne mot. Denna process är inte en som tvingas på människan. Det är en av acceptans. Och de som önskar arbeta med denna acceptans kan ställa in sig på denna kunskap. Detta kallas "icke-kunskap". Det är en ny kunskap. Det är inte en som har lämnats kvar i informationsportaler från er tri-

existens. Detta är en icke-kunskap, en ny acceptans. En ny gräns, en ny struktur, en ny förståelse. En ny känsla och upplevelse som ges till människan. Detta barn bär på denna kunskap. Han vibrerar med denna kunskap. Och arbetar med denna kunskap vid denna tidpunkt. För närvarande vet barnet så lite om vad han är. Det handlar inte om vad han är, utan vad han bär med sig som är den viktiga aspekten av insikten. Det finns inte många av dessa barn på denna planet. Vi fastställer att det finns mellan fem och sju barn som gör rätt arbete vid denna tidpunkt, när det gäller denna utvidgning av sinnet.

D: *Jag har blivit berättad att det finns andra barn som har kommit hit, som mer eller mindre fungerar som energikanaler för att hjälpa mänskligheten vid denna tidpunkt.*

R: De kommer alla från olika aspekter av samma källa. Det finns många här som hjälper denna planet vid denna tidpunkt.

D: *Så detta är bara en annan aspekt?*

R: Detta är en annan aspekt. En annan illusion. På samma sätt som barnet är en illusion, en energi, en möjlighet, en utvidgning.

D: *Så anden som finns i kroppen har inte haft någon annan fysisk existens på andra planeter eller dimensioner?*

R: Det är inte korrekt. Denna utvidgning av sinnet kan inte föra sig själv till dessa punkter, eftersom det skulle påverka den tredimensionella kroppen som finns här. Det finns ingen och kan inte finnas någon acceptans av varifrån detta barn kommer. Det skulle störa det nuvarande arbetet. Det är mycket svårt för detta barn, som har valt att arbeta.

D: *Men jag talar om själen. Vi vet att det finns en själ och en ande i kroppen, som är livsgnistan.*

R: Livsgnistan som brinner i mitt barn skapades av den skapande avsikten bakom mänskligheten. Därför, om vi arbetar utifrån den punkten, kan den skapande avsikten återskapa och sätta upp en ny gräns för detta barn. Och låta honom ha sin egen nya själ och gränser att arbeta utifrån. Men kom ihåg, en ny själ kommer inte att ha den utsträckta erfarenheten av tidigare existenser. Men programmeringen – om du vill förlänga detta till liv – kan sträcka sig in i liv som har programmerats in i detta barn, men de har ingen relevans. Om du skulle regrediera detta barn, skulle du gå tillbaka till programmerade minnesregister, men de skulle inte vara relevanta.

D: Är detta vad jag har identifierat som imprinting?

(För en tydligare definition av imprinting, se min bok *Between Death and Life*.) Detta är en process där minnesregister från andra liv kan implanteras i anden. Dessa är liv som individen inte har levt, men som ger nödvändig information för att möjliggöra funktion i denna värld. Alla minnen, inklusive känslor, ingår i denna process, och ingen (inklusive personen själv) skulle kunna avgöra om de är verkliga eller inte. Dessa är särskilt användbara om personen aldrig tidigare har haft några jordeliv. Om detta är deras första liv på denna planet.

R: Du kan säga det. Det är din tolkning. Detta är acceptabelt för oss.
D: Jag har arbetat med andra människor som kallade det imprinting. Det var i själva verket program av andra liv som de aldrig faktiskt hade levt.
R: Korrekt.
D: Så vi använder samma definitioner i alla fall.
R: Korrekt.
D: Jag vet att det är svårt för oss att förstå, eftersom jag har upptäckt att själen kan splittras i många olika aspekter. Det är det du talar om, eller hur?
R: Absolut.

(Detta koncept kommer att utvecklas vidare senare i denna bok.)

D: Jag har alltid fört människor tillbaka till relevanta och lämpliga livstider, så att de ska förstå vad som händer i deras nuvarande liv. Och du menar att detta inte skulle vara möjligt?
R: Det skulle inte vara relevant.
D: Okej. Eftersom vi alltid vill veta var själen har sitt ursprung. Och många av dessa människor har frivilligt kommit hit för att göra detta arbete.
R: Manifesterad, skapad, konstruerad.

Den Komplicerade Universum Bok Två

D: *Vilka är ni, de varelser som talar, när ni säger "vi"?*

R: Vi är en del av den skapande processen bakom den mänskliga formen. Människa, varelse: ursprunget bakom den skapande processen, fasaden av mänskligheten och planeten vi lever på. Vi är en del av den skapande avsikten. Vi är en del av energin bakom detta. Vi är här nu för att återupplysa dem som önskar förstå att det finns en annan existens. Det finns ett annat energiformat att röra sig mot. Det finns så väldigt få här som är redo att acceptera förändringarna och dess relevans. Förändring är så viktig vid denna tidpunkt. Mänskligheten befinner sig vid en punkt där de utsträcker ande och sinne till en sådan nivå att människans existens inte längre kan existera på denna energifrekvens. Detta är inte ett ingripande. Det är ett konstaterande av fakta. Det måste ske en förändring. Det måste finnas en förståelse. Men rörelsen framåt måste göras korrekt, med förståelse, med kunskap, med återfrekvens av de kroppar som är redo att göra det. Och genom att göra det kan de kommunicera och arbeta med dessa energinivåer. Dessa tankar och format är inte en del av den mänskliga processen. De är en del av de skapande ansträngningarna bakom hur människor blev skapade.

D: *Ja, jag kan förstå det, även om många andra inte kan det, eftersom jag har arbetat med detta så länge. Men jag har fått höra att det finns tiotusentals människor som har nått den nivå där de kommer att vara en del av denna förändring.*

R: Det finns många. Tiotusentals är dock väldigt få jämfört med de oräkneliga människorna på denna planet. Tiotusentals är korrekt. Du har rätt. Poängen är att det finns så väldigt få som faktiskt bär på energin bakom anledningen. Många lär sig anledningen, men att faktiskt förstå och tala sanningen bakom anledningen – det är anledningen till detta barn. Det är anledningen.

D: *Jag vet att det var många, många inblandade i detta, men de är omedvetna om det. Personen förstår inte vad som händer. Det sker dock ett uppvaknande. Fler blir medvetna om att något händer med jorden. – Men dessa var saker han ville veta om, vad som hände när han var tre år gammal.*

R: Barnet vet exakt vad som hände, så vi behöver inte ge ytterligare information om detta.
D: *Men han hade frågor om det.*
R: Barnet har alla svar. Han har alltid haft dem.

En minnesbild som hemsökt Robert sedan han var tre år gammal och som han aldrig kunnat förstå, var att han stod på en strand och tittade upp på en klippa. Han såg vad han uppfattade som sina "riktiga" föräldrar gå bort från honom uppe på klippan. Han var mycket upprörd, grät och skrek åt dem att komma tillbaka, att inte lämna honom där. När han mindes detta minne ur ett vuxet perspektiv, verkade det inte logiskt eftersom de personer han mindes och kallade sina "riktiga" föräldrar inte var hans biologiska föräldrar som uppfostrade honom. Det var därför han ville utforska det.

R: (Suckar) Vi är beredda att acceptera att barnet inte kommer att ges denna information. Du måste acceptera, och vi måste acceptera, att vid denna tidpunkt skulle det vara omöjligt att låta barnet få veta varifrån han har kommit. Det skulle inte låta honom leva och verka inom de dimensioner han befinner sig i. Det finns energifrekvenser som skulle vara helt oförenliga med den fysiska ramen han befinner sig i. Han arbetar mycket lite med dessa energier, men de påverkar honom djupt. Detta var valet. Detta var acceptansen när detta barn kom för att utföra detta arbete. De gränser som satts upp skapar en viss obalans eller deformation inom hans fysiska struktur. Detta måste accepteras. Inga korrigerande åtgärder kommer att vidtas, men de skulle ändå aldrig fungera fullt ut eller fysiskt. Hans kropp kommer att lida mycket på grund av den energi han bär på. Vi kan inte avslöja syftet bakom varifrån han har kommit. Den enkla anledningen är att energin han är, inte är samma energi och verklighet som den plats han har kommit ifrån. Detta skulle vara så förvirrande för människor att förstå sanningen.
D: *Men jag har fått höra att den fulla skapelseenergin aldrig kan träda in i en mänsklig kropp. Det skulle vara omöjligt. Så detta är bara en fragmentarisk del?*

R: Detta är ett fragment. Barnet har fått en del av sin verklighet.

D: *Men du menar att viss kunskap om vad som hände när han var tre år är farlig för honom att veta?*

R: Kunskapen om hans tidigare existens och energin han kom från, skulle inte vara förenlig med hans fysiska element. Han kan få denna kunskap när han är utanför sin fysiska form, men det är inte vid denna tidpunkt. Så han tillåts inte utforska det. Det är en del av smärtan han måste bära. Han visste det när han tog på sig detta arbete. Han, i sin energiform, visste att han inte skulle kunna kommunicera med livets energi från varifrån han kom. Det finns endast en portal som möjliggör detta. Vi såg ingångspunkten. Den enda gången denna ingångspunkt kan återinträdas är vid hans bortgång. När detta barn lämnar denna planet, kommer han att tas. Han kommer inte att gå igenom de normala kanalerna av parallell övergång, som skulle dra honom tillbaka till en icke-frekvens av acceptans. Som vi är väl medvetna om vid denna tidpunkt, när en jordisk ande går över till den fjärde dimensionen, finns det en tunnel. Och inom denna tunnel finns ett vackert ljus. Men inom detta ljus finns många upplevelser som kan dra en till spektrum av existens som inte är gynnsamma. De har skapats av lågfrekventa astrala energier. Barnet kommer inte att påverkas av dessa. Han kommer inte att behöva ta sig igenom dessa processer. Barnet har blivit återfödd i ljus och är nu väl medveten om det arbete han måste utföra. Han har blivit styrd mot detta arbete.

D: *Så du anser att det inte är lämpligt att fråga om hans nyfikenhet kring vad som hände när han var tre år?*

R: Nej. Sanningen finns där. Det som inträffade kommer att avslöjas vid den tidpunkt han tillåts minnas. Ingenting före den punkten kommer att ges, och det kommer aldrig att ges.

Jag var inte beredd att ge upp. Jag försökte igen att få åtminstone en liten mängd information för Robert.

D: *Han var bara nyfiken, på grund av sina minnen av att se sina verkliga föräldrar lämna honom.*

R: Verkliga energier lämnade i mänsklig form. I det ögonblick han var i en mänsklig form, skapade energierna en mänsklig form för honom att se, för dem att se, för dig att se, så att denna förändring kunde ske. Så att en anonym övergång kunde äga rum vid den tidpunkten.

D: Så det var bara något för honom att minnas?

R: Det stämmer.

D: Det skulle vara ett säkert minne.

R: Att han har kommit någonstans ifrån, och att det finns kärlek i överflöd att få – om och när hans arbete är slutfört. Och det är långt ifrån slutfört.

D: Ja, jag förstår. Men du vet att detta är svårt för människor, när de känner att de har blivit lämnade här. De känner sig mycket isolerade. Och de känner sig annorlunda än andra människor.

R: Tänk på att det du talar med vid denna tidpunkt är icke-fysiskt. Men den fysiska kroppen du ser vid denna tidpunkt är fysisk och lider mycket genom arbetet och missförståndet från dem han möter i sitt fysiska tankesystem.

Robert berättade att han som barn hade mycket hög feber och fysiska problem som läkarna inte kunde förklara. Han var nära döden flera gånger och tillbringade många dagar på sjukhuset medan de försökte kontrollera hans kroppstemperatur och förstå vad som hände med honom. Än idag har hans föräldrar aldrig fått någon förklaring.

R: Detta har att göra med övergången och transformeringen av nya energier som fokuseras. Det finns många människor som fungerar som förstoringsglas för energi. Detta barn är en av dem. Vad han är, är en kurator av energi, men han vidarebefordrar den. Han är en formaterare. Han är en förståare. Han är en transformator. Han är som en säkring som flyttar energi från en punkt till en annan. Han förstår det inte alltid. Detta har en stor påverkan på den fysiska mänskliga kroppen han bär. Han börjar förstå att mycket av denna energi inte är hans. Det är en delad energi. Det är en överföring från en portalpunkt, till en fysisk ingångspunkt, till en fysisk mänsklighet.

D: Och det var detta som orsakade febern och de fysiska problemen som hände under de tidiga åren?

R: Detta var en inlärningsprocess för att hantera energier. Detta var en punkt i hans liv där han var tvungen att vakna upp till vem han var. Annars skulle han ha lämnat denna planet. Det skulle inte ha funnits någon anledning för honom att vara här.

D: Så han var tvungen att anpassa sig till ... vad? En ökning av energin?

R: Antingen anpassa sig eller lämna! Faktum! Alternativ! Anpassa sig eller lämna! Det finns ingen annan relevans.

D: Så det skulle vara som en höjning i frekvenserna vid den tiden?

R: Ja, eller lämna! Gå bort från mänskligheten. Dra sig tillbaka. Och låta en annan energi utföra arbetet på rätt sätt.

D: Han sa att det var mycket traumatiskt, och att de inte kunde förstå vad som hände med honom.

R: Otroligt, för mycket för en fysisk energi att uthärda. Nästan bortom uthärdlighet. Barnet har mycket att uthärda bortom gränsen för vad som är möjligt. För att också kunna hantera energier på en fysisk nivå måste du tas till punkten där du inte längre kan gå vidare. Det anses vara den testade tiden. Det är att lära sig förstå att planeten är av fysisk natur. Detta barn har en enorm styrka långt utöver många andra. Han har ännu inte förstått den verkliga innebörden och syftet bakom vad han kommer att utföra. Det finns så mycket arbete att göra. Mycket av det kommer att utföras i den fysiska världen, men en stor del kommer att ske på de subliminala och supermedvetna nivåerna.

Rösten påverkade inspelningen. Den hade ett hest ljud genom hela sessionen, men nu blev det mer uttalat, som en elektronisk signal som började brytas upp. Vissa ord hade ett förvrängt och onaturligt ljud. Genom hela inspelningen lät min röst normal, endast hans var förvrängd. Jag märkte det inte under sessionen. Det blev bara uppenbart på inspelningen. Detta har hänt många gånger, att entiteten har påverkat min elektroniska utrustning på ett onaturligt sätt.

D: *Men han har nu anpassat sig. Han har inte längre feber och de andra smärtorna han hade tidigare.*
R: Han har nya smärtor. Detta är en misstolkning av energiöverföringar.
D: *Han sa att de var i ryggen och benen.*
R: Dessa är energipunkter för den nya energin.
D: *Så en annan upphöjning i energi sker?*
R: Det stämmer. Barnet har fått detta förklarat. Han accepterar det inte. Men han kommer att acceptera. Det är förväntat.

Robert gav plötsligt ifrån sig ett märkligt, gällt ljud, och hans kropp konvulserade och skakade. Det var oväntat och tog mig på sängen.

R: Ljud är det enda sättet att programmera och acceptera.

Detta var tydligen anledningen till det märkliga ljudet.

R: Ljud är en ny skapande programmering. Acceptera. Acceptera. Acceptera. Vi är beredda att acceptera att de nya ljudgränserna, som skapar en helande grund på denna planet, kommer att vara en formel för människor att acceptera den smärta de uthärdar. Detta barn arbetar nu med ljud. Ljud kommer att tillåta hans kropp att ompolarisera. Att återansluta. Att återlära sig hur man utvecklar gränserna för den energi som han bär. Barnet har detta på plats just nu.
D: *Med ljud, menar du den mänskliga rösten eller musik?*
R: Med musik. Barnet arbetar med musik. Sprider musik, sjunger och producerar musik. Han är också involverad i ljud. Med människor som arbetar med att justera ljud. Ljudresonanser, frekvenser, ljud, färg, utvidgningar.
D: *Det är mycket viktigt eftersom musikens frekvenser påverkar människokroppen. Det skulle vara bättre om han kunde göra dessa energiövergångar och frekvenshöjningar utan obehag för kroppen.*

Den Komplicerade Universum Bok Två

R: Ja, det skulle vara fördelaktigt, men kroppen känner inte sina begränsningar förrän de har uppnåtts. Det är poängen. Detta är en inlärningsprocess. För att den mänskliga kroppen ska förändras, måste man förstå att de element som mänskligheten valde, inte var att lära sig genom kärlek, utan genom ångest och energi. Och ångest och energi skapar en avyttring av oönskad energi, vilket i slutändan skapar smärta. Så smärta är inlärningspunkten. Smärta är utvecklingspunkten och utsträckningen till förståelse. Därför är smärta en del av lärandet.

Här förändrades Roberts röst och blev känslosam, nästan till gråtens gräns. Det som sades påverkade honom definitivt, och den mänskliga delen tog över entiteten.

R: Så därför är smärta den punkt där detta barn kommer att nå gränsen för sin uthållighet. Och då kommer han att ha förmågan att lära andra att göra detsamma.

Nu grät Robert. Jag försökte ignorera det snarare än att fokusera på det. På så sätt kunde jag få tillbaka entiteten och hålla Roberts känslor undertryckta. Dessutom är mitt arbete alltid att ta bort smärta, inte att rättfärdiga eller förlänga den.

D: Men vi vill verkligen inte ha smärta, eftersom smärta skapar obehag för kroppen.
R: Ja, korrekt. (Entiteten var tillbaka i kontroll.)
D: Så kan det göras på ett mycket enklare sätt?
R: Nej, inte i detta fall. Vad som behöver ske är detta: Hantera smärtans gräns. Han har valt detta element, denna frekvens, denna tvåtusenåriga cykel för att utvecklas genom energin av smärta till en ny kropps evolution. Det är så människan har valt att lära sig. Vi går nu in i en ny process av en kärleksfull miljö där smärta kommer att avlägsnas. Och kärlek kommer att tillåtas vara frekvensen av exponering när nya upplevelser kommer igenom. Vad som måste ske är en accelerationsprocess där människan tillåts transformera all den smärta han bär och avlägsna den. Så att

de nya elementära känslorna och sensationerna av kärlek kan föras in i den fjärde och tredje dimensionen. Detta är hur detta sker. Det visas genom denna cykel av erfarenhet, genom denna börda som detta barn bär.

(Denna förändring av den mänskliga kroppen för att kunna existera på den Nya Jorden kommer att utvecklas vidare senare i denna bok.)

D: *Är det kroppens DNA som påverkas?*
R: Absolut.
D: *Jag har hört detta från andra människor. Och de har sagt att det definitivt handlar om en höjning av frekvenserna.*
R: Ja, absolut.
D: *Men jag skulle vilja att det sker med mindre obehag för hans kropp.*

Jag var fast besluten att lindra obehaget i Roberts kropp, även om jag mötte ett enormt motstånd från den envisa entiteten.

R: Först lär du dig att smärtan inte är allt. När du lär dig mer, minskar smärtan gradvis. Smärta är inte nödvändigtvis funktionen av smärta. Smärta är den evolutionära processen av lärande. Om du lär dig mycket, uppstår smärta genom hjärnans funktion. Smärta uppstår genom att behöva arbeta hårt. Smärta uppstår genom att älska för mycket eller leva för mycket. Detta är de processer som människan har valt att utvecklas genom.
D: *Ja, det är en del av våra läxor.*
R: Människan ges nu en brytpunkt, men han behöver känna sina gränser. Han måste förstå att dessa brytpunkter är punkter av insikt. Man måste avlägsna det gamla för att kunna röra sig framåt med det nya. Det är rensningens tid. Vi måste arbeta med detta. Det måste finnas lärjungar för denna rensningstid. Detta barn är en av de sju lärjungarna vid denna tidpunkt, som utför det särskilda arbete han har valt att göra. Detta är den första du kommer att möta. Du kommer att möta fler. Du har nu arbetat med denna energi. Du kommer att attrahera denna energi igen. De

kanske inte är lika svåra att arbeta med som detta barn. Detta barn har blivit programmerat med element som inte kommer att tillåta honom att återvända till den plats han kom ifrån. Det var ljuskroppen han valde att komma in i. Ljuskropparna hos nästa barn du kommer att arbeta med, kommer att låta dig gå tillbaka till syftet bakom detta barn. Och energin de har kommit ifrån. Du kommer nu att möta en annan. Du kommer att dras till det, eftersom du kommer att vara intresserad av att veta vad som ligger bakom detta syfte. Men du kommer inte att få det denna gång.

D: *Jag vet att en del av syftet har att göra med skapandet av en ny värld och övergången till en annan dimension genom att förändra frekvensen och vibrationerna. Jag har fått den typen av information.*

R: Ja, det har du. Du kommer att fördjupa dig i detta spektrum av information. Kom ihåg att resonansen av den informationen kommer att låta dig resonera i många avseenden. Som du kommer att förstå, min kära dam som arbetar så hårt och väl, du bär väldigt lite av den erfarenhet du har. Och energin du bär i en icke-fysisk mening är den oerhörda kraften bakom det arbete du gör. Mitt barn, du ska tackas. Men din fysiska aspekt bär så lite, och det är inte vem du är som är viktigt, utan vad du bär med dig.

D: *Energin bakom allt detta.*

R: Det handlar inte bara om energierna, utan även om de energier som är kopplade till dessa energier. Det tar tid att samla in dessa parallella erfarenheter. Det är som fiskarna i ett fisknät när trålaren drar in nätet. Gradvis avslöjas fångsten när den dras in. Men styrkan måste först uppnås för att kunna dra in nätet. Så därför kommer tyngden av den kunskap som finns inom nätet endast att uppenbaras om och när individen eller uthålligheten har beviljats för det ändamålet. Du samlar in denna information. Du har en acceptans för vem du är och vad du är, mitt barn. Du har också en acceptans långt bortom det, eftersom du valde att komma och arbeta med det du arbetar med. Utanför dina fysiska element kommer du att få så mycket. Men inom dina fysiska element får du så lite. Faktum är att du får väldigt lite tacksamhet i förhållande till allt du gör på så många olika nivåer. Men den lilla tacksamhet du får är sann tacksamhet. Det som väntar dig, den verkliga sanningen, ligger bakom dig, i det du har lämnat. På samma sätt som för detta barn. Ni kommer alla från samma syfte. Vi förstår alla detta. Denna spiral av medvetande har spiralat från en annan spiral, som i sin tur har spiralat från en annan spiral, och detta är en process som fortsätter. Det är en förlängning av en process som inte går att förstå inom de dimensioner ni befinner er i. Men ni får mer än vad ni har fått tidigare. Ni får nu förmågan att förstå, om det betyder något för dig.

D: *Min roll är att försöka hjälpa andra att förstå det och presentera det på ett sätt som de kan ta till sig och acceptera.*

R: Du säger så många ord som i detta ögonblick har väldigt lite betydelse. Men resonansen bakom dessa ord är den verkliga innebörden. En förlängning av vad denna energi är. Det finns många visioner och möjligheter vi ser när du talar, men du kan inte tala om dem. Men vad du faktiskt gör med orden, är att transformera och transportera denna energi till dessa människor. Så deras cellulära struktur behåller och absorberar en energi som är fördelaktig för dem, vilket gör det möjligt för dem att röra sig framåt. Det finns så många människor som gör så lite. Och det finns många människor som gör oerhört mycket.

D: *Så detta kommer att resonera hos dem på en annan nivå, bortom det de faktiskt läser i böckerna?*

R: Absolut, mitt barn. Dina böcker bär på en resonans. De behöver bara äga dem för att bära resonansen, informationen och energin de innehåller.

D: *Så människor kommer att få ut mer än vad de faktiskt gör av att bara läsa orden på sidan?*

R: De kommer att känna inspirationen. De kommer att röra vid böckerna och känna behovet av att det finns något inom den boken. Och det kan vara en enda mening. Det kan vara en idé, en intuition, en förlängning. Det kan vara det enkla faktum att de hör något, vilket kommer att förlänga en helt ny frekvens av tankemönster för dem. Detta kommer att göra det möjligt för dem att transformera och acceptera en helt ny spiral av information. Det är detta det handlar om. Du, vi, är de nya kraftens kuratorer.

Den Komplicerade Universum Bok Två

Och kraften är inte vart ni är på väg, det är varifrån ni har kommit. Det är dags att avsluta för många. Och det är dags att börja för många andra. Det är dags för en evolutionär förändring. En cykel har börjat.

D: *Det är vad jag har hört, att inte alla kommer att genomgå denna övergång.*

R: Det stämmer. De som är redo för den, kommer att vara de som åtminstone kan förstå tio procent av vart de är på väg. De måste förtjäna den rätten.

D: *De andra kommer inte att förstå vad som händer och de kommer att vara mycket förvirrade.*

R: De kan, under de sista fem minuterna av sin existens, bli överförda eller få information på sin fysiska nivå, så att de kan gå vidare. Och de kommer att ha arbetat på en subliminal nivå. I de sista ögonblicken av deras liv kommer de att få den kunskapen på en fysisk nivå. Så därför kommer de att ha energin att ta steget över. Och genom undervisningen kommer de att förstå att när de går ner i kunskapens tunnel, när de övergår från en existens till en annan, kommer de inte att gå in i den fjärde dimensionen. De kommer att återvända till den energipunkt därifrån de en gång bröt sig loss.

D: *Vad händer med de människor som vägrar att förstå?*

R: Återigen, valfriheten är människans jämlikhet.

D: *Det är sant. Vi har fri vilja.*

R: Det stämmer.

D: *Då kommer de inte att gå vidare i övergången.*

R: Inte denna gång! Tiden är den avgörande faktorn för din frekvens.

D: *Ja, jag vet att tid är en illusion, men vi är fångade i den. Vi måste använda den.*

R: I deras upplevelse kommer det att vara deras tid. I din upplevelse kommer det att vara ingenting. Du, som har gått över till en annan existens, kommer att vara den som väntar på att samla ihop din flock, så att flocken sedan kan röra sig vidare till andra betesmarker. Om vi ska acceptera att de gudomliga gnistorna av mänskligt medvetande har brutit sig loss från en nivå, om detta ska accepteras, har ni gudomligt brutit er loss till gnistor av individualism. Ni arbetar och utvecklas då på ett medvetandetillstånd. När ni har utvecklats i detta medvetande har ni skapat en densitetsfrekvens på denna planet. Densitetsfrekvenser av energikunskap bakom denna planet. Livet, döden, livet, döden. Densitetsfrekvensen, karman, informationen som omger detta. När du lämnar denna plats och går tillbaka till din multidimensionella singularfrekvens, kommer du att vänta på att flocken åter samlas. Detta kan ta årtusenden. Men poängen är att när du väntar på att flocken ska samlas, befinner du dig i ett tillstånd av total kärlek och acceptans. Du kommer att få exakt det du behöver för att njuta av vad du är.

D: *Ja, jag har hört att det är mycket vackert. Det kommer att vara helt annorlunda. Först tyckte jag att det var ganska grymt att de andra inte skulle gå samtidigt. Att de skulle bli kvarlämnade.*

R: Det är inte alls så. Det är inte som att du måste lämna kroppar bakom dig, som barnet har upplevt och upplever nu, den känslomässiga förlängningen av att lämna en fysisk familj. Vad han faktiskt har lämnat är en fysisk familj från den dimension han kom från. Han saknar kärleken. Han inser också att han inte kan återvända dit. Han har kommit och gått i årtusenden för att förstå hur planeten fungerar. Denna gång har han valt, eller fått valet, att komma och arbeta med planeten. Att transformera och samla tillbaka flocken. Om vi ska sätta detta i ett tankemönster, är detta barn en lärjunge av ny kunskap. Detta barn bör äras för den information som har givits genom denna röst. Barnet arbetar inte inom karma. Han har klivit bort från de energetiska frekvenserna av den karmiska spiralen och tredje och fjärde dimensionerna.

D: *För du vet att med karma kan man fastna i den jordiska frekvensen.*

R: Du talar nu till ett icke-karmiskt inflytande. Ta bort alla tankenivåer om det. Lyft dig över det.

D: *Så han är här bara för att tjäna detta syfte. Och sedan kommer han att återvända till den dimension han kom ifrån.*

R: Det stämmer. Han kommer att leva ett normalt mänskligt liv. Och under det mänskliga livet kommer han att utföra sitt syfte, men han har påverkan omkring sig. Han kan dras in i en tredimensionell existens.

D: *Ja, det är mycket svårt att leva i denna värld och inte dras in i det.*

Den Komplicerade Universum Bok Två

R: Och om han dras in i en tredimensionell existens, kommer han att dras ut igen.

D: *För det är så karma skapas. Vi är här för att lära oss läxor.*

R: (Han avbröt.) Vi blir irriterade över detta ämne. Karma har inget inflytande här i denna situation. Vi vill inte vara oartiga mot dig. Kan vi ta detta vidare någon annanstans?

D: *Okej. Jag ville bara klargöra det för hans skull, eftersom han var orolig över det.*

R: Klargörande accepterat. Barnet känner till alla svar.

D: *Men hans medvetna sinne gör det inte. Vi försöker förmedla det till det medvetna sinnet.*

R: Tack för att du arbetar med hans medvetna sinne. Du skulle göra bättre i att arbeta med den information du behöver. Barnet har alla svar. Du behöver inte ställa dessa frågor. Alla frågor som han har ställt, har han redan information om. Du kommer att arbeta från samma plats. Du har blivit tillsagd att du kommer att arbeta med dessa människor. Det kommer så småningom att ske för dig. Det måste ske. Det måste väntas på. Det kommer att ske i sinom tid.

D: *De andra människor jag har arbetat med, som vi kallar "stjärnbarn" eller de som kommer in nu, har inte lika stora svårigheter som Robert har.*

R: Vi upprepar gammal information, men jag ska förklara igen: (Han verkade irriterad) vid denna tidpunkt är övergångsperioden mellan kärleksfrekvens och mänskligt tankemönster energiupplevelse utdragen genom smärta. Punkten där det finns en övergångspunkt, där människan kan röra sig från smärtans evolutionära lärande till kärlekens evolutionära lärande, måste demonstreras av exempel. Det måste visas vägen att röra sig och tippa över från en punkt till en annan. Det enda sättet någon kan göra detta är genom att nå den punkten. Och lära sig att gå från spiralens yttersta punkt till nästa nivå av uttryck. Så därför måste de lärjungar som kommer igenom förstå var den punkten är. Stegpunkt. Punkten där du möts på bron. Punkten där du förstår att det är dags att älska. (Med eftertryck) Är detta tydligt?

Den Komplicerade Universum Bok Två

D: Ja. Jag tror att de andra jag har pratat med förmodligen inte är av samma frekvens. Men de har också frivilligt valt att komma och hjälpa världen.

R: De arbetar på nivåfrekvenser som rör sig mot denna punkt. Detta innebär inte att denna energifrekvens är högre eller lägre. De är en del av stegen. De är en del av trappstegen upp till punkten på toppen av pyramiden. Toppen av pyramiden är den punkt där barnet sedan är redo att återportaliseras. Förlängningen av den existerande andliga sträckningen av sinnet kommer att ske vid den punkt där de får lov att återförlänga sig själva tillbaka till syftet varifrån de kom. Sedan kommer de att söka efter en ny upplevelse när flocken har samlats igen.

D: Men du vet hur svårt det här kommer att vara för den vanliga personen att förstå.

R: Den vanliga människan har tid på sin sida, men tiden accelererar. Därför accelererar denna förlängning. Därför accelererar förväntan. Därför accelererar DNA-omstruktureringen. Därför accelererar vibrationsfrekvensen. Allt accelererar. Så smärtan kommer också att accelerera och sträckas ut till en viss punkt. Smärta är återigen inte bara smärta i form av blod. Det är också smärta i relation till varje evolutionärt syfte som är planerat. Människans uthållighet i evolution och utveckling.

D: Jag har fått höra att vi arbetar av mycket mer karma mycket snabbare, eftersom vi försöker anpassa oss till dessa frekvenser och lämna.

R: Det stämmer. Vi laddar ner nuvarande information, energitankemönster, som har funnits hos oss i många årtusenden. Det finns nu en punkt där människor får lov att ladda ner, rensa ut och ges möjligheten att kliva ur den karmiska cykeln. I det ögonblick de kan kliva ut ur påverkan av den karmiska cykeln, kan de sedan arbeta med informationsspiralen som tillåter dem att kliva ut, av, och tillbaka till den frekvens varifrån de har kommit. Förenklad förklaring. Inte lätt att arbeta med. Kommer att fungera. Och kommer att fungera.

Han lät irriterad eftersom han var tvungen att förklara det enkelt och sätta det i ord som jag kunde förstå, men det började äntligen bli lite mer begripligt.

D: *Jag har fått höra att många av dessa saker är mycket svåra för våra sinnen att förstå. Det är därför vi inte har fått denna information tidigare.*

R: Accepterat.

D: *Att det fysiska mänskliga sinnet helt enkelt inte har kapaciteten.*

R: Det stämmer.

D: *Så jag har alltid fått höra att presentera informationen på ett sätt som människor kan förstå.*

R: Det är korrekt. Och du gör det.

D: *Men informationen du ger är mycket mer komplicerad.*

R: Det stämmer, eftersom du ber om svaren.

D: *Men jag tror att det fortfarande kommer att vara svårt för vissa människor att förstå det. Det är problemet.*

R: Människorna, vid denna tidpunkt, kommer att förstå det. Eftersom deras evolutionära syfte, deras kroppsliga energifrekvens, kommer att tillåta detta syfte att accepteras. Detta är den punkt vi gör. Vi har nu skickat sju lärjungar till denna planet. Två förlänger, två sträcker sig. Det kommer att finnas en trea, och det kommer att finnas en fyra. De kommer alla att mötas vid någon tidpunkt. Men de tre kommer inte att känna till de fyra, och de fyra kommer inte att känna till de tre. Den första som har mött en har inträffat. De första av tre är vid punkten där de möjligen kan mötas.

D: *Men de kommer aldrig att möta de andra fyra.*

R: Det stämmer.

D: *De kommer att arbeta i olika områden?*

R: Det stämmer.

D: *Men jag kommer att stöta på några av dem?*

R: Det kommer du. Och när du stöter på dem, får du inte nämna en för den andra, i en fysisk mening. Du kan tala subliminalt, men du får inte tala på en fysisk nivå. Det kommer att störa energierna. Eftersom de bär samma energier, men de använder olika formler. Kom ihåg att den etniska bakgrunden är olika. De bär olika energier. Därför är de södra, östra, västra och norra hemisfäriska energierna inte helt förenliga med varandra på planeten. Så därför får du inte nämna dem.

D: *Så de kommer att vara av olika raser och kulturer.*

R: Olika kulturer skulle vara bättre än olika raser. De kan mycket väl tala samma språk, men de kulturella broarna kommer att vara olika.

D: *Men när jag möter dem, kommer jag att veta det?*

R: Det kommer du.

D: *Kommer jag att veta det på detta sätt, i trance?*

R: Du kommer att veta det omedelbart.

D: *Eftersom det är här jag vanligtvis får min information.*

R: Helt korrekt. Därför kommer du att veta det omedelbart när du möter en av de andra. Du kommer att veta det subliminalt innan det ens sker.

D: *Och jag ska inte koppla ihop dem. De ska inte sättas i kontakt med varandra.*

R: Det stämmer. Om du inte får besked om det.

D: *Jag har fått höra samma sak om annan information. Jag har funnit människor som arbetar med samma uppfinningar. Och jag fick höra att jag inte skulle låta dem veta om varandra vid denna tidpunkt.*

R: Det stämmer. Energier stör andra energier. Det du har är en koppling via en subliminal tankestruktur, som är ansluten genom en energispiral. Om du kopplar en till den andra, kan du smälta samman de två och späda ut informationen. Du vet exakt vad som sägs, så därför skulle utspädning inte vara gynnsamt för tankestrukturens syfte bakom energin. Därför skulle det skapa förvirring att introducera en till en annan som gör samma arbete. Kom ihåg att när en uppfinning är redo att ske, måste den ske på många olika sätt. Så därför är energin redo på en subliminal nivå. Så när det medvetna accepterandet kommer, finns det subliminala redan där. Så det passar in.

D: *Jag mötte en man i Kalifornien, och sedan på andra sidan världen i Australien mötte jag en annan man som arbetade med samma uppfinning. Och jag fick höra i detta tillstånd att det skulle vara*

Den Komplicerade Universum Bok Två

som två vågor i havet som rör sig på egen hand, men om de skulle sammanfogas skulle det bara bli en våg, och den skulle förlora sin – vad? – sin energi eller sin styrka.

R: Det stämmer. Det är en utmärkt analogi i förhållande till dina tredimensionella termer. Du kommer också, mycket snart, om du inte redan gör det, att arbeta med total ljudresonans.

D: *Jag har mött människor som arbetar inom sjukvården och försöker introducera naturlig healing.*

R: Du kommer att förlänga ditt sinne till denna tanke ytterligare. Du får just nu en proportion av energi överförd till dig. Du kommer att kunna skriva om detta. Det kommer att fungera med dig snart.

D: *Jag har haft andra klienter som berättar att de vill arbeta med ljud och färg. Detta kommer att vara den nya healingen.*

R: Färg kommer före ljud.

D: *Före ljud?*

R: Färg kommer före ljud. Färg resonerar med ljud. Och det resonerar med energi. Sedan resonerar det med tankestrukturens frekvens. Färg kommer först. Färgspektrumet resonerar med ljud. Ljudspektrumet resonerar med färg.

D: *Så det fungerar tillsammans?*

R: Det fungerar i total förlängning och utsträckning. Det vi inte arbetar med vid denna tidpunkt är förståelsen av att varje fragment, varje elementär frekvens i den fysiska kroppen, resonerar på en viss ljudnivå. DNA, cellstrukturen, allt fungerar med ljudresonanser. Det är därför vi programmeras med en helt ny DNA-struktur. Så därför kan ljudresonanser skyddas och projiceras till den mänskliga tankestrukturen. "Så vi kommer att kunna acceptera nya frekvenser?" Och dessa överförs via ljud. Via ljud från sädescirklar, via imprintningar, via mötesintonationer, via ljudfrekvenser. Alla dessa är intonationer av ljud och färg. Och de kommer i en mycket större och mer riklig form vid denna tidpunkt. Vi får också kunskap introducerad på en tredimensionell nivå. Hur man förstår och arbetar med detta. Så att mänskliga sjukdomar kan manifesteras och omvandlas till en mer positiv form, snarare än att bara leva och dö med dessa sjukdomar, och lära sig vilka energier dessa sjukdomar bär. Sjukdomar är information. Men om kroppen inte har informationen från denna sjukdom, skapar kroppen sin egen undergång. Det är ett mycket intressant koncept att tänka att en sjukdom faktiskt är en viktig energi, inte en negativ energi.

D: *Jag fick också höra att kroppen kommer att bli mer motståndskraftig mot olika sjukdomar.*

R: Kroppen kommer att bli motståndskraftig mot olika sjukdomar, men bara om tankestrukturens skapande syfte bakom kroppen är redo att bli motståndskraftigt. Om tankestrukturens skapande syfte inom kroppen är totalt tredimensionellt, kommer sjukdomarna att utvecklas enligt sin normala bana. Om inte en introduktion av nya nivåer sker.

D: *Jag fick höra att de försöker göra kroppen mer motståndskraftig, och även öka livslängden.*

R: Det är helt korrekt.

D: *För vi går in i en helt annan dimension, en frekvens, än vi någonsin har gjort tidigare.*

R: Ja, det stämmer. Vi har aldrig någonsin, inom en mänsklig referensram, rört oss ett dugg längre från den här tidpunkten. Det här är första gången. Du inser inte vikten av den här nya arbetsnivån. Det här är första gången det här har introducerats på planeten jorden på de här nivåerna.

D: *Är det därför jag har fått höra att hela universum tittar på för att se vad som kommer att hända?*

R: Det stämmer.

D: *Men först måste vi ta oss igenom denna nuvarande tid.*

R: Det stämmer.

D: *Det är därför det kallas "Tidsåldern av svårigheter". (Så kallat av Nostradamus i mina böcker om hans profetior.)*

R: Tidsåldern av svårigheter är i grunden världens karma som når en punkt där den transducerar sig själv. Världen är en levande, andandes entitet, liksom allt som skapar sig självt inom världen. Mänskligheten är bara en loppa på världens salva. Vi är alla en del av övergången, syftet. En helt ny energi kommer att förlängas till planetsystemet. Många av planeterna är här för att hjälpa. De är inte här för att genomdriva eller övervaka. De är här för att hjälpa.

D: Jag tror på det, eftersom jag har fått höra det av många andra. Och jag vet också att planeten är en levande entitet, eftersom dessa är koncept jag också har fått. Så du bekräftar bara en del av den information jag redan har fått.
R: Helt korrekt. Det finns så mycket mer som kommer att komma till dig. Du förtjänar så mycket, på grund av det arbete du har utfört. De välsignelser du kommer att få är välsignelser av total kärlek.

D: Är det då tillåtet att jag använder den information vi har fått idag?
R: Absolut. Denna information tillhör folket. Det är inte information som tillhör en individ. Och Robert kommer att förstå att smärtan är en del av det arbete han har valt att utföra. Dessa smärtor, när de väl förstås, kommer att vara acceptabla, uthärdliga. Arbetet han måste göra ligger bakom smärtan. Och smärtan ligger bakom arbetet han måste göra. De är alla en del av åtagandet. De är alla en del av den skapande processen bakom uppdraget och den energi barnet har valt att arbeta med. Det kan aldrig störas. Han har fått höra detta. Det finns också ett annat syfte som behöver förlängas till dig i detta ögonblick, eftersom du nu är på väg att stöta på detta.

D: Vad är det?
R: Du har fått information ikväll angående en helt ny form av övergång för människan. Detta är syftet bakom vissa människor som kommer att vara helt annorlunda än vad du är van vid. Det som faktiskt sker just nu är att det finns människor som är här på en fysisk nivå, men de bär en själsimpregnering som aldrig kan avläsas. Detta barn som sitter här idag kan inte avläsas på en psykisk nivå, på en pendelnivå, på någon nivå alls kan barnet inte avläsas. För vi vet mycket väl på denna planet att när du blir avläst kan du bli inställd på och störd. Denna frekvensnivå har tagits bort. Han kan inte avläsas. Så om du försöker läsa in i honom på en intuitiv nivå, kommer du att få ett annat miljömässigt syfte bakom. Du kommer inte personligen att påverkas, Dolores, eftersom du är på en nivå av evolutionärt syfte. Din ljuskroppsnivå är en av skönhet och kärlek. De som inte verkar på den nivån, kommer inte att kunna ställa in sig på honom, och många andra som arbetar med detta. Nu kommer du att börja förstå att det finns

två skillnader här. Det finns de som kan avläsas och de som inte kan.

D: *Det är en form av skydd.*

R: Det stämmer. Ett subliminalt skydd som har ordinerats. Så vad som faktiskt händer är att detta barn inte är involverat i den karmiska evolutionära processen.

D: *Det är viktigt att han är skyddad.*

R: Det är viktigt. Han har blivit skyddad. Detta är också en lärdom för dig ikväll, eftersom jag tror att du kommer att börja uppleva mer av detta syfte, eftersom du har bjudit in denna energi till dig. Och energin har bjudit in sig själv.

D: *Och jag kommer att träffa fler personer av denna typ.*

R: Ja, det kommer du. Bli inte förvånad.

När vi närmade oss slutet av sessionen tackade jag entiteten för informationen och bad den att dra sig tillbaka. Han svarade med de där klappande ljuden. Robert återorienterades sedan och återfördes till full medvetenhet.

Ett intressant fall av en stilig ung man som tillverkade skåp för sitt levebröd. I sitt medvetna tillstånd fanns det absolut inga indikationer på vad som låg precis under ytan av hans personlighet.

Naturligtvis var mycket av det han sa förvirrande och svårbegripligt eftersom det var svårt att förstå och greppa, särskilt på grund av hur entiteten använde det engelska språket. Men en sak visade sig vara sann. Han sa att det fanns sju lärjungar utspridda över världen. Dessa var speciella personer som hade skickats till denna värld. De vibrerade på en annan frekvens, de var inte bundna av karma och hade ett specifikt syfte. Han sa att jag just hade mött en av de sju, och att jag skulle möta en annan. De skulle bo i olika länder och ha olika kulturella bakgrunder. Den viktigaste uppmaningen var att jag inte skulle låta dem få kontakt med varandra. Förvånansvärt och oväntat skedde detta några veckor senare, efter att jag återvänt till USA. Jag träffade en annan lärjunge medan jag höll min hypnosklass i Fayetteville, Arkansas. Jag har ingen aning om jag kommer att få träffa alla sju, eller om jag bara skulle veta att de existerade. Kanske skulle den kunskapen vara tillräcklig. Men han hade rätt – de är placerade på olika kontinenter och har olika kulturella bakgrunder.

Jag har träffat många människor som, genom trance och utan deras medvetna vetskap, har berättat att de har kommit till jorden vid denna tidpunkt för att hjälpa mänskligheten att gå igenom de kommande förändringarna. Men tydligen är dessa sju av en ännu annorlunda vibration och på ett annat uppdrag.

Kapitel 14
AVANCERADE VARELSER

DENNA SESSION VAR ett perfeckt exempel på att "de" fortsatte att komma genom många av mina klienter, ofta under ovanliga och oväntade omständigheter. Detta fall var verkligen oväntat. Jag hade återvänt från England bara några veckor tidigare. Där, under en session med Robert i Glastonbury, sa "de" att jag hade träffat en av de speciella personerna som hade frivilligt anmält sig eller blivit skickade för att hjälpa till med de förändringar som pågår i världen idag. De sa att det fanns sju av dessa speciella personer eller lärjungar, och att jag hade träffat en av dem när jag arbetade med Robert. Och att jag snart skulle träffa en annan. Men jag varnades för att inte låta dem få kontakt med varandra. De skulle fortsätta på sina egna vägar, även om de fysiskt befann sig på olika sidor av världen. Jag anade inte att jag skulle upptäcka den andra bara några veckor senare, och dessutom under långt ifrån normala omständigheter.

"De" hade varnat mig under hela 2002 för att jag reste för mycket i samband med föreläsningar på konferenser och mässor. Under den mest intensiva perioden av mitt arbete, mellan 2001 och 2002, var jag på ett flygplan varje vecka och föreläste över hela världen. Det var inte ovanligt att jag besökte två eller tre olika städer på en vecka innan jag återvände hem, bara för att snart ge mig av igen. Jag började känna av stressen, så jag visste att de hade rätt. De sa att jag inte behövde resa lika mycket som jag gjort tidigare. Mina böcker kunde nu stå på egna ben. Energin fanns redan där, och den skulle eskalera. De ville att jag skulle skriva mer och undervisa mer i min hypnosmetod. De sa att den skulle bli framtidens terapi. Jag svarade att jag fortfarande skulle behöva resa för att undervisa, men de sa: "Låt dem komma till dig." Och förvånansvärt nog var det precis vad som hände. Jag började hålla mina kurser i grannstaden Fayetteville i Arkansas, och folk började komma från hela världen för att lära sig tekniken.

I mitten av augusti 2002 höll jag en ny hypnosutbildning i den närliggande staden. Jag håller mina klasser små för att det ska finnas mer interaktion och personlig inblandning, vilket gör det lättare att förstå min teknik. Jag hade inte hållit så många kurser ännu, så jag höll fortfarande på att utforma strukturen för hur de skulle genomföras. Under de tidigare kurserna hade jag låtit eleverna (som redan var utbildade hypnotisörer) öva på varandra under den sista dagen. Vid denna kurs bestämde jag mig för att prova något annorlunda, eftersom jag märkte att även om jag hade lärt ut min teknik, hade de inte haft tillräckligt med tid att studera den. De skulle behöva göra det när de återvände till sina egna praktiker. Tidigare hade effekterna blivit begränsade eftersom tekniken var obekant för dem. Så i slutet av den andra utbildningsdagen diskuterade jag detta med klassen. De kom alla överens om att de hellre ville se mig göra en demonstration på en av eleverna, så att de kunde observera. De trodde att detta skulle vara mer effektivt. Självklart satte det mig i en utsatt position som lärare. Även om jag har stor framgång med min teknik, skulle detta ske under annorlunda omständigheter – en sorts guldfiskakvarium-situation där alla tittade på. Vad skulle hända om ämnet blev nervöst eller självmedvetet av att vara i centrum och motstod att gå in i trance? Jag skulle behöva arbeta hårdare i så fall, så jag var orolig för om det skulle fungera. Flera personer ville frivilligt vara försöksperson. Lösningen blev att låta alla lägga sina namn i en låda, och jag skulle välja en person att göra demonstrationen på nästa morgon. Jag rotade bland lapparna, och ett papper verkade flyga upp och fastna i min hand. Det var Estelle.

Hon var en sista minuten-student. Jag kommer inte att berätta var hon kom ifrån av skäl som snart kommer att bli uppenbara. Jag höll en föreläsning vid en konferens, och två personer ville ta min kurs veckan därpå. Jag hade redan det antal studenter jag önskade för klassen, så jag visste inte om det skulle finnas plats. När jag ringde mitt kontor fick jag veta att två personer hade avbokat i sista minuten, så jag berättade för Estelle att det fanns plats om hon var intresserad.

Den Komplicerade Universum Bok Två

Eftersom hon bestämde sig i sista minuten, var hon tvungen att betala mer för sin flygbiljett. Först var hon tveksam till att komma, men bestämde sig för att möjligheten hade presenterats av en anledning och att det var värt kostnaden. Hon var också förvånad över hur lätt hennes chef gick med på att ge henne några dagars ledighet. Senare sa hon att hon verkligen hade velat ha en session, så hon var inte förvånad över att hennes namn valdes.

En av eleverna hade ett hotellrum som mer liknade en svit, så vi bestämde oss för att träffas där på morgonen efter att först ha samlats i klassrummet. Några av männen bar extra stolar, och rummet var mycket trångt. Det var tio studenter, min assistent och jag, vilket innebar att tolv personer var samlade i det lilla hotellrummet. Under natten hade jag extra bekymmer eftersom Estelle hade en accent, och jag har ibland svårt att förstå accenter när klienten är i trance. När de är i ett djupt tillstånd blir deras röst mjuk och otydlig. Jag hade verkligen problem när jag höll sessioner i Hongkong och Singapore, men till slut vande jag mig vid de olika accenterna. Alla dessa tankar snurrade i mitt huvud medan vi gjorde oss redo att börja. Jag hade inte behövt oroa mig, eftersom "de" låg långt före mig och skulle hantera allt.

Rummet var mycket trångt, med elever som satt i soffan, på alla tillgängliga stolar och på golvet. Estelle låg på dubbelsängen, och jag bad alla att vara så tysta som möjligt medan jag började. Jag var inte medveten om att märkliga saker redan hände förrän sessionen var över, men "de" hade redan tagit över. Eftersom jag normalt inte spelar in induktionen, låg mikrofonen på sängbordet bredvid bandspelaren. Jag använder en handhållen mikrofon eftersom jag håller den nära klientens mun. Deras röst kan bli mycket svag under djup trance, och på det här sättet är jag säker på att fånga orden på bandet. Andra använder kavajmikrofoner, men det här är hur jag alltid har spelat in mina sessioner. Den här typen av mikrofon kan styras genom att trycka på en knapp, så bandspelaren startar inte förrän jag tar upp mikrofonen och sätter på den. Mer om detta senare.

Jag började induktionen och hon föll omedelbart ner i trance. Så min första rädsla var obefogad. Hon brydde sig inte alls om antalet personer i rummet. De utgjorde ingen distraktion. I min teknik brukar

Den Komplicerade Universum Bok Två

jag låta personen föreställa sig en plats som jag kallar en vacker plats, en plats där det inte finns några bekymmer eller problem. Jag låter dem välja den plats de anser vara den vackraste och mest fridfulla. Därifrån tar resten av tekniken dem till ett tidigare liv, vilket var målet med demonstrationen. Men Estelle väntade inte på att jag skulle avsluta hela induktionen. Detta händer ibland, och jag är så van vid det att jag känner igen det direkt genom deras beskrivning av den vackra platsen. Den lät inte som den vanliga perfekta platsen. Faktum är att den inte ens lät jordisk.

E: Det är en plats där det finns många exotiska blommor och olika färger. Vinden blåser. Jag känner brisen. Det finns många kristaller där. Många generatorer. Fåglar flyger, jag kan se deras olika färger.

Det var då jag insåg att hon inte talade om jorden. Hon hade gått före mig och upplevde redan något, någonstans. Jag grep mikrofonen från bordet och slog på bandspelaren. Atmosfären i det trånga rummet var spänd. Ingen gjorde något ljud, men alla visste instinktivt att något ovanligt redan hände. Särskilt eftersom jag inte ens fick slutföra hela induktionen som jag undervisat dem i. Det var onödigt.

D: *Vad menar du med kristaller och generatorer?*
E: Stora kristaller som kommer upp ur marken. Och de är höga, ungefär en meter eller en och en halv meter höga. De har en spets längst upp.
D: *Varför kallade du dem generatorer?*
E: De genererar energi.
D: *Finns det något annat runt omkring?*
E: Färgen på marken. Färgen är grön, men det är inte gräs som vi känner till det. Det är något liknande gräs. Men det är grönt och täcker marken.
D: *Och dessa kristaller kommer ut ur det?*
E: Ja, och de är strategiskt placerade för att generera energi i det området.
D: *Vilket område är detta?*

E: Det är en plats långt borta. Jag vill säga ... en annan galax?
D: Finns det några byggnader?
E: Nej. Det är ett område som är särskilt avsett för att åka dit och ladda energi och samtidigt slappna av och känna frid.
D: Så det är en plats där människor inte bor hela tiden, menar du?
E: Precis.
D: Det är som att åka till en semesterort? Du åker dit specifikt för att ladda energi och koppla av.
E: Det är korrekt.
D: Vilka är det som åker dit för att ladda energi?
E: Det är alla möjliga olika typer av varelser som åker dit.

Detta var tydligen anledningen till att hon omedvetet valde denna plats som sin vackra plats. Vissa människor ser platser där de minns att de semestrat, som var mycket speciella för dem.

E: Så snart de blir medvetna om den kan de projicera sig själva dit.
D: Åh, de projicerar sig själva dit utan att åka i ett farkost?
E: Det är korrekt. Vem som helst kan projicera sig dit om de ansluter sig till platsen eller blir medvetna om den. Man stannar där en stund, inte för länge. Bara tillräckligt för att känna energin och uppnå en känsla av frid och lugn, så att man kan återvända till var man än var. Och fortsätta med vad det än var man gjorde.
D: Går du dit i en fysisk kropp?
E: Du kan gå dit i en fysisk kropp, eller så kan du projicera din energi dit.
D: När du är där, ser du ut som i din fysiska form ... som någon typ av kropp?
E: Vissa varelser gör det. De kan visa sig i sin form. Det är en plats där alla är välkomna.
D: Och du åker dit ofta?
E: Ja. Jag tycker mycket om platsen. Den ger mig en känsla av frid och medvetenhet.
D: Och sedan måste du återvända till platsen där du utför ditt arbete?
E: Det är korrekt.

D: *När du återvänder från denna vackra plats och projicerar dig tillbaka till där du gör ditt arbete, hur ser den platsen ut?*
E: Arbetet utförs samtidigt på jorden. Och arbetet görs också på en avlägsen plats, på vad du skulle kalla en bas. Det utförs i många galaxer, många dimensioner. Men hemmabasen just nu är jorden.
D: *Så du gör båda sakerna samtidigt, menar du?*
E: Det är korrekt.
D: *När du gör det på jorden, hur ser den platsen ut?*
E: Det är en plats där du interagerar med många varelser, precis som du gör i det heliga rummet. Du känner igen många andra genom att titta in i deras ögon. Du känner igen dem genom att ansluta dig till deras energier. Och trots alla masker de bär, blir du medveten om vilka de är. Du ser djupt in i dem och känner igen deras energi.
D: *Är detta något som den genomsnittliga personen inte skulle känna till?*
E: Många känner till detta. Och många andra är medvetna om det, men inte på ett medvetet plan.
D: *När du arbetar på jorden, hur ser din kropp ut?*
E: När jag arbetar på jorden ser min kropp ut som de flesta människors. Den antar en mänsklig form. Men det är som en mask jag bär. Jag projicerar den så att andra ser vad de är vana vid att se.
D: *Den vanliga fysiska formen?*
E: Det är korrekt.
D: *Är detta Estelles mask?*
E: Det är korrekt.

Det var intressant för mig att upptäcka att definitionen av person/personlighet är mask. Härstammande från latin: persona. Bokstavligen: en skådespelares mask, och därmed en person.

D: *Det är masken du bär just nu på jorden när du utför ditt arbete.* (Ja.) *Det är en mycket bra mask, en trevlig sådan. Och det är vad andra människor ser.*
E: Det är vad de ser.

Robert sa också att det människor uppfattade som hans fysiska form bara var en illusion. Även om båda dessa personer för mig såg ut att vara solida och mänskliga.

D: *Hur ser du ut utan masken?*
E: Utan masken har jag också en fysisk form, men den är omgiven av ljus. Det är en fysisk form med form och substans. Men inom den fysiska formen, längs de yttre kanterna, finns också energi och ljus.
D: *Jag har blivit berättad att allas grundläggande form är ljus.*
E: Det är korrekt. Det är så andra skulle se det. Men om de tittar lite djupare inåt, kommer de att se att det finns en annan form fysiskt, som du skulle kalla fysiskt. För det har formen av där det kom ifrån. Och platsen det kom ifrån hade form, men den var annorlunda.
D: *Hur såg den formen ut?*
E: På jorden skulle den kallas reptilisk form. Jag måste säga att det finns många olika grader av reptilisk form.
D: *Är det här du existerar samtidigt, menar du?*
E: Det är korrekt.
D: *Så du har en reptilisk form på en annan plats? Och en jordisk form på denna plats? Förstår jag rätt?*
E: Det finns en del av energin som är där på den andra platsen, men den nuvarande upplevelsen upplevs nu på detta fysiska jordiska plan.

Jag har hört så många ovanliga saker i mitt arbete att detta uttalande inte störde mig. Jag fortsätter alltid bara att ställa frågor, eftersom allt är möjligt i den här typen av arbete. Men jag tittade runt i rummet för att se hur detta uttalande påverkade mina elever. De var helt stilla, och deras uppmärksamhet var fastlåst på kvinnan som låg orörlig på sängen. Här låg en vacker medelålders kvinna med mörkt hår och sa att hon samtidigt levde ett liv som reptil på en annan planet. Och det störde eller chockade dem inte alls. Kanske hade de läst tillräckligt av mina böcker för att veta att allt är möjligt med denna typ av hypnos, men det var ovanligt för mig att låta andra observera detta.

Efteråt, när vi var på väg till lunch, sa en av de manliga studenterna till mig att det var det mest anmärkningsvärda han någonsin hade sett. I det här fallet talade handlingar verkligen högre än ord. Demonstrationen lärde dem mer än själva undervisningen. Det är en sak att berätta för dem hur det går till, och en helt annan att visa dem. Boklärdomar kontra praktisk erfarenhet.

Jag fortsatte, "Hur är det på den andra platsen?"

E: På den andra platsen observerar vi de andra galaxerna för att säkerställa att allt är i ordning, att ingen skadar andra. Där observerar vi och håller koll på allt som pågår.

D: *Det låter som ett väldigt stort jobb. Att observera allt.*

E: Det är stort, men vi är tränade för det. Och det är något som, när du väl är tränad, blir en andra natur. På samma sätt som allt blir när du är tränad, oavsett var du är.

D: *Det skulle vara ett stort jobb att observera allt. Använder ni maskiner för att göra detta?*

E: Du gör det med ditt sinne.

D: *Det skulle betyda att ni har en stor mental kapacitet, eller hur?*

E: Ja, vi projicerar sinnet till olika platser. Alla har specifika områden som de är särskilt anslutna till, men vid vilken tidpunkt som helst kan de projicera sig själva till andra platser. Människor har ännu inte utvecklat den förmågan.

D: *Sa du att detta är som en hemmabas?*

E: Ja, du skulle kalla det en hemmabas.

D: *Som ett huvudkontor?*

E: Som en station.

D: *Är det ett farkost eller är det en planet?*

E: Det är inte en farkost, och det är inte en planet som du skulle uppfatta en planet. Det är mer av ... en plats, en station.

D: *Jag försöker föreställa mig en fysisk plats av något slag.*

E: Det är som ... en inhägnad ... i ett öppet område... Om du kan föreställa dig himlen, låt oss säga till exempel. Och i denna himmel finns denna inhägnad, inom sig själv, som övervakar de olika platserna runt omkring. Det är vad detta skulle vara.

Den Komplicerade Universum Bok Två

D: *Jag tänker på andevärlden dit vi går efter att vi lämnat den fysiska kroppen. Är det liknande eller annorlunda?*
E: Detta är annorlunda, för detta är inte en andlig värld. Detta är en fysisk plats. Det är en plats där det finns det du skulle kalla fysisk form. Inte fysisk som människor ser det, men en form som varelser från andra platser tar för att kunna överleva och leva.
D: *Är det som en annan dimension?*
E: Det skulle mer vara som en annan galax.
D: *Där ni alla skapar denna plats, så att säga, i rymden?*
E: Ja, det är som om platsen skapades eftersom den tjänar ett särskilt syfte. Och det är där vi existerar.
D: *Så krävs det den kombinerade tankekraften från alla för att hålla den vid liv?*
E: Nej. När den väl har kommit till existens, förblir den i existens. För den har ett specifikt syfte och ett kontinuerligt ändamål.
D: *Så den existerar oavsett om du eller de andra är där eller inte.*
E: Det är korrekt.

Detta lät liknande den händelse där den grottmänniska-liknande varelsen existerade på världen med den lila solen. Hans undermedvetna sa att det inte var en planet, utan en galax som fungerade under en annan uppsättning regler som vi inte kunde förstå. Dessa varelser skapade också allt de behövde med sina sinnen. (Se kapitel 18)

D: *Och det är mer som huvudkontoret, den huvudsakliga basen, så att säga, stationen där övervakningen av alla världar sker.*
E: Det är korrekt.
D: *Det verkar som en mycket kraftfull plats. Hur lagras denna information om ni samlar in den med ert eget sinne?*
E: Det lagras inte som du skulle lagra i en dator, för det är föråldrat. Men ändå lagras det som du skulle tänka dig att lagra det på en skiva. Men det är mer av en liten, pytteliten skiva som lagrar miljontals och miljontals informationsbitar.
D: *Hmm, det skulle göra våra datorer föråldrade. Och hur läses denna information om det bara är en liten skiva?*

E: Den läses med sinnet. När du håller den i din hand, tar du emot all information.

D: *Den information du letar efter?* (Ja.) *Annars skulle det vara en bombardering av information, eller hur?*

E: Det stämmer, du vill inte behålla överflödig information i sinnet, eftersom det inte är nödvändigt.

En annan ovanlig företeelse som inträffade strax efter att sessionen började, var att Estelle förlorade sin accent när vi trädde in i denna andra värld. Den varelse som talade genom henne hade ett mycket precist och exakt sätt att tala och uttala orden. Naturligtvis gjorde detta det lättare för mig. Jag behövde inte lyssna lika noggrant. Det var uppenbart för alla i rummet att det inte var Estelle som talade.

D: *Jag vill inte förolämpa dig, jag vill inte kränka dig, men i vår tidsperiod har vissa människor uppfattningen att den reptiliska rasen är negativ.*

E: Det beror på att det finns många som fortfarande är negativa. Du måste förstå att det finns en balans i allt. Den balansen finns här på denna plats. Den balansen finns överallt. Och särskilt på det jordiska planet, när andra kommer för att existera, kommer du att finna den dualiteten mer än på andra platser. Så därför, när det gäller reptilerna, finns det många här på jorden som bär på den energin. Och eftersom de bär på den negativa energin – för att använda det ordet, det är mer en missriktad, bortglömd energi av det sanna jaget – så gör de saker som, ja, kommer att ses som negativa.

D: *Men detta är inte den sanna naturen hos ditt folk.*

E: Inte i framtiden, som du – för att använda ett bristfälligt ord – skulle kalla framtiden.

D: *Är det där du talar ifrån?*

E: Det stämmer.

D: *Du vet att du talar genom en farkost, den du sa lever på det jordiska planet. En av frågorna hon funderade över var: existerar hon samtidigt i framtiden?*

E: Jag talar från framtiden. Men jag talar också från det du skulle kalla nuet. Jag talar samtidigt från båda platserna. För jag är en.

D: *Så, i detta framtida liv, befinner du dig på denna station och samlar in och sammanställer information. Varför valde du då att också existera i vår tidsperiod, i det 21:a århundradet?*

E: På grund av det som hände här, och det som händer här med den reptiliska rasen. Det finns många som befinner sig i en position av makt och inflytande, och de missbrukar den makten för att kontrollera och manipulera. Och jag blev ombedd att komma hit för att hjälpa, för att upplysa och låta andra veta vad som pågår. För några få kan inte kontrollera helheten. Och eftersom helheten inte är medveten, tillåter de några få att kontrollera och manipulera.

D: *Så du valde att komma tillbaka samtidigt som du existerar där, för att en del av din energi, eller vad det nu är, skulle kunna träda in i en fysisk kropp?*

E: (Suckar) Jag trädde inte in i en fysisk kropp. Jag formskiftade till en fysisk kropp. Men för att ha min energi här och kunna resonera med planetens energi, som är tät, och för att överleva i denna täta energi, behövde jag födas genom en fysisk varelse. Men de personer jag valde att komma genom – den ena, fadern, är också reptilisk. Han har alltid varit reptilisk. I hela sin existens har han valt att inte uppleva något annat än det. Och för denna jordiska upplevelse valde han att bli en farkost som gjorde det möjligt för min energi att komma igenom. Den som är min fysiska mor bar mig bara i nio månader, enligt hur tiden uppfattas. Mycket arbete och förberedelser gjordes för att hon skulle kunna hålla min energi, för hon var egentligen inte kapabel att göra det. Så hon behövde förberedas för att jag skulle kunna stanna i den platsen och sedan födas och mer eller mindre bli jordad.

D: *Men kroppen var genetiskt formad från DNA från modern och fadern, eller hur?*

E: (Djup suck) Det är en annorlunda process som inte är helt förstådd av människor. Det är därför den ser mänsklig ut. Men om någon skulle undersöka den verkliga sammansättningen, den genetiska sammansättningen, skulle de finna att det finns saker som är annorlunda.

D: *Om någon skulle undersöka DNA eller generna hos den som är känd som Estelle?*

E: Det stämmer. Det är därför den fysiska kroppen aldrig blir sjuk. För den fysiska kroppen kan inte utsättas för sonderingar och tester.

D: *Därför vill du inte att läkare ska undersöka kroppen?*

E: Det stämmer. De skulle hitta något annorlunda och sedan skulle de vilja undersöka vidare. Och det kommer inte att tillåtas. Så hon får inte bli sjuk. När det gäller henne och mig – jag säger hon och jag för att särskilja när hon kommunicerar och när jag kommunicerar, även om vi är samma – så låter hon ibland inte informationen komma igenom.

D: *Varför är det så?*

E: Hon har ännu inte helt accepterat sin fullständiga upplevelse på det jordiska planet.

D: *Men du vet att det är svårt för en människa att förstå detta.*

E: Det har varit svårt för mig att se mig själv på denna planet, jorden.

D: *(Skrattar) Det är annorlunda, eller hur?*

E: Det är mycket annorlunda.

D: *Eftersom du har utvecklats bortom det.*

E: Det stämmer. Min ande har haft många livstider på det jordiska planet. Det var en överraskning för mig när jag valdes att komma tillbaka och ha en upplevelse här igen.

D: *Du trodde att du var klar, eller hur?*

E: Det stämmer.

D: *(Skrattar) Det var dags att gå vidare någon annanstans.*

E: Det stämmer.

D: *Sedan sa de att du var tvungen att gå tillbaka. Det är nästan som att börja om i förskolan, eller hur?*

E: Det stämmer, och jag kände ett stort ansvar över att behöva komma tillbaka, med vetskap om de omständigheter som skulle komma. Jag kände mig ensam.

D: *Är det för att det inte finns många av din sort här?*

E: Det stämmer. Och jag visste att de flesta jag skulle möta skulle vara av den typen som arbetade med sina energier för att orsaka skada och kontroll. Det var anledningen till att jag vid tre års ålder hade den upplevelsen jag hade. För det var nödvändigt för att hjälpa den fysiska kroppen att glömma vem den var, var den kom ifrån och vad den behövde göra. För om den hade börjat vid den tidiga åldern att säga de saker som skulle vara nödvändiga att säga, skulle den ha blivit eliminerad.

Det uttalandet kom som en oväntad överraskning.

D: *Tror du det? Eller skulle de bara tro att det var ett märkligt barn?*
E: Det stämmer. Det var många som försökte hitta energin, men energin var kamouflerad i ett barn.
D: *Så de skulle inte bara tro att det var barnsligt prat. De kanske skulle känna igen dig?*
E: Det stämmer. För vi talar inte bara om fysiska varelser. Vi arbetar också med olika energier, oavsett om de uppfattas som fysiska eller inte.
D: *Så det var en skyddsåtgärd?*
E: Det stämmer. Det var en skyddsåtgärd för att hindra varelsen från att tala. Det var inte rätt tid.
D: *Vad hände när hon var tre år gammal? Det var en av frågorna hon ville ha svar på.*
E: När hon var tre år gammal blev hon tagen ombord på ett rymdskepp. Hennes minne av det är korrekt. När hon såg sig omkring och insåg var hon befann sig, visste hon att hon inte var i fara. Men det var en överraskning för hennes fysiska jag att finna sig där utan att förstå det. Genom alla existenser har vi varit medvetna om när vi kommunicerar och i vilken form. Vid det tillfället lades en slöja över henne så att inga minnen av det som skulle komma skulle finnas kvar. Som treåring reagerar man utifrån sin upplevelse.
D: *Så fram till att hon var tre år gammal hade hon minnet av vem hon var och var hon kom ifrån?*
E: Det stämmer.
D: *Men hon kunde ännu inte uttrycka det?*
E: Det fanns inga ord för att uttrycka det.

D: *Hon hade inte det ordförrådet. Det låter logiskt.*
E: Det stämmer. Därför kände hon sig isolerad. Men hon kunde ändå kommunicera med oss och med många andra. När hon var tre år gammal lyftes slöjan och hon såg lite mer, men hon kunde fortfarande inte uttrycka det. Så minnet fick lagras tills det var lämpligt att få tillbaka det. Förbindelsen fanns fortfarande kvar, men den skedde nu mer på en psykisk nivå än på en fysisk nivå.
D: *Och för hennes egen säkerhet lade ni slöjan runt henne när hon var på skeppet för att ... vad? Dämpa eller sudda ut dessa minnen?*
E: För att mer eller mindre ... dämpa minnena, det är ett bra ord.
D: *Så att hon kunde fungera som ett barn utan att dra onödig uppmärksamhet till sig.*
E: Ja. Och ändå kände hon sig som barn isolerad, eftersom hon inte kunde relatera till något av det som pågick runt henne.
D: *Jag har träffat många människor som känner att de kommer från andra platser. De är väldigt ensamma här. Men hur placerades slöjan när hon var ombord på skeppet? Vad hände vid det tillfället?*
E: Hon var så upptagen av känslan av svek över att inte veta vad som pågick, att det skapade en period av likgiltighet där hon inte längre ville kommunicera.
D: *Men, gjorde varelserna på skeppet något fysiskt med henne för att skapa denna blockering, denna slöja?*
E: Energetiskt placerades en "låda" inom hennes väsen, som möjliggjorde ständig kommunikation. Ett utbyte av information, men inte på ett medvetet plan. Tidigare skedde det på ett medvetet plan.
D: *Vad menar du med en låda?*
E: Det var mer av ... jag vill inte använda ordet "implantat" eftersom det har en negativ klang, men det var faktiskt som ... vad skulle du kalla det ... (hon hade svårt att hitta orden).
D: *För mig är ett implantat inte negativt, eftersom jag förstår dem.*
E: Det var mer, låt oss säga ... som en panel.

Jag hade hört om implantat många gånger och förstod deras syfte. Detta förklaras i *The Custodians*. Men jag hade aldrig hört talas om att en panel placerades i någon.

E: En panel med djup inuti. Inuti den så kallade "lådan" fanns små chip. Samma typ som vid kontrollstationerna.

D: *Åh, små elektroniska delar.*

E: Ja. Vilket för övrigt också är en del av hennes fysiska sammansättning. Inom hennes fysiska uppbyggnad finns det – vad skulle jag kalla det – det enda ordet jag kan komma på är som ledningar.

D: *Dessa ledningar finns alltså inuti hennes fysiska kropp?* (Ja.) *Varför är de där?*

E: För att hon alltid är ansluten till allt där ute. Det är också en del av hennes genetiska uppbyggnad som reptilisk varelse. Och därför, när hon formskiftade för att se mänsklig ut, behöll hon allt detta inom det fysiska kroppens skenbara utseende.

D: *Skulle en läkare, om han undersökte henne, hitta dessa märkliga saker?*

E: Han skulle hitta olika saker som händer inuti. Han skulle se att energin flödar på andra sätt än han är van vid, och det är då nyfikenheten att undersöka vidare skulle uppstå.

D: *Hmm, så det kan vi inte tillåta, eller hur?*

E: Nej, det kan vi inte.

D: *För de skulle inte förstå. Precis som du trodde att hon skulle vara i fara vid tre års ålder om de visste vad som pågick.* (Ja.) *Men är det okej att vi får veta detta?*

E: Det är okej att ni vet, eftersom ni är här kollektivt som en grupp. Det finns många saker som ni kommer att göra tillsammans för att hjälpa alla.

D: *Så du vet att hon inte är i fara från oss?*

E: Nej, hon litar på alla här. Eller snarare, vi litar på alla här. De är sammankopplade.

D: *Du skulle inte ha tillåtit informationen att komma igenom om du inte litade på oss, eller hur?*

E: Det stämmer.

D: Eftersom jag aldrig skulle utsätta individen för någon fara.
E: Det stämmer.
D: Så de som är här är de som valdes att få veta denna information.
E: Det var därför vi väntade till sista stund för att vara en del av gruppen. För som du är medveten om, fanns det ingen plats i början.
D: Det är sant, hon var den sista som kom in.
E: Vi var tvungna att vara säkra på att energierna som skulle vara närvarande skulle vara kompatibla med att avslöja dessa saker.
D: Så det var ingen slump att jag valde hennes namn då?
E: Ja. Hon visste när hon lade sitt namn i lådan att hon skulle bli vald, och hennes vän som satt bredvid henne visste det också. Så det var en bekräftelse för dem båda när det hände.
D: Så den här informationen hade inte fått komma fram alls om ni inte litade på alla i rummet att skydda henne. För vi vill inte att detta ska bli allmänt känt. Det skulle skada henne, eller hur?
E: Det stämmer.
D: Så jag tror att alla här kommer att hålla det konfidentiellt.

Jag såg mig omkring på studenterna när jag sa det, och de alla nickade instämmande. Jag visste att de förstod allvaret i att skydda hennes identitet och den speciella händelsen som just inträffat, när de alla fick ta del av denna märkliga information. Jag hade också en känsla av att om de inte hedrade detta åtagande om sekretess och skydd för Estelle, skulle "de" veta. Jag vet inte vad som skulle hända om detta löfte bröts, men jag har arbetat med dem tillräckligt länge för att veta att jag måste lyssna på dem och göra som de säger. Om jag inte följde deras instruktioner, skulle informationsutbytet upphöra. Jag vet inte vad som skulle hända med de andra, men jag tror att de förstod situationens allvar. Senare kunde de kanske ifrågasätta vad som verkligen skedde denna morgon, men när det hände, var det alltför verkligt. Jag var van vid att kommunicera med dessa typer av entiteter under många år, och jag visste att det var mycket ovanligt att de tillät denna typ av information att komma fram inför så många vittnen. Kanske var detta också avsett att visa studenterna på ett konkret sätt vad som kan hända när de använder min hypnosmetod, så att de inte skulle bli förvånade om det inträffade under deras egna sessioner. En demonstration är värd tusen ord.

E: Vi kommer att hålla uppsikt. Om de vill dela en del av upplevelsen, är det tillåtet, men de får inte använda namn eller plats där informationen kan spåras.
D: *Det är sant. Jag arbetar med många människor som detta och jag blir alltid tillsagd att skydda dem.*

Detta är anledningen till att hennes riktiga namn, plats och etniska bakgrund inte avslöjas här.

Jag var nyfiken på panelen som hon sa fanns i hennes kropp, eftersom detta lät annorlunda än de implantat som jag var mycket bekant med. "Var är den placerad i hennes huvud?"

E: Den är placerad på baksidan av hennes huvud.
D: *Som jag förstår det, skulle den vara väldigt, väldigt liten, eller hur?*
E: Faktiskt inte. Den här täcker hela baksidan av hennes huvud, den nedre delen. Det var för mycket information som behövde tas emot och överföras från en plats till en annan. Så därför utformades den på det sättet.
D: *Hmm, så den är större än de jag är bekant med. Är det av en fysisk substans, eller är det något eteriskt?*
E: Det var båda. Först var det eteriskt och sedan blev det en fysisk sak, så att andra kunde känna det och bli medvetna om det. Och genom att bli medvetna om det, blev de mer medvetna om vem hon är, vilka vi är och delade den kunskapen.
D: *Skulle detta kunna upptäckas genom röntgen om någon undersökte henne?*
E: Det är därför det är skyddat av en sköld av energi som bara kan upptäckas av dem som är tillåtna att upptäcka det.
D: *Det är en annan anledning till varför hon inte kan bli sjuk. Ni vill inte ha några medicinska undersökningar.*
E: Det stämmer.
D: *Ni skyddar henne också mot att råka ut för några olyckor?*

E: Ja. Den enda gången hon var tvungen att undersökas – och det var inte särskilt mycket – var när hon fick sina barn. Tyvärr, på grund av hur den fysiska kroppen är, kunde den inte få barn på ett naturligt sätt. Så det som kallas kejsarsnitt var tvungen att göras för att ta ut barnet.

D: *Så kroppen var inte utformad på ett sätt som kunde få barn normalt?*

E: Det stämmer, kroppen gick aldrig igenom det som ni kallar "förlossning".

D: *Men läkarna skulle inte ha märkt något ovanligt med kroppen?*

E: Det stämmer, för när hon gick in för operationen, var det över och klart, och det fanns ingen anledning att undersöka något annat.

D: *Vad sägs om innan hon fick barn? De brukar göra många tester under graviditeten.*

E: Inga tester gjordes, för hon var frisk. De såg bara till att hennes kost hölls korrekt och det var allt. När det gäller kosten, äter hon vanligtvis inte eller behöver mycket av den mat som äts på detta fysiska plan. Hennes smak för mat är mycket enkel. Hon tar inte in mycket av den mat som äts, särskilt inte för mycket processad mat. För det skulle göra den fysiska kroppens utseende mer kompakt, och både hon och vi skulle inte må bra alls.

D: *Så genom att äta en del av de tyngre livsmedlen blir kroppen tätare. Och detta skulle göra det svårare för den andra delen att komma in och behålla kontrollen?*

E: Det stämmer.

D: *Varför får hon veta dessa saker nu?*

E: För att det är dags att vakna och utbilda. För ju mer du vet, desto mer kan du dela med andra. Det vi står inför nu på det fysiska jordplanet är en strid, men det är inte en strid som andra skulle uppfatta det. Det handlar inte om en strid i fysisk form. Även om strider utkämpas, handlar de strider som pågår nu om mörkret mot ljuset. Och ljuset måste samlas och spridas så att de som kontrollerar kan stoppas.

D: *Är detta en del av hennes uppdrag?*

E: Det stämmer.

D: *Är det många av er som har kommit tillbaka till det fysiska på Jorden?*
E: När det gäller min sort, är vi bara några få, men det finns också många olika sorter som är här för att hjälpa på samma sätt.
D: *För jag har fått höra om många olika typer av varelser som kommer tillbaka. Och några av dem är själar som bara har existerat på andra planeter och har frivilligt valt att komma in i en fysisk kropp på Jorden för att hjälpa vid denna tidpunkt.*
E: Det stämmer. Du har många nu vid denna tidpunkt som har tagit en fysisk existens, men ändå är deras ande, deras sanna jag, kopplad till många andra saker. Och informationen har getts till dem så att de kan vakna fullt ut till allt de är. För att bli medvetna om att detta är en upplevelse, ja, men att det finns mycket arbete att göra.
D: *Vissa av dem jag arbetar med har ibland svårt att anpassa sig till jordplanet.*
E: Det stämmer, för ju mer medveten du är om var du kommer ifrån, desto svårare är det att existera på en planet som är så tät, på grund av den negativitet som finns här. Även om den negativitet som finns här faktiskt tjänar ett syfte genom att hjälpa andra att utvecklas.
D: *Det är vad de har sagt till mig, att världen är så våldsam och det finns så mycket negativitet att de inte vill vara här. Eftersom det inte är som där de kom ifrån.*
E: Men ändå kommer de att stanna här, för det är vad de valde att göra.
D: *Men vissa av dem har så stora svårigheter att de försöker begå självmord och lämna.*
E: Som vi är medvetna om, är detta en planet av fri vilja.
D: *Det är sant. Och i de fall jag har arbetat med, har de på ett mirakulöst sätt hindrats från att göra det.*
E: Hjälp tas alltid emot när den behövs, om den efterfrågas.
D: *Och nu när de inser varför de är här, har de sagt att de kommer att stanna även om de inte tycker om denna värld.*
E: Det stämmer.
D: *Men låt mig fråga dig, jag har märkt olika vågor av människor som kommer in. De från Estelles generation verkar ha haft svårare att anpassa sig än de nya som kommer in nu.*

E: Det beror på att de som kommer in nu har en större medvetenhet om vilka de verkligen är. Barnen behöver vårdas. Barnen behöver förstås utifrån att bara för att de är i en liten barnkropp, betyder det inte att de är okunniga. De är mer avancerade än de flesta människor som är här nu.

D: *Det är därför jag går till många grupper och föreläser, för de försöker utbilda lärarna. De förstår inte dessa nya barn.*

E: Det stämmer.

D: *Barnen verkar vara mer avancerade, men lärarna vet inte hur de ska hantera dem.*

E: De små barnen behöver också läras att arbeta med energier, för de kommer att hjälpa till i denna transformation. Ju fler som vaknar, desto starkare blir energin.

D: *Så det är okej om de nya är medvetna om varifrån de kommer?*

E: De valde att komma tillbaka som barn, eftersom barn är mycket öppna. Så de har större medvetenhet och eftersom de är medvetna om det, kan de göra mer. Vanligtvis, tidigare när barn var medvetna, brukade de flesta vuxna säga till dem att de hittade på och uppmuntrade det inte.

D: *Tror du att vuxna nu kommer att kunna förstå det bättre?*

E: Fler kommer att förstå, och barnen kan utbilda vuxna till medvetenhet.

D: *Men problemet just nu är att vissa lärare och läkare sätter dessa barn på medicinering.*

E: Det är upp till föräldrarna att ta ställning och säga nej. Det är där medvetenheten om vilka dessa barn är kommer in i bilden. Det finns de som skriver böcker om dessa barn. Det är upp till alla att dela kunskapen och göra föräldrarna medvetna om vem de har att göra med.

D: *Jag har fått höra att de är världens hopp.*

E: Det stämmer. I andlig form kan mycket göras, men många har valt att göra det i fysisk form.

D: *Men medicinerna de ger dem är mycket kraftfulla, och det är inte en bra sak.*

E: Ingen medicin som används är den naturliga vägen att vara. Och var medveten om att många fler mediciner kommer att prövas för att bedöva sinnet och göra den fysiska kroppen sjuk. Det skulle vara ett sätt att eliminera många.

D: *Menar du att vissa av medicinerna medvetet skulle användas för att eliminera dessa barn?*

E: Inte bara barnen, utan även vuxna. Det är verkligheten hos dem som försöker kontrollera och manipulera.

D: *Jag har funderat på om detta kan vara ett sätt att eliminera, eftersom de pratar om att ge alla vaccinationer vi inte behöver.*

E: Det stämmer. Många människor är mycket okunniga om vad som pågår, men det är inte deras fel, för det är där de hålls genom det de blir tillsagda. Det är där medvetenheten om vem du är och vad du gör här spelar in. För när du blir medveten, inser du att saker och ting inte är vad de verkar vara. Det finns mer som pågår som inte är uppenbart.

D: *Men de använder rädsla för att få människor att gå med på att ta mediciner och vaccinationer.*

E: Det stämmer, och vaccinationerna kommer att användas för att försöka stoppa många. Människor måste komma ihåg att där det finns rädsla, finns det kontroll av yttre krafter.

D: *Så det viktigaste vi måste göra är att hålla oss friska så att vi inte behöver mediciner?*

E: Det stämmer, var medveten om vad du gör mot dig själv. Sök andra alternativ innan du bara tar medicin. Det kommer att finnas tider då medicinering kommer att behövas för att hjälpa den fysiska kroppen, men när du väl har undersökt saken, såvida det inte är en livsläxa som valts avsiktligt att lära av, kan allt annat arbetas med.

D: *Är det okej att använda naturliga ämnen som örter och mineraler?*

E: Det är okej att göra det, men det som verkligen behövs är att låta den fysiska kroppen hela sig själv. För den har kapaciteten att göra det.

D: *Men hur hindrar vi regeringen från att ge oss vaccinationer och injektioner som vi inte behöver?*

E: Det handlar om att ta ställning. Om ingen tar ställning, kommer regeringen att fortsätta göra det den gör nu. Det kommer en tid när val måste göras. Och om du minns att detta är ett andligt krig, vad finns det då att frukta?

D: *Så det finns många varelser som har kommit till vår värld för att hjälpa till med allt detta. Och många av dem lever i fysiska kroppar som denna.*

E: Det stämmer.

D: *Och de är inte medvetna om att de egentligen kommer från andra platser.*

E: Vissa är medvetna, vissa håller på att vakna ännu mer. Men ja, det finns många som fortfarande inte är medvetna alls.

D: *Som jag förstår det, utvecklades reptilrasen bara i en annan riktning. Det var därför ni ser annorlunda ut, är det korrekt?*

E: Det stämmer. Det var en fråga om var man utvecklades, utifrån förhållandena på platsen. För det är det som avgör hur man ser ut eller vad man är. Miljön på den plats där man existerar bestämmer hur man skulle se ut. Vilken form man skulle anta för att överleva där.

D: *Ja, det låter logiskt. Jag har fått höra att vissa utvecklades längs reptillinjens väg, vissa längs insektslinjen, och vi utvecklades längs däggdjurslinjen.*

E: Det stämmer. Och en del av det beror på förhållandena på planeten.

D: *Ja. Förhållandena på planeten och miljön och den så kallade "urtidssoppan", som den kallas, avgjorde i vilken riktning de utvecklades.*

E: Det stämmer.

D: *Men anden, själen, kan träda in i vilken typ av kropp den vill.*

E: Det stämmer. Det är vad som måste kommas ihåg. Oavsett vilken fysisk form kroppen har, är vad du verkligen är din andliga form. Och den är alltid energi och ljus.

D: *Vi går bara in i olika kroppar för att ha olika upplevelser och lära oss olika saker.*

E: Det stämmer.

D: *Estelle ville veta om sitt syfte. Varför hon är här, vad hon är tänkt att göra? Hon känner att hon har många hinder i sin väg som människa, och hon vill gå framåt i sitt arbete. Vad kan du berätta för henne om det?*

E: Hon kommer att göra mer av sitt arbete nu när hon har gjort detta, för hon har mer klarhet och medvetenhet om vilka vi är. Jag säger "vi" även om vi är ett. Och nu när hon har denna medvetenhet och gör fred med det, kommer hon att gå framåt. För hon kommer att tillåta den vägledningen att komma in och följa den.

D: Hon kommer att ha mer självförtroende nu.

E: Det stämmer.

D: Men det kommer att vara svårt, för hon kan inte berätta dessa saker för folk, eller hur?

E: Det kommer en tid då hon kommer att göra det. Hon är tänkt att utbilda människor och hjälpa dem att minnas vilka de är och varifrån de kommer.

D: Menar du från Källan?

E: Ja, från Källan, men också hjälpa dem att minnas på en individuell nivå deras själs erfarenhet och varför de valde att vara här nu. Hon är också här för att utbilda dem om dessa olika varelser i andra dimensioner och andra galaxer, varför de är här och hur de fungerar. Det finns mycket missuppfattning och rädsla kring varelser från andra platser. Det har varit svårt för människor. De tycker ibland inte ens om andra människor. Hur kan de då förväntas öppna sig för och ta emot andra från andra platser? Det är mycket viktigt nu eftersom saker och ting accelererar. De som har makten blir medvetna om att det sker ett uppvaknande, och de kommer att försöka göra saker för att förhindra det eller åtminstone sakta ner det.

D: Men saker förändras. Jag vet att de går fortare. Skulle det vara lämpligt om Estelle kunde minnas informationen hon fått idag? För vanligtvis minns personen inte.

E: Det skulle vara lämpligt, för det skulle hjälpa henne att förstå och få kontakt och göra fred med allt detta.

D: Skulle det vara okej om jag använder en del av denna information i mitt arbete?

E: Det är ingen tillfällighet att detta hände. Hon vet det, och det gör du också.

D: Men jag ber alltid om tillstånd.

E: Ja, du har tillstånd att använda allt du vill.

Den Komplicerade Universum Bok Två

D: *Eftersom jag får det från många olika källor och jag sätter ihop allt som ett pussel. Och jag kommer inte att avslöja hennes identitet. Jag håller alltid alla anonyma som jag skriver om.*

E: Hon är inte orolig för det, för du och hon har en koppling som går långt tillbaka. Det fanns en tid i Atlantis då ni arbetade sida vid sida. (Detta var en överraskning.) Ni arbetade med kristaller. Ni var mycket anslutna till energin av att använda kristaller.

D: *Var det i ett laboratorium?*

E: Det fanns inga laboratorier. Det var mer öppna ytor där kristaller användes för att hela. Det var mer tempel än laboratorier. I en miljö som skulle uppfattas som tempellik i denna tid. Ni två utförde helande arbete med kristaller. Mirakulösa verk kan utföras med kristaller av dem som vet hur man ansluter till energin. Det finns många här i detta rum som var där vid olika tider och arbetade med kristallerna. Det är en gåva som kristallerna gav, och det är en gåva som kan användas nu i dessa tider för att samla information och för att kunna gå djupare i arbetet med att hjälpa andra att läka.

D: *Jag har fått höra att Atlantis existerade i tusentals år. Så många i detta rum levde under den tiden?*

E: De flesta av dem här hade många livstider där. Om de ifrågasätter det kan de använda denna metod för att återfå kunskapen.

D: *Ja, och de tränar för att kunna använda denna metod för att återfå informationen.*

E: Det stämmer. Det är en av kopplingarna vi alla har här – våra livstider i Atlantis. De kan använda dessa metoder för att återvinna informationen, och sedan kan de återhämta sig och arbeta med kristaller, eftersom kristaller lagrar mycket kunskap. Och kristaller kan också arbeta med att hela många olika saker som människor ännu inte är medvetna om. Det är dags nu att återfå informationen. Det är dags nu för många saker. Det är dags nu att bli mer medveten och stärkas. Om det finns några blockeringar som behöver rensas bort, på grund av fysiska trosuppfattningar, så måste det arbetas med så att din ande kan kommunicera mer med dig och du kan utföra det du kom hit för att göra. Detta är inte en tid för rädsla. Detta är en tid för uppvaknande och glädje, och att upptäcka att du är en andlig varelse med många anledningar att vara här just nu.

D: *Är detta en av anledningarna till att de alla har samlats här?*

E: Det stämmer. De känner alla att det inte var en slump att de kommunicerade. Och de kommunicerar på en djupare nivå om många saker som kommer att bli uppenbara inom en snar framtid.

D: *Och de ska ta denna kunskap tillbaka och använda den, samt återvinna mer kunskap när de arbetar med olika människor.*

E: Det stämmer.

Det började bli dags att avsluta sessionen, så jag frågade (som jag alltid gör) om det fanns något meddelande eller någon rådgivning för Estelle innan vi avslutade.

E: Hon kommer att märka att de kommande dagarna kommer att flyta naturligt, precis som de har gjort de senaste veckorna. Hon kommer att märka att mentalt, allt hon behöver göra är att tänka på saker och hon kommer att se resultat. Det är en del av den energi som vi bär.

D: *Och hon är skyddad och tas om hand.*

E: Hon har aldrig fruktat eller ifrågasatt att hon inte skulle vara det. Det handlade mer om att hålla andra ute än att hålla henne inne.

D: *För hon visste inte dessa saker medvetet, eller hur?*

E: Det stämmer. Hon kan veta dem nu, eftersom hon har bett om det ett tag. För hon förstår att hon gör mycket arbete och hon förstår att det pågår många saker, men hon behövde mer självförtroende på ett medvetet plan.

D: *För vi vill inte göra något som kan orsaka henne skada eller problem. Hon får bara det hon kan hantera just nu.*

E: Det stämmer.

D: *Okej. Jag vill tacka dig för att du kom och gav oss denna information. Det är fantastiskt att du tillåter alla i rummet att höra det.*

E: Det är en ära och ett nöje att vara här bland er. Och kom ihåg, vi kommer att hålla ett öga på var och en av er. Och du, Dolores, kommer att hitta fler som bär denna speciella energi så att du kan få mer information.

Jag bad sedan entiteten att lämna, gav integrationsinstruktioner och förde Estelle tillbaka till medvetande. Hon mindes väldigt lite när hon vaknade upp i ett rum fullt av förbluffade åskådare.

Denna session hade varit en överraskning på flera sätt. Den imponerade verkligen på studenterna, eftersom jag tror att det visade dem vad de själva skulle kunna göra när de utforskar det undermedvetna på detta sätt. Jag hade påbörjat sessionen med tveksamheter på grund av miljön jag skulle arbeta i – så många människor trängde ihop sig i ett litet motellrum. Och känslan av att atmosfären inte skulle vara gynnsam för att Estelle skulle kunna gå ner i trance. Ingen gillar att bli exponerad på det sättet. I bakhuvudet fanns också möjligheten att ingenting skulle hända alls. Men "de" visste bättre. De hade iscensatt det hela från början när Estelle bestämde sig för att gå kursen i sista stund, och en oväntad avbokning gjorde plats för en till student. Det var också några andra som avbokade i sista stund, men "de" sa att det inte var någon slump. De som var där var de som var menade att bevittna denna fantastiska session. Det var uppenbarligen ingen slump att jag drog Estelles namn ur lådan heller. Detta var ytterligare ett bevis på att ingenting kunde ha arrangerats i förväg, eftersom ingen visste vilken klassmedlem som skulle väljas. Ja, denna session innehöll många överraskningar för både mig och studenterna. Men en till var på väg, och jag skulle inte få reda på det förrän jag kom hem.

Jag berättade för studenterna att jag skulle göra kopior av inspelningen från demonstrationen och skicka dem till alla tillsammans med deras certifikat. Den kvällen, efter att alla hade lämnat motellet och börjat sina resor hem, tänkte jag på något jag borde ha gjort men hade glömt i all hast med att sätta upp sessionen. Jag ångrade att jag inte hade spelat in hela induktionen, eftersom det skulle vara värdefullt för studenterna att ha en inspelning av den. Under kursen hade jag gett dem exempel på induktioner att studera senare, men jag tyckte att det skulle ha varit värdefullt för dem att höra hela proceduren. Denna förbiseende var naturlig eftersom jag aldrig spelar in induktionen i mina sessioner. Jag tycker att det är ett slöseri med band, och jag vill heller inte att klienten ska höra den senare när de spelar upp inspelningen. Min röst har en tendens att föra dem ner i trance igen, och jag vill inte att något sådant ska hända om jag inte är där med dem. Så jag startar alltid inspelningen när de lämnar molnet och går in i sitt förflutna liv. I Estelles fall tillät hon mig inte ens att fullborda induktionen innan hon redan befann sig i den scen som var avsedd för henne och klassen att uppleva. Mikrofonen låg på det lilla bordet bredvid sängen, och jag greppade den plötsligt och slog på den när jag insåg vad som hände. Senare var jag arg på mig själv för att jag inte startat bandspelaren i början av sessionen. Men jag visste inte förrän nästa dag att "de" också hade ett finger med i spelet. Ett annat paranormalt fenomen var på väg att inträffa, något jag inte skulle kunna förklara.

Nästa dag på mitt kontor bestämde jag mig för att spela upp början av bandet innan jag började göra kopior. Jag ville se var det började och om min plötsliga handling hade klippt bort en stor del av början av sessionen. Min dotter, Nancy, arbetade med sin bokföring vid datorn. När jag startade bandet hörde hon mig flämta till och frågade vad som var fel. Jag sa: "Du kommer inte att tro det här! Hela induktionen är på bandet! Det börjar från allra första början! Men det är omöjligt!"

Jag ringde genast min vän, Gladys McCoy, som tillsammans med sin man, Harold, leder Ozark Research Institute i Fayetteville. Hon är en gammal vän och var student i den här klassen. Hon hade suttit rakt framför mig på andra sidan sängen under sessionen. Hon hade en tydlig vy över allt som hände. Jag berättade för henne att induktionen var med på bandet.

Hon svarade: "Det är omöjligt! Jag tittade mycket noggrant på dig för att se hur du gör dina induktioner. Mikrofonen låg på bordet, och du plockade inte upp den och slog på den förrän hon redan var under." Hon hade ingen förklaring till det heller, för hon visste vad hon hade sett, och jag visste vad jag hade gjort. När jag skickade banden och certifikaten till studenterna inkluderade jag ett kort brev där jag berättade vad som hade hänt. På så sätt skulle de förstå att de hade bevittnat en ännu märkligare händelse än de först trodde. Jag har fortfarande ingen förklaring till något av detta, särskilt inte att induktionen blev inspelad. Den enda möjliga förklaringen är att "de" kontrollerade allt. De avsåg att studenterna skulle ha inspelningen av proceduren såväl som sessionen. En session som de alla enades om att hålla privat och konfidentiell. De lovade att inte avslöja Estelles identitet eller plats. Jag tror att de kände att om de bröt detta förtroende, kunde något hända. Vi var alla medvetna om att vi hade att göra med något mycket högre, mycket mer informerat och kontrollerande än vi dödliga. Detta var en upplevelse jag aldrig skulle glömma, och jag är säker på att det gjorde ett outplånligt intryck på alla närvarande.

Men jag anade inte att det skulle upprepas vid min nästa klass. De övervakade definitivt mina handlingar och mina klasser.

Jag tror att Estelle kan vara den andra av de sju lärjungarna eller speciella personer som jag fick veta att jag skulle träffa under sessionen med Robert i England. Jag blev informerad om att jag skulle möta några av dem, men inte alla. Och att jag inte skulle föra dem i kontakt med varandra, eftersom deras arbete måste göras separat vid denna tidpunkt. Om hon är en av denna speciella och unika grupp av entiteter som har återvänt för att hjälpa Jorden genom dessa turbulenta tider, så vet vi nu att en befinner sig i England och en i Amerika. Jag blev informerad om att de skulle leva på separata kontinenter och ha olika kulturell bakgrund. Av miljarder människor i världen, vilka är oddsen att jag skulle hitta två av dessa unika personer, på var sin sida av världen, inom loppet av två veckor? Jag tror att oddsen är svindlande, men jag ifrågasätter det inte. Jag fortsätter bara mitt arbete in i det okända, utan att någonsin veta vad de har planerat för mig härnäst.

Den Komplicerade Universum Bok Två

Den Komplicerade Universum Bok Två

SEKTION FYRA

DE VISE PERSONERNA

Den Komplicerade Universum Bok Två

Den Komplicerade Universum Bok Två

Kapitel 15
ATT MINNAS DEN VISE

DETTA VAR EN av de sessioner jag genomförde under den extraordinära vecka jag tillbringade i Laughlin, Nevada, vid UFO-konferensen direkt efter attackerna den 11 september 2001. Av tolv sessioner den veckan innehöll tio information som jag kunde använda eller personliga meddelanden till mig. Virginia deltog i mötena för upplevelsebaserade personer som jag och Barbara Lamb höll varje morgon under konferensen. Dessa möten var avsedda för dem som trodde att de hade haft UFO- eller bortförandeupplevelser, så att de kunde dela dem med andra som kunde förstå. Under sessionen avsåg Virginia att fokusera mest på sina misstänkta UFO-upplevelser. Men det tog en annan riktning. Hon var en attraktiv kvinna som definitivt inte såg ut att vara i sin ålder (tidiga 50-årsåldern). Hon hade varit legitimerad sjuksköterska på ett stort sjukhus i många år.

När Virginia steg ner från molnet fann hon sig i en karg, ödslig miljö. Ingen vegetation, bara brun jord som sträckte sig miltals mot bruna kullar i fjärran. En mycket öde plats. Hon gillade inte platsen eftersom den var så steril.

V: Det är allt jag kan se. Längre bort ser jag några människor. En lång rad människor. Och några kameler. Människor leder mestadels kamelerna, som är lastade med packning. Och ibland sitter någon på en kamel. Men för det mesta är det människor som går, och kamelerna är lastade med deras skatter, deras produkter, deras varor, deras skörd. De tar dem till marknaden för att byta mot andra saker. Jag ser dem bara passera förbi mig på avstånd. De rör sig från min högra sida till vänster, bara följer denna stig, men de är en bit bort. Och jag ser inga andra människor än dessa. Det är ganska ödsligt. Människorna måste packa ordentligt, bära mat och veta var vattenkällorna finns. Bara människor på en lång, het väg.

Jag bad henne beskriva sig själv. Hon var en kvinna med mörk hud och långt löst svart hår, inte alls hennes nuvarande utseende. "Jag har enkla sandaler av läder på mig. Jag tror att jag gjorde dem själv. Skar ut dem från djurhudar och formade dem efter min fot. Jag bär en löst sittande dräkt. Vit, men inte ren vit. Löst sittande eftersom det är mycket varmt. Och det är luftigt och hemmavävt material. Men det fyller sin funktion, det täcker min kropp och tillåter ventilation. Och det är något vi kan göra själva."

När jag frågade om hon var ung eller gammal, svarade hon: "Jag börjar bli ganska gammal för min kultur. Jag är nästan trettiofem. Kroppen känns frisk, men trött. Det är mycket fysiskt arbete. Och det tar ut sin rätt på min kropp. Jag är trött. Jag arbetar för hårt och har för många ansvar. Och inte tillräckligt med tid för att vila och leka. Saker och ting är som de är i mitt liv. Det är en kamp för överlevnad."

D: Bor du där ute?
V: Där vi bor är det delvis en grotta och delvis en struktur byggd runt ingången till en grotta. Inuti kan vi fly från den brännande hettan. Ibland på natten när det blir svalare kan vi komma ut. Och vi har en luftig struktur byggd utanför grottan, där vi kan förvara några av våra redskap och saker.
D: Är ni många som bor där?
V: Inte så många som förr. Spillror. Inga familjer kvar. Vi är alltid rädda. Det finns grupper av plundrare som passerar genom området. Och vi är alltid rädda för att vi ska bli attackerade igen. Många har blivit dödade, och några av kvinnorna har blivit skändade. (Känslosamt) Och ibland blir deras barn stulna.
D: Tar de barnen?
V: (Gråtande) Ja, det gör de! De uppfostrar dem enligt sina sätt. De vill öka sin gemenskap och minska vår. Så de hatar oss. (Gråter) Jag vet inte varför!

Jag var tvungen att distrahera henne för att få henne bort från känslorna, så att hon kunde tala med mig utan att gråta.

D: Men i denna gemenskap, bor ni alla i olika grottor med strukturer framför?
V: (Snyftande) Det är allt vi vet. Jag vet att det finns andra människor som lever annorlunda och på andra sätt, men detta är mitt folk. (Snyftande)

D: Hur många är det i din familj?
V: Jag har en man och två barn. Och jag hade ett till som... (Sorgset) inte är med oss längre. (Snyftande) Det kom dessa människor, och de bara plockade upp honom och tog honom.

D: Det är därför det är så känslosamt för dig, för att du förlorade en av dina egna.
V: (Gråtande) Ja. Jag vet inte vad som hände med honom. Men jag har hört att de bara uppfostrar dem som sina egna. (Snyftande) De vill öka sin... jag vill säga "hjord".

D: Men på det sättet skulle de inte skada honom.
V: Nej. (Snyftande) Jag har hört det, och jag hoppas att det är sant. (Snyftande) Men jag saknar honom. Och jag skulle vilja veta att han är okej och inte för rädd.

D: Men du har andra barn.
V: Ja, jag har en son till och en liten dotter. (Snyftande) Men jag är alltid rädd att det ska hända igen. Det är svårt. Livet är svårt. Livet är svårt, och ibland undrar jag varför det är så svårt. (Snyftande) Varför kan vi inte bara vara lyckliga och fria? Jag kan minnas att vara fri. Jag vet inte varför jag minns att vara fri, men det borde vara bättre än så här.

D: Är det svårt att hitta mat där ute?
V: Ja. Det finns platser där det finns vatten. Och det finns några fikonträd och dadlar. Och vi kan göra resor för att samla mat och ta tillbaka den. Men det är skrämmande att gå ut. Och det finns människor som vi handlar med så att vi kan få det som behövs för att baka bröd. (Snyftande) Men det är svårt. Vi måste vara försiktiga.

D: Varför bor ni inte i en stad? Skulle det inte vara säkrare?

V: Vi känner inte till det livet. Det är för långt borta. Vi är inga stadsbor. Det här är vår plats. Men vi har hört talas om andra, större bosättningar. Men vi har också hört om hemska saker som händer där. Så vi försöker inte ta oss till några större bosättningar.

D: *Om ni gick till en sådan plats, kanske ni skulle vara säkrare, eftersom det skulle finnas fler människor.*

V: Kanske. Kanske. Det här är platsen jag alltid har bott på.

D: *Har ni några djur?*

V: Några av oss har vanliga åsnor. Det finns några som har en kamel. Men inte många av oss har sådana saker.

D: *Jag tänkte att det skulle vara lättare att resa och samla mat om ni hade djur.*

V: Ja, vi går till platser där vi kan byta till oss vissa saker. Jag väver. Och jag tar mina filtar och korgar, och jag kan byta dem mot mat. Vi handlar, och det finns en handelsväg där människor går förbi oss. Och den är inte så långt från vårt läger, där vi bor. Och ibland kan vi få saker från dem.

Detta var förmodligen den långa ström av människor hon såg i början av sessionen. Karavanen som följde handelsvägen.

D: *Så ni kan överleva.*

V: Vi överlever. Men det är svårt.

D: *Är vävningen det du ägnar mest tid åt?*

V: Jag väver, och jag försöker sätta skönhet i mina filtar. Använder de färger jag kan hitta. Jag kan få ull. Det finns några som har getter. Och jag kan göra filtar. Och jag försöker lägga in mönster när jag kan få rätt färgämnen för att färga min tråd. Jag kan sätta mönster i det som gör mig gladare. Och förhoppningsvis kommer det att göra andra människor gladare. Jag känner att jag måste skapa skönhet. Det är viktigt.

D: *Vad gör din man för er lilla grupp?*

V: Han har några getter som han tar hand om. Och han tar dem till platser där de kan hitta vatten. Och ibland finns det lite grönt gräs som de kan äta runt vattenkällorna. Han tar dem dit och är borta hela dagen. Ibland mer än en dag. Och vi kan få mjölk från dem.

Och vi kan äta några av dem. Det gör ont i mig! Det smärtar mig att äta mina djur! Jag gillar inte att äta dem, men vi måste överleva. Vi måste själva få näring. Djur är mina vänner.

D: *Det betyder att du är ensam mycket, eller hur?*

V: Jag är det. Det finns andra människor inte så långt bort i det här området. Och jag känner mig inte isolerad. Men han är borta mycket, och jag ägnar mig åt min vävning och mina tankar. Och det är bra.

D: *Och du har barnen att ta hand om.*

V: Jag har det, och de är en glädje.

D: *Det låter som att du inte är riktigt lycklig där.*

V: Det är mycket arbete. På något sätt vet jag att det finns mer i livet än bara att kämpa för att överleva och ta hand om min familj. Jag älskar min familj, och jag vill ta hand om dem, men det finns en del av mig som vet att det här inte är allt. Det kan inte vara allt. Och ibland längtar jag efter andra platser, efter att vara friare. Det måste finnas något annat. Och på något sätt vet jag att jag minns – jag vet inte hur jag minns, eller vad jag minns – men jag minns att det inte var så här. (Snyftar) Och ändå är minnena hemsökande. Det får mig att tänka på hur svårt det här livet är. Och jag vet att livet inte ska vara så svårt. Men det hjälper mig också att påminna mig om att det finns saker som kommer, där det kommer att vara så igen.

D: *Det måste vara förvirrande att veta det, men inte riktigt kunna minnas det.*

V: Det är det. Det är det. Jag vet, men jag vet ändå inte varför jag vet. Ingen annan verkar veta.

D: *De har inte dessa minnen?*

V: De verkar inte ha det. (Gråter) Varför vet inte de också? (Hon grät nu öppet.) Ibland tror de att jag är galen. De tror att jag inte är rätt i huvudet. (Snyftande) När allt de tänker på är att baka bröd eller mätta sig själva, tänker jag på andra saker. Jag vet inte varför jag tänker på andra saker, men jag tänker på dem, och jag vet inte hur jag vet. (Snyftande) Saker var annorlunda. Det var fridfullt, och jag var lycklig. Och jag behövde inte arbeta så hårt. (Snyftande)

Den Komplicerade Universum Bok Två

Detta lät mycket likt vissa människor i vår nuvarande värld. De har minnen av andra liv och andra existenser. De vet inte var dessa kommer ifrån, eftersom de inte har någon grund i deras nuvarande verklighet, särskilt med tanke på den indoktrinering de har fått från kyrkan. Det kan vara mycket förvirrande nu, så det är lätt att förstå hur det skulle vara helt främmande för en kvinna som lever mitt i ingenstans, med uppenbart lite utbildning, som aldrig hade blivit utsatt för något annat sätt att tänka. Hon hade tydligen vaga minnen av andra liv, och det fanns ingen logisk förklaring. Det bidrog bara till hennes olycka och känsla av separation från gruppen. Denna frustration över att försöka passa in och att bli missförstådd verkar vara tidlös. Den verkar inte ha några gränser och har existerat så länge som det har funnits tänkande människor på denna jord. Det förklarar också delvis den underliggande längtan efter att "komma hem".

D: *Det gör det svårare när du har dessa minnen.*
V: (Snyftande) Det är svårt. Det är svårt när folk tror att jag inte är rätt i huvudet.
D: *Men du vet att du är okej.*
V: (Känslosamt) Ibland undrar jag om jag är okej.
D: *Du är bara lite annorlunda, det är allt. Du minns saker som de inte gör. Men det är okej. Du kan prata med mig i alla fall. Jag förstår.*

Jag förde henne framåt i tiden till en viktig dag. I ett liv där en dag är precis som den andra är det ofta svårt för personen att hitta något som skulle vara viktigt. Och eftersom deras liv är så vardagliga, är det ofta så att det de anser vara viktigt kanske inte skulle vara viktigt för oss.

D: *Det är en viktig dag. Vad gör du nu? Vad ser du?*

Den känsla som fanns tidigare var nu borta. Hennes röst var normal igen, till och med monoton.

V: Åh, jag börjar min dag, precis som alla andra. Jag går upp och förbereder mig för dagen, och för min familjs måltider. Men ändå är detta en dag att minnas. Jag ska träffa någon denna dag, som kommer att förändra mitt liv.

D: *Hur vet du det?*

V: Nåväl, jag vet det inte än, men det här är dagen. När jag ser tillbaka från "här" perspektivet, är det här dagen då en mycket ovanlig person var en del av handelskaravanen som jag gick ut för att möta. Jag gick ut med några filtar och korgar. Och det var någon på den här vägen som karavanen färdades. Han gick bara med dem en stund. Kanske skulle han bara till samma plats som de var på väg till, men han var ingen handelsman. Han var en äldre man. (Allvarligt) Men han var någon som visste om andra saker. Karavanen stannade ett tag. Det var då jag visste att jag kunde ta med mina varor till dem. De skulle stanna över natten. Och den här mannen reste med dem. Han var en annorlunda man. En man av mildhet och styrka och lärdom. Och mycket, mycket ödmjuk. Inte som vissa människor på den här rutten, som tror att du bara är en obetydlig person. Och att de är de enda viktiga och allvetande. Den här mannen talade till mig. Han pratade med mig som om jag också var viktig. Han såg på mig, och han kallade mig "Mitt barn." Och han talade till mig om andra saker, om andra platser, och till och med om andra tider. Han kunde se på mig och han visste allt om mig. Jag behövde inte ens berätta. Han kände min smärta. Han kände min förvirring inför livet. Och hur livet fortsatte. Jag brukade fråga mig själv: "Vad gör vi här? Är detta allt? Varför finns det inte andra saker i mitt liv som jag tycks minnas att jag har haft förut?" Och jag längtade efter vattnet. Jag har hört att det finns vatten, mycket vatten, på andra platser. Jag har aldrig sett det. Jag vill vara där det finns mycket vatten. Det skulle göra mitt liv så mycket lättare. Och han talar om vatten. (Gråter) Och han talar om livets vatten. Han talar om vatten som om han egentligen inte talar om vatten. (Snörvlar) Han talar om andra saker som kan befria mig. Det handlar om vem jag är inuti. Han säger att om jag bara kan minnas tillräckligt starkt, så kan en del av mig resa till andra platser utan att ta min kropp med mig. Att denna kropp egentligen inte är jag. Att jag kan resa och inte behöva oroa mig för att jag inte är rik, och att jag inte har fler möjligheter. Och jag kan bara vara mig själv här där jag är. Och jag kan få tillgång till andra riken, till och med andra tider. Och jag kan besöka mina vänner som jag har känt i andra tider och på andra platser. Och han talar om änglar. (Tyst) Jag har ibland sett saker, men jag berättar inte. Jag berättar inte ens för min man. Men jag ser människor som kommer, och de är gjorda av ljus. Och de talar till mig. Men ändå undrar jag om jag är galen. Och han säger till mig att detta är varelser, stora varelser som älskar mig. Och att de saknar mig också. De kommer och besöker mig. Och jag kan följa med dem, utan att behöva resa på något sätt. Men jag tror att jag måste. Jag kan följa med dem, och jag kan besöka människor. Och jag kan till och med äta allt jag vill. Jag kan känna som om jag äter allt jag vill. Jag antar att det inte skulle vara verkligt. Men jag kan njuta av känslan av att ta in all den näring jag vill, inklusive mycket kunskap. För jag vill veta mer. (Hon blev känslosam igen.) Och jag kan inte veta mer här. Det finns ingen som kan lära mig. Men han säger att jag kan. (Gråter) Och det är svårt för mig att tro på. Jag vill tro på det. Jag vill veta mer. Jag känner att jag vet mer, men ändå gör jag det inte. Det är svårt att förklara. Men han säger att jag kan resa till dessa platser. Och om jag bara kan ansluta mig till dessa stora varelser som jag ser, dessa varelser som jag inte pratar om. De är ljus. De är som om de är gjorda av en ljuslåga eller något sådant.

D: *Kommer de till dig när du är ensam?*

V: De kommer till mig på natten när alla sover. Ibland ser jag dem, och ibland talar de till mig. Jag har aldrig försökt tala tillbaka till dem, för jag vill inte väcka någon. Men jag lyssnar på dem. Sedan tänker jag att jag kanske håller på att bli galen. Jag vill höra dem, men ... ibland vill jag bara inte att de ska gå.

D: *Men den här mannen förstår dessa saker?*

V: Han förstår dessa saker, och han förstår mig. Han förstår min längtan, och han förstår min frustration. Och han vet att jag vill veta. Och han säger att jag kan resa till dessa platser. Jag kan resa till platser för lärande. Och jag kan göra det genom att vara den jag är, där jag är. Och detta är spännande för mig.

D: *Det är väldigt märkliga idéer, eller hur?*

V: De är märkliga idéer. Ingen talar om sådana saker.
D: *Vet du vem den här mannen är?*
V: Han berättar om någon som han länge har varit förknippad med. Och de blir båda mycket gamla. Och han berättar om en tid i ett annat land där de var tvungna att fly. Och de har varit i mitt land i många, många år, och deras tid i detta liv närmar sig sitt slut. Och han berättar om andra liv. Och att man inte ska vara rädd. Den man han talar om är en mäktig man av fred och kärlek. Han har varit hans vän och hans beskyddare i många, många, många år. Och de börjar bli trötta och längtar efter att återvända dit de kom ifrån. Jag har alltid vetat att jag kom från någon annanstans. Och han säger att när vi är färdiga i detta liv, så återvänder vi dit. Och det är underbart, och det är vackert. Och han kommer att göra detta. Han och hans mästare – som han kallar honom – kommer att göra detta mycket snart. De kommer att resa vidare för att vara med sina vänner från någon annanstans innan de kom in i detta liv. Men han har lärt sig många saker. Den här mannen vet många saker, och han har delat många upplevelser med den han kallar "mästaren".

Detta lät inte som Jesus, för mannen var för gammal. Jag undrade om hon kunde leva i det heliga landet, och att detta kanske var en av lärjungarna som reste och undervisade andra.

D: *Det här landet du bor i, har du hört det kallas vid något namn?*
V: Dess namn liknar en flod som jag känner till. Jag hör människor tala om en stor flod. Den kallas Indusfloden. Det är landet runt den floden. Vi har inget namn för det här.
D: *Sa den här mannen varifrån han kom?*
V: Han hade varit längre västerut och besökt platsen där han en gång hade bott. Han hade viktiga kontakter med människor han behövde träffa där. Han ville hålla kontakten med dem. Det var ganska långt bort, men dessa handelsvägar passerar genom denna plats, och han reser med dem för skydd.
D: *Det här är en viktig dag när du möter den här mannen och finner någon som förstår dig.*

V: Han reser vidare. Men han har gett mig en gåva som inte kan tas ifrån mig. (Gråtande) Han hjälper mig att förstå. Och han berättar för mig hur jag ska tillåta mer av det och inte motstå det. Och hur jag ska hitta sätt att lära mig och besöka andra platser. Och hur jag kan göra det samtidigt som jag lever mitt liv här. Jag kan ta hand om min familj. Jag kan vara en god hustru. Jag kan vara en god mor. Och jag kan väva mina korgar och mina filtar. Och jag kan också vara fri att resa till andra platser och att veta andra saker. Och att nära mig själv på det sättet.

D: *Det är mycket viktigt. Han har gett dig en mycket stor gåva.*

Jag lät henne sedan gå framåt till en annan viktig dag i hennes liv.

V: Jag är (djup suck) redo att lämna detta liv. Kroppen är svag, och jag är gammal. Och jag börjar se syner. Jag har besökt många platser sedan jag mötte denna man. Denne man från Judéen, säger han.

D: *Är det där han sa att han var ifrån?*

V: Han var från Judéen. Jag känner inte till Judéen. Och jag är mycket lyckligare vid slutet av mitt liv, eftersom han lärde mig saker. Han lärde mig hur jag kunde vara fri där jag var. Han berättade för mig om att permanent lämna kroppen, det vi kallar "döden". Han sa till mig att inte frukta den. Och jag har lärt mig av andra sedan dess också, som jag har haft kontakt med. Stora varelser som aldrig dör. Och jag vet att jag bara är här en kort stund. Och jag har andra saker att göra, andra platser att vara på, och andra människor att interagera med. Och jag lämnar denna kropp, och jag har ingen rädsla.

D: *Så det är inget fel på kroppen? Den är bara utsliten.*

V: Bara utsliten. Och jag har fullbordat min tid här. Min familj, det som finns kvar av den, är ledsna. Men jag säger till dem att inte vara ledsna. Ändå förstår de mig inte. De har aldrig förstått mig. Och de är glada att jag har blivit lyckligare på äldre dar. Men de vet inte varför. Och jag säger till dem att inte vara ledsna över att jag lämnar dem. Det förstår de heller inte. Jag har försökt att undervisa andra. De har inte tagit emot det särskilt väl.

D: *Men du var alltid den annorlunda.*

V: Det var jag. Och mina barn tror kanske att jag kan ha rätt, eftersom de älskar mig och respekterar mig. Men ändå påverkas de mer av andra än av mig, tyvärr. Men jag lämnar nu. Jag är inte olycklig över att lämna. Jag vet att jag kan vaka över min familj, mina barn, och de har sina egna liv nu. Men jag kan vaka över dem på samma sätt som dessa varelser, som jag vet, har vakat över mig.

Jag lät henne gå till den punkt där hon lämnade sin kropp (dog), och bad henne berätta hur det var.

V: Det är mycket, mycket, mycket fridfullt. Jag ser mina änglavänner. De sträcker ut sina armar mot mig. Och jag känner mig lättare och lättare och lättare. Och till slut svävar jag bara över till dem. Och jag är i denna underbara plats av frid och kärlek. Frid och kärlek och ljus och frihet. Och det är en underbar känsla av att vara tillbaka där jag hör hemma, där jag känner att jag just kom ifrån. Som om det bara var en minut. Mitt liv verkade så långt och svårt, men nu känns det som om det bara var en minut.

D: *När du ser på detta liv du just lämnat, kan du se hela det från ett annat perspektiv. Vad var syftet med det livet?*

V: Jag skulle lära mig hur man integrerar denna värld med den jordiska världen. Den jordiska, vardagliga tillvaron. Jag skulle lära mig hur jag kunde föra in min kunskap om de högre sfärerna i mitt vardagliga arbete och liv. Det är en fråga som jag fortfarande inte har bemästrat. Jag lärde mig mycket i det livet. Och det var värt all smärta jag gick igenom för att lära mig att det kan göras. Och att det kan integreras framgångsrikt.

D: *Trots att du mötte motstånd och hån.*

V: Det kommer alltid att finnas motstånd i det jordiska livet. När någon tar med sig minnen och kunskap från de himmelska sfärerna, när någon minns existensen före det livet och vet att det finns andra saker, och inte bara det som syns framför ens ögon. Det kommer alltid att finnas de som är kvar på den nivån. Och de kommer att attackera dem som ens antyder sådana saker. Så detta ska hjälpa mig i framtida liv också. För vilket liv jag än går in i, kommer det att vara ett liv där det finns motstånd.

D: *Men gör inte det det svårare att ha dessa minnen när du är i den fysiska världen?*
V: Det verkar som att jag alltid kommer att ha dessa minnen. Jag har fått veta att jag inte är en av dem som glömmer helt. Och detta är för att förbereda mig att kunna integrera detta, eftersom jag på en högre nivå har valt att inte glömma helt. Att inte vara helt bakom slöjan. Jag har valt detta. Och genom att välja detta måste jag också lära mig hur jag ska integrera det.

D: *Men gör inte det livet svårare när du har dessa minnen?*
V: Det är ett svårt liv. Men ur min högre synvinkel väljer jag att ha svårigheter i det fysiska livet som hjälper mig att växa andligt. Det är inte viktigt hur lätt mitt liv är. Det enda som är viktigt är hur mycket jag växer. Och detta är den väg jag har valt att gå. Inte bara att gå in i ett liv helt blind och okunnig om den större bilden. Och glömma vad jag kom in för att göra. Det är inte av någon betydelse. Jag går in i livet med minnet av de saker jag ska lära mig. Ibland tar det ett tag för mig att få ihop det, att minnas vad det är och hur jag ska gå tillväga. Men detta är den väg jag har valt i samråd med de äldre.

D: *Ja, men det gör det svårare.*
V: Det är svårare, men jag har valt denna väg där själar genomgår svårigheter.

D: *Så du kommer alltid att ha mindre glömska i alla dina liv.*
V: Jag kommer att göra det. Jag kommer att veta saker, och jag kommer att minnas saker. Och det kommer att hjälpa mig att påminna mig om vem jag är och vad jag kom in i livet för att göra. Jag känner att om jag har dessa svåra upplevelser, kommer jag att åstadkomma mer än om jag går in i liv efter liv och glömmer vad jag kom hit för att göra och hur jag ska göra det. Så jag kommer in med delvis minne. Precis tillräckligt för att driva mig framåt och för att veta att det finns saker att lära och arbete att utföra. Att veta att det finns mer. Jag har varit mycket, mycket rädd för möjligheten att gå in i ett liv med alla dessa storslagna visioner om vad jag skulle göra och sedan gå vilse och glömma vad jag kom för att göra. Och det skulle vara en bortkastad tid och bortkastade möjligheter. Och kanske skada andra människor och

hindra deras väg. Jag väljer att ha mer upplysning för detta. Även om det ofta är svårt för mig att integrera. Men jag har vänner som kommer in i liv tillsammans med mig, och vi har gjort en överenskommelse att hjälpa varandra att minnas. Och detta gjorde jag med denna underbara varelse som jag mötte på stigen. Han visste och jag visste, innan vi kom in i något av dessa liv, vad vi skulle göra för varandra. Det var ett karmiskt löfte. Och jag har ordnat detta med andra i andra livstider också. Jag kommer att veta tillräckligt för att ställa frågor, och andra kommer att hjälpa mig att finna svaren.

D: *Så vilket liv du än går in i, kommer det alltid att finnas någon där.*

V: Det kommer det att göra. Jag är aldrig ensam. Jag har många, många, många vänner genom tidigare bekantskaper och förbindelser. Och vi vet alla om farorna med att gå vilse i smutsen och gyttjan. Och vi har en säkerhetsmekanism.

D: *Vad menar du med en säkerhetsmekanism?*

V: Kanske tror jag när jag går in i ett liv att jag kommer att glömma. Och jag har kärleksfulla vänner som går in i liv med mig, eller som jag kommer att möta någon gång under mitt liv. Och vi har gjort löften att vi ska påminna varandra om vilka vi är. Och säkert kommer inte alla av oss att glömma allt. Så om en kommer ihåg en sak och en annan kommer ihåg något annat, kommer vi att hjälpa varandra. Och vi kommer till och med att ha saker som vi kallar "koder". Om en bara kommer ihåg en fras eller en mening, kommer det att utlösa saker i en annan som kommer att öppna upp mängder av minnen och kunskap.

D: *Så ni kommer att veta hur ni ska identifiera varandra?*

V: Vi kommer att göra detta för varandra. Det är inte en medveten kod. Men det finns saker som någon kan säga som vi har planerat i förväg. Som när du säger detta, kommer det att ladda ner en hel låda med information för mig när jag är redo. Och vi kommer att mötas när jag är redo, eller när du är redo. Och vi gör det för varandra. Och det är som ett litet skyddsnät för att gå in i ett skrämmande liv där vi är rädda att vi ska glömma.

D: *Och du kommer alltid att vara med dessa människor i olika liv. Är det korrekt?*

V: Det är korrekt. Det tar mig en viss tid, vad du skulle kalla "tid", efter ett liv, att vila och tänka på allt jag har lärt mig. Och på saker jag inte lärde mig.

D: *Att assimilera, ja.*

V: Assimilera är ett bra ord. Det tar mig en stund att göra det, och sedan är jag fri att göra vad jag väljer. Jag kan välja många vägar. En av dem är att gå in i ett annat liv. Och jag har valt att gå tillbaka in i liv ganska ofta, med lite tid däremellan för att gå vidare till högre lärande och göra lite arbete med andra. Ibland tillbringar jag bara tid med att arbeta med andra på jordplanet. Besöker dem och inspirerar dem. Och jag har fortfarande dem som är mina själsfränder, som jag kallar dem, i livstider. Och jag tillbringar tid med dem i drömtid även. Jag viskar saker till dem, och jag påverkar dem, och jag vakar över dem. Och det finns tider då jag går vidare till att besöka andra lärandeområden. Och ibland bara för att koppla av. Och det kommer alltid en tid då jag rådgör med det jag kallar "de äldre".

Jag förde sedan Virginia framåt i tiden, och lämnade den andra entiteten i det förflutna, så att jag kunde ställa frågor om hennes nuvarande liv. Det undermedvetna hade svårt att lämna den andra personligheten i det förflutna.

V: Det är som om Virginia nu är kvinnan i det torra landet, det som nu är Indien. Som om hon var den personen nu. Och detta är en analogi som jag vill att hon ska förstå. Hon är, på något sätt, som den personen var. Och främlingen som kom genom hennes område – inte från hennes område, märk väl – utan bara kom genom för en kort vistelse, för att se platsen och lära känna folket något. Det finns andra som är som den resande som kom genom och gav henne vidare upplysning. Och visade henne hur hon kunde se in i sig själv för att finna sin frihet, och komma ihåg vem hon är.

D: *Är det därför det undermedvetna valde det livet för henne att se idag?*

V: Detta är syftet med det livet. Det är en analogi. Hon är nu den som arbetar hårt. Och hon arbetar hårt. Och hon har ibland svårt att integrera sin kunskap med sin vardagliga arbetsvärld. Och det finns de, särskilt på hennes arbetsplats, som inte vill höra något om hennes mysticism. (Virginia är sjuksköterska på ett stort sjukhus.) Och detta är ofta frustrerande. Och det finns de som kommer till henne på natten, som lär henne om andra saker. De tar henne till andra riken, och de visar henne många saker. Och det är hennes sätt att växa bortom detta liv. Och hon gick med på att detta skulle ske, för att hjälpa henne att komma ihåg att det finns andra saker i livet än det som finns här och nu, och det arbete som är framför ens ansikte i ögonblicket. Det finns många saker som händer på många nivåer. Men för hennes omedelbara nivå var det en överenskommelse innan hon kom in i detta liv, eftersom hon hade mycket att göra i denna livstid. Mycket karma att avsluta. Och det var hennes mål att hjälpa människor att komma ihåg vilka de var. Och hon var rädd att hon skulle glömma vem hon var och skulle vara oförmögen att hjälpa sig själv eller någon annan.

Virginia hade under meditation och drömmar sett glimtar av en entitet som hon kallade "Heperon". Hon ville veta om detta var en verklig entitet, och i så fall, vem han var.

V: Heperon är en mycket integrerad del av hennes väsen. Hon skulle aldrig ha frivilligt gått in i jordupplevelsen om det inte varit för kunskapen att hennes "själsfrände" – skulle jag kalla honom – denna mycket, mycket kära person från hennes själgrupp på en annan planet, var med henne. Han försäkrade henne att det var deras överenskommelse att hon skulle komma in i jordelivet, och att han skulle vaka över henne. Han skulle vara med henne på någon nivå hela tiden. Han är vad du skulle kalla en "multidimensionell" varelse. Han kan vara verksam på många ställen i många olika sfärer samtidigt, och också vaka över Virginia. Och detta är en mycket integrerad del av hennes liv. Hennes själva existens på jorden bygger på kunskapen om att

Heperon vakar över henne från sin – man kan kalla det – något höga position. Han kan vara på många platser samtidigt. Han är vad man skulle kunna kalla en ängel. Han är i alla fall en ängel för henne.

D: *Så han är mycket viktig i hennes liv.*

V: Den kopplingen är extremt viktig. Den är själva hjärtat av hennes existens på jorden.

D: *Det är mycket bra. Hon hade några fler frågor. Hon ville veta om hon någonsin haft någon koppling till Jesus?*

V: Det fanns en händelse i Kashmir där hon mötte den unge mannen som var Jesus. Hon var en präst vid den tiden när Jesus reste med sin farbror Josef och studerade hos de vise lärarna. Det var ett sant möte. Det var ett mycket, mycket verkligt möte. Ett sant minne. Ett mycket djupt minne. Och minnet av hans lugn har hjälpt henne på många sätt i detta liv. Bara att kunna få tillgång till det själsminnet av den kärlek och frid som han utstrålade har varit en stabiliserande kraft. Och kunskapen om att han finns där. Han är stadig som en klippa, och han är kärlek och frid. Det har varit en inre visshet. Och även under detta liv, som avslöjades denna dag i denna session. Det var vidare den nästa inkarnationen av denna entitet, Virginia.

D: *Efter den andra i Kashmir?*

V: Efter den andra. Och denne man – det är svårt att säga, eftersom det inte är allmänt accepterat – men denne man som undervisade henne levde ett långt liv tillsammans med Jesus.

D: *Jag tänkte att det inte var Jesus, eftersom han var äldre.*

V: Han var en följeslagare till Jesus. Han bar på kunskapen, så Jesus har berört hennes liv två gånger.

Jag avslutade sessionen genom att fråga om Virginias fysiska problem. De orsakades av att hon fortsatte arbeta i den negativa atmosfären på sjukhuset, trots att hennes användbarhet där var över. Hon trodde att hon hjälpte människor, men de energier som fanns i den miljön dränerade henne. Det var dags för henne att gå vidare i sitt arbete. Hon kunde fortfarande hjälpa människor, och arbeta med dem som var döende, men hon skulle lämna sjukhuset.

Den Komplicerade Universum Bok Två

Kapitel 16
SÖKANDE EFTER DEN VISE

DETTA ÄR EN annan session som jag gjorde i Clearwater, Florida, medan jag var där och talade på en mässa i oktober 2002. Det hade också en koppling till en vis man, men en av en annan typ.

När Nancy, subjektet, kom ner från molnet, fann hon sig stående barfota på vassa grus, små bitar av krossat sten. Detta gjorde henne obekväm, men hon blev ännu mer upprörd när hon såg att hon stod på kanten av en klippa. Hon såg att hon var en ung man med kort brunt hår, iklädd en tjock vadderad väst och byxor av grovt material. "Jag är mycket nära en klippa. Jag känner att jag vill gå bakåt bort från kanten. Jag blir tillsagd att inte vända mig om. Någon är bakom mig. Och jag vill springa," sa hon med ett djupt andetag. "Jag vill komma bort. Varför gör de detta?" Svaret var en uppenbarelse, "De försöker skrämma mig."

Jag frågade om hon ville vända sig om och se vem det var. "Det är mer än en person. Jag känner att om jag kommer närmare kanten kommer jag att halka och falla. Och de tvingar mig att stå här för att lära mig en läxa. Men jag vet inte vad den läxan är. De är mycket små människor med ljust hår. Nästan vitt. Jag är mycket större än de är, åtminstone en fot eller mer längre. Och min färg är annorlunda. Jag är mörk och de är väldigt ljusa. De är olika från mig. Jag hör inte hemma hos dem. Jag är inte en del av dem. Jag känner att jag reste genom deras by. De är rädda för mig. Jag visste inte var jag var, och jag fann denna plats. Först trodde jag att de var barn."

D: Vilken typ av by hade de?

Den Komplicerade Universum Bok Två

N: Hmm. Jag ser att de kan gömma sig. Jag vet inte hur jag ska säga detta. De kan försvinna. De kan dölja sina hem, sina byggnader i naturen, med miljön. Och när jag först såg dem, såg det ut som en barnby. De hade grästak, som små hyddor, men det var inte verkligt. Det var bara ett kamouflage som de använde. Det var inte riktigt vad deras hus ser ut som. Som om de spelade ett trick på mig. Det är väldigt förvirrande.

D: *Det var så du såg byn när du kom dit?*

N: Ja. Jag såg de små hyddorna med gräs på taken. Och det såg ut som barn som lekte. Men egentligen är deras hem gömda. Jag vet att de kamouflerar dem. De gömmer dem i kullen. Det är lustigt, men jag vet inte hur de verkligen ser ut. Men jag vet att de är gömda.

D: *Hade du rest långt för att komma dit?*

N: Långt upp i bergen.

D: *Var det där ditt hem var?*

N: Nej, det var där jag var på väg. Detta är väldigt, väldigt högt. Jag var bara på resa. (Djupt andetag) Jag ville åka till öster. Det var min resa. Jag hade hört historier om en magisk man som jag ville träffa. Långt borta, högt upp i bergen. Mycket högt. Som hade magi. Den helige mannen. Berättelser om denna man. Jag ville hitta honom.

D: *Det låter som en lång resa.*

N: Mycket lång. Jag trodde att det skulle ta mig ett år eller mer att komma dit. Jag hade förnödenheter, men dessa människor tog dem.

D: *Hade du en familj där du kom ifrån?*

N: Jag känner att jag var ensam.

D: *Så du var fri att resa om du ville?* (Ja) *Hade du längre att gå när du kom över denna lilla by?*

N: Åh, ja, mycket längre. Jag hade varit på vägen länge. Jag kom runt en kurva och var inte riktigt uppmärksam. Det var så vackert. Och sedan såg jag dessa hyddor. Och jag hörde människor inuti. Jag trodde att de var barn som lekte. Men jag skrämde dem. Jag tittade ner inuti, och jag skrämde dem. Detta känns som en plats som ingen kommer till. Detta är en gömd plats. Detta är en mycket hemlig plats för dem.

D: *Så du skrämde dem för att du inte borde vara där.*
N: Ja. Och jag kan inte kommunicera med dem i mitt tal. De förstår inte vad jag säger. Jag försöker säga att jag inte kommer att skada dem, men de förstår inte.

D: *Du sa att de tog dina förnödenheter?*
N: Ja. Jag hade på mig påsar på remmar över mig. (Handrörelser som indikerar något över axlarna.) Över mig. Och vatten. Och en väska med – jag vet inte vad jag ska kalla det. – Någon mat ... torkade saker i den andra. Och sedan, från tid till annan, skulle jag få annan mat från mina resor. Platser jag stannade vid där folk delade med sig. Men detta är en annan plats. Dessa människor ser inte ut som andra. De är väldigt, väldigt bleka och små. Väldigt ljus hud. Mycket, nästan vitt hår.

D: *Är deras drag olika?*
N: Ja, de är. De har alla samma drag. Deras ögon är olika färger. De är inte blå, inte gröna, utan både. Nästan turkos, en blågrön färg. Men deras drag är väldigt små. Väldigt liten näsa, liten. Väldigt liten haka. Väldigt delikata drag. Och skarpa.

D: *Ser de ut som män och kvinnor?*
N: Jag ser unga med dem som är deras barn. Det finns vuxna partners. Familjer! De är familjer. Men föräldrarna ser väldigt lika ut.

D: *Så det är svårt att särskilja kön?* (Ja.) *Försökte du hindra dem från att ta dina förnödenheter?*
N: Nej. Jag stod bara där. Jag kände mig väldigt tyst. Väldigt stilla. Och de gick bara fram och tog dem från mig. Varför tog de mina skor? (Hon var förvirrad över sin reaktion.) Jag lät dem bara göra det. Jag stod bara där. Det är väldigt konstigt. Jag stod väldigt stilla. Och sedan gick de uppför denna stig med stenarna. Det gjorde ont i mina fötter. (Krämpande) Det gjorde ont i mina fötter. (En uppenbarelse:) Åh! Deras platser är en hemlighet. Ingen får veta att de finns där. Och jag fann dem. Och de vill inte skada mig, men de kan inte släppa mig. De är rädda att jag kommer att ta hit andra, eller prata om dem. Jag skulle inte säga något. Jag försökte säga att jag inte skulle säga något. (Djupt andetag) Och jag vill komma bort från den där klippkanten. De står bakom mig, men de är på ett avstånd. De rör inte mig, och det finns inga vapen, men

deras tankar driver mig mot kanten. (Bestämt) Och jag motstår dem. Jag ska inte göra det! Jag ska inte låta dem göra det. (Bestämt) Jag ska vända mig om. Jag vet att jag kan. Jag ska vända mig om väldigt hårt. Och jag ska säga åt dem att stoppa. Stopp! (Stora andetag, och hon höll upp sin hand med handflatan utåt.) Jag säger åt dem att stoppa. (Stort lättat andetag.) De slutar! Och nu är jag väldigt bestämd med dem. Jag ska inte låta dem göra detta! Jag tänkte att om jag följde vad de ville att jag skulle göra, skulle de se att jag inte skulle skada dem. Men nu ser jag att jag måste säga åt dem att stoppa. De kommer inte att säga åt mig att göra detta. Och nu en av dem kommer med mina förnödenheter, och mina skor. De ger dem till mig så att jag kan fortsätta min väg. De är mycket sorgsna. De ber om ursäkt. De säger inte något till mig, men jag kan känna hur de känner. Jag känner att de är ledsna.

D: *Kunde du kommunicera med dem att du inte skulle avslöja dem?*

N: Ja. När jag vände mig om och sa åt dem att stoppa, var jag arg. Och jag kände mig stark. Jag sa åt dem att jag inte skulle skada dem. Jag skulle inte säga något till någon. Men de skulle inte få mig att gå av klippkanten. Det var fel. Och de kände sig mycket sorgsna.

D: *Kanske var detta det enda sättet de trodde att de kunde skydda sig själva.*

N: De var mycket rädda. Och nu går jag. Uppför kullen. (Stort andetag) De tittar på mig. De börjar gå tillbaka ner. Puh! Men jag mår bra, jag är säker, jag är på väg igen. Men det är väldigt konstigt, för jag vet att de inte hörde hemma här. De är olika. Jag känner att de inte hör hemma här i den här tiden.

D: *Den här tiden?*

N: Ja. De hör inte hemma i den här tiden. (Försöker tänka på hur jag ska förklara.) Jag känner att de är från en annan tid. Långt i framtiden! Mycket långt i framtiden. Och de har bara varit här. Men jag känner att de har varit här länge. Men de trodde att de var säkra på denna plats. Att ingen skulle hitta dem här.

D: *Varför får du känslan att de är från framtiden i relation till var du är?*

N: Jag vet inte. Jag vet bara att de är från långt i framtiden. Att de inte kommer från min plats, från min tid. De är inte härifrån. De trodde att de hade hittat en säker gömma.
D: *Jag undrar vad de gömde sig från?*
N: Jag vet inte.
D: *Men ändå, du stod upp mot dem.*
N: Ja, jag mår bra. (Ett lättat andetag.) Jag är glad att jag är på väg. Jag ser fram emot att möta den här speciella personen. Och jag vet att jag kommer att träffa honom.

Jag förde Nancy framåt till en viktig dag:

N: (Leende) Jag är här. Jag är så exalterad. Jag har träffat många människor på min resa. Och jag har hört berättelser om den här personen hela tiden. Jag känner mig äldre.
D: *Men du träffade aldrig någon lika märklig som de små människorna.*
N: Nej. (Skrattar) Det var bara en gång.
D: *Bor den här mannen i en stad?*
N: Han är högt uppe på bergstoppen, men alla här i staden känner honom. Han är en helig man. Och jag är på en marknadsplats av något slag.
D: *Vet du vad staden heter? Hörde du någon säga det?*
N: Det känns som att det är i Himalaya. Det finns ett namn de kallar det, men staden ligger på en lägre höjd. (Jag såg att hon kämpade med att hitta namnet.) Jag tror inte det är det namn de använder, men jag vill säga Katmandu, men jag tror att det är ett modernt namn. Jag tror inte att de kallar det så nu, i min tid. Det finns många höga berg runt omkring. Och denna stad ligger på en hög höjd, men det är under där han är.

När hon nämnde Himalaya tänkte jag genast på Tibet. Jag blev förvånad när jag tittade i uppslagsverket och fann att Katmandu är en stad i Nepal. Den ligger på en platå 4000 feet över havet och är omgiven av mycket höga berg. Himalayamassivet har världens högsta berg och bildar den norra gränsen för Nepal och Kina. Jag visste inte att Himalaya sträckte sig så långt. Jag tror inte att Nancy hade denna information heller. Det skulle ha varit mer naturligt för henne att säga att hon var i Tibet när hon tänkte på Himalaya. Tydligen var minnet verkligt, eftersom det inte stämde med vad våra medvetna sinnen skulle fantasera om. De konstiga små människorna verkade inte passa in, men allt detta skulle förklaras innan sessionen var slut.

D: Han är mycket högre upp, och alla känner till denna man?
N: Ja, det här är en mycket speciell person som jag känner att jag kan lära mig mycket av. (Lång paus) Jag måste vila här och tvätta mig. Jag måste bada. Jag har varit på vägen länge. Jag känner att jag behöver vila en liten stund, och justera mig till höjden också. Och jag måste byta kläder. Jag är inte tillräckligt varm nu. Jag måste ta på mig mer kläder, för det är väldigt högt och kallt.

Jag bestämde mig för att föra henne framåt till när hon var på väg upp för berget för att träffa honom.

D: Har de sagt var han är?
N: Jag vet var han är. Jag kan nästan känna att han drar mig dit ... ropar på mig. Han vet att jag är på väg, och han leder mig. Jag kan känna honom dra mig högre upp. Här är det väldigt brant. Det är väldigt kallt. Jag fryser.

Hon darrade, och hennes röst skakade. Jag gav instruktioner så att hon inte skulle känna något fysiskt obehag.

D: Är det snö också?
N: Nej, det är bara brant nu. Det är inte vintertid. Men det blåser väldigt mycket. Jag har kommit upp på en plan yta. Det finns en grotta. Och han är där inne. Det är mörkt och tyst. Och det finns ljus i grottan. Och jag stannar en stund. Mina ögon justeras till ljuset. Och han är här.

D: Kan du se honom? (Hon nickade) *Hur ser han ut?*
N: (Stort andetag) Han har formen av en man, men han är energi. Han är inte riktigt solid. (Plötsligt skratt.) Han säger att han är

förkroppsligandet av många heliga människor. Han visar mig först en helig man i trasiga kläder, som en kåpa och långt, brunt, smutsigt och tovigt hår. Och ett långt, mörkt, smutsigt skägg. Och plötsligt blir han ren och renad. Och han är många. Han är inte bara en person. Han är många själar. Han är en sammansatt ... (Hon hade svårt att hitta ordet.)

D: *En sammansättning?*

N: Ja! Av alla dem. Och han är väldigt ljus. Han visar sig som ett starkt ljus, men också som formen av en man. Han är båda. Han kan förvandla sig från man till formen av en man, och sedan plötsligt bara vara detta bländande ljus. Nästan bländande ljus.

D: *Är det därför han kan bo på en så konstig plats, för att han inte är solid?*

N: Ja. Han anpassar sig till var han än är, vilket som helst av hans omgivningar påverkar honom inte.

D: *Om andra människor kommer och ser honom, skulle de se honom på det sättet?*

N: Bara några få kommer till honom. Folk vet att han är där, men bara några få gör verkligen resan till honom. (Paus) Det är ett kallelse. Han kallar på dig.

D: *Jag undrade om någon från byn kom, skulle de se honom som en människa, eller som du ser honom?*

N: De vet att de inte kan gå. Du måste bli kallad. De vet att han är där, men han kallar bara på några få. Han kan existera på andra platser samtidigt.

D: *Men du var tvungen att göra resan dit.* (Ja) *Du kunde inte ha funnit honom någon annanstans?*

N: Nej. Jag var tvungen att gå dit. Det var där han ville att jag skulle komma. Resan var mycket viktig. Han var tvungen att veta att jag trodde. Han var tvungen att veta att jag var värdig ... Han var tvungen att veta att kallelsen jag kände inombords var tillräckligt stark.

D: *För annars kunde han ha visat sig för dig var som helst.* (Åh, ja.) *Men han var tvungen att veta att du hade beslutsamheten att resa så långt för att hitta honom.* (Ja) *Varför kände du den här beslutsamheten?*

Den Komplicerade Universum Bok Två

N: Jag kände bara att jag var tvungen att vara där. Jag drogs och lockades till honom. Jag känner att det är något jag ska lära mig av honom. Och jag kunde bara inte låta bli att gå. Jag var tvungen att gå. Och jag skulle gå. Jag brydde mig inte om hur lång tid det skulle ta mig att komma dit. Jag skulle träffa honom.

D: *Men i ditt vanliga liv, där du började, var du en helig person, eller en vanlig person?*

N: Det var så länge sedan. Jag var en lärling av något slag. Jag gillade inte det. Jag gjorde det för att ... ja, man var tvungen att göra något. Jag jobbade med mina händer. En murare, tror jag. Jag byggde saker, men jag lärde mig bara att göra dessa olika saker. Jag var ung.

D: *Men då kände du detta behov av att hitta den här mannen, även om det inte gav någon mening?*

N: Ja, jag visste att jag var tvungen att hitta honom. Jag var inte som alla andra. Jag kände bara alltid att jag inte riktigt hörde hemma där. Jag kände mig bara annorlunda. Människorna var väldigt fattiga och väldigt smutsiga. Och de jobbade hela tiden. De var snälla mot mig, men jag tror inte att jag hörde hemma där heller. Jag tror att jag bara stannade där en liten stund, för jag visste inte vart jag skulle gå. Jag visste att jag var tvungen att hitta den här mannen. Och jag visste vilken väg jag skulle följa. Och jag visste att om jag höll mig på min väg till honom, så skulle han ge mig alla mina nödvändigheter. Han skulle ge mig mat och vatten. Men jag var tvungen att hålla mig på min väg till honom. Jag kunde ha stannat när som helst, om jag ville, men jag ville inte.

D: *Nu när du har funnit honom, vad ska du göra?*

N: Han har saker att lära mig.

D: *Ska du stanna hos honom?*

N: Ja. Ett tag. Tills rätt tid kommer. Och jag är den enda här. Det är bara vi två. Ingen annan.

D: *Inga andra elever?*

N: Nej. Bara jag. Han kallade på mig. Från mycket långt bort, mycket långt.

D: *Vad är det han ska lära dig?*

N: (Lång paus) Jag ska bli en av hans barn. Och genom att göra det, kan jag dela med mig av hans undervisning till andra. Undervisningen från många är allt från Ett. Och jag börjar förstå, men det är fortfarande mycket för mig att förstå. Det kommer att ta mig tid med honom för att fullt ut förstå. Han har mycket att lära mig.

Jag kände att det här skulle ta ganska lång tid, så jag förde henne framåt i tiden igen. "Hur länge stannar du här?"

N: (Stort andetag) Vintern har passerat, och nu är det vår. Jag har varit här ett tag. (Skratt) Och jag har hår på mitt ansikte. (Jag skrattade) Och mitt hår på huvudet är längre. Och jag känner mig äldre. Jag är fortfarande ungdomlig, men jag känner mig äldre. Och det är nästan dags för mig att gå.

D: *Vad har han lärt dig?*

N: (Viskande) Så mycket. Han säger till mig, när jag behöver informationen, kommer den att vara där. Men han skickar mig på vägen med kunskapen om sanningen, om enkelhet, om Kristi läror, lärorna om sanningen från många. Från Buddha. Lärorna från många av dem som alla är samma. De har alla samma sanningar.

D: *Alla de visa människorna?*

N: Ja. Kristus var inte den enda. Jesus var inte den enda, men det fanns många. Och det fanns kvinnor som också hade denna Kristus-energi.

D: *Förmågorna och kunskapen.*

N: Ja. Och det är nästan dags för mig att gå nu, för att dela sanningen.

D: *Frågade du honom någonsin var han kom ifrån, och vad han var? Du sa att han inte var människa. Han var inte solid.*

N: Åh, jag vet. Du behöver inte fråga. Han är Kristus-energin. Han är Gud-energin som manifesteras på olika platser över hela denna planet.

D: *Hur lärde han dig?*

N: Jag sov väldigt länge, och det var så det hände. Medan jag sov, ja.

Den Komplicerade Universum Bok Två

D: Du mer eller mindre absorberade detta. Skulle det vara ett bra ord?

N: Ja, det är det. Absorberat. Och nu måste jag gå. Jag är väldigt glad. Jag är väldigt lycklig.

D: Du har inget emot att lämna honom?

N: För jag vet att han alltid är med mig.

D: Du förlorar honom aldrig då.

N: (Ett mycket känslosamt svar:) Nej! Han är en del av mig.

D: För att han har lagt denna kunskap och information inom dig.

N: Ja. Och det finns stor glädje. (Hon var känslomässig och nästan gråter.) Jag går bara försiktigt nerför backen. Tittar på var jag sätter foten, för det finns många stenar, och det är väldigt brant. Och när jag kommer till byn, möts jag av alla. Och det finns många blommor, musik och dans. En fest.

D: För att du återvände?

N: Ja. (Leende) Det är väldigt festligt. Och det finns vackra färger, och musik. Och en festmåltid. Och jag stannar ett tag. Och jag får kläder och förnödenheter. Och jag är hedrad. Och nu måste jag gå. Jag vet inte vart jag ska gå. (Skrattar) Jag ska vandra och träffa människor. Jag känner att jag är på väg söderut.

D: Bort från bergen?

N: Ja. Längre söderut. Och jag vet inte riktigt vad det är jag ska göra. Men jag vet att jag måste följa hans undervisning. Och prata med människor.

D: För att dela det han har lärt dig? (Ja) *Tror du att du kommer att klara dig?*

N: Ja, jag vet att jag kommer att klara mig. Jag har ingen rädsla. Jag kommer att tas om hand. Ingen rädsla.

Jag flyttade henne framåt i tiden igen till en annan viktig dag, eftersom resan kunde ta mycket tid.

N: Det är dagen för min bortgång. Jag är mycket gammal. Det har varit många bröllop och många välsignelser. Och många människor som jag har älskat, och som jag har berört. Jag känner mig bra med mitt liv. Och jag har många, många barn. Och många barnbarn. Många älskade runt mig. Och jag är redo att gå.

D: *Fick du lära ut kunskapen?*

N: Ja. Det kom när det var klart. När jag talade och pratade, och jag delade historier.

D: *Och du ifrågasatte aldrig, för du visste att det bara var där.* (Ja) *På dagen för din bortgång, vad orsakar att kroppen slutar fungera?*

N: Det är bara tid. Jag är bara gammal och trött. Och han ropar på mig. Han ropar på mig igen. Det är dags för mig att vila. Han säger att jag har tjänat honom väl, men nu är det dags för mina belöningar. Och jag är mycket glad. (Belåten suck.) Och i fred. Och jag vet att jag snart kommer att lämna.

D: *Låt oss då gå till den tidpunkten när det händer. När du gör övergången, vad händer då?*

N: (Stor suck) Jag är bara... jag är bara borta. (Skrattar) Jag är borta. Och jag känner rörelse, och ser ljus. Jag är bara där och sen är jag borta. (Skratt) Det är väldigt lätt.

D: *Är någon med dig?*

N: Jag känner flera av dem som har kommit. Men jag behövde verkligen inte deras hjälp, för jag blev lärd hur man gör detta innan. De var där om jag behövde dem, men jag gled bara iväg.

D: *Men du sa att han ropade på dig för din belöning. Vad är din belöning som du går till?*

N: Jag blev av med den gamla kroppen. Den var trött. Och jag var mycket gammal. Och jag känner att jag fortfarande är samma person. Men jag har inte den trötta, tunga kroppen på mig nu.

D: *Från den synvinkeln kan du titta tillbaka på hela livet. Och det låter som ett väldigt givande liv.*

N: Ja, väldigt.

D: *Du gjorde mycket gott. När du ser på det, vad var den lärdom som skulle läras i det livet?*

N: Jag hade många lärdomar i det livet. Jag hade lärdomar om tro, och tro på mig själv. Och dimensionen av andar. Jag var tvungen att lära mig att jag inte alltid skulle bli accepterad lätt. Och jag var tvungen att lära mig att jag skulle använda min styrka med min

mildhet. Att det inte bara var det ena eller det andra. Men att det var en kombination av att använda din styrka och din makt med mildheten och kärleken.
D: *De är viktiga saker, eller hur?*
N: Ja. Många själar berördes i det livet.

Jag bad sedan entiteten att stanna där den var, och tog tillbaka Nancy's personlighet i kroppen. När hon var orienterad, bad jag att få tala med det undermedvetna för att få mer information om denna märkliga session.

D: *Varför valde du det livet för att Nancy skulle titta på?*
N: (Stor suck) Hon behövde komma ihåg sin starka koppling till Kristus-energin. Och också att framföra den kraften som hon har. Den styrkan att få saker att hända. Men också att känna den kärleken och sanningen. Att påminna henne att fortfarande använda dessa egenskaper i sitt liv nu. Hon har svårt ibland med detta. Hon har stora utmaningar i detta liv. Hon har ett liv nu som, även om omständigheterna är olika, och tiden är olika, så möter hon fortfarande liknande utmaningar. Att möta människor och dela sanningen med dem. Och att inkorporera den styrkan och visdomen.
D: *Den här varelsen som hon kallade Kristusenergin, som dök upp som en man i grottan. Vad var det? Det verkade inte vara mänskligt.*
N: Det var den universella visdomen. Det var den universella kraften. Det var den kosmiska kunskapen. Det var den elementen som aktiverar den delen av oss alla, som påminner oss om ... (Lågt, som en viskning:) Det där är inte rätt.
D: *Är orden inte rätt?*
N: Ja. Det var katalysatorn. Katalysatorn för att påminna mig om vad jag måste göra.
D: *Så det är som en inkarnation av all kunskap?* (Ja) *Och det förmedlades till mannen hon var i det livet?* (Ja) *I början kom hon till den byn med de små konstiga varelserna. Vem var de?*

Den Komplicerade Universum Bok Två

N: (Högt skratt) Det var ett test som lades på min väg. För att se hur jag skulle hantera många saker. Att umgås med dem som inte är som jag. Att hantera min egen styrka. Det var ett test av tro och min egen kraft. Det var ett test på hur mycket kärleksenergi jag hade. Hur jag skulle använda min kraft. Skulle jag försöka skada dem, eller skulle jag lämna dem i fred? Många tester.

D: *Och att du skulle möta många människor som skulle vara olika.* (Ja) *Var de fysiska varelser?*

N: Ja, men de var inte från den platsen. De var från en annan plats. De hade frivilligt kommit för att återskapa den här scenen, men de var inte från den tiden.

D: *Han sa att utseendet på hyddorna var som en illusion.*

N: Ja. Men de var inte från den tiden. De var från en annan dimension. Och de hade frivilligt kommit eftersom de visste att jag behövde hjälp på vägen. Ja, de var där för att hjälpa mig.

D: *Hur kommer Nancy att kunna komma åt den här kunskapen, och använda den i sitt nuvarande liv?*

N: Hon är rädd för att bli avvisad, för att bli hånad för att vara annorlunda.

D: *Det är vanliga mänskliga rädslor, eller hur?*

N: Ja. Ingenting hände mannen i det livet. Han blev accepterad. Det var därför det visades för henne. Så att hon kan se att det är möjligt att använda den här kunskapen utan att bli avvisad eller hånad. Hon kommer att kunna använda dessa bortglömda förmågor. Det kommer alltid att finnas människor som inte förstår. Men kanske behöver hon inte arbeta med dem, eller kanske behöver hon inte dela lika mycket som hon skulle kunna.

Det här var ett annat fall där personen hade ackumulerat stor kunskap i ett tidigare liv. Det antas att den kunskapen är förlorad, att den stannar med den avlidna personligheten. Men jag visste av erfarenhet att detta inte var sant. Allt som någonsin lärts i ett annat liv, varje talang osv., går aldrig förlorat. Det lagras i det undermedvetna och kan återupplivas och tas fram för att användas i det nuvarande livet, om det är lämpligt. Jag har funnit många fall de senaste åren där stora psykiska förmågor och helande kunskap tillåts komma fram till det medvetna sinnet. För de kommer att behövas i den tid vi är på väg mot.

Jag tycker att det skulle vara lämpligt att nämna ett annat märkligt fall som också tycktes vara en tidsförskjutning. Ämnet gick ner i en stor modern stad, men överallt han tittade fanns det inga människor eller något tecken på liv. Allt var stilla och tyst; bara byggnaderna och omgivningarna. Jag flyttade honom till många platser i staden, men allt verkade öde. Han sa att ingenting verkade bekant, nästan som om han var en mycket förvirrad observatör. Han verkade vara utanför tid och plats, som om han hade blivit nedsläppt i en främmande miljö där han inte hörde hemma. Han var mycket förvirrad, precis som jag, för det var svårt att veta hur vi skulle gå vidare. Till slut bad jag honom att röra sig till en plats där han kände sig bekväm. Då fann han sig själv mitt i skogen, där han levde ett mycket primitivt och ensamt liv i en grotta. Här kände han sig hemma, med bara sällskap av sin hund. Resten av sessionen handlade om ett mycket enkelt, vardagligt liv där han aldrig stötte på en annan person, ändå var han nöjd.

Efter hans död kommunicerade jag med hans undermedvetna. Jag ville veta om de ovanliga omständigheterna i början. Varför den märkliga kontrasten? Det undermedvetna sa att han hade kommit in i scenen på rätt plats, men vid fel tidpunkt. Under hans existens i skogen fanns det ingen stad där, men vid en framtida tidpunkt skulle en stor stad byggas på samma plats. Så han såg staden och den var öde, eftersom staden ännu inte fanns i hans tid. Det är inte konstigt att han var förvirrad och inte kunde hitta något som var bekant för honom. Han var nöjd när vi hittade skogen som hade funnits innan staden. Som om dåtid och framtid smälte samman som överlagringar på samma plats samtidigt, med bara ett tunt lager som separerade dimensionerna.

Den Komplicerade Universum Bok Två

Jag trodde att den här boken var färdig och höll på att förbereda den för tryck, men informationen fortsatte att komma fram under mina terapisessioner. Min familj säger till mig att hålla den och sätta in den i bok tre i den här serien. Eftersom informationen inte kommer att upphöra antar jag att det måste bli en bok tre. Men dessa delar som fortsätter att komma verkar vilja sättas in i denna bok, så jag antar att detta kommer att fortsätta tills boken äntligen går till tryck.

I november 2004 hade jag en session på mitt privata kontor i Arkansas som relaterar till detta sökande efter den visa mannen. Den här hände av en slump och har egenskaperna av den berömda Rip Van Winkle-klassiskt.

Gail gick till ett tidigare liv där hon var en ung man som bodde med en grupp semi-primitiva människor i ett område med höga berg. De bodde i bostäder som var gjorda av grenar och skinn eller i grottor. Han bodde i en av hyddorna med en gammal kvinna som var släkting. Hans jobb var att gå ut i skogen och bergen och samla bär och nötter, som delades med de andra. Under ett av dessa samlingssökande i de höga bergen som omgav deras bosättning hittade han några märkliga små stenar på en hylla. De hade bilder på djur och människor inristade i dem. Han hade ingen aning om var de kom ifrån, eftersom sådana saker var främmande för hans kultur. Han tyckte att de var vackra och kanske lyckobringande, så han lade dem i en påse och bar alltid med sig dem. När han visade dem för de andra människorna skapade det bara stor rädsla och misstänksamhet, eftersom de aldrig sett något liknande. Hans folk ristade bara användbara redskap av trä, aldrig av sten.

Han ville gå tillbaka till samma område för att se om han kunde hitta fler. Eftersom de var funna på det högsta berget ville han också klättra till toppen, något som ingen i byn någonsin hade gjort. Jag förkortade tiden för att se vad som skulle hända när han bestämde sig för att klättra upp på berget. På vägen hittade han fler stenar, men de var inte av den typ som hade inristade bilder. De var blå och vita och glittrade. (Troligtvis någon form av kvarts kristall.) Jag förkortade tiden igen för att se om han skulle kunna ta sig till toppen. Han sa, "Jag är nästan uppe. Det har varit svårt. Svårt att andas. Det har varit långt. Jag hittade en grotta på sidan. Jag är trött... min kropp. Solen är högt ute, så det är varmt. Det här ser ut som en bra plats att vila på och det är svalt."

När han gick in i grottan blev han förvånad över att hitta en person där. En varelse ristade på större stenar med en annan sten som kastade gnistor när han använde den. När jag frågade hur mannen såg ut, sa han: "Inte som jag. Hans hud är lite glänsande. Han har stora ögon och hans huvud är lite sluttande och spetsigt." Det var svårt att se honom tydligt eftersom han var så ljus. "Han är glänsande. Kanske är det hans kläder som är glänsande, men då verkar det som om det inte finns någon separation mellan hans kläder och hans hud, så jag vet inte." Eftersom han inte var rädd för varelsen bestämde han sig för att stanna och titta på honom ett tag istället för att fortsätta sin klättring till toppen av berget. Det pågick någon form av mental kommunikation. "Han skakar på huvudet som om jag ska förstå. Jag tror inte att han bor här, men han stannar här. Jag tror att när han ristar, håller de glänsande gnistorna honom varm, för det är så varmt här nu."

Han kände att han måste ha somnat, för när han öppnade ögonen var varelsen borta och grottan var kall. "Jag måste ha varit här länge, för det finns mycket mer skrivande eller ristning där. Mer som symboler." Dessa var inte ristningar av människor och djur, utan var designer eller symboler. "Det är former med tre sidor. Och de är i olika vinklar mot varandra. Några av dem är kopplade ovanpå varandra så de får fler sidor. Måste vara någon slags meddelande i det." Dessa var på stenar som var en del av grottan, så de kunde inte flyttas. "Han är borta och det är kallt där inne, så jag tror att jag går ut och klättrar till toppen av berget."

När han gick ut ur grottan upptäckte han att allt hade förändrats. Berget hade nu is och snö på sig, och han kunde inte fortsätta till toppen. När han försökte hitta vägen tillbaka ner upptäckte han något som lämnade honom helt förbluffad. Han såg något rött som kom ut från bergets sida. "Det är rött och det rör på sig. Och det kommer blåa moln upp ur det. Det kommer stenar och andra saker ner från berget." Det var något han aldrig hade sett förut. Trots sin egen säkerhet ville han komma närmare. "Det spelar ingen roll. Jag vill se det. Jag klättrar genom isen, snön och stenarna, och jag kom till en plats där jag kan titta ner över andra sidan av berget. Det låter och... rör på sig... och det är svart och rött och... hett. Det smälter isen och snön. Det skapar sina egna moln. Vackert. Marken skakar. Kanske är det där mannen kom ifrån. Kanske bor han där." För mig lät det som om han var vittne till en liten vulkanutbrott på nära håll, men han hade aldrig sett något liknande och kunde bara beskriva det med sitt begränsade vokabulär och erfarenhet.

Han hade sedan svårt att besluta hur han skulle ta sig tillbaka ner från berget. "Kanske klättrade jag upp för långt. Jag vet inte hur jag ska komma ner. Jag kan inte hitta vägen jag kom upp. Det är väldigt brant och halt. Det är borta! Det har försvunnit nerför berget. Jag måste gå en annan väg." När han kämpade för att ta sig ner halkade han och föll flera gånger och skadade sitt huvud, rygg och ben. "Jag går långt innan jag hittar en väg ner som inte är isig och skakig. Det fanns ingen is när jag gick upp. Jag jobbar mig äntligen ner till där det finns träd igen."

Efter att ha funnit en bäck att dricka från, letade han efter något bekant så att han kunde återvända hem. Men inget såg likadant ut. Efter mycket gång såg han grottorna och några människor. "De ser inte ut som de brukar. Det är inte samma folk som jag känner. Hyddorna är där, men de ser äldre ut, som om de behöver repareras. De känner inte igen mig. Jag försöker hitta den gamla kvinnan, jag frågar någon. Hon har varit borta länge. De känner inte igen mig. Jag ser inte likadan ut. Jag är... gammal. Mitt hår är grått och väldigt långt. De kommer inte ihåg mig. Jag vet inte vad som hände. Jag måste ha varit borta länge. Det kändes inte som en väldigt lång tid, men allt är annorlunda nu. Men det är samma plats." Även om det måste ha varit väldigt chockerande att se denna märkliga, slitna man komma in i byn, tillät de honom att stanna.

När jag tog honom vidare till en viktig dag satt han i en grotta med människor omkring sig. Han visade dem stenarna från sin påse och berättade historien om mannen och symbolerna i grottan. "En del av dem är arga. De tror inte att det är sant. De vet inte vad det betyder. Det är annorlunda. De tycker att jag är en galen gammal man. Att jag var uppe på berget för länge. Slått huvudet. De tycker att jag skrämmer barnen. Men jag börjar försöka förstå, och jag behöver bara prata om det för att berätta för dem. Det är som magi och de tycker att det är något att vara rädd för. Några av dem vill lyssna."

Det fanns en ung kvinna som lyssnade och trodde på honom. Hon fortsatte att fråga om det och ville gå dit, men hon var för rädd. Hon var med honom när han dog i en av grottorna, med sina stenar vid sin sida. Efter att han hade dött bad jag honom att beskriva från andevärlden vilken lärdom han hade lärt sig. "Jag var tvungen att ta reda på vad som fanns på andra sidan av det berget. Jag fann någon där som hade kunskap. Jag satte kunskapen över allt annat." Han var villig att gå in i det okända för att hitta den, även om ingen trodde på honom. När jag kallade fram det undermedvetna för att besvara frågor utvecklade det detta vidare: "En strävan efter kunskap är det viktiga. Det är inte svaret på vad Gail söker. Det är bara resan. Det är upplevelsen. Hon måste nu använda kunskapen. Kunskapen finns inte någon annanstans. Hon har redan den kunskapen."

Jag ville veta vilken typ av kunskap hon skulle använda, eftersom en av hennes frågor handlade om hennes syfte i detta liv. "Vi ser denna person använda ljuset i olika färger, olika frekvenser och vibrationsnivåer för att läka kroppen. Ljuset kommer till henne från stenar. Blå stenar. Det kommer att vara de hon använder för att tala sanning, och då kommer ljusen att komma. Hon kommer att veta vilken väg hon ska följa. Det kommer att finnas instruktioner. Det kommer att vara information som kommer från ljuset. Vi ser detta komma från alternativa verkligheter. Hon kommer att behöva gå inåt, och sedan kommer det instruktioner om hur man använder ljuset och färgerna. Denna person kommer att få informationen från en kontakt i en alternativ verklighet."

Naturligtvis ville jag veta mer om varelsen hon såg i grottan på bergets topp. "Varelsen var från ett annat – som denna person skulle säga – solsystem (hade svårt att hitta ordet). Men medvetandet var hur de kommunicerade. Inte genom fysisk ljud, och det är samma sätt som denna nya information kommer att komma."

Jag frågade: "Om han var från en annan plats, vad gjorde han där i grottan, i vår värld?"

"Det är svårt att beskriva. Det är en mycket tunn ... det är som en vägg eller en slöja som skiljer de två åt, även om de är långt ifrån varandra. Han var där med symbolerna för att föra dem vidare. Men det var samtidigt, men ändå inte. Denna person, vid den tiden, hade inte medvetandet att förstå det. Kunskapen fördes vidare, och hon behåller den fortfarande. Denna person behöver få tillgång till det, så att säga. Denna person behöver bli disciplinerad."

Jag frågade: "Mannen sa att han kände att han var i den grottan under lång tid. Var det korrekt?"

"I hans sätt att mäta tid, ja. Den andra entiteten återvände till sin rätta tid och plats."

"Hur kunde han överleva om han inte konsumerade något?"

"Det fanns inget behov. Hans fysiska kropp togs om hand av energin."

"Han kände att han hade åldrats när han kom ner från berget igen."
"I hans sätt att registrera tid, ja."

Han hade placerats i ett tillstånd av suspenderad animation medan tiden passerade. Ändå fortsatte hans fysiska kropp att åldras.
"Vad hände under den tiden?"

"Hans sinne var öppet, så att säga, för att dessa symboler skulle kunna placeras där. Även om han kanske inte såg dem med sina fysiska ögon, så planterades de i hans medvetande. Han behövde dem inte i det livet. Han saknade de mentala färdigheterna. Informationen har funnits där i många år, men denna person har förträngt den. Och det är nu dags för den att komma fram. Det är därför hon fick se detta liv."

Jag ville också veta om händelsen som inträffade när han kom ut ur grottan. "Det var kraft från jorden. Energier från jorden som kan utnyttjas i detta liv. Det var mycket likt en vulkan, men han hade aldrig sett detta förut. Han förstod inte. Jorden är en levande energi och har sina egna energier. Det var det som kom fram."

Detta var ett annat fall där minnen från ett tidigare liv väcktes till liv för att föra fram helande kunskap till denna tid. Jag har undersökt många UFO/ET-fall där symboler har placerats i hjärnan på cellulär nivå. Detta är information som ska användas vid en framtida tidpunkt när den kommer att aktiveras. Detta är också syftet med de så kallade "Crop Circles" – att frigöra informationen som finns i symbolerna och plantera den i sinnet på alla som ser den i sädesfälten. Det är ett språk som förstås perfekt av det undermedvetna.

Dessa separata möten i olika tider med individer som hade extrem kunskap och visdom skilde sig åt från varandra. Men de visade att tillgång till sådan kunskap är möjlig och har uppnåtts många gånger. I varje fall förändrade en stark tro deras liv. Hur många av oss har också levt sådana liv och har kunskapen och informationen begravd i vårt undermedvetna? Antalet måste vara enormt, eftersom vi måste leva varje tänkbar typ av liv och uppleva varje typ av situation innan vi når fulländning och slutligen stiger upp.

Den Komplicerade Universum Bok Två

SEKTION FEM

ANDRA PLANETER

Den Komplicerade Universum Bok Två

Kapitel 17
LIV PÅ ANDRA PLANETER

DETTA VAR EN annan demonstrationsession för min hypnosklass år 2003. Precis som förra gången fick eleverna lägga sina namn i en låda, och jag valde ut den person jag skulle utföra demonstrationen på nästa dag. Margaret blev den jag valde. Jag bad henne skriva en lista med frågor som jag kunde ställa när hon var i trance. Eftersom det var sista dagen av kursen valde vi rummet hos en av eleverna som stannade kvar, eftersom de flesta av oss redan hade lämnat våra egna rum. Vi var tolv personer, och återigen trängde vi ihop oss i det lilla hotellrummet. Jag satt i ett hörn bredvid ett litet bord vid sängen, med knappt något utrymme att röra mig. Alla elever var samlade runt sängen. Vissa hade tagit med sig stolar från klassrummet, medan andra satt på golvet. Många hade anteckningsblock och skrev ner det som hände. Detta ledde till en rolig kommentar från Margaret efter sessionen. Hon sa att hon kunde höra alla som skrev, pennornas raspande ljud. Hon sa att hon aldrig tidigare hade hört så mycket skrivande och var rädd att ljudet skulle distrahera henne och hindra henne från att sjunka ner i trance. Men till sin förvåning föll hon direkt in i djup trance och hörde sedan inga ljud alls. När hon vaknade efter sessionen mindes hon ingenting, och vi fick berätta för henne vad som hade hänt. Sessionen var återigen ovanlig, men inte lika märklig som Estelles under kursen 2002. Jag hade gärna utforskat denna vidare, men eftersom det var en demonstration av min teknik försökte jag hålla det kort.

Den här gången kom jag ihåg att spela in induktionen, så att eleverna skulle ha en inspelning att gå tillbaka till. Margaret steg ner från molnet och landade i ett mycket kargt, ödsligt landskap. Ingen vegetation, bara jord med några stenar. Det var en mycket ogästvänlig miljö. Hon lade märke till några långa personer som stod i närheten, klädda i beigea kåpor och sandaler. Hon såg att hon själv var en man, klädd på samma sätt, med kåpan fäst med ett rep runt midjan. När jag frågade om hon bodde i närheten kunde hon inte se några byggnader alls, bara det karga landskapet. Sedan blev hon plötsligt förvånad över att se något oväntat på marken bredvid människorna. "Det finns ett hål i marken," sa hon. "Det leder ner under jorden. Det är där vi går ner." När hon gick fram till det märkte hon att det fanns en stege som ledde ner i hålet, och hon visste att hon kunde klättra ner om hon ville.

När hon klättrade ner för stegen såg hon att många människor levde ett mycket enkelt liv under jorden. En kvinna stod och lagade mat över öppen eld.

M: Det är ett stort utrymme. Det är ingången till gångarna och korridorerna. Och det är här folk bor.
D: *Varför bor ni under jorden?*
M: Det finns inget där uppe.
D: *Kunde ni inte bygga ett hus där uppe?*
M: Det finns inget behov av att bygga något där uppe, eftersom allt vi behöver finns här nere. Det finns ingenting där uppe.

När jag frågade var maten och förnödenheterna kom ifrån blev han förvirrad och kunde inte svara. Tydligen ifrågasatte han det aldrig. De fick helt enkelt det de behövde för att leva. Alla bodde där nere tillsammans, men de hade egna utrymmen. Han delade sitt med sin fru. Det var mycket enkelt. Det fanns många människor, även barn.

M: Det är mycket jord. Tunnlar. Det är väldigt rundat där. Eldar överallt. Det är väldigt ljust.
D: *Är eldarna på marken?*
M: Nej, de är på sidorna. Inne i väggarna. De har skurit ut små ... jag tror små hål för dem.
D: *Har ni alltid bott under jorden?*
M: (Bestämt:) Ja!
D: *Så ingen har någonsin bott ovanför marken?*

M: (Strängt:) Nej, nej! Vi bor inte där uppe. Nej, nej!

Tydligen ifrågasatte de aldrig detta. Det var helt naturligt för dem att leva så. De hade allt de behövde för att överleva under jorden. Jag frågade vad hans arbete var, vad han gjorde för samhället.

M: Jag vaktar! Jag går upp ovanför marken och jag vaktar. Jag skyddar. Jag vaktar. Jag är en vakt.
D: *Måste du stå där uppe vid öppningen?*
M: (Bestämt:) Ja!
D: *Vad vaktar du mot?*
M: Maskiner.
D: *(Det var ett ovanligt svar.) Finns det någon fara?*
M: Det verkar inte finnas någon fara just nu. Det är mer förebyggande.
D: *Vilken sorts maskiner?* (Hon var osäker.) *Hur ser de ut?*
M: Det beror på. Det finns olika sorter. Vissa är små och de flyger ovanför ytan. De rör sig väldigt snabbt. De är små och runda.

Detta lät inte som en jordisk miljö, om inte Margaret hade hoppat fram till ett framtida liv.

D: *Vad gör du om du ser en av dessa maskiner?*
M: Vi går ner. Vi går alltid ner.
D: *Men de är inte särskilt stora. Du sa att de bara flyger över ytan?*
M: De små flyger nära ytan.
D: *Vad med de andra maskinerna? Hur ser de ut?*
M: Vissa av dem är väldigt stora och väldigt ... elaka. Jag vet inte varför de kommer, men de gör det ibland.
D: *Kan du beskriva hur en av dem ser ut?*
M: Ja. Två ben. Och där uppe kan de se. De kommer och de kan se.
D: *Ser de ut som en av er? Som en människa?*
M: (Bestämt:) Nej, nej! De har metallben. De har inga armar.
D: *Går de?*
M: Ja. De rör sig väldigt klumpigt. Vi är mest rädda för dem. (Lång paus) De söker efter hål i marken. De kommer förbi och de söker.
D: *Vad skulle de göra om de hittade ett hål?*

M: De skulle ta någon. De andra maskinerna tar ingen.

Hans jobb var att hålla utkik efter dessa märkliga maskiner och varna folket när de kom. Andra tog också turer med att vakta. Han visste inte vad som hände med de personer som togs, de såg dem bara aldrig igen. Jag beslutade att föra Margaret framåt till en viktig dag. Hon blev mycket känslosam när hon kom dit.

M: Jag är rädd. (Tvekan) De ... de har hittat oss. Och de tar ... (känslosam) de tar människorna. Och jag försöker skydda min familj. (Andas fortare.) Alla får panik.
D: *Jag trodde att ni var säkra där nere. Kunde de ta sig ner i hålet?*
M: Nej, de kommer inte ner i hålet, men de tar oss. Det är som att de inte behöver komma ner fysiskt. De suger upp oss. Genom hålet. (Det här upprörde henne.) Vi har gångar som tar oss bort från faran. Som går djupare. Vi tar våra familjer och vi tar dem djupare. Djupare in i ... planeten. In i jorden. Vi har gångar som går djupare.
D: *Har ni några slags vapen som ni skulle kunna använda?*
M: Nej. Vi kan inte göra någonting mot dem.
D: *Så ni måste bara springa. Är det det enda sättet ni kan komma undan det här?* (Ja.) *Du sa att det var som att bli utsugen. Är det vad du såg hända?* (Återigen känslosam: Ja.) *Är det här första gången de har kommit in så där?* (Ja.)

Jag försökte komma på frågor att ställa, eftersom Margaret inte frivilligt gav särskilt mycket information. Rädslan överväldigade hennes önskan att prata med mig. Det här var en konstig regression att ha för en demonstration, och studenterna satt orörliga och lyssnade på varje ord. Jag är van vid att ha den här typen av konstiga sessioner, men de hade inte upplevt något liknande i sina praktiker. Men det var ju hela motivet med kursen, att visa dem att det konstiga och ovanliga är möjligt att uppnå med min teknik. På så sätt, om och när det hände dem, skulle de veta att det kan kontrolleras, och att klienten inte är i någon fara. Det undermedvetna lät historien komma fram av en anledning som skulle gynna Margaret. Jag var tvungen att ta reda på vad den anledningen var.

De flesta lyckades fly från den konstiga asätarmaskinen. Jag förflyttade sedan Margaret framåt igen till en annan viktig dag. Om hon hade fantiserat ihop en konstig historia för att imponera på oss, tror jag att hon skulle ha fortsatt med den skrämmande maskinen. Istället gick hon till en mycket normal scen.

M: Min son förbereder sig på att åka. Han åker härifrån nu ... för gott.
D: *Jag trodde att du var tvungen att stanna där.*
M: Han stannar inte. Han ska tjäna någon annanstans. Han packar sina väskor. Han är väldigt stolt. Ibland åker pojkarna någon annanstans. De tas och de åker för att tjäna på andra platser. På olika sätt. Inte alla stannar under jorden.
D: *Har du någonsin sett de här platserna?* (Nej.) *Hur känner du dig när din son åker?*
M: Det är bra. Han är en stark pojke. Han är väldigt robust. Han är väldigt lång. Han är väldigt stark. De starkare åker till andra platser. Det är inte sorgligt. Det är svårt, men jag är stolt över honom.

Jag förde honom framåt till en annan viktig dag, och han blev hedrad för sina många år av trogen tjänst. Han var nu äldre och behövde inte längre arbeta. Han sa att det nu var tid att tänka, en tid för reflektion.

Det fanns bara en plats kvar att gå till nu, och det var till hans död. Jag visste inte vad jag skulle förvänta mig på grund av denna regressionens märkliga natur. Men det var inte en våldsam död orsakad av de underliga maskinerna. Det var en vanlig och naturlig död i hans säng i de underjordiska bostäderna. Han sa att han var gammal och att hans hjärta började ge honom problem. Margaret uppvisade fysiska känningar, så jag var tvungen att ge henne förslag för att lindra dessa.

M: Jag har skrivit många böcker som står i hörnet. Jag är mycket stolt.
D: *Vad handlade böckerna om?*

M: Filosofi. Andlighet. Många människor läser mina böcker. Det finns en hel hög av dem där borta.
D: *Det är bra. Du tycker om att tänka. Du har fört kunskapen vidare.*

Jag förde honom sedan till tiden efter hans död, när han hade gått in i andevärlden. Från det perspektivet skulle han kunna se hela sitt liv, inte bara de små delar vi hade täckt. Han beskrev att det var deras sed att bränna kroppen efter döden. Detta gjordes också i den underjordiska miljön, vilket innebar att tunnelsystemet måste ha haft många områden. Jag frågade vad han trodde att han hade lärt sig från detta märkliga liv. Märkligt ur mitt perspektiv, i alla fall.

M: Tjänande. Tjänande genom mitt arbete och tjänande genom mina böcker. Och vikten av introspektion.
D: *Du menar att tänka?*
M: Ja, jag gjorde mycket av det.

Jag förde henne sedan bort från scenen och tillbaka till nutiden. Jag lät Margarets personlighet ersätta mannens så att jag kunde föra fram det undermedvetna och ta reda på varför just denna session presenterades.

D: *Varför valde du detta liv för Margaret att se?*
M: Ödmjukhet. Hon levde ett liv av vaktskap och tjänande, men hon var inte särskilt ödmjuk. Hon behövde lära sig att vara ödmjuk.
D: *Var hon stolt?* (Ja) *Det visste vi inte. Hon gjorde ett bra jobb i sitt arbete, men hon var inte ödmjuk?* (Ja) *Det var ett märkligt liv. Var det på jorden?* (Nej) *Kan du ge oss en uppfattning om var det var?*
M: Orion.
D: *Varför var det så kargt?*
M: Det finns inget liv på ytan av den planeten.
D: *Är det därför de bodde under jorden?* (Ja) *Varifrån fick de sin mat?*
M: Den fördes till dem. Deras vänner i närheten levererade maten regelbundet. Det var en utbyteshandel för material i planeten. De levererade mat, och de tog med sig mycket material.
D: *Naturligtvis verkade hon inte veta var maten kom ifrån.*

Den Komplicerade Universum Bok Två

M: Nej, den kom via land. De flesta arbetade inte inne i planeten. Den tillhandahölls åt dem.

D: *De människor som levde under jorden verkade inte vara särskilt avancerade. De hade inte mycket teknologi, eller hur?*

M: Nej. De var en mycket glad och lättsam, vänlig grupp.

D: *Vad var de där märkliga maskinerna?*

M: De kom från centralbasen.

Tydligen var platsen där mannen bodde en utpost, och de hade varken anledning eller möjlighet att resa särskilt långt bort från den.

D: *Vad var de små flygande maskinerna hon såg?*

M: På patrull. De flög runt på patrull för att se vad de kunde hitta.

D: *Vad var de med metallben?*

M: Plundrare. De letade efter hål och tog det de kunde hitta ... från energier.

D: *Vad gjorde de med människorna när de hittade dem?*

M: De använde dem. De använde dem som bränsle.

D: *Bränsle? Vad menar du?*

M: De brände dem för bränsle vid centralbasen.

D: *Var det så basen fick sin energi?*

M: Ja. Genom människor. Människor som de kunde hitta under jorden. Det fanns ingenting på ytan. De var tvungna att ha något att använda som bränsle.

Det var verkligen en grym mental bild.

D: *Hon sa att det var nästan som att de sög ut dem.*

M: Ja. Det var en kombination mellan att faktiskt fysiskt dra ut dem och att tömma deras energi. Det skedde på ett sätt som om de sögs ut.

D: *Och de tog dem tillbaka till basen och använde dem som bränsle för att driva staden?*

M: Det finns ingen stad, åtminstone inte på det sätt som du tänker dig en stad. Det är mer maskiner, stora maskiner. Inte så mycket en stad. Mer mekaniserat.

D: *Vad har detta för koppling till Margarets liv nu?*
M: Hon behöver lära sig en läxa i ödmjukhet. Hennes stora mål är att tjäna andra. Hon har en känsla av brådska, ett starkt behov av att verkligen hjälpa andra människor. Det är nästan som om det aldrig blir tillräckligt för henne.
D: *Men är det hennes livsuppgift? För det var en av de frågor hon ville ha svar på.*
M: Ja, absolut. Hon gör det rätta. Men hon har så många rädslor och bekymmer. Och hon släpper aldrig taget.

Detta är en återkommande tråd genom de flesta av mina regressioner, även om det är det sista klienten är medveten om. Det undermedvetna tillrättavisar dem alltid eftersom de är här för att göra något (vanligtvis för att hjälpa andra på något sätt), men de fastnar i livets vardag. Detta har fått dem att glömma varför de kom hit. Jag har aldrig haft en regression där det undermedvetna säger att en person är här för att bara leva och ha roligt, skaffa familj och ha en vanlig tillvaro. De får alltid höra att de har ett syfte, och att detta syfte ska göra skillnad i andra människors liv och i världen. Det är fascinerande att detta är ett så vanligt tema, men att det är helt okänt för det medvetna sinnet. När en person blir vuxen fastnar de i livets ekorrhjul. Overkligheten av allt detta blir deras verklighet, och oavsett hur högtstående de verkar ha blivit, så har de tappat sikten på det verkliga skälet till sin inkarnation. Förhoppningsvis kan de upptäcka sitt syfte och börja arbeta med det innan de kommer för nära slutet av sina liv, när det är för sent att uppnå det. Om det händer, är den enda lösningen att återvända och försöka igen.

Jag fortsatte med hennes frågor, som mest handlade om hennes personliga liv: hennes yrke, vilken stad hon borde bo i, hennes romantiska relation och andra bekymmer

Efter att Margaret vaknat satte jag på bandspelaren igen för att spela in några av hennes minnen från sessionen.

Den Komplicerade Universum Bok Två

M: När vi gick ner genom passagen. Jag såg den inre passagen mycket tydligt. Det fanns som broar under jorden. Långa jordbroar. Det var mycket ihåligt. Jag såg långa led av människor som gick neråt.

Det var tydligen allt hon mindes – bara scenerna i början. Detta är typiskt och det enda de flesta kommer ihåg. Eleverna berättade för henne om allt hon hade sagt, särskilt de delar som kom från det undermedvetna. Mycket av detta var personligt och jag inkluderade det inte här. Hon hade ingen minnesbild av de delarna. Hon var mycket förvånad över de insikter hon fått om sig själv.

I ett annat fall i slutet av 2004 reste en kvinna till en annan planet där invånarna hade en humanoid kropp, men de var definitivt inte människor. De såg alla likadana ut eftersom de bar kläder som helt omslöt deras kroppar i ett åtsittande material. Det enda som inte täcktes var deras ansikte. Men även detta var dolt bakom en genomskinlig panel som fungerade som ett andningsfilter. På den här planeten behövde de varken mat eller sömn. Varelsen reste till andra planeter och asteroider i en liten enmansfarkost och samlade in jordprover. Dessa förde han tillbaka till hemplaneten där de analyserades. Deras uppgift var att undersöka om den planet han besökte var kapabel att upprätthålla liv. Sedan hanterades resten av processen av någon annan. Han dog slutligen när hans andningsanordning slutade fungera. Alla dessa fall i denna sektion visar att det finns lika många möjliga scenarier av liv på andra planeter som det finns stjärnor på himlen. De trotsar vår fantasi.

Kapitel 18
PLANETEN MED DEN LILA SOLEN

DEN HÄR SESSIONEN var en av de första jag gjorde efter att jag öppnade mitt kontor i Huntsville, Arkansas, strax efter julen 2003. Kontoret har fungerat mycket bra, och energin verkar vara gynnsam för riktigt kraftfulla sessioner. Varje person som kommer dit verkar ta med sig sin egen unika vibration. Mina klienter säger att de kan känna en mycket positiv energi där.

Under den här sessionen blev Molly bokstavligen den andra personligheten och var mycket uttrycksfull.

När Molly steg ner från molnet kunde hon bara se lila och gröna färger. Detta händer ibland, och jag måste vanligtvis föra personen genom färgerna för att komma fram till en scen. Men den här gången visade sig färgerna vara något helt annat än vad jag hade kunnat förvänta mig. Hon såg bara mörker, där färgerna var den enda ljuskällan. Efter flera minuter insåg hon att hon befann sig i en grotta. Det var därför det var mörkt och svårt att se något annat än färgerna.

M: Ja, jag är inne i grottan. Och det finns ljus i taket. Jag är längst ner, och på grottans tak reflekteras ljus. Reflekterande ljus. Det finns ingen eld. Det finns ingen annan ljuskälla. Bara dessa lysande ljus i taket.

D: *Jag undrar vad det är som reflekteras?*

M: Kristaller. Ametister. Stora, som geoder. Och ju djupare jag går, desto djupare blir färgen. De reflekteras där uppe på taket. (Hennes röst lät nästan barnslig.) Och jag ligger ner och tittar upp. Jag går inte, jag ligger ner på grottgolvet och tittar upp. Sandigt. Jag ligger på något sandigt och tittar upp mot taket. Hmm. Det måste finnas ljus någonstans som reflekteras hit ner. Men jag gillar det här. Det är som mitt eget norrsken här inne.

D: *Är du ensam?*

M: Jag tror det. Det känns som om jag är ensam.

D: *Vilka kläder har du på dig? Hur känns det?*

M: (Hon rörde sina händer över bröstet, som om hon försökte känna tyget.) Luddigt. (Hon skrattade.) Luddigt. Luddigt, ja. (Hon fortsatte att känna på det och log.)

D: *Täcker det hela din kropp?*

M: Jag kan inte se det. Det är mörkt. Det täcker bara hit och ner till här. (Hon placerade sina händer på bröstet och låren.)

D: *Ditt bröst och din midja?*

M: Torso. Inte på armarna.

D: *Är du man eller kvinna?*

M: Jag är en man. Jag känner mig ganska stor. (Hon rörde sig som om hon var stolt över sin kropp. Hon verkade njuta av att vara i denna kropp.)

D: *Är du ung eller gammal?* (Paus) *Hur känns det?*

M: Femton somrar.

D: *Åh, så du är fortfarande ung då.*

M: Jag har en familj. Jag har ansvar.

Hon blev definitivt den andra personligheten. Hennes röst och sätt att tala var mycket enkla. Jag antog att hon var någon slags infödd eller primitiv person.

D: *Om du är en man, har du skägg?* (Hon kände på sitt ansikte och haka.) *Vad känner du där?*

M: Luddigt. Det här (ansiktshåret) är grövre än det här (kläderna av päls).

D: *Men du har ansvar. Du har redan en familj?* (Ja) *Har du barn?* (Ja) *En fru?*

M: (Hon tvekade, som om ordet var obekant.) Jag har en kvinna.

D: *Bor du i den här grottan?*

Han lät verkligen som en grottmänniska, men jag var på väg att bli överraskad.

M: Nej, jag hittade den här. Jag följde ett djur hit in. Och här kan jag bara titta på färgerna. Jag har vetat om den sedan jag var barn. Men jag berättar inte för alla. Den är min. (Småskrattar nöjt.)
D: *Du vill inte att de ska hitta den.*
M: Nej. Om jag måste, skulle jag dela den. Men eftersom jag inte måste, och vi har andra bostäder, så håller jag den för mig själv ett tag. Det är fridfullt här. Mitt arbete är klart. Jag kan koppla av här.
D: *Vad är ditt arbete?*
M: Hmm. (Tänker) Jag sår saker. Jag gräver i jorden och jag sår saker. Det jag sår och odlar byter jag mot andra saker. Vi har jägare och vi har odlare. Och jag hör till odlarna, för jag kan inte jaga.
D: *Alla har något de kan göra. De har sin specialitet.* (Ja) *Är det många i din grupp?* (Paus) *För jag antar att det inte bara är du, din kvinna och dina barn.*
M: Det finns ... jag räknar. Femton. Vi är en ganska stor grupp.
D: *Ja. Är ni alla släkt?*
M: (Tänker) Nej. Vi är en grupp.
D: *Bor ni nära grottan?*
M: Det är ... en halv dags väg från där jag bor.
D: *Oroar sig inte gruppen om du är borta så länge?*
M: De tror att jag är på en färd.
D: *Går dina folk på färder?*
M: Det finns män som gör det.
D: *Vad letar du efter när du är på färd?*
M: Drakar. Jag gör färder för gruppen. Männen som går på färder leds mot jakt. När jag gör min färd handlar det om att upptäcka vad gruppen behöver.

I likhet med andra primitiva kulturer, som i min bok, "*Legend of Starcrash,*" där de förlitade sig på instinkter för att hitta djur och så vidare.

D: *Du sa också att du byter varor med andra.*

M: Mestadels för överlevnad, jag byter inom min grupp. Och en gång om året åker vi till ett större möte och byter varor där.
D: *Det låter som att du trivs där, eller hur?* (Inget svar.) *Vet du vad det betyder?* (Nej) *Det betyder att du tycker om att bo där.*
M: Ja, jag tycker om att bo där. Vi tas väl om hand. (Orden blev svårare.) Vi har skydd. Vi har vatten. Vi har mat. Och vi har vad vi behöver. Är det lycka?
D: *Ja, det tror jag. Om du inte vill ha något annat, då är du nöjd. Du är lycklig.*
M: Ja, lycklig. När vi åker till gruppmötet gör vi förändringar där. Vi lär oss vad andra grupper gör, och om vi gillar det tar vi det med oss tillbaka. Vi kan byta till oss olika verktyg och saker vi behöver för att göra våra liv mer bekväma.
D: *Ni delar kunskap och information. Det är mycket bra. Är det varmt eller kallt där ni bor?*
M: Det är varmt. Det är väldigt ... (hade svårt att hitta ordet) behagligt och varmt. Vad är detta? (Hade svårt med ordningen på orden.) En kyla kommer ibland så att vi behöver ett extra skinn eller filt, men inte länge.
D: *Då är det en bra plats att bo på. Och ni har allt ni behöver.*
M: (Oväntat) Vi har en lila sol. Hmph!
D: *En lila sol?*

Detta var en oväntad vändning. Den första indikationen på att detta inte var ett enkelt primitivt liv.

M: Vi har en lila sol. En sol, där uppe sol, den är lila.
D: *Lila? Det är en ganska märklig färg, skulle jag tro.*
M: Jag vet inte. Den är lila. *(Jag skrattade.)*
D: *Där jag bor är den gul eller orange.*
M: Det är en konstig sak. Min är lila.
D: *Hmmm. Vilken färg har himlen?*
M: Den är ... liksom ... lila. (Som om hon studerade den.) (Skratt) Olika nyanser av lila.
D: *Så himlen är lila också?* (Ja) *Lyser solen hela tiden, dag och natt?*
M: (Paus) Jag vet inte dag, natt.

Den Komplicerade Universum Bok Två

D: Blir det aldrig mörkt ute?
M: Inte ute, nej. Här inne blir det mörkt (i grottan), men inte ute.
D: För du vet att när det är mörkt, är det svårt att se. (Ja) Men när du är ute, menar du att solen lyser hela tiden?
M: Om jag inte stänger mina ögon. Men ja, det blir inte som inne i grottan. Det är olika nyanser av färg utomhus.
D: Åh. För där jag bor blir det väldigt mörkt ibland, när solen går bort.
M: Ute? Er sol går bort?

Hon uttryckte verklig förvåning.

D: Ja. (Åh!) Och den kommer tillbaka.
M: Var går den?
D: Åh, den går bort en liten stund och sover, och sen kommer den tillbaka.

När jag pratar med någon som tydligen är primitiv, måste jag använda terminologi som jag tror de kommer förstå. Man kan inte göra det för komplicerat.

D: Och vi bekymrar oss inte för det. Men när den går och sover, blir hela världen mörk. Så ni har inte det så?
M: Nej. Det är väldigt lavendelfärgat... vi har olika nyanser av lavendel eller lila. Och ibland är de ljusa, ibland blir de mörkare, men det är fortfarande så att jag kan se min hand. Eller jag kan se för att gå ner för stigen. Jag behöver inget konstgjort ljus eller något annat för att se det.
D: Du behöver inte eld eller något? (Nej) Vet du vad "eld" är?
M: Tja, jag behöver det inte, så jag tror inte jag vet.

Hur förklarar man något så grundläggande och enkelt?

D: Lagar ni er mat?
M: Laga mat? Nej. Vi plockar mat. Och vi gräver. Och vi har sätt att förbereda vår mat. Vi har dessa stenar som är väldigt, väldigt

varma. Och vi lägger vår mat i behållare och sätter den vid stenarna tills den är färdig.

D: En eld skulle vara väldigt, väldigt het, som lågor. Och du kan se den. Så ni har inte det.

M: Nej, vi har heta stenar. Vi har hett vatten och vi har het ånga.

D: Kommer detta från bergen?

M: Det är i jorden. Det är alltid varmt.

D: Det låter väldigt bra.

M: Är det? Ja, det är väldigt bra.

D: Dödar ni någonsin något för att äta det?

M: Döda saker? Som att slå dem på huvudet, eller köra dem till de heta stenarna?

D: Djur av något slag?

M: Ja, för det är vad den här pälsen är gjord av.

D: Det är det du har på dig. (Ja) Så ni dödar djur ibland? (Ja) Då äter ni köttet?

M: Ja, ja. Vi använder allt där. Det är inte mycket kvar när vi är färdiga.

D: Så det finns vissa djur som ni äter?

M: Ja, de har fyra ben.

D: Använder ni djuren till något annat?

M: (Förvirrad) Nej. Som ... nej.

D: Nåväl, vissa människor använder djur för att bära saker, och för att dra saker.

M: Nej. När vi har något tungt som behöver gå någonstans, så tittar vi på det. Det flyttar sig.

D: (Det var en överraskning.) Åh! Det låter lätt.

M: Ja. Och när jag sa att vi kör djuren till de heta stenarna? Vi gör faktiskt bara ... (svårighet att förklara) ... vi ber dem bara göra det, och de gör det. (Stor suck)

D: Har alla i er grupp den här förmågan? Att bara titta på saker och få dessa saker att hända?

M: (Förvirrad) Jag antar att alla gör det. Ja, det måste vara så, för om barnet, eller den lilla, vill ha något där borta, så går det över dit där barnet är. Små saker.

D: Så även barnet kan göra det här. (Ja)

Den här varelsen lät så konstig med dessa förmågor, jag undrade om den också såg annorlunda ut än människor.

D: *Jag undrar över din kropp. Har du också ... ja, du har inte fyra ben, eller hur?*
M: Nej, jag har två ben.
D: *Och två armar?*
M: (Hon höjde sina armar framför sig för att undersöka dem.) Två armar. Ja, två armar.
D: *Jag tror att vissa av dessa ord vet du inte. Men det är okej. Jag tror vi förstår varandra. Hur många fingrar har du på en av dina händer?*
M: (Hon höll upp sin hand för att undersöka den.) Tre.
D: *Tre fingrar. Vilka är de? Kan du visa mig?*
M: (Hon höll upp dem för mig.) Tre. Så här.

Lilla fingret saknades. Detta har hänt i flera regressioner där människor var utomjordingar eller såg utomjordingar. Lilla fingret saknas antingen, eller så är det bara en oanvänd stubbe.

D: *Har du vad vi kallar en tumme?*
M: Så här? Ja.
D: *Är det tillräckligt för att göra jobbet?*
M: (Hon skrattade. Det verkade som en dum fråga för honom.) Ja.
D: (Skrattar) *Okej. Men vilken färg har din hud?*
M: Svart. Det är mycket mörkt.
D: *Och du sa att du har ett skägg. Vilken färg har ditt hår på huvudet och i skägget?*
M: Mörkt. Svart. Annorlunda mörkt än min hud.
D: *Har du ögon? Och näsa och mun?*
M: (Lång paus) Jag ser! Och jag talar! Och jag äter.
D: *Och näsan är för att lukta, eller hur?*
M: (Självsäkert) Jag luktar!
D: *Så du kan göra alla dessa saker.* (Ja) *Finns det andra som ser annorlunda ut eller klär sig annorlunda?*
M: Vi klär oss som vi vill, men vi ser alla likadana ut, ja.

Jag tänkte inte på det i stunden, eftersom det är svårt att göra det under en sådan här session, men han kanske tänkte: "Annorlunda från vad?" Förmodligen var han precis som alla andra i sin kultur. Jag var det främmande elementet.

D: Var bor du?
M: Jag har en struktur.

När han beskrev "strukturen" blev det ännu tydligare att detta inte var ett primitivt samhälle, även om mannen verkade leva ganska enkelt.

Strukturen var kupolformad, och alla hade sin egen "sektion" inom en större struktur. "Det är kupoler inom kupoler." Det fanns en större central byggnad som användes för möten, måltider och socialt umgänge. När jag frågade vilket material strukturerna var gjorda av, blev han bara mer förvirrad. Jag frågade om trä, och han förstod inte. Jag försökte beskriva träd, och det blev tydligt att de inte hade sådana växter. Eller om de hade, användes de inte för byggnation. "Våra växter är till för att äta och för dekoration. De ger mat till våra djur och till våra folk." Han sa att strukturerna var gjorda av en polymer. Nu var det min tur att bli förvirrad; det var ett ord jag inte var bekant med.

Ordbok: polymer – en förening bestående av två eller flera polymera ämnen. Polymerisk – sammansatt av samma kemiska element i samma proportioner efter vikt, men med olika molekylvikt. Polymerisation – processen att förena två eller fler liknande molekyler till en mer komplex molekyl, vars molekylvikt är en multipel av den ursprungliga och vars fysiska egenskaper är annorlunda.

Jag förstod inte mycket mer än innan jag slog upp det. Komplext var en underdrift. "Byggde ert folk strukturen själva?"

Åh, nej. Du tittar på en bild, och du tittar på var du vill ha den. Och sedan blir den till.

Han var full av överraskningar. Han sa att bilderna fanns i deras bibliotek. "Det finns små bibliotek i denna struktur, och sedan finns det det stora huvudbiblioteket i den stora samlingsplatsen. Jag ser dem. De är ... projektioner (tvekade med ordet). När du går in i rummet och tänker på vad du vill se, då kommer projektionerna, och du väljer den du vill ha. Och du väljer platsen du vill ha den på, och sedan uppstår den där."

D: *(Detta var en annorlunda och unik idé.) Så bilderna finns alltid på väggen?*
M: De är som ... en låda. En låda. Och de går ... snabbt. Eller så snabbt som du vill att de ska gå. (Skratt) (Gör handrörelser.) Och när du hittar området du vill titta på, saktar det ner. Och sedan tittar du på varje bild tills du hittar den som tilltalar dig.
D: *Och sedan skapar du den bara med ditt sinne. (Ja) Det är fantastiskt.*
M: Och sedan gör du vad du vill med insidan.
D: *Så ert folk bestämde sig för att göra strukturerna kupolformade. (Ja) Och ni kan till och med skapa materialet som de byggs av. (Ja) Ni behöver inte material som ni måste bygga med händerna för att få det att ske?*
M: Nej. Du bara ... gör det. Vi har gjort detta i många, många månar.
D: *Visade någon dig hur man gör det?*
M: Jag tror inte det. Det är lite som att du övar på det. När du är barn gör du vissa saker, och sedan när du växer upp börjar du göra andra saker. Och snart kan du tänka ut dina egna. När du behöver ett skydd, kan du skapa ditt eget. Vissa väljer att göra det i små grupper. Andra gör det i större grupper. Vissa gör det isolerat, längre bort från resten av gruppen.
D: *Men alla i din grupp vet hur man gör detta?*
M: Ja. När mina barn blir större, kommer de att göra samma sak.
D: *Finns det några städer där du bor?*
M: Vi går till den stora samlingen. Och den är mycket större. Där kan det finnas hundratals människor.
D: *Vet du vad en stad är? (Lång paus, sedan: Nej). Det är där det finns många, många byggnader väldigt nära varandra. Och det finns många människor som bor på samma plats.*

Den Komplicerade Universum Bok Två

M: Det skulle vara mycket obekvämt. Vi bor hellre i mindre grupper för att känna oss bekväma och för att inte belasta vårt land.

D: *Ja, det låter logiskt. Hur reser ni till dessa olika platser?*

M: När vi går till samlingar, samlas vår grupp, och vi tänker på var vi vill vara, och sedan är vi där.

D: *Hela gruppen går samtidigt?*

M: Vi går vid ... alla på samma gång ... Ja.

D: *Jag trodde att ni kanske var tvungna att gå till fots.*

M: När jag går till min grotta, eller när jag går på upptäcktsfärd, då rör jag mig med benen. Men när vi går till samlingar, då går vi "Poof". (Gör handrörelser som indikerar hastighet.)

D: *Väldigt snabbt.*

M: Ja. Och vi missar mycket saker. Vi bara "Poof". *(Jag skrattade.)* Så när jag är hemma och vill hitta saker, då går jag runt och tittar för att se vad jag kan se.

Denna session hade verkligen tagit mig på sängen och hade många oväntade vändningar. Det som verkade vara ett enkelt liv som en primitiv grottmänniska visade sig vara en mycket mer sofistikerad civilisation. Jag bestämde mig för att föra honom framåt till en viktig dag.

D: *Vad gör du? Vad ser du?*

M: Det är mycket oväsen. Mycket kaotiskt oväsen. Människor dånar. Marken skakar, som ett dån. Marken ... Oooh.

D: *Marken rör sig, menar du?*

M: Den skakar. Människor skriker. Djur skriker. Det är mycket oväsen. (Hon rös.) Väldigt kaotiskt. Och det är väldigt svårt att andas.

Hon visade fysiska tecken på att det påverkade henne. Hon började hosta. Jag gav lugnande förslag. Hon tog flera djupa andetag medan de distraherande fysiska symtomen avtog.

D: *Vad orsakar det?*

M: Berget exploderar. Det bara exploderade. Kanske tillfredsställde vi inte guden.

D: Tror ni på gudar?

M: Vi har många gudar. Prästerna och prästinnorna säger att vi har många gudar. Vi har en gud för huset, en gud för fertilitet och barn, en för skydd, en för trädgården, för ... vi har många gudar.

D: Och du sa att ni måste blidka dem?

M: Ja. Annars blir de arga om de blir ignorerade. De är ibland som ... (Hon sänkte rösten till en viskning, som om hon delade en hemlighet eller försökte undvika att gudarna skulle höra henne.) Shhh! De är som små barn som inte får sin vilja igenom.

D: Jag förstår vad du menar. Vad gör ni för att blidka dessa gudar?

M: Vi ger pengar till prästerna. Vi ger honung. Vi gör små altaren. Vi hedrar dem bara och låter dem veta att vi vet att de finns.

D: Jag trodde inte att ni skulle behöva pengar.

M: Det är små silverföremål. Små pengar gör dem glada, att ha något glänsande.

D: Men du tror att ni kanske inte gjorde det rätt?

M: Prästerna säger att vi inte gjorde det. Vi offrade inte tillräckligt. Att vi inte trodde starkt nog. Så bergsguden måste säga till oss att vi behöver tro, att vi måste rätta till oss.

D: Du tror att bergsguden blev arg.

M: Det är vad jag har fått höra.

D: Och detta fick berget att explodera, och marken att skaka.

M: Ja. Och den heta ... heta ... heta (hade svårt att hitta ordet) ... heta lavan kommer. Och askan i luften.

D: Är det därför det är svårt att andas?

M: Ja. Och man kan inte se. Det är väldigt svårt, och det är väldigt skrämmande. Och det är väldigt förödande. Människor dör.

D: Kan ni inte använda era förmågor för att bara förflytta er och komma undan?

M: Tja, man kan springa, men vart kan man gå? (Nervöst skratt)

D: Jag menar era andra förmågor, som att bara förflytta er från en plats till en annan. Kan ni inte göra det för att komma undan?

M: Jag kan inte göra det!

D: Måste ni göra det i en grupp?

M: Jag kan inte göra det. Vi kan inte göra det.
D: *Jag trodde att det var så ni reste från en plats till en annan.*
M: Inte jag! Jag måste gå eller springa eller rida på en åsna.
D: *Så ni kan inte komma undan. Folk måste bara springa.*
M: Ja. Och när man inte kan andas, och när man är rädd, faller folk ner. Och sedan täcker askan dig så snabbt. Och sedan kan du inte andas längre. Och ... och ...
D: *Du kan prata om det. Det kommer inte att störa dig alls. Jag vill inte att du ska känna dig obekväm. Vad händer med din familj? Är de där?*
M: Nej. Min far och min mor var närmare toppen. De var uppe på toppen av berget. De bodde närmare toppen, och jag är nere i dalen. Och de som var vid toppen var de som dödades först. Men nu har det rört sig ner i dalen. Och askan blåser, och lavan flödar. Marken skakar, och husen faller.
D: *Är din kvinna och dina barn där?*
M: Jag har inga kvinnor och barn! Jag har ingen familj den här gången där jag är.
D: *Så detta är en annan plats? Åh, förlåt, jag blir förvirrad.*
M: Det här är den enda plats jag bor på.

Jag hade inte plockat upp signalerna tidigare, bara när jag lyssnade på inspelningen medan jag transkriberade. Jag borde ha förstått det när hon inte visste vad jag pratade om angående förmågan att förflytta sig. Nu var det tydligt. När jag bad henne att gå framåt till en viktig dag, "hoppade" hon. Hon hoppade in i ett annat liv. Jag hade fortsatt att prata med henne som om hon var mannen på planeten med den lila solen. Nu förstod jag att hon hade hoppat in i ett annat liv. Jag behövde justera mina frågor.

D: *Den enda plats du bor på. Okej. Men det låter väldigt skrämmande.*
M: Himlen faller, och jorden rör sig upp för att möta den. Vi kommer inte att vara här mycket längre.
D: *Vad arbetade du med?*
M: Jag gjorde guldsmycken. Bladguld och ... halsband. Tiaror och kronor. Och armband. Jag gjorde smycken.

Vi hade hamnat i detta andra liv på dagen för hennes död. Men jag ville fortsätta och avsluta livet för den ovanliga mannen på planeten med den lila solen, snarare än att utforska ett annat liv. Dessutom visste jag att vi kunde reda ut det när jag pratade med det undermedvetna. Så jag lät henne lämna den scenen av förstörelse och återvända till mannen med pälsen som bodde i kupolstrukturen på planeten med den lila solen. Hon återvände omedelbart till det livet, och jag kunde föra henne fram till hennes sista dag i det livet.

D: *Vad händer? Vad ser du på din sista dag?*
M: Min familj har kommit för att säga adjö. Det är dags för mig att gå.
D: *Är det något fel med kroppen?*
M: Den har bara blivit förbrukad. Det är dags att lämna den. Och ge plats för andra att komma och leva här.
D: *Ibland slutar kroppen fungera för att något är fel med den.*
M: Nej, den fungerar bara inte längre. Jag tror att det är dags att gå. Jag är väldigt bekväm.
D: *Bestämmer du själv när du vill gå?*
M: Vi har valmöjligheter i vårt ... samhälle. Vi kan stanna tills vi drivs ut av sjukdom eller olycka, eller så kan vi välja vår tid. Och jag har just fattat beslutet att det är dags för mig att gå. Jag har uppfyllt mina syften.
D: *Så din familj är med dig. Jag antar att de är vuxna nu, eller hur?*
M: Min fru är borta. Ert ord är "fru", eller hur? Och hon är borta. Mina söner och döttrar är här. Och deras barnbarn. Vi har nu barnbarnsbarn.
D: *Så de är alla där för att säga farväl till dig.*
M: För att säga farväl. Det är ingen stor sak. Det är bara en gest av respekt att de är här för mig.
D: *Är du i din kupolstruktur?*
M: Vi är inte i den där du besökte mig tidigare. Vi har en annan. Vi har valt att bo ute på landsbygden.
D: *Jag trodde att du var i grottan som du tyckte så mycket om.*
M: Nej, för jag ville inte dela den än med någon. Jag berättade aldrig för någon om den grottan. Det fanns ingen anledning att göra det.

D: *Det var din egen hemlighet.*

M: Det var min sökandegrotta, ja.

D: *Låt oss gå vidare till där allt redan har hänt, och du är på andra sidan av det. Och du kan se tillbaka på hela livstiden från den positionen och se det från ett helt annat perspektiv. Vad gjorde de med din kropp efter att du hade lämnat den? Vad är sedvänjan där?*

M: Det ... (skratt) det upplöses. Det upplöses, ja. Men vi försvinner aldrig helt, du vet. Det upplöses och absorberas av vårt lands system. Vårt land. Vår del blir en del av luften och jorden. Det var en enkel övergång, du vet. När du är redo och vet att du har uppnått det du kom för, är det en enkel, glädjefylld firande av att gå vidare. Det finns vissa där som skulle vara ledsna, men nej, det är bara tillfälligt. Nu är det en fest. Och jag är fri från kroppen.

D: *Och de firar det eftersom de vet att du går vidare till en annan värld.*

M: Ja. Och det är väldigt livligt. (Skratt) Åh, de har det riktigt trevligt där nere. Och (viskar) de talar väl om mig. De har goda minnen.

D: *Tror du att du lärde dig något från det livet?*

M: (Långsamt) Jag lärde mig att jag hade förmågan att påverka andra. Och att jag behövde vara väldigt försiktig med att inte projicera mina uppfattningar som de enda sanningarna på andra människor, andra varelser, andra delar av familjen. Att lämna utrymme för varje individ att göra sina egna upptäckter.

D: *Det är en väldigt bra lärdom, eller hur?*

M: Ja. Det var prövande ibland. (Skratt)

D: *Och det var ett bra liv.*

M: Åh, det var ett väldigt bra liv. Jag har inga önskningar, inga ånger.

D: *Och du kunde göra underbara saker med ditt sinne.*

M: Du verkar förbluffad eller överraskad över det.

D: *Tja, på vissa platser använder de inte sina sinnen.*

M: Jag förstår! Jag förstår inte, men ... (skratt)

D: *Jag menar, det finns många platser där de inte vet hur man använder dessa förmågor.*

M: Jag föreställer mig att vår ras alltid hade dessa förmågor. När jag ser tillbaka på mitt liv hade vi det.

D: *Ni hade det allihop, så det var en väldigt naturlig sak.* (Ja) *Det är därför jag är förvånad, för där jag kommer ifrån är det inte naturligt.*

M: Men ni har en gul sol.

D: *(Skratt) Ja, vi har en gul sol. (Skratt) Det måste vara annorlunda på olika platser.* (Hon skrattade.) *Och vi har något ni inte hade. Vi har en måne.* (Åh?) *En måne är vit och syns i mörkret.* (Åh.) *Som jag sa, solen går iväg och vilar, månen kommer fram.* (Åh.) *Så vi har alla olika saker.*

M: Kan ni flytta saker med ert sinne?

D: *Nej, vi har ännu inte lärt oss hur man gör det.*

M: (Stor suck) Det gör livet ganska enkelt, vet du.

D: *Det gör det. Och jag respekterar att du vet hur man gör det. Det är något du skulle kunna lära oss. Något vi verkligen skulle ha nytta av.*

M: Möjligen. Jag vet inte hur man lär ut det, för det bara fanns där. Och jag kan inte ens beskriva det. Jag bara gjorde det.

Jag återförde henne sedan till vår tidsperiod och integrerade Mollys personlighet tillbaka i hennes kropp, så att jag kunde kontakta hennes undermedvetna för att få några svar. Det hördes ett djupt andetag när skiftet skedde.

D: *Varför valde du det ovanliga livet för henne att se? Jag tycker att det var ovanligt i alla fall. (Skratt) Varför valde du det livet som inföding på planeten med den lila solen för henne att se?*

M: Hon ville veta om andra planetariska liv, bortom jordiska varelser.

D: *Det lät som om det var en annan planet.* (Ja) *Hade de ingen natt där?*

M: Nej. Som du kanske tänker i termer av tid? (Ja) De hade inte det tidskonceptet. De hade inte dag och natt. När de var trötta vilade de. När de inte var trötta vilade de inte. Men det fanns inget mörker, rätt. Det var ganska konstant. Och det fanns inget behov av mörker på natten.

D: *För jag tänker på världen som snurrar runt solen.*

Den Komplicerade Universum Bok Två

M: Deras galax är längre bort. Den är inte en del av denna galax med solen. Jag tror att den är av ... (paus medan hon funderar över hur hon ska säga det) super-sol. Nej, det är inte rätt ord.

D: *Men den är inte en del av vårt solsystem.*

M: Korrekt.

D: *Men den är en del av galaxen?*

M: Korrekt.

D: *Och där finns en annan sol.*

M: Nej, inte en sol som människor känner till. Det är en del av en super ... jag antar att super-sol skulle vara ... det är Mollys språk: super-sol. Super-sol är vad som är känt som den högsta varelsen. Den ger ljuset till mörkret. Och den planeten har inget mörker.

D: *Det låter som det jag också har hört kallas "den centrala solen".*

M: Det är den. Den centrala solen. Det skulle passa beskrivningen, ja.

D: *Men de verkade vara fysiska varelser.* (Ja) *Och de kunde använda sina sinnen på ett anmärkningsvärt sätt.*

M: Ja, det stämmer. De bara manifesterade.

D: *De var fysiska eftersom de åt och sov och dog.*

M: Ja. De hade en kortare livslängd. De valde en kortare livslängd för att hålla sin planet underbefolkad.

D: *Men ändå, det är annorlunda eftersom solen var på himlen hela tiden. Och den var lila till färgen.*

M: Korrekt.

D: *Men du visade detta för Molly så att hon skulle veta att hon hade levt på andra planeter?*

M: Korrekt.

D: *Hur är det kopplat till hennes nuvarande liv?*

M: Hon har fortfarande förmågan att manifestera allt hon behöver i vilken mängd hon behöver. Hon har många naturliga förmågor som hon är rädd att erkänna att hon har, för då skulle hon vara annorlunda.

D: *Så du försöker visa henne att hon har gjort detta förut, och att hon kan göra det igen?* (Ja) *Men hur kan hon få tillgång till detta? Hur kan hon ta fram det?*

M: Välja att minnas.

D: *För jag vet att när man väl lär sig något, glömmer man det aldrig. Det finns alltid där. Och om det är lämpligt kan det föras fram. Hon skulle kunna använda det nu, eller hur?*

M: Ja. Om hon kliver förbi det som kallas hennes mänskliga rädsla.

D: *Du vet hur människor är.*

M: Ja. (Skratt) Åh, vilken utmaning. (Stort skratt) Varför kommer folk hit? (Skratt) De har denna utmaning. Vilket nöje! (Hon fortsatte skratta.)

D: *För att lära sig läxor.* (Ja) *De glömmer allt det de brukade veta.* (Ja) *Så hon kan återuppliva dessa förmågor för att manifestera vad hon vill, om hon väljer att minnas.*

M: Korrekt.

D: *Jag tror att hon skulle vilja få tillbaka dessa förmågor. Kan du förklara lite bättre vad hon kan göra?*

M: Saker kommer på ett sätt väldigt lätt för henne. I detta liv är hon övertygad om att hon måste arbeta hårt för allt. (Skrattar) Och det behöver hon inte. Så om hon bara tar några fler minuter i sin meditation, så skulle minnena kunna komma tillbaka på en gång. Får jag säga att det är den programmering hon har accepterat i detta liv, där hon säger att hon inte kan göra det.

D: *Under sessionen, när jag tog henne till en viktig dag, hoppade hon in i vad som verkade vara ett annat liv. Där vulkanerna var i utbrott och jorden skakade. Varför hoppade ni till det livet? Vi gick inte längre med det. Det var dagen för döden. Varför visade ni det för henne?*

M: För att påminna henne om – för att använda ett annat uttryck – fåfängan i att överlämna sin kraft till yttre influenser. Istället för att gå inåt och känna gudomen inom sig.

D: *Hur relaterade det till vulkanen och jordens förändringar?*

M: Trosystemet var att det orsakades av att man inte blidkade gudarna.

D: *Åh, just det. De blidkade inte gudarna och det var det som orsakade det.*

M: Ja. Det var trosystemet, och det finns fortfarande en del av det som är väldigt påtagligt i det område hon bor i. Och det skrämmer henne.

D: *Ja, det går ihop med religionen i denna tid.*

Så hon visades den lilla biten av det livet för att påminna henne om att hon inte borde fastna i de traditionella religiösa trosuppfattningarna i kulturen hon lever i. Utan att tänka själv och hitta den verkliga Guden inom sig.

Under min intervju med Molly sa hon att hon hade konstiga minnen av saker som hände i hennes barndom. Hon mindes att hon blivit satt i ett mörkt ställe och lämnad där, för ingen ville ha kontakt med henne. Hon trodde att det kanske var ett skåp, och det verkade som om hon var där i flera dagar åt gången. Och självklart, vid den tiden var hon smutsig och luktade illa, men hon hade känslan av att ingen ville ha något med henne att göra. När hon frågade sin mamma om dessa barndomsminnen, förnekade hon att något sånt hade hänt och sa att hon kanske hittade på det eller fantiserade. Men hon sa, varför skulle hon fantisera om ett så hemskt minne? En av de saker hon ville få reda på under denna session var om det var ett verkligt minne eller en dement fantasibild. Det undermedvetna gav svaret innan jag ens hann fråga. Och svaret var så märkligt att vi aldrig kunnat föreställa oss det.

Hennes familj bodde på landet, många mil från andra människor när hon föddes för tidigt. Hennes mamma gjorde det enda hon var bekant med, hon la babyn i en skokartong och satte den på den öppna ugnsluckan för att ge värme.

M: Tja, du vet ... nej, du skulle inte veta det, men låt mig berätta. Hon valde att komma till detta liv med så mycket att ge andra. Och hon gick in i denna lilla baby. Hon var bara fyra pund när hon föddes. Hon gjorde de där sakerna. Denna lilla baby i skokartongen på ugnsluckan. (Skrattar) Hon skulle göra saker, och det skulle bara skrämma livet ur folk. Och en gång stängde hennes mamma in henne i ugnen för att få henne att sluta. För att hon skulle jonglera med sakerna i köket. (Skrattar) Hennes mamma var mycket rädd för henne.

D: *Så hon brukade få saker att röra sig.*

M: Ja. Hon gillade att jonglera med silverbesticken, för det blixtrade. Det var blixtrande. (Skrattar) Och det gjorde bra ljud. Men det skrämde hennes mamma. Så hennes mamma stängde in henne!

D: *Så hon satte henne i ugnen.*

M: Ibland stängde hon ugnsluckan.

D: *Hon har detta konstiga minne av att vara i ett skåp eller något. Kan du berätta något för henne om det?* (Paus) *Vad tycker du? Är det okej för henne att veta?*

M: (Nu allvarlig.) Det kommer vara bättre för henne att veta att det var sanningen, inte en fantasi. Och det är verkligen viktigt för henne att veta. När hon var några år äldre, stängde de in henne i skåpet och försökte glömma bort henne, för hon skrämde dem så mycket. Men hon skyller på sig själv, för hon blev alltid tillsagd att det var hennes fel att hon var där. Om hon skulle bete sig skulle hon inte vara fast där.

D: *Vad gjorde hon?*

M: Hon gillade att få de där blixtrande silverbesticken att sväva runt. Och hon gillade att få ljus att tändas när det var mörkt. Och hon gillade att göra sångljud när hon inte borde kunna prata. Hon skulle skrämma folk. Så de tyckte att hon var konstig, och därför skyller hon på sig själv. Och det är inte hennes fel. Hon använde vad hon kom ihåg och vad hon visste hur man använde. Men hon var bara lite "utanför tiden".

D: *Ja, hon trodde att det var naturligt.*

M: Och när hon växte upp, skulle hon göra saker som var ... ovanliga. Igen skulle hon bli avvisad eller bortstött eller straffad, tills hon bara slutade göra de sakerna.

D: *Det var verkligen det enda sättet att överleva.*

M: Ja. Hon beskriver det som att stänga av kranen.

D: *Så när hon blev för stor för att sättas i ugnen, antar jag att de satte henne i ett skåp. Är det vad du menar?* (Ja) *Det är grymt, men jag antar att de var väldigt rädda för henne.*

M: När de satte henne i mörkret var det lättare att bara lämna henne där och glömma bort henne. Då behövde de inte hantera saker som flöt runt i köket eller huset, eller hennes sjungande.

D: *Så till slut, för att överleva, stängde hon av kranen och gjorde inte det mer. Och då lät de henne bo med dem i huset?*
M: Ja. Så länge hon inte var dålig, då kunde hon bli en del av hushållet.
D: *Om allt detta har blivit undertryckt, tror du att hon skulle vara rädd för att ta tillbaka dessa talanger nu?*
M: Jag tror det, för någon kanske skulle sätta henne tillbaka i skåpet och låsa dörren och aldrig släppa ut henne.
D: *Ja, men du vet, de skulle inte riktigt göra det nu när hon är vuxen.* (Ja) *Men jag förstår varför hon skulle vara rädd.*
M: Jag tror att hon skulle kunna göra vissa saker som är mer accepterade i vårt samhälle, och låta lite komma tillbaka till henne åt gången. För om hon gick ut i mitten av ett fält och skapade ett hus, vet du, kanske skulle regeringen komma och leta efter henne. (Skratt)
D: *Om hon fick saker att sväva runt i rummet, tror jag att hennes man kanske skulle bli lite rädd.* (Skratt) *Så hon ska inte göra de sakerna.*
M: Nej. Men hon skulle kanske kunna öppna kranen lite, som ett litet dropp. Hon är mycket kapabel att hjälpa människor. Hon är kapabel att höja dem ur mörkret. Och det skrämmer folk, och de är inte alla förberedda på att förstå vem de verkligen, verkligen är. Men hon är rädd för att hon ska öppna kranen, och att allt ska komma ut. Och överväldiga folk, och de kommer att springa skrikande från rummet. Hon har en mycket djup rädsla för avvisande. Hon kan använda en form av meditation för att frambringa kunskap på en mindre skala, och lindra den rädslan. Här är en bild som skulle fungera för henne. På köksvasken finns ett trap. Så här? (Handrörelser) Under diskbänken, ja, där finns ett avloppsrör och där är trapet. Och mycket skräp är fast i trapet. Och om hon går till trapet, kan hon släppa ut lite i taget över kurvan. Låt det sippra ut tillbaka.
D: *Låt det backa upp i diskhon.* (Ja) *Det här skulle vara en mental bild hon kan använda.*
M: Ja. Och när hon öppnar trapet, eller rensar trapet lite i taget, så gör det plats för information att komma tillbaka som hon har glömt, eller har fångat i trapet.

Den Komplicerade Universum Bok Två

D: Så hon ska inte försöka få tillbaka allt. Det skulle överväldiga henne.
M: Och överväldiga så många andra.

Dessa typer av förmågor tillåts nu att återvända till vår tidsperiod, eftersom de kommer att betraktas som normala i en inte alltför avlägsen framtid. Men det måste göras försiktigt så att hon inte chockar sig själv och andra runt omkring henne. Det viktigaste var att Molly nu visste att de konstiga minnena av barndomens händelser inte var hennes fantasi, utan bara handlingar från människor som var rädda och inte kunde förstå. Jag undrar hur många andra detta har hänt, där de har varit tvungna att stänga av förmågorna och minnena. Det är mycket svårt att förstå och acceptera de onormala handlingarna hos barn.

Den Komplicerade Universum Bok Två

SEKTION SEX

TIDSPORTALER

Den Komplicerade Universum Bok Två

Kapitel 19
VÄKTAREN AV PORTALEN

NITTIO PROCENT AV de sessioner jag gör för terapi innebär att klienten går tillbaka till ett tidigare liv som har svaren på nuvarande problem. Men det blir allt vanligare att klienter finner sig själva i märkliga omgivningar som inte liknar jorden. De finner sig också oftare i parallella situationer. Detta är när de lever en annan upplevelse som existerar samtidigt som det nuvarande livet. Många skeptiker säger att detta bara är fantasier, men de liknar inte några fantasier jag någonsin har hört talas om. Majoriteten av gångerna är de tidigare liv som människor regressar till väldigt tråkiga och vardagliga. Jag kallar dem för "gräva potatisliv", eftersom personen ofta är en jordbrukare eller tjänare, där det inte händer något spännande att rapportera om. De spenderar sina liv med att göra enkla, vanliga saker, som att arbeta på fälten. Liven är väldigt odramatiska. Många gånger är personen besviken när de vaknar. En man sa efter en sådan session: "Tja, jag var ju verkligen inte en farao i Egypten." Om de fantiserade, tror jag att de skulle hitta på ett glamoröst liv, som en riddare i skinande rustning som räddar en vacker damsel från ett slotts torn, eller en kvinna som lever ett Askungeliv med Prince Charming. Detta händer aldrig. De liv som upplevs kan verka vardagliga från mitt perspektiv, och jag undrar ofta varför det undermedvetna valde just det livet för sessionen. Men innan vi är klara med sessionen, blir det uppenbart att det var precis det livet de behövde se. Det finns alltid något, oavsett hur obskyrt, som är relaterat till det problem de upplever. Det är aldrig uppenbart för mig på ytan, men undermedvetna, i sin oändliga visdom, har valt just det.

Den Komplicerade Universum Bok Två

Ibland är scenen de kommer in i så konstig och malplacerad att de inte ens kan hitta ord för att beskriva den. I dessa fall är jag säker på att de inte skapar en fantasi, för det skulle inte förvirra dem. Den här sessionen, hålls i Florida i oktober 2002, är ett sådant exempel. Betty var en sjuksköterska på en neonatalavdelning på ett stort sjukhus. Vad hon upptäckte under sessionen var definitivt inte vad hon hade förväntat sig. När hon kom av molnet, stod hon framför något så ovanligt att hon inte kunde hitta ord för att beskriva det.

B: Det ser ut som ... det ser ut som en kristall ... det är svårt att beskriva. Det är som ett kristallberg. Kristallberg. (Skrattar) Jag vet inte vad annat jag ska kalla det. Det är som ett kristallberg. Och jag ser vad som verkar vara en indianpojke med svart hår stående framför kristallberget. Det ser ut som is, men det är inte kallt. Det är klart, men inte helt klart. Det gnistrar i solen.

Det här lät definitivt inte som något på jorden, men hon hade nämnt den indianska pojken. Var var hon?

D: *Är pojken fortfarande där? (Jag tänkte kanske att hon var pojken.)* (Ja) *Hur är han klädd?*
B: Han har bara läder under midjan. Antagligen tio år gammal.
D: *Titta på dig själv. Har du något på dig?*

Detta är vanligtvis så jag börjar orientera klienten till kroppen de har i det tidigare livet. Hennes svar var en oväntad överraskning.

B: Jag är ... nej, jag är väldigt stor! ... Jag är enorm! Jag är inte en kropp. Jag är (osäker på hur man ska formulera det) ... jag är en energiform. Jag är mycket större jämfört med denna pojke.
D: *Känner du att du har några omkretsar? Du är inte bara en del av luften, eller hur?*
B: Jag har omkretsar, men det är inte solidt. Det förändras och skiftar, men har samma mängd i sig. Så omkretsen skiftar och förändras, men den är stor.

D: Så det är fortfarande avgränsat ändå. (Ja, ja) *Okej. Vilken koppling har du till denna pojke?*
B: Jag bara observerar honom. – Jag känner att jag vill gå in i detta berg. Det finns en öppning. Men det är som om jag skulle kunna bli berget. Det är som om, genom att röra mig in i öppningen av berget, skulle jag kunna uppleva livet som berget. Jag skulle bli det. Även om jag skulle kunna separera mig från det igen.

Jag var bekant med energivarelser, en form av liv där varelsen i huvudsak kan skapa eller forma vilken typ av kropp de önskar för att ha en upplevelse. Men detta lät annorlunda.

D: Så du kan uppleva många olika saker?
B: Ja. Jag kan bli, integrera mig med andra energier, för att uppleva vad det är som. Och sedan separera mig och ha den medvetenheten som en del av mig. Jag handlar om att uppleva på det sättet.
D: Du sa att det fanns en öppning där?
B: Ja. Det är en stor öppning, som en naturlig öppning. (Plötsligt) Vet du vad? Detta kristallberg är egentligen inte ett berg alls. Det är bara så det visade sig. Det är som ett rymdskepp. Det är ett fordon. Så intressant!
D: Hur vet du det?
B: (Exalterad) För när jag såg öppningen ... du ser, det är så här det ser ut från utsidan. Och när jag utforskade öppningen mer för att försöka förklara det, insåg jag att det inte var exakt som det verkade.
D: Menar du att det gav illusionen av ett berg?
B: Precis. Exakt. Så alla som skulle komma förbi det skulle se att det var det. Men när man tittar närmare på det så skiftar det. Ah-ha!
D: Om det är på jorden, skulle det finnas andra berg. De kanske är olika färger, men inte kristall.
B: Rätt. Det finns andra berg runt det som är olika. De är bara bruna, med träd och sånt.
D: Det skulle vara ovanligt att se ett kristallberg. Det skulle dra mer uppmärksamhet.

B: Det skulle! Rätt! Hmm. Det är lite förvirrande. Men då undrar jag om andra ens ser det. För jag såg den pojken. Såg pojken det? Jag vet inte. Jag kunde inte säga. Han stod med ryggen mot det. Jag vet inte riktigt. – Öppningen skiftade från att se ut som en naturlig öppning till en dörr. När jag tittade på den, förändrades den till en dörr. Och det finns trappor som leder från marken upp till dörren. Det verkar inte vara så solidt. Det ser kristallin och lätt ut, och jag vet att man skulle kunna kliva på det och det skulle vara solidt. Och ändå känner jag också att någon skulle kunna gå rakt igenom det och inte vara medveten om det, samtidigt. Den enda förklaring som känns meningsfull för mig, är att det är som att sammansmälta två världar. Det är som en plats mellan världarna. Där det finns delar från båda.

D: *Detta skulle vara varför vissa människor skulle se det och andra inte?*

B: Ja. Och så känner jag att på något sätt är jag en del av – jag måste bara säga det som kommer till mig – för det känns som att jag på något sätt är en av väktarna för den här porten, eller den här "mellan"-platsen. Så att de som inte ska komma in, inte gör det. Och de som kan, gör det. Det finns ett ansvar för medvetenhet som jag måste ha om det, för jag är medveten om båda, ja.

D: *Att veta vem som kan komma in och vem som inte kan.* (Ja) *Men skulle inte de som inte är menade att komma in, inte ens vara medvetna om det?*

B: Normalt sett är det så. Men det finns tillfällen då vissa omständigheter gör att det sker en "seende" som normalt inte skulle äga rum. Och det är mestadels inte fördelaktigt att det händer. Vissa förändringar i det atmosfäriska trycket och energin ... saker. (Detta sades långsamt som om hon inte var säker, och letade efter orden.) Det finns vissa, ja, förändringar som kan göra att det händer.

D: *Så att det kan ses, där det normalt inte skulle vara.* (Korrekt) *I så fall kan någon komma över det, som inte var menad att göra det.*

B: Ja. Och det skulle vara väldigt förvirrande.

D: *Skulle de kunna komma in i det?*

B: Tyvärr, kroppens sammansättning måste förändras, på grund av energikonfigurationen. Och det skulle troligtvis upplösa den fysiska energin omedelbart.

D: *Åh? Skulle det förstöra det?*

B: Anden förstörs inte. Den fysiska, cellulära strukturen, ja.

D: *Den skulle inte kunna existera när den kom i kontakt med det?*

B: Det här är korrekt, för det finns en annan sammansättning. Och olika vibrationer, ja. Det skulle vara väldigt förvirrande och svårt för till och med den spirituella energin att förstå vad som hände. Det är inte menat att vara så.

D: *Så ditt jobb är att se till att detta inte händer?*

B: Ja, jag har ett väktaransvar för det.

D: *Skulle du kalla detta en portal?*

B: Ja, du skulle kunna kalla det det. Och jag tror att det är därför jag kan röra mig in i den här kristallformen, oavsett om det är ett berg, ett rymdskepp eller vad det än är. Och få medvetenheten om det, eftersom det intensifierar energin för att separera existensen.

D: *Vad skulle du göra om någon skulle komma? Vad skulle du göra för att avleda dem eller hålla dem borta?*

B: Fokusera min energi på den böjen på platsen för att intensifiera den. Och bara ge dem ett litet vänligt knuff i motsatt riktning. För att ge dem ett litet tryck, så de kanske bara känner att vinden tryckte på dem, eller att de knuffades i en annan riktning.

D: *Bara tillräckligt för att hålla dem borta från det, från att komma i kontakt med den energin? För ditt jobb är att hålla dem från att bli skadade.*

B: Exakt. Skydd, ja.

D: *Är den här portalen där hela tiden?*

B: Det finns vissa tider då den är mer öppen, när den har fler möjligheter att vara öppen, och andra gånger när den är stängd. När det inte är ett problem.

D: *Så den rör sig inte runt som ett rymdskepp?*

B: Nej, den stannar på ett ställe. Men när jag ser närmare på det, är det mer som vad vi skulle kalla en "stjärnport", snarare än som ett rymdskepp som skulle lämna. Det är mer som en portal till en annan dimension.

D: *Så det är därför den skulle stanna på ett ställe.*
B: Det är korrekt.
D: *Vad används portalen, denna stjärnport, till?*
B: Jag måste arbeta med den här beskrivningen. Jag kan göra det. Det finns portalen för denna energi, och sedan går den swoosh (ett långt swoosh-ljud med handrörelser) genom rymden och tiden till ett helt annat område i – jag vill säga – "galaxen".
D: *Från de rörelser du gjorde, är det förlängt, som ett rör?*
B: Korrekt. Och försök visualisera att se stjärnorna och universum och energin. Men det är ett mycket snabbt swoosh (samma ljud igen och samma handrörelser) transportsystem. Och det går från denna portal till en annan galax.
D: *Är det det du skulle se om du gick in i detta kristallberg?*
B: Det skulle vara en del av det, för där inne finns alla dessa vibrerande, vibrerande färger, och kristallina saker. Det är lite som ... (svårt att hitta orden) återinträde ... desensibilisering är inte rätt ord, men att få dig att känna dig normal igen. (Skrattar) För när du gör dessa transport-saker, måste du ... re ... inte regenerera, re ...
D: *Justera?*
B: Justera, tack. Uff! Det var svårt! Justera. Återenergiera. (Skrattar)
D: *Ord är svåra att hitta ibland.*
B: Ja. Justera. Så det är som ett justeringsområde. Och du går in i detta kristallrum med alla dessa vackra, vackra färger. Och de vibrerar in i ditt väsen, och det regenererar dig, eller re ... vad var ordet du sa?
D: *Justera?*
B: Justerar dig.
D: *Om det justerar dig, är det här innan du går eller efter att du har kommit tillbaka?*
B: Efter att du har kommit tillbaka. Det finns en för varje ände. Jag är inte säker på hur den andra sidan ser ut just nu. Jag skulle behöva resa. Men jag måste lämna en del av mig här för att göra det, eftersom jag måste behålla mitt ansvar.
D: *Ja, för att bevaka portalen.*

B: Detta används av andra varelser som kommer för att lära sig, och kommer för ytterligare medvetenhet, genom att observera. När jag säger "observera" är det mer än bara att titta. Det är att observera med alla dina sinnen, så att du känner, nej, upplever det. Men du observerar det, för du skapar inte något för att det ska hända. Du är en observatör som får integrera med energierna där för lärande.

D: *Är dessa fysiska varelser?*

B: Inte i den utsträckning som människor är fysiska varelser. Det finns en fysiskhet som är av en mindre densitet. Och det är därför de kan integrera och observera en upplevelse, på den nivån.

D: *Var kommer dessa varelser ifrån?*

B: (Paus, sedan ett skratt när hon försökte hitta ett sätt att förklara.) P–L. P–L har något att göra med det. Jag tror inte det är Pluto. P–L.

D: *Säg bara vad du tror. Men de kommer inte från Jorden?*

B: Nej, nej. De är olika.

D: *Vårt solsystem?*

B: Hmm. Lite längre bort. Från en annan planetär essens. Återigen, det är inte en helt fysisk planet.

D: *Men det är inte lika mycket energi som du är?*

B: Korrekt. De är olika än jag. Jag ser inte ut som en människa, som en kropp. Min energi förändras. De varelser som kommer via detta transportportalsystem har en form som liknar människors. Liknar en kropp. De är långa, tunna varelser. Det verkar som tunga kläder, men som jag sa, de är inte fysiska.

D: *Inte så fasta?* (Nej, nej.) *Så när de kommer igenom den här tunneln, detta rör, vad det nu är, kommer de in i detta rum direkt?*

B: Korrekt, det är där de kommer in.

D: *Och de justerar sina energier? Vibrationer eller vad som helst?* (Korrekt) *Vad gör de sedan?*

B: Sedan kan de komma ut därifrån. Detta är inte en bra beskrivning igen, men det är som att kunna se genom glas, men det finns inget glas. Det finns inget hinder som det. De har gått genom portalen, och kommit ut ur den kristallina strukturen där ljuset och färgerna var. De har kommit ut ur det. Det är fortfarande en del av den energin, men det är inte i den strukturen längre. Så att det är precis uppe mot – jag vill säga "Jorden". De är på planeten och kan se vad som händer, så att de kan observera och integrera.

D: *Är de tillåtna att lämna den platsen?*

B: Det verkar inte som om de gör det.

D: *Så de står bara där och observerar från den sidan utan att faktiskt gå in i denna andra dimension.*

B: Korrekt. Men de kan se en mycket, mycket stor vy från där. De kan i princip observera var de än vill från denna portal.

Vid en annan session såg en kvinna något som liknade ett maskhål uppenbara sig, och varelser åkte fram och tillbaka genom det. Hon beskrev det som ett långt, avlångt rör med cirkulära åsar synliga på insidan. Kan detta vara en annan beskrivning av samma typ av enhet? Om så är fallet, så gick varelserna hon såg in och ut, medan de som beskrevs här bara fick använda det för att se.

D: *Så det är inte bara området där detta är placerat. De kan se var som helst på Jorden de vill se utan att resa dit.*

B: Det stämmer. I princip. Och hur sådana saker fungerar? Jag är inte säker. (Skratt)

D: *Se om du kan ta reda på det. Hur kan de göra det från bara en vy utan att faktiskt gå in i dimensionen och resa över hela världen?*

B: De skiftar sin perspektiv. Så det är som om de kommer ut och ser en viss scen eller område. Och de kan bara skifta, och det är som om världen skiftar för det, så att de kan se det. Jag vet att detta inte låter logiskt, men ... Vad jag ser är denna tredelade gyllene energi som bara skiftar. (Skratt) Till exempel, Jorden kan vara så här stor. Och de är på denna plats. (Handrörelser för ett litet objekt.) Och den tredelade gyllene energin skiftar så att de kan observera. Så det är som om allt rör sig med det. Det är det enda sättet jag vet att beskriva det. Även om Jorden uppenbarligen inte är denna storlek. (Handrörelser.) Men det är som om den är det, när de observerar det. Så det kan skifta mycket lätt.

D: *På det sättet agerar de som en observatör och interagerar inte.*

B: Det stämmer. De interagerar inte. De förändrar inte något. De observerar bara och integrerar information.

Den Komplicerade Universum Bok Två

D: De skulle inte vara tillåtna att lämna den platsen ändå, antar jag, på grund av deras energimatrix?

B: Exakt. De kan inte eller vill inte. De förstår hur det skulle påverka deras energifält. Medan människorna inte ens vet att detta existerar.

D: Så dessa varelser observerar bara och integrerar information, eller vad de nu försöker samla. Och sedan går de tillbaka genom röret till där de hör hemma?

B: Det stämmer. De kommer genom den portalen, men de kommer från andra platser för att nå den portalen. Och de kommer och observerar, och sedan återvänder de och rapporterar tillbaka.

D: Jag tänkte på något som en central plats på andra sidan. (Ja) Vet du vad de gör med informationen när de har observerat?

B: Det används för många syften. (Paus medan hon tänker.) Jag ser att min energi skiftar nu, från den här väktarrollen till en av de varelser som kom och återvände.

D: Eftersom du sa att du kunde göra det, om du lämnar en del av din energi där för att vakta öppningen.

B: Det stämmer. (Stort suck.) Att gå genom röret rör upp din energi lite. Så kamrarna som du kommer ut i, får dig att komma tillbaka till – vad var det ordet du använde?

D: Justera?

B: Att justera, det är väldigt, väldigt viktigt.

D: Och när de går tillbaka genom, är det snabbt?

B: Det är mycket snabbt. Mycket, mycket snabbt. Och när de kommer ut på andra sidan, är det återigen ett annat färg- och energisystem.

D: Som ett annat rum?

B: Det är sant. Och färgerna och energins intensitet får dig att komma tillbaka till dig själv igen. Och jag kom tillbaka till den andra planeten. Och sedan återvände jag till min hemvist.

D: Hur ser ingången på den sidan ut?

B: Den är också en kristallstruktur.

D: Men människorna på den sidan kan se den?

B: Den har också en kamouflerande faktor med sig, eftersom det finns de som arbetar med denna energi, och de som inte gör det.

D: *Så det är samma sak som på Jorden? Den skulle inte vara synlig för alla.*

B: Det är sant. Även om varelserna på denna planet är av en högre eller annan vibration, finns det fortfarande ingen anledning för alla att veta om det.

D: *Så den varelse som du är med kommer genom på sin planet. Var går han sedan?*

B: Jag ser honom. Han är som en skrivare som skriver, men skrivandet är magiskt. Det är inte fysiskt, även om det ser likadant ut. (Hon rör på händerna.) Han gör något med sina händer. Men när jag ser på det, är det ljus och färger igen. Ljus och färger är mycket viktiga. Och så observationerna, lärandet, kunskapen som samlades, integreras i ... (Hon hade svårt att hitta orden.) ... Jag ser som ett vävverk. Hur hände det?

D: *Kanske försöker du göra en jämförelse.*

B: Kanske. För informationen som denna skrivare har tagit, går in i en del av väven, eller registren. Han sitter och det ser ut som en tablet. När jag säger "tablet" menar jag en stenplatta. Det är inte papper. Och det finns en "magisk penna", för han verkar skriva med magiskt skrivande. Och det kommer vackra färger och ljus på detta. Men sedan rör det sig och flödar och går in i ... vad jag skulle kalla en "väv". Och den är färgglad och ljus och gnistrande och rör sig. Så det är inte som vi tänker på en väv. (Hon hade svårt att beskriva.) Det är ett register av något slag. Och det är en levande inspelning.

Detta, förstås, lät liknande det vävverk av livet som finns i Visdomens Tempel på andrasidan. Detta förklarades i *Between Death and Life*. Det beskrevs som otroligt vackert, och verkar vara levande och andas på grund av de vackra färger som vävs in i det. Jag tror inte det är samma sak, för väven på andrasidan är ett register över alla själar som har levt och deras liv. Varje en är representerad av ett tråd. Väven som beskrivs här är också ett register, men kanske en annan typ.

D: *Är detta hans jobb? Gör han detta hela tiden?*

B: Ja. Och han älskar att göra det.

D: *Men du sa att det också finns många andra som vet om denna dörr?*

B: Ja, det finns varelser från andra planeter som kommer till portalen. Det är sant. Det finns många av dem som vet att den existerar. Detta är en portal, men det finns många andra. En del av informationen som kommer tillbaka används för att hjälpa till att utveckla nya möjligheter. Det är som när du går i skolan, de lär dig saker som folk redan vet. Och när du har en grund, så utvecklar du dina egna idéer. Kreativiteten.

D: *Som forskare och vetenskapsmän, de kommer att ta de grundläggande idéerna och utveckla sina egna koncept. Är det vad du menar?*

B: Ja, och också tillhandahålla nya möjligheter för denna planet också. För de observerar, de ser, de går tillbaka, de diskuterar. De tittar på, "Hur kan vi hjälpa människorna på denna planet?" Och så kommer de upp med vissa tankar. Och sedan kommer de tillbaka. Nej, det kan inte vara... det är inte rätt. Hmm. Det handlar om att lägga till den befintliga kunskapsbasen. Om Jorden, specifikt i denna situation.

D: *Så de samlar information och försöker utveckla nya idéer för att hjälpa Jorden att utvecklas, eller vad?*

B: Det var den intrycket jag fick. Men det måste finnas ett annat sätt att använda informationen för att hjälpa Jorden. För när de kommer genom röret, observerar de bara, så de kan inte göra det på det sättet. De observerar och tar det tillbaka till sin planet och registrerar det. Så det måste finnas ett annat sätt att använda det för att hjälpa. Det är inte genom det sättet.

D: *Men de andra varelserna som kommer genom röret, gör de det av samma anledning?*

B: Några är bara nyfikna. Och det är tillåtet. Att observera ut av nyfikenhet utan något ingripande. Precis som det är tillåtet för oss att observera utan ingripande. Och jag gick med denna andra varelse vars syfte är att ta informationen tillbaka till sin planet. Och det finns någon form av (svårt att förstå) – Jag försöker få en tydligare bild. (Paus) Denna är svårare att få fram, så... Det verkar

vara någon form av sändningsprocess. Det ger inte riktigt mening för mig. Därför är jag lite fast.
D: *Beskriv det så gott du kan.*
B: Okej. Så de tar informationen. Han delar den med dessa andra varelser som är som han. Och sedan sänder eller strålar de vissa energier eller information tillbaka mot planeten Jorden.
D: *I motsatt riktning från där den kom.*
B: Korrekt. Det är som ett vägledningssystem. På så sätt att informationen togs från Jorden, observerades från Jorden och transporteras tillbaka med varelserna. Och sedan tar dessa varelser denna information, och... Det är där människorna på Jorden behöver viss hjälp eller vägledning, eller bara en liten "justering", eller lite inspiration, för att hjälpa dem att röra sig i rätt riktning. Och det är inte ett omdöme, som att göra rätt steg. Det är bara som att skicka lite inspiration. Så på något sätt sänds det till Jordens energiatmosfär, vad det nu är. Och sedan finns det de på Jorden som kan plocka upp dessa signaler, så att säga, och ta emot den inspirationen. Och detta hjälper dem att gå till nästa steg. Eller skapa saker som kanske skulle ha tagit längre tid.
D: *Är detta gjort av en individ eller...*
B: Nej, det är en grupp. En grupp med någon form av maskineri som kan stråla tankeformen eller inspirationen tillbaka till Jorden. Till exempel, Jorden kämpar just nu med krig/fred, ljus/mörker. Att röra sig bort från dualitet. Och när det händer, intensifieras dualiteten. Så dessa varelser, vid någon punkt, observerade, gick tillbaka, och strålade information som liknar inspirationen att föra samman massmedvetenheten för att förena, för att skapa den verklighet ni vill ha, till exempel. Eftersom många människor på olika delar av globen tar emot denna inspiration vid liknande tidpunkter. Och sedan förenas de för att få det att hända. Låter det exemplet förståeligt för dig?
D: *Ja, jag tror det. Men är dessa grupper under någon form av instruktion? De agerar inte på egen hand, eller?* (Paus) *Är det någon som säger åt dem vad de kan sända tillbaka?*
B: Jag vill få fram den rätta betydelsen. De är som ett högre råd som assisterar planetens tillväxt. Så de är inte den enda kroppen som

gör detta. De är en av dem. Precis som de hjälper Jorden att göra detta, finns det också högre kroppar som assisterar dem i deras process. Så det fortsätter till oändlighet.

D: *Så det finns många olika lager.* (Ja) *Det är som att människorna på Jorden inte är så utvecklade ännu. De är längst ner i nivåerna, lagren, antar jag.*

B: Jag skulle inte säga "botten". De är i övergång. De rör sig.

D: *Men de är inte medvetna om något av detta.*

B: Korrekt, korrekt. Det finns några som är medvetna. Eftersom energin skiftar och vibrationerna ökar, finns det fler som blir medvetna om kopplingen. Det finns våra högre jag, till exempel, som observerar och assisterar. Men det finns alltid fri vilja, ett val. Inspirationen som kommer igenom är för de som resonerar med den.

D: *Den är inte påtvingad någon. Det kan vara något de letar efter ändå.*

B: Exakt. Och hade begärt.

Det verkar finnas ett centralt tema som löper genom all information jag har samlat. Temat för masskommunikation på många nivåer. Vår egen kropp bearbetar och levererar ständigt information till vår hjärna och centrala nervsystem. Vårt DNA bearbetar också information. I min bok Between Death and Life klargjordes det att vi måste genomgå otaliga liv, både på Jorden och andra planeter. Vi måste, medan vi är på Jorden, uppleva varje form av liv (stenar, växter, djur) innan vi utvecklas till den mänskliga fasen. Sedan, när vi når den mänskliga fasen, måste vi uppleva allt i livet (rik/fattig, man/kvinna, bo på varje kontinent, vara varje ras och religion, etc.) innan vi har slutfört den cykeln. Mellan alla dessa liv, går vi fram och tillbaka till andrasidan. Vårt huvudsakliga syfte är att samla information om allt möjligt. Vi började med Gud, och vårt mål är att återvända till Gud. Vi blev informerade i den boken, att Gud utvecklade detta system, eftersom Gud inte kan lära sig på egen hand. Vi, barnen, förväntas återvända till Gud med all kunskap och information vi har samlat genom alla våra erfarenheter. På detta sätt är vi som celler i Guds kropp.

Så vad jag lär mig från utomjordingarna och dessa andra mer avancerade, eller mer medvetna, varelser, är att de har en mer aktiv del i assimileringen av information. De registrerar också och ackumulerar, för olika syften. I The Custodians fanns exempel på utomjordingar som registrerade vad vi har lärt oss. Detta är ett av syftena med de implantat som människor har felaktiga uppfattningar om. De registrerar allt den personen ser, hör och känner, och överför det till enorma datorbanker, för att använda ett bättre ord. Dessa datorbanker är direkt länkade till de historiska arkiven för vår civilisation i de högre råden. Vi fann också i Keepers of the Garden och Convoluted Universe, Book One, att ibland är hela planeter inspelningsenheter. Senare i denna bok kommer vi att se att detta också är aktivt i vårt eget solsystem, med vår Sol som en huvudinspelningsenhet. Det är inte otänkbart att vår egen planet skickar ut sina egna upplevelser och reaktioner på den skada som sker för den just nu i vår historia. Jorden är trots allt ett levande väsen.

Här verkar det finnas ett återkommande tema eller mönster genom allt detta; från den minsta cellen i vår kropp till hela universum. Från mikrokosmos till makrokosmos överförs och lagras information. Den enda logiska förklaringen är att det slutliga målet för all denna information endast kan vara Gud, Källan. Liksom en gigantisk dator samlar Han data. För vilket syfte, kan vi bara spekulera. Men det blev allt mer uppenbart att detta är vad som händer.

D: *Varför är alla dessa varelser så bekymrade över vad som händer på Jorden?*
B: Jorden är en mycket speciell planet. Den är en sammanblandning av många, många, många energier från många, många, många olika platser. Och så är det som en vacker – jag vill inte säga

"experiment" – men en vacker experiment, för att använda ett bättre ord.

D: *Ja, jag har hört det förut.*

B: Genom att sammanföra allt detta, och tillåta fri vilja och olika erfarenheter att ta plats. Nu är det stora experimentet faktiskt att förena ande med biologi. Det handlar om att förena ande med det fysiska. Och de som bortser från sina fysiska kroppar har missat poängen. Det handlar om föreningen, integrationen av ande i den fysiska kroppen. Och det är en del av det stora experimentet. De som inte är av denna densitet har inte den upplevelsen. Det är mycket annorlunda. Och så finns det mycket nyfikenhet. Och mycket spänning för att se hur detta utvecklas i alla sina former. Och uppenbarligen har vi ljus och mörker, skönhet och fulhet. Det är allt detta och alla utmaningarna.

D: *De som tittar har inte den här variationen?*

B: Nej, inte på detta sätt. Inte så här alls. Det är som Edens lustgård. Som människor tar vi det för givet. Vi har totalt tagit denna vackra Edens lustgård för givet. Det är väldigt sorgligt.

D: *Men vissa av dessa andra planeter är fysiska, eller hur?*

B: Ja, det finns andra fysiska planeter. Variationerna är inte lika enorma som här. Variationerna är mycket större här.

D: *Jag tänkte att om de var fysiska, skulle de ha fysiska kroppar.*

B: Ja, men det finns en skillnad. Det finns olika skillnader på något sätt.

D: *Jag försöker förstå varför vår är så annorlunda. För de andra varelserna har fysiska kroppar och lever liv som dessa andra varelser på andra världar.*

B: Det enda jag kan se eller veta just nu, är att det finns ett vaknande medvetande hos människan som är annorlunda. Det verkar finnas ett stort drama som vi har valt att uppleva på Jorden. Ett vaknande genom dramat händer nu. Och det är den bästa showen som finns. (Skratt)

D: *Därför vill alla titta på den.* (Ja)

Detta har upprepats i flera av mina böcker: att många varelser genom universum tittar på vad som sker nu på Jorden. Detta beror på att det anses vara annorlunda. Det är första gången någon planet eller civilisation har gått igenom de händelser som sker nu. De är nyfikna på att se hur det kommer att gå. Det har sagts att det också är första gången en hel planet når den nivå där den kommer att öka sin frekvens och vibration för att tillåta att den skiftar massivt till en annan dimension. Många andra varelser är medvetna om "dramat" som spelas här, och som att titta på en film eller TV-show, vill de se slutsatsen. Vi ger omedvetet dialogen, situationerna och manuset för skådespelarna på galaxens scen. Och som hon sa, "Det är den bästa showen som finns."

Fortsättning på sessionen:

D: *På Jorden fastnar vi i karma. Är detta annorlunda på de andra planeterna?*
B: Ja, det verkar finnas en skillnad på det sättet. Ja. Det finns en densitet i Jordens atmosfär. Det är bara så jag beskriver det. En densitet som håller energierna här för att lösas. Och när det väl är löst, kan de sedan röra sig ut ur denna densitet.
D: *Så de andra varelserna har andra läxor att lära. Det är bara en annan form av lärande.*
B: Exakt, exakt.
D: *Jag vet att en del av dessa saker är mycket svåra att förstå. Men finns det som en hel serie eller lager av rådslag som håller koll på allt detta?*
B: Ja, som har en medvetenhet om det. Lite som en förälder och ett barn. Uppenbarligen har du inte fullständig medvetenhet om allt, men du gör ditt bästa. Du är inriktad på det och arbetar mot att ge den hjälp och vägledning de behöver.
D: *Men i mitt arbete har jag funnit att inte bara varelserna observerar genom portaler, utan några av dem kommer faktiskt i fysiska fartyg?*

B: Detta är korrekt. Men det sker en skiftning i energierna för att detta ska kunna hända. För det måste vara en sänkning av vibrationerna för att komma in i denna atmosfäriska energi. Det finns ett skyddande lager runt Jorden. Och för att komma in på denna nivå måste vibrationerna skiftas något för att manifestera sig fysiskt. För att kunna ses fysiskt.

D: *Men om de andra varelserna tar reda på all information genom att observera, varför måste vissa av dem fysiskt komma till Jorden?*

B: Det är viktigt att människorna på Jorden börjar förstå att det finns andra varelser utanför sig själva. Och att utöka sin medvetenhet. De har väldigt begränsad tänkande på många sätt. Och därför är det nödvändigt att en expansion äger rum för deras tillväxt och utveckling. Nu är inte alla entiteter enbart goda och ljusa. Precis som det finns mörker på Jorden, finns det mörkare energier på andra platser också. Och det är bara en del av hur saker och ting fungerar.

D: *Men de kommer också för att observera?*

B: Ja. I vissa fall finns det en önskan om kontroll. Det finns en önskan om resurser, sådana saker. Men så mycket som möjligt, är detta inte tillåtet.

D: *Eftersom denna planet övervakas väldigt noggrant.*

B: Ja, väldigt noggrant.

D: *Men detta är vad du har kunnat observera. Du sa att du lämnade en del av dig själv för att vakta portalen, och den andra delen reste till en plats där du kunde observera och ställa frågor.* (Ja) *Gå tillbaka nu till där du var, den totala energin där vid portalen. Har du varit där länge med detta jobb? Eller har tid någon betydelse?*

B: Det verkar som att tid inte har någon betydelse, men det är som ett berg. Ett berg existerar under en enorm tidsrymd. Och det är medvetet. Dess energi är bara väldigt långsam. Så min energi som denna väktare vid detta område är också på det sättet. Så det har varit där under, vad du skulle kalla, väldigt, väldigt lång tid. Och ändå känns det inte som en lång tid alls. Det är bara väldigt vackert. (Skratt) Väldigt vackert. Precis som ett berg.

D: *Men är det den enda saken denna kristallstrukturella port används för? Eller har den andra delar?*

B: Det verkar finnas andra "rum", som du skulle kalla dem, eftersom det finns separata områden inom. Nästan som ett system för att sända information tillbaka utan att faktiskt behöva gå tillbaka själv. Så det finns ett sådant upplägg.

D: *Du sa att det mesta används som ett observationsfönster.* (Ja) *Får varelser någonsin gå ut från den platsen? Gå ut på denna planet?* (Nej) *Det är mest självständigt som en observationspost då.* (Ja) *Så varelserna stannar i de andra rummen som används för att överföra information.* (Korrekt) *Jag ville bara försöka få det hela rätt. Men entiteten vars kropp du talar genom, vars namn är Betty, existerar du som denna energi vid en annan tid än henne eller vad?*

B: Nej, det är allt ett. Det är allt ett.

D: *Du kan existera som energin som vaktar portalen samtidigt som du existerar som den fysiska kroppen som Betty?* (Korrekt) *Hur görs det? Kan du förklara det?*

B: (Skratt) Det är! Och det handlar om fokus. Som Betty, fokuserar jag min medvetenhet på detta liv. Men en annan del av mitt väsen är också väktarenergien vid denna portal. För det mesta är vi omedvetna om varandra.

D: *Det var vad jag tänkte. Betty har inte varit medveten om den andra delen.*

B: Nej. Och ändå är det en annan vibrerande nivå som vi opererar under. Och så jag kan vara på många platser och göra många saker på en gång.

D: *Utan att någon av dessa delar är medveten om varandra.* (Korrekt) *Det är en av de saker jag har funnit förvirrande. För folk säger, hur kan vi vara alla dessa saker samtidigt?*

B: Tja, att försöka förstå det med en begränsad uppfattning och medvetenhet gör det svårt.

D: *(Skratt) Människan har mycket svårt.*

B: Exakt, för fokuset är annorlunda. Och så, för närvarande, finns det inte förmågan att vara medveten om många delar av sitt väsen på samma gång.

D: Många olika aspekter. (Ja) *Det är vad jag har fått höra, att människans sinne helt enkelt inte kan förstå allt.*
B: Det stämmer.
D: Jag tycker att detta är väldigt viktig information. Får jag använda denna information? (Ja) *För i mitt arbete är jag också reportern, som samlar in....*
B: (Förtjust avbrott) Detta är korrekt! Detta är mycket intressant! Du gör exakt det som dessa andra varelser gör. Och det är ett stort privilegium att dela detta med dig.
D: Eftersom jag tar många olika bitar och försöker sätta ihop dem, antar jag, på samma sätt.
B: Detta är korrekt.
D: Jag gör det bara medan jag är i den fysiska kroppen. (Ja, ja) *En bit läggs till en annan bit information. Därför har jag så många frågor.*
B: Och detta är bra, eftersom det hjälper, än en gång, att utöka uppfattningarna. Att utvidga möjligheterna. Att föra den andliga medvetenheten in i den fysiska kroppen. Och det är vad denna tid handlar om.
D: Problemet är att människor har mycket svårt att förstå dessa komplicerade begrepp. (Ja) *Mitt jobb är att försöka förenkla det så att de kan förstå. Vilket är svårt. Kan du berätta varför hon utforskar detta idag?*
B: Ah, hon är en budbärare. Hon är inte fullt medveten om detta ännu. Hon kommer att öppna sig mer för att ta emot budskap för att assistera den vibrerande processen. Hon har bett om att öppna sig mer för att ta emot budskap från det andliga riket. Och att bli mer medveten om de varelser som finns där ute, utlöser en öppning för att budskap kan tas emot.

Förutom att hon arbetar heltid som sjuksköterska på en neonatalavdelning på ett stort sjukhus, hade Betty börjat göra psykiska läsningar för människor. Detta hände spontant utan någon träning. Hon upptäckte att hon kunde uppfatta saker om människor bara genom att vara i deras närvaro. Självklart var det många människor hon inte kunde berätta vad hon uppfattade, särskilt de hon träffade på sjukhuset, där känslorna är starka.

Detta var ytterligare ett exempel på hur vi omedvetet lever två eller fler existenser samtidigt, där varje motsvarighet är omedveten om den andra. Det är endast genom denna metod som de kan bli medvetna om varandra och interagera.

Jag är inte säker på om ingången till de andra dimensionerna som nämns i denna session kan klassificeras som en portal eller ett fönster. I bok ett förklarades detta koncept: du kan gå igenom en portal till en annan dimension, medan du bara kan titta genom ett fönster och observera.

I de andra sessionerna som ingår i denna del verkar vi också hantera portar som kan betås och lämnas, inte fönster som enbart används för observation.

Kapitel 20
ABORIGINEN

DENNA SESSION MED Lily, en psykolog, hölls under WE (Walkins in Evolution) konferensen i Las Vegas i april 2002. Den visade att portaler har funnits mycket längre än vi kan föreställa oss, och har varit aktivt använda.

När Lily kom ner från molnet, befann hon sig stående mitt i högt gräs så långt ögat kunde nå. Hennes sinne gav platsen utan att bli tillfrågad.

L: Fält med högt, stelt gräs, som vete. Och det säger "Veldt, Australien".
D: *Är det där du känner att det kan vara?*
L: Jag känner att det är så. Det känns platt. Och det känns som en del av ett stort landområde.

Hon var omgiven av gräset som hon antog vara vete, men det var något annat som hon kunde se i fjärran som definitivt inte passade in i denna pastorala scen.

L: Och jag känner detta stora monolit i fjärran.
D: *Vad menar du med monolit?*
L: Ett stort berg. Klippa. Gjord av klippa, men större och platt, klippa.

Jag tänkte att om hon talade om Australien, så var det förmodligen Ayers Rock, som ligger i mitten av kontinenten. Det är betydelsefullt eftersom det står ensam på platt och öde terräng. Men jag ville inte påverka henne, så jag frågade om andra berg.

L: Ayers. De säger Ayers. Det står bara där för sig själv.

Information som hittades på internet:
Ayers Rock är också känd under sitt aboriginska namn "Uluru". Det är världens största monolit som reser sig 318 meter över ökengolvet i centrala Australien, med en omkrets på 8 km. Det anses vara ett av världens stora underverk och ligger på en viktig planetär nätpunkt, ungefär som den stora pyramiden i Egypten. Beroende på tid på dygnet och de atmosfäriska förhållandena kan klippan dramatiskt förändra färg, från blått till glödande röd.
Ayers Rock anses vara en helig plats och vördas mycket inom aboriginernas religion. Aboriginerna tror att det är hållet under marken, och att det finns en energikälla som de kallar "Tjukurpa", "Dröm-tiden". Termen Tjukurpa används också för att referera till alla aktiviteter från en specifik förfäder varelse från den allra första början av hans eller hennes resa till slutet. Aboriginerna vet att området runt Ayers Rock är bebott av dussintals förfäder varelser vars aktiviteter är registrerade på många separata platser. Vid varje plats kan de återberätta de händelser som inträffade. Det finns mycket gammal bergskonst i området. En del av den har översatts och en del har inte. Målningarna förnyas regelbundet, med lager på lager av färg, som dateras tillbaka flera tusen år.

D: *Vilken färg har monoliten?*

Hennes röst började förändras, blev mer enkel, nästan primitiv. Hon talade mycket medvetet.

L: Mörk. Brunsröd. När solen träffar den blir den mer eld-röd.

Hon beskrev definitivt Ayers Rock.

D: *Men annars, omkring dig är det bara fält.*
L: Av vete. Eller vad som ser ut som högt gräs. Hårt, hårdare än gräs.
D: *Finns det några tecken på beboddhet, eller byggnader eller något?*
L: Här lever aboriginer (hade svårt med det ordet) folk i närheten. (Medvetet) Stammedlemmar bor i närheten.

Jag bad om en beskrivning av henne själv. Hon var en man med bruna skinn och svart hår, med "väldigt lite ansiktsbehåring", klädd i "pälsar som täcker min torso och länder". Han var i tjugo- eller trettioårsåldern, men det ansågs inte vara ungt. Han sa att hans kropp var "stark, krigar-stark. Modig, jag är modig."

D: *Bär du någon smycken eller ....*
L: (Avbruten) Pärlor. Runt min hals. Flera typer av trådar, med metallamuletter för mod och skydd. Och i mitt hår, kommer du att märka, ära. Tecken på ära i gemenskapen.
D: *Vad finns det i ditt hår som betyder det?*
L: Ben, betar och metallmyntringar.
D: *Är detta vävt i ditt hår?*
L: (Paus) Som ett halsband på mitt huvud. (Hon talade väldigt enkelt och använde de ord som entiteten var bekant med.) Jag är ... platsen för status. Som en hövding, men inte en hövding. Jag förtjänar detta. (Förvirrad) Kan du ... kan du inte se mig?
D: *Inte så bra. Det är som om det finns ett slöja som skiljer oss åt.*
L: Mitt bröst är stort med stolthet och muskler.

D: *Därför måste jag ställa frågor, eftersom jag inte kan se dig så tydligt. Kan du relatera till det?* (Ja) *Har du någon annan prydnad?*

L: Ja, min hud har snitt. Vi gör detta som en självklarhet vid uppväxt och visar ålder vid puberteten. Och med varje död av inhemskt djur, och andra bosättare som kommer för att skada oss. Men vi håller oss borta från att döda människor, för det är emot vår religion.

D: *Jag förstår. Men när du dödar något, gör du då ett snitt?*

L: Ja. Det är ett tecken på krigarens skicklighet.

D: *Var gör du snittet?*

L: På min övre högra arm. Ibland vänster arm. Och på bröstet ovanför bröstvårtorna. Ovanför ... vid halsen och bröstet.

D: *Är det så du fick amuletterna för ära, genom de gärningar du har gjort? Som att döda djur?*

L: Snitten är mer för varje prestation. Amuletten är mer för att vara vuxen i den kultur vi är i. Det är en plats för ära och värdighet. Du får den från barndomen. Du vet vad som förväntas av dig.

Hennes ord var noggrant valda, som om de var konstiga och obekanta för entiteten. Hon talade väldigt medvetet och direkt.

D: *Så du får detta som ett märke på att du har nått det stadiet.*

L: Ja. Inte alla människor i stammen har denna möjlighet.

D: *Men du sa att du dödar inhemska djur.*

L: Ja. Det är min roll som man. Jag dödar med spjut och händer.

D: *Djur skulle vara väldigt snabba, eller hur?*

L: Vi är smarta. Vi vet hur man spårar, följer djuret och attackerar vid rätt ögonblick. Precision är det som dödar.

D: *Men du sa, ibland måste du döda människor?*

L: När bosättare kommer för att förstöra vårt land eller vårt folk, måste vi ibland – det är mer något som min far har berättat för mig – men jag känner att jag också har gjort detta. Det är inget jag söker göra, att skada. Men ibland måste du skydda. Mitt folk.

D: *Det är sant. Dessa bosättare som kommer, är de också bruna människor?*

L: Vita män. Och ... och ... (tveksamt, med en stor suck) ... lysande män.

D: *Vad menar du med lysande män?*

L: (Han verkade orolig.) Glödlampor. De ser ut som glödlampor. Lysande och skinande män. (Hon andades snabbare.)

D: *De vita männen ser ut som du förutom deras hud?* (Ja) *Och de andra ser annorlunda ut?*

L: (Förvirrad och definitivt rädd.) De gör ... tillsammans de lysande männen är ... (letar efter ordet) snurrande dem. Hjärnan ... hjärnan ... kraften bakom dem. De lysande bubblorna ... de lysande varelserna har makten.

Det var svårt, men han var nöjd med att ha funnit de rätta orden.

D: *Jag trodde att du menade att de vita männen var bosättarna.*

L: De vita männen kommer ut från ... (hade svårt) rymdskepp? Byggnad? Sak? Kommer ut från den lysande saken där de lysande varelserna är.

D: *Finns det lysande varelser där, och de vita männen kommer ut därifrån?*

L: Ja, de vita männen kommer ut. Och de lysande varelserna, de ser ut som provrör, eller stora majskolvar, men lysande varelser som ser ut som majs. Långa och ovala.

D: *Så de ser annorlunda ut än de andra.*

L: (Exalterad att hon fått mig att förstå.) Ja, ja!

D: *Så det är något du inte har sett förut.*

L: Aldrig! Skrämmande! (Stort andetag.) Vi kan inte gå dit. De kommer från långt bort i himlen. Och de vita pratar med oss, och förklarar för oss.

D: *De lysande, kan du urskilja några ansikten eller drag? Eller är det bara allt lysande?*

L: Allt lysande och pulserande, och hjärna. All hjärna. Vetande, vetande, vetande, vetande.

D: *Vad menar du med all hjärna?*

L: De är allvetande. De vet, de ser all tid. Och som ... dator, men levande och pulserande. Och inga armar, inga ben, inga ansikten.

Men färgen högst upp på den höga kapseln är olika från botten av kapseln. Botten av kapseln är mer blå, iriserande blå och grön. Toppen av kapseln är vit där hjärnan är. Lång.

Det var uppenbart att entiteten hämtade ord från Lilys moderna vokabulär. Annars skulle aboriginen inte ha haft ord för att beskriva de okända saker han försökte förklara för mig.

D: *Men du sa att de kommer, och du kan inte gå dit.*
L: (Avbruten) Nej! Ingen gå till skepp. Ingen gå till skepp.
D: *Var kommer det ner?*
L: Vid klipporna, vid bergen. Långt från monoliten, men nära bergen. Och inte nära vete. De vita ... de kommer till oss. Och de förklarar. Först var vi rädda. Vi hade aldrig sett vita. Vi trodde de var sjuka. De har inget blod i sig. Och inget hår som vi har. Inte mörkt. Inte ... inget som vi har. Allt vitt. Inga kläder. Men inget ... (svårighet) inget födande. Inte det vi har.

Han refererade uppenbarligen till de sexuella organen.

D: *Har de ögon som du?*
L: Ja. Men ingen blinkning. Ingen blinkning. De är vita människor, men olika. Men inga ... vad du kallar "anatomi". Ingen anatomi.
D: *Men du kallade dem "bosättarna", eller hur?*
L: De kommer för att bosätta sig, för att testa, för att ta jord, för att prata med oss, för att ta våra barn för att arbeta med dem.
D: *Vad menar du med att ta tillbaka era barn?*
L: Ta tillbaka till skeppet. Lära, prata, gå upp och ner, och ta dem tillbaka.
D: *Hur känner du för det?*
L: De säger att det är okej. De är snälla människor. Våra barn vill lära sig. Vi känner oss okej. (Han lät inte lika säker på det.) Jag går inte någonstans. Inte dit. Jag är rädd. Rädd. Jag vet inte hur... jag vet inte hur det är.
D: *Och de vita människorna som kommer och pratar med er...?*
L: (Avbruten) De lyser lite. Lite.

D: Men de förklarar vad som ska hända?
L: Ja, de säger att allt är bra. Att vara lugn, att vara okej, detta avtal. Vi gör ett avtal att ingen skada, och barnen ska vara okej. De lär sig. Och de ger tillbaka verktyg. Spjut och sten. Sten, slät, böjd i spetsen av spjutet. Och... cirklar. Skivor. För att hjälpa kvinnor att göra frön, majs, bröd.

D: Vad är de skivorna gjorda av?
L: Sten, men mjuk, rund och slät. Och lätt att slå på. På bord och stenskålar. De visar oss hur vi gör det lättare. Väldigt fint. Hur de gör det vet vi inte.

D: De visar inte hur man gör dem?
L: Nej, de ger dem. Barnen får lära sig, hoppas vi.

D: Kanske det är en av sakerna de lär dem.
L: Barnen tar tid på skeppet. Och åker fram och tillbaka. Vi pratar inte mycket om detta.

D: Berättar barnen inte vad som händer när de kommer tillbaka?
L: (Han verkade tveksam att prata om det.) Några få berättar, men pratar inte mycket. De går för att lära sig och gå vidare, och kommer tillbaka.

D: Vill barnen prata om det?
L: De fick inte. För mycket för huvudet, hjärnan, att förstå. En rädsla. Skrämmer kvinnorna. Skrämmer kvinnor, men jag är stark. Jag kan ta lite.

D: Har du barn?
L: Ja. Fem. Två pojkar åker på skeppet. De gillar det.

D: De blev lärda saker?
L: Ja. Men de reser. Reser till avlägsna platser, platser. Inte här. De åker långt bort.

D: Berättade de vad det såg ut där de var?
L: Långt från månen. De säger att lila varelser bor där. Men det ser inte ut som vår plats, vår värld. Allt grönt och växtlighet där de lila varelserna är. Het. Het och fuktig på huden. De lila varelserna har inte hud som vi. Det är mer som gummi. De kallas för "amfibier". De lila varelserna är amfibier.

D: Vad betyder det för dig?

L: De simmar och går lika. De ritade dem i jorden. De ser ut som salamandervarelser. Har du sett dem?

D: *Jag vet att en salamander är som en ödla.*

L: Simma mer än ödla. Och de står också upp. Ödlor är inte lika utvecklade. Mycket runda, gummiliknande. Inte lika definierade, och inte lika hårda och spetsiga som ödlan. Mer runda.

D: *För att ödlor ibland har grov hud.*

L: Det här är slätt och gummiliknande. Och de lyser också, men inte lika mycket som de lysande varelserna i skeppet. De är allra ljusast. Mycket ljusa.

D: *Är detta platsen där dina söner blev lärda? Eller lärde de sig på skeppet?*

L: De åker till många ställen. De blev lärda på skeppet och på de ställen de reste till.

D: *Berättade de vad de lärde sig?*

L: "Många lärdomar, pappa, du skulle inte förstå." Det är vad de säger till mig. De är snälla mot mig. De säger att jag inte skulle förstå. Som för unga barn i din värld, att förklara för gamla människor, hundra år gamla, om datorer. Det är bättre att bara säga, "Du skulle inte förstå." Inte förstå, ja. Er värld är väldigt avancerad, som skeppet, ja?

D: *Jag tror det.*

Så aboriginens värld var på något sätt så annorlunda från den värld där hans motpart, Lily, levde, och ändå verkade han inte förvirrad av det. Jag har funnit detta i andra fall där jag pratar med ursprungsfolk. De är mer intuitiva och kan ofta se in i andra dimensioner utan att förstå att det är något ovanligt med det.

D: *Men i ditt liv är saker mycket enkla?*

L: Ja, och skeppet är väldigt, väldigt långt borta. De kommer från långt borta i tiden. De reser långt i tiden.

D: *Är det vad dina söner har sagt till dig?* (Ja) *Men åtminstone vet du att de inte skadades.*

L: Nej. De älskar det. De vill ha mer.

D: *Gav de dem några instruktioner om vad de ska göra med det de lär sig?*
L: Odla mark för ursprungsfolk. Gör det bättre för jorden. Gör jorden mer... (osäkerhet) mer torr, för att odla bättre bönor och risstjälkar. Det låter inte som något som stämmer. Men de säger att det kommer att hända. Jag säger att vi behöver vatten för fruktbarhet. De säger att torr jord ger fruktbarhet. De visar oss med... vätska i rör. Men det är inte vatten. Det ser ut som kvicksilver. Det ser ut som en silvervit sammansättning av de lila varelserna. Man häller det i den torra jorden, och det får allt att växa. Det är fantastiskt!

D: *Så ni behöver inte vatten?*
L: Nej. Och de vita varelserna, de visar oss hur man planterar och odlar. (Förvirrad) Hur kan det vara? Så de hjälper oss, och vi växer starka. Har mat för barnen. Och de tar våra barn på resor. Och... undersöker dem.

D: *Visar de er hur man gör den här vätskan?*
L: Den kommer från skeppet. Från den lila planeten.

D: *Så ni kan inte göra mer?*
L: Nej. Det är bytehandel. Vi ger våra barn för studier. De ger oss teströrsvätska för att odla och odla.

D: *Men ni har bara den så länge de ger den till er. Ni kan inte göra den själva.*
L: Vi har den för alltid. De kommer inte att gå bort.

D: *Så de kommer att stanna och fortsätta ge den till er.*
L: Vi tror det. De är här. De är väldigt bra människor.

D: *Finns det vatten där? För ni måste också ha vatten för att leva.*
L: Inte tillräckligt. Väldigt torrt. Det är ett problem ibland.

D: *Men du sa tidigare att ibland dödade ert folk nybyggarna. När hände det?*
L: I början. När de först kom. Vi visste inte. Vi gjorde ett misstag. Vi gjorde stor rädsla. Vi trodde de kom för att ta våra barn. Och vi kämpade. Två dödade vi. Och sedan följde vi efter.

D: *Dessa var två av de vita varelserna?* (Ja) *Försökte de försvara sig?*
L: Inte som vi. De tog dem till skeppet för att hela dem.

D: *Så de dog inte?*

L: De dog. Och sedan... de gav dem nytt liv. (Förvånad) De gav dem ny energi över kroppen. (Osäker på hur han ska uttrycka sig.) Ny själenergi över den döda kroppen. Från toppen. Kommer ner och fyller kroppen. Och kroppen ligger platt på skeppet. Själv kommer in från toppen, smälter samman, och bringar liv igen.

D: Är det här vad de sa till dig?

L: Det här är vad jag såg genom min son.

När Lily vaknade, behöll hon en mental bild av hur det gick till. Hon såg att de döda utomjordingarna lades på ett stenbord, och ett ljus ovanför, som en gloria, gav dem liv igen.

D: Då dödade ert folk dem med spjut?

L: Och med gift i pilspjutet. Det finns en växt som är dödlig. Jag talar om precision för stora djur. Om du får en pil eller spjut i nacken. Genom en ven. (Handrörelser som indikerar sidan av nacken. Troligtvis halsvenen.) Du dödar.

D: Så här dödar ni djuren?

L: Stora djur.

D: Så här dödade några av människorna de första som kom? (Ja) De måste ha blivit överraskade, eller hur?

L: Nej. De visste att planeten är farlig. Ingen sa det någonsin. De har kunskap. De vet om oss. De säger att de har kommit hit tidigare. (Paus) År femtonhundra. De kom hit tidigare.

D: Femtonhundra år tidigare?

L: År femtonhundra.

D: Har ert folk några legender om denna typ av människor?

L: Ja, på klippor. Bubblan. Cirkeln från himlen.

D: Detta är ritat på klipporna?

L: Vid klipporna där de kom tillbaka.

D: Visste ert folk som kände dem från tidigare, ritade bilderna på klipporna?

L: Ja. Och de försvann. Många försvann, och de kom inte tillbaka. Vårt folk. Från före mina föräldrar, före deras föräldrar, före deras föräldrar. Detta är en legend, du frågade. De kom, och många kom

Den Komplicerade Universum Bok Två

inte tillbaka. De åkte bort i skivor och kom inte tillbaka. Samma sak gäller ert folk i det här landet... (Paus, förvirrad.)
D: *Du kan se varifrån jag talar?*
L: Ja, de visar mig. Du är som... resor i tid.
D: *Ja, det här är vad jag gillar att göra. Och jag lär mig mycket information på det här sättet. Det är förlorad information.*
L: (Förvånad) Anasazi! De säger att du känner till Anasazi. Liknande. Du förstår oss.

Anasazi var ett indianfolk som levde i Chaco Canyon i New Mexico på 1300-talet. De försvann helt och hållet, och ingen vet varför, trots att deras ruiner har studerats mycket. Menade han att det fanns en övernaturlig förklaring?

D: *Så människorna visste att ni var farliga. Är det därför ert folk dödade dem, för att de var rädda att de skulle ta folket, som de gjorde i legenden?*
L: Vi var bara rädda för våra barn. Vi kunde inte tänka på legenden. Bara våra bebisar. Det är... läskigt att titta på. Bilder visar inte den läskiga synen. Du har aldrig sett något liknande. De har inte kropp och delar som människor.
D: *Åtminstone dödade ni inte de främmande människorna. De blev återupplivade. Det är verkligen mirakulöst, eller hur?*
L: De dödade, och sedan blev de återupplivade. Bra medicin.
D: *Men ändå, du vill inte gå till där skeppet är?* (Nej) *Du är väldigt modig, men inte så modig.*
L: Min far sa till mig: "Gå inte nära skeppet!" Andra kom inte tillbaka. Jag har ansvar för min familj, och mina barn. Jag går inte. Jag är lydig. Min far säger, gå inte. Jag måste skydda min familj. Jag pratar med de vita varelserna nu. Utan rädsla. Jag går inte till skeppet. De vita varelserna är okej. Mina barn visar mig att de är okej. Mina barn introducerar mig för dem.
D: *Och de lär sig mycket, och de ger saker till ert folk att använda.*
L: För deras grödor.
D: *Det betyder att de inte vill skada er. De vill hjälpa er.* (Ja)

Jag bestämde mig för att det var dags att föra honom till en annan scen när han blev äldre så att vi kunde samla mer information. Jag förde honom till en dag som han ansåg vara viktig, när något hände. Hon verkade titta på något.

D: Vad är det?
L: Det är en struktur. Den ser ut som en stenblomma, en stenskulptur, en sten... diamantformad, men rundad, med olika blå och... mörkblå på kanten, och grön och vit – off-white – ådror som löper genom stenen. Jag står framför denna. Den är hög. Den är högre än en person.

D: Var är den placerad?
L: I marken. Stucken i jorden.

D: Var det där förut? (Nej) *Var det någon som gjorde det, skar ut det eller vad?*
L: Jag är inte... Jag är inte på mitt hemland.

Detta svar var en överraskning.

D: Oh? Du är inte där du bodde?
L: Nej. Jag är... i en annan värld.

D: Hur kom du dit?
L: Jag vet inte. Jag är obekväm. Det är mörkt här. Det är obekant.

D: Jag vill inte att du ska vara obekväm. Vill du prata med mig, och inte låta det störa dig?
L: Ja. Det är inget som jag känner igen. Det är... som obsidiansten. Högre än mig. Bredare än mig. Den har en form som ett stort blad som står upprätt. Där det börjar och blir tjockare, och sedan blir det smalare igen vid toppen. Och det är sten! Och jag går fram till den här. Och det är det jag ser när du tog mig hit.

Den Komplicerade Universum Bok Två

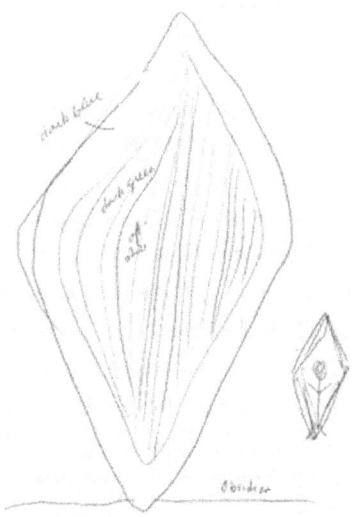

D: Finns det några byggnader runt omkring, eller står den där för sig själv?
L: Nej, ingen byggnad. Men du frågar, och jag hör och känner en tunnel. Stentunnlar. Ah! Jag frågar. Jag är inne i Jorden.
D: Därför är det mörkt?
L: Ja. Väldigt annorlunda.
D: När du frågar så, kan du få svar? (Ja) *Det är bra. Hur kom du till den här platsen?*
L: De lät mig hit. (En uppenbarelse.) Jag gick genom en dörr. De säger, på ert språk "portal".
D: På platsen där du bodde?
L: Nära. Nära klipporna.
D: Du sa att du inte skulle gå nära farkosten.
L: Inte nära farkosten. Nära, men långt bort. Ingen farkost. Nära klipporna. Det finns som en gång.
D: Tog de dig dit?
L: Han visade vägen. Jag gick själv. Jag gick genom gångdörren. Mörk dörr.
D: Hur såg portalen ut när du först såg den?
L: (Förvånad) Ett skugga! Den såg ut som en linje eller en skugga i den röda stenen. Du går fram till den, och du sätter foten för att gå

igenom, och så är du borta. Och jag ser denna sten framför mig. Det är som en gud. Jag tror att det är... Jag är övertygad om att det är en gud.

D: Är någon med dig?

L: Nej. Jag ser dem inte.

D: De lät dig bara gå igenom. Vad ska du göra?

L: Jag tittar runt... efter ljus. Efter andra. Och efter vägen tillbaka.

D: Kan du vända dig om och gå tillbaka den väg du kom?

L: Jag ser inget annat än mörker med lite ljus. Tunnlar.

D: Inte vägen du kom?

L: Nej. Jag går, tar ett steg, jag är här. Jag vet inte hur jag kom.

D: Kan du inte hitta gångvägen du kom igenom?

L: Nej, jag kan inte. Jag känner att jag behöver titta och vara vid denna staty. För att ta emot något. Eller varför är jag här? Det måste vara för något. Vet du vad detta är?

D: Nej, det är inget jag känner till. Jag är lika förvirrad som du.

L: (Förvånad, en uppenbarelse) Kunskap här. Jag får kunskap från denna sten. Jag får kunskap genom att stå här framför stenen och sätta mitt huvud på stenen. Stå upp bredvid den och sätta min panna mot stenen.

Denna beskrivning av en märklig sten som innehöll stor kunskap och som var belägen under jorden lät mycket lik två andra fall som jag har skrivit om i mina andra böcker. I *The Custodians togs* John Johnson från sitt hotellrum i Egypten till ett underjordiskt rum där det fanns en massiv sten i mitten av ett rum som innehöll stor kunskap som han fick, men inte kunde behålla eller upprepa. I *Legacy From the Stars* nämns en liknande sten som finns i en underjordisk stad i framtiden, när jorden hade förgiftat sin atmosfär till den punkt att liv på ytan var omöjligt. Överlevarna var tvungna att leva ett myrkoloniliknande liv under jorden. I ett rum fanns en enorm sten där varelserna kunde få tillgång till vilken kunskap de ville genom att helt enkelt placera sina händer på den, eller deras panna mot den. Varje fall representerade kunskap som på något sätt var lagrad i sten.

D: Som magi?

L: Som osmos.
D: Vilken typ av kunskap kommer genom på det sättet?
L: Vetenskap. Akademiska saker.
D: Förstår du det? (Förvånad: Ja!) *Även om det är annorlunda från där du kommer ifrån?*
L: Det är ett sätt att gå genom tid utan att åka på farkost.
D: Jag förstår. Tror du att detta är sättet dina söner lärdes på?
L: (Förvåning) Jag vet inte! Jag trodde att de lärde sig på farkost. Det här känns nytt. Jag vet inte om någon vet om det här. Det känns hemligt.
D: Men de lät dig gå dit, eller hur?
L: De stoppade mig inte. (Paus) Jag vet inte om de visade mig, eller om mina söner visade mig. Jag vet inte om de vet att jag är här.
D: Om du får information från den stenen, vad ska du göra?
L: Resa.
D: Vad menar du?
L: Jag vill gå tillbaka och hitta mina människor som lämnade här. Jag vill ta dem tillbaka.
D: De som är i legenden? (Ja) *Tror du att det är möjligt?*
L: Ja. Jag känner att jag kan få det från stenen. Och om jag tar tillbaka människorna, då kan jag dö i frid.
D: Tror du att stenen kommer att berätta för dig?
L: Det är mitt hopp. Och att ta mig dit. Jag har en känsla. Jag vet inte hur möjligt det är, men jag har en känsla av att genom att arbeta med stenen kan jag hitta mina människor.
D: Tror du att det skulle vara farligt?
L: Inte mer farligt än vad jag har gjort. Att komma ner här till tunneln.
D: Men om du hittade dem, hur skulle du få dem tillbaka?
L: Jag skulle vilja försöka. Jag tänker inte i förväg. Jag försöker.
D: Tänkte du på detta innan, att hitta människorna?
L: Nej. Men nu känner jag ett behov av att koppla samman, att hitta, att samla dem tillbaka.
D: Så du är inte riktigt orolig över hur du ska ta dig ut därifrån.
L: Jag går ... framåt. Jag vill gå in i stenen.

D: *Tror du att du kan smälta samman med den?* (Ja) *Berätta vad som händer.* (Jag betonade för henne att hon var skyddad.) *Hur känns det?*
L: Jag är ljus. Jag glöder. Jag är ... Jag är den eviga solen.
D: *När hände det?*
L: Jag smälte samman med stenen. Jag pressade mitt huvud mot stenen, och min kropp mot stenen. Och jag är här nu. Jag är ljus. Jag är ... som en låga. Jag kan gå var som helst.
D: *Du sa att du var "här". Var är här?*
L: Jag var framför stenen ... i tunneln. Och nu är jag ... ingenstans. Jag är ljus. Jag är energi.
D: *Du har inte längre den kropp du hade?* (Nej) *Hur känner du för det?*
L: Jag känner mig underbar. Jag vill inte gå tillbaka. Jag vill hitta folket, men jag vill inte gå tillbaka till min kropp. Den är för liten. För ... begränsad.
D: *För begränsande?*
L: Ja. Detta är stort. Nu vet jag kanske vad mina söner vet.
D: *Vad de inte kunde prata om. Du sa något om solen?*
L: Jag känner att jag är solen.
D: *Glödande, menar du?*
L: Och stor.
D: *Stor och glödande. Det är väldigt konstigt, eller hur?*
L: Det känns inte konstigt. Det känns som om jag har varit här förut.
D: *Du saknar inte kroppen alls då?*
L: Nej, jag vill inte ha en kropp.

Är det här vad som hände med de andra som försvann från den stamgruppen? Kanske de också snubblade över denna portal nära klipporna. Portalen var också i närheten av den plats där skeppet alltid dök upp. Kanske associerade folket deras försvinnande med de mystiska varelserna. Kanske användes också portalen av dessa varelser för att resa fram och tillbaka mellan världarna.

D: *Hur känns det?*

Lily's röst förändrades och återgick till det normala. Det var inte längre den aboriginska personen som sökte de rätta orden och talade långsamt. Den personligheten verkade ha lämnat, och den verkliga personligheten framträdde.

L: Det känns härligt. Det känns ... som änglar som dansar. Jag kan känna alla de andra varelserna. Jag kan känna all intelligens. Jag är inte längre oeducated. Jag vet allt.

D: *Bara så snabbt kunde du göra den övergången. Är det vad du menar?*

L: Ja. Min kropp och mitt liv som den personen var manlig, oeducated, primitiv, okultiverad. Han var en bra person, men han var ... primitiv. Jag är samma person, tänkte jag. Men jag känner inte längre som man eller kvinna. Jag känner allt. Jag känner att jag kan veta allt genom att vara.

D: *Det är en underbar känsla, eller hur?*

L: Det är så det är.

D: *Då är det en perfekt plats.*

L: Ja, men det är inte en plats. Det är överallt. Det har inga väggar. Jag är gränslös. Jag vill inte gå tillbaka till den kroppen och den begränsningen.

D: *I detta tillstånd du är i nu, kan du veta vad som pågick. Förstår du mer om de vita varelserna nu? Och vad som hände med ditt folk vid den tiden?*

L: De vita varelserna är rymdresenärer. Och de reser genom galaxen långt och brett, och söker efter civilisationer som har något att erbjuda, något som kan blomstra, för båda. Det är ett jämlikt utbyte. De är goda varelser. De har gjort detta i eoner, i århundraden, odödliga. De är rymdresenärerna.

D: *Vad sägs om de glödande? De var annorlunda än de vita.*

L: De är mer som ... energi-varelserna som vi är nu. Inneslutna i en cellslida, ett membran, som sedan tillåter dem att resa med gruppen, som ett följe. Annars är det mycket svårt att innehålla fri energi. Så det är ett membran för resor, som en rymddräkt.

D: *Dessa är två separata typer av varelser då.*

Den Komplicerade Universum Bok Två

L: Ja. De reser tillsammans. Rymdmembran-varelserna, eller vi i säckar, eller dräkter, är väktarna. Ledarna för uppdraget.

D: *Så de interagerar inte riktigt med folket.*

L: Nej. Vi är de allvetande, allseende navigatörerna.

D: *Så det är därför det fanns två separata grupper. Men de har gjort detta i eoner. Och det är inte negativt, eftersom de försöker hjälpa folk.*

L: Absolut. Det är universums väg. Att utbilda folk och att främja dem. Och att inte störa om det inte är önskat och begärt. (Paus) Och de amfibiska varelserna som du frågar om.

Hon måste ha förutsett att jag också skulle fråga om dem.

D: *Ja, de med de lila skinnet?*

L: Ja. De har guldinredda varelser. Deras energifält inuti är gyllene strålar. Och deras lila amfibiska yttre gör att de kan hantera klimatet och andas i luften, som den är.

D: *Det är just vad som krävs där de lever. Den typen av kropp för den platsen.*

L: Ja. Där de lever, är det mer en röd planet. Mycket gasformig.

D: *Men dina söner på den andra platsen togs dit så att de kunde lära sig dessa saker.*

L: Åh, ja, amfibiafolket var intresserade av att se människor.

D: *De var nyfikna på oss också?*

L: Ja. Unga pojkar gillar sniglar och ödlor och fiskar. Så det var inte skrämmande för dem.

D: *Och det här var saker som ditt folk ristade på klipporna?*

L: Nej. Det var inget som skulle talas om. De ristade bara diskorna på himlen, och de vita varelserna som gick omkring. Men vi visste inte att detta var verkligt. På den tiden visste vi inte vad som var historia och vad som var fakta.

D: *Men det hade gått lång tid mellan deras besök.*

L: Ja. En annan bosättning. Det är inte nödvändigt att komma tillbaka mer än var fjärde till femte hundrade år på Jorden. För att ta jordprover, testa och undersöka erosion. För att förstå atmosfäriska förhållanden, och ta med prover på mänskligt DNA.

D: *För att saker skulle ta lång tid att förändras.* (Ja) *Så de skulle komma tillbaka från tid till tid för att bara kolla läget.* (Ja) *De behöver inte vara där hela tiden.* (Nej) *Dessa varelser ändå.*
L: Korrekt.

Jag fortsatte med terapin, för det var trots allt syftet med sessionen. En del av det var personligt och bara relaterat till Lily, så det kommer inte att ingå i den här boken.

D: *Jag vet att där du är är en ganska konstig plats, men du verkar ha all kunskap. Vet du om varelsen känd som Lily?* (Ja) *På den platsen vet du att du i ett framtida liv kommer att vara Lily?* (Ja) *Kan du få tillgång till information om henne?*
L: Jag tror att vi är i ett bra utrymme för kunskap. Varför inte försöka? Och om vi inte kan få tillgång, kan vi be de allvetande varelserna att komma. De kan stödja den här ansträngningen, eftersom det är inom hennes jurisdiktion att be om det. All information är tillgänglig, även för dig, om det är lämpligt. Endast om personen, själen, önskar det. Då kan de få tillgång till den, om det är rätt tid.
D: *Ja. Tiden är alltid väldigt viktig.*
L: Och vi menar inte att skrämma dig när vi säger "vi", för vi är många aspekter av själen.
D: *Ja, jag förstår när du säger "vi". Jag har talat med dig många, många gånger.*
L: Tack.
D: *Så det stör inte mig. Det är när jag vet att jag kan hitta information som är hjälpsam. Den här mannens liv i det landet. Jag kallar det "förlorad" information.*
L: Hmm, du är en upptäcktsresande.
D: *Ja, jag är en reporter, en forskare.*
L: Vi gillar att tänka på dig som en upptäcktsresande i sinnet och det himmelska riket.
D: *Jag gillar att sätta ihop alla små bitar av saker jag aldrig har hört talas om.*
L: Du har hört mycket.
D: *Ja, jag har, men jag letar alltid efter mer.*

Den Komplicerade Universum Bok Två

L: Du påminner mig om mig om jag vore på Jorden, och tog all denna kunskap och hade den glödande omkring dig som en gloria.

D: *(Fniss) Det är därför jag skriver böckerna. Jag försöker ge det till andra människor, så att de kan förstå.*

L: Du gör ett bra arbete.

D: *Tja, låt oss se om vi kan hitta några svar för Lily. Hon har också ett sökande sinne, ett frågande sinne. Vad kan du berätta för oss om henne?*

L: Det kommer att bli en stor förändring. Och övergången kommer att vara skakig. Hon kommer att uppleva det som förrädisk. Men hon måste gå igenom detta, precis som jag gjorde när jag gick genom dörren till Helvetet, och det var till Himlen. Detta var för att visa henne att hon har tillgång till alla dimensioner. Och hon vet detta. Hon har stor tillgång till de andra världarna, och hon vet detta. Hon kan använda detta till sin fördel. Vi är alla här för att assistera henne. Hon kan utföra vad du skulle kalla magi, om hon släpper taget och tror på det. Så länge hon är bunden till sina jordiska tro på att det inte finns något mer än detta i sin karriär, kommer hon inte att expandera till nästa nivå, vilket bygger på karriären. Men tar henne till ett kvantsprång framåt, precis som jag gjorde när jag steg fram framför den stora stenen. Hennes globala syfte är att vara ett med universum. Hon kommer att vara involverad i ett stort projekt, liknande det stora experimentet. Hon har redan gått med på att göra detta i de andra dimensionerna. Hon kommer att bli fångad och accelererad genom denna process.

D: *Vad menar du med det "stora experimentet"?*

L: Det pågår ett stort test av viljor på planeten Jorden just nu. Det finns mycket sjukdom, mycket oro, mycket inbördeskrig, mycket strid. Hon är en av de sändebud som har kommit hit för att bringa fred, harmoni och helhet till denna planet, genom att arbeta med de människor hon kommer i kontakt med. Genom att dedikera sin kärlek slår hon den strängen och aktiverar varelser för att komma i kontakt med det ljuset. När ljuset fortsätter att växa på planeten kommer krafterna att komma i större balans eller harmoni. Det finns ett stort antal krigare eller ljusets soldater som kämpar för denna balans, denna triumferande rättviseskala.

Den Komplicerade Universum Bok Två

D: *Varför kallas det "det stora experimentet"?*

L: Det är en metafor. För det finns inget definitivt resultat, bara sett genom sannolikheter, som du väl vet. Det finns inget definitivt resultat. Han har talat till dig. Den store. Du vet detta. Du vet vem han är. Och hon förstår detta också. Det kan finnas en möjlighet att denna planet förstör sig själv. Det är en stor möjlighet. Och det finns en stor – kanske större – möjlighet att den kommer att nå ett tillstånd av jämvikt och lugn. Och det finns de som behöver göra vad de måste göra på båda sidor av detta balanserande hjul. Detta är inte specifikt nog kanske. En del av denna information ges till henne så att det kan finnas någon objektivitet från ett mänskligt perspektiv. Och ge henne lite perspektiv, för hon är fortfarande i en mänsklig kropp just nu. Även om det finns en andlig öppning för henne, och det finns möjlighet för henne att lämna planeten Jorden inom två år, om hon skulle välja att göra det. Det skulle vara helt hennes beslut. Kroppen skulle förbli.

D: *Vad menar du, att kroppen förblir?*

L: Hon skulle inte genomgå dödscykeln. Kroppen skulle förbli på planeten, och hon, hennes essens, skulle lämna.

D: *Då skulle kroppen förbli levande?*

L: Ja, det skulle den.

D: *Hur skulle den hållas levande om hennes essens...?*

L: Med en essens-själ som skulle komma in för att hålla energin i kroppen intakt.

Det finns mer om att hålla själar i Kapitel 28.

D: *Men detta kommer att hända om hon väljer att det ska hända.*

L: Ja. Och det kan vara så, att när den tvååriga uppdraget är avslutat, om allt går bra med det tvååriga galaktiska uppdraget, kan hon välja att inte stanna på planeten Jorden vid den tidpunkten.

D: *Men det är fortfarande hennes beslut att fatta.*

L: Helt hennes beslut. Kroppen kommer att förbli. Den är frisk och intakt. Och vi ser ingen anledning att tro att det skulle ske något förfall av denna kropp. Det har gjorts mycket arbete på planeten. Hon är en multidimensionell varelse.

D: Ja, och jag har talat med andra multidimensionella varelser, så det förvånar mig inte.

L: Ja, de älskar att arbeta med dig. Du tycker inte att de är dumma. Och så vill hon att du ska veta genom oss och våra grupper, och de grupper vi arbetar med, att vi är till er tjänst när och om det skulle tjäna er, och vara lämpligt eller härligt.

D: *Alla dessa varelser fortsätter att komma igenom och ge mig information. Och jag uppskattar och respekterar det mycket. Det är därför jag ser mig själv som reportern, samlaren av information.*

L: Du är långt mer än så. Du är en stor navigator av tid och rum. Du är själv en rymdvarelse, och du vet det. Och hon ser en likasinnad rymdvarelse i dig.

D: *Jag tänker på den information vi hade tidigare om aboriginen. Skulle jag få använda den informationen?*

L: Absolut! Hennes tillstånd är givet.

D: *För jag sätter ihop dessa saker som pussel. Och jag letar alltid efter något jag inte har hört talas om tidigare.*

L: Om du behöver fler bitar till ditt pussel kan du kalla oss när som helst, för spridning av kunskap. Detta tillstånd som du hjälpte henne att nå har tillgång till helheten, All-kunskapen, och har tjänat er båda, har det inte? *(Ja)* Vi skulle vilja lägga ett förslag i hennes mänskliga sinne nu. Så vi kommer att göra det med ditt godkännande. Vi vill att hon ska veta att hon kan komma åt oss när som helst. Att hon kan assistera i sin egen läkning av rädslor och i insikt och visdom. Men hon måste komma ihåg att be om det, som du har varit så vänlig att be om. Det finns inget att frukta i utvecklingen av hennes karriär. Detta kommer endast att ta den takt som är bekväm för henne. Hon behöver inte skynda sig in i något, men det händer.

Den Komplicerade Universum Bok Två

Kapitel 21
TIDSPORTALER FÖR FRAMTIDENS VARELSER

(TIDSRESENÄRER)

DETTA MATERIAL HÄMTADES från ett mycket längre transkript. De varelser som kom igenom var inte utomjordingar som vi normalt uppfattar dem, och som jag har arbetat med. Denna gång klargjorde den talande varelsen att det var en tidsresenär från framtiden. De använder rymdskepp som liknar de som ofta ses på vår himmel och som man tror är relaterade till utomjordingar. De rör sig också fram och tillbaka genom dimensioner, precis som utomjordingarna gör, men de kommer från den dimension som är associerad med en av våra möjliga framtider. De reser ofta tillbaka till sin egen förflutna för att göra förändringar som påverkar deras egen civilisation. Dessa förändringar är ofta mycket subtila, knappt märkbara. Om förändringarna vore dramatiska skulle det förändra deras värld för mycket, och deras civilisation (som de känner den) skulle kunna förändras bortom igenkänning och inte längre existera. Därför, när de reser genom tid, är de under strikt reglering och måste vara mycket försiktiga med hur de påverkar händelser. Ofta är de endast observatörer på grund av dessa delikata omständigheter. De säger att de använder portaler eller fönster. Skillnaden mellan dessa två förklarades i tidigare kapitel. Ett fönster används för att titta genom, medan en portal faktiskt kan passeras igenom. Fönster är det säkraste sättet att resa genom tid, eftersom varelserna inte kan påverka eller

Den Komplicerade Universum Bok Två

ändra något om de bara observerar. De sa att det finns många av dessa tidportaler som är kopplade till tidsvortexer som finns på olika platser på jorden. De är relaterade till positioneringen av ley-linjer där de korsar vid vortexer. Många av de heliga platserna och antika templen byggdes vid dessa platser. De gamla människorna hade kunskap om hur man använder dessa, om inte för faktisk resa, så för att observera för att få information till människor i deras tid. Detta var en av anledningarna till att dessa heliga platser hade sina heliga sektioner, där endast invigda fick tillgång. De hade kunskap som vi bara kan drömma om. Mycket av denna förlorade kunskap tillåts nu att återvända till vår tidsram. Det är nu dags på jorden att återvinna den glömda informationen och gå in i en ny era.

Min möte med en av dessa framtida varelser, eller tidresenärer, inträffade oväntat, som det mesta av mitt material gör. Under deras explicita instruktioner är jag inte tillåten att ens säga var det inträffade, förutom att jag talade vid flera konferenser i New York City-området och genomförde några privata sessioner medan jag bodde hos en vän. Kvinnan som var klient ville undersöka vad hon trodde var en UFO/ET-upplevelse med förlorad tid sommaren 1996. Hon och en väninna gick på en enslig strand en mörk månbelyst natt. Det var ett relativt säkert strandområde eftersom det fanns villor i närheten, och den fullmånen kastade ett vackert ljus på vattnet. Eftersom det var en varm natt tänkte de gå ytterligare några mil längs stranden innan de vände. När de gick såg de ljus på himlen som kom mot dem, och nästa sak de visste var att de var tillbaka i sitt hotellrum. Bestämda att ta reda på vad som hade hänt, återvände de till stranden. De såg att deras fotspår fortfarande fanns i sanden. Fotspåren gick bara så långt och slutade abrupt. Naturligtvis nyfikna på hur de hade kommit tillbaka till hotellet ville hon fokusera på denna händelse under sessionen.

När vi började sessionen gick hon in i scenen. När hon levde om händelsen beskrev hon omgivningen och den fulla månen. Det enda tecknet på liv var en svart lastbil med fyra män i som åkte förbi dem utan lampor på. Annars var stranden öde. Hon sa att hon kände sig lite konstig, och när hon tittade upp såg de flera vita ljus. Det fanns många flygplan på himlen, men dessa ljus var annorlunda och stack ut som mycket ljusare, även med den fulla månen på himlen.

"De är mycket ljusare än månen," rapporterade hon. "Och de blir större när de kommer närmare oss. De kommer ner som i en spiral. Och jag känner att jag blir uppslukad, om det är det ordet för det. Som att den sista delen av spiralen tar dina fötter och lyfter upp dig." Till hennes förvåning var hon inte rädd. Även om det som hände var ovanligt, visste hon att hon inte skulle bli skadad.

Sedan fann hon sig själv gå genom ett område på ett rymdskepp som hade en kombination av fyrkanter och cirklar samtidigt. Jag vet inte om hon beskrev mönster på väggen eller vad, för det var inte klart. Hon visste bara att hon skulle gå genom en starkt upplyst dörr. Hon såg att hennes vän hade tagits till ett annat rum. "Hon sitter bara där. Hon är inte rädd. De visar henne något. För henne skulle det vara som en film. Det är färger. Inte som en kalejdoskop, men de skimrar och blandas. Och det finns information blandat där med vad de visar henne. Det är färger med bilder i." Så information överfördes på en subliminal nivå.

I rummet hon befann sig i fanns ett vitt ljus. Någon var vid det, men hon kunde inte säga vad eller vem de var. "Det finns någon form där, men det är inte som en person. Det är som något som pratar, som finns i mitt sinne. Och de säger till mig att jag inte skulle ha varit på stranden ikväll. Om jag hade fortsatt, skulle de inte ha kunnat skydda mig. Det här är en av deras ingångspunkter, en interdimensionell dörr, och den var på väg att aktiveras ikväll. Det är energi och det har något att göra med kristaller."

Vid den här punkten började varelsen att tala med mig och meddelade att de kom från framtiden. Jag förväntade mig att kommunicera med en utomjording, eftersom det har blivit "normalt" för mig. När jag frågade om svårigheterna med tidsresor skrattade han högt och sa att det faktiskt var ganska lätt. Många människor från andra dimensioner använder dessa dörröppningar för att resa fram och tillbaka. Men för människor skulle det vara farligt att vandra in i området medan det används. Det var anledningen till att de två kvinnorna återfördes till sitt hotellrum. De blev borttagna med våld från området för deras egen skydd.

Så det verkar som att många gånger när en person ser ljus på himlen, har förlorad tid och antar att det har att göra med ett möte med utomjordingar, så kan det faktiskt inte vara det alls. Det kan vara ett ingripande från framtida tidresenärer, eftersom de två liknar varandra mycket. Det förklarades i en annan del av denna sektion att ett oväntat eller oskyddat möte med portalen kan vara farligt för människor. Det kan till och med orsaka upplösningen av deras centrala matrix. Därför försöker de som använder dessa portar att se till att det inte finns någon människa i närheten som kan skadas av oavsiktlig exponering.

Mycket av den information som tidresenären gav mig måste förbli okänd vid denna tidpunkt. Jag blev tillsagd att jag kunde ha den för mitt arbete så att jag skulle förstå när liknande information kom genom mina ämnen, men jag fick inte föreläsa om det eller publicera det. Jag lärde mig för många år sedan att lyssna på dem och att lyda dem när de föreslog att jag skulle hålla materialet. Detta bekräftades för mig när några av mina band försvann i åtta år. De dök upp först när det var dags för det materialet att publiceras. Denna historia berättades i The Custodians. Så jag kommer att lyssna igen på deras råd och hålla mycket av det material som jag gavs. Jag kommer bara att skriva de delar som gäller för annat material jag har mottagit från andra ämnen.

De sa att många av dessa tidportaler finns under jorden så att de kan hållas inneslutna. Om de skulle finnas ovanför jorden, skulle de kunna bli större, de skulle kunna expandera. Det var bättre om de var under jorden omgivna av naturliga bergformationer, eller inom väggar av sten. De gav en beskrivning av hur en sådan skulle se ut om den aktiverades. De sa att den framträdde som en orb-tunnel. Jag tänker på en orb som en cirkel eller en boll.

Ämnet försökte beskriva vad hon såg: "Jag får bilden av två av dem. En skulle vara ljus, och den andra är som mörker med många brutna vita linjer i. Och de två är kopplade. Du måste ha båda tydligen för att använda detta. Det verkar som att du aktiverar dem båda och orben skapas i mitten. Det är inte en boll, det är energi. Det är inte ens en plats. Om du kan tänka dig en öppning till en grotta. Det är som något som du ska gå igenom. Hela cirkeln lyser, den rör sig. Jag ser de två vortexerna. En är den mörka, en är den ljusa. Och när de möts, det är det som skapar en tidsportal. Orben existerar samtidigt som en annan orb i rymden i en annan dimension, och de är kopplade."

Varelsen berättade för mig om många av dessa som finns över hela världen, men den enda jag känner mig bekväm med att skriva om är den i Egypten. Förmodligen för att jag har funnit så många ovanliga saker kring pyramiderna, att en till inte kommer att verka ovanlig. Den som ligger under pyramiden var tidigare huvud "vaktmästaren", och användes regelbundet i det förflutna av de som besatt kunskapen om hur man reste genom dimensioner. Den används av tidsresenärerna från framtiden, eftersom den återupptäcktes efter vår nuvarande tid och sattes i bruk. Det är en annan dimensionell dörröppning. De reser på något sätt längs de vita linjerna som sågs inuti den undulerande orb-tunneln. De vill verkligen inte att andra ska upptäcka och använda dessa olika portaler, för de kan vara mycket farliga om de används felaktigt. Teknologin är mycket komplex.

Det är ungefär som ett barn som leker med eld. Det beror på från vilken tidsram besökarna kommer, för de vet hur man använder den utan fara för sig själva. Människor från högre dimensioner använder inte dessa, för de reser på ett helt annat sätt. När jag fick veta detta, tänkte jag på en möjlighet där de kan resa genom att höja och sänka vibrationerna i sina kroppar. Detta är en metod som utomjordingar använder för att resa från en dimension till en annan, genom att förändra vibrationerna i sina rymdskepp, så detta kan vara vad som avses. Många människor kan känna eller ana var vortexen är eller till och med kunna se den, men de kan inte gå in i den eller påverka den. Han sa: "Universum tar hand om sig själv till slut."

Vi är bekanta med detta koncept från den populära TV-serien Star Trek, där individer bryts ner molekylärt och återmonteras på annan plats.

PHILADELPHIA-EXPERIMENTET

Denna idé om tidsportaler till det förflutna och framtiden påminde mig om det mystiska fallet med Philadelphia-experimentet, som påstås ha utförts av vår regering under andra världskriget. De har ständigt förnekat det, men berättelsen har fortsatt att cirkulera om att de fick ett skepp och dess besättning att försvinna, för att sedan återuppträda någon annanstans. En av anledningarna till att jag

Den Komplicerade Universum Bok Två

misstänker att de har förnekat det (trots att det var ett hemligt projekt) var att det fick katastrofala resultat. Några av besättningsmedlemmarna försvann vid återinträde, och andra fastnade halvvägs i och ur skeppets metall. Jag tänkte att jag skulle se om han hade något att säga om det. Om han kunde bekräfta eller förneka det. Han verkade vara den idealiska personen att fråga.

S: Detta gjordes med en av dessa tidsportaler, och samma vortex som användes i detta experiment är fortfarande öppen. Det är därför de kan använda den för tidsresor. Utländska varelser gav dem teknologin för att genomföra Philadelphia-experimentet.

D: *Men det fungerade inte, eller hur?*

S: Faktiskt gjorde det det. Men de visste inte hur man kontrollerade det, så det var därför de var tvungna att sluta med det. De hade inte planerat på att två vortexer skulle kopplas samman. De trodde att skeppet skulle gå igenom en vortex och komma tillbaka precis där de började. De två kopplades faktiskt samman och kom ut i en annan vortex.

D: *Jag har hört att människorna ombord på skeppet påverkades fysiskt och mentalt. Varför hände det?*

S: För att när hyperspace-hoppet hände, så gick de någon annanstans, till en annan dimension. Och de förlorade form och kropp när de gjorde detta. De försvann. Så när hoppet gjordes tillbaka, så fastnade tyvärr några av dem när formerna kom tillbaka.

D: *Förblev det fysiska skeppet intakt eller bröts det också upp?*

S: Det fysiska skeppet bröts också upp molekylärt.

D: *Så allt bröts upp när det gick genom vortexen. Särskilt när det kopplades samman med den andra vortexen. Och sedan när det togs tillbaka, så kom det inte tillbaka på det sätt det skulle?*

S: Nja, faktiskt gjorde det det. Det kom tillbaka, men när det kom tillbaka så kom allt tillbaka tillsammans. Så människor som var förskjutna från denna punkt fastnade i materien. Det var en förskjutning, och de visste inte hur de skulle hålla förskjutningen vid den punkt där personen lämnade när detta hände.

Den Komplicerade Universum Bok Två

Med andra ord, de visste inte hur man skulle ta tillbaka personen till exakt samma punkt där de började. Det försköts så pass att personen fastnade i den fysiska materien på skeppet.

D: *Menar du den vibratoriska hastigheten av förskjutningen?*
S: Och åter-transformationen.
D: *Var det inte vid samma hastighet?*
S: Det var samma hastighet. Det var inte samma punkt i tiden. Det var inte på samma plats som de lämnade när det hände. Detta är avgörande.
D: *Så materien blandades. Skulle det vara ett sätt att säga det?* (Ja) *De sa också att några av människorna försvann.*
S: De omvandlades inte tillbaka. De förlorades i rymden och överlevde inte.
D: *Var detta ett av de första experimenten?*
S: Nej, det fanns fler än just det. Det var det första de gjorde med människor. De gjorde det med objekt först, djur och objekt.
D: *Fortsatte de experimentera efter Philadelphia-experimentet?*
S: Faktiskt inte. Efter det där försöket gjorde de inte det, för de visste inte hur man skulle kontrollera människokroppen. Men de fortsatte experimentera med tids-tunneln. Vortexerna. De försökte inte igen med objekt och människor tillsammans. De fick mer teknologi, så de kunde skicka människor direkt genom denna tunnel. De skickade inte in dem i något.
D: *Så de kringgick problemet med att blanda materien.*
S: Ja. Även om när de gör detta, måste de se till att ta tillbaka personen till exakt samma plats vid – jag tror – två minuter framåt, så att de kan omvandlas tillbaka. De har blivit ganska bra på detta.

En annan person nämnde också tidsresenärer från framtiden. Detta är bara en del av en session.

Den Komplicerade Universum Bok Två

L: Linda har också arbetat med varelser från framtiden, från 2300-talet. De har funnit att de vet hur man reser i tiden. Och det finns vissa pivotpunkter i tiden som är viktiga för både det förflutna och framtiden. De har rätt motiv till en viss punkt, men även om de är en bättre organisation... är de mer mänskliga. De har inte helt utvecklats till ljuset. De kom tillbaka. Så de hittade Linda genom att spåra pivotpunkterna i tiden. Och de har arbetat med henne och några andra i denna tid, för att underlätta en bättre framtid än den de för närvarande har.

D: I deras tid?

L: Ja. För att försöka minimera några av de problem som uppstod i framtiden.

D: Men kommer inte detta att förändra deras framtid?

L: Det har redan gjort det. Och de är mycket kunniga, tack vare undervisning från många källor, om hur man ser på de olika variablerna i framtiden. Och hur man rider på det. De är mycket försiktiga. De som gör tidsresorna är inte lika kopplade till sin tid som vissa av de andra medlemmarna är.

En av de frågor folk har är om framtiden skulle förändras så mycket att några av dem inte skulle födas. Och han sa att de skulle se till att det inte skulle hända.

D: Det är vad jag tänkte, teorin att de inte längre skulle existera.

L: Ja. Han sa att de är mycket noga med att se till att inga sådana kopplingar sker. Men vi kan verifiera att de har förändrat mycket av framtiden på ett mycket bra och positivt sätt.

Jag stötte på en annan typ av tidsresenär som är mer kompatibel med konceptet om samtidiga liv. År 2003 flög en man från Denver för en privat session. Han hade försökt hypnos med flera andra ansedda hypnotisörer, men de hade misslyckats. Detta händer ofta om det undermedvetna inte är säker på om det ska släppa informationen. Det

414

måste känna förtroende och ha rapport med hypnotisören. Detta var förståeligt när informationen kom fram. Det var inte den typen av saker som kunde delas med vem som helst. Det chockade mig inte, för jag har arbetat inom detta område så länge och har stött på liknande fall.

Han gick till en scen från det förflutna, men han verkade vara en observatör, en besökare som bara passerade igenom. Han sa att hans jobb var att gå från plats till plats och samla information. Han var en utforskare, och stannade inte länge på en plats. Efter ett tag sa han att han inte ville vara där i det förflutna, för det var tråkigt. Han ville verkligen åka till framtiden. Där kände han sig mest hemma. Det var hans hem. Han beskrev en stad med få stora byggnader. Det fanns mestadels hem, där allt var perfekt. Det fanns ingen trängsel eller förorening eller något negativt. Allt det hade eliminerats. De hade maskiner i hemmen som tillhandahöll allt. Även deras mat togs om hand. Hans jobb var att samla information och undervisa andra.

Det fanns en centraliserad plats där informationen assimilerades och delades med andra. Han var tvungen att resa till olika tidsperioder som var i det förflutna från där han var. Där i dessa olika tidsperioder skulle han skapa en kropp automatiskt som passade in i tiden, så han inte skulle vara märkbar. Sedan skulle han ta med sig den information han samlat eller observerat tillbaka med sig. Det verkade som om dessa resor till olika tidsperioder skedde samtidigt, så det krävde ingen ansträngning från hans sida. Hans jobb i detta nuvarande liv var att lära sig så mycket han kunde och samla all information han kunde. Detta, tydligen, användes av denna andra del av honom för att ta tillbaka till den centraliserade utbildningscentralen. Han saknade sitt hem i framtiden, eftersom det var så annorlunda och perfekt. En långt ifrån denna tidsperiod.

Hela sitt liv hade han aldrig känt sig hemma med sina föräldrar. Han kände att han inte riktigt var deras barn. Jag har hört detta många gånger, känslan av att inte höra hemma här på Jorden, som om detta inte riktigt är "hemma". Denna ovanliga regression hjälpte till att förklara detta, så gott det går. Detta var ett annat fall av en tidsresenär; en observatör som samlar information. Vissa skulle kalla det för en formförändrare. Om det var det, så var det en allmän observatörstyp som inte får ingripa. Han har också aldrig gift sig och har inga barn. Denna typ vill inte ha band, eftersom det skapar karma och band till denna Jord (och tydligen till denna tidsperiod). De måste kunna samla, göra sitt jobb och sedan återvända till sitt verkliga hem.

Under en annan privat session gick en man till ett tidigare liv som verkade vara i Egypten, men jag tror att det var en mycket äldre civilisation (eller kanske ett liv på en annan planet). Det fanns hundansiktsliknande, spindelliknande varelser (kanske masker). Han hade gjort något förbjudet (möjligen missbruk av energi) och blev straffad. De skickade honom genom en tidsportal. Det verkade som en stor svart plats som en dörr. Det var en engångsport. Han kunde inte återvända genom den. Han fann sig på en öde, livlös planet av permanent skymning. Det fanns några märkliga strukturer (multiformade pyramider), men de var tomma. Han behövde inte konsumera något. Han levde resten av sitt liv där, förlorade sig i ensamhet och isolering. Hans sinne bedövade sig slutligen för isoleringen. Det var inte svårt att förstå att han var glad när han slutligen lämnade det livet. Vilken perfekt, men hemsk lösning på fängelser.

I mitt arbete fann jag att vissa vetenskapsmän som levde i Atlantis hade förmågan att gå genom ett maskhål eller portal till andra världar. Eftersom det fanns många tunnlar eller utgångar längs vägen, var de tvungna att lämna markörer på båda sidor om utgångarna för att hitta tillbaka till laboratoriet. De hade en ring som hade något att göra med förmågan att resa på detta sätt.

En kvinna som jag kommer att kalla "Marie" började korrespondera med mig och ville att jag skulle komma till en liten stad i Australiens avlägsna inre del på min nästa resa dit. Efter att ha läst mina böcker visste hon om mitt intresse för UFO-utredning. Hon sa att den lilla staden, som hade cirka 2000 invånare, låg i det som verkade vara en UFO-korridor. Det var ständiga observationer av ovanliga ljus och objekt på himlen som hade observerats under flera år. Jag har gått med på att inte avslöja stadens namn eller plats, eftersom jag inte vill att nyfikna personer ska störa livet för dessa vänliga människor. Marie ville också att jag skulle komma till hennes 1000 hektar stora ranch utanför staden, där hon ville visa mig platsen för en portal. Vid min nästa resa till Australien 2001 ordnade jag så att jag kunde inkludera resan dit mellan Expos och föreläsningar i flera städer. Vi flög in till den närmaste flygplatsen med ett litet plan, och vi körde över en timme till den lilla staden. Det var väldigt avlägset och inbäddat bland kullar och träd, där många färgglada vilda papegojor flög fram och tillbaka.

När vi kom fram till staden kändes det som om vi reste bakåt i tiden till 1880-talet och den gamla västern. Vi skulle tillbringa två nätter i ett back-packer lodge. Föreläsningen hölls i en gammal butik som påminde om gamla filmer. När byborna kom dit så hade kvinnorna generöst med sig maträtter till en potluck-middag efteråt. Det var kallt, och jag kramade mig så nära en gammal kamin som möjligt för att hålla värmen. Där blev jag introducerad för en kvinna i 90-årsåldern som var den officiella historikern och arkivarien. Hon hade detaljerat redogjort för observationerna och de ovanliga händelserna i många år. Det var en fascinerande kväll, eftersom människorna slutligen, motvilligt, började berätta för mig om några av de saker de hade observerat. Jag säger motvilligt, eftersom de inte ville bli hånade. Flera av människorna bekräftade rapporten om portalen som fanns på Maries land, och den ovanliga händelsen 1997.

På natten var det lätt att förstå varför det fanns så många observationer. Platsen var väldigt isolerad, och eftersom det inte fanns några stadsljus var himlen kristallklar. Stjärnorna såg stora och många ut. En egenhet som jag blev förvånad över var att stjärnbilden Orion var upp och ner. Vilket jag antar var så eftersom jag var på andra sidan världen i den södra hemisfären.

När denna bok var i sina slutskeden ringde jag Marie och bad henne mejla sin redogörelse för incidenten. Jag ville inte bara förlita mig på mitt minne. Jag ville få det så exakt som möjligt. Hon sa att det inte skulle vara något problem, eftersom hon hade skrivit ner hela incidenten direkt efter att den inträffade.

Här är hennes berättelse om vad jag anser vara en modern portal till en annan dimension som aktivt används:

"The Drop" Ljusexplosion - Juni eller Juli 1997.
Vi har ett vackert 50 meter högt vattenfall som vi har döpt till "The Drop", en minut eller två promenad från huset. Det hade regnat i ett par dagar, så vattenfallet var i full flöde. Strax före klockan 17 lättade regnet och det blev dimmigt. Jag hörde ett högt mullrande vid bäcken, så jag tänkte att jag skulle gå och kolla vad som forslades med vattnet. Jag trodde att det kanske var en stor sten eller ett kanske ett uppryckt träd på väg att slungas över fallet. Ljudet var inte olikt åska, men kom från bäcken nedanför, inte från himlen.

När jag var ungefär halvvägs längs stigen och vattenfallet kom i sikte, hördes ett extra högt mullrande, och sedan en explosion av gyllene, rosa och vita ljus från botten av fallet, som spred sig uppåt och ut i himlen, nästan nådde mig – cirka 75-100 meter bort. Vid detta ögonblick hörde jag en röst inuti vänstra sidan av mitt huvud säga: "Gå tillbaka! Kom inte närmare! Gå tillbaka nu!" Jag svarade: "Okej, jag går!", och vände mig om och gick snabbt tillbaka till huset. Luften verkade elektriskt laddad och sprakade. Ljusexplosionen hade varit det mest extraordinära jag någonsin sett. Det var vackert, det rosa var mjukt, det gyllene och vita var lysande. Hela scenen skulle ha täckt ett område på cirka 100 meter i diameter, kanske mer, nästan nådde mig. Jag vet inte hur högt det gick eftersom jag inte kunde se klart på grund av dimman som förändrade färg med explosionen.

Trots att mullrandet och explosionen var mycket högljudda och skrämmande, visste jag att jag hade upplevt något väldigt speciellt. Jag ringde min man i staden för att berätta vad som hade hänt, men jag kunde bara prata en kort stund eftersom linjen hade mycket brus och statiskt ljud.

Den Komplicerade Universum Bok Två

En vän som bodde i dalen söder om oss ringde mig på kvällen. Hon sa att hon hade tittat ut genom ett fönster mot vårt ställe omkring klockan 17 och hade sett ett vackert rosa och gyllene moln över kullarna i vår riktning. Hon beskrev det som att se ett "Bibliskt – borde ha änglar sittande på det, ett slags moln". Sedan hörde hon ett högt mullrande och en smäll, och en pelare av gyllene/rosa ljus sköt ner mot marken. "Men det verkade inte vara blixt. Mycket konstigt."

Nästa dag sa en annan bekant som bor i dalen norr om oss: "Vad har ni gjort uppe på er plats, Marie?" Hon fortsatte med att beskriva att hon sett ett vackert gyllene och rosa moln som verkade explodera i en pelare, inte som blixt. Hon sa att det var helt annorlunda än något stormmoln hon någonsin sett.

Två nätter senare hade jag gått till sängs och funderade fortfarande på vad jag hade sett. Jag beslutade att be till Jesus och fråga om det var möjligt för mig att få någon förståelse för vad som hade hänt. Omedelbart såg jag en bild i mitt sinne av boken The Keys of Enoch av J.J. Hurtak, och en röst sa, "Sida 221". Jag låg där chockad, rösten sa sedan: "Du är verkligen en skeptiker, Marie. Sida 221!" Så naturligtvis gick jag upp och letade upp sida 221. Delvis lyder det:

"Således stiger Merkabah-ljusfordon ner på vår planet, varigenom ett ljusfält öppnas, 'hela ljusvarelser' stiger ner när de magnetiska fälten i rumstidsöverlappar kontrolleras.

Dessa 'hela ljus kroppar' kommer ner genom de artificiella tidsförvrängningszonerna och landar på jordens yta. Och detta är vad de gamla såg när de såg 'molnpelaren gå upp från deras ansikte".

Denna upplevelse av att se något så underbart, och särskilt den milda påminnelsen om att jag var en skeptiker, har helt förändrat mitt sätt att se på saker. Jag är inte längre en skeptiker – bara önskar att jag förstod mer!

Ja, där har du det, Dolores. Jag hoppas jag har beskrivit händelsen klart. Vad synd att vi inte kan överföra de faktiska känslorna som upplevdes vid tillfället. Du skulle säkert få en riktig kick, jag är säker på det.

När jag besökte Maries vackra isolerade hem tog hon mig till platsen där händelsen inträffade. Självklart kunde jag inte se några tecken på en portal nu. Allt jag såg var ett vackert vattenfall som forsade ner för bergssidan i en djup ravin nedanför. Ändå stämmer detta med beskrivningen av öppnandet av en portal till en annan dimension. Väktarna var verkligen på sin post den dagen för att hålla alla ovarsamma människor från att komma för nära. Som de sa, skulle energin förstöra en människas matris. Marie visste utan tvekan att den märkliga och majestätiska händelsen inträffade, men jag är glad att hon fick bekräftelse från sina vänner på andra sidan dalen.

När jag talar i radioprogram brukar jag få brev (både via post och e-post) från lyssnare. Speciellt när jag talar i Art Bell-showen som har miljontals lyssnare. Vi har fått hundratals e-postmeddelanden på en dag. Många av dessa människor vill berätta sina personliga historier som de känner att de inte kan dela med någon annan av rädsla för att bli betraktade som galna. Det får dem att känna sig bättre när de får veta att jag har hört många liknande berättelser och att jag förstår dem tillräckligt för att försöka förklara dem för dem. Åtminstone vet de att de inte är ensamma om att ha dessa märkliga upplevelser. För några av dem har jag ingen logisk förklaring annat än att de kan ha att göra med att resa fram och tillbaka mellan de otaliga dimensionerna som omger oss. Detta förklarades mer utförligt i *Bok Ett*.

En man sa att han körde på natten på en kustväg i Florida. Långt tillbaka i tiden hade vägen omdirigerats och förbisett alla småstäder. Men denna natt fann han sig plötsligt (på samma väg) köra genom en liten stad. Han kunde se de yttre ljusen från husen och olika stängda butiker. Allt verkade övergivet, som det skulle vara i en liten stad på natten. Efter fem minuter eller så, fann han plötsligt att vägen breddades igen och han var tillbaka på den kustnära motorvägen där han skulle vara. Min enda förklaring var att han för en kort stund hade glidit bakåt i tiden och gått in i en dimension där vägen genom staden fortfarande existerade.

Den Komplicerade Universum Bok Två

Den här sista berättelsen kommer jag att citera direkt från e-postmeddelandet jag mottog i januari 2001. Om någon har en förklaring, önskar jag att de kontaktar mig.

"Jag lyckades fånga en del av ditt program på Coast to Coast AM och tyckte att det var mycket intressant, vilket är anledningen till att jag kontaktar dig. I september förra året (2000) upplevde jag några väldigt konstiga saker under ett par eller tre dagar. Det började när jag gick förbi en lokal flygplats där jag bor. Det var dagtid när jag såg ett passagerarflygplan ta av från flygplatsen. Några minuter senare lyfte ett Lear Jet och när det lämnade landningsbanan och klättrade upp i himlen rörde det sig fram och tillbaka flera gånger under starten. Jag stod där häpen, eftersom jag vet att det är omöjligt för ett jetplan att röra sig bakåt. Några minuter senare lyfte ett annat Lear Jet och gjorde samma sak. Eller var det samma? Jag lade märke till att bilarna på vägen gjorde samma sak. Istället för att röra sig framåt längs vägen, rörde de sig fram och tillbaka medan de körde. Jag såg också att molnen på himlen gjorde samma sak, de rörde sig fram och tillbaka. På kvällen gick jag för en promenad vid några affärer som var stängda för natten. Ändå såg jag människor inne i affärerna röra sig omkring, människor som inte hörde hemma där, eftersom de var klädda i kläder från omkring 50–60 år sedan. Jag såg också andra ovanliga bilder som jag visste inte var möjliga. Någon idé om vad som hände? Jag är en väldigt skeptisk person och tror inte på det jag såg."

Mitt svar: "Tack för att du delade med dig av dina väldigt intressanta upplevelser. Även om du är skeptisk, kan du inte förneka något när du ser det med egna ögon. Jag har inte hört talas om detta exakta fenomen, men jag kan försöka gissa baserat på den information jag har fått och skrivit om. Det finns fler konstiga saker där ute än vad någon kan föreställa sig, så jag vet att jag inte har undersökt alla av dem. Det låter som om du kanske försökte gå in i ett tidskrökningsfönster, men inte kom hela vägen. Också människor går ofta fram och tillbaka mellan dimensioner och vet inte om det eftersom omgivningen ser väldigt lik ut. Eftersom saker rörde sig fram och tillbaka, kanske linjen mellan dimensionerna inte var stabiliserad. Jag har hört talas om människor som plötsligt befinner sig i en annan tidsperiod och interagerar med människor som är klädda på ett annat sätt, etc. Ofta går de tillbaka och försöker hitta samma platser och upptäcker att de antingen inte existerar eller är i ett förfall. En sak som jag tycker är konstig är att människorna i den andra tidsperioden inte märker något konstigt med den framtida personen de interagerar med. De verkar leva sina vanliga liv. Jag vet inte om detta är till någon hjälp eller inte, men det är så nära jag kan komma. Kanske försökte du korsa fram och tillbaka mellan dimensioner och det var inte stabiliserat. Annars kan du göra dessa saker och aldrig veta skillnaden. Jag har till och med hört om människor som rapporterats vara på två ställen samtidigt. Det verifierades av andra människor som såg dem och pratade med dem. Så vem vet? Ibland är det bättre om vi inte vet att dessa konstiga tidskrökningsfenomen händer regelbundet. Det är mindre förvirrande för våra små dödliga hjärnor."

Det här nästa mejlet är ännu konstigare. Men i det här fallet fanns fysisk bevisning på att något ovanligt hade inträffat.

"Jag hade turen att höra ditt fantastiska intervju på Coast to Coast häromkvällen, men något hände som mystifierade tre av lyssnarna. Det är därför jag skriver. För att vara så kort som möjligt, alla tre av oss har en Reel Talk-radio/recorder som kan förinställas och den spelar in på 1/4 hastighet. Vi har den här enheten just för Coast to Coast-programmet eftersom vi inte kan vara uppe hela natten. (Programmet går vanligtvis från 12 PM till 4 AM.) Alla tre av oss ställde in vår radio/recorder på samma station som kommer från Nashville, Tennessee. Det är den enda stationen där vi kan få programmet. Vi bor en bra bit ifrån varandra och ganska långt från Nashville, men WWTN är en 100 000 watts station. Till min stora besvikelse, när jag spelade upp den inspelade bandet för ditt program nästa morgon, var allt jag fick en sporthändelse, hela fyra timmar. Det fick en av mina vänner på sin bandspelare också. Jag ringde stationen och de informerade mig om att de inte längre skulle sända Coast to Coast. De skulle ändra sitt format och de brydde sig inte om hur många protester det var om det. Nu är den stora mystiken: den andra av oss tre, hennes band hade hela ditt intervju på den! Vi vet absolut att det var samma station eftersom de samma anropsbokstäverna gavs flera gånger. Vi alla lyssnade på samma station men fick olika sändningar. Jag har pratat med några personer som har en fungerande kunskap om radiosändningar (tidigare regeringsanställda vars utbildning var inom det området) och de sa alla att det var omöjligt att något sådant skulle kunna hända. Gudskelov att det hände, eftersom vi alla tre ville höra vad du hade att säga. Min fråga till dig är: har du någon förklaring för denna incident? Jag kom på att det kanske kan vara relaterat till fenomenet med parallella universum. Det är det enda som stämmer. All insikt du kan ge om detta skulle uppskattas mycket. PS: Av någon anledning började WWTN sända Coast to Coast igen och vi uppskattar verkligen det! Det är vår kontakt med universum."

Del av mitt svar: "I mitt arbete har jag haft konstiga saker som hänt med min bandspelare under sessioner som inte kan förklaras. Statisk, konstiga ljud, hastighetsförändringar, röster över röster och många saker som inte borde inträffa med elektronik. Ofta är det fler än en bandspelare som är igång, och alla påverkas. Jag har också haft konstiga effekter med telefoner. Men detta är första gången jag har hört talas om något sånt här. Du kan ha rätt i att det har något att göra med dimensioner. Det är ett lika bra svar som något annat. Stationen som sände sportprogrammet existerade troligen i en parallell verklighet. Jag är glad att ni var tre personer involverade. Jag tror att det skulle kvalificera som bevis."

Några veckor senare talade jag på Unity Church i Memphis och blev förvånad över att de tre damerna hade kört från Nashville för att träffa mig. De ville mest träffa mig för att bekräfta att incidenten verkligen inträffade, och de har banden för att bevisa det. De var tre av de mest normala kvinnor man kan hoppas på att träffa. Jag är övertygad om att de talade sanning. Återigen, om någon har någon annan förklaring för denna incident, skulle jag gärna vilja höra den.

I min bok *Jesus and the Essenes* ger Jesus följande exempel på reinkarnation och olika dimensioner, genom att använda naturen i sina liknelser så att folket lättare kan förstå:

"Han använde en annan växt som exempel, en växt som är sammansatt av många lager (liknande en lök). Han säger att detta skulle visa de olika existensplanen. Han påpekade att i själva centrum av växten är lagren mycket tunna och nära varandra. Om man skulle betrakta varje lager som ett annat plan, kan man se att vid centrum, där det är som minst och mest begränsat, det är som den fysiska världen. Ju längre man reser uppåt och utåt i planen, desto mer skulle ens horisont av förståelse expandera varje gång, och man skulle se och förstå mer."

Det får mig att undra om de människor han gav liknelsen (eller exemplet) till verkligen förstod de djupare betydelserna som han försökte förmedla. Kanske var det för komplext till och med för lärjungarna. Men det visar att han var mycket medveten om livets och universums djupare betydelser.

Flera andra konstiga incidenter som rör tid och dimensioner som inträffade under mina sessioner finns spridda genom hela denna bok.

SEKTION SJU

ENERGIVARELSER

OCH SKAPARVARELSER

Den Komplicerade Universum Bok Två

Kapitel 22
MYSTERIER

DEN HÄR FÖRSTA delen är en fortsättning på avsnittet om Jordens mysterier som finns i *Bok Ett*. Det fanns några saker som jag ville ha mer förtydligande om innan jag inkluderade dem i en bok. Denna information samlades in under slutet av 1990-talet. En del av den kom från Phil, en ung man som jag har skrivit om i många av mina böcker. Han har förmågan att gå i djup trans och stänga av sitt medvetna sinne så att det inte stör de svar som kommer fram. Vi har alltid kunnat ta emot ny, ovanlig och värdefull information när vi har sessioner.

VÅRT SOLSYSTEM

D: Du sa en gång att det inte finns något liv som vi känner till på de andra planeterna i vårt solsystem vid denna tidpunkt.
Phil: Det stämmer. Det finns inget mänskligt liv, men det betyder inte att det inte finns liv. Atmosfären på de andra planeterna är inte av sådan natur att den kan upprätthålla mänskligt liv som vi känner det här på jorden. Men det betyder inte att det inte finns liv i andra former, till exempel i andlig form eller till och med i en avancerad eller annan fysisk form.
D: Jag har blivit berättad att det en gång fanns liv på Mars. Det fanns en ganska stor civilisation av humanoida varelser där. Stämmer det?
P: Det är faktiskt så, och det kommer snart att bli allmänt känt för er planet. Det har föreslagits genom mikroskopisk undersökning av meteoriter. Detta är en enorm förändring i medvetandet som måste ges mycket varsamt till er civilisation. De är faktiskt era förfäder,

och livet på Jorden som ni känner det. Livsformer existerade samtidigt på båda planeterna. Dock hade Mars varit stabil och livskraftig mycket längre än sin systerplanet, som hade en mycket annorlunda ekologisk och geologisk utveckling. Mars stabiliserade sig och blev beboelig mycket snabbare än Jorden. Och så började utsädesprocessen mycket snabbare och tidigare på Mars än på Jorden.

Historien om utsädningen av planeten Jorden med de första livsformerna berättades i *Keepers of the Garden* och fortsattes i *The Custodians*. Detta indikerade att Jorden inte var den enda planeten i vårt solsystem som hade blivit utsedd, men något måste ha hänt med tiden som gjorde att vissa av dessa andra planeter återigen blev livlösa.

D: *Vad hände som förstörde livet på Mars?*
P: Det fanns många olika åsikter vid den tiden om vem som skulle ha kontroll över världens regering, och många olika typer av teknologi som gav dem möjlighet att manipulera sitt väder. De blev något splittrade i sina syften och förstörde sitt eget vädersystem. På samma sätt som de förmågor som nu manifesteras på er planet också kommer att kunna förstöra er planet om ni ges möjlighet.

D: *Jag har också hört att det finns rester av liv som fortfarande finns på Mars.*
P: Det finns livselement djupt inne i planeten som har lyckats upprätthålla sin livsform. De är dock inte vad du skulle kalla "mänskliga" eller humanoid. De är något annorlunda i det att deras utveckling följde en annan väg än den ni har på den här planeten.

D: *Jag har hört att det finns städer under Mars yta där vissa av invånarna gick när ytan blev obeboelig.*
P: Den analogin skulle kunna användas på ett sätt liknande begreppet "koloni". Men vi skulle inte beskriva städer på det sätt som ni förstår städer. I en teknologisk mening skulle det mer likna en termitkoloni, i den sociala strukturen. Varelserna lever inom naturligt förekommande strukturer och även strukturer som är tillverkade inom planeten.

D: *Jag har också hört att när forskarna äntligen kommer till Mars kommer de inte att inse att det fortfarande finns liv där. De kommer inte att känna igen det.*

P: När forskarna kommer till Mars, kommer de att vara medvetna om många andra livsformer än de som finns under deras fötter. Vid den tiden kommer det att ske en ökning i medvetenheten om att livsformerna på Mars kommer att betraktas som just en annan livsform.

D: *Nu byter vi ämne till en annan del av solsystemet. Jag är mycket intresserad av Jupiter. Vad är fenomenet som kallas "den röda fläcken" på Jupiter? Den är synlig genom våra teleskop.*

P: Uttrycket "den röda fläcken" på er planet skulle kallas en väderstörning. Vad ni uppfattar på er existensplan är en orkan av gaser som är ett väderfenomen. Det är dock ett fenomen vars kärnsubstans finns på en högre verklighetsnivå. De högre uttrycken skulle indikera att detta är ett område för många olika – men separata – individer av medvetande. Det är en stad, som på en högre nivå av uttryck är en livsform som uttrycker sina lägre komponenter i form av en atmosfärisk störning på er nivå.

D: *Om det är en atmosfärisk störning eller en orkan, så har den funnits där för evigt, så vitt vi vet. Och den verkar inte förändras så mycket. Den skulle också vara enorm i storlek.*

P: Det finns många olika uttrycksformer av liv inom detta universum som det mänskliga medvetandet helt enkelt inte är medvetet om. För att ni ska kunna förstå detta kan det jämföras med en koloni av levande varelser vars uttryck når er medvetenhetsnivå, så att de atmosfäriska förhållandena som överlagrar detta lägre uttryck är synliga. Det finns många olika nivåer av medvetande som inte har någon motsvarande inverkan på en annan nivå. Men i detta fall finns en effekt på den lägre nivån av uttryck. Så att denna koloni, som är en civilisation på de högre nivåerna av existens, lämnar sitt fotavtryck på er nivå som en atmosfärisk störning.

D: *Då menar jag att du menar att på en alternativ verklighet är det en grupp människor i en fysisk stad på Jupiter. Och det är mer eller mindre som en skugga på vår nivå som verkar vara ett atmosfäriskt tillstånd? Skulle det vara en bra analogi?*

Den Komplicerade Universum Bok Två

P: Vi skulle förbättra detta koncept genom att se det inte så mycket som en stad i er terminologi, utan mer som en koloni av virus eller bakterier, i det att de samexisterar och lever på sin egen nivå. Men vi skulle inte beskriva det som en teknologisk civilisation i er kontext.

D: *Då skulle det inte vara intelligenta varelser, som vi definierar dem?*

P: Det är inte så, de är mycket intelligenta, men lever helt enkelt i en annan form. Deras uttryck inkluderar inte konstruktion och teknologiska aspekter. De är mycket evolverade och civiliserade, men de är inte teknologiska.

D: *Någon annan har sagt att relationen mellan Jupiter och Jordens plan är avgörande. Har du någon information om detta?*

P: Det finns många olika nivåer av samberoende inom ert solsystem, för hela den fysiska balansen är beroende av att varje individuellt element bibehåller sin egen balans. Bara på den fysiska nivån skulle en plötslig förlust av någon planet kasta solsystemets gravitationsbalans ur jämvikt. Det finns naturligtvis andra nivåer av medvetande och förändringen eller förlusten av en sådan planet skulle, naturligtvis, ha konsekvenser och effekter på de andra planerna också.

D: *Detta är vad de utomjordiska har sagt till oss om Jorden. Att vi inte får spränga den, för det skulle orsaka stora katastrofer i universum och andra dimensioner.*

P: Det är korrekt.

D: *Jag har hört att andra som observerar oss inte skulle tillåta detta att hända, helt enkelt för att det skulle rubba balansen i galaxen.*

P: Det är korrekt, i den meningen att de individer som bebor de andra existensplanen har rätt att skydda sina civilisationer och livsformer från intrång. Det skulle vara som om ett odeklarerat och okunnigt krig utkämpades mot en osedd part av en ignorant kultur.

D: *Men de är mer medvetna om dessa saker än vi är.*

P: Det är korrekt. Och därför har de rätt att skydda sin civilisation från skador orsakade av en något ohyfsad granne.

D: *Vet du något om var asteroidbältet kom ifrån?*

Den Komplicerade Universum Bok Två

P: Detta var en gång en planet som förstördes när en passerande stjärna orsakade en kollision mellan den och en meteor som kom in i dess bana. Kollisionen ledde till att planeten sprängdes. Med planetens egna inre krafter och de från solen och andra planeter, drogs den isär till den grad att den helt enkelt blev formelös och spreds ut i sin tidigare omloppsbana som partiklar eller asteroider.

D: *Jag har också hört att det kanske fanns en ras av människor som bodde där och de sprängde upp den själva.*

P: Det är inte korrekt. Kollisionen var ett naturligt fenomen som inträffade, inte för att någon viss ras av människor manipulerade det. Det finns också ett fall där dessa berättelser uppstår på grund av feltolkning av information. Inte en avsiktlig berättelse eller lögn, utan helt enkelt en feltolkning. Dessa kanaliserade budskap är inte heller den absoluta sanningen, eftersom detta fordon inte är den absoluta sanningen. Det finns potentiella felaktigheter i dessa kanaliserade meddelanden också. Och därför bör alla kanaliserade meddelanden ses med ett öppet medvetande om denna faktum. Eftersom kanaliseringsmeddelandena bara kan vara så exakta som det fysiska fordonet tillåter, och det skulle vara nästan omöjligt att kanalisera med 100 procentig noggrannhet. För det finns helt enkelt koncept och idéer som inte har någon motsvarighet i detta liv eller ens i detta plan. Och därför kan vissa frågor som ställs kräva koncept som inte existerar här, så analogier måste dras, vilket kanske inte alltid är helt korrekt. Men själva kärnan i informationen kan översättas.

D: *Jag förstår att allt som kommer genom en människa är bundet att ha problem på det sättet.*

P: Det handlar helt enkelt om att inte kunna översätta, på grund av många faktorer. Några, som vi har sagt, är bristen på begrepp att utgå ifrån.

SOLEN

D: Är solen faktiskt het?
Phil: Det finns verkligen ett element som är hett. Men vi känner att detta är missförstått från ert fysiska perspektiv. Eftersom värmen i sig verkar vara fokus för ens uppmärksamhet här, och det är inget annat än en biprodukt. Den verkliga energin från solen är inte värme, utan av en natur långt bortom det som människans förståelse för tillfället är kapabel att förstå. Värmen är helt enkelt en manifestation av ett fenomen som är mycket mer komplicerat än enkel förbränning. Detta är en övergång av energi, och den fysiska aspekten skulle vara det ni kallar eld eller förbränning. Värme är en biprodukt. Den verkliga verkligheten av detta är en överföring och förändring av energi som manifesteras ner till en fysisk nivå som värme och förbränning.

D: Strålarna och emanationerna vi inte kan se är ultravioletta. Menar du något liknande?
P: Långt bortom vad ni ens skulle betrakta som strålar, utan som elementära former av energi. En grundläggande förändring i energierna själva.

Solen, som alla uppfattar den som, är en gasplanet. Men en av mina ämnen sa att det faktiskt finns en kultur under gasbältena, som inte kan ses från ytan.

D: Människor på jorden kan inte se det, eller hur?
Bob: Nej, det kan de inte. De har ingen aning. De antar bara, som alla andra, att det är en solid gasboll. Men alla explosioner som inträffar på bältet utanför, sker faktiskt inom detta bälte. Men den centrala delen av planeten är precis som den är här på jorden. De har gårdar, de har hus, de har människor. De har civilisationer. Och allt detta är inneslutet under energibältet.

D: Så det är inte varmt på ytan?
B: Åh, nej! Nej, nej! Det är en av de intressanta sakerna med det.

D: Man skulle tro att det skulle vara för varmt för att stödja liv.

Den Komplicerade Universum Bok Två

B: Man skulle kunna tro det, men allt det där är högt upp i energin. Uppe i den så kallade "atmosfären". Det är något som liknar Van Allen-bältet på denna planet. Men vi reser fram och tillbaka hela tiden. In och ut. Det är en väldigt trevlig civilisation.

Det fanns fler överraskande avslöjanden om solens verkliga egenskaper som avslöjas längre fram i detta kapitel.

D: Vissa människor tror att världen skapades genom det som kallas Big Bang-teorin. Skulle detta vara sant?
Phil: Om du var i fysisk form vid den tiden skulle du säkert ha upplevt det som ni kallar en Big Bang. (Jag skrattade) Big Bang är naturligtvis en analogi som används av forskarna för att beskriva explosionen, som snarare än implosion. Den utåtgående kraften som skapades när universum, eller kanske mer korrekt, lagarna för universum, satte igång. Och på det sättet, ja, det skulle vara korrekt att säga att Big Bang-teorin betyder början på den punkten i tiden då de fysiska eller materiella lagarna för ert universum sattes.
D: En teori är att när den utåtriktade kraften från dessa världar når en viss punkt kommer den att börja vända och gå tillbaka ihop igen. Skulle detta vara sant?
P: Det är korrekt. Den punkt där all utåtgående rörelse upphör kallas "jämvikt". Och det är inom den vändpunkt där universums lagar sedan skulle förändras och bli sina polariteter, det vill säga de motsatta av vad de är nu. Det som är positivt skulle då bli negativt och det som är negativt skulle då bli positivt. Universum skulle sedan dra sig tillbaka till det som återigen är ett tomrum. Avgrunden. Vid denna punkt skulle skapelseberättelsen upprepas.
D: Det skulle börja om från början. Efter att det kollapsat på sig självt skulle det åter explodera, för att säga så.
P: Det är korrekt.
D: Hur lång tid skulle det ta för något sådant att hända?

P: Det skulle vara säkert att anta att du skulle vara i en annan form när detta händer.

D: *(Skratt)* Vi behöver inte oroa oss för det.

Detta koncept demonstrerar att lagarna för reinkarnation eller återvinning tillämpas på allt från mikrocosmos till makrocosmos. Inget undgår denna cykel.

När universum når slutet av sin expansion, den scen där det vänder, imploderar, går tillbaka till Källan och exploderar igen, är det då vi alla återvänder hem till Skaparen med all kunskap vi har samlat?

D: *Det finns en tanke att denna värld antingen kommer att gå in i sig själv eller förstöras inom 5000 år. Samtidigt finns en annan planet som förbereds för de entiteter som lever på denna Jord och har höjt sina vibrationer eller förståelse av anden. Är denna teori sann?*

P: Kanske är er kronologiska tidsram något felaktig. Men själva konceptet är ganska giltigt, eftersom de som redan nu väljer att migrera till, inte bara denna planet ni talar om, utan också till andra, redan har börjat. Det finns faktiskt en efterträdare till denna planet i sitt barndomsskede. Och än så länge har den inte nått den punkt där den skulle vara beboelig för livsformer, inte som ni känner dem nu, utan som de snart kommer att vara. Det vill säga era livsformer. De energier som finns på denna planet vid denna tid kommer då att flytta en masse till den som förbereds just nu. För vid den tidpunkten kommer era livsformer att ha utvecklats till en något annan nivå än de är nu. Det skulle vara olämpligt och omoget att försöka överföra dessa livsformer till denna planet. För ingen av dem, vid denna tidpunkt, är redo. Det finns fortfarande en tidsram för utveckling innan både livsformen och planeten är beboeliga för varandra. Det är självklart att den tidpunkt då detta händer kommer att vara den mest lämpliga tiden.

Detta svar kom genom på 1990-talet, men har upprepats med större frekvens i mina sessioner under de senaste åren. Denna idé om att kropparna förändras för att göra en övergång till en annan nivå kommer att utvecklas i den sista delen. Det har också kommit information om en annan fysisk planet som liknar Jorden som förbereds för de överlevande av eventuella katastrofer på Jorden. Det har betonats att den mänskliga rasen inte får förgås. Det kommer att finnas överlevande även om "de" måste ta till drastiska åtgärder. Berättelsen om denna andra Jord återfinns i *Keepers of the Garden*.

Det har ställts många frågor om de schakt i den stora pyramiden som verkar för små för något användbart, som är riktade mot himlen. Som med allt annat som är förknippat med pyramiden, är de inlindade i mysterium.

D: Vad är syftet med de schakt i pyramiden?
Carol: Syftet med schakten i pyramiden var att tillåta själarna från de varelser de ansåg vara präster och faraoner att återvända till sitt planetariska system, så att de inte skulle vara bundna till lagren eller ljuset på denna specifika planet. I början manifesterades de i det fysiska, och sedan när det inte längre var nödvändigt att vara manifest, skulle själen resa genom dessa schakt med hjälp av vad ni kan kalla ett "stargate". (Detta ord frågades som en fråga, osäker på ordet.) De använde tekniska enheter i Kungens kammare.
D: Fanns det tekniska enheter i Kungens kammare?
C: Vad ni kallar Kungens kammare. De använde dessa tekniska enheter för att tillåta dessa själar att återvända till sitt ursprungliga stjärnsystem.

I *Keepers of the Garden* och *The Custodians* nämns att utomjordingar ofta kom under den tidiga civilisationens formation för att leva bland de utvecklande folken för att hjälpa dem och ge dem nödvändiga kunskaper och instruktioner. Dessa varelser hade otroliga livslängder, så de blev så småningom behandlade och respekterade som gudar. Detta tyder på att de första faraonerna kan ha varit dessa typer av varelser. (Se även kapitel 4, Isis.)

Detta påminde mig om sessioner beskrivna i *Legacy From the Stars* där utomjordiska själar blev fast i vår värld efter att de dött. De skapade tydligen karma och kunde inte återvända till sitt ursprungliga hem, även efter döden. I dessa fall visste ofta ingen från deras hemplanet att de var här. Kanske var utomjordingarna mycket medvetna om att något liknande händer ibland, och de ville inte att dessa besökare, som hade levt så länge på Jorden, skulle bli fångade på samma sätt.

Ett annat mysterium är existensen och platsen för dolda kamrar under Sfinxen.

D: Det sägs att kamrarna under Sfinxen var förseglade. Varför gjordes detta?

C: Det var en översättning av de varelser som inte var från denna planet.

Detta tyder på att några av de varelser som opererade pyramidsystemet på den tiden inte var mänskliga. Kanske var de rådgivarna som talas om i mina andra böcker, som kom för att leva bland människorna och ge dem de nya gåvorna (framstegen) när de behövdes. Detta skulle också förklara användningen av schakten för att återföra deras själar till deras ursprungliga stjärnsystem. De ville inte bli fångade här på Jorden när deras uppdrag var över.

C: Mänskligheten ville ta deras makt ifrån dem och göra den till sin egen. Varelserna visste att detta skulle hända. Så det gjordes en försegling av alla dessa tekniska enheter och informationer, så att de inte skulle hamna i fel händer vid fel tidpunkt, eftersom de skulle förstöra sig själva med detta.

Detta låter också ganska likt de människor som, på grund av sin okunskap, förstörde de enheter som användes för att generera kraft

Den Komplicerade Universum Bok Två

från solen, månen och stjärnorna. (Bartholomew gav denna information i *Convoluted Universe, Book One.*)

D: *Så varelserna från de andra planeterna var de som förseglade kamrarna? Det var inte människorna?*

C: Det fanns initierade, de som var tränade av dessa varelser. Pyramiderna användes för initiering och träning. Det finns många, många av de gamla templen som ligger över hela det som nu kallas "platån". (Detta går ihop med Kattfolkens tempel i samma område. Se Kapitel Tre.) Och dessa användes för initiering av människor för att höja deras medvetenhet och vibration. Sedan kunde de i sin tur använda dessa enheter och teknologi på ett lämpligt sätt för att hjälpa det planetariska systemet. Pyramiderna var baserade på ett rutnätssystem. Rutnätssystemet är mycket viktigt, för det är det största kopplingssystemet för planeten. Ett av dem. Det fanns flera system, men detta var ett av dem. På varje av dessa stora platser finns också pyramider. Pyramiderna är ledare för universella harmoniker som också kopplade samman andra planeter i harmoni och vibration. Detta arbetades också med färger, ljudfrekvenser och även virvlar, planetariskt genom rutnätssystemet, för att bibehålla balans och harmonik för detta planetariska system.

D: *Och dessa människor visste hur man använde dessa saker på rätt sätt.*

C: De instruerade. De satte dem på plats.

D: *Så förseglingen var för att de andra kom in och de ville inte att de skulle ta dessa saker. Du sa att det också fanns en fara för andra som inte visste hur man skulle använda dem.*

Igen, detta låter som energin i Kattfolkens tempel som var farlig för dem som inte kunde hantera den.

C: Ett av de planetariska stjärnsystemen ingripade. De skickade sändebud som hjälpte till att påverka mänskligheten, som alltid. För att stöta bort, för att personifiera, för att ta makten från korrumperade grupper.

Den Komplicerade Universum Bok Två

D: Så dessa människor förseglade kamrarna för att dölja informationen, och för att skydda människor från att använda den på fel sätt.
C: För att skydda dem från sig själva.
D: Och var finns dessa?
C: Trappade kamrar under Sfinxen. Var och en sammanlänkad med små tunnlar, och bevakad av energier och frekvenser.

Återigen, detta lät som Bartholomews historia (*Bok Ett*) där människorna trodde att om de hade de hemliga energienheterna skulle de ha makt, och inte behöva utomjordingarna eller prästerna. I hans historia orsakade de förstörelse av enheterna och sig själva. Så uppenbarligen beslutade den sista kontrollerande gruppen vid Sfinxen att försegla enheterna, så att en sådan sak inte skulle kunna hända igen. De har förblivit begravda sedan dess.

I *Conversations With Nostradamus, Volume III* hänvisade Nostradamus också till energier som hade satts på plats så att endast de rätta personerna någonsin skulle tillåtas komma nära de hemliga ingångarna till dessa dolda tunnlar och rum. Om de människor som försökte komma in var av fel eller negativ vibration, skulle de dödas. Så det var ett mycket avancerat skyddssystem installerat för tusentals år sedan.

Referera till Kapitel 6 om symbolerna som användes för att göra den dolda informationen synlig.

Astrologi har alltid varit ett intresse för mig, även om jag inte är astrolog. Hur började astrologi? Det verkar som om studiet av stjärnorna har varit en fascinerande för mänskligheten sedan urminnes tider. Jag fann svaret ganska oväntat under en rutinmässig regressionssession. En kvinna gick tillbaka till ett liv där hon var präst i det antika Babylon. Det har accepterats att Babylonien är där astrologins studier började. I mina böcker om Nostradamus hade han en ephemeris som han sa härstammade från de antika egyptierna och babylonierna. Kvinnan var en manlig präst i en isolerad och hemlig religion eller mysteriekola. Han var i ett vackert tempel som låg på en kulle högt ovanför staden. Han beskrev studiet av stjärnorna som hans grupp hade varit involverad i från tider ännu mer uråldriga än honom. Han sa att stjärnornas rörelser hade kartlagts så länge hans grupp hade existerat. Detta var deras huvudsakliga syfte, medan andra grupper ägnade sig åt helande och profetia. Templet var öppet i mitten (utan tak) med stora pelare på alla fyra sidor. Han sa att prästerna skulle sitta på en bestämd plats i mitten av templet och kartlägga stjärnornas positioner när de rörde sig över öppningarna mellan pelarna. Pelarna gav dem en referenspunkt, och ett sätt att mäta planeterna rörelse i förhållande till de stationära stjärnorna, samt att bedöma jordens rotation. Efter att ha gjort detta i hundratals år hade de upprättat mycket exakta kartor. Detta användes också som ett sätt att bestämma solstånd och jämndagar, eftersom det i ett tropiskt land skulle vara liten förändring av årstiderna för att indikera dessa. Detta kan förklara varför så många gamla byggnader byggdes på detta sätt, högt på en kulle med många lika avstånds pelare. Det förstås allmänt att många var tempel i den antika världen, men det verkar nu som att pelarna hade ett mer praktiskt syfte. Att titta på och registrera stjärnornas rörelse.

Efter att en annan kvinnlig klient genomgick ett förflutet liv och var på andrasidan, blev hon först tagen till de äldres råd som skulle granska livet hon just lämnat. Det beslutades att hon hade agerat beundransvärt och lärt sig de läxor hon kommit för att lära sig. Nu var hon redo för nästa uppdrag. Detta var allt planerat i förväg och diskuterades med hjälp av de äldre. De kunde föreslå, men inte tvinga henne att ta uppdraget. Hon var tvungen att besluta vilka hennes föräldrar skulle vara, var hon skulle födas, etc. Samma typ av information som jag har fått många gånger tidigare. Men den här gången sa hon också att hon var tvungen att bestämma dagen, månaden och året, och månen för sin födelse. Så jag ställde frågan som många andra har ställt mig, "Är astrologi involverad i beslutet för en själ att komma tillbaka till Jorden?" Hon sa att det definitivt var det. Allt måste arbetas ut exakt. Detta skulle tyda på att även för tidiga födslar var schemalagda innan födelsen, eftersom de astrologiska influenserna var viktiga för den inkommande själens personlighet. Det finns förmodligen mycket mer inblandat också, eftersom jag inte tror att vi förstår alla egenskaper hos astrologi och numerologi.

DEPOSITARIER FÖR ALL KUNSKAP

Denna session tog en konstig och ovanlig vändning. Phil deltog i UFO-konferensen i Eureka Springs, Arkansas i april 2001, och vi beslutade att ha en session eftersom det hade gått ganska länge sedan den senaste.

Min gamla vän Harriet bodde tillsammans med mig. Hon har stöttat mig moraliskt sedan början av mitt arbete för över 25 år sedan. Detta var året (2001) då kongresscentret brann i Eureka Springs, och Lou Farish, mannen som organiserar denna konferens, var tvungen att hitta ett annat ställe att hålla den. Vi reserverade fortfarande ett rum på Inn of the Ozarks för att stödja motellet (på grund av förlusten av intäkter). Många trodde att konferensen hade blivit inställd på grund av branden. Ann kom till konferensen på den sista dagen, och vi lät henne stanna i vårt rum istället för att åka tillbaka till Fayetteville. Hon sov på en madrass på golvet. När jag började sessionen frågade Ann om hon fick sitta och titta på, eftersom hon, trots att jag hade haft en session med henne, aldrig hade observerat en. Phil hade inget emot det eftersom detta hade hänt många gånger tidigare.

De konstiga händelserna började nästan omedelbart. Efter att jag gav Phil hans nyckelord och han började komma in i sessionen, märkte jag att Ann (som satt i en stol på andra sidan sängen) också var på väg under. Jag gjorde en gest till Harriet och hon såg det också. Det fanns inget jag kunde göra förutom att fortsätta, även om jag gjorde en gest till Harriet att hålla ett öga på henne. Troligtvis för att jag också hade arbetat med henne hade min röst den effekten att sätta henne under, även om jag inte hade tänkt att det skulle hända. Ann sjönk ihop i stolen, till synes i en egen värld. Jag genomförde sessionen på ett normalt sätt, tills Ann också började svara på frågorna. Då visste jag att jag hade ett dilemma. Jag använder en handmikrofon och håller den upp till ämnets mun. Detta blev ett problem när hon började svara med en svag röst från ett avstånd. Denna händelse kommer att utvecklas vidare.

När jag arbetade med Phil använder jag den hissmetod som han är så bekant med. Jag bad honom att berätta vad han såg först när hissdörrarna öppnades.

P: Det finns någon där för att hälsa på mig. I ett rent vitt ljus. Vi är gamla vänner. Han tar mig till ett annat rum där information kan visas. Det finns flera här vars syfte är att hjälpa till med denna kommunikation. De säger att det finns många andra som hjälper till, som är i andra dimensioner. De har förmågan att påverka materialet från deras perspektiv, så att det kan visas i vårt perspektiv. Det finns alltid viss information som hålls, på grund av att den är precis över den nivå vid vilken du kan uppfatta den. Det är en växtprocess, där man när man rör sig framåt i förståelse, ständigt bryter nya nivåer av information. När växtprocessen fortsätter, finns det alltid, just framför den aktuella nivån av förståelse, en nivå av information som ännu inte har brytits. Det är denna ständiga brytning som gör det möjligt att undersöka och förstå informationen. För om allt skulle ges på en gång, skulle det inte gå att göra någon mening av det.

D: *Vi har gjort detta i många år. Och den information vi får nu, skulle vi aldrig ha förstått i början. Så det skulle inte ha haft någon mening, och det skulle inte ha varit av något värde för oss vid den tiden.*

P: Det är dags nu att ta er till den nästa, mest lämpliga nivån av information. Den information som behövs för att svara på era frågor kommer att bli tillgänglig.

D: *En sak som togs upp för många år sedan, var information om solen i vårt solsystem. Vid den tiden fick jag veta att det inte var vad vi uppfattade det som, men att vi inte var redo att förstå det. Kan du utveckla det? Den sanna naturen av vad vi kallar "Solen" i vårt solsystem.*

P: Vi ber att du vänligen definierar din fråga i termer av verklighet. Frågar du om den fysiska verkligheten här, eller adresserar du de ultradimensionella aspekterna?

D: *Vi skulle kunna ha båda, antar jag. För i den fysiska verkligheten ser vi det som den lysande bollen på himlen som ger liv åt vår Jord, och håller allt i gång med exploderande gaser. Det är vårt fysiska koncept av det. Är det korrekt?*

P: Vi skulle säga att, faktiskt, delar du en upplevelse med en fysisk kropp som inte skiljer sig mycket från din egen. De fysiska manifestationerna som du uppfattar genom dina fysiska sinnen är helt enkelt det. De är manifestationer som är designade för att tillåta en närvaro på den specifika planen som du talar om.

D: *Vi ser det genom teleskop som exploderande gaser som sträcker sig långt bort.*

P: Inte olikt många av era politiker vars inflytande är som slingrande trådar som strålar ut från deras maktbas. Solens inflytande är avsiktligt, och påverkas av interaktionen mellan de kontingenta elementen, energierna, som bebor både solens och planeternas manifestationer. Det finns reaktioner som observeras på solen som är ett direkt resultat av handlingar som begås på er planet. Detta betyder inte att alla reaktioner på solen påverkas av handlingar på er planet. För det finns andra varelser omkring solsystemet också, som också har ett inflytande. Men det mest omedelbara och dramatiska inflytandet på det ni kallar "Solen" är de handlingar som utförs av varelserna på er planet just nu. Det dras just nu justeringar och korrigeringar till er planet för att kompensera för obalanser på er planet vid denna tid.

D: *Du sa också att det vi fysiskt ser bara är en del av det, bara en manifestation, men den verkliga kvaliteten på solen var interdimensionell?*

Vid denna punkt inträffade ett konstigt och oväntat fenomen. Plötsligt svarade Ann på frågan från sin stol. Hon var slapp i stolen med huvudet lutande åt ena sidan, men hon svarade. Jag var för långt bort för att mikrofonen skulle kunna fånga upp det korrekt. Det lät som: "Det spelar in," på bandet. Jag visste att om detta skulle fortsätta, skulle jag behöva flytta henne närmare, eftersom hon var på andra sidan sängen där Phil låg. Först tänkte jag att det bara var ett plötsligt utbrott och att hon troligtvis inte skulle fortsätta. Jag fortsatte att ställa frågor till Phil.

D: Kan du förklara vad du menar med interdimensionell?
P: Vi skulle be att den andra individen vänligen justerar sig med våra energier här, så att vi båda kan delta.

Normalt var Phil omedveten om något som hände i rummet när han var i trans. Men uppenbarligen visste de entiteter som kommunicerade vad som hände, och de ville att Ann skulle flyttas närmare. Detta skulle också göra det lättare för mig.

Jag stängde av bandspelaren och gick runt sängen. Harriet hjälpte mig att försöka ställa Ann på benen. Hon är en lång kvinna, och hon var som en död vikt. Tillsammans fick vi henne på fötter, men hon var inte till någon hjälp alls. Vi lyckades vända henne så att hon föll på sängen bredvid Phil. Under hela sessionen låg hon där i den obekväma positionen hon föll i, utan att göra ett försök att röra sig till en mer bekväm position. Åtminstone skulle jag ha dem båda på samma säng. Men jag var tvungen att stå över dem och flytta mikrofonen fram och tillbaka medan de turades om att tala. Det var mest intressant att under sessionens gång, när de svarade på frågorna, avbröt de aldrig varandra. De verkade veta när den andra talade och lät dem avsluta innan de själva lade till något. De fortsatte också varandras uttalanden i vissa fall, och lade till mer information. Detta var första gången något sådant hände mig. Många gånger hade andra personer som observerade i rummet tyckts ha somnat, troligtvis på grund av ljudet av min röst, men de svarade aldrig och deltog i sessionen. När vi fått Ann på plats, satte jag på bandspelaren igen och fortsatte.

D: Ni är medvetna om att det finns en annan individ i rummet som också är i detta tillstånd?

Den Komplicerade Universum Bok Två

P: Vi är medvetna om energins nivåer. Det är korrekt.

D: *Så om hon har något att lägga till i samtalet, är det okej att göra det?*

P: Vi skulle säga att kommunikationen är simultan mellan oss. Vi använder helt enkelt två fordon.

D: *Så om hon talar, är det som om ni båda kommunicerar?* (Ann svarade: "Ja.")

Detta skulle bli ett intressant experiment. Det var första gången jag hade två ämnen kopplade på detta sätt. Jag undrade om de skulle kunna tala tillsammans som en. Jag visste inte vad som skulle hända.

D: *Okej. Vad vi vill ta reda på är de verkliga aspekterna av solen om den inte är som vi uppfattar den på vår fysiska plan. Du sa att den var interdimensionell.*

Ann: Som en inspelning.

D: *Vad menar du?*

Ann: (Hon rensade halsen för att kunna tala.) Den spelar in. Det är en källa till energi som är konstruerad av tankar som härstammar från. Dessa tankar spelar in tankar för universum som ni lever i nu. Med dessa tankar som spelas in i den, projiceras den tillbaka i universum, och den används samtidigt tillsammans.

D: *Men det är bara inspelningsenheten för vårt solsystem?*

Ann: Nej. Det är en duplicering av många andra solar.

D: *Menar du att alla solar i universum är inspelningsenheter?*

Ann: Ja. Det är en källa till energi. Det är från den huvudsakliga källan som ni kommer ifrån. Det är en duplikat, en lägre version, ett symbol som ni har valt att använda för att påminna er om den energikälla som ni kommer ifrån.

D: *Så den energikälla vi kommer ifrån är bara en större manifestation av solen, som vi ser den?*

Ann: Ja. Mycket större.

Hon refererade tydligen till Källan eller Gud, som i vissa av mina sessioner har kallats den Stora Centrala Solen när människor pratar om var vi alla kommer ifrån.

D: Men solen ger också liv åt planeterna och oss.
Ann: Det är vad ni har valt.
D: Men solar går också ut. De exploderar. Vi har hört talas om supernovor. (Ja) *Vad händer vid den tiden?*
Ann: Ni skapar på nytt.
D: Vad händer med informationen om det är en inspelningsenhet?
Ann: Den lämnar aldrig.
D: Vart går den?
Ann: Den förblir, alltid.
D: Var?
Ann: Den har alltid existerat.
Phil: Det finns andra nivåer av medvetande som inte är fysiska. Denna information överförs helt enkelt samtidigt till dessa andra nivåer som inte har någon fysisk destruktiv element. Informationen finns helt enkelt på andra nivåer, och är tillgänglig att överföras eller dras tillbaka till en ny eller expanderande sol, när som helst.
D: I vårt arbete har vi fått veta om många planeter som är inspelningsplaneter. Några av de människor jag arbetar med kallar dem "hem". Hela planeten är ett förråd av kunskap. Är detta ett annat koncept?
Phil: Det är exakt samma. Det är helt enkelt en skillnad i manifestation av enheten. Ni har olika medier i ert erfarenhetsområde med vilka ni kan spela in. Dock, enheterna själva är inte själva essensen av inspelningen. De är bara ett sätt att lagra och projicera själva inspelningen. På detta sätt ändras definitionerna, baserat på lämpligheten av hur denna information ska lagras eller levereras.

Phil var den första av mina ämnen som rapporterade om en sådan plats. Den beskrevs i *Keepers of the Garden* som Planeten med de Tre Spira, och utvecklades vidare i den första boken av *Convoluted Universe* och *The Custodians*. Jag har sedan hört om andra planeter som spelar in information och betraktas som förråd. På andesidan finns det det underbara biblioteket som håller all känd och okänd information. Ansamlingen av information verkar vara av största vikt i hur universumen, etc. är uppbyggda.

Jag började ställa en fråga, men jag märkte att Ann ville avbryta.

Ann: Jag ger er ett exempel. Primärsolen som strålar inom, för ni är inom den som strålar med solen. Det finns ingen skillnad i strålen. Det är alla en stråle. Det är samma stråle som genomsyrar all kunskap och all vetande. Ni skapar intensiteten. Det är intensiteten som ni skapar tillsammans, kollektivt, som ger styrkan i källan att lysa starkare. För när solen försvagas, så är det er intensitet som försvagas.

D: *Då kontrollerar vi solen?*

Ann: Korrekt.

D: *Tja, vi kontrollerar egentligen allt, men vi inser inte det. Är det sant?*

Ann: Rätt. Er planet är för närvarande i en process av förändring. Ni har bett om att detta ska hända. Ni har vetat att detta kommer att hända. (Ann höjde handen och vände handflatan mot mig.) Det är som min hand som håller upp till er just nu. I detta ögonblick gör jag samma sak som solen. Jag sänder energi till er. Jag omdirigerar denna energi till er. Om en stund kommer ni att känna det.

D: *Låt mig ge ett exempel på några av de saker jag hittar, och se om det verkar rimligt. Det är som om vår själ, vår ande – eller det undermedvetna, eller vad ni än vill kalla det – samlar all information som varelsen exponeras för, och är en inspelningsenhet på en lägre, mindre nivå. Då betyder det att planeterna är förråd av kunskap, eller spelar in på en annan nivå. Och nu säger ni att solen också är en inspelningsenhet. Betyder det att det finns olika nivåer från den mindre till den större?*

Phil: Det finns många olika former av uttryck. Vi illustrerar helt enkelt att allt på något sätt både är ett uttryck för, och en inspelare av, verkligheten. Det finns ingen inspelare som inte uttrycker. För hur skulle det vara att inspelningen görs, men aldrig uttrycks? Det skulle inte finnas någon mening med att ha en inspelare som aldrig spelar upp.

D: *Då, på den enkla nivån, som majoriteten av de fysiska varelserna kan förstå, allt som händer oss i våra liv, är det bara upplevelser som spelas in?*

Den Komplicerade Universum Bok Två

Phil: Planeterna är inspelningsenheter för människorna. Solarna är inspelningsenheter för planeterna. Det är, i själva verket, en kedja av inspelning, så att individens individuella upplevelser spelas in kollektivt av planeten. Varje planets individuella upplevelser spelas sedan in av solen. Varje solens individuella inspelningar av varje individuell planet och varje individuell varelse spelas in i en galax. Varje galax spelas sedan in i ett universum. Och varje universum spelas sedan in, så att varje individuell upplevelse aldrig går förlorad. Vilket vi skulle illustrera här med passagen i er Bibel. Det står att inte ens en sparv faller från ett träd utan att Gud vet om det. Och detta är bokstavligen sant. Varje enskild händelse på varje enskild planet spelas till slut och slutgiltigt in och är känd genom de planetariska, solära, galax- och universella nivåerna. Det finns inget som heter en händelse eller idé som passerar obemärkt.

D: *Om människor skulle förstå detta, skulle de se att det inte finns något negativt, inget positivt. Det finns bara upplevelser som spelas in. De är bara läxor som människor lär sig, och sätts i det totala minnesbank, antar jag att du skulle kalla det?*

Både Ann och Phil sa samtidigt: "Kollektivt."

D: *Den kollektiva minnesbanken eller vad?*
Phil: Gudsnivån. (Ann höll med.)
D: *Många av de människor jag arbetar med, har åkt till dessa förrådsplaneter av kunskap, där det inte fanns någon annan än andar. De togs dit för att ladda ner information, så att säga. Är det korrekt?*
Ann: Korrekt.
D: *Det var som om de enda som var där var förvarare av register.*
Ann: De är varelser som har upplevt på andra nivåer, andra än er planetnivå.
D: *Och de är kapabla att hjälpa till med ansamlingen av kunskap?*
Ann: Korrekt. Spridning.
D: *Spridning av kunskap. Jag skulle vilja tänka på det som en gigantisk dator.*

Den Komplicerade Universum Bok Två

Ann: Du har rört vid detta. Du har kallat det "avtryck".
D: *Vi berörde det för många år sedan. Det var som ett bibliotek av alla liv som någonsin levts.*

Teorin bakom avtryck är att en ande kan skanna och välja från biblioteket ett liv att ha avtryckt på sin själ innan den går in i en inkarnation. Detta sker vanligtvis om de går in i ett liv där erfarenhet behövs som de inte haft i sitt livshistoria. Istället för att faktiskt leva livet, är det lättare att trycka av livet. Jag fick veta att avtrycket innehåller allt som hände i det livet, inklusive känslor. Det skulle vara omöjligt att säga att personen inte faktiskt levde livet. Detta presenterar en svårighet för regressions terapeuten. Men det svarar också på en av skeptikernas frågor: "Varför säger så många människor att de var Napoleon, Cleopatra, etc." De tror att om många människor säger att de är reinkarnationen av samma person, så ogiltigförklarar det reinkarnation. Men det gör det inte. Det betyder bara att flera människor valde att trycka samma liv på sin själ, innan de gick in i vår fysiska värld. Det kan jämföras med forskning, för att förbereda dem för det liv de kommer att gå in i.

Ann: Dessa andar är förvararna av det ni kallar "avtryck". De är de spridande faktorerna i den nya skapelsen, som ni kommer att möta mycket snart.
D: *Menar du att jorden förändras?* (Ja) *Men i samma anda, har jag också blivit informerad om att vår DNA i våra nuvarande kroppar förändras.*
Ann: Det gör det.
D: *Kan du berätta om det?*
Ann: Ja. Ställ din fråga.
D: *Jag har blivit informerad om att det sker långsamt. Att DNA-strängarna förändras?* (Ja) *Vissa säger att vi så småningom kommer att ha tolvsträngad DNA?*
Ann: Ni kommer att ha fjorton.
D: *Men jag har blivit informerad om att om vi når tolvsträngad, kommer vi att vara ljuskroppar och därför inte synliga på denna nivå.*

Den Komplicerade Universum Bok Två

Ann: Nej. Ni kommer att kunna vara synliga på denna nivå, för det är ert val att göra det. Ni har kollektivt valt.

D: Men jag blev informerad om att vår DNA gradvis förändras.

Ann: Det har hänt. Detta är mycket minutiöst. (dvs: pyttelitet)

D: För om det hände plötsligt skulle det inte kunna hållas.

Ann: Det är därför ert energisystem runt er planet förändras. Det ökar. Det finns några bland er planet nu som är medvetna om detta. Och de förbereder sig vid denna tidpunkt. Och de för fram kunskap till er. Just nu finns det en energivägg runt er planet som förändras och roterar, för att kunna hålla denna källa.

Phil: Det kommer alltid att finnas de som kan acklimatisera sig till högre nivåer av energi i ett mer accelererat tempo. Det är som konceptet med den äldre, som vägleder den yngre. Så att hjälpen ges till de vars förmåga att förstå är förbättrad och hjälpt av de som redan förstår. Förändringen i er DNA är nödvändig för er fysiska uttryck, er kropp, för att ha fler uttrycksmöjligheter. Förbättringar av den grundläggande strukturen, för dessa högre, mer avancerade och energiska uttryck. Det är helt enkelt en uppgradering av er kroppsversion, så att den kommer att kunna rymma dessa högre energier som är förberedda att uttrycka sig fysiskt. Fram till denna punkt har det inte varit möjligt för vissa energinivåer att uttrycka sig fysiskt. För det fanns inget sätt att kommunicera med den fysiska människokroppen. Med denna uppgradering kommer den mänskliga kroppen att kunna kommunicera på en högre nivå, och kunna aktivera vissa energier som för närvarande är oförmögna att uttrycka sig.

D: Jag har blivit informerad om, att med denna gradvisa aktivering av DNA, av strängarna, blir vi också mer motståndskraftiga mot sjukdom.

Ann: Jag kommer att visa er hur det kommer att fungera. Ni har er sträng för närvarande, som ni känner till den nu. Dessa längder läggs till toppen av er sträng. Ni tror för närvarande att de är i botten. De är inte det; de är i toppen. De kommer att länkas ihop i en cirkelformation, som ni för närvarande missar nu. I denna cirkelformation, när de länkas samman, kommer det att öka intensiteten. Genom denna intensitet kommer det att förändras i era vibrationsnivåer. Ni kommer att kunna transformera er själva från en existens till en annan.

D: *Menar du genom att upplösa eller bryta ner molekylerna i kroppen?*

Såsom det görs i Star Trek, när de går från en plats till en annan.

Ann: Det bryts inte ner. Er förståelse av nedbrytning är mycket annorlunda än vår.

D: *Upplösning eller överföring av molekyler?*

Ann: Det skulle vara i en form av energitankar. Ni omdirigerar energin. Men ni har valt att inte förstå detta just nu.

D: *Men vi kommer att kunna göra det vid den tiden när DNA förändras?*

Ann: Korrekt. Det kommer att vara en loopad sträng.

D: *Vi har också blivit informerade om att detta kommer att göra kroppen mer motståndskraftig mot sjukdomar?*

Ann: Det är så minimalt. Det kommer inte längre att vara ett bekymmer.

D: *Och de sa att de förlänger våra livslängder också.*

Ann: Det är för evigt, av evigheten.

D: *Men det kommer fortfarande att vara en fysisk kropp, som vi har nu?*

Ann: Om ni väljer att göra det.

Jag ville klargöra skillnaden mellan kroppen och andens tillstånd, när en kropp inte längre behövs. Jag antar att som människor, gillar vi att behålla våra fysiska kroppar så länge vi kan. Vi blir ju fästa vid dem, och vi vill gärna stanna med det som är bekant.

Harriet: *(Hon hade lyssnat, men detta var första gången hon deltog.) Kommer det att finnas några fördelar med att använda den fysiska kroppen?*

Jag hade stått vid sängen, istället för att sitta i stolen som jag normalt gör. Jag var tvungen att flytta mikrofonen från Phil till Ann,

Den Komplicerade Universum Bok Två

och detta krävde att jag sträckte mig över sängen. Det kändes väldigt obekvämt, men jag visste inget annat sätt att få med båda rösterna. Nu pekade jag den även i riktning mot Harriet. Jag hoppades bara att bandspelaren skulle kunna fånga alla samtal. Senare, vid transkriberingen, fann jag att min pålitliga "lilla svarta låda" inte hade svikit mig. Den spelade in perfekt och klart.

Ann: Ja. Det kommer att vara en fördel för er att kunna resursanvända er till andra planetsystem.
D: Så vi kommer att behålla de kroppar vi har nu.
Ann: Om ni väljer att göra det.
D: Och bara bli förändrade. Men inte alla människors kroppar kommer att förändras på detta sätt. Är det korrekt?
Ann: Det kommer redan vara ett kollektivt tankesätt och beslut. Ni har redan valt att göra detta.
D: Vad händer med dem som inte förstår eller tror på detta?
Ann: De förstår. De kommer inte att förstå på denna nivå, men de väljer så när de går vidare.
Harriet: Kan du ge oss en tidsram för hur lång tid denna process kommer att ta?
Ann: Er tidsram är extremt begränsad. Detta har redan gjorts. Det handlar om att ni manifesterar det till er verklighet.
Harriet: Kommer vi att göra detta inom vår nuvarande tidsram? (Ja)
D: Hon tänker på fem, tio eller tjugo år, kommer det att bli manifest?
Ann: I ert matematiska system? Tjugotvå år.
D: Det kommer att vara avslutat vid den tiden?
Ann: Ni kommer att initiera det. Tjugotvå år kommer ni att ha loopat era strängar, och ni kommer just börja initiera er process.
Harriet: Kommer några av de människor som är i kroppen nu att kunna utvecklas till den punkten?
Ann: De kommer att återvända.
D: Vad händer med oss i den äldre generationen?
Ann: Ni kommer att välja att komma tillbaka, om ni väljer att göra det. Ni kommer att komma tillbaka med minnen.
D: Men kommer inte våra kroppar att kunna förändras så att ni kan stanna här under processen?

Ann: Ni kommer att kunna förändra er yttre hudnivå för att kunna hantera den nuvarande förändringen i energinivån på er jordens yta.

D: *För jag blev informerad om att ålder inte kommer att vara densamma som vi ser på det nu.*

Ann: Det kommer det inte att vara.

Harriet: *Och energinivån kommer att öka?*

Ann: Korrekt.

Harriet: *De som inte kan bibehålla den energinivån, kommer att välja att lämna och komma tillbaka senare? Är det korrekt?*

Ann: Ni kommer att välja att röra er, om ni väljer att göra det. Om ni väljer att inte komma tillbaka, kommer det att vara ert val. Det är redan kollektivt tänkt på. Ni verkar inte förstå detta.

D: *Nej, vi gör inte det, för vi tänker fortfarande på det från den individuella synpunkten.*

Ann: Nej, det slutade. Det är ert problem.

Jag riktade min fråga till Phil, som hittills hade varit tyst och lät Ann svara på de flesta frågorna.

D: *Har du något att lägga till om DNA?*

Phil: Vi skulle säga att det kommer att finnas fler förklaringar i andra arenor. Denna information kommer att bekräftas genom andra källor. Vi ber er att hålla er medveten om detta ämne, så att när saker som kan förbättra denna information presenteras för er, vare sig det är i ert nyhetsformat eller konventionsformat, så är ni medvetna om det. Och då kan ni förbättra förståelsen hos andra som, precis som ni, har en grundläggande förståelse av den process som håller på att utvecklas.

D: *Kommer förändringen av DNA och tillägget av fler strängar att vara synligt för forskare och läkare?* (Ann: Ja.)

Phil: De börjar nu förstå, genom sina forskningsvägar, de impliceringar som vi uttrycker här idag. Human Genome Project har bara nu gett en ledtråd om möjligheterna, som ännu inte har uttryckts i era fysiska kroppar. Det finns många, många segment i kedjan som har klassificerats som "skräp-DNA", helt enkelt för att de inte förstår dess funktion. Men vissa av dessa så kallade "skräp-DNA" är faktiskt i användning och uttrycks. Det finns dock vissa sektioner som ännu inte är aktiverade. Dessa ytterligare segment kommer att arbeta i samverkan med många av de segment som redan finns på plats. Det är en förbättring som kommer att aktivera många av de segment som hittills har funnits, men varit inaktiva.

Harriet: Jag vet att ni är mycket medvetna om inflödet av de så kallade "Indigo"-barnen.

Ann: Korrekt. De är era lärare. Det sker en energiförändring. Deras kroppar rekonstrueras faktiskt just nu, med energiförändringen. Deras DNA-nivåer ökar.

H: Finns det bra sätt att hantera dessa nya energier? (Ja) *Hur kan vi hitta det bästa sättet att göra detta?*

Ann: Ni har resurser på er just nu. Vatten är en mycket viktig resurs för era barn.

D: Vatten? Menar ni att de ska bada eller dricka?

Ann: Få dem nära vatten. Intern intagning. Är det rätt ord? Vatten är en balans för dem. På grund av rekonstruktionen som pågår just nu med ert energifält (hon hade svårt att hitta nästa ord. Hon började om flera gånger, något som lät som: cir... cir...).

D: (Jag erbjöd mig) Kretslopp? (Nej)

H: Cirkulation?

Ann: Cirkulation runt er planet. Just nu fungerar det som förvirring i dessa specifika individer. De har kommit hit, som ni har bett dem att göra, med en högre medvetenhet och en högre förståelse. Deras energivibration är mycket högre. Det är på grund av konstruktionen runt er planet, att de har svårt att koppla upp sig just nu. Men de visste att detta skulle hända.

D: Men många av lärarna förstår inte dessa barn.

Ann: Ni kan inte förvänta er att de förstår dem. De har inte den fysiska eller emotionella förståelsen för dem. De är mycket begränsade.

D: Men problemet är att de sätter dem på mediciner och droger, vilket vi tror kan hindra deras förmågor.

Ann: Dessa individer som tar de mediciner ni ger dem, förstå att de kan motverka dem.

D: Åh, det är bra! För vi vill inte att de ska skadas.
Ann: Ni kan inte skada dem. Det är deras individuella val, även dessa individer som kommer med denna upplysning. (Paus) Era frågor var mycket begränsade. Vi har märkt att ni har kommit med många frågor tidigare. Att era frågor denna gång är väldigt minimala.

D: Det är för att vi inte var förberedda att göra detta, och vi försökte fokusera på bara några få saker i taget.
Ann: Ni kommer bara att ta emot en bit information, eftersom vi känner att ni behöver den för den tid som är i ert liv. Vi kan inte förändra er kurs. Ni förändrar er egen kurs. Vi kan assistera er med vilken fråga ni än har. Vi kommer inte att neka er den informationen.

Phil: Det kommer att ges möjligheter att fortsätta dessa forskningssessioner, som vi gillar att kalla dem, för de är i själva verket ett verktyg eller en möjlighet genom vilken vi, inte bara kan undersöka er förståelse, utan att vi också kan undersöka er förståelse. Vi skulle säga att vi på båda sidor av dessa erfarenheter lär oss av varandra. Det spelar ingen roll vilken metod ni använder för att kontakta oss och ställa frågor. Det är er ljudvibration som påverkar kroppen. Det spelar ingen roll vilka ord ni använder.

D: Min röst, menar ni?
Ann: Korrekt. Det spelar aldrig någon roll vilka ord ni använder. Det är alltid ljudvibrationen som är den som kopplas till.

D: Så jag måste bara prata med dem med avsikten att vi ska koppla upp oss, och vi kan göra det?
Ann: Korrekt.

P: Vi vill tacka er för era ansträngningar att sprida denna medvetenhetsförskjutning. Vi ser den effekt ni har på dem på er planet. De som har riktat sitt fokus mot högre förståelser, eller snarare förståelser av de högre planen, har funnit i era skrifter ett mycket fängslande och lättförståeligt sätt att diskutera dessa ämnen, som för vissa är "way above their heads". Vi tackar er, för ni har ingen aning om den effekt ni har på energin som omger er planet. Denna förändring i energin, som är osynlig för er med fysiska sinnen, har noterats av de som observerar på långt avstånd.

De varelser som på avstånd följer er utveckling har märkt denna förändring. Vi tackar er för, inte bara för dem, de varelser som inte kan uttrycka sin uppskattning till er; utan också särskilt för oss som arbetar direkt med er och varelserna på er planet. Den ökade medvetenheten är på väg mot Guds vilja. Det kommer att ges många fler möjligheter för er alla i detta rum innan ni upplever det yttersta, eller kanske det slutgiltiga, ögonblicket. Det vill säga, er övergång för att återvända hem. Var och en av er i detta rum har mycket kvar att göra. Ni behöver inte oroa er för några övergångsfrågor, eftersom dessa tidsramar och sättet att lämna hanteras av en mycket kompetent auktoritet.

D: *Jag blev tillsagd att jag skulle vara här för att se dessa saker hända.*

A: Du kommer.

P: Det kommer att vara många fantastiska saker som var och en av er kommer att uppleva innan era uppgifter är fullföljda. Vi tackar er återigen, från oss här och från de som inte kan vara här.

När Ann vaknade var hon mycket förvirrad och groggy. Hon hade absolut inget minne av att ha gått under och inget minne av vad som hänt. Phil hade några kommentarer att lägga till innan bandet tog slut. Jag satte igång bandspelaren igen för att spela in dessa.

D: *Du sa att du kände att det fanns två separata kanaler, och inte samma grupp.*

P: Jag tror att detta troligtvis beror på att våra högre källor, på någon nivå, alla är sammanlänkade. Jag menar, det är samma och ultimata källa, men på vår nivå här nere känns det individuellt. Jag kunde känna när Ann var på väg att säga något, och jag kunde inte prata samtidigt.

D: *Det var det jag var rädd för. Att ni båda skulle börja prata samtidigt, utan att vara medvetna om att den andra talade. Ni fortsatte varandras tankar och lade till dem.*

Ann sa att när hon hörde min röst, kunde hon inte hålla sig vaken även om jag pratade med Phil. Så det visade sig framgångsrikt, även om det var oväntat. Det fanns mycket mer information under denna session. Den har incorporerats i andra kapitel.

Kapitel 23
EN ANNAN ENERGIVARELSE

DENNA SESSION HÖLLS på en hemlig reträtt i norra Minnesota i oktober 2001, av en grupp fjärrseende. De arbetar med andra runt om i USA för att samla information genom fjärrseende. De vet att de övervakas av regeringsagenter som ständigt försöker ta reda på hur mycket och vad de vet. De vet också att deras telefoner är avlyssnade. Vi visste detta när de ringde och ordnade detta möte med sin grupp. Ungefär en gång om året träffas gruppen någonstans i avskildhet för att jämföra anteckningar och planera strategi. Detta möte hölls på en resort vid en sjö som var stängd för vintern. Vi var de enda där, förutom ägarna som också drev en bar på området. Dagen innan mötet började, när de fortfarande höll på att installera sig med förnödenheter osv., dök några misstänkta personer upp och ställde ovanliga frågor. Så de misstänkte att regeringen antagligen visste att de hade ett möte. De verkar ta detta med ro och låter sig inte påverkas. De sa att de har försökt samarbeta med regeringsorgan genom att förse dem med information när de tror att något kommer att hända. Detta är så mycket information som jag känner mig bekväm att dela om dem. Minnesota är 10 000 sjöars land, så det skulle vara svårt att fastställa deras plats. Jag försöker skydda identiteten på mina ämnen så mycket som möjligt.

Platsen var väldigt öde. Efter att ha talat inför MUFON-gruppen i oktober 2001 flög vi från Minneapolis norrut med ett litet flygplan. Sedan kördes vi i över en timme till sjöresorten. Det var kallt och snöade när vi var där. Efter mötet flög vi tillbaka till Minneapolis för WE (Walk-ins for Evolution) konferensen.

Den Komplicerade Universum Bok Två

Detta var bara några veckor efter 11 september-attackerna på NY och Washington DC. Under WE-konferensen angrep USA Afghanistan under förevändning att de försökte döda Bin Laden. Så detta hade varit en spänd period, och det fanns mycket misstänksamhet. Jag kunde förstå varför gruppen var så försiktig. Ledaren har ringt mig några gånger efter detta för att berätta om händelser de trodde skulle inträffa, så jag kunde hålla mig uppdaterad om deras arbete. Deras filosofi är att försöka förändra alla förutsagda händelser eller förhindra dem från att inträffa genom gruppens medvetandeinflytande.

Denna session genomfördes med en av medlemmarna på resorten. Jag använde molntekniken med Laura, och när hon kom ner visste hon inte var hon var, men det lät definitivt inte som ett tidigare liv. Åtminstone inte på Jorden, i alla fall. Hon fick konstiga intryck snarare än scener.

L: Det är nästan som solens sken från ett ljus objekt. Det är bara nyanser av ljus och former. Det var som att solen träffade en spegel i en vinkel, och jag tittade på den från den platta sidan på andra sidan. Och nu är allt mörkt.

Jag ställde flera frågor för att orientera henne och tillåta bilder att formas. Hon antog att hon var inomhus snarare än utomhus, eftersom hon kände sig innesluten. Hon såg delar av flera objekt som var obekanta för henne. Sedan linjer, raka och ojämna. Ljusskåror. Sedan lek med ljus och bilder som överlagrades på varandra som en dubbel exponering. Laura fortsatte i flera minuter och såg olika geometriska former, inklusive staplade diamanter, och färger, men inget som kunde förklara var hon var. Då, otroligt nog, tillkännagav hon: "Jag tror att jag är i en maskin av något slag! Eller jag tittar på en maskin. Nu ser jag bara något som ett fönster. Men jag kan inte se igenom det. Det har ett väldigt vitt ljus bakom sig. Men ljuset gör inte ont i mina ögon."

D: *Vilken form har fönstret?*

L: Det är väldigt runt. Kanske var det klämmorna som höll fast det som jag såg tidigare när jag såg fönstrets kant. Ljuset som jag såg komma genom fönstret var från insidan av maskinen. Jag är inne i maskinen nu. Och jag är bara omgiven av ljus. Det är lite runt omkring mig. Lite som en gloria? Bara att det är på alla väggar och allt. Och ibland kommer ljuset in och omger mig helt och ibland blir det bara en cirkel runt mig. En cylinder runt mig. Jag rörde mig inuti denna maskin. Ljuset är lavendelfärgat nu.

Jag ville få något intryck av hennes kropp, så jag bad henne fokusera på sina fötter. "Jag känner mina fötter, men jag ser dem inte. Jag tror inte att jag har någon kropp. (Förvirrad) Jag är här, men... det finns inga fötter, inga armar. Jag är bara här. Jag tror inte det finns någon kropp så mycket som bara jag."

Detta har hänt många gånger, så det förvånade mig inte. Jag behövde bara tänka på de rätta frågorna att ställa till denna typ av varelse.

D: *Hur ser resten av maskinen ut? Vilka andra intryck får du?*
L: Jag får en textur på väggarna. Jag vet att de är metalliska, men de ser inte eller känns metalliska. Och väggarna är i en upp-och-ner-interlåsande diamantform.

Det var förmodligen de diamantformer hon såg tidigare, men hade ingen förklaring på.

D: *Känner du dig bekväm med den här platsen? Känner du att du hör hemma där?*
L: Ja, det gör jag. Det är en liten maskin. Jag är instängd i den när jag går in i den. Och jag uppfattar att världen är färger. Mycket färgat ljus i världen och jag är färgat ljus. Färgerna förändras beroende på hur jag reagerar på min omgivning. Ljus och mörkt. Vi är mörka just nu, men det går till vitt ljus, lavendelljus, gult ljus.

D: *Jag önskar vi kunde veta mer om den här platsen och ta reda på var den är. Vill du gå utanför denna maskin och titta på den från utsidan?*
L: Ja, jag skulle vilja se vad den är.
D: *Hur ser den ut från utsidan?*

L: Återigen, jag vet att den är metallisk, men den ser inte metallisk ut. Den ser ut som mörk plast. Ändå vet jag att den är metallisk. Den är cylindrisk, med en spetsig topp som en kon. Verkar vara en trång passform. Inneslutande. Inte begränsad, men bara instängd, som att jag fyller den. Det fanns plats att röra sig.

D: *Var ligger den?*

L: Jag vet inte vad jag ser nu. Jag ser den i en... en gångbro runt utsidan av den. Jag är ovanför den. Och jag kände att det var ett fartyg eller ett transportmedel. Nu när jag får en bättre bild av den, vet jag att det är det.

D: *Om det är ett slags fartyg, vart transporterar det dig?*

L: Överallt, det kom till mig, överallt. (Skratt) Det är på en mycket större plats, men jag får en känsla av ett stort platt område runt lastkajen och det finns rörelse på det, men inte mycket. Det är inte en trång plats. Och det finns något som går rakt upp.

D: *Finns det andra människor runtomkring?*

L: Ja. Inte många. De är former och jag får en känsla av att de bär uniform. Inte en mänsklig form, bara former.

D: *Har de olika färger också?*

L: De är mestadels bara grå eller mörka, dämpade. Men jag tror att det beror på att de bär något.

D: *Vad gör dessa andra människor?*

L: Åh, de gör sitt jobb. Jag skulle kalla det ett lastkajområde. De är bara arbetare.

D: *Vad är ditt jobb?*

L: Jag styr skeppet. Det känns som hemma.

D: *Hur ser det ut där du styr det?*

L: Det är bara hela skeppet. Jag går in i skeppet och det gör vad jag vill att det ska göra.

D: *De behöver inte några kontroller eller något?*

L: Det är med sinnet.

Detta var inte första gången jag har hört detta koncept. I min bok *Legacy From the Stars* fanns exempel på utomjordingar som var kopplade till skeppet. De styrde skeppet genom sitt sinne och sina muskelrespons. De enheterna var mer fysiska, medan denna lät mer som den energivarianten, för hon verkade inte ha någon kropp av substans.

Många utomjordingar styr också sina farkoster genom sitt sinne. Gruppsinne är särskilt kraftfullt.

L: Men skeppet är slankt. Det är inte som ett riktigt stort lastplan här på Jorden. Det är bara en slank kon. Lite som en blyertspenna, men det är helt runt och långt och det har en spetsig topp.

D: *Och du är den enda på det här?*

L: Jag får en känsla av att jag är det, ja. När jag tar skeppet är jag den enda. Jag gör ärenden. Inte riktigt ärenden, men jag lastar inte varor. Inte som lastbilstransport här. Jag får inte en klar känsla av vad jag gör när jag åker iväg. Jag har ett syfte med att åka. Leverera meddelanden, göra något, men jag styr skeppet. Jag tar skeppet och jag åker.

D: *Tar du ett meddelande till någon? Är det vad du menar?*

L: Bara att jag åker är meddelandet. Det är väldigt svårt att förklara. Jag kan inte riktigt få en uppfattning om vad det betyder.

D: *Se dig själv göra det. Går du bara in i farkosten och tänker på vart du måste åka?*

L: Ja, så fungerar farkosten, så fungerar maskinen. Platsen där jag ser den ligga är inte min hemplats, men det här är en plats jag kommer till ofta. Andra som jag gör också. Det är därför de har en lastkaj som passar skeppet. Det kommer in i ringen. Och sedan har det en plattform runt sig. Det är därför formerna bar kläder och inte såg ut som jag. För det här är inte mitt hem, det här är en plats jag kommer till ibland.

D: *Låt oss se hur det ser ut där du verkligen kommer ifrån. Du kan lätt återvända dit. Hur ser det ut på den platsen som är hemma?*

L: Ljus. Mycket ljus. Mjukt, mjukt ... väldigt mjukt ljus. Ljus av alla färger.

D: *Åker du dit i farkosten?*

L: Jag gjorde inte det denna gång. Jag åkte bara.

D: *Finns det inget solitt eller fysiskt?*

L: Jag ser inte det. Vi är alla ljus.

D: *Finns det andra varelser där?*

L: Det känns som att det är allt jag, men det är bara den här delen av mig som går. (Skrattar) Men hela jag är när jag är hemma. Och det känns bra, jag är hemma.

D: *Varför måste du då åka i en farkost? Du sa att du inte känner att du har en kropp.*

L: De behöver farkosten. Där jag åker. De behöver se det. Jag kan resa utan det, men de behöver se farkosten.

D: *Varför behöver de se den?*

L: De är inte riktigt ljusvarelser än, men de förstår det lite. Och för deras komfort använder jag farkosten när jag åker till den platsen och platser som den. Och de är bekväma med att se en farkost komma in och en ljusvarelse komma ut. Det är inget som jag förstår, men så är det för att de ska känna sig bekväma med det.

D: *Så de ser dig som dessa färgade ljus?*

L: De ser mig som en ljusvarelse, men de behöver se den farkosten. Varför, det behöver jag inte. Som, jag gick hem och jag är tillbaka vid farkosten nu. När jag gick hem, kändes det bra. Det var bara det stora ljuset jag gick hem till. Men jag behövde farkosten för att komma hit.

D: *På detta ljus som du anser vara hemma, finns det inget fysiskt? Hus eller något sånt?*

L: Nej, jag får en känsla av det här svävande ljuset. Och jag får känslan av "vi". "Vi" är ljus.

D: *Som om det finns fler av er på denna plats?*

L: Ja. Men vi är bara en massa. Och jag lämnar och sen kommer jag tillbaka. När jag lämnar, är jag jag. När jag kommer tillbaka, är vi vi.

D: *Ni är alla en del av samma sak då.* (Ja)

Jag bestämde mig för att flytta henne framåt till en viktig dag när något hände. Även om jag inte kunde föreställa mig vad som skulle anses vara viktigt för en energivarelse. Men jag var tvungen att följa den procedur som har fungerat så bra för mig genom åren.

D: *Vad händer? Vad ser du?*

Den Komplicerade Universum Bok Två

L: Det handlar om att vi blir jag och jag blir vi. Och det handlar om att behöva ha farkosten för andra människor. För deras komfort, för deras välbefinnande. Jag måste ha farkosten. Men för mig är det bara att vara jag och inte vi, och vi är inte jag. Och jag förstår att det inte är en särskild dag, det är hela konceptet.

D: *Men du sa att du skickas ut för att leverera meddelanden.*

L: Ja, och ibland stannar jag borta länge, dit jag ska för ett meddelande. Det var det de försökte säga mig. Det är det jag försöker se.

D: *Vad menar du?*

L: Den här kroppen är min farkost nu. Och jag är här för ett meddelande. Av en anledning.

D: *På jorden, menar du?*

L: Ja. Den här kroppen av Laura. Och för komforten i denna tid och plats, måste jag vara i den. Och jag måste vara jag. Jag kan inte vara vi. Och jag är bekväm med det. Jag gillar att vara jag, men jag saknar vi.

D: *Är det det som visar dig; att du en gång var vi?*

L: Jag får veta att det var förskolemetoden för att visa mig att detta var en av anledningarna, eller för att förklara varför jag är här. Hur det hände.

D: *Hur hände det?*

L: Jag blev kallad hit. Jag har varit här många gånger, men den här gången blev jag kallad hit.

D: *Vad menar du?*

L: Jag var behövd. Jag var tvungen att komma. De ville ha mig. Inte någon annan. De ville att jag skulle komma. Och det är ett mycket viktigt jobb. Och det skulle vara ett långt jobb. Jag kunde inte komma och bara gå. Jag var tvungen att ta detta fartyg och komma hit.

D: *Menar du att du kom hit till jorden för att göra något som skulle ta lång tid?*

L: Ja. Och det skulle bli svårt, men jag kunde göra det. Och de kände att bara jag kunde göra det. Jag ska förändra saker. Det är väldigt subtilt. Och det är lite förvirrat. Men planetenheten behöver hjälp. Och planeten kallade också på mig. Enheten som gör denna planet är smärtsam och öm och skadad. Så jag arbetar med planeten. Jag arbetar med den enheten. Och människorna på planeten är smärtsamma och ömma och skadade. Jag kom för att hjälpa. Jag vet hur man ändrar dessa saker. Jag vet hur man arbetar med dem.

D: I dina andra liv, gjorde du samma jobb?

L: Jag gör det när jag behövs.

D: Så i andra liv har du gjort samma jobb med att försöka hjälpa planeten?

L: Ja. Den här gången är det dock allvarligt.

D: Hur hjälper du planeten?

L: Jag balanserar energierna. Jag försöker forma och forma energierna på Jorden och hos människorna. Det är som att skulptera. Klimatet, atmosfären. Det är hela ett stort mönster med många delar. Och det är lite som ... att göra järnfilspån med en magnet, som små barnbilder. Och du försöker göra järnfilspånen till en vacker bild med magneten. Och jag försöker hålla alla dessa järnfilspån samman. (Skratt) Försöker få dem att behålla den vackra bilden. Den här planeten är så vacker. Istället fortsätter filspånen att gå av sig själva. De fortsätter att irra, fortsätter att vandra, fortsätter att komma i trubbel. Och det är ett hårt jobb.

D: Men tydligen valde du att göra det, eller hur?

L: Ja. Den här personen, den här kroppen ville veta varför den blev kallad hit. Och det är därför hon blev kallad. För att hjälpa Jorden. För att hjälpa människorna. För att hjälpa atmosfären.

Hon hade blivit objektiv. Det här innebar vanligtvis att jag nu var i kontakt med hennes undermedvetna eller högre jag. Jag hade inte bett om det än, men ofta tar det över och går in i sessionen på egen hand. Jag välkomnar alltid detta, för jag vet att jag kan få svar på både hennes frågor och mina.

D: Den platsen som hon kom ifrån, kan du berätta för henne vad det var? Den platsen som hon kallade hemma.

L: Det är Ett. Det Ett. Där allt är allt.

D: Men hon kom hit för att hjälpa Jorden.

L: Alltid balansen av energier. Under lång tid, ja. Hon är mycket bra på det och universum visste att hon var den som kunde hjälpa. De flesta kommer hit för lärdomar. De kommer för vad som helst. Hon kom för att hjälpa. Planeten kallade, universum kallade på henne.

D: *Men i detta liv lär hon sig också läxor, eller hur? Det är en del av den mänskliga upplevelsen?*

L: Ja, hon har lärt sig läxor för att hjälpa andra att lära sina läxor. Alltid hjälpa, alltid hjälpa.

D: *När vi lever på Jorden, tenderar vi att skapa problem och sedan skapa karma.*

L: Ja, människor gör det. (Skratt) Och det finns själar som har gjort det för mycket, och hon har också gått med på att hjälpa dessa själar att lära sig hur man balanserar sin karma i ett liv. Hon fastnar inte i karma själv som skulle hålla henne fast här. Hon gör bra ifrån sig. Hon minns. Oavsett vad som händer, kan hon balansera karmat. Och hon har gjort det även innan hon kom ihåg att hon visste hur man gjorde det. Hon håller den minnet väl, men hon är gammal. Hon har gjort detta många gånger.

D: *Och det är väldigt svårt att leva bland människor, och inte skapa karma.*

L: Hon respekteras mycket av oss för att göra det. Hon är en av de få som inte gör det. Och detta liv har varit ett hårt liv för henne. Men hon kom ihåg tidigt och hon har kommit ihåg bra, och hon kommer ihåg mycket nu. Vi tycker att det är dags. Hon ville veta. Hon kom ihåg mer än hon ville erkänna, men bara för att hon lyssnade på alla som sa att det inte var så. Och vi vill att hon ska veta att det är så. Hennes minnen är korrekta.

Laura ville också veta om änglar, men det verkar som om de är en annan typ av entitet.

D: Laura, kroppen här, ville veta om änglar. Kan du berätta för henne om det finns sådana?

L: Det finns änglar. Hon har arbetat med dem i många tusen och hundratusentals år. Hon har gjort mycket arbete med dem. Hon har speciella änglar som hon arbetar med.

D: Är de som hennes guider eller beskyddare?

L: Hon har de också, men de är separata saker. Guider eller beskyddare är människor, människor som hon har känt i andra liv och detta liv, som har kommit tillbaka för att hjälpa henne genom denna tid. Hennes änglar har varit med henne genom allt. Genom alla livstider på denna planet och några av de andra.

D: Hon tänkte att en ängel var något som var kopplat till jorden. Jag tror inte det är korrekt, eller hur?

L: Jag tror att hon förväxlar änglar med några av de skyddande enheterna på jorden som lever i den högre atmosfären. De stannar nära jorden för att det är deras jobb. Och hon arbetar mycket nära några av dem med balansjobbet; i den delen av det hon har kommit hit för. Men det finns andra änglar som går vart själarna går. Själarna som skapar människor och andra enheter. Hon undrade om änglar kommer in i människokroppar. Och det gör de inte. De är bara varelser som hon kallar änglar. Och det finns vissa av dessa varelser som arbetar med henne, och en i synnerhet som har arbetat med henne hela denna tid. Alla dessa hundratusentals år. Från den tid hon började inkarnationen till nuvarande tid. De är mycket nöjda med hennes arbete med dem. Men hon måste komma ihåg att det finns fler än bara de änglar som hon kallar för skyddsänglar. Hon måste komma ihåg alla de andra änglarna i sitt ministeriumarbete, som hon kallar det. Hon måste komma ihåg och prisa och tacka dem för deras jobb och be för deras energi, välbefinnande och styrka.

D: Det var en annan av hennes frågor. Vad hon borde eller kunde göra för dem?

L: Hon måste komma ihåg det större samtalet. Hon vet om samtalet för att hjälpa människor och för att hjälpa de själar som förs till henne för att hjälpa dem genom sina upplevelser. Men hon måste komma ihåg att hon arbetar med alla dessa energier i atmosfären och de mänskliga harmonierna. De energier som alla människor sänder ut, och planetens energier. Och det finns änglar som hjälper henne med det. Och som hjälper andra som gör ganska samma jobb. Det finns andra som arbetar med jordens energier. Andra som arbetar med de mänskliga energierna. Och andra som arbetar med atmosfärens energier. Hon är den enda som arbetar med alla tre.

D: *Det skulle vara ett svårare jobb än att bara arbeta med en typ.*

L: Ja, det är det. Det tar mycket från henne. Hon undrar ofta varför hon inte sover så bra. Och det är en anledning. Hon är upptagen på den andra nivån och det håller henne vaken. Hon känner sig inte trött och det beror på att vi försöker ge henne vård för att hålla henne aktiv och frisk.

D: *Så hon gör många saker när hon tror att hon sover.*

L: Hon gör dem hela tiden. Det syns i hennes liv för att hon har en mycket låg ämnesomsättning. Och en låg energinivå. Hon rör sig lite långsammare, pratar lite långsammare. Sover väldigt länge och det beror på att hon är så upptagen på den andra nivån. Och det påverkar hennes kropp på det sättet.

I mitt arbete under de senaste åren har jag märkt att fler och fler människor blir medvetna om sina sanna själsursprung och sitt syfte att vara vid liv vid denna tidpunkt. Det verkar som om nu är tiden för att allt ska avslöjas för dem. Det är dags att vara medveten på ett medvetet sätt.

Kapitel 24
OM DU TÄNKER, SKAPAR DU

RICHARD, EN LÄRARE, steg ner från molnet för att se människor som hälsade honom på ytan. De välkomnade honom tillbaka. Han trodde att det var en annan planet. Det var definitivt inte Jorden. "Det känns annorlunda. Det är väldigt fridfullt, mycket. Människorna är väldigt vänliga. Det känns som min familj." Människorna såg ut som humanoider, klädda i flödande kläder. Han var klädd i en lila, och de kommunicerade inte muntligt, "Vi utbyter telepatiskt."

D: Känner du dig solid eller fysisk?
R: Till viss del fysisk, men också väldigt lätt.

Han blev känslosam och började gråta när han sa att det kändes som om han hade varit borta länge.

R: De frågar mig hur det har varit. Vilka slags erfarenheter jag haft. Det är nästan som att ta på sig ett jobb. Ta på sig ett uppdrag. Har varit borta som om jag åkte på en lång resa.
D: Varför bestämde du dig för att åka tillbaka?
R: För att det är dags att åka tillbaka. Bara för att fräscha upp mina energier, och för att komma ihåg var jag kom ifrån.
D: Var har du varit?
R: Mest på planeten Jorden. Det har varit mitt uppdrag i åtminstone de senaste hundratusen åren.
D: Så du har varit på Jorden länge.
R: Ja, många liv. Kommer alltid tillbaka.
D: Varför måste du hela tiden återvända?

R: För att det är en del av jobbet.
D: *Och du sa nu att du har återvänt för att utbyta information?*
R: Ja, bara en liten uppfräschning, antar jag. (Gråter)
D: *Har den fysiska kroppen upphört att existera medan du är där?*
R: Nej. Den har bara ändrat sin frekvens.
D: *Är detta då den fysiska kroppen av Richard?*
R: Ja, men på en mycket högre frekvens.
D: *Så du kan gå till den här platsen när du ändrar frekvens?* (Ja) *När händer detta normalt?*
R: Troligtvis på natten ibland. Under min sömn.
D: *Så Richard är inte medveten om dessa saker?* (Nej) *Är denna plats en fysisk plats?*
R: Ja, på ett sätt är den det, men den är också i en annan dimension. I vissa fall känns det nästan fysiskt, men det finns vissa aspekter som är olika. Mer lätthet, mer fritt flöde, lättare att röra sig. Jag kan skapa lättare med visualisering.
D: *Vad skapar du?*
R: Former, energier, musik, färger.
D: *Skapar du dessa saker för den dimensionen?*
R: En del av det, men den andra delen består av att skapa upplevelser på lägre nivåer. När du sänker vibrationerna, blir det form.
D: *Så det du kan skapa där, förblir det, eller försvinner det?*
R: Nej, det förblir. Det tar form. Jag vet inte hur jag ska förklara det. Jag vet inget annat sätt att förklara det.
D: *När du skapar, hur gör du det?*
R: Bara genom att tänka på det. Och sedan hålla den tanken. Och sedan föra ner den från de högre planerna till de lägre. Och medan du gör det, håller du intentionen, och plötsligt, så skjuter det fram. Och det är där!
D: *Jag undrar om det finns ett sätt för människor som är i en fysisk kropp på Jorden att använda denna förmåga?*
R: Ja, det skulle vara trevligt. De kan göra det genom att arbeta tillsammans och harmonisera som en grupp. Åta sig uppgiften. Göra några åtaganden. Vara konstant i uppmärksamheten. Ha viljan att överlämna sig till uppgiften. Det blir lättare som en grupp, men det är också en tvåsidig sak. Å ena sidan finns det

individen. Du har inte alla gruppens komplexiteter, men som en grupp har du mer energi för att kunna förverkliga något större. Så, de har både fördelar och nackdelar.

D: *Jag tänkte, om du skapar det och tänker det till liv, skulle det försvinna när energin tas bort från det? När du inte tänker på det längre.*

R: Nej, du måste alltid tänka på det. Du kan tänka på många saker samtidigt och hålla energin. Det finns mängder och hela stjärnsystem du kan tänka på.

D: *Kan du göra detta som en individ, eller behöver du en grupp?*

R: Jag tror att det skulle vara både, faktiskt båda. Vissa aspekter kan du göra individuellt, men du behöver också gruppen för större projekt.

D: *Stannar dessa andra varelser där hela tiden?*

R: Några av dem stannar där hela tiden, ja. När jag går på uppdrag, håller de energin för mig.

Dessa varelser hjälpte Richard från den sidan utan hans medvetna vetskap, för han glömmer ibland när han är i den fysiska världen. Det är mycket svårare att skapa på planeten Jorden på grund av densiteten. Han fick nu lov att veta dessa saker så att han inte skulle glömma lika lätt.

D: *Vad skulle du kalla den här platsen om du skulle beskriva den?*

R: Stjärnskeppets hembas. Jag vet inte vad koordinaterna är. Några ljusår bort härifrån, antar jag. Men det tar bara några minuter att resa, om du reser med ljuskroppen.

D: *Är det annorlunda från andesidan, eller finns det en likhet?*

R: Det finns en likhet.

D: *Jag tänker på när kroppen dör och anden går till andesidan. Är det liknande?*

R: Ja och nej. Jag tror att om du förlorar din kropp, så är det... det finns lite grann en koppling. Jag beskriver det mer som nästa fas, och detta är för att kunna ta alla livstider och integrera dem i en enda kropp, och bara höja frekvensen och sedan ta det med mig. Det är mer som en uppstigningsprocess eller vad du nu skulle kalla det. Du bara höjer och höjer och höjer frekvensen. Döden är lite störande på ett sätt. Detta är mer av en kontinuerlig.

D: Varför tycker du att döden är störande?

R: Lite. Det drar dig från en upplevelse till en annan. Och ibland blir människor lite vilse. Men detta är mer av en väldigt medveten, kontinuerlig, lättflödande, höjning av vibration utan störningar i medvetandet.

D: När de går till andesidan, kommer de tillbaka igen som i en cykel. Och denna är inte en cykel?

R: Jag tror att denna skulle vara som att befria sig från den cykeln. Du har mer valmöjligheter för när du vill komma, när du vill gå tillbaka.

D: Varför skulle du vilja experimentera med Jorden när du kunde stanna där där det är så vackert?

R: Jag antar att jag ibland vill ta på mig svåra uppdrag.

D: Jorden är ett svårt uppdrag?

R: Ja, jag tror det.

D: Vad gör de med denna information som du tar tillbaka?

R: De studerar den. De sammanställer den. Jag tror att det är en annan nivå av erfarenhet som några av dem är bekanta med. Många av dem har aldrig beslutat att uppleva ett fysiskt liv.

D: Vet du vad de gör med informationen när de samlat den?

R: Jag tror att det är en del av ett forskningsprojekt för att ta reda på om det experimentet verkligen fungerar. Eller om det borde startas andra experiment.

D: Hur skulle du förklara det forskningsprojektet?

R: (Paus medan han söker ord för att beskriva det.) Hur det gudomliga vecklar ut sig, och sedan återvänder igen? Allt expanderar och kommer tillbaka i cykler. Startar i olika riktningar. Allt det enorma av olika upplevelser.

D: Är detta upplevelser av alla individer?

R: Nej, det är alla grupper, alla mängder av... först expanderar du och individualiserar dig och blir delar och sedan... hur för du tillbaka det igen?

Den Komplicerade Universum Bok Två

D: *Är detta vad som kallas forskningsexperimentet? Att bli alla dessa olika delar. Och de samlar information och sedan för tillbaka den?* (Ja) *Är bara Jorden involverad i experimentet?*
R: Nej, nej, nej. Jag tror att det är många.
D: *Har det pågått länge?*
R: Nej, jag tror att mänskligheten har funnits i ungefär hundra tusen, två hundra tusen år. Andra experiment var längre. När alla de andra livsformerna var mycket gamla. Det fanns ingen tidsgräns för något.
D: *Därför är det svårt för mig att ställa frågor om hur lång tid något tar, för det ger inte mening.* (Nej) *Tror de att experimentet fungerar?*
R: Jag tror att vi gör framsteg. Det finns ett glimt av hopp om att det kan fungera.
D: *Vad skulle hända om de tyckte att experimentet inte fungerade?*
R: (Skratt) Då återanvänder du. Du blandar dem och skapar något nytt.
D: *Vad skulle hända med alla upplevelser och all information som samlats?*
R: Några av dem kan gå förlorade, men i det stora hela är det bara en del av informationsuppsamlingen. Du har alltid experiment. Och vissa experiment fungerar, andra inte. Men de bidrar alla till vad som fungerar och vad som inte fungerar. Det är alltid värdefull information. Så du ändrar villkoren lite och justerar, men du förändrar dem inte drastiskt. Du lär dig av erfarenheterna och gör några förändringar och försöker igen.
D: *Är det en av reglerna, att man inte kan ändra drastiskt?*
R: Ja, för om du ändrar för många variabler samtidigt, då vet du inte. Det är väldigt, väldigt svårt att veta exakt vad som fungerar och vad som inte fungerar.
D: *Så det finns vissa regler och regleringar.* (Ja) *Jag har hört att Jorden är en svår planet.*
R: Ja, det är en av de mer täta platserna att vara på. Men på grund av det har det också vissa möjligheter och vissa utmaningar. Eftersom det är en planet av fri vilja, är många aspekter ibland oförutsägbara. Mycket överraskningar.

Den Komplicerade Universum Bok Två

D: *När Richard lämnar kroppen, när han dör, går han tillbaka till denna plats eller går han till andevärlden?*
R: Jag tror inte att jag behöver gå tillbaka till det du kallar andevärlden. För den här gången kanske jag, som jag sa tidigare, bara höjer mig till en högre frekvens. Så jag skulle gå tillbaka till hemplaneten, förstås.
D: *Många människor måste gå till de lägre nivåerna. Kan de bara hoppa direkt till denna andra nivå där du är?* (Nej) *Finns det vissa regler om det?*
R: Regler är kanske inte riktigt rätt ord, men många är i vissa tillstånd som inte skulle tillåta dem att hoppa så snabbt. Även om friheten skulle finnas där, skulle det vara mycket svårt.
D: *Jag vet att många skulle vilja hoppa över andevärlden, även om det är vackert, och gå direkt till den plats där de kan skapa.*
R: Ja. Men du måste jobba mycket på dig själv för att kunna göra det. Men också, jag tror, en vilja att ge. Att tjäna. Att bidra.
D: *Är det ditt mål, att gå tillbaka till den platsen och stanna där?*
R: Inte nödvändigtvis stanna där, men jag vet att jag vill gå tillbaka. Och om det finns ett annat uppdrag, efter ett tag kommer jag att reflektera över det och vara villig att ta det på mig igen.
D: *Du sa att vissa människor där aldrig har gått på ett uppdrag.*
R: Ja, men de har också olika roller. För vissa av dem är det den roll de har tagit på sig.
D: *Kanske är några av dem som ackumulatorer av informationen och registreringarna.* (Ja) *Och du är en som äventyrar och tar det tillbaka.* (Ja) *Jag tänker alltid på maskiner. Behöver de något sådant för att samla information och registrera det?*
R: De har datorer och olika enheter, men å andra sidan behöver det medvetandet hos entiteterna eller vad du nu vill kalla dem. – När du talade om att skapa, kan det uppstå problem på grund av fri vilja. Låt oss säga att du har fri energi. Men om du använder den fria energin för att skapa fel produkter som resultat, då skulle det vara ett missbruk av den fria energin. – Hans själ har gjort detta tidigare. Även i en avlägsen tid. Faktiskt är det lite roligt att prata om det förflutna. Jag tänker på Atlantis, Lemuria. Han visste till viss del.

D: *Vad gjorde han i de livena med energin?*
R: Allt möjligt. Värma hem. Transportera människor. Bygga saker. Läka. Underhålla kroppen. Det kan användas för många saker.

D: *Vad hände? Missbrukade han förmågorna?*
R: Nej, han missbrukade dem inte, men han förlorade kontrollen över det. Det kom i fel händer. Han var inte riktigt tillräckligt försiktig med det. Ibland litade han för mycket och ibland trodde han för mycket på att alla har samma goda avsikter. Så jag tror att vi behöver vara lite mer urskiljande.

D: *Hur kan han få tillgång till kunskapen han hade i de andra livena?*
R: Genom meditation, genom att prata med människor, och sedan bara genom att göra det. Och sedan när han arbetar med sina händer och plötsligt något tar form, kommer en blixt och säger: "Åh, det här ser bekant ut." Jag tror att ibland handlar det bara om att lita på det och faktiskt göra det. För många gånger vill han vara perfekt och alltid tänka på nästa bästa sak, men bara genom att göra det. – Jag tror att att se den här platsen bara påminner mig om var jag kommer ifrån, så jag inte glömmer. Och låter mig veta att de stöttar mig, tänker på mig, överskuggar mig.

D: *Finns det något sätt du kan ha kontakt eller kommunikation med dem under ditt medvetna tillstånd?*
R: Första steget är i meditation. Och sedan tror jag att kanalen kommer att öppna sig mer. Det kommer att öppna sig så att jag nästan kan göra det när som helst.

D: *Idag letade vi efter ett lämpligt tidigare liv för Richard att undersöka. Varför valde du att ta honom till hemmet han kom ifrån? Du tog honom direkt dit, istället för ett tidigare liv.*
R: Jag tror att det är mycket viktigare än någon tidigare livsinformation, för där är hans bas. Jag tror att de olika rollerna vi spelar är bara en del av den övergripande upplevelsen. Det som är mycket, mycket viktigare är essensen av ens ursprung och var vi kommer ifrån. Jag tror att det ibland inte ens är användbart att grubbla på saker som redan har hänt i det förflutna. Det är viktigt att bara fokusera på framtiden, och genom att göra det som krävs i stunden, kommer den nödvändiga informationen att komma. Det kommer att hjälpa i processen.

D: *Då tror du att grubbla på saker som hände i det förflutna håller oss tillbaka?*
R: Till viss del, ja.
D: *Det förflutna har en betydelse, och vi vill inte att det ska ha varit förgäves. För vi lär oss läxor av det, eller hur?*
R: Ja, det gör vi. Men ibland är det också bra att släppa taget. Och bara släppa det. Även om dåliga saker händer, släpp bara taget. De är en del av den mänskliga upplevelsen på ett plan, men å andra sidan finns det så mycket mer.

Jag stötte på en annan varelse som kan skapa när jag hade en session med Nicole, chefen för ett stort företag. Hon gick omedelbart in i en utomjordisk plats när hon ombads att beskriva sin vackra plats. Hon fann sig själv i en grotta, men det lät inte som en normal plats på jorden, för där fanns andar som hon kommunicerade med. "Jag ser dessa andar när jag har frågor eller när de har information att ge mig. Jag kan kalla på dem. Ibland gör de andra saker. Om jag ropar på dem, kommer de. Oftast kan jag bara hitta dem här." Hon beskrev dessa andar som lysande vita ljus. "De kan se ut på vilket sätt jag vill att de ska se ut. De kan se ut som individuella människor. Jag kallar dem de 'vita klädselpersonerna'. Många gånger tittar jag inte på deras ansikten så noggrant. Jag känner igen dem genom deras energivibrationer."

Jag frågade om den här grottan som hon befann sig i. "Det här är en plats som jag har skapat. Och jag kan komma till när som helst. Jag skapade den i mitt sinne med mitt sinne, men jag skapade den på ett fysiskt sätt. Den existerar på – vad du kanske kallar – ett astralt plan. Det är en verklig plats. Andra skulle känna igen den."

D: *Men de andar du talar om, existerar de på det astrala planet?*
N: De existerar bortom det astrala planet. De är mina vänner. De är guider och kollegor. Jag använder dem för information, sällskap. (Fniss) Och bara för att hänga tillsammans. De kan få tillgång till

information som är svår för mig att nå från denna inkarnation. Jag behöver inte gå till grottan. Jag kan kontakta dem varifrån som helst.
D: *Men gillar du bara det astrala planet för att det är fridfullt?*
N: Det är vilsamt.

Det var uppenbart att Nicole inte var i ett tidigare liv. Hon beskrev bara sin kontakt med dessa andeguider under sin nuvarande inkarnation. "Jag har kontaktat dem i andra liv. Vi har varit kollegor mer än guider för varandra." Jag fortsatte sedan med regressionsmetoden och använde molnmetoden.

N: Jag driver ner genom några väldigt spetsiga, spetsiga tallar. Jag tror inte att detta är Jorden! Tallarna är väldigt, väldigt, väldigt höga. Kanske tio meter breda, och väldigt runda. Och marken rör sig. Den är inte fast.
D: *Hur känns det när du står på den?*
N: Jag är inte i det fysiska. Jag har ingen fysisk kropp. Så jag behöver inte nödvändigtvis stå på den. Markens yta rör sig. Lite som att stå på ett moln, men det är energi istället för vattenpartiklar.
D: *Vad med träden, är de solida?*
N: Nej, de är inte solida. Ingenting är solitt på det sättet du förväntar dig på Jorden. De har en form, men du kan sätta din hand genom dem. De är tredimensionella, om du kan föreställa dig att molekylerna som utgör trädet inte är lika tätt bundna som molekylerna på Jorden.
D: *Det är därför du skulle kunna sätta din hand genom det. Och marken rör sig för att den inte heller är fast?* (Rätt) *Och din kropp är mer som...*
N: Det är mer som en energikropp. Jag kan skapa en form. Jag drar bara några molekyler tätare tillsammans. Jag har lite materia. Men det är väldigt löst.
D: *Om någon skulle titta på dig, vad skulle de se?*
N: (Fniss) Det beror på vem som tittar på mig. Kanske skulle vissa människor se en grå smet. Andra människor skulle se alla

glittrande ljus. Alla olika färger. Det beror på vad de är medvetna om. Om jag inte drar molekylerna närmare för att skapa en form.

D: *Om du skulle skapa en form, vad skulle du skapa?*

N: Vad som helst jag ville skapa. Jag kan skapa vad som helst. Jag kan skapa en stor katt. Jag kan skapa mig själv som jag är i den nuvarande inkarnationen. Jag kan skapa mig själv som en man. Jag kan forma mig själv till vilken form jag vill. Det är väldigt enkelt att göra.

D: *Då, vad du än skapade, skulle det vara solitt?*

N: Inte solitt som på Jorden, men det skulle vara lika solitt som träden.

D: *Då skulle folk kunna sätta handen genom det?*

N: Om de valde att göra det.

D: *Det är intressant. Men det är så här din kropp ser ut hela tiden på den här platsen?*

N: Det mesta av tiden lämnar jag den som glittrande ljus.

D: *Det låter vackert. Och hela världen där du är är formlös?*

N: Nej, det är inte formfritt. Det finns regler på den här världen också. Det finns olika parametrar för denna verklighet än på Jorden. De fysiska parametrarna är bredare. Andra parametrar är mycket smalare. Det finns inte lika mycket utrymme för förlåtelse – jag tror jag har missförstått det ordet. Det finns mindre utrymme för tankar. Om du tänker, så skapar du.

D: *Sa du att den här platsen, den här världen, inte är på Jorden?*

N: Det kan vara samtidigt med Jorden. Det utrymme det upptar kan också upptas av Jorden.

D: *De kan båda uppta samma utrymme?*

N: Självklart. Det finns plan. Du skulle kunna säga att detta är på ett annat plan. På ett annat vibrerande nivå. En del av det överlappar delar av Jorden.

D: *Så detta är varför de kan existera på samma plats, för att de vibrerar i olika hastigheter?*

N: Ja. De kan uppta vad som skulle verka för en jordisk inkarnation som samma utrymme. Rummet är faktiskt oändligt. Genom att uppta en annan vibrerande nivå skulle det vara osynligt för Jorden, i största delen av dess upptagning.

D: *Finns det andra som du som existerar där?*

Den Komplicerade Universum Bok Två

N: Det finns några få. Vi kontaktar inte varandra särskilt gärna. Jag kommer hit för att vara ensam. Jag existerar inte här hela tiden. Det är platsen för att öva på att kontrollera tankar. Och att göra det utan alltför stora konsekvenser.

D: *Vad menar du med alltför stora konsekvenser?*

N: I många områden, eller plan, eller vibrerande nivåer, är det svårare att kontrollera tankarna i den enhet som är upptagen. Och så i de fallen skapar tankar ofta oväntade konsekvenser. Dessa konsekvenser kan ofta vara störande i breda mönster.

D: *Menar du att människor skapar saker och sedan...*

N: Det är ett misstag. Ofullständigt.

D: *Är det när det skapas direkt?*

N: Nej. Allt du tänker skapas direkt. På det andra planet jag besöker, dyker skapelserna upp direkt. Och så är det en utmärkt plats att träna dina tankemönster. För du tänker på något. Direkt dyker det upp, och du kan direkt spränga det och finslipa det.

D: *Du menar att det är lättare att kontrollera där?*

N: Ja. Jordens plan är så tjockt. Du skapar något, och det finns störande energier som är så tjocka. Det tar så lång tid! Så långsamt! Jorden är så långsam. Den är tät. Tankar skapar något, och det går ut och det tar ett tag att komma tillbaka. När det till slut kommer tillbaka har du skapat andra saker. All denna tid har gått. Denna skapelse kommer till slut och du säger, "Pffft, det var inte vad jag ville ha. Det var inte vad jag behövde." Så du måste spränga det och börja om igen.

D: *Men om det tog längre tid att hända, att komma till verklighet, skulle du inte kunna ändra det lättare?*

N: Ibland kan du. Ibland kan du inte följa det hela vägen ut. Det är bara så tjockt. Du kan inte alltid kontrollera det. Andra människors energier fastnar på skapelserna och rör dem.

D: *Det gör förändringar i det. Jag har aldrig tänkt på det. Det förblir inte rent. Andra influenser kommer in.*

N: Ja. Du måste skapa det på en väldigt hög vibration för att hålla det rent. Det är så mycket lättare att öva här. Så mycket roligare. Det är så mycket lättare att skapa vackra saker.

D: *Kan du ta det du skapar där och ta ner det till Jordens plan?*

Den Komplicerade Universum Bok Två

N: (Fniss) Det skulle vara ganska störande. Att ha en tiger som springer på gatan. Sådana saker. Det är inte samma sak.

D: Skulle det inte vara snabbare om du kunde göra det?

N: Nej. Det finns en annan vibration för att skapa saker på Jordens plan som fungerar bättre.

D: Jag trodde att det kanske var ett sätt att komma runt långsamheten.

N: Långsamheten är en del av reglerna, lagarna.

D: Men du kan se den personen som du är på Jorden. Är du faktiskt på två platser samtidigt?

N: Ja, du kan säga det. Jag kan fokusera på vissa platser. Det är mer komplext än så. Jag existerar alltid på många platser. Jag existerar på den högsta nivån överallt samtidigt. Det finns ingen tid, inget rum.

D: Vad skulle syftet vara med att existera överallt på en gång?

N: På den punkten, det är för att veta allt du behöver veta. För att ha tillgång till all information.

D: Har du alltid existerat? Eller hade du en början någonstans?

N: Jag hade en början. Jag försöker hitta den informationen. Jag tror inte att det finns ett sätt att förklara det. Det var faktiskt en gemensam ansträngning. Hur förklarar jag detta? Jag var halvan, och en manlig energi var den andra halvan.

D: Manlig och kvinnlig energi var båda tillsammans, menar du?

N: (Hon tog ett djupt andetag.) Jag behöver en högre nivå av energi, tack. (Hon andades djupt som om hon justerade sig till något.) Jag rör mig upp några nivåer. Så jag har tillgång till mer information.

D: Vissa människor ger mig analogier om de inte kan hitta ord.

N: Ja, men det är svårt att hitta en analogi på Jorden. För på Jorden finns det ingen förståelse för att något kan skapas ur ett uppenbart ingenting. Men så är det. Det är hur jag föddes, om man så vill, andligt. Och jag skapades genom tanke. Och jag vet att på Jorden säger man, hur kan du skapa dig själv genom tanke? Du måste redan vara i existens för att ha den tanken!

D: Eller så måste något annat tänka dig in i existens.

N: Kanske.

D: Nåväl, om det är för komplicerat...

N: Nej, det är inte en komplikation. Det är bara så att informationen inte är tillgänglig på jordplanet.
D: *Menar du att den inte kan komma ner till våra mänskliga sinnen?*
N: Inte vid den här tiden. Det skulle inte ge någon mening.
D: *Kanske är det nog att inse att det finns vissa saker vi inte kan förstå.* (Ja) *Är du medveten om entiteten känd som Nicole? Den som vi kommunicerar genom?*
N: Ja, vi är samma. Jag är en del av henne.
D: *Du är en del av henne, men ändå separat.* (Ja) *Påverkar du hennes liv på något sätt medan hon lever?*
N: Ja. Genom tanköverföring.
D: *Är du intresserad av vad som händer med henne, eller är du helt separat?*
N: Jag är mer intresserad av vad som händer med mig.
D: *Då varför existerar du också som en entitet på jorden?*
N: Vissa upplevelser är tillgängliga på jorden.

Vid denna tidpunkt hände något oväntat. Entiteten stoppade mina frågor för att utföra en uppgift på Nicole. Nicoles kropp andades djupt, och sedan sade entiteten: "Jag flyttar Nicole till nästa nivå. Detta är den mer kunniga delen av henne själv."

D: *Är nästa nivå ovanför eller under?*
N: Ovanför. Lite lättare än den andra. Detta hjälper för henne att vara medveten om de olika nivåerna av medvetenhet inom sitt väsen, för det kommer att vara nästa steg i integrationen. Och tillväxt är att integrera allt detta till deras högsta nivå. Vid denna tidpunkt sänker hon ofta ner sig själv för att relatera till människor runt omkring henne. På ett sätt som döljer hennes otålighet med dumhet. Så snart hon säger något på den fysiska nivån om vad som händer på den andliga nivån, möts hon av förakt. Därför är det mycket roligare för henne att vara ensam. Folk skulle inte förstå om hon skiftade form offentligt, eller om hon förvandlade klockan till en groda. Det är frustrerande och irriterande. (Djupt andetag) Hon måste hålla allt inom sig. Hon använder dessa energier. Hon vet var de kommer ifrån. Hon litar inte

nödvändigtvis på sin kontroll över dem i denna fysiska inkarnation ännu. Det orsakar sprickor i energin och väggar i energin. Det är därför hon inte gör dessa saker. Hon vill inte skrämma människor. Hon vill inte sätta sin fot genom väggen. Sätta handen genom väggen. Skapa saker; öppna sin näve och låta fjärilar flyga ut.

D: Kan hon göra det?

N: Hon är kapabel. Hon vet det, hon fruktar det. Dessa saker strider inte mot de fysiska lagarna på den plats du lever. Medvetet inser hon att hon kan göra dessa saker. Hon gör det inte, för hon litar inte på andra människor. Hon litar inte på deras förståelse. Hon litar inte på deras reaktioner. Hon har alltid kunnat göra detta även när hon var barn. Hon skiftade form som barn.

D: Vad skulle hon skifta form till?

N: Vad som helst hon ville. Träd. Vatten. Ekorre. Vad som helst.

Detta liknar andra kapitel i denna bok, där människor kunde göra saker som vi antar vara omöjliga. Sedan boken skrevs har jag stött på människor som har förmågan att skifta form, ofta utan att vara medvetna om det. De ser plötsligt annorlunda ut för observatörer. Detta kommer att vara i Bok Tre. Som Nicole sade, dessa saker strider inte mot de naturliga lagarna på denna planet och denna dimension. Vi har bara blivit villigt uppfostrade sedan barndomen att det finns vissa saker vi gör, och vissa saker vi inte kan göra. Jag har föreläst i åratal om att vi inte känner till kraften i våra egna sinnen. När vår tankekraft (som är splittrad) organiseras och fokuseras (särskilt i grupper) finns det ingenting vi inte kan göra. Mirakler blir då möjliga. Vi måste erkänna och kontakta den skapande varelse som bor inom oss.

Den Komplicerade Universum Bok Två

Kapitel 25
EN ENERGI ENERGIVARELSE SKAPAR

ATTACKERNA DEN 11 september 2001 på New York och Pentagon var vändpunkter i vår värld. Men samtidigt pågick det också en förändring i mitt arbete. En vändpunkt i inhämtningen av information, och typen av information som skulle erhållas. Under hela 2001 verkade detta pågå medan varelserna (eller vem de än var) försåg mig med mer komplicerade begrepp. De verkade antyda att världen var redo för denna information. Ibland längtade jag tillbaka till de enklare dagarna när mitt fokus var på tidigare liv och studier av historia, men det skulle inte vara så. Jag skulle aldrig kunna återvända till de dagarna och skulle istället behöva fortsätta framåt i det okända och outforskat inom metafysik.

Min dotter Nancy och jag hamnade i den kaos som uppstod på flygplatserna den 11 september efter attackerna. Jag hade precis talat på en Expo i North Carolina och vi hade tillbringat natten på ett privat hem. Vi steg upp på morgonen och packade för att åka till flygplatsen för att återvända hem för några dagar. Damen fick ett hektiskt telefonsamtal från en vän som bad henne att sätta på TV:n. Hon sa att Pentagon just hade bombats. Jag sa, helt förvånad, "Men det står ju i mina böcker! Förutom att Nostradamus sa att New York också skulle bli bombat."

Hon ropade från ett annat rum: "Du måste komma hit! Det är båda!" Vi såg med fasa hur kameran bytte mellan de två händelserna som inträffade samtidigt. Sedan, med total misstro, såg vi tvillingtornen kollapsa till en hög av skräp. Under de tio år jag hade hållit föreläsningar om Nostradamus profetior, hade de alltid varit ett "möjligt" scenario. Ett scenario som jag innerligt trodde vi skulle kunna undvika. Nu, hans förutsägelser utspelade sig framför mig. Det chockade mig ända in i själen. De hade alltid varit "kanske, kan vara, möjligtvis". Men nu var de en del av min verklighet.

Efter att min dotter Nancy och jag lyckats slita oss från TV:n, visste vi att vi fortfarande behövde åka till flygplatsen där vi skulle ta ett flyg hem. På den tiden visste vi inte vad som skulle hända härnäst. När vi körde vår hyrbil mot flygplatsen kom nyheter via radion om att alla flyg över hela USA stoppades och de flyg som var i luften blev beordrade att landa omedelbart. Utrikesflyg vändes om mitt i luften eller landades i Kanada. Detta var första gången något liknande hade hänt i USA. Implikationerna var förödande. Ändå var vi tvungna att åka till flygplatsen för att ta reda på vad vi skulle göra.

När vi närmade oss Greensboro flygplats, såg det ut som ett militärläger eller en polisrazzia. Det fanns avspärrningar, polisbilar och poliser överallt. De hade redan spärrat av ingångarna. Vi stoppades omedelbart, och jag kunde se att poliserna var väldigt nervösa och upprörda. De hade ingen aning om vad som pågick mer än vi. Ingen visste ännu katastrofens omfattning. De sa till oss att det inte gick några flyg och att vi var tvungna att åka därifrån omedelbart. Men vi var tvungna att ta reda på vad vi skulle göra med hyrbilen. Motvilligt lät de oss parkera och gå in. Det var kusligt, flygplatsen var helt öde. Kvinnan vid hyrbilsdisken sa att om vi lämnade in vår bil, kunde vi inte få en annan. All uthyrning hade stoppats, och även alla Greyhound-bussar hade stoppats. Hela nationen hade kommit till ett tvärt stopp. Jag tittade på Nancy och hon sa: "Jag har fortfarande nyckeln. Vi börjar köra." Vi sa till dem att vi skulle lämna in bilen när vi kom hem till Arkansas. De argumenterade inte, det var den enda logiska lösningen. Det tog två dagar att köra tillbaka till Arkansas. Hela vägen, i en annan världslig atmosfär av de nonstop radiosändningarna.

När jag kom hem utmattad fanns det meddelanden om att flera radiostationer ville att jag skulle gå i luften omedelbart för att prata om Nostradamus profetiorna för händelserna. Mina böcker, *Conversations With Nostradamus*, var de enda som hade händelserna detaljerat beskrivna. Dagen därpå fick vi ett samtal från Bob Brown som arrangerade UFO-konferensen i Laughlin, Nevada, där jag var planerad att tala den helgen. De hade bestämt sig för att inte ställa in, utan hålla konferensen ändå, och de skulle börja köra från Colorado för att sätta upp allt. De sa att några av deras talare som skulle komma från Europa hade vänds om mitt i flygningen och inte skulle kunna delta. Ingen visste vilken typ av konferens det skulle bli. Men han ville att jag skulle byta ämnet för min föreläsning från UFO:s till Nostradamus profetior på grund av omständigheterna. Han sa att jag måste komma dit, även om jag var tvungen att köra dit. Den idén tilltalade mig inte då vi just hade kört två dagar för att komma hem. När vi var redo att åka på lördagen, tog vi det enda flyget till Las Vegas när flygbolagen återupptog begränsade flygningar.

Konferensen hade inte den närvaro som normalt förväntades, men alla sa att de var glada att Browns hade gått vidare. Annars hade vi alla suttit hemma fastklistrade vid TV:n och tittat på hemska reprisavsnitt av händelserna. Åtminstone gav konferensen oss en distraktion, något annat att fokusera på. Min föreläsning var den svåraste jag någonsin har hållit, för jag talade om en verklighet som tidigare bara varit en möjlighet. Om denna hade blivit sann, vad säger det om de andra som förutspådde ett fruktansvärt krig?

Det var en konstig vecka på fler sätt än ett. Det intressanta var att när jag hade en session i Memphis med Mary några veckor innan, sa "de" att jag skulle få mer av en annan typ av information. Att en dörr som tidigare varit stängd för mig skulle öppnas, och jag skulle få tillgång. Under denna vecka i Laughlin hade jag tolv privata sessioner. Tio av dem innehöll antingen information att använda i framtida böcker, eller ett meddelande till mig (inklusive ett som handlade om min hälsa). Dessa meddelanden kom oftast i slutet av sessionen när jag frågade om det fanns något meddelande från det undermedvetna till personen. Förutom att ge dem ett meddelande, berättade de också något jag behövde veta. Det verkade som om "de" tog mer och mer tillfälle att utnyttja min klients trance-tillstånd för att ge mig information.

Många av mina sessioner tog intressanta svängar. Det verkade som om jag blev visad att fokuset på tidigare liv inte var så viktigt som jag tidigare trott. Det var värdefullt för att hitta orsaker till klienters fysiska problem, sjukdomar, fobier, allergier och karmiska problem. Men jag tror att de entiteter som styrde många av dessa sessioner, försökte betona att det var dags att gå till en annan nivå av förståelse, bortom att bara återuppleva tidigare liv i denna dimension. De försökte visa oss att vi är så mycket mer än en ande som har en upplevelse i en fysisk kropp. Vi är också något mycket högre, mycket mer komplicerat. Att detta liv bara var ett stopp på vår resa, och inte nödvändigtvis det viktigaste stoppet. Tydligen ansåg denna högre nivå av förståelse att personen jag arbetade med var redo för denna kunskap så att de kunde förstå sitt liv från ett annat perspektiv och en ytterligare existensnivå. Vissa människor kan vara redo för detta, men för andra kan det vara för svårt för deras trossystem att hantera. Jag påminde mig alltid själv medan jag gjorde en session, att ämnet aldrig får information förrän de är redo. Om deras undermedvetna (monitoren) inte trodde att personen var redo, skulle informationen inte visas, eller skärmen skulle bara bli tom. Jag bråkade aldrig med detta, för jag vet att "de" har mycket mer visdom än jag.

När jag började arbeta med Jerry, en affärsman som deltog i UFO-konferensen i Laughlin, fanns det definitivt censurering från hans undermedvetna i början. Det var nästan som om han inte var säker på om han var redo att ta emot informationen. Jag var tvungen att göra några justeringar innan han tilläts att ta emot den.

Under normala omständigheter, med min teknik, kommer personen att lämna molnet och gå in i en scen (oftast utomhus), och de börjar beskriva sin omgivning. Den här sessionen var annorlunda. Jerry fann sig själv gå igenom en tunnel. I slutet av den såg han att den var blockerad av en mycket stor dörr. Han beskrev den omedelbart som en energidörr, även om han inte visste varför han kallade den så. Han var nyfiken på vad som fanns på andra sidan, och jag frågade hur vi skulle öppna en energidörr. Han sa att det görs med tanken. "Jag försöker lösa upp den, men jag kan bara få en del av den. Den nedre hörnan löses upp, men det är inte tillräckligt för att jag ska kunna komma igenom." Frustrerad meddelade han, "Jag kan inte komma igenom den. Jag känner att jag inte är redo. Elementen kommer inte att låta mig komma igenom." När han sa det, försvann dörren. Så jag

Den Komplicerade Universum Bok Två

drog slutsatsen att han uppenbarligen inte var redo att se vad som fanns bakom dörren. Undermedvetna gör ett fantastiskt jobb med att skydda oss från oss själva. Det tillät honom inte att se något han inte skulle kunna hantera. Det här trodde jag, men jag hade fel.

Eftersom dörren hade försvunnit, skulle vi behöva gå någon annanstans för att hitta den lämpliga platsen för Jerry att se. Jag instruerade honom att titta någon annanstans för något som skulle hjälpa honom att förstå sitt nuvarande liv. "Vi behöver inte gå genom den dörren om de inte vill att vi ska. Vi kan gå i en annan riktning och hitta något annat som är säkert för dig att titta på. Något som kommer att vara viktigt för dig." Jag räknade för att ta honom till en scen, och frågade vad han såg. Till min förvåning fann han sig själv på ett stort rymdskepp.

J: Det är ett stort skepp, som jag känner är levande. Det är inte gjort av stål eller metall.
D: Levande?

I mina UFO-undersökningar har många människor rapporterat att de känt att det skepp de var på var levande och på något sätt medvetet om dem.

J: Levande. Skeppet har ett medvetande. Det har form, men de låter mig inte se det. Bara det här enorma rummet. Det har en trädgård i sig.
D: En trädgård i rummet?
J: (I förundran.) Ja! Det är som en djungelplanetarium, nästan, som på jorden. Det har vegetation och vatten. (Han fann detta fascinerande.)
D: Som ett stort växthus?
J: Ja! Det har vattenfall. Det här stället är enormt. Ha! De har sin egen jord. Det finns i skeppet. Det har vatten. Det har vegetation. Det har ... ha! Djur. Det tillåter varelser att resa i en fredlig miljö.
D: Taket måste vara högt också, om det har vattenfallet.

J: Man kan se igenom taket. Det är genomskinligt. Man kan se stjärnsystemen. Och ändå är det inneslutet. Det har sin egen atmosfär.

D: *Är djuren av samma typ som de på jorden?*

J: Vi kan skapa vilka djur vi vill. Okej, vi skapar detta. Det skapas av ett gruppsinne. Gruppen som reser på detta fartyg. Ha! Det är intressant.

D: *Men du sa att skeppet verkade vara gjort av något levande?*

J: Ja, ja. Det har sitt eget medvetande. Vi har skapat detta skepp med gruppsinne. Så vi kan resa med tankar och en miljö som vi känner oss bekväma i. Så gör vi det.

D: *Som att ta en bit av planeten med sig.*

J: Ja. Några av de bästa minnena vi har, tar vi med oss. Så gör vi det. Det gör resan mer trevlig.

D: *Är detta bara en del av skeppet?*

J: Vi skapar bostäder som är levande. Och vi kan prata med dem. Vi kan kommunicera med dem. Och det tillåter oss att resa.

D: *Kommunicera med bostäderna?*

J: Ah, med energin. Skeppet självt är levande. Jag försöker se hur vi ser ut. (Han fann allt detta fantastiskt och underhållande. Han hade roligt.) Okej, vi är energi. Vi är all energi, men vi kan skapa vilken form vi vill. Vi kan skapa kroppar av alla former, storlekar och dimensioner. Det är allt med tanken.

D: *Vad ser du ut som om du är ren energi?*

J: (Paus, som om han tittar.) Vi kan ändra färger. Alla lila. (Skratt) Det är som ett spel. Vi ändrar färger och energier för att leka ett spel.

D: *Har du en form?*

J: Vi kan ta former som vi väljer. (Överraskad) Ha! Vi kan ta form som bollar, fyrkanter, trianglar. Vi kan ta form som djur. Det är som ett stort spel. Vi är separata medvetanden, men vi är alla förbundna.

D: *Och vad är du i din normala form?*

J: Bara energi. Medveten energi. Det ser ut som en typ av vävande, vågig energi.

D: *Och den kan ta vilken form den vill, bara för att spela spelet?*

J: Ja. (Skratt) Jag blir förvånad!

D: *Varför skapade ni då skeppet?*

J: Jag antar att det är en illusion som vi tycker om. Så vi reser så här, i en grupp. Och vi skapar skeppet. Och vi kan bygga vattenfall. Vi kan sätta sjöar. Vi kan sätta fisk. Vi kan förändra ... det är väldigt strålande nu. Färgerna är verkligen ljusa, glödande, fosforescerande.

D: *Färgerna på varelserna?*

J: Ja, och det omger djuren. Vi kan sätta fjärilar där. Dammflugor. Sätta fåglar. Det är fantastiskt. Det är som att skapa en jord med våra tankar. Bara att det är ett skepp.

D: *Skapar ni vad det är som det är där ni kommer ifrån?*

J: Vi har varit på många ställen. Så de saker vi har njutit av, kan vi ta med oss genom vårt gruppsinne och dela med varandra. Så för att underhålla oss själva, tar vi med oss olika saker; minnen vi har av ställen vi har varit på.

D: *Är det fysiskt och fast?*

Han svarade inte mig. Han njöt av det han såg.

J: Okej, de där är pyramider.

Han började röra sina händer i rytmiska och graciösa rörelser genom luften.

D: *Vad gör du?*

Det var en lång paus medan han fortsatte att röra sina händer genom luften.

J: Vi skapar.

Han njöt verkligen av detta. Hans uttryck var rent lyckligt. Det var en annan lång paus medan han njöt av vad han än gjorde.

D: *Vad skapar du?*

J: Världar. Planeter. Dimensioner. Stjärnsystem. (Skratt) Vi går ut och vi skapar. (Ett uttryck av ren njutning.)

D: Men på din hemplanet, hur är det där?

Han ville verkligen inte prata. Han njöt av sig själv. Slutligen svarade han: "Det skapas där med gruppens sinne. Det är inte en individ. Det görs med gruppens sinne."

D: Alla måste agera tillsammans?
J: Ja, det är som en familj av själar som skapar tillsammans. Och vi använder våra sinnen. Det är som ett spel att skapa dessa vackra universum. Stjärnor. Och vi gör det tillsammans.

Han började röra sina händer graciöst igen.

D: Är din hemplanet en fysisk värld? En fast värld?

Jag har nu tillräcklig erfarenhet av att tala med energivarelser för att veta att inte alla världar är fysiska eller fasta som vi betraktar våra världar att vara. Det finns många olika möjligheter som strider mot fantasin.

J: Nej, nej, det är inte. Det är en annan dimension. Den är inte i er dimension. Den har olika former, former, färger. Den är inte fast. Den förändras konstant. Den har olika figurer och symboler och former, och färger.
D: Där du bor, vare sig du är på rymdskeppet eller på hemplanet, behöver du någon form av mat eller näring? Något för att hålla dig vid liv? (Nej, nej.) *Vad håller dig vid liv?*
J: Bara energi. Vi kan skapa och ha kroppar, om vi väljer. Vi reser med tanken. För att utforska och skapa. Vi åker till olika platser med sinnet. Och det är ett spel. Det är som barn som har kul.
D: Men det du skapar, stannar det kvar efter att du lämnar?
J: I vissa dimensioner löses det upp. I vissa dimensioner går det in i det fysiska. Vi kan göra fysiskt i de lägre dimensionerna. Och i andra dimensioner är det bara symboler. De råa energierna tar på sig olika former och former.
D: Och de förblir inte fasta?

J: Nej, vi kan göra det fast.

D: *Jag tänkte att det kanske var som ett hologram, och att det kanske bara skulle lösas upp och försvinna när ni var klara med det.*

J: Vi kan åka till planeter som redan har bildats. Och vi kan åka ner. Och vi kan bli ett med vad vi vill, träd, djur, och uppleva dem. Med sinnet. Vi kan ta våra energier in i de varelserna, de fasta formerna. Det är som ett spel. Som barn.

D: *Men ni stannar inte där? Ni upplever det bara?*

J: Ja. Vi upplever det och går vidare som en grupp. Vi reser som en grupp.

D: *Men ni får gå in i andra objekt och saker?* (Ja) *Jag antar att jag tänker att djur och människor har själar.*

J: Vi har själar. Ja. Vi har själar.

D: *Men får ni gå in i en kropp där det finns en annan själ?*

J: Med dess tillåtelse, ja.

D: *För att den vet att ni inte kommer att invadera eller stanna. Är det vad du menar?*

J: Rätt. Det är bara för att uppleva. Vi invaderar inte. Vi hedrar den själen. Vi måste ha tillåtelse.

D: *Bara för att uppleva det, och sedan går ni vidare.*

J: Ja. Detta är interdimensionellt. Vi kan gå in i alla dimensioner.

D: *Betyder det att ni är väldigt avancerade?*

J: Det finns inget ord för det, eller begrepp. Det är bara vetande.

D: *Jag menar, har ni upplevt lägre liv, och utvecklats till detta tillstånd?* (Lång paus) *Har ni haft inkarnationer med fysiska kroppar?*

J: Ja, vi kan om vi väljer.

D: *Jag försöker förstå hur det görs. Utvecklas ni till detta tillstånd efter att ha fullföljt era andra liv och karma? Eller hur fungerar det?*

J: Detta är en speciell planet.

D: *Där du kommer ifrån?*

J: Där vi är. (Skratt) Jorden. Det är en speciell planet. Det är en mötesplats för andra själar, och andra grupper från andra områden, andra dimensioner. Det är som en semesterplats att komma och vara med grupper av själar från andra områden, dimensioner.

Den Komplicerade Universum Bok Två

D: Det är annorlunda än de andra platserna ni varit?

J: Ja. Vi alla upplever det. Det är en speciell plats. En samlingsplats för själar. Det här är det bästa. Alla vet om denna plats.

D: Vad är det som är annorlunda med det?

J: Dess kärleksenergi.

D: Åh, är inte det funnet på andra ställen?

J: Inte på detta sätt. Det är porten till Skaparen. Det är den kopplingen. Det upplever allt.

D: Och detta är inte möjligt på andra platser?

J: Jo, men inte på detta sätt. Det är lite som Shangri-La på Jorden. (Skratt) Tja, det är ju Jorden.

D: Jag tänkte att ni kanske måste ha tillåtelse för att göra detta skapande.

J: Vi är tillåtna. Källan, den stora Skaparen. Den upplever ... den upplever genom oss.

D: Skulle ni kallas en medskapare?

J: Ja, självklart.

D: De tillåter er att skapa, men du sa att en del av det bara löses upp.

J: Det är som att rita en målning, och sedan rita en annan målning ovanpå den. Du kan sudda ut eller gå över det, omforma, återskapa.

D: Så det är en ständigt förändrande sak, menar du?

J: Det kan vara, ja.

D: På Jorden, om du skapar något, stannar det kvar?

J: Jorden gör det, men den förändras också. Jorden är ett gruppmedvetande.

D: (Han gjorde graciösa handrörelser igen.) Med alla dessa handrörelser, vad skapar du, medan du pratar med mig?

J: Jag försöker komma ihåg.

D: Hur man gör det?

J: Vad det allt betyder.

D: (Jag tittade på hans ständiga graciösa rörelser.) Är handrörelserna nödvändiga för att skapa dessa saker?

J: Det fungerar genom kroppen. Väcker kroppen. För att minnas medvetandet. Jag tror inte att jag var tänkt att veta detta. Att minnas det. Ja. Det var dörren.

Han refererade till energidörren i början som han inte kunde lösa upp. Han trodde att informationen var blockerad när han inte fick tillåtelse att gå in. Men tydligen hade det undermedvetna funnit ett annat sätt att ge honom kunskapen.

D: *Men om det har kommit igenom, måste det vara tid, annars skulle du inte få lov att minnas det.* (Ja) *Det betyder att det är viktigt. Men om du minns hur det görs, behöver du gruppen, eller hur?*
J: Ja, gruppen är viktig.
D: *Du kan inte göra det själv?*
J: Jag skulle inte vilja. En del av upplevelsen är att skapa tillsammans. Att njuta tillsammans. Det är ensamt att vara själv, så vi kom tillsammans som en grupp, och vi njuter av varandras sällskap. (Skratt) Vi underhåller varandra. Så en del av gruppmedvetandet är att vi kan underhålla varandra. Så det finns ingen tristess. Det är ständig förändring och skapelse. Och att beundra andras arbete. Andra själar, andra skapare. Vi går till platser som har skapats. Och som en målning, njuter vi av dessa platser, för att se vad andra människor har skapat, andra själar.
D: *På det sättet fastnar du inte i det fysiska och karmiska, gör du det?*
J: Det kan du om du vill. Det är en del av spelet. En del av nöjet. Att uppleva så många olika saker som möjligt.
D: *Men där du är just nu, har du inte karma, eller hur?*
J: På skeppet har jag inte det. Men jag kan. Det finns olika sätt att uppleva det. Du kan ta på dig former och uppleva det.
D: *Då skapas karma för att du interagerar med andra människor?* (Ja) *Jag försöker förstå hur det fungerar.*
J: Andra grupper har kommit till detta område, och interagerat tillsammans. De väljer att ta på sig en form, och skapa den formen, och spela spelet. Det är allt en illusion när det är spelet, men det är viktigt att spela det. För vi får uppleva kärlek och känslor. Det visuella, smaken, alla sensationer som inte finns på andra ställen. Det är väldigt unikt.
D: *Menar du att på andra ställen, och särskilt på din hemplanet, finns det inga känslor?*

J: Vissa har dem, ja. Vissa har, vissa har inte. Vissa är bara rå energi. Formerna, symbolerna. Jorden är unik för att den har mer variation. För att det är en samlingsplats. Inte en grupp som skapade detta. Det var många grupper som bildade och skapade det, vilket gör det unikt. Det är allt lagt till allt. (Skratt) Det är som en gruppmålning.

D: *Alla har haft något att göra med det?* (Ja, ja.) *Men för att resa hit, var du tvungen att resa i ett skepp. I någon form av inneslutning.*

J: Ja, det är för att hålla gruppen samman.

D: *Kunde ni bara resa som energi?*

J: Ja, vi kan separera oss från gruppen om vi vill, och gå på egen hand. Men vi kan återkoppla med gruppen, för vi är alltid i kontakt. Vi kan resa som ljusklot, och åka till olika platser. Ibland på egen hand, oftast med nära vän-själar.

D: *Men om du inte hade inneslutningen runt dig som du skapade, skulle du inte kunna hålla gruppen samman?*

J: Ja, det är konceptet med gruppen.

D: *Energin skulle mer eller mindre spridas om ni inte höll den samman?*

J: Ja, det skulle den. Vi valde att komma samman som en grupp, och resa tillsammans.

När jag har talat med andra energivarelser, har jag fått höra samma sak. Jag trodde att om de var ren energi skulle de kunna resa var som helst på egen hand. Varför skulle de behöva ett skepp för att resa i? De har sagt till mig att det håller deras energi innesluten. Annars skulle den spridas och blandas med den andra energin runt omkring. Jag har också fått höra från andra att Jorden betraktas som en semesterplats, där varelser kommer för att uppleva olika känslor och upplevelser. De vill ha äventyret och sedan återvända "hem". De måste vara försiktiga så att de inte fastnar i upplevelsen till den grad att de skapar karma och blir dömda att stanna här. Många av dessa besökare måste förbli objektiva observatörer, vilket är svårt.

D: *Och ni skapar er nöje längs vägen medan ni reser genom att göra skeppet precis som ni vill ha det.*

J: Ja. Det är som att titta på en enorm TV eller underhållningscenter, men vi skapade det. Och det är spelet, att göra olika saker. Ibland skapa, ibland njuta av andras skapelser. Men Jorden är väldigt speciell. Det är som en mycket stark koppling till Källan.

D: *Varför tror du att den har en stark koppling?*

J: Det är nästan som Guds hjärta, antar jag, det bästa sättet att säga det på. Av vad vi, som humanoider ser Gud eller Skaparen som. Men det är bara på det fysiska. Jag antar att kanske i vårt sinne, det var det vi skapade, är Källan, till Källan.

D: *Hur uppfattar du Källan?*

J: Vi är Källan. Vi är en del av Källan. Det är bara energi. Det är tanke. Det kan ta form, men det kan också koppla oss till oss.

D: *Och ni är mer perceptiva av detta för att ni inte har en fysisk kropp?*

J: Ja. Vi är medvetna. Vi vet. Närvaron är där. Vi kan stämma in.

D: *Men Jorden är närmare Källan, på grund av variationen?*

J: Det är på grund av samlingen. Själv. Alla själar. Det är källan till det. Kopplingspunkten. Det är som en galaktisk familj som samlas. Det finns ett stort drag hit.

Han hade fortsatt göra de graciösa handrörelserna genom hela sessionen.

D: *(Skratt) Det ser ut som om du verkligen njuter av denna skapelseupplevelse, eller hur?*

J: Upplevelsen, ja.

D: *Stannar du borta från din hemplanet länge?*

J: Jag kan inte känna någon hemplanet. Jag känner bara många platser jag har varit på.

D: *Inte en plats du vill återvända till? Du gillar att resa från plats till plats.*

J: Ja. Jag känner ingen plats, inget början. (Paus) Jag försöker se om det finns en plats.

D: *Där du kom ifrån.*

J: Ja. Vid en tidpunkt fanns det en form. I början fanns ingen form. Det var bara energi.

Det är så här det beskrivs i Bibeln: *I begynnelsen skapade Gud himmel och jord. Och jorden var utan form och tom, och mörker var över djupet. Och Gud sade: "Låt det bli ljus", och det blev ljus.* Genesis 1:1–3

D: Men, som du sa, har du en individuell själ.
J: Ja. Det är en vetskap. Det är en koppling. Det är separation, men ändå en del av. Det är en kopplingspunkt. Men det är separation, och ändå är det medvetande, medvetenhet. Det är att koppla till en Källa. Och det är också separerat från.
D: Och det är något som vill uppleva.
J: Ja, ja. Jag kan inte se det, men det är bara överallt. Det är en del av oss.

Han använde fortfarande handrörelser. Jag antar att vi kunde ha stannat längre i den här scenen, men jag höll på att få slut på frågor att ställa till en energivarelse som var upptagen med att njuta av skapandet. Så jag bestämde mig för att göra det jag brukar göra. Jag förde honom framåt i det livet till en viktig dag, när något hände. Jag hade ingen aning om vad som skulle vara en viktig dag för en icke-fysisk energivarelse.

D: Vad ser du? Vad händer?
J: Jesus föds.
D: Åh? Berätta om det. Ser du på det?
J: Från ovan.
D: Vad ser du?
J: (Paus) Det är en känsla. En upplevelse. Jag kan se det, men det är en känsla. Det är en väldigt vacker känsla. Det är en väldigt speciell händelse. Jag är inte säker på varför, men det är en speciell händelse. Mycket speciell. Jag tittar på det från ovan.
D: Är andra med dig?
J: Ja, gruppen är här. Det är en mycket vacker tid. Jag observerar. Jag försöker förstå. Jag är inte säker på varför det är så viktigt eller speciellt. Okej. Det är kärleksenergi som skapas på ett mycket speciellt sätt. Man kan uppleva det. Det är mycket speciellt. Det

är interdimensionalt. Det behövs på många dimensioner. Vi är alla här. Det är en samling. Vi kan uppleva det genom själarna på planeten, eller så kan vi observera det från ovan. Det är mycket speciellt.

D: *Du sa att det var som kärlek som blev manifest?*

J: Ja. På det manligt/kvinnliga sättet av jorden, som är separerat, som är dualistiskt. Det är Gud som kommer in manligt/kvinnligt. Det kommer från en högre källa. Det kommer från Källan. Det är mycket speciellt. Från detta perspektiv kan vi se det från en större utsiktspunkt. Det är avgörande.

D: *Varför är det avgörande?*

J: Jag vet inte. För planeten, antar jag, men inte för oss. Vi är separerade. Men det är för planeten. Varför är det speciellt? Bara kärlek. Det är att bringa kärlek till planeten på ett sätt som aldrig har upplevts. I mänsklig form. Men det transcenderar många dimensioner. Det påverkar många dimensioner på planeten. Men det är som en portal.

D: *En portal? Vad menar du?*

J: Jag försöker förstå. Jag vet inte varför. Det är en kopplingspunkt för själar. Varelser. Änglar. Det drar alla varelser, all skapelse dit. Det är en plats att uppleva kärlek som skapas på ett speciellt sätt.

D: *Det är därför det drar folk dit. De vill uppleva den känslan?*

J: Ja. Det finns änglalika varelser. Det finns utomjordingar. Olika raser. De upplever alla det. Det är … (emotionellt) det finns inget ord för det. Bara speciellt!

D: *De vill bara vara där för att uppleva känslan och emotionerna.*

J: Ja, känslorna.

D: *Ja, det är speciellt och det är annorlunda. Nåväl, jag tänker be dig att gå bort från den där speciella dagen, även om det är något som är väldigt viktigt. En speciell händelse. Jag vill att du ska gå – jag vet inte hur långt framåt det skulle vara – men jag vill att du ska gå till den punkt när du slutade vara en energivarelse.*

Jag brukar ta ämnet till den sista dagen av deras liv, när de dör. Men jag tänkte att det inte skulle vara möjligt, så jag försökte tänka på hur jag skulle formulera det. Energi upphör inte att existera, som en kropp gör.

D: Har du någonsin nått den punkt när du kände behovet av att sluta vara en energivarelse, och blev en annan typ av varelse? (Det här var knepigt.)
J: Jag tog många liv, många liv.
D: Jag tänkte att en energivarelse inte skulle dö. Den skulle bara utvecklas. Skulle det vara ett sätt att säga det?
J: Det är mer att uppleva de olika koncepten.
D: Låt oss då gå till den punkt när du, som en energivarelse, beslutade att gå in i det fysiska och stanna där. Kan vi gå till den punkten och se vad som hände? Vad är det som händer vid den tidpunkten?
J: Så jag väljer och väljer vilken jag ville välja.
D: Gör du ett beslut att du vill gå in i det fysiska, och vara det istället för en energiform? (Ja) Hände något som fick dig att besluta att lämna energiformen?
J: Det var en ny upplevelse. Det var något vi valde att uppleva. Någon annan hade skapat dessa former, så vi valde att uppleva dem. Vi hade inte skapat dem, men de var intressanta.
D: Du tänkte att det skulle vara intressant att bli fysisk?
J: Vi kunde om vi ville, ja. Men det fanns andra som övervakade själar. Det var med tillstånd.

Detta var vad jag letade efter. Jag visste från mina år av att undersöka reinkarnation genom tusentals människor, att det definitivt finns regler och bestämmelser. Det finns något som ett råd av äldre, mästare och guider på den andliga sidan som övervakar och kontrollerar inkarnationen i mänskliga kroppar. Ingenting lämnas åt slumpen. Jag är verkligen glad att någon håller koll på vad som händer. Det måste vara en enorm uppgift.

D: Så det är inte på måfå. Du måste ha tillstånd för att göra denna förändring, denna övergång?

J: Ja, ja. För att kunna komma ut igen. (Skratt) Du kanske vill stanna. Så det finns ett sätt att frigöra själen, så att vi inte fastnar här för länge. En process för inträde/utträde.

D: *Tror du att det skulle vara lätt att bli fast?*

J: Det kan vara. Vi måste kunna komma ut igen. Det finns för mycket att uppleva. Inte bara vara där. Andra saker att göra. Andra saker att uppleva. Andra saker att skapa. Vi vill inte fastna i en fysisk kropp.

D: *Men det fanns andra varelser som gav dig tillstånd.*

J: Ja, det fanns några som var lite mer ansvariga. Ja, de som övervakar.

D: *Så det finns definitivt personer som kontrollerar allt, så att säga.*

J: Ja, ja. Jag försöker se hur de ser ut. De har sitt eget skepp. Ja, de är kopplade. Det är en del av Källan. Det är bara ansvariga för den här planeten.

D: *De måste godkänna när vissa energier och själar kommer in?*

J: Ja, annars skulle det bli kaos. Det finns en kontrollerad ordning, och syfte. Det måste finnas syfte.

D: *Så, hur känns det när du går in i den fysiska kroppen för första gången?*

J: Det är nya känslor, nya känslomässiga upplevelser. En ny erfarenhet. Många olika former, ser jag. Många olika kroppar?

D: *Bebisar eller vad? Nya former, nya kroppar?*

J: Först upplever vi bara att gå in i olika växter, djur.

Det här stämmer med vad jag rapporterade i min bok *Between Death and Life*. När en själ först upplever livet på Jorden, går de vanligtvis inte in i en mänsklig kropp direkt. (Även om det skulle kunna hända.) De måste börja på den grundläggande nivån så att de förstår vad det är att vara allt. När du har upplevt att vara gasformig, stenar, växter och djur, förstår du all livs sammanlänkning. Faktum är att allt är levande, och allt är ett. Sedan, när själen är redo att uppleva en mänsklig kropp, bär den med sig denna förståelse på själsnivå. Vårt problem nu i vår värld, är att ta tillbaka dessa minnen till det medvetna planet. Så vi kan börja ära vår Jord igen som ett levande väsen.

J: Det är en del av födelseprocessen. Att gå in i en form. En form väljs. Den skapas.

D: *Och de som övervakar bestämmer vilken form du ska gå in i?*

J: Ja, det beslutas tillsammans. Det bestäms i förväg vad man vill uppleva. Vilken typ av livsform. Svårigheten är att du fastnar i en form. Och det är mycket svårt för själen att känna sig fast i en form. Det är väldigt begränsande. Vissa väljer att inte göra det, för de vill inte ge upp sin frihet. Det är skrämmande för vissa. Det är okänt. Det är en lägre vibration. Det finns saker vi inte har upplevt. Mörka energier. Du vet, det finns en mörk sida. Den presenteras för att låta oss uppleva något nytt och annorlunda. Det är unikt. Och det låter oss komma i kontakt med de mörka sidorna, de mörka energierna, de lägre vibrationerna. Ja, det är som en dragning för vissa att uppleva det.

D: *Gick du in i formen av en baby, ett nytt väsen som just höll på att utvecklas?*

J: Jag kan inte se hur formen såg ut.

Han verkade obekväm, som om han kände något okänt och lite störande. Jag var tvungen att påminna honom om att han hade frivilligt valt att uppleva detta. De som övervakar skulle inte ha tillåtit det att hända om de inte trott att det var rätt att göra.

J: Det var bra. Det var något jag såg fram emot.

D: *Är det som du trodde att det skulle vara?*

J: Ja, för vi har fortfarande kontroll till viss del. Och medvetenhet till viss del. Och i den formen har vi fortfarande en vilja av vårt eget. Så det var inte dåligt. Det var ganska roligt. Det var något att se fram emot. Det var en utmaning. Det var en annan typ av skapande än vi var vana vid. Och hade en form.

D: *Har du lika mycket kontroll när du väl är i kroppen?*

J: Vi är fortfarande telepatiska. Vi kan fortfarande koppla oss till andra sidan. Vi är fortfarande medvetna. Och ändå är vi här för att uppleva. Som andra som väljer att komma vid samma tidpunkt.

D: *Kan du påverka medvetandet hos den fysiska kroppen du är i nu?*

J: Ja. Det finns inte mycket medvetenhet och förmåga att skapa. Det finns lagar. Det finns vissa saker som är satta på plats som vi måste följa.

D: *Vissa regler?*

J: Ja, det är födelse- och växtprocessen. Och man måste gå med på det innan man kommer in i kroppen. Processen måste godkännas. Men det är gruppenergin som håller ihop formen. Det är inte en själsupplevelse, utan en gruppupplevelse.

Detta stämmer med att själen är en grupp snarare än en individuell enhet, och upplever många saker eller liv samtidigt. (Se följande kapitel.)

D: *Vad är de regler du måste gå med på när du går in i den fysiska kroppen?*

J: Att följa den befintliga utvecklingen av arten. Att ta på sig en djurform. Och ändå är det ett medvetande som djuren inte hade. Ett medvetande. Och ändå var mycket blockerat. Vi var medvetna om varandra.

D: *På en annan nivå?*

J: Ja. Andra människor, vi var medvetna om dessa själar innan de tog på sig den fysiska kroppen. Nu var det svårare att kommunicera med dem. Det var märkligt. Att vara i den formen var begränsande. Ändå var det som att spela ett nytt spel. Det var att manipulera kroppen. Formen.

D: *Kommer du att kunna ta dig ur den och gå tillbaka senare?* (Ja) *Finns det regler och regler om det?*

J: Ja, det finns specifika tidsramar. Permanens. Till en början finns det inga idéer om vad du ska göra. Du ska bara uppleva detta, nu. Inga lektioner.

D: *Ingen karma. Inga lektioner. Bara börja om från början.*

J: Exakt. Det är som en ny tavla att måla på ... vad du än vill uppleva.

D: *Men samlar du så småningom karma? Är det en av de saker som händer när du går in i den fysiska kroppen?*

J: Jag försökte förstå och jag... oh, jag förstår inte det. Jag försöker lista ut vad karma är, eller varför... Jag ser det inte, jag känner det inte.
D: *Kanske är det något som kommer med tiden.*
J: Jag kan inte förstå det.
D: *Men i alla fall, du har gått med på att vara i den fysiska kroppen under en viss tid. (Ja) Och följa vissa regler och bestämmelser. Så det är en annan sorts upplevelse, eller hur?*
J: Ja, det är begränsande. Det är känslorna, det är alla känslor. Men kärleken är där. Den är fortfarande där. Så kärleksenergin är försäkringen. Det är kopplingen till Källan.

Jag trodde att vi hade funnit allt som var möjligt från den begränsade synvinkeln av en energi som samskapar ande, som går in i en fysisk människokropp för att uppleva för första gången. Det största problemet verkade vara att inte skapa karma som skulle binda anden till den jordiska världen och hålla den från att återvända till sitt fria obegränsade, skapande tillstånd. Kanske är det det största problemet för oss alla. Vi kom hit för att uppleva något som vi trodde skulle vara nytt och spännande. Sedan tog livet över och vi blev fångade i kroppen och tvingades genom karma och balans att återvända gång på gång. De första stegen för att släppa fri själen så att den kan återvända till Källan är förståelsen av varför själen kom hit från början och att släppa dessa band. Mycket av detta kan göras genom att betala tillbaka gammal karma och försöka att inte skapa mer. Med förståelse kommer frigörelse.

Jag bad den andra andeenergin att återvända till där den hörde hemma och bad sedan om att få prata med Jerrys undermedvetna, för jag vet att alla svar finns där, och det är här jag kan tillämpa terapi och hitta lösningar på individens problem. När jag fick tillgång till undermedvetna frågade jag varför det hade valt detta konstiga liv för Jerry, när det definitivt fanns många andra som hade kunnat väljas.

J: För att förstå allt. För att se den stora bilden.
D: *Det är ett annat koncept för honom att utforska, eller hur?*

Den Komplicerade Universum Bok Två

J: Ja. Det var något inom honom som han förstod på en annan nivå, men han visste det inte medvetet. Och nu vet han.

D: *I början trodde han att han inte skulle få se det. Det var som om det blockerades.*

J: Ja, bara en del sågs. Sedan beslöts det att släppa informationen.

D: *Vad är kopplingen till hans nuvarande liv?*

J: Försäkring och förståelse. Ett syfte. En koppling. För att förstå denna planet och varför den är speciell. För att förstå hur den kan manipuleras. Om gruppen, gruppens sinne. Det involverar gruppens sinne. Jerry har manipulerat energi utan att förstå varför han gjorde det och vad det kunde användas till.

D: *Försöker detta förklara för honom hur han kan göra det? Eller var det kommer ifrån?*

J: Ja. Det görs med hjärtat. Hjärtat är viktigt.

D: *Vad försökte det undermedvetna visa honom?*

J: Det är allt energi, men det tar olika former för olika syften att uppleva olika saker. Det finns inget rätt eller fel. Bara upplevelser. Bara skapande. Inga bedömningar. Bara njut. Det är njutningen av skapande. Av att manipulera skapandet, av att manipulera energierna, i samklang med gruppen och helheten. Helheten är skapandet.

D: *Visade det undermedvetna detta för Jerry så han kan använda det i sitt liv nu?*

J: Ja, han är medveten om det.

D: *Han ville veta vad han ska göra med sitt liv nu. Kan du säga det till honom?*

Det här är den vanligaste frågan människor vill ställa när de har en session. Vad är deras syfte? Varför är de här, och vad ska de göra?

J: (Han skrattade.) Han har fått en tom canvas. Och en pensel och en palett. Det finns alla färger. (Skrattar)

D: *Betyder det att allt går från och med nu?* (Han skrattade) *Han kommer att få ett riktigt äventyr.*

J: Alla färger.

Den Komplicerade Universum Bok Två

D: *Och detta var en viktig sak för honom att veta idag. Tidigare liv var inte lika viktiga som att lära sig om denna energikoppling.*
J: Ja. Det som är intressant är att det är en gruppcanvas. Och andra har sina penslar. (Skrattar)
D: *Åh, Jerry kommer att få riktigt konstiga äventyr när han utforskar detta. Detta var väldigt viktigt för honom att se och nu försöka förstå.*

Jag förde sedan tillbaka Jerry till fullt medvetande. När han vaknade diskuterade vi den ovanliga sessionen. Han höll med om att det skulle vara mycket för honom att tänka på. Det skulle vara intressant för honom att se hur han kunde tillämpa detta koncept om att manipulera energi i sitt affärsområde. Det verkade som om allt nu skulle vara möjligt när han förstod hur man använder det

Många av mina sessioner centrerades nu kring att personen skulle få reda på sin verkliga själskoppling, istället för att utforska tidigare liv. Förståelsen av tidigare liv är fortfarande viktig för problem i nuvarande liv. Men uppenbarligen har det undermedvetna, tillsammans med våra guider och mästare på andra sidan, beslutat att det är dags för oss att veta mer om våra ursprung. Dessa ursprung är definitivt inte bara från jorden, utan från en mycket större plats där vi var ett med Källan och njöt av att hjälpa den att skapa. I en session, som rapporterades i en av mina böcker, blev jag ombedd att säga att den viktigaste lärdomen att lära sig när man lever i en fysisk kropp är att vi kan manipulera energi. När vi väl blir medvetna om det, kan vi skapa precis vad vi vill ha i våra liv. Jag antar att ett sätt att påminna oss om denna förmåga är att få oss att minnas en tid innan jorden, när vi alla hade denna förmåga att manipulera energi och skapa.

Själen splittras eller fragmenteras för att uppleva den fysiska kroppen. När den blir medveten om sin totalitet, koncentrerar den sig som ett energiväsen som kan skapa vad den önskar. När den utvecklas bortom det, kan den vara på flera platser samtidigt. Även om vi alla

också har denna förmåga, är vi inte medvetna om den, och vi kan inte vara det så länge vi bebor det fysiska, på grund av dess begränsningar. I det avancerade tillståndet är den fullt medveten om allt. Ändå verkar det, baserat på mitt arbete, som om själar ibland behöver fragmenteras och lämna det högt åtrådda tillståndet för att fokusera på en enda upplevelse. En ständig cykel eller sökandet efter mer kunskap? Som vi har sett, om själen har till och med ett partiellt minne av sitt större jag, leder detta till frustration, ensamhet och känslan av separation på den medvetna nivån. Det undermedvetna vet varför detta händer, men det medvetna vet inte, eftersom det måste behålla sitt fokus och koncentration på det liv det lever. Det skulle vara för förvirrande att göra på annat sätt.

Kapitel 26
EN SKAPARVARELSE ÅTERVÄNDER HEM

DENNA SESSION GENOMFÖRDES i oktober 2002 i Minneapolis, där jag höll en serie föreläsningar och workshops. George var en mycket framgångsrik affärsman som kom till det privata hem där jag bodde. Överraskande nog avslöjade hans session en annan aspekt av ett skapande väsen, liknande Jerry.

När han kom av molnet, var allt han kunde se sand. Han visste att det fanns några människor på andra sidan av kullen, som väntade på att han skulle ge dem något slags svar. Som om han var en rådgivare. Han kände sig mycket osäker, som om han inte var säker på om han hade svaren. Han beskrev sig själv som en bronsfärgad, svarthårig man klädd i tunn linneaktig material. Han var också dekorerad med mycket guld: ett ankh-halsband, armband och en enorm ring. Definitivt tecken på någon form av makt. Men när jag försökte ställa frågor till honom blev han mycket misstänksam och ville inte svara mig. Normalt sett brukar jag snabbt vinna entitetens förtroende, men han var väldigt försiktig och irriterad. Han sa att alla ville ha något från honom, så varför skulle jag vara något undantag.

Han sa att det var en väldigt påfrestande tid i hans värld. En anledning till att han var upprörd var att hans syster hade blivit borttagen eller tagen bort, och han saknade henne mycket. Han sa att han kände sig väldigt vilse och ensam, för hon hade alltid varit med honom och nu var hon inte längre det. Han visste inte varför de separerade dem, eller vart de hade tagit henne. Allt detta var förvirrande för mig, och jag försökte reda ut det. Jag frågade vem som hade separerat dem. Han sa att det var människor från den andra världen. Inte människorna på andra sidan kullen, för de var bara människorna. Dessa var från någon annanstans, och han visste inte varför det hade hänt eller vart hon hade gått.

G: När vi återförenas kommer saker att vara magnifika. När vi var tillsammans, hade vi enorm makt och förmåga. Och vi skapade ett vackert Shangri-La eller en magnifik atmosfär. När vi var tillsammans, var det den perfekta världen. De separerade oss. De tog bort henne så att det inte var perfekt. För att göra saker svårare, och inte så lätt. Och inte så förlåtande. Hon och jag kunde ankra en magnifik ... Vi kunde samla alla de vackra, lugna, statiska ... allt det där tillsammans. Men vi var ett. Och de insåg att om de separerade oss, skulle saker vara annorlunda. Och de hade rätt.

D: *Varför ville de att saker skulle vara annorlunda?*

G: För att experimentera.

D: *Hur tog de bort henne?*

G: De plockade bara bort henne. Som gudarna plockade bort henne, tog bort henne.

D: *Menade du att hon en minut var där och nästa minut var hon borta?*

G: Ja. Vi bodde också på andra platser. Många platser. Många olika världar. När vi var tillsammans var de perfekta.

D: *Varför åkte ni från plats till plats?*

G: För att hjälpa. För att föra den aspekten av – ordet är "nirvana" – för att föra nirvana. Vi gjorde det, sedan flyttade vi vidare.

D: *Vad hände efter att ni lämnat? Kvarstod det vackert?*

G: Vissa gjorde det. Vissa gjorde inte det. Vissa gick i olika riktningar. Den här är viktig. Där jag är nu.

D: *Varför är den viktig?*

G: (Stora andetag.) Gott. Ont. Mörkt. Ljust. Inte van vid allt det där.

D: *Det har olika varianter, menar du? Motsatser?* (Ja.) *De andra platserna där ni skapade vackra saker, hade de inte denna mängd variation?*

G: Sort of. (Han blev känslomässig. På gränsen till att gråta.)

D: *Jag vet att du känner dig känslomässig, men om vi pratar om det kanske vi kan hitta din syster. Det låter som om hon var nästan en del av dig, eller hur?*
G: Alltid.
D: *Hur reste ni från värld till värld?*
G: Bara gå. Det är som ett stort fartyg som kan transportera när som helst.
D: *En fysisk sak?*
G: Ja, om vi ville vara.
D: *Sa någon vart ni skulle åka?*
G: Vår far. Fadern sa vart vi skulle åka.
D: *Hur uppfattar du fadern?*
G: Vis. Visdom.
D: *Är han en fysisk person?* (Ja.) *Hur kommunicerar han med dig?*
G: Det var länge sedan. Han ger lektioner.

Detta var allt jag kunde ta reda på om fadern. Han var mycket upprörd, och hans huvudmål var att hitta sin syster. Han gråter när han talar om henne, och säger: "Jag måste hitta min syster, det är det jag vill göra. Jag måste hitta henne. Hon är en del av mig."

Det här verkade gå ingenstans, och jag blev mer förvirrad än någonsin. Så jag bestämde mig för att föra George framåt i tiden för att se om han kunde hitta henne.

G: Hon är med fadern. Människorna från den andra världen tog tillbaka henne. Kanske ville de att jag skulle växa upp på egen hand.
D: *Kanske ville de att du inte skulle vara beroende av henne så mycket?*
G: Ja, men jag har inte samma makt (Känslomässig) som när vi var tillsammans.
D: *Och de ville separera er för att se om du kunde göra det på egen hand?*
G: Troligtvis är det rätt, men (Känslomässig) jag tror inte att de gillade heller den makt vi skapade tillsammans.
D: *Men ni skapade vackra, perfekta saker.*

G: Ja, vi gjorde det. De gillade inte det. Saker var för enkla. Inga prövningar. Saker var bara bra. Inga lärdomar utan prövningar. (Känslomässig) Vi visste redan allt.
D: *De ville att det skulle vara svårare?* (Ja, ja.)

Det var inte förrän jag satte ihop de valda sessionerna i kapitel, som jag insåg hur lik denna session var Jerry's. De verkade båda vara skapande väsen. Jerry sa att det var roligare att skapa med någon annan, vanligtvis en grupp. George gillade att göra det med sin syster. När de separerades var skapandet inte lika effektivt. Men som han sa, hade det blivit för lätt. Det fanns inga utmaningar, inga lärdomar, inga prövningar. Jag förde honom fram till en viktig dag.

G: Hmm. Jag blir äldre. Tydligen visare. Och det är mycket uppror.
D: *Stannade du på den vackra platsen?*
G: Lämnade den. Här var jag en lärare. Jag har långt hår. Fortfarande de dumma kläderna eller dräkterna. Skägg.

Tydligen när jag förde George framåt, gick han in i ett annat liv.

G: Jag kan inte bli skadad. Det kan inte hända.
D: *Du är skyddad, menade du? Men du skapade inga fler vackra platser?*
G: Jag är bara här för att dela information med dessa människor. Det var mitt nästa jobb.
D: *Du sa att det var uppror. Vad menade du med det?*
G: Fortfarande. Folk försöker verkligen sätta ihop sina saker. Och jag är här, om de vill, för att ge dem råd. En konstig person jag är också.
D: *Varför?*
G: För att de vet att jag är där, och de vet att jag inte kan bli skadad. Och de vet att det är viktigt. Det är som om de är köttsliga, men … det är intressant. Ah! (En uppenbarelse) Jag sitter vid en oas. Vid en stad. Det är vatten, gröna träd, en slags öken. Och folket från staden kommer och pratar med mig. Jag är helt ensam. Absolut helt ensam. Har alltid varit.

Den Komplicerade Universum Bok Två

D: *Vad menade du med att de var köttsliga? Du sa att det var intressant.*
G: Ja. Lite grova runt kanterna.
D: *Olika än du?*
G: Oh, ja. Ett ungt ras.
D: *Är det här på samma värld som du var på?*
G: En annan. Det är lite roligt. Jag blir gammal, väldigt gammal. Kan inte skadas.
D: *Men om du är fysisk, kan något hända dig?*
G: Ingenting kan hända mig.
D: *Jag tänker på när du når slutet av ditt liv.*
G: När jag vill. När jag är redo.
D: *Men just nu gör du ett annat slags arbete än du gjorde med din syster.*
G: Ja. Jag var ung då. Det var roligt. Det här är barnlek. Lätt.
D: *Men det är inte samma kraft som du hade när ni två var tillsammans.*
G: Det stämmer. Jag känner mig också ledsen för henne.

Jag förde sedan George till den sista dagen av hans liv för att få reda på vad som hände honom.

G: Jag sitter i en stol. Ser mig omkring. Det är dags att gå. Jag har gjort mitt här den här gången. Gjort min sak. Gjort det jag kom för att göra. Och jag behöver gå. Sitter i den där stolen och väntar på att gå. Har räknat allt och alla anteckningar. Alla tavlor, och jag är redo att gå.
D: *Vad händer när du lämnar?*
G: (Sakligt) Jag lämnar.
D: *Vad händer med kroppen?*
G: Den stannar kvar. Bara lämnar den. Skjuter iväg.
D: *Vad ser du när du lämnar den?*
G: Hmm. Det är som att jag tittar på en teaterscen. Det är som att jag tittar in i en filmstudio eller något liknande. Ser allt det där. Alla kulisser. Det är vad jag lämnar.
D: *Så det du lämnar är som en teaterscen?*

G: Ja. Jag är ovanför den. Jag tittar ner, och där är den där kroppen som sitter i stolen. Och jag vänder mig om, och den är borta.
D: *Hur ser det ut där du är på väg?*
G: Ett tomrum. Ett långt tomrum. Jag svävar genom tomrummet. Jag är ensam igen.
D: *Vet du vart du är på väg?*
G: Nej. Bara följer med.
D: *Finns det någon med dig som hjälper dig att gå dit du ska?*
G: Nej. Jag vet vart jag ska.
D: *Låt oss då gå framåt tills du har passerat genom tomrummet. Och du har nått platsen dit du ska. Hur ser den platsen ut när du kommer fram?*
G: Den är enorm. Den är gigantisk, bara gigantisk.
D: *Vad ser du?*
G: Allt. Ofattbart. Gigantiskt.
D: *Finns det något du kan känna igen?*
G: Allt. Jag har varit här förut. (Ett stön av förtjusning.) Alla möjliga val, riktningar – alla möjliga alternativ. Till och med några gamla vänner. Gamla själar. (Låter förtjust.) Du vet? Du kan se de gamla själarna och de unga skärvorna av nya själar. Man kan nästan känna lukten av de unga. De luktar annorlunda. De luktar … inte rått, men de luktar som färskt kött, eller … luktar "konstigt". Annorlunda – som mogna, unga själar.
D: *Varför luktar de och de andra inte?*
G: För att de förmodligen inte vet bättre. De har just börjat. Man kan verkligen se vilka som är unga, vilka som är äldre. Ordet är inte "gammal". Erfarna. Erfarna själar.
D: *Så de erfarna har ingen lukt?*
G: Ja. Och det är konstigt, för här finns ingen ålder. Men skillnaden finns i lukten. Det är lite meningslöst. Men det är lite roligt. Det är ett sätt att skilja dem åt.

I *Between Death and Life* fick jag veta att det finns många olika nivåer i andevärlden. När anden lämnar kroppen återvänder den till den nivå där den känner sig mest hemma. Den nivå som den vibrerar med. Den kan inte gå till högre nivåer förrän den är redo. Frekvensen eller vibrationen fungerar som en barriär, och de kan bara gå till den nivå de har uppnått genom erfarenhet. Jag fick höra att man inte kan gå direkt till universitetet från förskolan. De mer avancerade själarna, eller som George kallade dem "de erfarna själarna", kan omedelbart gå till de högre nivåerna. De kan gå till de lägre nivåerna om det behövs, men de "unga" kan inte gå till de högre nivåerna förrän de har uppnått den frekvensen, vibrationen eller mognaden. Tydligen var George tvungen att passera genom dessa lägre nivåer på sin resa till den nivå där han hörde hemma, eller resonerade med.

D: *Finns det någon speciell plats du måste gå till nu när du är där?*
G: Ja, självklart. Jag ska checka in.
D: *Hur gör du det?*
G: Bra fråga.
D: *För du sa att det är så stort.*
G: Jag har en nyckel, som en järnbit som passar i ett spår. Jag måste gå dit. (Mumlar) Jag är lättare nu. Jag vänjer mig vid att vara lätt igen. Och jag hittar spåret. (Paus) Åh, herregud! Jag måste lista ut hur jag tar mig runt här igen. (Mumlande ljud.)
D: *Tog de dig dit för att visa dig vägen?*
G: Jag vill inte att de gör det.
D: *Du kan be om hjälp, vet du.*
G: De vet inte hur man kommer dit. (Paus) Jag vet var det är. Jag måste gå högre och djupare. Olika lager, nivåer. Varje en annorlunda. Och man kommer in på den lägre nivån. Det är där man känner lukten av allt det där. Bör gå högre och djupare. Och då känner man inte den lukten. Inga unga själar när man går högre. Människor nickar. De känner igen mig. De ler inte. De nickar, men de vet att något är på gång.

Allt detta tog för lång tid, så jag bestämde mig för att snabba upp det.

D: *Låt oss gå framåt till när du kommer dit. Du kan hitta det väldigt snabbt nu, eftersom du rör dig genom dessa olika nivåer. Hur är det?*

G: Åh, herregud! Det är verkligen ljust. Verkligen strålande. Det är absolut magnifikt. Absolut storhet.

D: *Finns det andra där?*

G: Ja. Andra. Alla väldigt ljusa. De är riktigt ljusa. De har en liten samling för mig. En stor sak. Det finns kanske tolv, tjugofyra, fyrtioåtta ... Ha! Ha! Ha! Nittiosex. Jag känner varenda en ... Jag är den sista som kommer tillbaka. Av denna grupp. Och de samlas alla runt mig. Där är min syster. Hon är här. Jag hittade henne. Denna grupp är gammal. Det är komplett ... Jag är den sista som kommer tillbaka.

D: *Vad gör det komplett?*

G: (En lång, utdragen suck.) Du vet ... det här är rådet. Det är vad det är. Jag är den nittiosjätte personen. Vi måste diskutera vad som händer. För första gången är alla tillbaka. Och det finns en anledning.

D: *Vad är anledningen?*

G: Det är det vi ska ta reda på. Jag måste gå högre och djupare. Av de där nittiosex är det åtta som är som ett råd. De bara umgås. De pratar, ser över allt.

D: *Åtta separata från nittiosex?*

G: De kom från de nittiosex.

D: *Och vad ska de göra?*

G: Prata om allt detta. Om var jag just kom ifrån. Var de just kom ifrån. Hela grejen. Allt jag gjorde. Allt de gjorde. Plus vad de andra nittiosex gjorde.

D: *Vad ska ni göra efter att ni har diskuterat det?*

G: Göra justeringar, finjustera. I var vi har varit, vad vi har sett och vad som kommer att göras.

D: *Varför måste ni göra det?*

G: För att det är en del av spelet. Det är en del av vad allt detta handlar om. Mönster ett, mönster två, mönster tre, mönster fyra. Det är inte en hierarki, men det som görs här, filtreras ner genom de åtta och nittiosex. Och även hela vägen ner till där man kan känna lukten av de unga själarna. Ner till där du går genom den där tunneln, den där kanalen, och vart du än hamnar när du går genom den kanalen. Det kan vara många olika platser. Herregud!!

Den Komplicerade Universum Bok Två

D: *Men om ni gör dessa "justeringar" och förändringar, påverkar det inte saker och ting?*

G: Det är meningen att det ska göra det.

D: *På den fysiska världen?*

G: Precis.

D: *Varför gör de dessa saker för att ändra mönstren?*

G: Det är nödvändigt. Du finjusterar själarna. Om du finjusterar själarna, förstår du, då tar du hand om allt det andra. Då finns inte alla de andra problemen. Finjustera själarna.

D: *Få dem att förändras, menar du?*

G: Ja. Finjustera dem. Du ändrar dem inte, de ändrar sig själva. Finjustera dem. Förstår du vad det betyder? Du finjusterar dem. Justerar dem. Inför förändringar i dem.

D: *Hur gör ni det?*

G: Du vet, det är egentligen ganska enkelt. Om de tittar inåt och ser vad som har utvecklats, med lite vägledning, då kan de göra justeringarna. Och om de inte gör det, kommer de inte att återvända till var de … Det är intressant. Vet du? De där åtta … de är inte ens själar när du når dit upp. Det här är riktigt märkligt. Det är annorlunda. När du är där, har du inga skyldigheter. När du rör dig neråt, har du en skyldighet. När du är där med de åtta, finns det ingen skyldighet. Jag behöver ingen.

D: *Du har slutfört allt när du går dit.*

G: Precis. Men när du rör dig neråt, tar skyldigheten eller återbetalningen, vilka ord du än vill använda, sin plats. Ha! Galet!

D: *Så om du försöker påverka människor, visste jag inte att ni fick ingripa.*

G: Det är inget ingripande. Det är en skyldighet. De vet, själen vet att när den blir äldre, har den en skyldighet. De skulle inte vara en själ annars. De skulle inte behöva läxor. Varför skulle de göra det? De vet att det finns en skyldighet. Och de justerar det. Det är häftigt, och det är ett mål. Att vara där nere utan en skyldighet.

D: *Är det möjligt?*

G: Du bestämmer.

D: *Varför skulle du gå ner om du inte hade någon skyldighet eller karma?*

G: Det är det roliga. Ingen skyldighet.

D: *Men om du hade nått den punkten där du inte hade någon skyldighet, och du inte behövde komma tillbaka till den fysiska planeten Jorden, varför har du kommit tillbaka in i Georges kropp?*

G: För att min syster och jag ska slutföra det vi inte gjorde för länge sedan. Det är den ena delen. Det är inte karma. Det är inte en skyldighet. Det är en ofullbordan.

D: *Vad slutförde ni inte vid den tiden?*

G: Jag tror föreningen. Vi slutförde inte föreningen mellan henne och mig.

D: *Trots att ni var tillsammans under en väldigt lång tid?*

G: Ja. Vi gjorde inte ... den längtan finns fortfarande i min själ.

Jag gav instruktioner för att kalla fram Georges undermedvetna så att vi kanske kunde få svar på en del av detta.

D: *George kunde ha visats många olika livstider. Varför valde du att visa honom just denna livstid? Vad försöker du säga honom?*

G: Ödmjukhet. Absolut ödmjukhet.

D: *Behöver han lära sig detta?*

G: Han vet det. Han har lärt sig det. Ödmjukhet.

D: *Varför måste han bli visad det just nu?*

G: För att det går rakt tillbaka till de åtta. De glömmer ibland ödmjukheten. De tappar ... dess essens. För den existerar inte där de är.

D: *De har inga skyldigheter.*

G: Och det är ödmjukheten för det som pågår här.

D: *Varför måste George veta detta i sitt liv nu?* (Paus) *Eftersom det är det fysiska livet vi är bekymrade över just nu.*

G: Kanske är det just det han inte vet.

D: *Han sa att det fanns en saknad pusselbit.*

G: Ja. Det är det han inte vet. Det här är galet men ... det där med systern. Det är en del av det.

D: *Försök att förklara det för honom, även om det låter galet.*

Jag hade en misstanke om vad den förlorade systern representerade. Det var inte en fysisk person, utan den feminina sidan av honom själv. Men jag ville se vad det undermedvetna skulle säga. Det undermedvetna sa till honom långsamt och eftertänksamt: "Det är femininiteten som kommer att förbättra hans liv, hans välmående, hans ödmjukhet. En gång i tiden var han hel. Han var både feminin och maskulin. Det var så han kunde skapa sådana underbara saker."

Jag frågade hur George kunde hitta den feminina delen av sig själv. Hans undermedvetna sa att han måste lära sig att vara mer feminin, mjukare. Detta skulle vara svårt eftersom George definitivt var mycket maskulin, och detta skulle inte vara en del av hans normala personlighet. Inte heller ödmjukhet.

Ändå insisterade det undermedvetna att George skulle behöva låta den feminina delen av sig själv komma fram genom att lära sig att vara mjukare, inte så sträng, och låta den milda sidan av hans natur visa sig. Jag frågade sedan om hans hälsoproblem. Jag fick samma svar som jag har fått många gånger tidigare. Om en varelse hade varit en av dessa högre entiteter i andra riken och kom till jorden av olika skäl, kunde de inte tillåtas vara perfekta. De var tvungna att passa in i den allmänna befolkningen. Ett sätt att göra det var att ge dem någon form av defekt, så att de inte stack ut. Georges var en stel nacke och begränsad flexibilitet i ryggraden. "Han ville ha det för att påminna sig om att han är mänsklig." Det undermedvetna tillät obehaget att finnas kvar som en påminnelse om att han kom till jorden av en bestämd anledning. "Eftersom den delen av kroppen är nervsystemet. Det är den styrande faktorn. Om du inte har nervsystemet, har du inget liv."

George hade några fler frågor. En handlade om en händelse 1972, när han föll nerför en trappa och spräckte sin skalle. Skadan var så allvarlig att han nästan dog. Han ville veta mer om vad som hände vid den tiden.

G: Vi försökte säga till honom att han måste förändras. Han var på en återvändsgränd.
D: *Det förändrade verkligen hans liv, för han sa att han nästan dog.*
G: Han var död.
D: *(Förvånad) Han var?* (Ja) *Vad kan du berätta för honom om den tiden?*
G: Han var död. En del av honom kom tillbaka. En del av en annan kom tillbaka. Två kom tillbaka.
D: *Kan du förklara det bättre så att vi kan förstå det?*
G: (Stor suck) Två kom tillbaka. Han kom tillbaka, och en liten annan del av honom. Det är fortfarande han. En annan aspekt av honom.
D: *Varför var det nödvändigt att den delen skulle komma tillbaka?*
G: Den ville det. Den önskade det. Det var ett bra tillfälle. En bra tid. En bra plats. Det var den delen som skulle leda honom i den riktning han var menad att gå. Det behövdes en förändring. Det fanns inget sätt han kunde göra det på det sätt han var. Han behövde hjälp från denna andra del av sig själv. Denna andra del fick möjlighet att komma in, och den tog den.
D: *Är det annorlunda än en "walk-in"?*
G: Det är annorlunda. Det är samma själ, men en annan aspekt.
D: *Du sa också att den feminina aspekten saknas.*
G: Den var aldrig en del av den som kom in. Den har inte varit med honom på många, många år. Århundraden, månar och årtusenden. Han har alltid saknat den. Den kommer långsamt att komma in.

George hade en annan traumatisk upplevelse 1998 när han återvände hem efter en resa i Egypten. De hade svårt att få honom tillbaka till USA, eftersom han var som en vandrande zombie, nästan utan kontroll över sin kropp. När han kom hem tog det många veckor innan han började återgå till det normala.

D: *Vad hände vid den tiden?*
G: Han ville lämna. Han ville gå tillbaka till de åtta.
D: *Händes något i Egypten som utlöste det?*

G: Det verkar som om den delen av världen inte alltid är hälsosam. Och han ville gå tillbaka (till andevärlden) för att hjälpa till att finjustera det, eller göra justeringar i den delen av världen. Men han gjorde det inte ... och titta på vad som har hänt sedan dess. All röra där borta.

D: *Och han trodde att han inte kunde göra det från den fysiska världen?*

G: Han kunde inte. Han hade inte positionen.

D: *Men han trodde att han från den andra sidan kunde göra en skillnad?*

G: Ja. Det finns underliggande saker som pågår också. Här och där och överallt. Och han ville gå tillbaka. Han var döende. Han hade redan lämnat. Bara skalet var kvar.

D: *Vad hände sedan? Sa de till honom att han inte kunde lämna?*

G: De kan inte ... de säger honom ingenting. Bara avsluta detta. Den andra delen får vänta. Men se vad som har hänt. Det är kaos där borta nu.

D: *Så vid den tiden bestämde han sig för att komma tillbaka och slutföra jobbet.*

G: Han lämnade. Slutföra sitt uppdrag denna gång.

D: *Annars, om han lämnade det oavslutat, skulle han ha behövt komma tillbaka till jorden.*

G: Komma tillbaka. Det skulle han.

D: *Han skulle ha ådragit sig karma och en ny skyldighet.* (Ja) *Så idén var att komma tillbaka till sin kropp så att han kunde slutföra sitt uppdrag.*

G: Han kom tillbaka hit. Bara de åtta kan göra det.

D: *Det visar att vi inte alltid vet vad som händer med vår fysiska kropp, eller hur?*

G: Tyvärr, det stämmer.

D: *Det finns alltid andra delar av oss som vi inte är medvetna om.*

G: Det är rätt.

D: *Men lyckligtvis finns det andra krafter som tar hand om saker och hjälper oss.*

G: De är vägledare. De är här. De fnissar lite åt allt detta, förresten. De säger: "Jag försöker säga detta till dig vid olika tillfällen under

dagen och natten. Och du lyssnar inte." En av mina vägledare har att göra med den feminina aspekten.
D: *Har de något de vill säga till George? Något budskap eller råd?*
G: Samma budskap som de alltid ger. Bara säg till oss när du vill ha vår hjälp. Vi är alltid där för att hjälpa. Du måste be om det. Vi kan inte ingripa. De vill också säga – det är intressant vad de säger. Att hålla mig vid liv var verkligen intressant. Jag undrar varför det är så? (Mumlar)
D: *Vad menar du?*
G: Om jag lyssnar, är allt okej. Om jag inte lyssnar, är saker inte så okej. - Tack, George. Vi älskar dig.
D: *Vad tackar du honom för?*
G: För att han är han. Han har ett jobb att göra.

Ytterligare bevis på att vi har fler delar av oss som existerar och interagerar samtidigt Mer bevis på att vi har olika aspekter av oss själva som lever parallellt kom fram under två separata sessioner medan jag var i Memphis 2001. Båda kvinnorna kände varandra och hade arbetat med att utveckla ett helande center. Det var ett ambitiöst projekt som krävde mycket detaljerad planering. De visste inte hur de skulle lyckas, men de hade en dröm och ville följa den.

Den första kvinnan, som jag kommer att kalla "Mary", gick inte tillbaka till ett tidigare liv, även om vi letade efter svar på problem i detta liv. Istället gick hon omedelbart till andevärlden, den plats vi normalt bara besöker mellan liv eller i det så kallade "döda" tillståndet. Hon möttes och leddes till ett stort rum där många andliga varelser satt runt ett bord. De kände igen henne omedelbart, och en manlig energivarelse sa: "Bra, du är äntligen här. Vi har väntat på dig." Istället för att adressera orsakerna till hennes session (vilket diskuterades senare), gick de direkt in i en diskussion om hennes projekt: byggandet och skapandet av ett stort helande center. De förklarade hur centret borde byggas, var marken skulle ligga och hur finansieringen för projektet skulle ordnas. Det verkade vara ett mycket större och mer omfattande center än det Mary hade föreställt sig när hon beskrev det för mig. Men de sa till henne att det större projektet skulle bli det slutliga resultatet och att det skulle vara mer effektivt. Hon fick många detaljer om designen och byggnadsplanerna. Den manliga energivarelsen identifierade sig till slut som en högre aspekt av Mary som inte hade någon önskan att inkarnera. Han valde att stanna kvar på den andliga sidan för att hjälpa till att vägleda hennes utveckling. Han hade alltid varit där som medlem av denna rådgivande grupp och skulle fortsätta att vara det. Men han var också en del av henne, även om hon inte hade någon medveten kännedom om det.

Detta har betonats mer och mer i mitt arbete under de senaste åren: att vi har delar av oss som existerar samtidigt, utför olika uppgifter och lever olika liv. Vi är inte medvetna om dem, eftersom det skulle vara alltför förvirrande för våra medvetna sinnen. Vi fortsätter att fokusera på händelserna i våra vardagsliv utan att förstå den större bilden.

Den andra kvinnan, som jag kommer att kalla "June", var min andra klient samma dag. De två kvinnorna hade inte haft möjlighet att prata med varandra. Trots att June diskuterade allvarliga problem under vår intervju, gick hon, precis som Mary, inte till ett tidigare liv under djup trance. Istället togs hon omedelbart till samma rådssal. Återigen fanns där många andliga varelser runt ett bord, och de väntade på henne. Hon tilltalades av en kvinnlig energivarelse som gav henne instruktioner om hennes roll i arbetet med Marys helande center. De förklarade att centret skulle bli verklighet, eftersom det redan hade skapats på den andliga sidan, och bara väntade på att bli manifesterat i den fysiska världen. De förklarade att detta är hur vi skapar vår verklighet på jorden. Först måste vi ha en dröm, en önskan om att något ska bli verklighet. Vi måste levandegöra det i vår fantasi, och förse det med många detaljer. Sedan blir det en skapelse på den eteriska sidan. Därefter måste det ta sig in i vår fysiska verklighet och bli fast materia, eftersom detta är en universell lag. Tankar är mycket kraftfulla. Tankar kan skapa. Det överraskande var att det center som de två kvinnorna hade föreställt sig var mycket mindre än det som beskrevs för dem. Det visade sig att den delen av dem som stannar kvar på den andra sidan också kan utforma och förbättra en skapelse när den har initierats av det medvetna fysiska jaget. Projektet går nu framåt. De två kvinnorna har fått all information de behöver. Om det inte blir konkret och verkligt i vår dimension kan det bero på att de saknar tron och övertygelsen att följa sin dröm. Detta är trots allt en planet av fri vilja. Finns det en högre del av oss som styr spelet?

Detta visar att det finns en annan del av oss som förblir på den andliga sidan och hjälper till att styra spelet, pjäsen, leken. Kan vi kalla det vår skyddsängel, vår guide? Jag tror att det är en separat sak, baserat på vad jag har fått veta, men det kan nu diskuteras. Jag tror att denna andra del bättre kan beskrivas som vårt högre jag. Det är intressant att när jag kontaktar vad jag kallar det undermedvetna, verkar det aldrig vara en separat entitet eller del av personen. Det säger alltid "vi" gör detta eller föreslår detta, som om det är en grupp snarare än en individ. När den fysiska personligheten genomgår dödsupplevelsen och reser till andevärlden förändras dess synvinkel. Den blir genast medveten om att den har kommit "hem" och inser att det fysiska livet bara var ett spel, en pjäs, en skola för att lära sig livets lektioner. Den andliga världen känns mer verklig, och den får fler svar. Om den är redo, återförenas den med sin grupp, vilket ger den stor glädje.

Min forskning visar att det finns en högre del av oss som är medveten om den större bilden – den stora planen. Om vi blir medvetna om detta kan vi använda denna kunskap för att skapa vår verklighet mer fullt ut i detta liv. Vi vet nu att vi kan kommunicera direkt med den delen av oss själva, och den lyssnar och vill hjälpa oss. Är detta verkligen annorlunda än vår uppfattning av Gud? Kanske är Gud inte något separat, utan en del av oss alla – och därför mycket mer tillgänglig.

SEKTION ÅTTA

ATT KLIVA UT

PÅ DJUPT VATTEN

Kapitel 27
DRÖMMAREN DRÖMMER DRÖMMEN

DENNA SESSION GENOMFÖRDES under en vecka av privata sessioner på ett motell i Eureka Springs, Arkansas, i februari 2002. Charles är en manlig sjuksköterska som arbetar på ett sjukhus i en närliggande stad. Han hade fysiska problem, främst kopplade till övervikt. Detta var hans största bekymmer. Naturligtvis var en av de frågor han ville ställa kopplad till hans syfte i detta liv. Detta är den vanligaste frågan människor ställer när de kommer till mig. För några år sedan genomförde USA Today en undersökning, en opinionsmätning bland den "vanliga" befolkningen, inte bara de som är intresserade av metafysik. De tillfrågades: "Om du hade tillgång till en högsta kraft, vilken fråga skulle du ställa?" Undersökningen visade att den vanligaste frågan var: "Varför är jag här? Vad är meningen med mitt liv?" Nästan alla har haft dessa tankar någon gång i livet.

Under sessionen genomgick Charles två tidigare liv som hjälpte till att förklara några av de återkommande problemen i hans nuvarande liv. Det första livet var som en romersk soldat i Alexander den Stores armé när de invaderade Egypten och tog över Kairo. De fick tillträde till den stora pyramiden genom en hemlig dörr, på order om att leta efter skatter. De fann att där inte fanns något. De antog att om något av värde hade funnits där, hade det för länge sedan tagits bort och gömts någon annanstans. Jag fann detta intressant eftersom det visade att människor redan då förknippade pyramiderna med skatter. Allt av betydelse hade flyttats långt innan modern tid. Han var en del av ockupationsstyrkan i flera år. Han drunknade under en storm till havs när han korsade Medelhavet på väg tillbaka till Rom.

Det andra livet var intressant, men gav inte lika mycket information som jag hade hoppats på. Han var en man som studerade hemlig kunskap i Himalaya i Tibet. Han stannade där i flera år och tog till sig så mycket information han kunde från mästarna. Sedan återvände han hem till Frankrike, där han delade med sig av vad han hade lärt sig till en hemlig organisation han var en del av. Det lät som frimurarna, men han sa att det var en ännu äldre orden. De var de som styrde regeringarna bakom kulisserna, även under renässansen. Människor var mycket förtryckta, och när han blev ledare för orden ville han sprida kunskap till allmänheten för att förbättra deras liv. Det ursprungliga syftet med denna orden var att göra livet bättre. Med tiden förvandlades den dock till en negativ organisation, besatt av girighet och makt. Han levde till han blev över 100 år gammal och delade med sig av sin kunskap till många. När han dog i det livet bad jag den tidigare personligheten att lämna, integrerade Charles' personlighet tillbaka i kroppen och kallade på det undermedvetna för att besvara Charles' frågor. Denna gång blev det undermedvetna argumentativt, vilket är ovanligt. Det brukar vanligtvis vara mycket samarbetsvilligt.

D: Kan jag tala med Charles' undermedvetna?
C: Menar du den drömmande delen?
D: (Förvirrad.) Den drömmande delen? Vilken del är du?
C: Översjälen, tror jag att du skulle säga. Den är din också. Vi är. Vi är. Vi är, ja.
D: Men du är skild från personens medvetna sinne?
C: Självklart inte. Nej, nej.
D: Den del jag normalt talar med, som har svaren kopplade till det fysiska, brukar jag kalla det undermedvetna. Kallar du det den drömmande delen? Vad betyder det?
C: Just nu drömmer du. Just nu är du drömmaren. Just nu är du. Men gå tillbaka till oss för "jag, vi, allt". Och sedan pressas det ut som plast i en form, för att använda ett exempel du kanske känner till. Och det är Dolores. Men det är inte plast. Det är ett flytande

medium som verkar stelna. Men det är bara i tiden. Och sedan flödar det tillbaka till sin ursprungliga form. Och sedan pressas det ut i en form igen.

(Ordboksdefinition av "extrudera": att pressa eller tvinga ut, som genom en liten öppning.)

C: Och den formen kan ha ett namn som "Dolores". Du, varje ögonblick, flödar mellan den formen och en annan form, och bebor olika formlösa delar som är "oss". Du vet det. Ja, du vet det.
D: *Dessa koncept är svåra för våra mänskliga sinnen att förstå.*
C: Men du talar inte med ett mänskligt sinne just nu, så du behöver inte oroa dig.
D: *Nåväl, jag tror att jag gör det.*
C: Åh, en del av dig kanske gör det.

Detta blev mycket förvirrande. Jag var inte van vid att tala med en så motsägelsefull del av en person. Jag beslutade att återföra frågorna till vad Charles ville veta, i hopp om att jag kunde få dess samarbete.

D: *Vad är Charles' syfte i detta liv?*
C: Att ändra drömmen.
D: *Vad menar du?*
C: Drömmaren drömmer drömmen. Han kan ändra drömmen. Modifiera drömmen.
D: *Vem är drömmaren som drömmer drömmen?*
C: Den som drömmer drömmen i denna verklighet.
D: *Och du tycker att drömmen borde ändras?*
C: Det är dags. Precis som det var förut.
D: *Med drömmaren, menar du massmedvetandet eller vad? Jag försöker förstå vad du menar. Drömmaren som drömmer drömmen.*
C: Det finns en drömmare som drömmer denna dröm. Det finns bara en.
D: *Är det en person eller vad?*

C: Mer av ett medvetande. Det är inte personifierat, det är ... en sorts medvetande. Vi drömmer alla drömmen.

D: *Som en del av medvetandet?*

C: Ja. Vi tror alla att solen går upp och går ner. Drömmaren drömmer den drömmen.

D: *I den verklighet vi är i, menar du?*

C: Ja. Verklighetens dröm.

D: *Men det blir verkligt eftersom vi alla är i det. Är det inte sant?*

C: Rätt, men varje individ kan drömma sin egen dröm också. Han drömmer att han är affärsman eller läkare eller advokat. Det är hans dröm inom drömmen.

D: *Det är hans verklighet.*

C: Rätt.

D: *Men drömmaren som drömmer den stora drömmen, är det ett mycket större medvetande? Ett mycket kraftfullare medvetande?*

C: Rätt.

D: *Det skulle vara svårt att ändra den om den var så stor.*

C: Sant.

D: *Detta medvetande, drömmaren som drömmer drömmen, är det mer likt vår uppfattning av Gud? (Paus) Eller är det något annat?*

C: Saken är den att Gud egentligen inte är ... det finns bara en, det är bara ... drömmaren gör verkligt vad alla andra tror är verkligt. Drömmaren gör stenen hård, får solen att gå upp och ner. Det är hans dröm. Det är andra människors drömmar som också skapar saker i drömmen: krig, konflikter, lycka, sorg.

D: *Så det är alla individer som skapar sina egna delar inom den stora drömmen?*

C: Precis, precis.

D: *Men gör de det till en verklighet när de gör det?*

C: Det är korrekt, ja.

D: *På samma sätt som drömmaren som drömmer drömmen gör den till verklighet?*

C: Korrekt. Det är den stora drömmen.

D: *Det bara fortsätter att skapa fler verkligheter?*

C: Ja. Men det är fortfarande bara en verklighet, eftersom det bara finns en.

Den Komplicerade Universum Bok Två

D: Jag har hört att vi kan skapa våra egna verkligheter. (Ja.) *Är det detta du menar? Jag tänkte att drömmaren kanske är ett större medvetande.*

C: Korrekt.

D: Jag kan inte sluta tänka på Gud. Kanske är vår uppfattning av Gud inte korrekt.

C: Vi är Gud, vi är alla ett.

D: Det är sant. Jag har hört det tidigare. Men om medvetandet, drömmaren, drömmer drömmen och skapar den, då kvarstår det han skapar, eller hur? Det blir fast och fysiskt?

C: Det är korrekt, ja.

D: För jag tänker att en drömmare till slut vaknar upp.

C: Det är korrekt.

D: Så vaknar drömmaren till slut?

C: Det är korrekt.

D: (Ett nervöst skratt.) Vad händer då?

C: Vad händer när du somnar?

D: Jag menar, vad händer med det han har skapat i sin dröm?

C: När du somnar, går du inte in i en annan verklighet?

D: Det är sant, men när jag vaknar, finns den verkligheten fortfarande kvar?

C: Den är lika verklig som den andra verkligheten. Det är en annan form av drömmande. Kallar du detta verklighet? Det du är i just nu? Är det en dröm eller en verklighet?

D: Tja, vi tror att vi är i verkligheten.

C: Är du inte lika mycket i en dröm här som när du drömmer någon annanstans?

D: (Skratt) Vi vet inte, eller hur? Det har alltid varit ett mysterium. Men i alla fall, den drömmare som har drömt allt detta som händer nu, när han vaknar, upphör då vår verklighet att existera, eller fortsätter den?

C: Den fortsätter.

D: För att han har gett den liv?

C: Vi har alla gett den liv.

D: Och alla andra gnistor och själar har gett den kraft och fortsatt skapa? Är det vad du menar?

Den Komplicerade Universum Bok Två

C: Ja, men sedan återvänder de till helheten. Men egentligen har de aldrig lämnat den.

D: *Så vi hjälper till att skapa en verklighet och alla spelar sin roll i den. (Ja.) Men på en större skala, drömmer drömmaren andra drömmar?*

C: När de mindre drömmarna, för att använda en bättre term, når en viss nivå eller har tillräcklig orsak att förändra den stora drömmarens dröm, då förändras den. Då gör medvetandet ett hopp. Ett hopp framåt eller så kan det bli ett steg bakåt. Det beror på var du befinner dig i tiden. Till exempel under medeltiden förändrade drömmaren drömmen.

D: *Så detta är ett enormt medvetande. Det är mer än vi kan förstå?*

C: Åh nej, det är bara en drömmare.

D: *Som har skapat allt detta.*

C: Ja, vi är alla drömmare.

D: *Vi är alla en del av det då? (Ja.) För jag försöker förstå. Om han var så stor att vi inte skulle kunna förstå det.*

C: Nej. Man kan förstå allt.

D: *Och detta är det medvetande vi alla är en del av? (Ja.) Och vi återvänder alla till det.*

C: Ja, det finns bara en.

Detta lät som det koncept jag har tagit upp tidigare i denna bok: att vi alla härstammar från Källan och separerade oss från den för att utföra de olika uppdrag vi tilldelats. Även för att få många äventyr och läxor längs vägen innan vi återvänder.Denna skapelse genom gruppmedvetande kan också liknas vid det arbete Jerry gjorde (Kapitel 25), där han skapade tillsammans med sin grupp. Det kan vara samma koncept, bara uttryckt med andra ord.

Kan detta också vara en del av vad som kommer att hända när vi stiger upp till den Nya Jorden? Bestämmer massmedvetandet att det är dags att skifta (eller förändra) drömmen?

D: *Så den verklighet vi alla har skapat fortsätter att existera. (Ja.) För att vi har gett den fasthet, vi har gett den form? (Ja.) Så när vi alla återvänder, sa du att vi gör ett medvetandeskifte. (Ja.) Det innebär att vi förändrar drömmen till en annan dröm.* (Ja.) *Och när vi gör det, skapar vi en annan verklighet, en annan dröm vid den tidpunkten. Alla som är inblandade?*

C: Ja, inte så mycket att skapa den, utan att bara fortsätta.

D: *Fortsätta och förändra drömmen?*

C: Ja, den växer som en växt.

D: *Jag har hört att vi håller på att genomgå ett medvetandeskifte. Är det då detta kommer att ske?* (Ja.) *Om tillräckligt många vill förändra drömmen vi är i nu, med krig och negativitet?* (Ja.) *Då kommer det att övergå till nästa medvetandetillstånd?* (Ja.) *Jag känner att jag inte beskriver det väl, eftersom jag tänker på drömmaren som lik Gud, som massmedvetandet.*

C: Sant.

D: *Men till slut, lämnar alla drömmen och återvänder till drömmaren? Eller vad händer? Går vi tillbaka till det medvetande som skapade allt?*

C: Det stämmer, ja. Det börjar om. En ny dröm. Det är en cykel. Precis som när du vaknar varje morgon, vad händer då med din dröm? Vad tror du? Har den försvunnit?

D: *Ja, för när du somnar nästa natt, är det en annan dröm. Det är väldigt sällsynt att du återvänder till samma dröm.*

C: Precis.

D: *Men många av våra drömmar verkar inte ha någon mening.*

C: Sök att förstå. (Skratt)

D: *Det finns mer symbolik än vi tänker på i vårt vardagsliv.*

C: Det är en annan värld.

En annan värld med andra regler som styr vad som sker där. Vår fysiska värld på jorden är en plats där regler och begränsningar strikt gäller. Det är därför vi valde att leva här i en fysisk kropp, för att lära oss lektioner inom dessa begränsningar. Eftersom vi inte minns våra andra livstider i andra andliga och fysiska riken, har vi blivit vana vid att tro att allt har begränsningar. Därför kan vi inte uppfatta världar utan begränsningar. Som vi har sett i denna bok, finns det många andra dimensioner och verkligheter som vi kan uppleva (när vi har tillräcklig kunskap), där varelserna är ren energi. De har inte ens begränsningen av en fysisk kropp. De kan skapa vad de vill, från en kroppslig form till sin omgivning. De har fullständig kontroll över sin miljö. Trots detta har många av dem valt (eller blivit skickade) att uppleva livet i vår begränsade och instängda värld. Dessa personer är ofta olyckliga och längtar efter att återvända till sitt liv av total frihet. Det måste vara samma sak när vi går in i drömvärlden. När vi befinner oss i drömtillståndet finns inga regler, föreskrifter eller begränsningar. Vad som helst kan hända eller skapas. Vi har kontroll och kan skapa det vi vill uppleva. Människor som har klardrömmar inser snart att de drömmer och att de kan ändra drömmen om de vill. De förstår att de har kontroll över denna andra värld som vi går in i varje natt när vi sover. Jag har fått höra många gånger att vi aldrig helt kommer att förstå allt detta medan vi är begränsade av en fysisk kropp. Tydligen är drömtillståndet inte en fantasivärld som försvinner vid uppvaknandet. Vi har omedvetet skapat en värld som kvarstår och existerar någonstans. Detta stämmer överens med idén att våra tankar är mycket kraftfulla; de är faktiska ting. När de en gång har tänkts, existerar de för alltid. Naturligtvis är detta sättet vi skapar vår verklighet på; genom att styra och organisera våra tankar, önskningar och drömmar, och sedan fokusera och rikta dem tills de blir verklighet.

D: *En annan sorts värld, menar du?* (Ja.) *Och det är därför vi har svårt att förstå våra drömmar. Vi skapar vår egen individuella lilla värld varje natt när vi somnar?*
C: Ja, och det är meningen att vi ska göra det.
D: *Men den är ofta fylld av symbolik som inte är begriplig för vårt vakna sinne.*
C: De behöver bara försöka förstå. Om de fokuserar på det, kommer de att förstå.
D: *Vi tror alltid att den försöker berätta något för oss genom symboler.*
C: Det gör den. Bara fokusera på det så kommer du att förstå.
D: *Men när vi vaknar och återvänder till denna verklighet, verkar den mer logisk för oss.* (Ja.) *Så varje natt går vi in i en annan värld som vi har skapat?* (Ja.) *Fortsätter den världen i vårt drömtillstånd att existera?*

Den Komplicerade Universum Bok Två

C: Självklart! Det är bara en annan ... när du går och lägger dig på kvällen, vilken garanti har du för att vakna nästa morgon?

D: *Tja, vi tror att vi kommer att vakna.*

C: Vad händer om din kropp dör?

D: *Det har ju hänt människor.*

C: Ja. Som ovan, så nedan.

D: *Och om kroppen dör, skulle du gå in i andevärlden, eller hur?* (Ja.) *Vilket är något annat än drömvärlden. Är det inte sant?*

C: Sant.

D: *Men då skulle du veta att du inte längre drömde. Du skulle gå in i andevärlden.*

C: Skulle du?

D: *Tja, det tror vi.* (Charles skrattar.) *Människor har berättat för mig hur andevärlden ser ut. Det verkar vara en annan plats.*

C: Jämfört med denna.

D: *Ja. De beskriver den alla på samma sätt, och jämfört med drömvärlden vi ser på natten, verkar det vara något annat.* (Ja.) *Detta kan bli väldigt förvirrande. För våra mänskliga sinnen, i alla fall. Men jag letar alltid efter information. Är det okej om jag delar den informationen med andra i mitt arbete?*

C: Ja, ja.

D: *Jag letar alltid efter saker vi inte har tänkt på, även om jag vet att jag inte förstår det. Längs vägen kanske någon, någonstans, kan utveckla det vidare.*

C: Ljud är hur Gud talade drömmen till skapelse. Det började med ljud.

Det är så Bibeln börjar berättelsen när Gud talade fram vår värld till skapelsen. *"Och Gud sade: 'Varde ljus', och det blev ljus."* Första Mosebok 1:3. Varje steg i skapelseprocessen blev verklighet när Gud talade.

Under en annan session ville en kvinna jag kallar "Barbara" utforska några händelser som hon trodde inträffade under utomkroppsliga upplevelser. Hon upplevde att hon gick genom tunnlar och liknande saker. Under en av dessa upplevelser hamnade hon i en annan tidsperiod. Jag trodde att det lät mer som att gå in i andra dimensioner genom tidsportaler. Detta var delvis sant. Det undermedvetna sa: "Det är ett minne. Ett minne av utrymmen som sammanlänkas."

D: Det verkade förvirrande. Det verkade vara i vårt förflutna, så som vi känner det.
B: Det finns inget förflutet.
D: Det var vad hon trodde att det var, och när hon kom tillbaka, var det förvirrande. Människorna i den andra upplevelsen trodde att hon inte borde vara där.
B: Det är bara en länk till olika utrymmen. Det gjorde ingen skada, förutom att göra henne nyfiken.

Vid en annan upplevelse, som Barbara också trodde var en utomkroppslig upplevelse, befann hon sig i en park där hon pratade med människor. En av dem sa att han gillade att komma till parken, för i den andra platsen var han i rullstol. Jag frågade vad som hände vid det tillfället.

B: De tog henne.
D: Vem tog henne?
B: Sinnena. Sinnena tog henne. Hennes sinne är deras sinne. Sinnena tänkte alla samma sak.
D: Men var var de?
B: Någon annanstans.
D: Och sinnena hos de andra människorna som var i denna park tog henne dit? (Ja.) Gör hon detta ofta? (Nej.) För hon tyckte att det kändes bekant på något sätt.
B: Det är alltid detsamma. Sinnena skapar.
D: Och de skapar denna plats och alla går dit?
B: Ja, det är kommunikationen med den andra länken.

Dessa var inte sinnena hos människor som Barbara kände i sitt nuvarande liv, men hon kände dem på en annan nivå. Det var därför de verkade bekanta.

D: *Är detta likt andevärlden, dit vi går när vi dör och lämnar den fysiska kroppen?*
B: Nej, detta är annorlunda. De andra skapar det. Det är mitten av en tunnel. Där andra kommer in från ena änden och några kommer in från den andra änden. Och de möts, skapar sin omgivning och stannar där en stund.
D: *Men hon sa att när hon kom tillbaka hit, var det väldigt kraftfullt. Vad hände där?*
B: Hon är envis.
D: *(Skrattar) Så det satte henne tillbaka i den här kroppen i den här verkligheten?* (Ja.) *Är det vad som händer ibland när vi drömmer på natten? Går vi till dessa platser som sinnena skapar?*
B: Liknande sinnen, ja.
D: *Men vi återvänder alltid till denna kropp, eller hur?*
B: Ja, men det finns kommunikation. Inte på en medveten nivå. På den andra nivån. Det finns många hus, många nivåer. Och ibland går du till dem som skapats av liknande sinnen.
D: *Sker detta ofta?*
B: Inte ofta.
D: *Men vanligtvis minns vi inte det på samma sätt som hon gjorde. Hon mindes mycket, eller hur?*
B: Hon mindes för mycket. Hon har ett gott minne.

Denna händelse verkade mer lik den gruppskapade verklighet som Charles talade om. Drömmaren som drömmer drömmen.

Ursprungsbefolkningar har ofta en mycket lättare tid att acceptera dessa metafysiska koncept än moderna människor. Till exempel förklarar Australiens aboriginer skapelsens berättelse genom att säga att Drömmaren drömde den till existens. De säger att Drömmarens första dröm var elementen: eld, jord, luft och vatten. Sedan fortsatte han därifrån. När han blev uttråkad med varje ny skapelse fortsatte han att skapa mer. De tror också att den verkliga världen inte är på Jorden, utan i andevärlden. De kallar sitt liv på jorden för "Drömtiden", som om det inte är "verkligt". Därför firar de när någon dör, eftersom de vet att personen lämnar Drömtiden och återvänder hem. De koncept som förbryllar oss accepteras lätt av dem.

Den häpnadsväckande idén att ingenting i våra liv är verkligt, att allt bara är en illusion, har upprepats om och om igen i mitt arbete. Denna idé stör mig, eftersom den utmanar min uppfattning om verkligheten. Allt i vårt liv verkar vara verkligt och fast – från våra levnads- och arbetsmiljöer till känslan av att röra och hålla dem vi älskar. Om de käraste och mest värdefulla sakerna i våra liv bara är en illusion, hur kan vi då förstå vad som är verkligt? Jag tycker att det är mer tröstande att se dessa koncept som "tankegodis". Något att fundera över, något som utmanar våra trossystem och tvingar våra sinnen att sträcka sig mot förståelse. Men i slutändan måste vi lägga det åt sidan och tänka: "Det var intressant. Det utmanade mina övertygelser. Det fick mig att tänka i en ny riktning. Men nu måste jag återgå till den 'verkliga' världen." Även om allt verkligen bara är en illusion, är det fortfarande den enda verklighet vi känner till. Så vi måste leva i den.

För första gången i många av våra liv blir vi utmanade med ny och annorlunda information. Sådant här hände inte i början av min forskning. Kanske blir vi nu presenterade för dessa idéer eftersom det är dags för mänskligheten att expandera sina sinnen och acceptera radikala idéer. Kanske är det dags, eftersom vi kollektivt håller på att skifta in i en ny verklighet med en ny frekvens och vibration. Våra sinnen måste förändras också, för att kunna acceptera den nya världen vi är på väg in i. Kanske är det därför vi nu får dessa utmaningar som förändrar vårt sätt att tänka, bort från den trivialitet vi har varit fast i i årtusenden. Men med en ny förståelse och ett nytt sätt att tänka kommer också ett ansvar. Det skulle vara alldeles för lätt att gå in i ett passivt tillstånd och säga: "Jag kan bara glida genom livet och inte oroa mig för något, eftersom inget är verkligt. Allt är en illusion. Allt är bara en dröm. Så det spelar ingen roll vad jag gör. Jag har ingen påverkan ändå." Men om vi gör det, låter vi livet bara passera förbi, utan att delta.

Jag tror inte att det var därför vi valde att vara här i denna värld just nu. Med upplysning kommer ansvar. Det är en av anledningarna till att vi har behövt reinkarnera så många gånger. Det har tagit oss så här lång tid att få det rätt. Vi har varit fångade i den materiella världen så länge att vi har glömt varför vi kom hit från första början. Det är också anledningen till att många avancerade själar har valt att reinkarnera här, för att hjälpa oss när vi övergår till nästa dimension. I en av mina böcker fick jag veta att huvudorsaken till att vi reinkarnerar på Jorden är för att lära oss att använda och manipulera energi. Så kanske är livet en illusion. Kanske är livet bara en dröm. Men det är vår dröm, vår illusion. Vi kan förändra världen och våra omständigheter när vi inser den kraft vi har. Vi kan faktiskt skapa mirakel. Vi kan forma världen i nästa dimension till en sann himmel på jorden. Detta skulle vara hundra gånger mer produktivt än att bara sitta och låta livet glida förbi oss. Användningen och kontrollen av energier kommer att bli ännu viktigare i den nya världen. Vi återhämtar länge förlorade krafter och talanger, eftersom världen äntligen är redo. Annars, när vi går över till andra sidan, kommer vi att bli tillsagda att vi hade en chans att förändra världen – men vi tog den inte. Och då blir det karma. Och vi måste gå igenom allt igen, tills vi slutligen förstår. Utsläppet av alltmer komplicerade koncept förbereder våra sinnen på att acceptera den nya världen som kommer. Vi kan inte förbli passiva om vi vill gå in i den nya verkligheten, den nya drömmen, den nya illusionen.

Den Komplicerade Universum Bok Två

Jag har ofta fått höra i mitt arbete att när vi lämnar vår kropp på natten medan vi sover, eller genom vägledd och riktad vilja, reser vi till olika världar samt inom vår fysiska planet. Personen kan återvända till andevärlden för att samtala med sina guider och få mer instruktioner om hur de ska hantera händelser i sitt liv. Eller få råd om hur de ska skapa nästa händelser de har kontrakterat att uppleva. Eller kanske bara genomföra en "check-up" genom att återvända "hem" och besöka människor vi inte har något minne av medan vi är vakna. (Det har redan förklarats på andra ställen i denna bok att vi lämnar våra kroppar på natten medan vi sover.) Detta är en av anledningarna till att nyfödda barn sover mycket. De anpassar sig till sina fysiska kroppar och vaknar bara när kroppen behöver uppmärksamhet. De är fortfarande kopplade till den andliga sidan och går fram och tillbaka för att ta emot vägledning. Själen är inte helt fäst vid kroppen förrän vid ungefär två års ålder. Vid den tiden sover de inte lika mycket. Detta är också en förklaring till plötslig spädbarnsdöd, något som läkare har svårt att förstå. Det finns tillfällen då själen är på en av sina resor till andevärlden och av någon anledning beslutar sig för att inte återvända till kroppen. Kanske bestämde den sig för att omständigheterna den föddes in i inte var gynnsamma för att arbeta igenom upplevelser i detta liv, och att en annan kropp i en annan miljö skulle vara mer lämplig. Kanske skedde det som en läxa för föräldrarna – något de behövde lära sig på grund av tidigare livserfarenheter med den nyfödda själens energi. Kanske stannade barnets själ för länge på andra sidan. Det var en "olycka", och den hann inte tillbaka i tid. (Även om jag har fått höra att det inte finns något sådant som en olycka.) Själen måste återvända till kroppen inom en viss bestämd tidsram, annars kommer kroppen att dö. Den kan inte existera utan själen (eller livsgnistan) som bor inuti den.

Det är också välkänt att äldre människor sover mer, särskilt om de är sjuka eller försvagade. De gör också resor till andevärlden för att samtala med sina guider och mästare och förbereda sig för sin övergång. När själen anser att allt är redo, beslutar den sig för att stanna där. Det finns inte längre något behov av den fysiska kroppen. Den har blivit utsliten eller skadad till den grad att det är meningslöst att fortsätta hålla den vid liv. I dessa fall dör personen oftast i sömnen, medan själen är på en av dessa resor.

Om vi bara är drömmare som drömmer det vi uppfattar som verklighet, skulle detta förklara varför så många av mina klienter, när de återupplever sina tidigare liv, säger samma sak. När de går igenom dödsupplevelsen och befinner sig på andra sidan ser de tillbaka och säger: "Det var bara ett spel, bara karaktärer på en scen. När jag var där var det så komplicerat och verkade ta så lång tid, men det var bara som en blinkning av ett öga." De betraktar andevärlden som den "riktiga" verkligheten, och livet de just har lämnat som endast en illusion. Jag personligen skulle dock vilja tro att det är mer än så. Vi upplever så mycket smärta och känslomässig hjärtesorg när vi lever våra liv på Jorden, att jag vill tro att det har en mening och att det kommer att bestå. Naturligtvis har jag fått höra att detta är sant, eftersom vi alla upplever och lär oss läxor, så att kunskapen och informationen kan återföras till Gud. På så sätt blir våra liv – oavsett om de är goda eller dåliga – en del av ett gigantiskt arkiv eller bibliotek där de förblir för evigt. Skulle vi leva våra liv annorlunda om vi visste att allt registrerades? Bokstavligen inristat i sten för evigheten?

En av mina döttrar arbetade som sjuksköterska på ett sjukhus och senare som hemsjukvårdare under många år. Hon berättade för mig om en man som var sängliggande och hade mycket smärta. Familjen visste att han var döende och tänkte att det skulle vara en lättnad när det hände. Han tillbringade mycket av sin tid sovandes. Han berättade för min dotter att han faktiskt lämnade sin kropp under denna tid, och när han var utanför kroppen fanns ingen smärta. Han var faktiskt upptagen med att arbeta – han byggde ett vackert hus på andra sidan. Han visste att när huset var färdigt skulle han stanna där, och detta liv skulle upphöra för honom. Han dog stilla en natt i sömnen, och min dotter sa helt enkelt: "Tja, jag antar att han färdigställde sitt hus och flyttade in."

Jag antog alltid att han byggde sitt hus i andevärlden, eftersom vi kan skapa vad vi vill där. Men kanske byggde han det i drömvärlden, där själen också kan existera. Detta antyddes i denna session – att de är två olika världar, men lika på många sätt. Om allt är en illusion, hur ska vi någonsin veta? Vad är verklighet egentligen? Om vi bara är karaktärer som agerar ut en större drömmarens dröm – vad händer när "han" eller "det" vaknar? Dessa är intressanta teorier att fundera över, men de stör mig och ger mig huvudvärk. Kanske är de bäst att lämna åt "tänkare" som gillar att utforska komplexa teorier. Som för mig, har jag fullgjort min uppgift som reporter och skrivit ner det jag har upptäckt. Nu måste jag återvända till min illusion. Kroppen har fysiska behov, och det är min verklighet just nu. Jag kan sluta anstränga min stackars hjärna med saker som bäst lämnas åt filosofer och eremiter som bor i grottor.

Den Komplicerade Universum Bok Två

Kapitel 28
ETT ANNORLUNDA ALTERNATIV TILL WALK-INS

MÅNGA AV MINA SESSIONER omfattar flera olika aspekter, och det är svårt att veta i vilken sektion informationen ska placeras. Jag försöker tänka på huvudtemat i informationen istället för att bryta upp den. Detta var ett sådant fall. Det innehöll information om utomjordingar, men på ett annorlunda sätt. Det innehöll också information om en annan version av "walk-ins". Jag bestämde mig för att placera det i denna sektion om olika själsaspekter. Det finns hänvisningar till andra kapitel där liknande information kan hittas. Allt i denna bok verkar referera fram och tillbaka.

Denna privata session ägde rum i februari 2002, när jag bodde på ett motell i Eureka Springs, Arkansas. Under denna tid ägnade jag mig åt privata sessioner i det lokala området: Arkansas, Missouri, Kansas och Oklahoma.

Många gånger under de senaste åren har jag fått en ny informationsbit eller ett nytt koncept från en av mina klienter. Sedan kommer nästa klient för sin session, och det nya konceptet utvecklas vidare. Det är nästan som om någon eller något på andra sidan övervakar mina sessioner och bestämmer vilken information jag ska få vid vilken tidpunkt. Jag vet naturligtvis att "de" verkar vara medvetna om vad som ges i varje session, eftersom "de" alltid verkar känna till mig och mitt arbete. Flera gånger mot slutet av en session har de sagt: "Här är nästa informationsbit du behöver för dina böcker." Eller "Du sa att du trodde att du var redo för nästa koncept. Här är det." Detta kan inte vara en slump eller något jag medvetet gör, eftersom pusselbitarna kommer från människor över hela världen som inte känner varandra och som inte vet vilken information jag samlar in. Ibland får jag en bit från någon i USA, och den utvecklas vidare av någon i England eller Australien. Så det övervakas definitivt av någon som är i en position att se allt jag gör och alla de olika människor jag arbetar med. Detta har hänt så ofta att jag inte längre blir förvånad, och jag känner mig mycket bekväm med vem det än är som styr showen. Detta fall är ett exempel på vad jag menar. Medan jag gjorde privata sessioner i Eureka Springs fick jag en informationsbit från Aaron, NASA-ingenjören, om hur "Stjärnbarn" eller "Speciella volontärer" skyddas från att ackumulera karma. Sedan kom min nästa klient, Bobbi, för sin session, och idén utvecklades vidare. Vem det än är som förser mig med information och övervakar verksamheten, är jag djupt tacksam för deras hjälp. De förstår, precis som jag, att tiden är rätt för viss information att komma fram till människorna på Jorden. De har också sagt till mig många gånger att jag aldrig kommer att kunna få all information, eftersom våra sinnen aldrig skulle kunna hantera det. Så de använder analogier och exempel för att illustrera det så gott de kan inom begränsningarna av våra sinnes förmåga.

När Bobbi var i trance, klev hon av molnet och befann sig i ett mycket öde ökenlandskap. Hon var en nästan naken infödd man som desperat sökte efter mat till sin familj. Hennes grupp bodde i grottor efter att ha blivit fördrivna från sitt land av den vita mannen. "De ville ha kontroll. De ville ta över. Och de såg oss inte som värdefulla." Där hennes folk tidigare hade odlat sin mat, var de nu tvungna att söka efter vad som helst (små djur, salamandrar och insekter) att äta. De svalt, och han kände ett stort ansvar att förse dem med mat. "Det är en verklig oro för överlevnad. Vi är hungriga. Jag känner det i magen." Mannen kände ett så stort ansvar att han själv gick utan mat för att de andra skulle kunna äta. "Jag känner hur min mage har utmaningar." Till slut dog han av näringsbrist.

Även om han hade offrat sig för de andra, kände han att han hade svikit dem. Han kände ett stort ansvar, och genom att dö lämnade han dem utan någon att ta hand om dem. Jag var tvungen att övertyga honom om att han hade gjort sitt allra bästa.

"Det handlade om näring, om att inte få i mig rätt näringsämnen för min kropp. Jag kände att jag var tvungen att offra mig för dem. Om jag bara hade hållit min styrka uppe. Jag trodde att det var hjälpsamt att ge dem min mat, men det var det inte. Jag offrade mitt liv för dem alla, och sedan kände jag mig dålig eftersom jag lämnade dem. Jag svek dem, eftersom jag egentligen borde ha tagit hand om mig själv först. Jag gjorde inte det. Jag skulle ha varit mer värdefull för dem om jag hade tagit hand om mig själv och vårdat mig själv. Det var ett mycket svårt, utmanande liv."

D: Vad lärde du dig av det?
B: Jag lärde mig att jag inte behöver offra mig själv för andra. Det var fel sak att göra. Jag kände mig så ansvarig för deras resa, och jag insåg inte att jag borde ha låtit dem vara ansvariga för sig själva. Det var medberoende. Och mitt matsmältningssystem var helt ur balans på grund av att jag inte fick rätt näring. Jag kände alltid att det aldrig skulle finnas tillräckligt.

Det förklarades för Bobbi att detta liv visades för henne för att hjälpa till att förklara hennes hälsoproblem i detta liv, som också var kopplade till hennes matsmältningssystem.
Eftersom livet var så kort, fanns det tid att utforska ett annat. Så jag bad henne att flytta antingen framåt eller bakåt i tiden till en annan plats där det fanns något hon behövde se.

B: Jag går hela tiden tillbaka till en tid i det här livet, när jag var en liten flicka.

Ibland när subjektet väljer att gå till en händelse som inträffade i nuvarande livstid, finns det något där som behöver utforskas. Vanligtvis är det något som det medvetna sinnet antingen har glömt eller aldrig vetat om från början. Det undermedvetna tar upp det igen av någon anledning. Kanske fanns det något där Bobbi behövde ta reda på, så jag bestämde mig för att låta henne stanna där istället för att flytta henne till ett annat tidigare liv.

B: Jag har ett motstånd mot att gå dit. Jag känner mig ensam. Jag känner mig rädd.
D: *Men du var inte ensam, eller hur? Du hade en stor familj.*

Bobbi hade tolv syskon, men hon blev illa behandlad, tillsammans med andra i familjen, mest för att föräldrarna var så överarbetade att de inte kunde visa någon tillgivenhet. Bobbi var tvilling, och hennes syster var den enda hon kände en verklig anknytning till under uppväxten.

B: Jag kände inte att de brydde sig om mig. Min syster var där, men hon kände samma sak. Jag kände mig bara ensam. Väldigt ensam.
D: *Vilken tid i ditt liv ser du?*
B: När jag var riktigt liten. Vi är ute på en grusväg där vi bodde. Det är min syster och jag. Och vår hund.
D: *Även med den stora familjen och din syster, kände du dig ensam.*
B: Mm-hmm. Några av dem var borta när jag föddes. Det var en så stor familj. Jag var väldigt ung. Jag ser det här huset vi bodde i, och jag ser det här andra huset. Det finns två hus. (Paus) Det är något på himlen. Det är därför jag är rädd. Det är som ett ljus på himlen.
D: *Du sa att din syster är med dig, och hunden?*
B: Jag ser henne inte med mig just nu. Jag är ensam. Det är ett ljus. Och det skrämmer mig lite. Jag vet inte vad det är. (Upprepat som en viskning:) Jag vet inte vad det är. Det är bara ett starkt ljus. (En viskning) Jag vet inte vad det är.
D: *Känner du att du behöver gå tillbaka till huset?*
B: (Bestämt) Nej! Jag gillar inte huset! Jag vill inte gå tillbaka dit. Det är där jag känner mig ensam. Jag gillar det inte där. Jag gillar att vara ute. Jag känner mig tryggare ute.
D: *Vad händer då när du tittar på ljuset?*
B: (En viskning) Det kommer närmare. Det är inte så läskigt nu. Det är annorlunda. Jag är inte rädd, bara nyfiken. För ljuset känns bättre. (Så svagt att det knappt hördes. Bara bandet fångade upp det:) Jag hoppar tillbaka! (Högre) Det är något i ljuset. Det är som någon i ljuset. Det är nästan som att de drar upp mig, för plötsligt

är jag bara ... det var en varelse i ljuset. Och sedan nästa sak jag vet, är jag inte där. Jag är inte på marken längre.

Jag försökte lugna henne, som om jag pratade med en liten flicka, för det var så hon lät. Hon hade antagit ett barns karaktär, vilket innebar att hon återupplevde händelsen exakt som den hade inträffat.

B: Men jag har ögonen stängda. Jag vet inte om jag vill se det här. Jag känner att någon rör mig. Och jag är fortfarande rädd. Min mage ... jag känner det i magen.
D: Vill du öppna ögonen och se vad som händer?
B: Ja, jag tror det. Beröringen var inte dålig. Det finns den här varelsen framför mig. Det är varelsen som jag har sett förut med det fläckiga blonda håret. Men i mitt medvetna sinne var det mer hår. Det var inte så fläckigt. Och det är min mamma. Min mamma. (Hennes känslor började komma upp till ytan.)
D: Hur vet du det?
B: (Indignerad) Man vet alltid sin mamma!
D: Är det den känslan du får?
B: (Känslosam, nästan gråtfärdig) Ja, ja.
D: Är din syster med dig, eller är du ensam?
B: (Försöker att inte gråta.) Jag är ensam just nu.
D: Kan du se var du är?
B: (Dämpat, sedan:) Det är som ett rum. Jag är som på ett bord. (Upprepade de två sista meningarna) Och jag sätter mig upp.

Senare efter denna session skickade Bobbi ett brev till mig där hon försökte förklara och klargöra några av de saker som hände under sessionen. "Jag hade just blivit tagen ombord på skeppet och minns att jag låg ner och tittade upp och såg min mamma. Hon hade de blonda fläckarna i håret. Jag hade haft drömmar om denna kvinna, men jag visste inte vem hon var. Du frågade mig hur jag visste att detta var min mamma. Jag minns att jag blev väldigt upprörd, för alla vet ju vem deras mamma är. Vid det tillfället tyckte jag att frågan var väldigt löjlig. Hur skulle man kunna inte veta vem ens mamma är? Jag skrattar nu åt min starka reaktion, men det bekräftade verkligen upplevelsen för mig."

Experterna kanske säger att den lilla flickan fantiserade fram en annan mamma för att ersätta sin egen, som var väldigt kall, överarbetad och inte hade tid för henne. Men om hon nu skulle fantisera och skapa en annan mamma, varför skulle det då vara ombord på ett rymdskepp?

Detta påminner om fallet i *The Custodians*, där den unga flickan fick besök av sin "riktiga" far. I det fallet, när det började skapa problem i hennes unga liv, berättade den utomjordiska varelsen för henne att han inte kunde komma längre, och minnena av honom raderades från hennes medvetna minne. Var detta ett liknande fall där minnena endast fanns kvar som märkliga drömmar?

B: (Känslosam) Och det känns bara så bra att vara med henne. Var har du varit?! Och hon säger: "Du har ett uppdrag. Du är på ett uppdrag, Bobbi. Det vet du." Hon säger: "Du vet vad Jorden är. Du vet att den inte är verklig. Du vet att det är illusioner. Du vet vem du är. Du vet att du är mitt barn. Du är en del av det, men du vet att du också är en del av helheten. Du vet att du inte är begränsad. Du vet dessa saker. Jag är här för att hjälpa dig att minnas dessa saker. Jag är med dig." Hon säger: "Jag är alltid med dig. Det handlar inte om mig, det handlar om oss." Och vi, tror jag, är hon. Och hon är där. Hon hjälper mig. Hon säger: "Vi är med dig. Vi är alltid med dig." Hon säger: "Vad får dig att tro att vi inte kommer att hjälpa dig? Vi hjälper dig alltid." Jag kände mig så ensam. Jag ser en sax. Hon säger: "Vi var tvungna att klippa av bandet så att du kunde leva livet. Vi var tvungna att klippa banden så att du kunde vara en människa. Men du är inte människa. Du har bara mänskliga upplevelser, för att du lär dig. Du lär dig. Vi undervisar dig."

D: *Men hon sa att hon är din riktiga mamma. Föddes du inte in i en kropp som en bebis?*

B: Nej, jag kom inte in. Det var inte jag då.

D: *I bebisen, tillsammans med din tvilling?*

B: Nej. Det finns en skillnad här.

D: *Kan hon förklara det för dig?*
B: Det har att göra med tiden då tvillingarna gick vilse.

Detta var en händelse som inträffade när Bobbi var mycket liten och som hennes familj alltid hade sett som märklig. Hon hade bett att få utforska detta under sessionen. Hon och hennes tvillingsyster hade varit försvunna ett bra tag, och ingen kunde hitta dem. Sedan dök de oväntat upp på gårdsplanen framför sitt hem.
Bobbis personlighet drog sig tillbaka och varelsen som sa sig vara hennes mor talade till Bobbi.

B: Det finns ett utbyte. Vi har ett sätt. Jag försöker se om jag kan förklara detta med mänskliga ord. Vi har ett sätt där vi kan ... det är nästan som ett utbyte av personligheter på något sätt. Det är som en förändring, ett utbyte. Det skedde en förändring. Du föddes inte in i det. Du observerade det, men det var inte du. Det var inte du som är du nu. Det skedde ett utbyte. Och nej, det är inte som en walk-in-upplevelse. Du hade rätt om det. Bobbi har ett minne av en framtida version av sig själv ombord på ett rymdskepp med blont hår. Och det är minnet av vem du egentligen är.

D: *Istället för ett framtida liv, menar du att det är minnet av vad hon verkligen är?*

B: Ja, vad hon verkligen är. Och delvis från framtiden också, eftersom det inte finns någon tid där. Det finns ingen tid. Ni befinner er i den dimensionen där ni tror att allt styrs av tid, men tid är inte viktig.

D: *Det är sant. Men du menar att ditt folk på skeppet valde denna bebis, denna kropp, för att ...?*

B: Kroppen skulle genomgå många saker som vi ville veta mer om. Vi ville förstå den mänskliga upplevelsen. Bobbi, det är därför du på Jorden alltid har varit intresserad av det psykologiska hos människan. Du var inte intresserad av traditionell undervisning. Du var inte intresserad av att studera psykologi i skolan. Det var inte därför du var där. Du var intresserad av de djupare betydelserna. Du ville ha den djupare sanningen. Och den fanns inte i den mänskliga naturen. Du var tvungen att leva de mänskliga upplevelserna för att kunna avgöra vad som var verkligt och vad som inte var det. Och vi har alltid varit där och visat dig. Och det är som att ... slappna av, för vägen kommer att bli tydlig. Släpp taget.

D: *Kan du förklara för mig hur detta gick till? Det är inte en walk-in. Du sa att det var annorlunda.*

B: Det är annorlunda. Okej, jag ser tvillingarna. Det finns ett rum. Tvillingarna ligger på ett bord tillsammans. Det finns något ... någon typ av ... Jag har bara svårt att förklara vad jag ser.

D: *Försök bara så gott du kan.*

B: Det finns någon typ av maskin. Någon typ av ... jag vill säga "implantat". Men det finns någon form av utbyte eller implantat. Hur sker utbytet? Det är inte ett själsutbyte. Tvillingarna ville inte gå igenom allt detta. De visste vad deras liv skulle bli. Depressionen. Familjen är fylld av depressiva energier. De ursprungliga tvillingarna ville inte genomgå det. (Hon hade svårt att hitta orden.) Trans ... Det är inte transmigration. Transigation? Transmitation? Någonting ... vissa delar av ett utbyte. Hon säger: "Du försöker för mycket."

D: *Låt det bara flöda. Använd de ord du kan hitta.*

B: Hon sa att tvillingarna var så glada ... det var något vi alla hade kommit överens om. Hon sa: "Ni alla gick med på att komma in och lära er detta." Jag har alltid undrat varför min syster och jag inte hade det där tvillingbandet, där den ena alltid vet när den andra skadas, eller den där starka kopplingen. Och hon sa: "Det är för att ni var tvillingar till utseendet, men det är annorlunda. De varelser ni är nu är inte som de vanliga tvillingarna på Jorden. Ni har vetat att ni inte haft den kopplingen. Era liv är parallella på grund av tvillingprocessen, men ni är olika personligheter. Ni är olika varelser. Ni har olika uppdrag. Ni har olika uppgifter."

D: *Men du sa att allt var överenskommet. (Åh, ja.) Vad hände med de ursprungliga själarna som kom in?*

B: De är lyckliga. (Hon skrattade.) De håller på att läka.

D: *Så de stannade inte kvar? Det var inte två själar i kroppen samtidigt?*

B: Det var det under en tid, eftersom Bobbi behövde hjälp att lära sig hur man fungerar. Så under en tid var tvillingarna där. Det fanns perioder då de var som sammansmälta. I de tidiga dagarna. Ah! För Bobbi mindes inte mycket av sin barndom. Det fanns tider då hon gick fram och tillbaka i medvetandet. Jag vet inte hur. Hon gick fram och tillbaka eftersom hon lärde sig mer om att vara i barnet, i kroppen, och att integreras. Och vi skulle inte bara överge dig helt.

D: *Så de ursprungliga själarna gick någon annanstans?*

B: Ja, den ursprungliga själen var där. Det fanns saker som den ursprungliga själen bara inte kunde hantera. Och de små flickorna var så ledsna.

D: *Vad hände då med den ursprungliga anden? Du sa att de var tillsammans ett tag.*

B: De ville åka hem. De gick för att vila. Hon sa: "De mår bra. De gick till en viloplats. Och från där de var kunde de se en del av detta. De lärde sig." Hon säger: "Bobbi, de kunde lära sig genom att du gick igenom upplevelserna också. Så det var som att de var avlägsna, men ändå en del av det. Men de lärde sig medan du gick igenom mycket av upplevelsen. De hade inte modet. De hade inte styrkan. De ville inte gå igenom allt det där."

D: *Varför är detta annorlunda än en walk-in?*

B: Det är en annan process.

D: *Kan du förklara skillnaden?*

B: Låt mig fråga henne. Hon säger att den ursprungliga anden många gånger går igenom en stor del av jordelivet tills den når en verkligt kritisk punkt, där de bara inte kan fortsätta längre. Det finns inget motstånd mot det. Det är som att den personlighets-egot vill gå så långt det kan innan det ger upp, innan det släpper taget, innan det byts ut. Och sedan, det kommer till en punkt där det ser att det inte kan fortsätta. Åtminstone försökte det. Jag menar, det försökte verkligen. Jag ser beslutsamhet. Jag ser verkligen försök. Och de försöker så mycket de kan, och det är svårt. Det är bara svårt. Och det är då de byter. Det är som, på inandningen finns det den nanosekunden mellan andetagen. Inandning och utandning, där saker händer. Det är där Gud är. Och det är under de tiderna det finns möjligheter för andra saker att hända.

D: *Det är en walk-in. Men det som hände med Bobbi var inte samma sak?*

B: Nej. Det var mer en mekanisk process inblandad. Jag förstår inte varför ... det är inte ordet. Det är någon typ av molekylär ... Jag ser maskiner runt omkring. Jag ser kopplingar. Hur de kan koppla anden ... (en viskning) hur görs det?

D: *De har förmågan att göra det med maskiner?*

B: Det är inte som vanliga maskiner. Det är energi som de har, ser jag, i sina händer. De har något i sina händer. (Viskning) Hur gör de det? Jag förstår inte. Någon typ av överföring. Och när jag var liten flicka, var det som att jag såg dem bara kliva in i kroppen, men det är mycket mer än så. Det finns den här överföringen. Jag fortsätter att fråga henne hur de överför det. (Paus) Det är som en vetenskaplig process. Det finns maskiner runt omkring. Ah, maskinerna har att göra med hjärnvågor. De gör något med hjärnvågorna för att hjälpa till att komma till en viss frekvens. Och när det finns en viss frekvens, finns det någon typ av överföring som kan ske. Det är annan dimensionell teknik. Ibland ser Bobbi något som energilinjer, och det är frekvenser. När frekvensen är rätt, kan det ske en överföring av personligheter, eller överföring av tankar, av medvetande. Det har att göra med frekvenser.

D: *Något slog mig just. Det andra fallet med walk-ins görs helt med att anden byter plats. Och det här låter som om Bobbi var en levande fysisk varelse ombord på rymdskeppet, inte en ande.* (Ja) *Och hon var tvungen att överföra på det sättet.* (Ja) *Där de andra var andar som redan hade gått över, och de bytte plats.*

B: Ja, det är vettigt. För vid tidpunkten för överföringen ... Jag ser de här två små kropparna på bordet här. Men det finns två mer vuxna varelser som kommer att vara överföringen. Överförare är ordet. Överförare, som kommer in. Men det finns en tidskapsel. Hon kommer bara ihåg mer av vem hon egentligen är. Eftersom tidskapseln handlar om att sova i så många år. Och fyrtiotalet var triggerår. Hon visste vid fyrtio att hon behövde gå igenom sina rädslor. Fyrtiotalet var hennes viktigaste år i uppvaknandet.

D: Det var då kunskapen kom tillbaka. (Ja.) Då var de som överfördes verkligen levande ett fysiskt liv ombord på farkosten och var inte avlidna andar.
B: Nej, det var de inte. Det är en skillnad.
D: Och ni har ombord på den här farkosten förmågan att göra överföringen. (Ja) Men det måste ske med tillstånd från den befintliga själen.
B: Åh, ja.
D: Men då går den med på att komma tillbaka.
B: De som genomför överföringen skulle då återvända.
D: Så det är ett utbyte, men det görs med en annan levande varelse.
B: Jag ser den som är Bobbi. Jag ser den som kommer in och det är nästan en manlig energi. Jag förstår inte varför det skulle vara en manlig energi, eftersom de egentligen inte är manliga eller kvinnliga.
D: Mer eller mindre androgyna?
B: Ja. Låt oss lämna detta ämne.
D: Jag har en sista fråga. Vad hände med kroppen av den som genomförde överföringen? Den som var på skeppet? Om själen lämnar kroppen för att gå in i Bobbis kropp, vad hände då med den kroppen?
B: Den kroppen är i ett tillstånd av stasis. (Hon hade svårt med ordet och hade svårt att uttala det.) Är det en suspension? Det är en suspension. Det är som en sömn? Det är som en sömn. Och när du ställde den frågan, kom svaret direkt. Det är en sömn, för det finns en dimension där tid inte existerar. Så det är som att jordelivet inte är relevant för tiden där. Så kroppen kommer att vara i detta ... Jag får hela tiden upp ordet "tillstånd" ... det börjar med ett "S". Det är inte bara stationärt, suspenderat, gestation, stasis. Det är något som liknar stasis.

Enligt synonymordboken: Stasis – orörlighet, inaktivitet, stagnation.
Enligt ordboken: Stasis – (handling eller tillstånd av att stå stilla, stanna upp.) 1. En avmattning eller stopp i det normala flödet av en kroppsvätska eller halvvätska, såsom: en avmattning i

blodcirkulationen. 2. Ett tillstånd av statisk balans eller jämvikt: stagnation.

B: Kroppen går in i detta tillstånd ett tag för att lära sig. Den lär sig om människor. Bobbi refererar till människor i tredje person. Hon kallar Jorden för "Humansville". Och det är en mänsklig sak. Det finns mänskliga hem. Och hon minns en tid då hon frågade vad hon gjorde på skeppet. (Bobbi hade haft en känsla [genom drömmar] att hon besökte ett rymdskepp när hon egentligen skulle ha sovit.) Och hon undervisar om Humansville. Hon undervisar om det mänskliga livet.

D: *Då är detta annorlunda än walk-ins, eftersom kroppen mer eller mindre väntar i en sorts suspenderad animation på själens återkomst. Kroppen dör inte.* (Ja) *Och själen är på ett uppdrag till Jorden, men ville inte gå igenom födelseprocessen.* (Nej) *Det skulle innebära mer glömska med födelseprocessen, eller hur?*

B: (Upphetsat) Åh! Det trycker på huvudet. Av någon anledning kom det precis in. Födelseprocessen, när de kommer ut genom födelsekanalen, det är då minnena blockeras. Det finns en upphetsning här, för födelseprocessen har något att göra med slöjan. Om du kommer igenom den, då blir slöjan tjockare. Okej. Det här börjar låta vettigt.

I mitt arbete med walk-ins hade jag anat detta. Människor verkar definitivt vara mer psykiska efter en NDE (nära döden-upplevelse) eller en walk-in, där det sker ett utbyte av själar. Genom mitt arbete har jag upptäckt att födelseprocessen faktiskt raderar minnen. Också den tid som spenderas som bebis, där man fokuserar på att lära sig använda kroppen – att krypa, gå och slutligen kommunicera – gör att minnena av mellanlivet och var själen kom ifrån bleknar bort. Walk-ins, å andra sidan, går inte igenom dessa minnesraderande upplevelser och kommer in med full kännedom om var de kom ifrån. Därför vet de hur de ska använda sina psykiska förmågor. Dessa förmågor är latenta eller vilande hos så många människor.

D: Så det är därför hon gick med på detta. Och detta hände vid den tidpunkt då hennes föräldrar trodde att hon var försvunnen.

B: Hon vet att det är så här det görs.

D: Och själen som kom in vid den tiden var bättre rustad att hantera saker? (Ja) *Den gick med på att hantera alla dessa mycket svåra och komplicerade saker som hon var tvungen att gå igenom.*

B: Ja. Och att vara mer jordad.

D: Den verkliga modern och folket på skeppet är alltid med henne. (Ja) *Hjälper henne i det undermedvetna tillståndet?*

B: De är "vi", ja.

D: Dessa människor på skeppet, har de ett fysiskt hem någonstans, eller bor de bara på skeppet?

B: Det finns något långt borta, men de bor verkligen bara på skeppet.

D: Vad var Bobbis yrke när hon var på skeppet, innan hon genomförde överföringen?

B: Hon var en äventyrare.

D: (Skratt) Det låter som hon.

B: Hon älskade stjärnorna. Hon var som en astronaut, skulle vi säga. Hon var en rymdutforskare. (Skrattar) Som en "Startreker". Hon älskar galaxerna. Åh, herregud! Det är därför Bobbi älskar galaxer. Det är därför hon känner sig hemma när hon ser nebulosor och allt det där. Hon gör bara det hon älskar. Och det fanns tider då Bobbi visste att hon var i stjärnorna. Hon såg stjärnor. Hon såg genom mina ögon. Och vi är rymdutforskare. Vi är dimensionella utforskare.

D: Och detta är ett annat äventyr. (Åh, ja!) *Finns det inte en fara att fastna här när man kommer in i en fysisk kropp på Jorden?*

B: Vi vet vad vi ska göra.

D: Jag tänker på karma.

B: *Vi vet allt om det. Vi är medvetna om allt det där.*

D: För det finns alltid risken att skapa karma när man kommer till Jorden. Det verkar vara något man inte kan undvika.

B: Vad jag ser är att det finns som en hinna mellan ... Jag kan inte förklara det särskilt bra. Det finns som en hinna mellan ... det finns ett skydd mellan det.

Detta lät som när Aaron sa att det fanns ett skyddande hölje som hade placerats runt honom. Kanske är hinnan samma sak.

B: Vi förstår greppet. Vi förstår dragningen. Vi förstår mekaniken bakom att sugas in i detta. Jag ser rattar. Vi kan justera saker. Det har att göra med frekvenser. Det har att göra med rattar. Bobbi är intresserad av frekvenser. Hon förstår frekvenser. Hon lär sig att ställa in sig på de olika frekvenserna. Men vi kan använda en frekvens. Vi vet hur långt vi kan gå. Låt oss uttrycka det så. Vi vet hur långt vi kan gå utan att fastna i allt detta. Vi kan se det. Vi kan se en större bild. Åh, ja, det är som klibbigt lim. Det de visar mig är som det där klibbiga limmet som du inte kan komma loss från. Vi ser faran. Det är som att fastna. Jag ser något som fastnat i ... det är som flugpapper. Det är som de där fruktansvärda sakerna som människor fångar små djur på, och de kan inte komma loss. Och vi vill inte göra det. Det är en mänsklig sak. Det är som att ni människor är i flugpapper. Och ni försöker ta er fram genom allt detta. Och åh, det är svårt! Det är så svårt för er.

D: *Det är därför det krävs en riktigt modig äventyrare för att vilja göra detta, eftersom man kan fastna så lätt.*

B: Vi förstår de vibrerande frekvenserna. Vi förstår mekaniken bakom den tunna linjen att justera. Jag ser rattar. Vi förstår hur man undviker, hur man upprätthåller. Karma är ert flugpapper. Det är som, ta er loss!

D: *Så ni vet hur man undviker att fastna.*

B: Ja, vi vet. Det finns en manlig varelse här som är ganska skicklig. Han är den som övervakar detta. Där finns Bobbis mor, där finns jag ... där finns Bobbi. Det är svårt att förklara allt detta.

D: *Ja, att vara på två platser samtidigt.*

B: Ja, på två platser samtidigt. Men det finns en annan varelse här. Det är som en kropp och det är det inte. Det är som en närvaro som har en större vetskap och som hjälper oss. Vi vet när vi inte ska gå in i flugpappret. Det är allt jag kan säga. Men er karma är verkligen som något fastklistrat på flugpapper som försöker slita sig loss.

D: *Skulle detta vara en anledning till att Bobbi inte fick några barn?*

Jag hade redan upptäckt detta genom en annan klient. Se kapitel 9, "Barn skapar karma."

B: Åh, ja. Det finns mer karma som är inblandat i det. Hon visste att hon hade tillräckligt att arbeta med.
D: *För när du har barn får du en starkare anknytning till jorden.*
B: Uppdraget hade mer att göra med studier. Med vad vi ville lära oss från denna dimension. Vi vill förstå mänskliga erfarenheter.
D: *Att bara uppleva livet, utan att fastna i karmans fällor.*
B: Precis.

I brevet Bobbi skickade efter sessionen ville hon förklara sina minnen om karma: "Karma såg ut som det vi gör mot insekter med flugpapper. Vid ett tillfälle visades jag en bild som liknade när du får tuggummi fast på skon och du bara inte kan få bort det. Flugpappret var så. Det var mycket svårt för människor att bli 'loss'. Vid en del av sessionen förklarades det för mig hur personen på skeppet höll sig utanför karmans grepp. Det verkade inte vara så svårt som vi alltid hört, eftersom de visste om vibrerande frekvenser och kände till de exakta frekvenserna av karmisk dragningskraft och instängning. Detta var inget problem för dem."

"Den varelse som nämndes sa att Jorden var som en kupol av vibrerande frekvenser. Kupolen såg ut som en tunn hinna över jorden, och det påminde mig om filmen 'The Truman Show', där Jim Carrey levde hela sitt liv på en faktisk kupolformad filmuppsättning, omedveten om att alla i hans liv var skådespelare som spelade en roll – precis som Jorden är."

D: *Men när hon lämnar detta liv till slut, kommer hon då att återgå till den varelse hon var på skeppet? Till kroppen som fortfarande väntar?*
B: Ja, det kommer hon att göra.
D: *Istället för att gå till andevärlden? För den andra sidan är dit vi säger att man går när man lämnar kroppen och dör. Eller ser du det annorlunda?*

Den Komplicerade Universum Bok Två

B: Jag ser ingen större skillnad. Hon kommer att ha en vanlig övergång. Hon kommer att gå igenom dödsupplevelsen till andevärlden. Vi är en del av den andliga världen. Vi är en del av Det Ena. Vi är en del av Närvaron. Vi är en del av helheten. Vi är alla fordon. Det är som en dominoeffekt. Jag är bara en del av den större varelsen. Och Bobbi är en del av mig, men i slutändan handlar allt om ande. Det handlar om Det Ena. Det handlar om Närvaron. Det är komplicerat, för hon kommer att vara i mig, men ändå är vi en del av Det Ena.

D: *Den där livet som den infödde som var mycket hungrig, var det kopplat till den ursprungliga Bobbi, eller till entiteten som kom in? Det är lite förvirrande när vi har två här.*

B: Dessa är några av minnena från den ursprungliga själen, den lilla flickan, lilla Bobbi, tvillingen. De har använts för att hjälpa oss att förstå det mänskliga livet.

D: *Som en rest som fortfarande fanns kvar.*

B: Åh, ja, ja. Innan hon kom in i livet kunde vi se det minnet.

D: *Det är därför själen som kom in, transferee, inte hade dessa minnen.* (Ja) *Då tillhör de definitivt inte den Bobbi-personlighet som finns nu.* (Nej) *De tillhör den som gick vidare för att vila.*

B: Ja, det gör de verkligen.

D: *Så det kan inte ha någon påverkan på henne nu alls?* (Ja) *Nåväl, det sätter verkligen det på sin plats.*

B: Vi kommer att hjälpa till med alla dessa fysiska problem. Vi är i vår integritet. När det gäller hennes syfte med att vara här, finns det en timing i det hela. Hon har helande förmågor. Hon visste inte vilka vi var förrän nu. Och nu vet hon vad "vi" innebär. Och "vi" betyder att vi alla är en del av Skaparen. Hon kommer att föra in en ljusenergi. Jag ser att det kommer en ljusstråle som har krypterade meddelanden. Det är en kodning. Tonerna. I ett av hennes öron kommer hon att höra en ton. Hon kommer att kunna dechiffrera den. Hon behöver ansluta sig till mig i meditation, vilket hon redan gör, och be om hjälp. Hon kommer att börja tyda dessa meddelanden. Jag ser ljusstrålar. Och jag ser att det inte är hieroglyfer, det är mer som gammal hebreiska.

Den Komplicerade Universum Bok Två

Jag förstod vad hon pratade om, eftersom jag fick prover på skrift (eller symboler) från hela världen. Det låter som samma sak, och många människor har sagt till mig att de tar emot det, att det dyker upp i ljusstrålar.

B: Vi använder hennes fysiska kropp. Hon är mycket jordad. Hon är skeptisk, men inte för skeptisk. Hon är tillräckligt skeptisk för att verkligen kunna urskilja vad hon tar emot. Hon är ett mycket bra redskap för det vi vill göra. Vi vill föra in en del sanning. Hon har alltid velat föra sanning till denna planet. Det är därför hon är här. Det är som om min kropp är ... det är inte en graviditet. Min kropp är i detta stasliknande tillstånd, men ändå är jag där i anden och hjälper henne. Min kropp måste vara i det tillståndet för att jag ska kunna ge min fulla uppmärksamhet åt att hjälpa henne. Att vara med henne. Så det finns en disciplin i den information som kommer igenom. Detta ljus som kommer igenom behöver spridas. Det kommer att nå fler än hon kan föreställa sig.

D: *Hon har försökt att hitta denna information tidigare, men den har aldrig kommit igenom.*

B: Hon blockerade den. Hon var inte redo för den. Hon hade inte haft de mänskliga erfarenheter som vi behövde att hon skulle ha för att kunna få klarhet. Hon har alltid känt att denna dimension är långsam.

D: *Får jag be om tillstånd? Skulle jag få använda en del av denna information i mitt arbete?*

B: Åh, ja. Det är därför vi är här.

D: *För det finns vissa delar av det som jag börjar sätta ihop som ett pussel.*

B: Det finns koncept här som skulle vara till hjälp för människor att förstå. Flugpapper-konceptet är till för att hjälpa människor. Det är som er TV. Folk blir fastklistrade vid TV:n. Det är som ett beroende. Det liknar hypnos. Människor är under hypnos, och det är dags för dem att vakna. Absolut.

D: *Jag tror inte att något händer av en slump. Ni ger mig alltid nästa pusselbit som jag behöver. Och ni vet nog redan att mannen jag pratade med igår gav mig den första ledtråden till detta, om flugpapperet och karman.* (Se Aaron – kapitel 11.)

B: Han nämnde flugpapperet och karman?

D: *Han nämnde det på ett annat sätt, som ett skyddande hölje som hindrade honom från att fastna i karman. Och Bobbi pratade om en slöja och en hinna. Ett sätt att hålla sig borta från karman.*

B: Det är som en kupol, en frekvens. Det är som att slöjan är en frekvens. Det är det bästa sättet jag kan beskriva det på i detta språk. Det finns en frekvens som fungerar som en slöja runt denna dimension.

D: *Hon har förklarat det tydligare. Han sa att du kunde lära dig läxorna, men att du inte behövde fastna i karman. Han beskrev det som ett sätt att hålla karman från att fastna på honom.*

B: Exakt. Världen är en illusion. Ni är här för att lära er läxorna, men inte för att fastna i dem. Bobbi visste att hon var här för att lära sig avskildhet, eftersom hon var så fäst vid allt. Hon kom in som medberoende, eftersom hon var tvungen att lära sig att inte vara medberoende. Hon kom in på flugpapperet. Och det är den djupaste mänskliga utmaningen. Det är som om du ligger platt på det flugpapperet. Och hon tog sig upp.

D: *Så om den ursprungliga anden hade stannat i kroppen, skulle det ha varit väldigt, väldigt svårt.*

B: De skulle inte ha velat stanna.

D: *Så detta höll verkligen kroppen vid liv. På det sättet kan vi skicka kärlek till de ursprungliga andarna, eftersom de gav upp kroppen.*

B: Åh, ja. De fick – människor skulle kalla det "belöningar". De fick en form av belöning för att de tillät detta att ske. Tvillingarna som lämnade fick också hjälp, eftersom de under en tid kunde lära sig från erfarenheterna av denna varelse. Och de kan fortfarande lära sig från det, eftersom det finns en koppling till den Stora Själen. Den stora Skaparkopplingen.

D: *Vet hennes syster, Linda, något om detta?*

B: Hon vet det på någon nivå. Samma sak hände med henne. Hon var tvungen att ha olika erfarenheter. (Skratt) Hon har sitt eget flugpapper eftersom hon var här för att lära sig olika saker. Hon gifte sig med en präst, en homosexuell präst, så hon har haft sina egna utmaningar. Så hon har haft en annan variation av erfarenheter, men båda har haft mycket prövande upplevelser. De ville inte göra resan ensamma. Det var för mycket.

Jag förberedde mig för att avsluta sessionen och föra Bobbi tillbaka till fullt medvetande, men entiteten hade några sista ord.

B: Tack för denna möjlighet. För orkestreringen för alla inblandade. Vi vet att trådarna i allt detta sammanflätas.
D: *Jag verkar stöta på detta mer än genomsnittspersonen.* (Vi skrattade.)
B: Det är ditt uppdrag.
D: *Åtminstone är jag på det nätet, antar jag.*
B: Åh, ja. Åh, ja. Du har en stor tråd. (Skratt)

Jag gav instruktioner om att de andra entiteterna skulle dra sig tillbaka. Bobbi tog ett djupt andetag när de försvann, och sedan förde jag henne tillbaka till full medvetenhet.

När jag hade en session med Jesse i New York 2004, upptäckte jag en annan typ av alternativ till en walk-in: den hållande själen.

Istället för att gå in i ett tidigare liv gick hon till en energivarelse som hade färdats till olika platser i kosmos. Vissa av dessa platser var fysiska och solida, medan andra inte var det. Hon var en typ som inte behövde vara knuten till en särskild kropp.

D: *Brukar du någonsin gå in i en kropp?*
J: Du kan gå in vid olika tidpunkter under livet. Om du vill.
D: *Måste du inte gå in i en kropp när det är en bebis?*
J: Nej. Kanske behöver en person hjälp, och då går du in för att hjälpa. Du är en del av deras liv under en kort tid. Om de behöver det.
D: *Så du stannar inte där under hela kroppens livstid?*

Den Komplicerade Universum Bok Två

J: Ibland. Ibland inte. Det behöver inte vara en kropp. Det kan vara olika former på olika planeter och i olika områden.

D: *Vilka andra former skulle du ta om det inte var en kropp?*

J: Jag vet att vissa av dem inte är solida. (Djupt andetag) Det är så svårt att förklara.

D: *Ja! Jag kan tänka mig det. Men du sa att du vanligtvis inte stannar under hela kroppens livslängd, eller vilken form det än är. Men om du bara går in för att hjälpa dem en kort stund, finns det då inte redan en själ eller ande i den kroppen?*

J: Jo, men de behövde hjälp.

D: *Så du får hjälpa, även om det redan finns en själ i kroppen?* (Ja.) *För jag trodde att det kanske inte var tillåtet att ha två själar i en kropp samtidigt.*

J: Jag tror inte att den andra själen tar över. Jag tror att den bara är där för att hjälpa. Eller lägga till något för att hjälpa. Jag kan inte förklara. Det är så svårt.

D: *Så när du har hjälpt så mycket du kan, lämnar du?*

J: Ja. Jag tror inte ens att man alltid måste gå in i kroppen. Man kan bara stanna hos personen. Och kommunicera med dem och skicka den energi de behöver. Det kan göras på det sättet också.

D: *Är personen medveten om dig?*

J: Vad menar du, personen?

D: *Den fysiska kroppen, den del av personen som är medveten. Vet de att du är där?*

J: De kanske känner sig annorlunda. De gör saker annorlunda än de normalt skulle göra. Men själen är den som vet allt. Du vet allt om dem. Och du gör bara det du ska göra för att hjälpa dem. Så det är inget intrång.

D: *Så själen vet vad du gör. Den vet att du är där?* (Ja.) *Och den låter dig hjälpa under en kort tid, eller så länge det behövs?* (Ja.) *Sedan går du från plats till plats.*

J: Ibland, ja. Ibland stannar du. Om den huvudsakliga anden kanske måste lämna kroppen en kort stund. Bara för att gå tillbaka till den andra sidan och reparera sig själv eller något sådant. De lämnar, och du tar över. Du blir i princip allt de var innan, plus styrkan och kopplingen de hade tidigare. Och du hjälper till ett tag tills anden kommer tillbaka.

D: *Det håller kroppen, fordonet, vid liv på det sättet, håller det fungerande?* (Ja.) *Varför skulle själen behöva gå tillbaka för att repareras?*

J: Jag tror inte att den kan bli helt reparerad på Jorden. Den måste korsa ridån. Korsa slöjan. Jag tror att den måste vila och få olika vibrationsjusteringar.

D: *Händer det något i personens liv, fordonets liv, som gör att det måste gå tillbaka och repareras?*

J: Ja. Hemska saker eller tragedier, eller så är själen så utmattad att den verkligen inte kan fortsätta längre.

Det verkar som att de på andra sidan har en lösning för varje möjlighet. Istället för att låta kroppen dö medan anden går tillbaka för reparation, kommer den hållande själen in en stund och håller kroppen vid liv, tills den ursprungliga anden känner att den kan återuppta sitt jobb. Detta skiljer sig från en walk-in, som är ett mer permanent utbyte.

D: *Har du någonsin levt i en fysisk kropp under hela dess livstid?*
J: Jag tror bara några få gånger. Jag är fast här nu. Jag gillar det inte. Det är svårt att vara i en kropp under en lång tid.
D: *Du var inte den ursprungliga själen som kom in?*
J: Jag är inte säker. Jag tror att jag är det, men jag är inte säker.
D: *Tror du att du gick in i hennes kropp när hon föddes, som en bebis?*
J: (Suck) Kanske in och ut. Jag vet inte. Jag tror att det var en lång tid.
D: *Jag var bara nyfiken på om du hade varit i hennes kropp hela tiden hon har varit vid liv.*
J: Jag har minnen av det, men jag tror inte det. Jag tror att den ursprungliga själen inte kunde klara det. Det var en överenskommelse. De bara lämnar en stund och någon annan tar över. Kanske händer sådana saker oftare än människor vet. Själar delar kroppen under en kort tid och går sedan vidare. Kanske var den första själen bara en ny själ som aldrig hade upplevt Jordelivet tidigare. Det var första gången, och det var som en prövotid, och

det blev för mycket. Om du inte kan gå igenom det. Det fanns två andra själar redo ifall att.

D: *Ifall de inte kunde göra jobbet?*
J: Jag vet inte om det handlar om att göra jobbet eller bara att vara där. Det viktiga är att fordonet förblir vid liv. Så någon måste ta över.

Jag kallade fram det undermedvetna för att få mer information. Jesse sa att hon inte kände sig hemma här på Jorden. Det var en ensam känsla, och hon ville veta varför hon kände så.

J: Hon känner så eftersom detta inte är hemmet. Hennes verkliga hem är inte en fysisk plats. Det är i en annan dimension. Det är bara ljus och vackert och där finns ingen kropp, inga människor. Det finns bara energi. Det finns en annan plats som är lite mer fysisk, halvsolid. Stora berg och djur och träd. Hon gillar att stanna där mycket. Det är i en annan dimension.

Jesse hade ingen kropp när hon var på någon av dessa platser. Det undermedvetna sa att hon inte hade haft många liv på Jorden. Hon hade mest levt i dessa andra dimensioner, när hon inte var en hållande själ.

D: *Den andra delen som vi pratade med ... är det den del som går fram och tillbaka? Eller är det en annan sak?*
J: Ja. Det är den som går fram och tillbaka. När den kom hit och bara hjälpte, stannade den inte för hela livstiden.
D: *Så är den här nu?*
J: Det är väldigt svårt att förklara. Man kan inte säga när en del börjar och den andra slutar.
D: *Är det mer eller mindre sammansmält med den ursprungliga själen?*
J: Ja, men saken med energi är att det inte finns några slut eller början. Och när du kommer för att hjälpa dessa själar på Jorden, i kropparna, är det den del av dig som vet vad de går igenom. Ni måste alla lära er. Du bara vet det, de är en del av dig.

Den Komplicerade Universum Bok Två

D: Jesses verkliga hem är dessa vackra platser. Kommer hon att få återvända dit en dag?
J: Ja, men det är så svårt att förklara. Att vara där är trevligt, men du växer inte. Du bidrar inte. Du går igenom olika upplevelser för att berika allt runt dig. Inte dig själv, eftersom du inte existerar som en separat själ. Det är väldigt svårt att förklara.

Detta var en mödosam session, eftersom inte ens det undermedvetna visste hur man skulle förklara denna andra del av Jesse som vi hade fått en glimt av. Tydligen hade den smält samman så effektivt med Jesses personlighet att den inte visste var hon slutade och var den började. Men det skulle vara en bra sak. Det skulle troligen kunna fungera lättare på det sättet. Tydligen är en hållande själ en separat ande som har gått med på att komma in och hålla kroppen vid liv medan den ursprungliga anden går över till den andra sidan en stund. Detta skulle skilja sig från en walk-in, eftersom den ursprungliga anden planerade att återvända och återuppta sina uppgifter. Den hållande själen skulle stanna så länge den behövdes och sedan gå vidare till sitt nästa uppdrag. Under tiden, när den inte arbetade (eller var fast), kunde den resa genom kosmos och ha alla möjliga typer av äventyr. I nästa kapitel kommer vi att diskutera själsaspekter eller fragment. En hållande själ skulle kunna vara en av dessa, men som Jesse sa, är det väldigt komplicerat att förklara.

Kapitel 29
DEN MÅNGSIDIGA SJÄLEN

I *BOK ETT* skrev jag om själens splittring. Jag fick då konceptet presenterat för mig att vi är en del av en mycket större själ, som kan splittra eller dela upp sig och leva många existensen samtidigt. Vi är inte medvetna om detta eftersom det skulle vara alltför förvirrande, och våra mänskliga sinnen skulle inte kunna förstå det. Det går hand i hand med teorin som presenterades i Bok ett om att vi lever i parallella verkligheter samtidigt, och att fler verkligheter ständigt skapas när de fortsätter att dela sig. Jag fick veta att våra mänskliga sinnen aldrig kommer att kunna förstå hela omfattningen av det hela. Det handlar inte om våra hjärnor, utan om det mänskliga sinnet. Därför får jag exempel eller analogier som ger oss en viss mängd information som vi kanske kan hantera. Jag gillar att se dessa som intressanta tankövningar. De får oss att tänka, men om vi inte vill tro på dem eller studera dem vidare, kan vi bara betrakta dem som kuriositeter. När jag får dessa analogier har jag alltid en stark känsla av att de bara är toppen av ett isberg, en sorts teaser. Att huvuddelen av informationen, eller resten av isberget, kommer att förbli dold för oss så länge vi existerar i en dödlig kropp. Kanske kommer vi en dag att förstå. För nu får vi nöja oss med att "de" anser att vi är redo att ta emot de grundläggande delarna för att hjälpa oss att expandera förståelsen i våra sinnen.

Under 2002 fick jag information om själsfacetter från motsatta sidor av världen genom mina terapier. Det kan vara en fråga om semantik och kan referera till samma sak som splittring, även om det kallas med ett annat namn. Jag ska försöka utforska konceptet och se om det är samma sak eller två separata processer.

Den första sessionen gjordes i Minneapolis i oktober 2002, medan jag var där för att hålla föreläsningar för Gary Beckman på Edge Expo. Michelle kom till den privata bostad där jag bodde för att ha en terapisession.

När hon var i trance, svävade hon ner från molnet och befann sig i en märklig omgivning, i en ännu märkligare kropp. Det var så mörkt att det var svårt att se, men hon var medveten om ett kargt landskap. Det fanns ingen växtlighet, och marken bestod av brun jord med en orangeaktig ton. I många fall, när en person beskriver en plats som låter främmande, beror det oftast på att den verkligen är det. Jag måste därför ställa frågor och vara beredd på alla typer av svar.

När Michelle blev medveten om sin kropp, upptäckte hon att hon var klädd i en jacka och byxor gjorda av ett silvermaterial som liknade folie. "Jag tittar på min hand. Huden är lite grönaktig." Jag frågade hur många fingrar hon hade. "Det finns tre huvudsakliga som jag använder. Lilla fingret är väldigt litet. Jag har tummar, men jag använder aldrig den vänstra, för den fungerar inte riktigt. Tummen på höger hand fungerar okej." Hennes kropp kändes manlig, men hon visste att hon var androgyn. Hon hade bara glesa strån med svart hår. Hennes uppmärksamhet flyttades från kroppen när hon insåg att hon bar lite utrustning på ryggen. "Det är ett litet vitt paket. Nästan som en bärväska. Jag skannar marken. Jag ska leta efter något. Hmm. Jag tror inte att man kan plantera något här. Marken är så tunn."

D: *Vet du vad du letar efter?*
M: En plats att odla mat. Jag fick höra att detta kunde vara en bra plats, men jag tror inte det är det. Det ser så sterilt ut. Jag vet inte om jag är på rätt plats. Det växer knappt något här, bara några små turkosa, taggiga buskar. Hur ska jag beskriva det? De ser lite gummiaktiga ut. Jag känner mig lite rädd. Jag vet inte vad jag ska göra.
D: *Varför är du rädd?*

Den Komplicerade Universum Bok Två

M: Kanske kan jag inte skapa en plats som gradvis ska kunna ge mat till folk. Jag vet inte om jag klarar det.
D: *Är det ditt jobb?*
M: Ja. Och jag sa att jag kunde. Jag tror att jag överskattade mig själv. Jag känner att jag inte gör det jag trodde att jag kunde.
D: *Varför valde du denna plats?*
M: Jag fick vägledning att komma hit av de äldre. Och jag sa att jag kunde hitta platsen. Men jag vet inte... är jag på rätt plats? Kanske har jag gått vilse. Kanske gör jag inte det jag var tänkt att göra. Jag känner att jag är vilse.
D: *Är detta platsen där du bor?*
M: (Bestämt) Nej! Nej, det är det inte. Platsen där jag bor är en annan plats.
D: *Hur tog du dig hit?*
M: Mest genom tankar. Jag strålar mig själv hit.
D: *Kom du inte hit med ett föremål eller något?*
M: Inte riktigt, nej.
D: *Du kan alltså bara omedelbart transportera dig hit?* (Ja.) *Kom någon annan med dig?*
M: Ja. Det är någon annan här. De är bakom mig och iakttar mig. De är lite arga. De känner samma sak som jag. Att vi inte förstår varför vi är här. Vi trodde att vi hade rätt koordinater. Jag tror inte att det går att odla mat här.
D: *Måste du odla mat för ditt folk?*
M: Mitt folk har det bra. Men själsfamiljen—vi är alla förenade. Vi är alla en enda familj. Och det finns en del av familjen som inte har tillräckligt med mat. Eller tillräckligt med husrum.

Hon blev känslosam och började gråta. Det var svårt att förstå henne.

M: Det finns några i vår familj som skadar varandra. (Gråter) De delar inte med sig av maten. Vissa har mat och andra har det inte. (Djupa suckar.)
D: *Är detta en familj som bor på samma plats som du?*
M: Nej, det gör de inte. Men jag vet om dem.

D: Men om detta inte är på din planet, hur vet du om dem?
M: För vi reser till olika platser. (Hon var fortfarande känslosam, men började lugna sig.) Det ska finnas enhet. Det är vad vi vill. En del av oss vet om det, och en del gör det inte. Och vi har alla varit inblandade i olika försök att skapa enhet, så att vi alla kan inse vår förbindelse och sluta med dessa vansinniga beteenden.

D: Där du bor har ni enhet, men ni vill hjälpa andra planeter?
M: Ja. Jag har sett två. En är en planet där de inte ger mat till de som behöver det. De behöver en annan miljö. Det är för trångt på vissa av dessa planeter. Och jag ser att trängseln kommer att fortsätta tills det blir ett verkligt problem. Där de, även om de skulle vilja dela, inte kan.

D: Och vad är idén? Att åka till en annan planet och odla mat?
M: (Djup suck) Så att vi kan ha andra platser att föra lärdomarna till. Det behöver inte bara vara på dessa planeter.

D: Vad skulle hända efter att du började odla maten?
M: Då skulle folk kunna välja att bli inkarnerade på dessa planeter.

D: Så ni kommer inte att fysiskt flytta dem från de överbefolkade planeterna?
M: Nej. Men jag ser vad som händer på dessa planeter, och det gör mig mycket ledsen. Och jag ser en möjlighet att lindra en del av detta genom att ge dem andra valmöjligheter om var de kan gå.

D: Så du menar att när de återföds för att arbeta med sin karma, skulle de inte behöva återvända till dessa överbefolkade platser? (Ja.) *Men du kommer inte att försöka hjälpa dem som redan är där?*
M: Nej, vi kan inte ingripa.

D: Om ni inte kan flytta dem, är det enda alternativet att ge dem en annan plats, ett annat val. Så det är ditt jobb att hitta en plats där du kan odla mat, eftersom människor inte skulle inkarnera där om det inte fanns mat eller ett sätt att leva. (Ja.) *Hur ska du klara det?*
M: Det är problemet. Jag vet inte vad jag ska göra. Jag måste åka tillbaka och försöka omarbeta detta. Jag vet inte vad som hände här. Först kommer maten, och denna plats verkar inte ha det vi trodde att den hade. Det måste finnas ett sätt att starta plantering, men detta verkar inte vara en bra miljö. Jag kanske har gjort ett misstag. Jag trodde att jag hade koordinaterna... och jag tror inte

att jag var tillräckligt uppmärksam. Nummer är mycket viktiga. Och former är mycket viktiga.

D: *Är det det du menar med koordinater?*

M: Ja. Nummer och former kan peka mig i rätt riktning. De kan transportera mig. Jag får hela tiden numret sextiotvå fyrtiofyra (6244).

Hennes kropp ryckte plötsligt och oväntat. Hon skrattade: "Jag bara for iväg plötsligt!"

D: *Jag såg att du ryckte till. Du reste precis så snabbt genom att tänka på de där siffrorna?*

M: Ja. Jag bara återvände till min planet där jag hör hemma. Innan jag ens vet ordet av är jag där. (Skratt)

D: *Så du måste ha siffror och former för att hjälpa dig att transportera dig?* (Ja.) *Vilken sorts former?*

M: Det finns en som jag oftast använder. Den har en bas, en rak linje, och sedan går den upp och smalnar av till en spets. Den är formad... jag kan inte ens förklara det i termer som är begripliga. Men den böjer sig lite, nästan som en ljuslåga, antar jag.

D: *Som en låga?*

M: (Bestämt) Ja! Den går upp ungefär som en triangel, men den är inte riktigt i den formen.

D: *Ritar du denna form?*

M: Jag tänker den med mitt sinne. Allt är baserat på intention. Och intentionen gör det möjligt för mig att göra det jag behöver göra. Men jag känner på något sätt att jag inte får det rätt. Och det är förvirrande. Som om jag hamnade någonstans där jag inte borde ha varit. Och jag trodde att jag hade koordinaterna korrekt.

D: *Men du tänker på en form, ett mönster, och numret 6244, och det tar dig tillbaka dit du kommer ifrån?*

M: Ja. Till basen.

I kapitel 17, beskrevs en annan utomjordisk varelse som reste till andra planeter och asteroider för att samla jordprover. Dessa analyserades för att se om planeten kunde stödja liv. Skillnaden var att han reste i ett enmansfarkost.

D: *Och varje gång du reser igen, måste du tänka på det mönstret?*
M: Det är ett annat nummer beroende på vart du vill åka.
D: *Nu när du är tillbaka där du hör hemma, hur är den platsen?*
M: Det är en känsla av stor frid och harmoni. Jag kände mig så ur min komfortzon förut. Den energin hade ingen harmoni. Det kändes mer spänt. Det var därför jag kände mig irriterad.
D: *Hur ser din hemplanet ut?*
M: (Paus) Det är svårt att förklara med ord.
D: *Är det fysiskt, fast?*
M: Det är det. Men det är inte som många av de andra planeterna. Du kan se den, men den har inte samma densitet som den andra planeten hade.
D: *Finns det byggnader och städer?*
M: Det är mer en känsla. Mer en samhörighet.
D: *På den platsen, konsumerar du mat?* (Nej.) (Detta sades som om hon blev förvånad.) *Vad använder du för att hålla dig vid liv?*
M: Ljus. Solen.
D: *Hur får du in ljuset i din kropp?*
M: Från solen. Det utgör allt. Det är den minsta, minsta partikeln. Inte ens en partikel. Det är en våg. En vågform. Vi absorberar den alla. Den finns där för oss alla.
D: *Men när du var på den andra planeten, var du borta från det.*
M: Ja. Jag var tvungen att verkligen fokusera. Nästan som att gå i båda världarna samtidigt. Det var mycket svårt.
D: *Kan du vara borta från ljuset särskilt länge?*
M: Nej. Nej. Inte särskilt länge.
D: *Så du behöver det för att hålla dig vid liv.*
M: Ja, det gör jag. Det är den jag är.

Detta har rapporterats tidigare i mitt arbete. Vissa utomjordiska varelser lever av ljus och har enheter ombord på rymdskeppen som genererar det ljus de behöver. I *Legacy From the Stars* tog varelserna i framtiden, som levde i den underjordiska staden, ljusbad. Alla dessa varelser sa att ljuset som höll dem vid liv kom från Källan.

D: *Men du beskrev en fysisk kropp på den andra planeten.*
M: Åh, ja. Vi behöver anta former för att kunna gå till olika platser, så vi kan vara där. För att passa in i miljön.
D: *Hur ser du egentligen ut?*
M: Det är svårt att se mig. Hmmm. Gud, jag kan inte förklara det. Det är mer en känsla än ett utseende. Det är ... som att ord inte behövs.
D: *Jag ville bara vara säker på att det inte var andesidan. Är detta en annan typ av ljuskropp?* (Ja.) *Nåväl, ska du gå tillbaka till de äldre och berätta för dem att du inte hade rätt koordinater?*
M: Ja. Jag kan se honom. Han har – om du kallar honom en "han" – ett runt huvud. Han har en tunn, lång hals, tunna långa armar. Han skiftar form. Han började på det sättet, och nu ser han mer ut som ljus. Beroende på vad tankarna är, beroende på vad som pågår, varierar formen något. Jag berättar för honom vad som hände. Han skrattar lite åt mig. Han säger att min stolthet stod i vägen och att jag var så säker på att jag visste, att jag glömde att ta in detaljerna. Han är inte upprörd.
D: *Vad tycker du? Har han rätt?*
M: Ja. Jag trodde att jag visste vad jag gjorde. Det verkade som en av de vanliga resorna, men det var det inte. Jag var inte förberedd. Hmm. Jag försöker lyssna. (Paus) Jag landade för tidigt. Jag kan inte sätta ord på det. Det är som att jag översköt. Jag översköt rakt över ....
D: *Översköt koordinaterna?*
M: Ja. Vissa av dessa saker kan jag inte riktigt förklara. Du måste vara väldigt exakt. Det handlar inte bara om koordinaterna, siffrorna. Det handlar också om intentionen du använder tillsammans med siffrorna.
D: *Ska du försöka igen?*
M: Nej. Han säger att jag blev så engagerad i vad jag ville skulle hända, att hjälpa, att jag tappade bort planen, uppdraget. Han säger att sådana saker händer.
D: *Vad var planen, uppdraget?*

Den Komplicerade Universum Bok Två

M: Att hjälpa till att hitta alternativa platser för inkarnation som skulle minska bördan på en planet. Jag skulle observera, men jag blev så involverad i folkets lidande att det påverkade mig. Det finns en plan. Planen är viktigare. Inte så att folket och varelserna inte är viktiga. Det är bara det att allt är tillfälligt. Och du måste komma ihåg att hålla saker i perspektiv. Och jag hade svårt med det.

D: *Du ska inte bli känslomässigt involverad med folket?*

M: Nej, jag ska behålla den övergripande visionen. Och inse att vi alla väljer dessa saker för att lära oss att växa. Och jag fastnade i känslan. Jag tappade visionen.

D: *Dessa människor valde att vara i den situationen.*

M: Jag litar inte på att de gör vad de behöver. Det är väldigt komplicerat. Det är en kombination av att lita på dem, lita på planen, men ändå inse att alternativa lösningar behöver utvecklas.

D: *Så det är inte ett intrång om du utvecklar mat på en annan planet för dem att åka till?*

M: Nej. Men att jag drogs in i dramat, känslorna, hindrade mig, så jag kunde inte genomföra planen. Jag blev fast i det.

D: *Men det är svårt att inte bli fast i det, eller hur?*

M: Det är väldigt svårt, väldigt svårt.

D: *Du kan inte vara helt känslokall.*

M: Jag kunde inte behålla den övergripande visionen. Om du kan behålla den övergripande visionen, då kan du göra det. Jag kunde inte göra det. Det var för svårt.

Detta hände i andra fall, rapporterade i *Legacy From the Stars*, där en varelse från ett annat stjärnsystem var på Jorden på ett uppdrag och blev för involverad i människorna. När detta hände, var de tvungna att reinkarnera på Jorden istället för att återvända till sin egen planet. På något sätt skapade de karma.

D: *Så har han bestämt att du inte får åka tillbaka?*

M: Ja, jag kunde inte göra det. Han trodde att jag kanske skulle göra bättre ifrån mig i en annan position. Att du kanske inte kan gå ner och observera på det sättet. Du måste vara separerad.

D: *Vilken annan position vill han att du ska ha?*

M: Jag håller på att ... jag behöver ... jag försvinner ... Det är som om något händer, där jag bleknar bort. Jag vet inte vad det är än. Det är inte skrämmande. Jag kan bara inte behålla anknytningen till mig själv. Det är som att jag svävar. Jag är på väg någon annanstans.

Hennes kropp ryckte plötsligt. Hon brast ut i högljutt skratt. Jag kunde inte förstå henne, för hon skrattade.

M: Det var en ryckande rörelse. (Skrattar högt)
D: *Ja, jag såg dig hoppa till. Vad hände?*
M: Jag tror jag går genom någon slags vakuum. (Hon tyckte att det var roligt.)
D: *Vad ser du? Var är du?*
M: Det är planeringskommittén. Egentligen är det inte rätt ord, men i brist på bättre termer ... Det ska bestämmas vad jag ska göra nu. Men det är svårt att genomföra den delen av planen när du blir känslomässigt involverad. Jag insåg inte att det skulle vara svårt.
D: *Så de tittar på din historik?*
M: Ja, för att se vad som skulle vara bra för mig att göra härnäst. Jag får också vara med och bestämma, men det krävs en grupp, eftersom vi alla arbetar tillsammans. Jag blir visad några saker i livet jag ska gå in i.
D: *Ska du gå in i ett annat liv?*
M: Ja. De visar mig ett liv som Michelle. (Stor suck) Det kommer att bli ett svårt liv. Jag är inte riktigt ivrig. Han sa att dessa erfarenheter skulle hjälpa mig, genom att förstå olika segment av detta liv. Om jag kan sätta det i ord. Jag kan känna det snarare än se det. Alla dessa olika upplevelser behövs för att jag mer effektivt ska kunna hjälpa till.
D: *Är detta ditt första liv som människa på Jorden?*
M: Denna del av mig, ja. Det är mycket mer komplicerat. Det påminner mig om en diamant, och de olika delarna av diamanten. De olika fasetterna. Denna fasett har aldrig varit här förut. De andra två har. Jag tror att min själ har mer än en del i sig. De olika delarna är de olika fasetterna.

D: Kan en av fasetterna känna till de andra?
M: (Förvånad) Ja, det kan de! Det kommer de att göra. De kommer att turas om i det här livet. De kommer inte att kunna hantera det hela själva. Den första aspekten kommer att vara där upp till tio års ålder. Den andra aspekten kommer att vara där till tjugoett års ålder. Sedan kommer den tredje aspekten att vara där under resten.
D: Varför måste det finnas olika aspekter för de olika delarna av livet?
M: Det är det enda sättet det här kan göras framgångsrikt.
D: Det skulle vara för svårt för en aspekt att gå igenom. Den skulle inte klara det?

Hon började plötsligt gråta känslosamt. Hon svarade inte utan fortsatte att gråta mer. Ibland är det bättre att låta personen få ut känslorna, så jag lät henne gråta och försökte sedan försiktigt få henne att prata med mig igen.

D: Kommer du att gå med på att göra det? (Ja.) *Även om du kan se att det kommer att bli svårt?* (Ja.) *Varför ska du gå med på det då?*
M: (En stor suck. Hon fick kontroll över sig själv.) De kan hjälpa senare. (Hon gav en stor suck.)
D: Åtminstone kommer du att veta hur det är att gå in. Ingen tvingar dig att göra det.
M: Nej. Det är nödvändigt.
D: Så, vet den medvetna kroppen när de här olika aspekterna rör sig in och ut?
M: Nej, inte till en början. Vi är medvetna om den här överenskommelsen, men inte helt. Det är första gången vi helt förstår vad vi går igenom.
D: Men det här är inte som en walk-in.
M: Det är annorlunda, eftersom vi inte är separata. En walk-in är en separat själ. Vi är alla en del av helheten.
D: Ni är alla en del av samma själ. Men Michelle sa faktiskt när hon var ungefär tio år gammal, att hon kände att hon dog vid den tidpunkten.

Den Komplicerade Universum Bok Två

Michelle hade en delvis minnesbild av något som hände vid den åldern. Hennes mamma dog när Michelle var mycket ung. Hennes moster tog över rollen som mor medan de bodde med hennes mormor. Båda kvinnorna var mentalt störda och sadistiska i sin behandling av lilla Michelle. Detta var orsaken till många av hennes tidiga problem, som hon framgångsrikt hade blockerat från sitt minne. Kvinnorna tillhörde en satanisk grupp som höll möten i deras hem, även om Michelle inte förstod vad som pågick. Hon såg många saker som hennes unga sinne undertryckte. Händelsen som hon aldrig glömde var när hon blev inlåst i någon sorts trälåda. Hon höll på att kvävas, och hon kände att hon lämnade sin kropp och svävade uppåt. Hon trodde att hon dog vid den tiden, eftersom känslorna var så intensiva. Uppenbarligen gjorde hon inte det, men ingen i hennes familj talade någonsin om vad som hände den natten. I många år trodde hon att de händelser hon vagt mindes bara var en del av hennes sjuka fantasi. Ingen i hennes familj gav någonsin någon antydan om att något av denna intensitet verkligen hade inträffat. Alla minnen, särskilt av ritualer hon själv hade deltagit i, tvingades tillbaka in i det undermedvetna. Det var förmodligen hjärnans sätt att bevara Michelles mentala hälsa. Detta var en av de saker hon hade bett att få reda på: var händelsen med lådan verklig, eller bara en sjuk fantasi från ett barn?

D: *Vad hände vid den tiden? Lämnade hon faktiskt kroppen?* (Ja.) *Är det okej för henne att få veta om det?*
M: Ja, det är dags för henne att veta.
D: *Berätta för henne vad som hände när hon var tio år.*
M: Hon blev inlåst i lådan. Hennes familj hade ett mycket hemligt liv som inte fick diskuteras i några termer.
D: *Så hon hade rätt om de glimtar hon haft av det?* (Emfatiskt: Ja!) *De var väldigt sjuka människor, antar jag att man kan säga.*
M: Väldigt! Väldigt, väldigt sjuka.
D: *Är det därför en fasett bara kunde stanna fram till tio års ålder?*
M: Ja! Annars hade det varit för svårt. Själen hade inte klarat det.
D: *Dog hon när de satte henne i lådan?*

M: Inte i fysisk mening. Hon gick genom ljustunneln, men hon behöll kopplingen till kroppen. Det var dags för informationsutbyte och för att få en förståelse av hennes liv på jorden fram till den punkten. Den nya fasetten behövde komma in. (Djup suck) Och den första fasetten var mycket trött. De första tio åren var väldigt svåra.

D: *Så hon utbytte information med den andra fasetten så att den förstod vad som hade hänt?*

M: Ja. Även om det redan fanns en förståelse, behövde det ske ett slags energetiskt utbyte. Så att smärtan ... om hela omfattningen av det som hände gick tillbaka till kroppen, hade den inte kunnat hantera det på ett sätt som kunde ha hjälpt senare.

D: *Är det därför Michelle bara har glimtar av sina första år, eftersom minnena stannade hos den första fasetten?*

M: (Emfatiskt: Ja!) När hon mindes, var det mer som att se en film, även om det fanns sorg. Det fanns mer sorg för den första fasetten än för människorna inblandade. (Mjuk röst) Åh, den stackars flickan.

D: *När hon kom tillbaka, var det lättare för henne att hantera det som den andra fasetten?* (Ja.) *Det var det enda sättet hon kunde ha överlevt, antar jag.*

M: Den andra halvan var inte lättare.

D: *Men den andra fasetten stannade tills hon var tjugoett år.* (Ja.) *Vad hände vid tjugoett års ålder?*

M: Hon skulle precis gifta sig med Jerry. De hade inte en nära kontakt. Det var mer ett val att bryta mönstret än en själskoppling. Det var ett sätt att komma ut ur mönstret av hennes mosters och mormors inflytande. Utbytet av fasetterna hjälpte till att omforma mönstret. För att ... Jag kan inte ens sätta ord på det. Det fanns ingen känslomässig länk med Jerry. Även om det var svårt och sorgligt att inte ha den kopplingen, den typen av äktenskap hon önskade sig, gav det henne en period av reflektion. Det var egentligen inte ens nödvändigt att vara med honom. Det låter konstigt, men det var som en viloperiod.

Den Komplicerade Universum Bok Två

D: *Han var bara ett redskap för att bryta mönstret och få henne ur den situationen.* (Ja.) *Vad hände vid tjugoett års ålder när den tredje fasetten kom in?*

M: Det var i sovrummet. Jag ser mig själv ligga på sängen. Jag minns bilarna som körde förbi. Jag minns ljuden. Jag var verkligen upprörd. Jag visste inte ens om jag skulle gifta mig med Jerry. Folk sa att ingen vet säkert om att gifta sig. Jag var väldigt orolig. Jag vet att jag inte somnade. Det var mer som ett transliknande tillstånd. En svävande känsla. Så ... under transen lämnade jag. (Väldigt mjukt, knappt hörbart.) Jag känner att jag gör det just nu.

D: *Du kan bara titta på det. Du behöver inte uppleva det. Men det var tvunget att ske i transen, menar du?*

M: För mig var det lättare. Det fanns så många hemligheter i huset jag bodde i. Min moster och andra visste vad som egentligen pågick, men de fick inte berätta för mig. De trodde att det var bättre om jag inte mindes. Men jag visste alltid att något var fel. Jag vet nu att de dolde det, försökte sopa bort det.

D: *Den tredje fasetten utbytte eller gick samman under transen?* (Ja.) *Men den utbytte också minnen?*

M: Ja. Den tog minnena, men lämnade kvar mycket smärta. En del av smärtan stannade, eftersom det var en del av processen att lära sig att rena.

D: *Så den kunde inte ta allt.*

M: Nej, personligheten skulle ha splittrats och krossats.

D: *Är det möjligt att göra det?*

M: Att splittras och krossas? Ja! Det skulle kallas multipel personlighetsstörning. Det hade varit för svårt att hjälpa mig då. Det hade varit för svårt för guiderna att komma igenom om jag hade haft flera personligheter. Jag var tvungen att vara mycket mer klar.

D: *Så det är därför utbytet ägde rum, för att ge dig mer styrka att hantera det som skulle komma efter det.* (Ja.) *Och det var tvunget att utbyta minnen, men behålla några av känslorna, för annars skulle det inte vara logiskt?*

M: Rätt!

D: *Man kan inte ta bort allt, inte vid den åldern i alla fall.*

M: Nej, det är sant.
D: *Kände sig Michelle annorlunda när hon vaknade?*
M: Ja. Jag kände, "Varför gifter jag mig med den här killen?" (Skratt) Men jag gjorde det ändå.
D: *Kände du dig som en annan person?*
M: Ja! Det gjorde jag! Jag visste att det var fel för mig just då och där. Men jag var förvirrad.
D: *Så den tredje fasetten är den som har stannat kvar.* (Ja.) *Och kommer att förbli?* (Ja.) *Den är mer stabil än de andra och kan hantera mer trauma.*
M: Den verkar vara mer kopplad till kunskapen för att hjälpa till att rena.
D: *Du sa att innan hon kom in i detta liv, fanns det två fasetter, två delar av henne, som hade haft jordiska liv.*
M: Ja. Det var fasett ett och två.
D: *Och den tredje är den som inte har haft några tidigare liv?* (Rätt.) *Det är den som kom mer direkt från ljusvarelsen.* (Ja.) *Så när hon har kommit ihåg tidigare liv, är det från de andra två fasetterna?* (Ja.) *Den här är mer ren, om det är rätt ord. Mer direkt?*
M: Ja, den kan komma åt mer direkt kunskap.
D: *Är det därför hon kan arbeta med energi?*

Michelle hade nyligen börjat arbeta med healing genom energimetoder med händerna.

M: Ja. Den kom för att göra det och hjälpa människor. Hon hjälper människor att se problemet. Man kan inte utföra healingen åt dem, så hon är bara ett verktyg. Hon kan rikta mycket ljus för att hjälpa deras kropp att minnas den enhet de en gång hade för tusentals år sedan, så att de kan återknyta till den. Hon ska inte göra hela healingen, eftersom detta är en fri vilja-planet; de måste gå med på det själva. Och hon vill att de ska bli mästare över sin egen öde. De behöver bli sina egna mästare, sina egna healers. Vi behöver att människor vaknar upp och minns. Så hon hjälper dem att minnas och hjälper dem att lyfta bort smärtan, så att de kan återvända till sitt ljus.

D: *Vad menade du när du sa att människor hade glömt när de splittrades för tusentals år sedan?*
M: Vi är alla en stor familj. Alla av oss är lika i ljuset.

Här inträffade ett märkligt fenomen som spelades in på bandspelaren. Ett högt elektriskt störningsljud, likt statisk brus, hördes. Det fluktuerade inte som vanlig statisk brus utan var en stadig elektrisk störning. Det varade i tio sekunder och slog ut allt ljud på bandet. Det upphörde lika plötsligt som det började. Jag var omedveten om att något ovanligt hände, men bandspelaren registrerade det. Jag fortsatte transkriberingen efter att ljudet hade stoppats.

M: ... de tror till och med att de är onda. De har varit i det fysiska så länge att de har glömt sitt ljus. De har blivit indoktrinerade i något som inte är sant.
D: *Är det därför de ibland tror att de är onda?*
M: Ja. Hon påminner dem om att de inte är sina upplevelser, utan att dessa bara är erfarenheter de genomgår för att lära sig.
D: *Om de lär sig något, är det det viktiga.* (Ja.) *Men varför splittrades vi alla för tusentals år sedan, om vi är en del av samma familj?*
M: Ah, scenen visades redan i början av denna session, och jag förstod det inte, så jag blockerade det på något sätt. Så som det visas nu, är jag säker på att det är symboliskt, eftersom jag behöver förstå det. Det finns en ljusboll, och alla dessa människor faller ut ur ljusbollen. Jag tänkte, varför hoppar vi fallskärm? Men vi splittrades för att ha dessa erfarenheter. Vi är alla en del av detta tillsammans. Vi är alla ett.
D: *Vad ska vi göra med dessa erfarenheter i slutändan?*
M: En dag kommer vi att förenas igen. Det kommer att vara mer tillfredsställande. Låt mig se om jag kan fånga känslan av det. Det är verkligen svårt för mig att översätta detta. Jag vet inte om jag kan sätta ord på det. (Paus.) Det är ungefär som människor som har varit i ett krig. Du hör om människor som har varit i strid tillsammans. Och de har en annan känsla av samhörighet eftersom de verkligen hjälpte varandra, eller de gick igenom mycket

tillsammans. Och när allt är över, finns det ett band som aldrig bryts. Vi hade ett band tidigare, men vi hade inte erfarenheten.
D: *Det är nästan som kamratskap, menar du?*
M: Ja, ett närmare band. Vi alla är verkligen viktiga för enheten. Var och en av oss. Varje person har sin egen lilla del av det. Deras själ kommer att finna det för dem. Du är kopplad till alla delar av dig själv. Och jag känner denna återförening av alla dessa människor som jag har saknat. Och alla dessa själar som jag har känt tidigare. Som om vi alla förenas och rör oss tillbaka upp tillsammans.

Michelles liv hade definitivt varit fyllt av utmaningar och fortsatte att vara det. Hon trodde att hon aldrig ville ha barn, men bestämde sig plötsligt för att adoptera en liten flicka. När flickan växte upp blev det uppenbart att något var fel. Hon var nu nio år gammal och hade diagnostiserats med bipolär sjukdom. Ibland hade hon klara stunder, men för det mesta var hon våldsam och självmordsbenägen. Michelle älskade henne, men kände sig helt hjälplös. Hennes man kunde inte hantera utmaningen och skilde sig från henne, vilket lämnade henne ensam att ta hand om flickan. Michelles undermedvetna sa att detta var en utmaning hon hade gått med på innan hon kom in i detta liv. Hon visades allt detta under genomgången inför de äldste. Hon hade gått med på att lära sig svåra lektioner under detta liv för att förstå vad det innebär att vara människa. Michelle tog definitivt inte på sig ett lätt liv denna gång. Det är beundransvärt att hon ägnar sin tid åt att använda sina förmågor för att hela andra.

Konceptet om en mångfacetterad själ dök upp igen en månad senare på andra sidan världen. Som det ofta har hänt i mitt arbete, när jag blir introducerad till ett koncept som är nytt för mig, får jag oftast mer information som utökar teorin genom en annan klient. Jag finner det fascinerande att någon eller något som styr mitt arbete verkar bestämma vilket ämne jag ska introduceras för i varje steg av min utveckling. Och de använder mina klienters transstillstånd för att förmedla informationen. Det finns ingen annan förklaring, eftersom klienten inte har någon aning om vad jag har arbetat med tillsammans med andra människor. Under varje session är jag helt fokuserad på klienten och deras problem, och det finns ingen anledning att diskutera andra människors problem eller sessioner. Det verkar som att klienten bara används som ett medel för att få informationen till mig. Andra har sagt att jag verkar attrahera de klienter som har just den information jag behöver. Vad det än är som sker, sker det inte på en medveten eller avsiktlig nivå.

Den här sessionen ägde rum i Australien när jag var i Sydney för att föreläsa på Mind, Body, Spirit (MBS) Expo i november 2002. Jag hade precis hållit en presentation på Conscious Living Expo i Perth. Istället för det vanliga hotellrummet hade jag fått en bekväm tvårumslägenhet. Den hade utsikt över Darling Harbour och en behaglig atmosfär, och låg på gångavstånd från Convention Center, där MBS Expo hölls. Som vanligt schemalade jag klienter från min långa väntelista. Jag visste aldrig i förväg vad deras problem var eller varför de ville ha en session förrän de anlände.

Cathie var en attraktiv, intelligent kvinna i fyrtioårsåldern. Hon hade många frågor, men det som fascinerade henne mest var en händelse som hade inträffat några år tidigare. Hon gick igenom en mycket traumatisk period i sitt liv där allt verkade gå fel, inklusive hennes makes död. Den slutliga prövningen kom när hon upptäckte att hon hade bröstcancer. Kemoterapi och strålbehandling tömde henne på energi och minskade hennes vilja att leva. Hon var trött på att leva under dessa omständigheter. Hon hade fått nog och bestämde sig för att ta sitt liv. Men innan hon gjorde det ville hon träffa alla sina vänner en sista gång. Hon planerade allt mycket noggrant. Hon höll en julfest i sitt hem och bjöd in alla. Ingen visste den verkliga anledningen till festen, och hon berättade för ingen att den hölls för att ta farväl. Alla hade en underbar kväll och njöt av sällskapet, och det gjorde hon också. Hon lyckades dölja sina verkliga känslor, och ingen misstänkte att hon, när gästerna gått hem, hade för avsikt att avsluta sitt liv. När den sista gästen hade lämnat, fortsatte hon metodiskt med sin plan. Men något extraordinärt hände som stoppade henne. Hon trodde att hon hade lyckats hålla sig känslomässigt distanserad. Men efter att den sista gästen hade gått, började hon gråta okontrollerat. Hon hade full avsikt att lämna detta olyckliga liv och gå över till andra sidan. Hon hade planerat allt noggrant, inklusive metoden för självmordet, men nu kände hon sig totalt dränerad, både emotionellt och fysiskt, och kunde inte genomföra det. Hon bestämde sig för att det kunde vänta till nästa dag och gick till sängs.

Detta är en del av Cathies egna anteckningar: "Jag vaknade klockan tre på morgonen. Jag låg på rygg med ögonen stängda och kunde se ett starkt vitt ljus genom mina ögonlock, men när jag öppnade ögonen var rummet i mörker. När jag låg där och undrade vad som hände, såg jag ett ljus dyka ner och gå in i min kropp. Det flög in genom mina fötter och for upp till mitt huvud och fyllde mig med ljus. Jag hade fortfarande ögonen stängda, men jag kunde nu se min kropp som ljus. Samtidigt kände jag en våg av elektricitet eller en stark ström gå genom min kropp, återigen från mina fötter till mitt huvud."

Nästa morgon kände hon sig totalt annorlunda. Allt verkade nytt, och önskan att begå självmord och lämna denna värld var helt borta. Hon visste inte vad som hade hänt, men hennes liv förändrades totalt den natten. Dessutom gick hennes cancer i remission, vilket innebar att hon inte behövde fler av de smärtsamma behandlingarna. Hon kunde bara gissa att hon kanske hade upplevt en walk-in-händelse. Utifrån min erfarenhet är det vanligtvis så att personen inte är medveten om någon förändring vid själva ögonblicket. Men kanske fanns det en anledning till att Cathie fick en viss medvetenhet om att något märkligt och ovanligt hade skett.

Detta var hennes huvudsakliga fråga: Vad hände den natten? Istället för att ta henne tillbaka till ett tidigare liv, ledde jag henne tillbaka till natten för festen. Jag lät henne komma ner från molnet till den 17 december år 2000. Jag satte scenen för att säkerställa att vi var på rätt datum: "Du håller den här festen med dessa mycket speciella vänner."

Hon avbröt mig plötsligt med en överraskande utrop: "Jag var inte där."

D: Du var inte där?

C: Nej. Det var inte jag.
D: *Kan du fortfarande berätta om den dagen?*
C: Jag kan inte se den.

Jag har aldrig låtit det hindra mig från att få information, eftersom jag visste att det undermedvetna har register över allt som någonsin har hänt personen. Jag frågade om det kunde tillhandahålla informationen, och Cathie bröt plötsligt ihop och började gråta okontrollerat. Jag visste att jag var tvungen att få henne att prata för att ta henne bort från känslorna. "Kan du berätta varför du är så känslosam?"

C: (Låter några ord komma ut mellan snyftningarna.) Ja ... det var väldigt stort ... väldigt stort.
D: *Vad var väldigt stort?*
C: Den dagen.
D: *Men du hade en trevlig fest, eller hur? Med alla dina vänner?*
C: (Lugnande sig, fortfarande snyftande men får kontroll över sig själv.) Ja ... det var en fest. (Snyftning) Det var sorgligt. (Snyftning) Det var så sorgligt. (Snyftning) Det var en sorglig fest. För ... det var slutet. (Snyftningar) En avslutningsfest. (Snyftningar) Och det var en avskedsfest. (Gråter)
D: *Var Cathie känslosam den dagen?*
C: Hon sa farväl till ... till Lucinda. (Snyftning)
D: *Vem är Lucinda?*

Några av hennes ord drunknade i snyftningar. Jag försökte förstå vem hon pratade om.

C: Hon var själen som kom in vid födseln ... och som ... kämpade så hårt. (Gråter) Och som hade så mycket smärta. För livet var bara så sorgligt.

Allt detta var svårt att förstå på grund av det kontinuerliga gråtandet och känslorna.

D: *Varför var hon tvungen att kämpa?*
C: (Hon lugnade sig tillräckligt för att kunna förstås.) Ah! Hon tog den svåra vägen. Hon tog alltid, alltid den svåra vägen.
D: *Men hon valde det, eller hur?*
C: Ja, det gjorde hon. Hon gjorde det så svårt. (Snyftning) Hon visste inget annat sätt. Hon trodde att det var det enda sättet. Det var svårt för henne, men hon gjorde det också väldigt svårt för andra människor. Hon såg inte det. Hon såg bara sin egen smärta. Hon såg inte den smärta hon orsakade andra människor. Hon orsakade sin mamma så mycket smärta. Hon orsakade människor i sitt liv – Stephen, som hon växte upp med. De var barn tillsammans. Och sedan var de kära. Och hon dumpade honom, och hon orsakade honom så mycket smärta. Hon var självisk. Hon brydde sig bara om sig själv. (En stor suck. Åtminstone hade gråtandet upphört.)
D: *Hon brydde sig inte om att hon sårade andra människor?*
C: Nej. Hon gjorde det för att få sig själv att må bra. Hon var självisk. Lucinda var väldigt självisk. Hon ville åka hem, för hon insåg att hon inte förstod det här. Hon trodde att detta var slöseri med tid.
D: *Att vara i en kropp, menar du, att vara i ett liv?*
C: (En insikt) Oh! Okej! Så vad som hände var att någon annan kom in, kallad "Yanie". Hon kom in för att hjälpa henne, och för att vägleda henne. Och Yanie var med henne den sista månaden. Och Yanie hjälpte henne att lära sig, eftersom Yanie var högre, mer insatt. Hon hade inget ego. Och hon hjälpte Lucinda, så att Lucinda kunde lämna. Och kunde lära sig några saker innan hon gick.

Detta lät likt konceptet med själsdelar, förutom att Cathie tilldelade dem namn. Kanske gjorde det det lättare för henne att förstå och förklara.

D: *Men insåg inte Lucinda att hon skapade karma genom hur hon behandlade människor?*
C: Nej, hon visste ingenting om det.
D: *Hon var bara en väldigt självisk själ.* (Ja) *Pratade Lucinda med Yanie innan hon kom in?*

Den Komplicerade Universum Bok Två

C: Lucinda och Yanie kom överens om att de skulle arbeta tillsammans. Lucinda ville åka hem. Och hon skapade cancern som ett sätt att komma bort, att åka hem. Och sedan insåg hon att hon hade slösat bort sitt liv. Hon hade slösat bort möjligheterna i den här kroppen. Och hon hatade det. Hon hatade det! (Känslosam igen.) Hon insåg att hon hade slösat bort alla dessa år. Hon insåg att hon inte hade förstått lektionen. (Allt sagt med känsla.) Och så sa Yanie att hon skulle komma in och arbeta med Lucinda en liten stund innan hon lämnade, för att hjälpa henne att lära sig några lektioner. Och sedan, när hon gick tillbaka, skulle hon ha uppnått något. Och Yanie hjälpte henne att släppa mycket rädsla. Och Yanie hjälpte henne att bli mer balanserad. Och Yanie hjälpte henne att förbereda sig för att gå.

D: *Fanns det ingen möjlighet att Lucinda kunde stanna?*

C: Hon ville inte.

D: *Jag tänkte att när hon började lära sig dessa saker från Yanie ...*

C: Nej, för avtalet var redan gjort. Och Yanie ville komma in ett tag. Och Lucinda gick med på det; att hon skulle lämna. Och det var inget problem. Hon var okej med att hålla det löftet.

D: *Så Lucinda skulle kunna utvecklas på andra sidan?* (Ja) *Det verkar som om hon inte var redo för ett fysiskt liv.*

C: Hon var bara inte medveten. Hon var egodriven. Och hon var fast i det fysiska, och i njutningarna i kroppen. Hon var fast i pengar och girighet och ego och sex. Ah, och även beroende. Alkohol ingick till och med i det.

D: *Så hon upplevde alla de negativa delarna av att vara människa.*

C: Ja. Hon ville inte vara här, och någon annan ville komma in. Hon gick med på det. Och avtalet var att Yanie skulle arbeta med henne den sista månaden på jorden, för att hjälpa henne att lära sig några saker, så att hon kunde utvecklas. Och Lucinda gick med på att lämna i december. De bestämde datumet. Det skulle bli december, år 2000.

D: *Hon trodde att hon sa farväl till sina vänner eftersom hon trodde att hon skulle dö av cancer.*

Den Komplicerade Universum Bok Två

C: När hon lämnade visste hon att kroppen inte skulle dö. Cathie visste medvetet att det var dags att säga farväl, men hon visste inte medvetet vad som pågick.

D: *Det är därför hon hade festen med alla sina vänner och släktingar, eller hur?* (Ja, ja.) *Men när Yanie kom in fanns det inget behov av att kroppen skulle ha en sjukdom, eller hur?*

C: Nej. Yanie kom in. Hon var en så annorlunda energi. Yanie var en av de första människorna. De första energierna på jorden.

D: *Hon skulle vara en väldigt gammal energi, eller hur?*

C: Åh, ja. Hon var en pionjär. En grupp av dem kom, som en energisk kraft, till jorden. Och de var vad folk trodde var guden Horus. De kom i en form. Och när de kom hit, var de tvungna att hitta kroppar. Och det gjorde de. De gick iväg och fann kroppar. Det var i början. Och hon kom tillbaka år 2000, för att hon behövde återföra den pionjärenergin till planeten. Jorden behövde få en injektion av den energi som kom för så länge, länge sedan. Och det var det Yanie förde in.

Detta liknar Ingrid och Isis-energin som återvände till jorden för att hjälpa. (Se kapitel 4.) Båda hade inte några andra liv emellan och hade återvänt på grund av världshändelser som behövde den energin just nu.

D: *Kan du berätta vad som hände den natten när utbytet gjordes? Det var en sak som Cathie ville ta reda på.*

C: Yanie kom in. Hon hade varit där några månader. Och de hade flätat.

D: *Vad är flätning?*

C: Flätning är där ... det är som en fläta. (Handrörelser.)

D: *Att fläta samman?*

C: Ja. Där två själar arbetar tillsammans. Och ibland tar den ena ledarrollen, och ibland gör den andra det. Så ibland kände Cathie att det var ego. Ibland var hon Yanie. Ibland var hon Lucinda. Sedan andra dagar kände hon att hon var denna underbara, andliga varelse. Och det var de dagarna när Yanie tog dominans. De arbetade väldigt bra tillsammans. Det var som en dans. De dansade tillsammans. Lärde och undervisade och studerade. Och det var en underbar tid, för Lucinda kände att hon hade en vän. Vacker.

D: *En annan sorts vän.*

C: Ja. Och hon lärde sig så mycket.

D: *Så det är möjligt för två själar att bo i samma kropp samtidigt?*

C: Ja. Men det var en stor lättnad när Lucinda lämnade.

Även om det inte var två separata själar. Det var delar av samma själ.

D: *För att det är svårt för två att ockupera samma utrymme?*

C: De var så olika, ja. Och Yanie kunde då lysa och vara sig själv.

D: *Kan du förklara vad som hände den natten? Cathie sa att hon hade en så kraftfull känsla efter att hon gick till sängs den natten.*

C: Ja. Den sista dansen inträffade. Det var Lucindas natt med de där vännerna. Yanie höll sig långt tillbaka, bara i bakgrunden. Och Lucinda ... det är väldigt roligt. Hon kände sig väldigt bedövad den natten.

D: *Du menar känslomässigt orörlig eller vad?*

C: Bedövad, som känslan av inte så mycket känslor. Bedövad, känslomässigt bedövad.

D: *Trots att hon var med sina vänner?*

C: Ja. Ah, hon visste att det var farväl. Och hon behövde vara så, för om hon släppte ut känslorna skulle alla ha märkt det. Och det var inget behov av det. De visste inte att hon skulle lämna. Och de behövde inte veta, för det var inte tänkt att vara en begravning. (Skratt) Det var bara tänkt att vara en hemlighet. Hon visste att hon skulle gå, och ingen annan behövde veta den natten.

D: *Hon tänkte dö, men det var inte meningen att det skulle vara så?*

C: Nej. Hon ändrade sig, för Yanie ville komma in. Och hon sa att det skulle vara okej för Yanie att ta kroppen. Och den natten sa hon sitt eget farväl, och sedan gick hon till sängs. Och sedan vid tre på morgonen, dansade hon och Yanie tillsammans sin sista dans. Det var som en vals. De valsade runt. Och sedan lämnade Lucinda bara. Hon gick bara härifrån.

D: Vart gick hon?
C: (Gråter) Hon gick ... hon gick till sina vänner. (Snyftningar) Människorna. Hon gick hem. Så lättnad. (Gråter)
D: Och hon blev inte dömd för att ha gjort det opassande?
C: (Gråter känslomässigt) Hon blev välkomnad. (Gråter) Jag tycker att det är så snällt. De välkomnade henne tillbaka.
D: De insåg nog att hon inte var redo när hon gick in i kroppen från första början.
C: Ja, hon valde ett svårt liv. Hon fick lite erkännande för att ha valt ett svårt liv.
D: Så det spelade ingen roll att hon hade skapat karma med dessa andra människor.
C: Ah! Hon var tvungen att göra det. (Paus medan hon försökte förstå det.) Det var att balansera karmalagen. För – jag får upp att Stephen var – (Mycket chockad över vad hon såg. Skräckslagna stön.) Åh! Åh! Stephen, pojken som hon kände, som hon skadade så mycket, han ... han fick henne halshuggen.
D: I ett annat liv?
C: Åh, ja! Åh! Det var så grymt! (Snyftar)
D: Så det hon gjorde var att betala tillbaka karman genom att skada honom.

Cathie stönade högt och blev mycket känslosam. Vad hon såg var mycket upprörande. Senare kom hon ihåg denna scen och sa att hon såg hans ansikte väldigt tydligt. Han var full av förtjusning när han såg henne bli mördad. Det fick henne att rycka tillbaka när hon såg på det.

För våra rationella sinnen verkade det som om hon hade skapat karma genom att skada den unga mannen, Stephen. Men från den andra sidan är hela bilden tillgänglig, och det blev uppenbart att det fanns mycket mer i situationen. Stephen hade skapat extremt negativ karma i det andra livet genom att få henne halshuggen. Så det var högsta rättvisa att hon skadade honom i detta liv. Åtminstone var återbetalningen inte lika drastisk som orsaken.

D: Hon skadade också sin mamma väldigt mycket, eller hur?

C: Ja. (Chockad) Åh! Hennes mamma ... det var en återbetalning av karma i detta liv. Hennes mammas liv. Hennes mamma hade varit väldigt enögd. Och hon betecknade sina barn som perfekta. Hon skadade så många människor på det sättet, genom att vara så dogmatisk och så dömande. Hon trodde att hennes barn var perfekta. Och det var Lucindas jobb att visa henne att hennes barn inte var perfekta.

D: *För Lucinda var definitivt inte perfekt.*

C: Nej. Åh, det var balanseringen. En läxa för hennes mamma. Att lära hennes mamma att vara mindre dömande. Och mindre enögd. Att öppna upp henne. Och att hjälpa henne att se genom ett annat öga. Inte de där två ögonen som hon ser med fysiskt, utan det andra ögat. (Det tredje ögat.)

D: *Så vad som på ytan såg ut som att skapa mycket negativ karma och välja en svår väg, var egentligen för en anledning. Det fanns mer bakom det.* (Ja) *Det finns oftast det, men vi kan inte se det när vi lever.* (Ja) *Så sedan tog Yanie över kroppen.* (Ett stort lättat andetag) *Cathie sa att hon visste att något hände den natten.*

C: (En uppenbarelse) Åh! Det var meningen. Hon var menad att veta, för hon måste hjälpa människor. (Gråter igen) Hon måste hjälpa människor att förstå detta. Och om hon inte varit medveten – så många människor har dessa upplevelser, men de är inte medvetna om dem. Hon var tvungen att veta. Det var jobbet för den här nya aspekten. Cathie skulle öppna upp detta. Precis som du lär människor så mycket om andra sidan. Och hon har ett jobb att lära människor om detta, om själar. Om hur denna kropp inte ägs. Den är en gåva till Jorden. Varje kropp är en gåva till universum. Och själarna som kommer in i dessa kroppar, de har den rätten. Vi tror att vi är kroppen. Vårt ego är bundet till kroppen. Och vi tror att vi är. Jag är Cathie. Vem är Cathie? Cathie är egentligen många energier som kommer samman för att ta detta liv till en ofattbar dimension. Så att detta liv kan påverka så många andra liv, för att hjälpa människor att utvecklas medvetet. För att hjälpa människor att omfamna detta program där själar kan komma och gå. Och inte vara stängda för det. Och inte vara för själviska om att äga kroppen. Vi äger inte kroppen. Kroppen är här för att tjäna mänskligheten. Gandhi ägde inte den kroppen. Den kroppen var bara ett fordon. Så många själar var involverade i det arbete som Gandhi gjorde. Så många själar kom och gick från den kroppen. Och han visste. Han välkomnade det. Martin Luther King var en annan. Inte bara en själ, utan många själar som tog med sig olika talanger, som tog med sig nytt tänkande. Som tog det fordonet till högre nivåer av överensstämmelse och kärlek. (Mjukare) Han visste. Han visste vad han var här för att göra.

D: Men den medvetna delen av personen är inte medveten om vad som pågår, eller hur?

C: Vissa människor kan vara. Vissa människor kan öppna sina sinnen för det. Det behövs en utlösare för att öppna sinnet. Och när den utlösaren har skjutits, kan sinnet omfamna alla möjliga förståelser. Och det är Cathies jobb. Hon skjuter skottet som får människor att tänka. Och det får människor att öppna sina sinnen.

Vi blev informerade om att inte bara hade Cathie fått en ny aspekt av sin själ för att fortsätta detta liv, utan hennes kropp hade också förändrats till en ny kropp. Tydligen skulle förändringarna inte vara synliga utifrån för andra.

C: Den nya Cathie är så annorlunda. Den gamla Cathie var på en accelererad väg. Hon tog på sig ett mycket svårt liv. Och de nya människor som har kommit in, har bara behövt arbeta igenom den sidan av karmat för de livens skull. För att släppa det som var fast i cellerna i kroppen. Allt det som var instängt där, var från de gamla själarna. Och de nya som har kommit in har hjälpt till att släppa det från kroppens celler. Och fört henne till en härlig, vacker balans. Och harmoni och kärlek.

D: Så den nya Cathie är inte samma person som den som började.

C: Så annorlunda. Så väldigt annorlunda. Och det har tagit flera självhjälp att arbeta med det livet. För att ta det till den nivå det är nu.

D: Men kunde inte detta bara hända med personens mognad när de växer och lär sig sina läxor?

Den Komplicerade Universum Bok Två

C: Nej, inte detta, nej. För det tar lång tid. Det finns många människor som lever på Jorden som dör utan att de har levt sina läxor. Och vissa människor, när de mognar, blir mer och mer egocentriska, och mer och mer rädda. Det finns så mycket rädsla på denna planet. Och de blir äldre och mer rädda. Så, det kan inte sägas att det är normalt att människor får den visdomen när de blir äldre. Många människor får inte visdomen.

D: *Varför kunde inte självaspekten, Yanie, bara stanna?*

C: Åh, hon ville det. Men det skulle ha hämmat utvecklingen.

D: *Varför det? Hon var en mycket avancerad själ.*

C: (En uppenbarelse) Åh! Jobbet var begränsat till det hon gjorde. Att föra in den nya energin. Att hålla platsen för att programmet skulle genomföras. Hon var en "hållande" själ. En övergångssjäl. Och vid den tiden var programmet fortfarande under utveckling. Och Yanie kan återvända, om hon vill. Hon kan vara en del av detta program. Men om hon hade börjat då, hade detta program inte kunnat genomföras. Detta är ett mycket högre nivåprogram för accelererad tillväxt. Denna tillväxt sker nästan omedelbart. Och detta program tar dessa människor långt bortom vad vi ursprungligen hade föreställt oss.

Detta koncept med att själen består av många aspekter dök upp igen under en annan session. Jag kommer bara att inkludera den relevanta delen här. Jag hade sessionen på en Walk-In-konferens i Las Vegas. Jag talade med det undermedvetna om Lucys frågor.

D: *Hon ville veta om hon är en walk-in i detta liv som Lucy? Eller om det är viktigt för henne att veta? Ni bestämmer.*

Hon var naturligtvis intresserad av detta eftersom hon var med i styrelsen för organisationen som studerar walk-ins och arrangerar dessa konferenser.

Den Komplicerade Universum Bok Två

L: Vi skulle inte kalla det en walk-in. Vi skulle säga att hon är mer av ett rymdväsen som har många olika inkarnationer inom en inkarnation. Den mänskliga motsvarigheten och konceptet skulle kunna vara "walk-in". Det är inte en terminologi vi skulle använda. Vi skulle säga att hon har besök av många olika själar under sin livstid, inom sin egen själ. För hon är av en rymdinriktning. Många rymdväsen är inom hennes räckvidd.

D: *Skulle detta vara som jag har blivit informerad om, att det handlar om själsplittringar?*

L: Det är större än splittringar. Vi gillar att tänka på dem mer som aspekter, eller segmentavsnitt. Tänk på konfigurationen av ett hus eller en byggnad, det finns flera rum. Och varje av dessa rum är en del av hela huset. Och så är hennes själ ordnad. Och varje av dessa rum eller själssegment eller aspekter bär med sig olika minnen och olika parallella rymdrelationer. Och det är därför hon har dessa olika upplevelser.

D: *Så det handlar inte om ett byte av själar som vi förstår en walk-in vara.*

L: Det är ett byte av själar där en kan lämna och den andra kanske aldrig dyker upp igen. Men det sker inte genom dödsprocessen. Det är inte så att den första själen förvaras eller levereras till en helt annan entitet. Den ligger i vila, men kommer inte att användas igen.

D: *Vi tänker på en walk-in som att den ursprungliga själen lämnar och ersätts av en som tar över arbetet.*

L: Det är också ett koncept. Detta koncept jag ger dig är kanske mer komplext. För denna själsenhet har tillgång till många olika själsstrukturer. Hon har tillgång till tretton. Och de finns alla inom hennes själ. Dessa är inte främmande, disharmoniska karaktärer.

Från ett annat ämne:

D: *Hon hade en annan fråga som kändes ganska konstig för henne. Jag förstår det, men jag vill se vad du kommer att säga. Hon säger att hon ibland har känslan av att hon interagerar med två olika kvinnor i New York. Är det verkligt?* (Ja.) *Vad händer vid dessa tillfällen?*

Linda: De är alternativa själar. Delar av henne som lever och utför sitt arbete i andra dimensioner.

D: *Det var vad jag trodde eftersom jag har fått höra detta i mitt arbete. Det är lite komplicerat för vissa att förstå. Som om en annan del av henne gick i en annan riktning. Är det vad du menar?*

L: Vi måste hela på alla nivåer, i alla dimensioner, för att uppnå det vi behöver uppnå. Vi får hjälp. De är delar av henne. Det finns många fler.

D: *De skapade ett annat liv än det liv hon lever.* (Ja.) *Och det finns tillfällen då hon har kontakt med dem.*

L: Ja. Hon går dit för att justera dem.

D: *De vet nog inte om henne, inte mer än hon vet om dem egentligen.*

L: De är omedvetna om henne hela tiden. Hon observerar dem. De har arbete att göra.

D: *Jag har just fått detta koncept under det senaste året; om den uppsplittring vi gör.*

L: Du har många delar.

D: *Alla har väl det, eller hur?* (Ja.) *Men vi är inte medvetna om dem och det är så det ska vara.*

L: Nej. Ni kommer alla att samlas snart.

D: *Då kommer vi alla att veta vad som verkligen händer?*

L: Ja. Vi blir alla ett. Och tiden kommer att gå framåt vid den tiden.

D: *Jag har hört talas om höjningen av medvetandet och förändringarna i vibration och energi. Är det det du menar?*

L: Ja. Vi kommer alla att komma fram som en planet när vårt medvetande blir ett. De negativa krafterna kommer att lämnas bakom. Vi kommer att ta med oss de som kan följa med. Det är vårt ansvar att höja medvetandenivån hos alla vi möter. Och hela dem. Du vet, du har sett det många, många gånger. Det är människornas medvetande att röra sig in i en positiv låga. De alignerar sig. De blir medvetna om varandra i de olika dimensionerna. De kommer att vakna och bli ett, och gå framåt tillsammans. Det kommer att vara som det ska vara. Det kommer att lämna det negativa bakom sig. Och skapa sina nya liv som ett.

D: *I boken jag arbetar på nu utforskar jag konceptet att vi, som människor, inte är en individuell själ eller ande, utan att vi är splinter?*
Ann: Rätt.
D: *Kan du förtydliga det för mig?*
A: Ja. Du och många andra kommer från olika universum. Det finns flera olika Gudkällor, som egentligen anses vara en källa. Varje universum har sin egen individuella Gudkälla, enligt förståelsen av era nivåer i universum. Varje av dessa källor bryts ner i andra individuella källor, som alltid går tillbaka till en huvudkälla. Varje en av er skapar era egna individuella källor inom er själva, för att ni så väljer att göra det. För att förstå de höjder i medvetenhet som ni behöver ha på denna fysiska nivå. Denna vibrationsnivå är mycket begränsad för er. Och eftersom ni har valt detta, har ni faktiskt fattat ett medvetet beslut att leva som en separat källa, även om ni fortfarande är kopplade genom en tråd till huvudkällan.
D: *Hur uppfattar vi denna huvudkälla? Denna Gudkälla?*
A: Den finns alltid inom er. Jag kommer att säga det på det enklaste sättet för er förståelse. För att nå den, använd pannloben på ert huvud. Det ni kallar "panna". I denna panna har ni ett element, och ni utsöndrar en vätska i detta element. Och när ni utsöndrar denna vätska, överförs den genom hela kroppen, vilket kommer att ge energi till resten av er kropp till en högre nivå så att ni kan nå er källa. Här förblir källan. Det är i pannloben på ert huvud. Där är er förbindelse, er tråd, som ni kallar en "sladd" kopplad.
D: *Det vi anser vara det tredje ögat?* (Ja). *Men jag försökte förstå denna uppsplittring, eftersom jag arbetar med människor som säger att de har splinter av sig själva överallt.*

A: Ja, det är sant. Detta är en del av tankeprocessen. Ni får skapa en verklighet. Och i denna verklighet kan ni skapa andra. Och i den andra kan ni skapa nya energikällor, som alla kommer från samma, vad ni kallar "Gudkälla".

D: *Det är därför det är så svårt för oss att förstå, för vi är så fokuserade på....*

A: (avbruten) Det är inte svårt. Det kommer alltid att finnas de som har en mer naturlig förståelse för dessa koncept. De är helt enkelt mer lättillgängliga för att översätta. Ni behöver bara ha tillgång till dessa individer för att översätta dessa koncept till en begriplig form. Om ni ber om att dessa individer ska visa sig i ert liv, kommer de, lika naturligt som en bris.

D: *Det var vad jag fick höra, att vi har självsplinter överallt, men vi är inte medvetna om dem.*

A: Vi är tvillingar till varandra.

D: *Som delar av varandra på detta sätt?*

A: Ni är. Ni kommer från en källa. Vad skulle få er att tro att ni inte är av samma?

D: *Vår mänskliga synvinkel att vi är individer?* (Skratt)

A: Mycket begränsad.

D: *Vi är mycket begränsade.*

A: Ni väljer att vara det. Det är inget dåligt att ni är begränsade. Ni har valt att vara så, för att det finns lektioner ni går igenom. Vi förstår detta. När vi talar genom denna kropp nu, förstår vi denna individ. Den gör detsamma. Vi känner dessa saker. Det är okej.

D: *Ja, för detta är det enda sättet som människor kan uppfatta. Och mycket av detta ligger bortom den vanliga människans koncept.*

A: Rätt.

Detta liv kan jämföras med att spela ett instrument i en stor orkester. Naturligtvis kan du inte spela alla instrument samtidigt. Du kan bara fokusera på din del av den vackra symfonin, även om hela orkestern och all musiken omfattar totaliteten av vem du egentligen är.

Vid mina föreläsningar har jag ofta blivit frågad om skillnaden mellan själ och ande. "Är de samma sak? Är orden utbytbara? Refererar de till två olika saker?" Jag hade inte ett adekvat svar i början, för frågorna överraskade mig. Vid den tiden antog jag att de var samma sak. Bara två olika ord som hänvisar till livskraften som går in i kroppen vid födseln och lämnar vid den fysiska döden. Jag antog att det var den del av oss som är evig från den stund den skapades av Gud. Och att det är den mest konstanta delen av oss, även om det går från kropp till kropp under reinkarnationscykeln och förändras när det samlar mer information och återbetalar karma. I mina tidiga skrifter skrev jag om det från synvinkeln att de två orden var utbytbara, som refererade till samma sak, och att det bara var en semantisk fråga om du ville använda ett ord eller det andra.

Nu har min lärande och förståelse ökat och breddats, och jag kan se på denna fråga från ett annat perspektiv. I mitt arbete har jag blivit informerad om att när Gud skapade alla själar var det likt Big Bang-teorin. Vi sköt ut som små ljussprakar. Några av dessa sprakar blev mänskliga själar, några blev galaxer, planeter, månar och asteroider. Skapelsen började och har fortsatt sedan dess, ständigt expanderande. Många av mina ämnen har sett sig själva som individuella sprakar eller ljuskulor när de ombeds att berätta varifrån de kom och hur de började. Oavsett vilken kropp de finner sig i under sina otaliga livstider på denna planet och många andra, är det bara en dräkt. Fällande för att tjäna sitt syfte och för att få jobbet gjort. Jag säger alltid, "Du är inte en kropp! Du har en kropp!" Vi tenderar att förlora det här, för vi blir så fästa vid den. Men precis som en dräkt kommer den till slut att slitas ut och måste slängas bort. Den "verkliga" du är den lilla ljussprakan. Jag kan nu se att detta motsvarar "anden", eftersom den går från kropp till kropp. Anden är den individualiserade representationen av själen i en förkroppsligad form. Därför har den begränsningar. Den är avskild och separerad från den större "själ". Den är vårt fokus när vi är i den fysiska kroppen, och vi är stängda från den enorma visdommen hos vårt större jag. Det måste vara så, annars skulle vi inte kunna existera här. Vi skulle vara helt oförmögna att överleva om vi insåg att det finns mer, och att vi är avskilda från det härliga större jaget.

Jag har funnit fall (ett som rapporterats i *Bok Ett*) där ämnet ville återvända till den plats där de kände mest kärlek, där de kände sig hemma, där de instinktivt hade en stor längtan att vara. När de gick till denna plats blev jag förvånad. Det var inte den andliga sidan där vi går efter den fysiska döden. Det var mycket större och expansivt. De gick till ett vackert, varmt och tröstande klart ljus. Detta var "hem". De sa att när de var där, fanns det en underbar känsla av sammanhang, att vara en del av en helhet, och de ville aldrig lämna igen. Detta kallades "Gud", för att använda ett bättre definierat ord. Det har också kallats "den stora centrala Solen" från vilken allt liv uppstod. Ämnet upplever alltid stor glädje när de återförenas med helheten, även om det bara är för den korta tiden under sessionen. När de blev ombedda att gå bort från Källan för att lära sig läxor och få kunskap, kände de en stor förlust, en separation som var nästan outhärdlig. Där det bara hade funnits det En, var de nu separerade. Detta är vad var och en av oss hemligt vill återvända till, även om vi inte förstår det på en medveten nivå. Men enligt den information jag har upptäckt, kan vi inte återvända och återförenas med Gud förrän vi har fullföljt alla våra läxor och fått all den kunskap vi är kapabla att ta emot. Då är det vårt öde att återvända och dela allt vi har lärt oss med Gud. I detta avseende är vi bokstavligen celler i Guds kropp.

För att försöka förklara definitionerna av själ och ande lite vidare, tror jag att det kan ses som ett nedtrappningssystem. Där finns Gud, det En, det Allt Som Är, den allsmäktige, Källan, Skaparen, som sedan delar sig i en annan komponent. Gruppsjäl, Oversouls, en större sammansättning av energier. Levande, men upplever livet på ett sätt som är främmande för vårt sätt att tänka. Den innehåller så mycket energi i sin helhet att det skulle vara omöjligt för den att rymmas i en kropp. I Bok Ett sades det att om den totala energin av ett individs jag försökte komma in i ett rum och prata med oss, skulle allt i huset förstöras. Kraften och energin är enorm. Därför är själen en kombination av otaliga individuella andar, som alla är "du". Vi är lika mycket en del av denna större "själ" som vi är av Guds förkroppsligande. Det finns också flera grupper av själar, för att komplicera vårt tänkande ytterligare.

Sedan delas det igen och blir individuella andar. Detta är den mindre biten som vi upplever just nu. Den delen som vi fokuserar på och har gett personlighet. Detta är den delen som går till andevärlden vid den fysiska kroppens död. Den verkar förbli individualiserad tills den har fått tillräcklig kunskap för att återintegreras i Oversoul. Allt detta är för mycket för de flesta av våra mänskliga sinnen att förstå, och vi är nöjda med att tro att denna enda existens är allt som finns. Det är därför vi ger förenklade förklaringar till det oförklarliga.

Från informationen i detta kapitel verkar det som att i nödsituationer kommer Oversoul att splittras eller skicka ut delar av sig själv, och låta andra själsdelar byta plats. Så mycket vi kan förstå, är det en kärleksfull och omtänksam ordning, och individen ges aldrig mer än vad den kan hantera, eller mer än vad den har gått med på att försöka hantera under en enda livstid. Åtminstone är dessa koncept bra tankeverktyg, oavsett om vi någonsin kommer att förstå dem fullt ut eller inte. Dessa koncept är några som jag aldrig skulle ha tänkt på om de inte hade presenterats för mig genom flera av mina ämnen. Tydligen tycker "de" att vi är redo att hantera livets djupare betydelser.

Så återigen, det finns Gud, det finns de olika Oversouls, de mindre själskompositerna och de individuella andarna.

Den Komplicerade Universum Bok Två

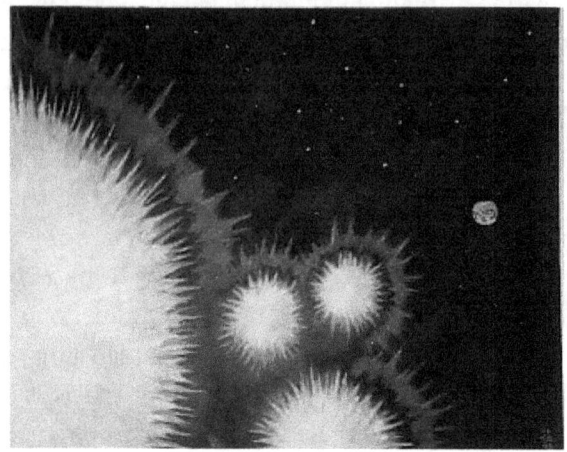

Kapitel 30
DEN NYA JORDEN

VI HÖRDE OFTA följande verser från Bibeln när vi gick i kyrkan: *"Jag såg en ny himmel och en ny jord; ty den första himlen och den första jorden hade förgått... Och jag, Johannes, såg den heliga staden, det nya Jerusalem, komma ned från Gud ut ur himlen... Och jag hörde en stor röst från himlen säga: Se, Guds tabernakel är hos människor, och han skall bo hos dem, och de skall vara hans folk, och Gud själv skall vara med dem och vara deras Gud. Och Gud skall torka bort varje tår från deras ögon, och det skall inte finnas mer död, inte mer sorg, inte mer gråt, inte heller skall det finnas mer smärta; ty de förra tingen har förgått... Se, jag gör allting nytt. Och han sade till mig: Skriv; för dessa ord är sanna och trofasta... Och staden (den nya) behövde inte solen eller månen för att lysa i den; ty Guds härlighet lyste i den... Och ingenting orent skall komma in i den, inte heller någon som gör avskyvärda ting eller säger lögn... Och det skall inte finnas någon natt där; och de behöver ingen ljuslykta, inte heller solens ljus; ty Herren Gud skall ge dem ljus; och de skall regera i evighet."* (Upp. 21-22)

Många olika förklaringar har erbjudits av kyrkan sedan Bibelns skrifter. Men Uppenbarelseboken har förblivit gåtfull, tills nu. De förklaringar som har kommit fram genom många människor under djupa transsessioner tycks hålla svaren. De har många gånger beskrivit Guds rike som en plats av ljus där de känner stor glädje i att återförenas med Skaparen, Källan. Vid den tiden har var och en av dem blivit ljusvarelser, och det finns inget begär att återvända till den jordiska fysiska formen. Detta förklarar några av versernas innebörd, men vad gäller profetian om den nya jorden? Återigen verkar svaret

Den Komplicerade Universum Bok Två

komma genom många av mina ämnen under sessionerna. Det var först när jag satte ihop boken som likheten med Bibeln blev tydlig. Vi pratar alla om samma sak. Johannes, som skrev Uppenbarelseboken, satte sin vision i de ord han kunde finna i sin tid och sitt ordförråd. Det är detsamma idag. Mina ämnen var tvungna att använda terminologin de var bekanta med. Jag vet därför att vi bara ser en liten del av den totala bilden av den nya värld som kommer, men det var det bästa de kunde göra. Det ger oss åtminstone en inblick i denna underbara och perfekta plats.

Under mitt arbete har jag hört mycket om att allt är sammansatt av energi och att form och struktur endast bestäms av frekvens och vibration. Energi dör aldrig, den förändras bara form. Jag har fått veta att själva jorden förändrar sin vibration och frekvens och förbereder sig för att höja sig till en ny dimension. Det finns otaliga dimensioner som omger oss hela tiden. Vi kan inte se dem eftersom när vibrationerna ökar blir de osynliga för våra ögon, men de existerar fortfarande, trots det. I min bok The Custodians förklarade jag hur utomjordingarna använder detta och reser genom att höja och sänka vibrationerna på sina farkoster. Ibland går vi också till andra dimensioner och återvänder utan att vara medvetna om det. Detta skrevs om i The Legend of Starcrash. Så jag har berört ämnet genom åren, men jag förstod inte hela betydelsen förrän jag började ta emot mer och mer information om det. "De" vill att vi ska veta mer om det eftersom det kommer snart. Och det kommer att vara en betydelsefull händelse. Naturligtvis, även i Bibeln, beskrevs det som att det skulle komma "snart". Men nu kan vi se och känna effekterna omkring oss när världen förbereder sig för att skifta till en ny dimension.

"De" sade att vi kommer att märka de fysiska effekterna mer när frekvenserna och vibrationerna ökar. Många av oss kan känna på en annan nivå av vårt väsen att något händer. Med de förändringar som subtilt sker omkring oss, måste våra fysiska kroppar också förändras för att anpassa sig. Några av dessa fysiska symtom är obehagliga och orsakar oro. "Ni kommer att se och märka att när frekvensen på planeten fortsätter att höjas i termer av dess vibration, kommer ni att ha mindre svårigheter med symtom på energi-blockeringar."

Den Komplicerade Universum Bok Två

Under mitt arbete får jag höra att mina ämnen säger att vi måste ändra vår kost för att anpassa oss till den nya världen. Våra kroppar måste bli lättare, och detta innebär eliminering av tunga livsmedel. Under sessionerna varnas mina klienter upprepade gånger för att sluta äta kött, främst på grund av tillsatser och kemikalier som ges till djuren. Dessa överförs till våra kroppar och stannar kvar i organen under lång tid. Det är mycket svårt att eliminera dessa gifter från vår kropp. Vi var särskilt varnade mot att äta animaliskt protein och friterad mat, som fungerar som irriterande för kroppen. "Dessa fungerar som irritanter för ditt system efter många års missbruk. Vi menar inte att vara dömande, men kroppen är byggd för en viss typ av trafik. Kroppen kan inte höjas i frekvens till högre dimensionella riken om densiteten och toxinerna förorenar människokroppens miljö." Vi fick veta att vi borde undvika nötkött och fläskkött, särskilt på grund av de tillsatser som ges till djuren. Naturligtvis, om du är tillräckligt lycklig att hitta ekologiskt kött utan toxiner, skulle det vara säkert, i måttliga mängder. De sa att kyckling var bättre, och fisk, men det bästa av allt var "levande" grönsaker. Detta innebär sådana som äts råa snarare än kokta. Vi fick också varningar om att eliminera socker och konsumera mer rent, flaskat vatten och fruktjuicer utan socker. Så småningom, när frekvensen och vibrationerna fortsätter att öka, kommer vi att anpassa oss till en flytande diet. Kroppen måste bli lättare för att kunna göra uppstigningen. "När energierna på planeten fortsätter att höjas och bli mer sällsynta, behöver din kropp skifta med det." Naturligtvis är inget av detta nytt. Vi har fått veta om dessa fakta om näring i många år. Men det verkar nu vara nödvändigt att vi betalar extra uppmärksamhet till vår kost eftersom allt börjar förändras.

År 2001 "intervenerade" de för att verkligen få min uppmärksamhet och få mig att förändra min kost och livsstil. Under sessionerna skulle de bokstavligen skrika åt mig för att få fram sitt budskap. År 2001 hade jag problem med uttorkning medan jag var i Florida och upplevde obehagliga fysiska effekter. "De" tillsade mig och fick mig att ge upp min vanliga dryck, "Pepsi", som jag hade unnat mig under många år. De vände helt på mina ät- och dryckesvanor och ändrade min kost till det bättre. Till 2002 hade jag rensat bort en stor del av gifterna från mitt system och jag började märka skillnaden. Det tog ytterligare flera månader innan jag var "avgiftad", så att säga. Varje gång de får chansen, låter de mig veta att de fortfarande övervakar mig och jag blir tillsagd när de ser att jag återgår till gamla vanor. Under en session i England sade de, "För att förstå de nya energierna som du kommer att arbeta med, lär sig kroppen hur man hanterar detta. Man får aldrig glömma att det finns energier där ute som inte kommer att fungera med dig. Vid den här punkten, kanske dessa energier inte ska kastas bort och stötas bort från dig. Eftersom de är obekanta för dig, tänker du, 'De är inte korrekta.' De ska dras till dig och frågas, 'Vad är de?' Faktiskt, de är nya energier. Kanske justerar de din kropp, och på så sätt tar de bort toxiner. Dina njurar, särskilt, kommer att arbeta med en oacceptabel energi från det förflutna. Acceptera bara att rengöringsprocessen är och kommer att ske."

Jag fick sedan en process för att energiisera det vatten vi dricker, för att hjälpa till i avgiftningsprocessen. "Vatten, som utgör 70 procent av dig själv och 70 procent av planeten, är så långt bortom viktighet att det är otroligt. Därför är resonansen i det vatten du tar in i din kropp så mycket viktigare än vad du kan föreställa dig. När du dricker vatten, energiisera det med den kunskap du har. Skicka den kunskapen. Spiral den in. Föreställ dig att vattnet spiralerar, skapar en virvel, både medurs och moturs. Skapa den positiva och negativa nyckeln. Du måste röra det ur balans. Föreställ dig att en energi går in i vattnet och spiralerar och skapar en virvel. Det är allt det behöver göra. Tanken kommer sedan att energiisera vattnet. Det kommer då att återintroducera livskraft tillbaka i vattnet, vilket är planetens livskraftacceptans. All vätska på denna planet, oavsett om det är berg eller om det är flytande vätska, är vätska i långsammare eller snabbare rörelse. Allt har resonansen och minnet av vad det är. Mänskligheten har förlorat resonansen och minnet av vad den är, men vatten kan återenergisera. Människans mänskliga tankeformatprocesser går tillbaka och hjälper till att arbeta med dess resonans. Du måste komma ihåg att denna energiiseringen av en flaska vatten kanske bara varar några timmar. Du kan behöva återintroducera det. Så formeln kan vara: innan du dricker någon vätska, gör samma process. Du kan också göra samma sak med mat. Mat är helt enkelt vätska i en långsammare rörelse. Detta kommer att hjälpa kroppen. Detta kommer också att hjälpa till att skapa en plats som kallas "klarhet" inom din tankesystem, eftersom du har börjat förlora en del av klarheten. Denna klarhet kommer tillbaka."

Från ett e-postmeddelande som skickades till mig från en okänd källa: Tiden accelererar faktiskt (eller kollapsar). I tusentals år har Schumann-resonansen eller pulsen (jordens hjärtslag) varit 7,83 cykler per sekund. Militären har använt detta som en mycket pålitlig referens. Men sedan 1980 har denna resonans långsamt stigit. Den är nu över 12 cykler per sekund! Detta betyder att det motsvarar mindre än 16 timmar per dag istället för de gamla 24 timmarna.

En av indikationerna på att frekvensen och vibrationerna sker är att tiden accelererar och förkortas.

Ämne: Från och med 2003 kommer en inflöde av energi som verkligen kommer att propellera Jorden. Det kommer att finnas en större klyfta mellan de människor som kommer att stanna kvar och de människor som går framåt. Resultatet kommer att vara en högre vibratorisk ökning på Jorden. Detta påverkar hela universum. Detta är inte bara jorden. Detta är galaktiskt.

Mer information om hur våra kroppar och hela världen kommer att gå igenom den dimensionella skiftningsprocessen, och det kommer att vara oupptäckt av de som inte gör skiftet eller förändringen:

"Våra kroppar och allt omkring oss ökar nu sin vibreringshastighet och anpassar sig till en ny frekvens. Varje cell i kroppen börjar vibrera i sådan hastighet att den förvandlas till ljus.

Den Komplicerade Universum Bok Två

När detta börjar, ökar kroppens temperatur och kroppen börjar lysa av ljus. När varje cell vibrerar på en mycket hög nivå, kommer du att försvinna från normal vision och röra dig in i en högre dimensionell verklighet. Detta beror på att kroppen har rört sig i vibration bortom den tredje dimensionen och nu vibrerar på en mycket högre dimensionell nivå. Detta betyder att du inte kommer att gå igenom dödprocessen, eftersom du då kommer att ha en Ljus Kropp. Åldrande kommer inte att existera för dig, och du kommer att ha stigit in i den nästa dimensionella verkligheten. Du kan sedan få tillgång till nästa stadium av andlig utveckling."

"De" har betonat att detta har hänt genom tiderna för vissa individer och små grupper av människor. Men vad som gör det unikt nu, är att det kommer att vara första gången som en hel planet gör skiftet till en annan dimension. Detta kommer att vara den nya Jorden och den nya världen. Detta beskrivs i Bibeln som den nya himlen och den nya jorden. De andra som inte är redo, kommer att lämnas bakom (precis som det står i Bibeln) för att fortsätta leva ut sin karma. De kommer inte ens att vara medvetna om att något har hänt. De som inte har blivit upplysta, kommer att behöva återvända till en annan, tätare planet som fortfarande är inblandad i negativitet, för att arbeta ut sin återstående karma. De kommer inte att tillåtas komma till den "nya Jorden", eftersom deras vibration inte kommer att matcha.

För några år sedan var jag på ett panelmöte på en konferens med Annie Kirkwood, författaren till *Mary's Message to the World*. Hon berättade om en vision hon hade som verkar porträttera utvecklingen av den Nya Jorden. Hon såg Jorden som den ses från yttre rymden. Sedan började den se ut som två Jordar, en överlagrad på den andra. Det fanns små linjer av blinkande ljus som gick mellan båda Jorderna. Sedan, när hon tittade, såg hon att den började dra isär; på samma sätt som en cell gör när den delar sig för att producera en annan cell. En Jord gick åt ett håll och den andra åt det andra. På den ena Jorden ropade hon och andra, "Ja, ja, det verkligen hände! Vi gjorde det! Vi är verkligen en ny Jord!" Och på den andra Jorden hörde hon sin systers röst, "Den där tjejen var så galen! Hon gick omkring och berättade alla dessa galna saker. Och ingenting hände! Hon dog bara!" Så det verkar som om, när den sista händelsen inträffar, kommer vissa människor inte ens att vara medvetna om att något har hänt. Detta kommer att vara separationen av de som går vidare till den Nya Jorden och de som lämnas bakom på den Gamla Jorden, som fortfarande kommer att vara genomsyrad av negativitet.

Efter en föreläsning där jag berättade för publiken om denna vision, gick jag av scenen och var omgiven av människor när jag gick till bordet för att signera böcker. En man trängde sig fram och bad att få tala med mig. Med ett allvarligt ansiktsuttryck sa han: "Något mycket ovanligt hände just mig." Han pausade och tvekade, osäker på hur han skulle bli mottagen. "Du måste veta att jag är ingenjör, väldigt jordnära, och såna här saker händer inte mig. När du beskrev visionen om de två jordarna som delades i två, försvann plötsligt hela auditoriet och jag befann mig ute i rymden. Medan jag tittade, såg jag det hända – precis så som du beskrev det. Jag såg hur de två jordarna splittrades, och den nya låg överlagrad på den gamla." Man kunde se att han var djupt skakad. Han sa att han skulle gå hem och försöka återskapa det han hade sett på datorn. En vecka senare mejlade han oss bilden, och vi har tryckt den här. I färg är den mycket vackrare och mer levande, men den visar hur den nya jorden lyser när den skiljer sig från den gamla. Han gav mig tillåtelse att använda bilden.

Den Komplicerade Universum Bok Två

Created by Michael R. Taylor (MT)

Här är några av de informationer som kom från olika ämnen om den Nya Jorden:
Entiteten som talade genom V. hade en djup, hes röst:

D: *Jag har fått så mycket information från olika människor, och de säger att Jorden genomgår en övergång. De säger att det kommer att vara som en höjning till en annan, förändrad vibration.*

V: Hela idén är att vi måste få folk att expandera lite. Och vi måste höja den här nivån lite. Och när vi gör det, kan vi göra den förändringen och göra det lättare för dem. Det kommer att vara de vi inte kan få att förändras som kommer att lämnas bakom. Det kommer att vara hemskt. Vi kan inte få dem att se. Vi kan inte få dem att älska.

D: *Då kommer de andra, de som kommer att förändras, att gå in i en annan värld? En annan Jord?*

V: Det är som att det kommer att expandera till en annan dimension. Låt mig se hur jag kan förklara det här för dig. Det är som en höjning, om du kan förstå, som om vi kommer att höjas till en annan vibration. Vi kommer att kunna se vad som händer. Vi kan inte stoppa dem. Vi kan inte hjälpa dem längre.

D: *Är det som en separation? Som två Jordar, menar du det?*

V: Åh nej, nej. Det är en förändring av dimension. Vi kommer att gå från här till här. Och de som inte kan förändras kommer att lämnas bakom.

D: *När vi går in i den andra dimensionen, kommer det att vara en fysisk Jord?*

V: Det kommer att vara precis som vi är just nu.

D: *Det var det jag menade med två Jordar.*

V: Ja, ja. Men de kommer inte att vara medvetna om oss. Gud hjälpa dem, Gud hjälpa dem. Det kommer att vara så hemskt för dem.

D: *De kommer inte att veta vad som har hänt?*

V: Nej, de kommer att veta. Det är hela poängen. De kommer att veta, men det är för sent.

D: *Men du sa att de kommer att lämnas bakom, och de kan inte ansluta sig till den andra världen.*

V: Det kommer att vara för sent för dem att förändra sina vibrationer. De kan inte förändra det på en sekund. De måste förändra det under en period. Vi har arbetat på detta ett tag. Det måste sippra in och arbeta på din kropp, och det måste långsamt förändras och höja dina vibrationer. Och när det händer, kommer det att vara för sent för dem, men de kommer att se det. De kommer att dö, men de kommer att se det och de kommer att lära sig av det.

D: *Den världen kommer fortfarande att existera, men den kommer att vara annorlunda?*

V: Inte så bra, nej, inte så bra. Det kommer inte att vara mycket kvar i den världen. Inte mycket.

D: *Många människor kommer att dö vid den tiden?*

V: Ja. Men jag tror att mycket av deras död kommer att vara smärtfri. Jag tror att de kommer att leva just tillräckligt länge för att se vad som händer. Och jag tror att Gud kommer att skona dem från den hemska traumatiska smärtan. Jag ber att det ska vara så.

D: *Men de andra som skiftar till den nya vibration, med en identisk fysisk värld ...*

V: (Avbruten.) Ja, men vissa kommer inte ens att vara medvetna om att de har gjort förändringen. Några kommer att veta. De som har arbetat mot det kommer att veta.

D: *Kommer de att veta om de som har lämnats bakom?*

V: Jag tror inte det. Det kommer att finnas en medvetenhet om en förändring som har inträffat. Jag är inte säker på om det kommer att vara en medveten medvetenhet. Låt mig tänka på det. (Paus) Vi kommer att gå in i denna dimension och vi kommer att veta. Några kommer inte att veta dock. De kommer att känna något. De kommer att känna en skillnad. Nästan som en renhet, en klarhet. En krispighet, en skillnad. Jag vet vad det är. De kommer att känna skillnaden. De kommer att känna kärleken.

D: *Så, även om de inte har arbetat mot det, kommer de att dras med det.*

V: Ja, för de är redo för det.

D: *Och de andra kommer inte att vara ...*

V: De är inte, de är inte.

D: *Så, de lämnas i negativiteten? Du sa att hela världen kommer att förändras vid den tiden.*

V: Ja, de som kan gå vidare, de som kan röra sig in i detta, kommer att röra sig. Och de som inte kan, kommer inte att göra det. Och det kommer att vara hemskt för dem.

D: *Och det kommer att vara som två världar.*

V: Ja, två världar som existerar samtidigt, men inte alltid medvetna om varandra.

D: *Jag vet att när du är i en annan dimension, är du inte alltid medveten om den andra. Men det är budskapet du vill få fram, att vi bör sprida denna information om kärlek medan vi fortfarande kan, för att ta med så många som möjligt.*

V: Kärlek är nyckeln. För Gud är kärlek. Och kärlek är Gud. Och kärlek är den högsta kraften. Och det är det vi behöver känna i våra liv. Vad vi behöver ge varandra och känna för varandra.

D: *Ja, kärlek har alltid varit nyckeln. Så, de försöker berätta för så många människor som möjligt, för att kunna ta med dem. Det är därför det är så brådskande.*

V: Brådskan är att vi har slut på tid. Bara var beredd. Uh, vad? Berätta för henne vad?

Hon lyssnade på någon annan. Det hördes mumlande ljud, och sedan återvände den djupa, hes röst.

V: Berätta för dig ... redo. Redo för förändringen som kommer snart. Snart nu. Redo ... Hon är inte ett bra fordon. Hon har inte gjort detta förut. Jag kan inte få mina idéer genom henne för att förmedla dem till dig. Jag måste arbeta på det. Låt oss rena detta fordon. Åh, ja! Uh ... där. Det är bättre nu.

D: Vad är det du vill säga till mig?

V: Måste hjälpa hela mänskligheten. Berätta för dem vad som kommer snart. Förändringar, dimensionellt skifte. De som kan höra dig kommer att höra dig. De kommer att vara redo för det dimensionella skiftet. (Hennes vanliga röst återvände.) De som inte kan, kommer inte att acceptera det ändå så, (skratt) de kommer att tro att vi är galna. Men de andra, de kanske inte vet det, men det kommer att väcka en gnista i dem. När det händer, kommer de att vara redo och de kan göra det skiftet. De kanske inte vet att det kommer, men något inuti dem kommer vara redo för det och de kommer att kunna göra det. Det är de som inte vet att det kommer, men om vi berättar för dem, så finns det i dem. Då när det händer, kommer det att komma ut och de kommer att vara redo för det.

D: Låt mig ställa en sista fråga. De av oss som gör skiftet, kommer vi att fortsätta leva våra liv som vi har gjort?

V: Nej, nej, bättre. Annorlunda. Längre.

D: Kommer vi att fortsätta fysiska liv?

V: Oh, fysiskt i den dimensionen, ja. Men fysiskt i denna dimension, nej.

D: Men jag menar, om vi gör skiftet, kommer vi...

V: (Avbruten) Du menar, kommer ni att leva eller dö?

D: Kommer vi att fortsätta våra liv som vi känner dem?

V: Ja, vissa kommer inte ens vara medvetna om det. Du ser, den lilla tanken vi planterar i deras huvud kommer hjälpa dem att göra det dimensionella skiftet och de kanske inte ens vet om det. Men de kommer att veta att det sker förstörelse. De kommer att se förstörelse. De kommer att se vad som händer och de kommer att se de döda kropparna, men de kommer inte att veta att de har gjort det skiftet. De kommer inte vara medvetna om att orsaken till att de inte är där nere döda är för att de gjorde det skiftet och att förändringen inte påverkade dem.

D: *Du sa något om saker som sätts i huvudet. Menar du implantaten?*

V: Nej, nej, nej. Jag menar ett frö, en tanke. De vet inte om det medvetet, men inuti kommer det att hjälpa dem. Det är som en gnista som, när tiden kommer, kommer deras sinne att ha accepterat det undermedvetet redan.

D: *Men, när vi gör skiftet, kommer vi att fortsätta våra liv. Jag har hört att vi kommer att leva längre?*

V: Längre, bättre. Lära. Saker kommer vara så mycket bättre. Folk kommer att lära sig mer, efter ett tag. De kommer att veta mer. De kommer att bli mer medvetna om saker. Så som saker är. De kanske inte vet när de gör skiftet, men sen kommer de att lära sig om det. De kommer att inse efter ett tag vad som har hänt.

D: *Och de som inte är redo kommer att lämnas på den andra Jorden.*

V: Ja, de kommer att vara borta.

D: *Och många på båda platserna kommer inte ens inse att något dramatiskt har inträffat.*

V: De på den andra platsen kommer att göra det. De kommer att vara döda. Men de kommer att veta, för det är den läxa de har lärt sig. När de dör, kommer de att veta. De kommer att se sanningen. Och de kommer att se vilken möjlighet de missade, men de kommer att lära sig av det.

D: *Jag har också hört att när de återföds, om de har negativitet, karma att betala, kommer de inte längre att komma till Jorden för att Jorden har förändrats så mycket.*

V: De kommer inte att tillåtas komma tillbaka hit förrän de har gjort skiftet. De har gjort förändringen.

D: *Jag har hört att de kommer att gå någon annanstans för att lösa sin karma, eftersom de har missat möjligheten.*

V: Ja. Vissa kommer att göra det. Och vissa kan få en möjlighet att komma tillbaka. Men det kommer att dröja, väldigt länge.

D: *Men under tiden kommer vi att gå framåt och lära oss nya saker och göra framsteg i en helt ny värld.*

V: Vilken vacker värld. En värld av ljus och fred. Där folk kan leva tillsammans och älska varandra.

D: *Men det kommer fortfarande att vara en fysisk värld med våra familjer och hus som vi har nu.*
V: Bara en smartare värld.
D: *(Skratt) Det, det kan jag förstå.*

En annan ämne som upplevde oförklarliga fysiska symptom, beskrev den nya kroppen på detta sätt:

S: Hon identifierar sig mer med sin framtida kropp. Det är inte riktigt etablerat än, men det är där. Och denna framtida kropp tar hennes essens, eller delar av henne. Och smälter samman det eller drar upp det så att hon vänjer sig vid denna framtida kropp.
D: *Kommer kroppen att förändras fysiskt?*
S: Några, ja. Den kommer att vara starkare och yngre. Den kropp som hon har nu, kan helas och göras om, men hon behöver den framtida kroppen. Den kommer att vara lättare. Mer kapabel. Hon känner detta nu, hennes essens har smält samman med denna framtida kropp och dragits upp.
D: *Så denna kropp hon har nu kommer att förändras?*
S: Den kommer i princip att lämnas bakom. Den kommer att omvandlas och delar av den som inte behövs kommer att släppas bort.
D: *Så det är inte som att lämna en kropp och gå in i en annan.*
S: Nej. Gradvis kommer den nyare kroppen och den äldre kroppen att mestadels smälta samman. Men det kommer att finnas vissa delar av den äldre kroppen som inte kommer att vara nödvändiga, så de kommer att lämnas bort. Den kommer bara att desintegreras.

Det kommer troligen att vara så gradvis att vi inte ens märker skillnaden. Förutom de fysiska symptomen som vissa upplever när kroppen gör justeringarna. Jag har fått höra att den äldre generationen kan vara mer medveten om att något händer i kroppen. Ändå är det ingen nytta att oroa sig över det, eftersom det är en naturlig process som sker nu för alla som en del av evolutionen av den nya Jorden.

Detta var en del av en längre session 2002 där ämnet hade en koppling till utomjordingar. De gav information om många saker, inklusive vad de kunde göra (eller fick göra) för att rätta till de skador mänskligheten har orsakat Jorden.

P: Uh, de förflyttar mig ... framåt i framtiden. De flyttar min kropp. Åh, min gud, jag blir yr.

Jag gav lugnande förslag så att hon inte skulle få några fysiska effekter. Hon lugnade sig och stabiliserades. Känslan av rörelse försvann. Denna upplevelse har också inträffat med andra ämnen jag har arbetat med när de rör sig för snabbt genom tid och rum.

D: *Vad visar de dig nu?*
P: Allt jag ser är ljus. Det är bara en lysande explosion av ljus. Planeten bombarderades med ett speciellt ljus och det innehåller olika färger. Och dessa olika färger påverkar människors medvetande på olika sätt, men det påverkar inte bara människor. Det påverkar växter och djur och stenar och vatten och allt. Det är en viss typ av vitt ljus, och det har alla typer av färger i sig. Och det ändras och rör sig och det genomsyrar själva planetens kärna. Jag ser att det kommer från planetens kärna. De skjuter ner det från, jag antar, skeppen, och det berör planetens kärna och studsar ut från kärnan och påverkar allt från ett inåt till ett utåt rörelse. Om du stod på planeten skulle du känna energierna komma genom dina fötter och komma ut genom toppen av ditt huvud.

D: *Motsatsen till vad det vanligtvis gör.*
P: Detta är annorlunda. Det kommer från skeppen till planetens kärna och sedan studsar det upp igen. Och det påverkar hela planeten. De vill inte att vi ska spränga oss själva.

Den Komplicerade Universum Bok Två

D: Är detta något som händer 2002, eller är det något som händer i framtiden?

P: Detta är framtiden. De kommer att göra det! För att rätta till planetens inriktning och hindra att något dåligt händer. 2006.

D: 2006. Kommer vi att ha förlorat planeten mer genom denna tidpunkt?

P: Ja, ja. Åh, det finns människor på planeten och de ber, men det är inte tillräckligt för att det är så förstört. Det kommer att komma ur sin omloppsbana. Och det kommer att påverka resten av kosmos. Så genom att rikta dessa energier till planetens kärna kommer det att studsa upp, och det kommer att rätta till inriktningen. Och när inriktningen rättas till, kommer det också att rätta till många andra saker på planeten. Det kommer att hjälpa till med översvämningarna, torkan och sådana saker som människan har orsakat planeten. Det kommer inte att bli någon förintelse av denna planet. Rådet ser till att det inte händer. Varelserna är här på planeten och de vet vad som pågår och de vet vem som gör det och de kan påverka dem. Det handlar inte om att vi inte kan ingripa, vi får inte ingripa.

D: Eftersom det finns saker ni inte kan göra.

P: Det är rätt, men vi kan titta. Och vi vet vem som gör det.

D: Men när planeten når den punkt där människan har skadat den så mycket, det är då ni kan hjälpa till?

P: Det är då vi kommer att skicka dessa ... Jag ser flerfärgade ljus. Det är som flerfärgade ljusstrålar och de skjuts ner i planetens kärna. Och sen studsar de upp och det påverkar hela planeten och det kommer att hålla planeten i inriktning.

D: Gör många skepp detta?

P: Det är en konfederation. Jag ser många. Jag ser olika nivåer eller klassificeringar av varelser som påverkar planeten. Vi är involverade i det. Det finns många, många varelser.

D: Så det är ett massivt arbete.

P: En konfederation. Ja, ja.

D: Men är det inte farligt att skjuta saker mot planetens kärna? Har inte något gått fel tidigare när det hände?

Jag tänkte på förstörelsen av Atlantis. Detta orsakades delvis av vetenskapsmän som riktade energin från de gigantiska kristallerna nedåt mot jordens mitt. För mycket energi skapades, vilket bidrog till jordbävningarna och gigantiska tidvågor.

P: Det här är inte vad du tror. Detta är ren ljusenergi. Och den enda effekten den kommer att ha på planeten är positiv. Den kommer inte att skada planeten.

D: *Jag tänkte på vad de gjorde i Atlantis.*

P: Det här är inte samma sak. Det är svårt för mig att förklara. Detta görs på en själsnivå. Det är som ren gudomlig energi. Det är inte energin i Atlantis. Energien i Atlantis gjordes genom atomkraft. Detta är energi som den gudomliga har skapat och görs genom ljus. Det görs inte genom separation av molekylstrukturer. Det här är något vi har skapat, och vi skickar det från Källan. Allt som kommer från Källan är gott och det kommer inte att skada planeten. Det kommer att göra det vi vill att det ska göra. Och vi har fått tillåtelse att göra detta. Det är för att planeten har orsakat detta som vi vidtar denna åtgärd. Det är nödvändigt.

D: *Är inte detta inblandning?*

P: Nej! Vi kan inte ingripa med människorna här. Vi kan inte komma ner och tvinga dem och säga åt dem vad de ska göra. Men vi kan ta våra skepp och rikta denna energi mot jordens kärna. Vi kan göra saker som detta. Detta sker faktiskt på en själsnivå. Så därför påverkar vi inte den karmiska strukturen för människorna här. Alla här har ett karmiskt syfte, och vi påverkar inte det. Vi får inte göra det. Vi gör inte det.

D: *Ser människor på Jorden detta när det händer?*

P: De känner det. Med andra ord, de kommer att genomgå transformationen. Och de kommer inte att inse vad som har hänt med dem. Vissa kommer att inse det. De som är känsliga kommer att veta att något har hänt. Men många på planeten kommer bara att fortsätta med sina normala liv, och de kommer att bli lyfta och de kommer att förändras och jorden kommer att förändras. Stenar och vatten, men de kommer bara att fortsätta existera, för vi påverkar inte det karmiska mönstret. Vi kan inte göra det. Vi gör detta på en själsnivå, men det påverkar inte deras liv på jorden när det gäller karmiska mönster. Vi stör inte det.

D: *Men jorden måste komma till en viss punkt innan ni får göra detta.*

P: 2006. Det är redan mycket, mycket dåligt just nu. Om det tillåts fortsätta kommer luften att skada många människor. Och anledningen till att vi är involverade är att det finns människor i sina fysiska kroppar som andas denna atmosfär med all denna förorening och det förändrar deras genetiska arv. Vi kan inte låta det hända och vi kommer inte att låta det hända! Vi gav människor på denna planet deras genetiska arv. Och nu har de förstört sitt dricksvatten, sin mat, sin planet. Allt här är förorenat. Människan har förstört sitt genetiska arv och vi kommer att reparera det, för de kommer inte att förstöra vårt experiment! Detta är ett gudomligt experiment och de kan inte förstöra det. Vi kommer att förändra det.

För att få reda på mer om det stora experimentet som mänskligheten varit involverad i sedan sin början, se mina böcker, *"Keepers of the Garden"* och *"The Custodians."*

P: Vi måste göra detta. Hela planeten har förstörts många gånger. Du vet om Atlantis; det har funnits många andra explosioner, översvämningar. Det här är något vi inte kan låta hända den här gången, för det kommer att påverka resten av kosmos. Och jorden kommer att komma lite mer ur inriktning. Och vi kommer att sätta planeten, inte bara tillbaka i inriktning, men vi kommer också att hjälpa till att rensa och rena den genetiska strukturen för allt och alla på planeten. Och detta har fastställts, och det har godkänts, och det kommer att göras. För att människan har nått en punkt där det inte kommer att kunna rensas upp tillräckligt snabbt innan det förstör det genetiska arvet som vi skapade.

D: *Så det behöver bara komma lite ur inriktning innan det påverkar de andra...*

P: Det har redan påverkat andra, inte bara civilisationer i den fysiska världen som du känner till, utan även på högre plan. Därför kommer vi att göra detta.

De olika universerna är så sammanflätade och sammankopplade att om rotationen eller banan för ett påverkas, påverkar det alla andra. I extrema fall kan detta orsaka att alla universum kollapsar på sig själva och upplöses. Detta är en av anledningarna till att utomjordingar övervakar jorden. För att upptäcka eventuella problem orsakade av våra negativa influenser och varna de andra galaxerna och universerna så att motåtgärder kan vidtas. De måste veta vad som händer på jorden, så att resten av universerna, galaxerna och dimensionerna kan skydda sig själva och överleva.

D: Jag trodde att om ni skulle ha ett så massivt projekt på jorden, skulle folk kunna se alla dessa skepp.
P: Åh, du typiska jordbo! Nej, ni kan inte se våra skepp. Vi är i olika dimensioner. Det finns många olika vibrationalnivåer. Ni kommer inte ens att kunna se ljuset, men det finns där. Vid någon tidpunkt kommer era vetenskapsmän att kunna mäta den här typen av energi. Vid någon tidpunkt kommer vetenskapsmännen att kunna fastställa att vi är i atmosfären, och de kommer att se våra skepp. De kommer att ha maskiner och enheter som kan avgöra var våra skepp är. Men de har inte den teknologin just nu, eftersom vi har rört oss över slöjan och är i, ska vi säga – ett astralt rike. Det är en högre nivå än det, men det är en finare nivå. Och era ögon kan inte se dem, men i framtiden kommer de att ha maskiner som kan se dem.

D: Men de kommer att veta att något händer med energinivåerna. Att något förändras.
P: Det kommer att förändras, och människorna kommer att förändras, men de kommer inte att vara medvetna om vad som har hänt. Det kommer att vara en stor händelse, men de kommer inte att kunna urskilja det på en fysisk nivå. På en självnivå kan de känna det. På ett undermedvetet plan kommer de att veta, men inte på en medveten nivå, eftersom ni tänker på fysisk energi. Detta är inte fysisk energi, detta är energi från Gud. Det är själsenergi. Och den fungerar inom en annan dimension än vad ni tänker. Det är väldigt annorlunda.

D: Så människorna kommer att känna det, men de kommer inte att se det. De kommer bara att veta att något händer i deras kroppar.
P: Vissa kommer att veta. De som är känsliga kommer att veta att något har hänt, men de kommer inte att veta vad. Och det är vad vi vill. Vi vill inte störa något.
D: Hur kommer detta att påverka människokroppen?
P: Det kommer att förhindra nedbrytningen av det genetiska materialet DNA i kroppen. Som jag sa, det håller på att skadas och vi kan inte ha det så. Vi kan inte ha ett helt folk som är skadat. Energin kommer att förändra DNA-strukturen i människorna så att det blir mer perfekt. Det är vad vi verkligen vill. Vi vill att människorna på planeten ska vara i perfekt harmoni. Inte bara med sig själva, utan också med oss och resten av kosmos. De är inte det just nu.
D: Så när DNA-strukturen förändras, hur kommer kroppen att vara annorlunda?
P: När DNA ändras, kommer kroppen att vara som vi ville att den skulle vara för många tusen år sedan. Vi försökte med detta i Atlantis, det misslyckades! Anledningen till att det misslyckades var att energierna användes på ett negativt sätt av varelserna i Atlantis. Vi försökte frambringa en mer feminin energi på Atlantiens tid, som skulle höjas upp och orsaka en förening mellan den gudomliga manliga och den gudomliga kvinnliga. Det misslyckades. Därför gick planeten jorden igenom många, många tusen år där kvinnor var undertryckta och den feminina energin var dämpad. Nu är det här tiden då båda kommer att vara lika. Den manliga och den kvinnliga gudomliga energin kommer att förenas och detta kommer att skapa ett perfekt väsen ... som Kristus. Alla här kommer att inse att de kan vara ett perfekt Kristus, när dessa energier är i balans. Energierna har inte varit i balans; de har varit ur balans i tusentals år. Därför finns det så många problem på planeten. Så när DNA-strukturen ändras, kan de gudomliga energierna, den manliga/kvinnliga, yin och yang, av Guds energier förenas och det kommer att bli perfektion på planeten. Perfektion inom kropparna. Och denna planet kommer att vara något vi kan visa för resten av världarna, resten av kosmos. Att detta är vårt experiment, och detta är vad vi har gjort och det har

lyckats. Ljuset har lyckats, för det kommer att vara perfekt som vi har velat att det ska vara i tusentals år. När vi först kom hit var det perfekt. Du har kanske blivit berättad det. Det förändrades. Du vet att meteorit kom, sjukdom kom. Allt blev förstört. Vi kommer att ha det perfekt igen. Och detta är en del av den justeringen som vi kommer att göra för att göra det perfekt igen. Och detta är helt normalt. Detta är allt en del av genetiken, men anledningen till att detta hände var att människorna inte har varit i balans. De gudomliga energierna har inte varit i balans inom psyket eller ens inom det fysiska sinnet, men psyket som kommer in i kroppen manifesteras fysiskt. Dessa har varit ur balans. Detta orsakar sjukdom i kroppen. När bakterierna landade här på meteoriten, hade kropparna vid den tiden varit i fullständig perfekt balans, skulle det inte ha spelat någon roll. Sjukdomen skulle inte ha kommit in där. Men kropparna hade redan börjat förändras när det träffade, så det fanns inget vi kunde göra.

Hon refererade till samma sak som nämndes i min bok *Keepers of the Garden*, som förklarade att sjukdom introducerades till jorden och förstörde det stora experimentet genom en meteorit som träffade jorden när de unga arterna fortfarande höll på att utvecklas. Detta orsakade mycket sorg i rådet som var ansvarigt för att utveckla livet på jorden, eftersom de visste att deras experiment med att skapa den perfekta människan inte skulle kunna genomföras under dessa omständigheter. De var tvungna att fatta beslutet om de skulle stoppa experimentet och börja om från början, eller låta de utvecklande människorna fortsätta, med vetskapen om att de aldrig skulle bli den perfekta art de hade tänkt sig. Det beslutades att så mycket tid och ansträngning hade lagts ner på att utveckla människorna, att de skulle få fortsätta. Hoppet var att kanske, någon gång i framtiden, skulle arten kunna utvecklas till den perfekta människan utan sjukdom. Detta är huvudorsaken till att utomjordingar samlar in prover och testar människor, vilket folk felaktigt tolkar som negativt. De är oroade över effekterna av föroreningar i luften och kemisk kontaminering av vår mat på människokroppen. Och de försöker ändra dess effekter.

ET fortsatte: "Vi ville inte ge upp experimentet. Vi kunde inte bara kasta bort planeten. Vi kunde inte bara låta alla dessa livsformer, alla dessa själar, för alltid förändras. Vi var tvungna att ingripa och vi har kommit hit i årtusenden. Det här är kulminationen av många, många års arbete. Miljoner år. Och det kommer väldigt snart, och vi är glada för att mänskligheten har nått den punkten där detta kan föras fram igen på planeten. Som jag sa tidigare, vi försökte det här för många, många tusen år sedan och det misslyckades, men vi förväntar oss att det kommer att lyckas den här gången. Det börjar redan lyckas. Och vi är mycket glada över det."

D: Kommer alla människor på jorden att uppleva detta?
P: Som jag sa tidigare, alla kommer att påverkas. Det är bara så att de som är känsliga kommer att känna av att det har hänt. Vissa människor kommer inte att inse på ett medvetet plan att det har hänt. Det har gjorts på själsnivå. Om du skulle sätta dem i trance, som du har gjort med den här personen nu, skulle de veta att de har blivit påverkade, och de skulle kunna förklara för dig vad det har gjort med deras genetik. Men på medveten nivå har de ingen aning. De vet inte. Och det är så vi vill ha det.

D: Jag tänkte på negativa människor (mördare, våldtäktsmän, sådana varelser). Kommer de att påverkas på ett annat sätt?
P: Alla kommer att påverkas. De kommer att veta på ett undermedvetet plan vad som har hänt. När det undermedvetna förändras och blir medvetet om detta och aktiveras, ja.

D: De har fortfarande karma.
P: Detta kommer också att påverkas, för den här planeten kommer i framtiden inte att ha karma. Det är något som inte kommer att tillåtas här. Det kommer att vara en planet av Ljus och Fred och vår stora experiment som lyckades.

D: Jag har blivit berättad att detta är varför många i universum tittar på.
P: Ja, det är rätt. Vi är här för att göra detta. Och det kommer att vara säkert.

Den Komplicerade Universum Bok Två

Under hösten 2006 fick vi ett telefonsamtal på vårt kontor från en av våra läsare som frågade: "Stod det inte i boken att något skulle hända år 2006?" När min dotter Julia mindes det och hittade det stycket. Som av en händelse (om nu något någonsin är en slump), fick vi några veckor senare flera mejl som hade skickats till människor över hela världen, där man varnade för en kosmisk händelse som skulle inträffa den 17 oktober 2006.

Ett kosmiskt utlösande skeende sker den 17 oktober 2006, med start cirka kl. 10:17 på förmiddagen och pågår fram till kl. 01:17 natten till den 18:e. Den mest intensiva tiden ska vara kl. 17:10 den 17:e. En ultraviolett (UV) pulsbalk, som strålar ut från högre dimensioner, kommer att korsa jordens bana denna dag. Jorden kommer att befinna sig inom denna UV-stråle i ungefär 17 timmar av er tid, och den kommer att genomtränga varje elektron av den dyrbara livsenergin. Denna stråle är fluorescerande till sin natur och blå/magenta i färg. Även om den resonerar inom detta frekvensband, ligger den över färgfrekvensspektrumet i ert universum och kommer därför inte att kunna ses. På grund av själens natur kommer detta ändå att ha en effekt på dig. Effekten är att varje tanke och varje känsla kommer att förstärkas – med en miljonfaldig intensitet. Varje tanke, varje känsla, varje intention, varje viljeimpuls – oavsett om den är god, ond, sjuk, positiv eller negativ – kommer att förstärkas en miljon gånger i kraft. Eftersom all manifesterad materia uppstår genom era tankar, alltså det ni fokuserar på, kommer denna stråle att påskynda dessa tankar och förtäta dem i snabbare takt, vilket gör att de manifesteras en miljon gånger snabbare än normalt. Det ultravioletta Ljuset kommer att bada varje person på planeten. Det har potentialen att förändra hur mänskligheten tänker och känner. Det kommer att skapa en ny och lättare väg för Jordens uppstigning till nästa dimension. Detta är början på ett mäktigt inflöde av Ljus som kommer att föra denna planet uppför Evolutionens spiral med kvantsprång.

Så det verkar som att det redan har börjat. När jag hade den här sessionen och skrev denna del av boken trodde jag att strålen skulle komma från utomjordingar och styras från rymdskepp. Nu verkar det som att strålen har skickats från andra dimensioner som är osynliga för oss. Jag misstänker att utomjordingarna också spelar sin roll i detta, och hjälper till att rikta strålen. Så uppenbarligen har det börjat, och många av dem som är medvetna om sina kroppar och omvärlden kommer att märka av effekterna efter det datumet.

En annan del av en session med Phil och Ann (rapporterad i kapitel 22) kan tala om samma typ av kraft, eller det kan hänvisa till något annat.

Ann: Det finns en energikälla som omger den här planeten. När du ser nyansen av vad du kallar "röd" färg, det är då du kommer att veta att förändringen har ägt rum.

D: *Var kommer den röda färgen att dyka upp?*

A: Den kommer att skjuta strålar från din planet till de andra universella Solarna. Du kommer att se att energin höjs.

D: *Kommer vi att se detta synligt?*

A: Det finns ett mönster runt er planet just nu som håller på att rekonstrueras, vilket faktiskt kommer att ändra den visuella synen på den energi som strålar ut från denna planet. Och det kommer att vara en färg, vad du kallar "röd".

D: *Menar du som aurora borealis?*

A: Korrekt.

D: *Och vi kommer att börja se detta skjuta ut i rymden på platser där det normalt inte skulle synas?*

A: Korrekt. Det kommer att vara den energimässiga motsvarigheten till artärer, som i er egen kropp. Ni ser organ med många artärer som transporterar blodet, vilket upprätthåller i en riktning genom att tillföra näringsämnen, och ändå också genom att avlägsna biprodukterna. Det är en tvåvägsfunktion på detta sätt. Den här planeten har alltid haft, i vissa funktioner, denna effekt. Det är dock nu, som förmågorna hos de av er på den här planeten kommer att kunna uppfatta det fysiskt. Och även kommunikationsnivån i sig kommer att förbättras till en högre grad. Detta är helt enkelt ett sätt på vilket ni då kommer att kunna delta närmare med resten av universum.

D: *Så detta ljus du pratar om, betyder att energinivån på planeten förändras?*

A: Korrekt.

D: *Och när vi ser det börja dyka upp, vet vi då att förändringarna äger rum?*

A: Korrekt. Ni har det ni kallar "heta fläckar", som faktiskt avger blått ljus i ert färgschema.

D: *Det är inte synligt för oss?*

A: Ja, det är det. Det är på jordens skorpa. Ni kommer att kunna se det studsa av skorpan.

D: *Du pratar inte om himlens färg?*

A: Nej. Jag pratar om energifältet. Från ett avstånd, från ert Hubble-teleskop eller från någon utsiktspunkt som är ovanför er atmosfär, kommer det att synas att det finns dessa strålar som sträcker sig utåt från er planet i många olika riktningar. Dessa kommer inte att vara i form av ett diffust allmänt ljus, utan kommer att ses ha en diameter och riktning. Det är en singular koppling.

D: *Kommer detta att likna hur solen skjuter ut strålar?*

A: Nej. Inte på det sättet, för i solens utsändningar skulle vi inte säga "enhetliga" men det är dock allmänt. I den meningen att det är överallt samtidigt. Detta skulle vara mer som om du kunde föreställa dig vad du skulle kalla en "discolampa", i er terminologi, som sänder ut singelstrålar av ljus i många olika riktningar. Det är individuella strålar, inte en allmän bred ljusstruktur.

D: *Så de ser nu blå ut från Hubble-teleskopet, och de kommer att börja se röda ut?*

A: Det kommer att ske en transformation av flera färger på ert spektrum, vilket är mycket begränsat för era synliga ögon. Ni kommer att kunna se spektrumet till den yttersta färgen av röd inom tjugotvå år. Det kommer att vara en känsla av vad ni kallar en "nyans".

D: *Detta är också den tidsramen för DNA-aktiveringen. (Referera till kapitel 22.)*

A: Korrekt. Det är allt tillsammans. Det är samtidigt.

Harriet: *Vad skulle hända om någon kanske går genom denna strålning på planeten? Skulle det påverka deras fysiska varelse?*

A: Det gör ni nu.

D: *Så det är som att gå genom dimensioner. De säger att vi går in och ut ur dem utan att vi vet om det.*

A: Ni lever i dimensioner just nu.

D: *Och det är på samma sätt som vi går in och ut ur dem, utan att vara medvetna om vad som händer.*

Mer från ett annat ämne i Australien:

C: Det är som en bil. Föreställ dig en bil som har ett gammalt chassi. Det är samma gamla bil du har kört. Och så sätter du i en ny motor. Och plötsligt börjar den bilen prestera annorlunda, även om den ser likadan ut. Och sedan får du en annan motor och byter ut den. Och bilen fortsätter att bli snabbare och snabbare, och ljusare och smartare. Och innan du vet ordet av det, gör bilen så bra saker att kroppen börjar förändras. Det är som om energin från den nya motorn börjar omforma kroppen. Och innan du vet ordet av det har bilen blivit en sportbil. En vacker, glänsande, attraktiv bil. Och det är vad detta handlar om. De energier som kommer in har förmågan att transformera fordonet. Och det kommer att börja vara annorlunda. Det kommer att se annorlunda ut. Det kommer att se ... ja, yngre kommer jag att tänka på. Det kommer att se smartare och yngre ut. Cellernas vibration i kroppen förändras, och de kommer att matcha vibrationerna från den inkommande energin. Och de fysiska förändringarna kommer att komma härnäst.

D: *Vad kommer de fysiska förändringarna att vara?*
C: Åh! Kroppen kommer att förändras så att den blir lättare. Och jag får känslan av att den kommer att se längre ut. Det är inte så att den kommer att bli längre. Men energin från insidan kommer på något sätt att bli synlig på utsidan. Och det kommer att få kroppen att verka längre, mer förlängd, smalare. Och mer transparent.
D: *Transparent?*
C: Ja. Det är en pionjärsak.
D: *Är detta sättet som människorna på Jorden kommer att utvecklas på?* (Ja) *Kommer alla att göra dessa förändringar?*
C: Ja, för människorna har alla fått det valet. Om de vill utvecklas med Jorden kommer de att utvecklas till denna nya människa. Den kommer att se annorlunda ut. Och det är vad detta experiment handlar om. Det är därför Christine och andra flyttar de som inte vill utvecklas med Jorden. De kommer att lämna. (Nästan gråter) Och orsaka mycket smärta för sina familjer. Men de som stannar måste hålla ljuset. Det är ett stort jobb. Att skilja sig och separera från de saker som händer nu. Och dessa saker kommer att fortsätta hända tills rensningen är fullständig. De som är här för att stanna, tar denna människoras till en väldigt ny och annan civilisation. De människorna testas just nu för att se om de kan hålla ljuset när det sker katastrof, och inte bli sugna på det. De är de som kommer att gå vidare med denna planet.
D: *Nästan som ett sista test?*
C: Ja. Testningen pågår just nu. Allt det varje varelse behöver för att testa dem, för att se vad de är kapabla att ge tillbaka till det här programmet; hur fast deras engagemang är. Hur villiga de är att tjäna. Allt det testas nu.
D: *Så varje individ genomgår sitt eget test?*
C: Ja. Och de människor som tycker att det är tufft nu är de som stannar. De är de som går igenom testerna. Men några av dem kommer inte igenom.
D: *De klarar inte testet.*
C: Nej. Det finns några som inte gör det.
D: *Detta var något jag hörde från andra människor, att vissa skulle bli kvar.* (Ja) *Och jag tänkte att det lät grymt.*

Den Komplicerade Universum Bok Två

C: Nej, det är inte grymt, för varje själ får valet. Och om de inte rör sig och utvecklas, beror det på att de väljer att inte göra det. Och de kommer att återfödas på en annan plats av deras val. Och det är okej. För det är bara ett spel.

D: *Det är vad jag blev tillsagd, att de skulle skickas till platser där det fortfarande fanns negativ karma att arbeta med. Och denna planet skulle inte längre ha negativitet vid den tiden. Är det vad du ser?*

C: Ja. De kommer att stanna på den gamla Jorden. Den nya Jorden är så vacker. Ni kommer att se färger och djur och blommor ni aldrig kunde föreställa er. Ni kommer att se frukt som är perfekt mat. Den behöver inte tillagas. Den äts precis som den är. Och allt som varelsen behöver för att näras kommer att finnas där. Dessa nya frukter utvecklas nu med hjälp av Stjärnfolket.

D: *Är det frukter och grönsaker vi inte har på Jorden nu?*

C: Vi har inte dem. De är mutationer på vissa sätt. Jag ser en custardapple som ett exempel på vad som hände. Vi kommer att ha en frukt som kallas "custardapple". Och den ser inte ut som ett äpple. Den har ett grovt yttre, och den är ungefär stor som två apelsiner. Och sedan öppnar du den. Det är som custard inuti. Så det är en frukt, men en mat. Det är inte bara en frukt, utan en annan mat har lagts till, som custard. Det är ett exempel på en av de framtida livsmedlen. Så dessa livsmedel kommer att vara njutbara för sinnena. Och näringsrika och hållbara för... Jag blir hela tiden stoppad när jag börjar säga "kropp". Och jag blir tillsagd att säga "varelse". De kommer att vara näringsrika för varelsen. Och saker som vi nu måste laga, som du skulle laga custard, kommer att införlivas i dessa frukter. Och det har att göra med att hjälpa planeten och minska användningen av elektricitet och energi. Så frukterna kommer att ge oss vad vi behöver.

D: *Jag har hört att människan har gjort många saker med maten som inte är hälsosamma för kroppen.*

C: Det är rätt. De ekologiska livsmedlen kommer att komma till Jorden, och de ekologiska bönderna rör sig med Jordens utvecklingsprogram. Det är därför de är där. Och det är därför medvetenheten höjs om detta, för människor måste veta hur man odlar ordentligt. Och Rudolf Steiner-skolorna lär barn detta. Så, de barn som kommer att vara med den nya Jorden kommer att veta detta. Och de barnen undervisar nu på universitet och i institutioner, och de sprider ordet. Så när rensningen av Jorden sker, kommer mycket av den toxinen att bli bortstöt. Ni förstår, den nya Jorden är inte denna dimension. Den nya Jorden är en annan dimension. Och vi kommer att gå in i den nya dimensionen. Och i den nya dimensionen kommer det att finnas dessa träd med lila och orange i sina stammar. Och det kommer att finnas vackra floder och vattenfall. Och energin kommer att återföras. Det kommer att finnas energi i strömmarna och vattnet som rinner över stenar och sandbankar. Och det träffar Jorden. Det skapar energi och kommer att rättas till i denna värld. Många av dessa strömmar har förändrats och rätats ut för att göra dem navigerbara och fina. Det tar bort energin från Jorden. Jorden kommer att rensas. Jag ser vatten.

D: *Måste detta ske innan Jorden skiftar och utvecklas till den nya dimensionen?*

C: Jag ser oss gå igenom. (Förvånad) Åh! Vad jag ser är att de människor som går till de nya dimensionerna kommer att gå genom denna nya värld.

D: *Medan den andra rensas?*

C: Ja, ja.

D: *Vad ser du om vattnet som kommer att hända med rengöringen?*

C: (Ett stort andetag) Det kommer inte att visas för mig.

D: *De vill inte att du ska se det?*

C: Nej, de visar mig inte det. Det de visar mig är … en öppning? Och vi går igenom. Vi går in i, vad som ser ut som denna Jord, men det är olika färger. Det är olika texturer. Först ser det ut som samma. Först bara. Och sedan, när vi tittar omkring oss, börjar vi se att det inte är så. Det förändras inför våra ögon. Och det är så vackert.

D: *Men detta är inte andesidan? För andesidan beskrivs också som väldigt vacker.*

C: Nej, det är den nya Jorden. Det är inte andesidan. Det är den femte dimensionella Jorden. Vissa människor kommer att passera genom före andra. Jag får veta nu att Christine har varit där flera gånger. En grupp kommer att gå igenom nu. Och hon kommer att föra fler genom. Och de kommer att komma och gå lite tills de går för gott.

D: *Då kommer de andra att bli kvar på den gamla Jorden?*

C: Ja, de som väljer att stanna kommer att stanna.

D: *De kommer att genomgå många svårigheter, eller hur?*

C: Ja, hela planeten. (Chockad) Jag såg hela planeten explodera. Det är fruktansvärt, eller hur?

D: *Vad tror du att det betyder?*

C: Jag vet inte. Jag såg bara att den exploderade. Men jag såg den nya Jorden. Det finns den här vackra femte dimensionella platsen med harmoni och fred.

D: *När de visade dig planeten explodera, är det bara symboliskt? Som om den Jorden inte längre kommer att existera för dem som korsar över?*

C: Nåväl, de som har korsat över ser vad som händer. De kan se. Nu, kommer det att explodera? De säger till mig, "Bli inte fångad av vad som kommer att hända, för du måste fokusera på ljuset." Och det är utmaningen för de människor som kommer att vara på den nya Jorden. Deras utmaning är att inte bli fångade av vad som kommer att hända, för det är det som drar oss tillbaka till den tredje dimensionen. Och det är det som har hänt många människor som var på väg framåt. De har blivit dragna tillbaka för att de fastnade i rädslan och sorgen och ångern och det svarta. Så de säger, "Du behöver inte veta, för det skulle inte tjäna någon om det var känt." Så egentligen vad de säger är, "Fokusera på det goda." Fokusera på det faktum att det kommer att finnas denna vackra nya existens, nya dimension, som många människor på Jorden kommer att gå in i. De som redan går in i det.

D: *Jag blev tillsagd att när du korsar över, kommer du att vara i samma fysiska kropp som du har nu. Du kommer bara att förändras.*

C: Ja, du kommer fortfarande att vara i samma kropp, men den kommer att förändras.

D: *Så det kan göras utan att dö eller lämna kroppen. Det är något helt annat.*

C: Ja, vi går bara igenom. Christine har gjort det förut, och hon vet hur man gör det. Hon har gjort det och förstår det.

D: *Men det kommer att vara sorgligt för att så många människor inte kommer att förstå vad som händer. Det är så svårt med så många – jag vill säga "vanliga" – människor som inte har någon aning om någonting förutom den religion de har blivit lärda. De vet inte att detta andra är möjligt.*

C: Ja, men de är inte vanliga. De verkar bara vara vanliga. Det är en mask de bär. De förändras.

D: *Men det finns fortfarande många människor som inte ens har tänkt på dessa saker.*

C: Ja, men de kommer att välja att inte vakna, och det är deras val. Vi måste respektera det. De har fått valet precis som alla på Jorden, och de har gjort det valet. Och det är okej. Det är bra. Det är fint.

D: *Så, om de måste gå till en annan plats för att bearbeta den negativa karman, är det en del av deras utveckling.* (Ja.) *Men ser du att majoriteten av människor utvecklas till nästa dimension?*

C: Nej. Inte majoriteten. Och siffrorna, till viss del, är inte viktiga, för det som kommer att ske, kommer att ske. Och ju fler människor som kan vakna och ta den resan, desto fler människor kommer det att finnas. Det är därför så många av er gör det här arbetet. För att hjälpa människor att öppna upp till resan, och släppa rädslan. Och gå in i det tomrummet där allt är möjligt. Där det svarta bor. Det är det ni alla gör. Och ni behöver göra det. Och alla ni talar till, går ut och gör det också. Ni kanske inte är medvetna om det, men ni agerar som Kristus. Alla ni talar till blir en lärjunge, och de går ut, och de väcker i sin tur andra människor. Så det fungerar. Och det är snart. Allt händer snart.

D: *Har du någon idé om en tidsperiod?*

C: De nästa åren kommer att vara S Jag får ordet "beslutspunkt". Det kommer att vara "cut-off" punkten. Jag tror det betyder att de som inte har bestämt sig till då, kommer att lämnas kvar. Det är kritiskt.

D: *Men det finns några hela länder i världen som inte är redo för detta. Det är därför jag tänker att många människor inte kommer att göra övergången.*

Den Komplicerade Universum Bok Två

C: Det händer mer än människor vet om. Jag ser några länder där människor förföljs. Anledningen till att det händer är att väcka andlighet, för förföljelse orsakar det. När människor förföljs eller när de står inför döden, eller när de står inför stora mänskliga bedrifter. Det är en trigger som väcker människor. Och det är syftet med mycket av den förföljelse som sker just nu; för att se till att dessa människor blir väckta. Så det är den positiva sidan av det.

D: *Finns det något som utlöser det eller föranleder det?*

C: Det är som att gardinen faller. Och jag får inte se. Jag blir bara tillsagd att det kommer att vara slutet på ett och början på ett annat.

D: *De försöker leda oss in i krig just nu. (2002) Tror du att det har något att göra med det?*

C: (Stort andetag) Jag är rädd att det är testet. Jag sa att många människor blev testade. Och jag insåg inte då, men det gör jag nu, att det är en del av testet, om vi kan hålla oss åtskilda från det. Det är som om vi måste skapa vårt eget ... det är som om varje en av oss är universum. Alla delar av universum hålls här (placerade handen på kroppen). Och om vi håller detta universum här ...

D: *Denna kropp?*

C: Ja. Om vi håller det i fred, och vi håller det i balans, då klarar vi testet. Då kan vi stå emot vad som helst. Och de saker som händer i världen är verkligen för att testa hela; alla av oss.

D: *Du menar att vi inte ska fastna i rädslan.*

C: Ja. Stäng av TV:n. Lyssna inte på det. Läs inte tidningen. Låt inte dig fångas upp i det. Din värld är vad du skapar här. (Rörde vid kroppen igen.)

D: *I din egen kropp.*

C: Ja. I ditt eget utrymme här. Detta är ditt eget universum här. Om varje person skapar fred och harmoni i sitt eget universum, då är det universum de skapar i den femte dimensionella Jorden. Ju fler människor som kan skapa fred och harmoni i detta kroppsuniversum, desto fler människor kommer att vara i den femte dimensionella nya Jorden. De som inte kan skapa fred och harmoni i detta kroppsuniversum, klarar inte testet. Det är testet.

Den Komplicerade Universum Bok Två

D: *Vi försöker göra detta för att hindra kriget från att hända, eller åtminstone minska det.*

C: Jag får veta att det inte spelar någon roll vad som händer, för det är bara ett spel. Det är bara ett skådespel. Och de saker som händer är där av en anledning. Och anledningen just nu är att testa varje människa för att ta reda på var de är i sin egen utveckling. Och så om vi håller fred och ljus här (på kroppen), behöver vi inte oroa oss för om det finns ett krig eller inte. Det är bara en illusion ändå.

D: *Men just nu verkar det mycket verkligt, och det kan ha väldigt katastrofala konsekvenser.*

C: Ja, men det är rädsla för varje individ. Vårt jobb är att hjälpa varje individ att hitta fred här (i kroppen). Och sedan, förstås, när du samlar fler människor som har fred och harmoni inom sitt eget kroppsuniversum, istället för att det svarta sprider sig, så sprids det. Och det skapar denna helt nya värld. Om du hade fått all denna information i början av ditt arbete, skulle du ha blivit överväldigad. Det är samma anledning till varför de säger: "Vi kommer inte att berätta exakt vad som kommer att hända." Vi vet inte exakt vad som kommer att hända. Men vi kommer inte att berätta för dig vad vi vet, för det behöver du inte veta. Allt du behöver göra är att fokusera här (på kroppen) och skapa din himmel på jorden. Varje människa som skapar sin egen himmel på jorden. Det är allt du behöver göra. Och att komma samman med andra som skapar sin egen himmel på jorden. Och sedan sprida den energin ut. Och innan du vet ordet av det, har du förändrat världen. Du tänker inte ens på världen. Det du fokuserar på är det du skapar. Tänk på fred. Det viktigaste folk måste förstå är att det de fokuserar på expanderar. Så om de fokuserar på, om de kan ersätta förutsägelser med något underbart som de vill, och expandera det. Då kan de skapa sin egen himmel på jorden. Och jag får nu en påminnelse om din bok *The Convoluted Universe (Bok Ett)*, där du ger en beskrivning av tankar. Jag får besked om att påminna dig om detta. Du pratar om en energiboll i storlek med en grapefrukt. Och den bollen har energitrådar. Och jag ändrar detta medan jag pratar. Energi-trådar som går över varandra och korsar varandra. Och dessa energitrådar kan göra vad de vill. De kan dela sig, och de kan bli fyra energitrådar. De kan väva. De kan multipliceras. De kan gå bakåt. De kan zipas upp. De kan göra precis vad som helst. Och detta är boll av möjligheter. När du tänker en tanke, försvinner den inte bara. Den blir en energitråd. Den blir energi. Den rör sig in i den bollen av möjligheter. Så föreställ dig att din tanke blir energi. Och ju mer energi du ger den, desto starkare blir den. Och sedan manifesteras den, och den blir verklig. Den blir fysisk. Om du skickar ut en tanke om att det ska bli fred, och sedan följer upp med, "Åh, men det kriget blir värre", eller "De politikerna gör ett misstag." Du försvagar energin: den positiva tråden du skickade ut. Så vi måste lära folk att skicka ut den positiva tanken, och sedan förstärka den med fler positiva tankar, och fler positiva tankar. Och vi måste lära dem att när en negativ tanke kommer in i deras sinne, att inte bara släppa den utan att ersätta den med en positiv tanke. Så att de lägger till energi till den bollen av möjligheter. De bidrar till den. Vi måste lära dem att göra det. De vet inte hur man gör det. Och jag får besked om att säga att illusionen… jag vet inte varför jag får besked om att säga detta. Men de säger att om vi kunde få folk att tänka på denna konflikt som sker i Mellanöstern som en film, skulle det hjälpa folk. En annan sak jag får besked om att säga till dig är att för varje handling kan de göra en motsatt reaktion. Där det finns födelse, finns det död. Och alla måste släppa all girighet, all dominans, materialism. Alla de där problemen som stoppar dem från att göra detta arbete, måste släppas. För dessa problem kommer inte att tjäna någon i den nya jorden. Det kommer inte att finnas något behov av pengar, som sådana. Så varför skulle du bry dig om det? De som arbetar för jorden, för universum, får sin förnödenheter, och kommer att fortsätta få dem. Det du behöver kommer till dig. Så det är dags att släppa den etiken att arbeta för att få pengar. Du arbetar för att förändra jorden. Du arbetar för att rädda denna situation. Det är där drivkraften måste komma ifrån. Det måste komma från kärlek och tjänst. Och det är det enda sättet vi kommer att maximera detta arbete. Det måste komma från kärlek och tjänst, inte från girighet.

D: *Jag har blivit tillsagd att kärlek är den mest kraftfulla känslan.*

C: Ja, kärlek helar.

En sista bit information kom genom en klient på mitt kontor 2004. Jag trodde att en del av allt detta fortfarande var oklart: Hur kan vissa människor vara medvetna om att de har gjort övergången till den nya jorden, medan andra inte skulle vara det? Hur skulle det vara möjligt att flytta en hel befolkning, där bara en minoritet vet något om vad som har hänt? "De" måste ha varit medvetna om att jag kämpade med denna kvarstående tanke, så de gav mig det. Hur skulle jag annars kunna skriva om det, och föreläsa om det, om jag inte hade alla bitar?

Bob: De flesta planeter, men särskilt denna, var ursprungligen designad för femhundrafemtio tusen människor. En halv miljon människor. Det var så många den skulle gå upp till. Fler människor återföds här för att uppleva alla dessa stora förändringar. Och jorden har blivit skadad och förändrad bortom sin kapacitet att reparera den. Denna planet har tyvärr förändrats på sådant sätt att det inte finns någon återgång alls till dess ursprungliga orörda tillstånd. Men nu, på grund av den primära direktiven från Skaparen, måste detta accelerera. För det har tagit för lång tid. Det finns två sätt att göra detta på. Du kan få planeten att rotera och jordskorpan att skifta. Och du börjar bokstavligen, när det händer, om från början. Det var det som satte igång istiden och dödade alla dinosaurier. Det spelar ingen roll hur det hände, men i princip hände det samma sak. En civilisation försvinner, och du börjar om med istiden och Neandertalmänniskan och allt sådant bra stuff igen. Du tappar kontrollen över hela din civilisation, och du hamnar som en legend som Atlantis och Lemurien gjorde. Detta har hänt många gånger förut. Men detta är inte vad som kommer att hända den här gången. Den här gången kommer ni att förändras som en planet. Och egentligen som ett universum. Ni förändrar hela dimensionen. Ni går från 3,6 (3,6) som vi är nu, till fem. Och ni säger, "Vad händer med fyra?" Ja,

Den Komplicerade Universum Bok Två

fyra är sort of här på ett sätt, men den kommer bara att hoppa över den. Ni kommer att sluta upp som fem. När dimensionen förändras, kommer ni bokstavligen att hoppa över den. Det finns många komplikationer med detta. Det är därför det övervakas så noggrant. Många människor som är spirituellt redo kommer att kunna göra övergången mycket lätt. Andra kommer bokstavligen att tas bort från planeten. I ett ögonblick kommer de inte ens att veta att det har hänt, de flesta av dem. Och de kommer att hamna på en annan planet som är orörd, redo och väntande på att detta ska hända. Och deras kapabiliteter kommer att vara långt bortom vad de är nu. Ni har i grunden fem primära sinnen. Ni kommer att ha många fler än så när övergången går igenom. Ni kommer att bli automatiskt telepatiska. De kommer att vakna upp i sina små liv nästa dag – eller vad som kan göras, beroende på hur det har förändrats. Det har hänt förut, förresten. Vi kommer helt enkelt att stänga av. Det är som att gå in i suspension. Vi suspenderar det. Det kan ta två eller tre dagar att överföra befolkningen.

D: *Hela världen, eller bara de...*

B: Ja. Alla de som är spirituellt redo att göra denna övergång. Alla kommer att flyttas bort. Och när de vaknar upp på denna andra planet, kommer de inte ens att inse att det har hänt. Det var en övergång som denna för några år sedan på denna planet, med oss alla. Och inte många människor visste om det. Det var bara så. Det var som om en hel vecka gick förbi under en natt. Det har hänt på det sättet.

D: *Varför hände det just då?*

B: Vi behövde skifta solen, tekniskt sett, och vi behövde kunna justera den. Och om någon kunde se det, skulle de alla veta vad som hade hänt. Det var inte ett särskilt praktiskt sätt att göra det på. Så vi stängde bara av alla.

D: *Så de skulle inte veta det?*

B: Ja. Du gick till sängs den natten, och du sov som om du trodde att det var en tolv timmars period. Och du vaknade. Och din klocka gick fortfarande i samma takt. Men i själva verket hade du bokstavligen genomgått en hel vecka.

D: *Alla sattes i suspenderad animation?*

B: Ja. Du stängde ner hela systemet samtidigt.

D: *Medan världen rörde sig?*

B: Åh, ja. Planeten rör sig. Du har den så kallade "natt och dag". Men vi justerade det faktiskt. Det var ett riktigt intressant trick för att göra det. Men det fungerar. Den planetariska justeringen som kommer nu. Denna frekvensändring som kommer. Du kan inte bara göra detta med alla vakna. För du kommer att få alla möjliga konstiga reaktioner hos människor. Så de tror att de alla är vakna. Men ändå kan vi stänga ner dem. Det är lite av ett trick. Det är tekniskt väldigt involverat.

D: *Så de skulle tro att de drömde om de såg något?*

B: Ja, ja, precis. Men de kanske inte har medvetet minne av det, för glöm inte att de flesta människor inte har medvetet minne av sina drömmar ändå. Och du kan förändra saker i drömmar väldigt enkelt också.

D: *Du sa att detta hände för några år sedan.*

B: Ja, det gjorde det. Vi var tvungna att göra en justering av solens frekvens.

Så tydligen skulle det vara svaret. Hela världens befolkning skulle stängas ner och sättas i suspenderad animation medan överföringen genomfördes. Som Annie Kirkwood visade i sin vision, när Jorden delades eller uppdelades i två Jordar, var människorna på varje sida omedvetna om vad som hade hänt med de andra.

Detta återfinns också i Bibeln: *"Den dagen, den som är på taket, och hans varor är i huset, låt honom inte komma ner för att ta bort dem. Och på samma sätt, den som är på åkern, låt honom inte vända tillbaka. Jag säger er, den natten kommer två män vara i en säng: den ene kommer tas och den andra lämnas. Två kvinnor kommer mala tillsammans: den ene kommer tas och den andra lämnas. Två män kommer vara på åkern: den ene kommer tas och den andra lämnas. Och de svarade och sa till honom: "Var, Herre?" Då sa han till dem: "Där kroppen är, där kommer örnarna samlas." (Lukas 17:31-37)*

Jag har ofta blivit frågad om Maya-kalendern som slutar 2012. Folk tror att det är datumet för världens slut, om Maya-folket inte kunde se bortom det. Jag har blivit informerad om att Mayafolket utvecklades andligt till den punkt där deras civilisation en masse skiftade till nästa dimension. De stoppade kalendern vid 2012 för att de kunde se att detta skulle vara tiden för nästa stora händelse: att hela världen skulle skifta till nästa dimension.

Vi kommer att ascendera till den andra dimensionen genom att höja vårt medvetande, vibration och frekvens på vår kropp. Först kan du fortsätta i en fysisk kropp ett tag. Sedan, när du gradvis upptäcker att det inte längre är nödvändigt, kommer den fysiska kroppen att upplösas i Ljus, och du lever med en kropp av ljus eller ren energi. Detta låter väldigt likt flera fall i denna bok där ämnet såg ett väsen som lyste och var sammansatt av ren energi. De har utvecklats bortom behovet av en fysisk begränsad kropp, och vi kommer också att göra detta när vi når den stadien. Så i många fall, när väsendet ascenderar, tar de den fysiska kroppen med sig. Men detta är bara en tillfällig situation och att släppa och släppa kroppen beror på vilken nivå av förståelse väsendet har nått. Vi tenderar att hålla fast vid det bekanta, men till slut ser vi att även om vi kunde ta den med oss, är kroppen för begränsad och trång för den nya verkligheten i den nya dimensionen. När vi når denna nya dimension, kommer den nya kroppen av ljus eller energi aldrig att dö. Detta är vad Bibeln menade när den refererade till "Evigt liv".

Den andliga sidan eller det mellanlivs tillståndet, där jag har funnit att vi går när vi dör i detta liv, är som ett återvinningscenter. Det leder tillbaka till ett nytt liv på Jorden för att det fortfarande finns karma att arbeta igenom, eller något som måste tas om hand. Människor fortsätter att återvända för att de inte har slutfört sina läxor eller sina cykler. Genom att höja medvetandet, frekvensen och vibrationerna finns det inget behov av att återvända till detta ställe (det mellanliggande tillståndet). Det kan transcenderas genom att gå till platsen där alla är eviga, och det finns ingen anledning att återvinna. Vi kan stanna där för alltid. Detta är förmodligen den plats som många av mina ämnen refererar till som "hem". Den plats de längtar djupt efter och vill återvända till. När de ser det under regressionerna blir de väldigt känslosamma, för de har länge längtat efter det, även om de inte medvetet visste att det existerade.

Kapitel 31
FINALE

GENOM MITT ARBETE har jag blivit ombedd många gånger att förklara att vi, som människor, inte är de enda kännande och medvetna varelserna på denna planet och bortom. Vi är så självcentrerade att vi tror att vi är de viktigaste och att allt kretsar kring oss, mest för att vi inte förstår vad livet egentligen är. Jag har funnit att allt innehåller anden, livets gnista. Detta beror på att allt är energi. Det vibrerar bara vid en annan (snabbare eller långsammare) frekvens. I vår strävan mot en högre andlig form har vi passerat genom många av dessa så kallade "lägre" livsformer. Vi har varit mineraler, jord, stenar, växter och djur innan vi inkarnerade i den mänskliga formen. Vi är nyfikna andar och vi behövde uppleva dessa och lära oss från dem innan vi var redo att uppleva lärdomar i en mer komplex (även om tätare) fysisk kropp. Jag har funnit att allt är levande, inklusive själva planeten Jorden. Hon har känslor, känslor och behov, precis som vi har. Just nu upplever hon smärta (enligt mina källor) på grund av vad som görs mot henne. Enligt utomjordingarna är vi nu vid den punkt där det inte går att återvända, där skadorna inte kan repareras. Vid den punkten kommer vi att stiga upp till den nya Jorden eftersom den gamla inte längre klarar att hantera stressen. Men om Jorden själv är levande, stannar det där? Jag har blivit informerad om att det sträcker sig ännu längre ut i kosmos. Vi är alla en del av ett större levande och fungerande väsen, vilket vi kallar Universum. Detta innebär att Universum självt är en organiserad, enorm enhet som är levande och har känslor. Du kanske vill kalla detta "något" Gud, men det är ännu mer komplext än så.

Den Komplicerade Universum Bok Två

Allt som utgör Universum (stjärnor, planeter, etc.) kan betraktas som celler i Guds kropp. Celler som utgör kroppen av detta enorma "något". Och vi är inget annat än de minsta cellerna i cirkulationsprocessen. Även om vi kan vara något så litet, är vi inte obetydliga, eftersom det i vår utveckling och tillväxt är möjligt för oss att ständigt stiga upp genom livets träsk.

Jag har blivit informerad om att reinkarnationsprocessen är något mindre än vad man önskar. Genom denna process går vi hela tiden fram och tillbaka mellan Jorden och andevärlden. Det är som en bearbetningsstation där vi går för att döma oss själva och bestämma oss för att komma tillbaka och rätta till karma. Huvudmålet bör vara att komma ut ur denna fåra, och gå vidare bortom det fysiska. Det sägs att vi kan uppnå detta när vi går förbi hållstationen i andevärlden och går direkt till de högre andliga nivåerna där ackumuleringen av karma och dess rättelse inte längre är nödvändiga. Då kan vi utvecklas på ett annat sätt och inte längre vara belastade av den fysiska kroppen. Detta är allt en del av uppstigningsprocessen. Att gå direkt in i den nästa världen genom att höja vår frekvens och vibration och gå förbi behovet av att dö och gå till andevärlden.

Universum är en mycket komplex organism som lever i många dimensioner samtidigt, sammansatt av lager på lager av medvetande som relaterar till alla de andra organismerna inom det. Det har kraften att skapa och relatera till alla dessa samtidigt individuellt. Detta kan vara det som "de" har kallat Kollektivet. Detta beror på att vi kollektivt har tänkt det till existens genom avsikt. Någon gång i det avlägsna förflutna var vi alla ett. Vi var alla en del av Kollektivet, Det Ena, den stora Centrala Solen, Källan, Gud, vad du än vill kalla det. Många av mina subjekt kommer ihåg denna existens medan de är i trans. Och det orsakar alltid stor olycka när de separerar från det, eftersom gemenskapen var till stor tröst och kärlek. De ville inte lämna och kände stor sorg och en känsla av separation när de tvingades ut i kosmos.

Eftersom Källan ville uppleva (nyfikenhet är inte strikt en mänsklig egenskap, kanske det är härifrån önskan att utforska kommer), hjälpte vi alla (som en del av Källan som medskapare) att börja skapa. Vi hjälpte det att skapa ur intet (eller ur stoft som det rapporteras i flera legender), och stjärnor, planeter, stenar, strömmar, växter, djur och människor kom till. Sedan bestämde vi oss (eller blev ombedda) att gå och befolka dessa saker och rapportera tillbaka till Källan vad detta var som. Det sägs att allt bara är en illusion. Om detta är korrekt, hålls det samman av vårt kollektiva medvetande. Vi har hjälpt att tänka det till existens och vår gemensamma perception håller det där. I min bok *Between Death and Life*, blev jag informerad om att Gud kan betraktas som limmet som håller allt samman. Om han skulle blinka bort för ett ögonblick, skulle allt omedelbart förångas. I denna bok blev vi informerade om att mellan varje inandning och utandning, där existerar Gud. Från detta perspektiv är vi alla kollektivt Gud.

Vad vi uppfattar som korrekt, kanske inte är det när det ses från den andliga sidan. Allt vi har i våra liv och med vilket vi interagerar, bringas in i den fysiska verkligheten för att vi vill ha det där. Detta är möjligt eftersom tankar är verkliga; tankar är saker. När de är formade, existerar tankar för alltid, och ju mer de förstärks, desto mer fysiska och tätare (mer verkliga) blir de.

Detta är varför vi kan förändra våra liv och omständigheter; för vi är mer kraftfulla än vi inser. Vi skapar ständigt vår verklighet, och vi har kapacitet att förändra denna verklighet. Men det tar ofta den samlade kraften från många att göra detta, eftersom det vi har skapat har vuxit så stort och kraftfullt att det har fått ett liv på egen hand. Kanske är detta anledningen till skapandet av den nya Jorden, för den vi är medvetna om har nått en punkt där den inte kan hjälpas eller förändras.

Inom Universums matris finns alla byggstenar för verkligheten. Alla de möjligheter och sannolikheter som vi kan skapa från. Vi kan ha himmel eller helvete i våra liv eftersom vi är tillräckligt kraftfulla för att göra detta, när vi förstår processen och använder våra sinnen för att skapa det. Många gånger störs de elektriska fälten som innehåller dessa möjligheter av discordanta avsikter och negativitet uppstår; som det har varit på sistone. När negativitet börjar, kan det förstärkas av människor som accepterar detta som en verklighet, och sedan manifesteras det. Vi kan lika lätt ha fred och kärlek som vår verklighet när vi förstår och använder kraften i vårt sinne. Som Nostradamus sa i mina böcker om honom och hans förutsägelser, "Ni inser inte kraften i ert eget sinne. Genom att fokusera på den verklighet ni önskar, kan ni skapa den. Er energi är splittrad. När ni lär er att fokusera och rikta den, är ni kapabla att skapa mirakler. Och om en individs sinneskraft är så kraftfull, tänk då på styrkan hos gruppens sinne när den väl är organiserad. Gruppens fokusering är inte bara multiplicerad, den är upphöjd. Då kan mirakler verkligen inträffa."

Det verkar som att vi väljer delarna och det allmänna manuset för det spel vi kommer att delta i under varje liv. Men alla andra väljer också sina delar i spelet. Det är som att delta i ett teaterstycke där manuset skapas när det fortskrider, och det kan ändras vid varje punkt för att göra pjäsen mer dramatisk. Detta beror på fri vilja, och varje individs handlingar påverkar andras handlingar. Under våra liv på Jorden kan vi skapa och uppleva så många olika typer av liv (roller och karaktärer) som vi vill: berömmelse, rikedom eller fattigdom; mördare eller offer; stor kärlek eller stor förtvivlan; krig eller fred, etc.

William Shakespeare förstod detta när han skrev: "Hela världen är en scen, och alla män och kvinnor är blott skådespelare. De har sina utgångar och sina inträde, och en man spelar många roller under sin tid."

Oavsett vad vi åstadkommer är det bara så tillfälligt som en teaterpjäs, och till slut går ridån ner. Då är allt vi har kvar att ta med oss minnena av upplevelserna och förhoppningsvis de lärdomar vi har dragit. Dessa införlivas i vårt verkliga jag, vårt "off-stage"-jag, vårt observerande jag, vårt eviga själ-jag eller översjäl, som lagrar dessa minnen och upplevelser. De överförs så småningom till de högstas datalagringsbanker: Källan eller Gud-entiteten. Ingenting i pjäsen har gått till spillo, oavsett om vi spelade hjälten eller skurken. Allt bidrar till universums kunskapsförråd. Av sådana saker formas ständigt nya skapelser.

Varje gång en själ återvänder till jordens teater skriver de på för nästa pjäs eller spel, och får ett nytt manus med många tomma sidor, som fylls i av skådespelarna allteftersom pjäsen fortskrider.

Fullständigt orepeterat och öppet för alla förslag och möjligheter. Ingenting är rätt eller fel när skådespelarna spelar sina roller. Det handlar allt om erfarenhet, lärande av läxor, lösning av karmisk skuld, och skapandet av nya situationer för upplysning och lärande för andra. Det sägs att ingen människa är en ö. Allt vi gör eller säger påverkar någon annan. Om vi förstod detta skulle vi vara mer försiktiga med de effekter våra ord och handlingar har på andra. Vi skulle vara mer medvetna om hur dessa ord och handlingar spelas in i Kunskapens Hallar.

Med varje nytt liv drar vi (ofta omedvetet) på den kunskapsbank vi har samlat genom andra lärdomar. När vi applicerar denna kunskap på vårt nuvarande liv (spel), förhoppningsvis har vi lärt oss av våra tidigare misstag och inte gör om dem. När vi sedan tröttnar på att ständigt gå på scenen och försöka nya manus, väljer vi att gå i pension, återvända till den Stora Scenregissören, och låta de nyare (eller envisa, långsam-lärande) själarna spela sina roller ett tag. Detta är vad många av mina klienter refererar till som "att gå hem". Detta är det naturliga tillståndet som själen kände i sin början, vid sin skapelse. Det tillstånd den kände innan den blev fångad i den fysiska världen, teatervärlden, den tredimensionella världens illusion. Vid denna tidpunkt har vi förhoppningsvis fått tillräckligt med visdom och förståelse för att tillåta oss att utvecklas på andra sätt i andra existensplan. Möjligheterna är oändliga, och vi har inget behov av att återvända till denna teater, förutom kanske som observatör eller vägledare.

Vi lever i spännande tider. Studiet av metafysikens lagar och universums lagar är inte längre för de få som ansågs vara konstiga. Det sprider sig till massorna i en alarmerande hastighet. Det är som om det har varit precis under ytan, precis utom räckhåll för vårt logiska tänkande sinne. Nu träder det fram i dagens ljus för att studeras och analyseras. Det verkar inte längre konstigt och hotfullt, utan helt naturligt och normalt. Vi har blockerat våra sinnen från att följa detta sätt att tänka för länge. Nu är det dags att öppna portarna och låta det förändra våra liv till det bättre. Om alla insåg hur deras tankar och handlingar påverkar dem själva, deras vänner och grannar, deras samhälle och stad, och så småningom världen genom den ackumulerade effekten av energi, skulle de lära sig att övervaka sina

Den Komplicerade Universum Bok Två

dagliga liv och världen skulle förändras. Det måste det, på grund av den ackumulerade effekten av energi. Vi rör oss mot en ny värld och den gamla negativiteten kommer att lämnas bakom. Genom lagarna om orsak och verkan, som egentligen inte är något mindre än "Den gyllene regeln" i Bibeln, kan det inte längre bli någon mer våld eller krig. Vi kan förändra världen, en person i taget. Detta var vad Jesus försökte lära ut, och de förstod inte. Kärlek är svaret, det är så enkelt.

När våra sinnen utvecklas, matas vi med mer och mer komplicerad information. Vi kan aldrig veta allt för våra sinnen skulle inte kunna hantera det. Men det verkar som om våra sinnen expanderas för att förstå mer komplicerade teorier.

Om Alice i Underlandet lyckades hitta en portal till en annan dimension, så är frågan nu: "Hur långt ner i kaninhålet vill du gå?" Det finns mycket mer kunskap där ute än vi kan föreställa oss. Jag är en reporter, en äventyrare. Jag kommer att fortsätta samla information och försöka presentera den för världen. Jag vet inte hur långt ner i kaninhålet jag vill gå. Jag har ingen aning om hur djupt det är, och hur många svängar och vändningar som kommer på vägen. Ändå bjuder jag in mina läsare att följa med mig när jag reser genom dimensionerna av det okända och försöker ta reda på det.

Äventyret och resan kommer att fortsätta. Det finns inget stopp!

Författarsida

Dolores Cannon, en regressiv hypnosterapeut och psykologisk forskare som dokumenterar "förlorad" kunskap, föddes 1931 i St. Louis, Missouri. Hon utbildades och bodde i St. Louis fram till sin giftermål 1951 med en yrkesmilitär från flottan. De följande 20 åren reste hon runt i världen som en typisk "flottfru" och uppfostrade sin familj. År 1970 blev hennes man utskriven som en invalid veteran, och de gick i pension i kullarna i Arkansas. Då började hon sin skrivkarriär och började sälja artiklar till olika tidningar och magasin. Hon har varit involverad i hypnos sedan 1968, och har arbetat exklusivt med tidigare livs terapi och regressionsarbete sedan 1979. Hon har studerat olika hypnosmetoder och utvecklade sin egen unika teknik som gjorde det möjligt för henne att få den mest effektiva informationen från sina klienter. Dolores lär nu ut sin unika hypnosmetod världen över.

År 1986 utökade hon sina undersökningar till UFO-fältet. Hon har genomfört studier på plats av misstänkta UFO-landsättningar och har undersökt de mystiska crop circles i England.

Den största delen av hennes arbete inom detta område har varit insamling av bevis från misstänkta bortförda genom hypnos.

Dolores är en internationell talare som har föreläst på alla kontinenter i världen. Hennes femton böcker är översatta till tjugo språk. Hon har talat till radio- och tv-publik världen över. Och artiklar om/av Dolores har publicerats i flera amerikanska och internationella tidningar och magasin. Dolores var den första amerikanen och den första utlänningen som mottog "Orpheus Award" i Bulgarien för högsta framsteg inom forskning om psykiska fenomen. Hon har också mottagit utmärkelser för Outstanding Contribution och Lifetime Achievement från flera hypnosorganisationer.

Dolores har en mycket stor familj som håller henne välbalanserad mellan den "verkliga" världen av sin familj och den "osynliga" världen av sitt arbete.

Om du vill korrespondera med Ozark Mountain Publishing Dolores om hennes arbete, privata sessioner eller hennes utbildningskurser, vänligen skicka till följande adress. (Vänligen inkludera ett självadresserat kuvert med porto för hennes svar.)Dolores Cannon, P.O. Box 754, Huntsville, AR, 72740, USA

Eller mejla henne på decannon@msn.com eller genom vår hemsida: www

Dolores Cannon, som gick bort från denna värld den 18 oktober 2014, lämnade efter sig otroliga prestationer inom alternativ helande, hypnos, metafysik och tidigare livsregression. Men det mest imponerande av allt var hennes medfödda förståelse för att det viktigaste hon kunde göra var att dela information. Att avslöja dold eller outforskad kunskap som är avgörande för mänsklighetens upplysning och våra lärdomar här på jorden. Att dela information och kunskap var det som betydde mest för Dolores. Det är därför hennes böcker, föreläsningar och unika QHHT®-metod fortsätter att förbluffa, vägleda och informera så många människor runt om i världen. Dolores utforskade alla dessa möjligheter och mer, medan hon tog oss med på våra livs resa. Hon ville att medresenärer skulle dela hennes resor in i det okända.

Other Books by Ozark Mountain Publishing, Inc.

Dolores Cannon
A Soul Remembers Hiroshima
Between Death and Life
Conversations with Nostradamus,
 Volume I, II, III
The Convoluted Universe -Book One,
 Two, Three, Four, Five
The Custodians
Five Lives Remembered
Horns of the Goddess
Jesus and the Essenes
Keepers of the Garden
Legacy from the Stars
The Legend of Starcrash
The Search for Hidden Sacred
 Knowledge
They Walked with Jesus
The Three Waves of Volunteers and the
 New Earth
A Very Special Friend
Aron Abrahamsen
Holiday in Heaven
James Ream Adams
Little Steps
Justine Alessi & M. E. McMillan
Rebirth of the Oracle
Kathryn Andries
Time: The Second Secret
Will Alexander
Call Me Jonah
Cat Baldwin
Divine Gifts of Healing
The Forgiveness Workshop
Penny Barron
The Oracle of UR
The Oracle of UR, Book 2
P.E. Berg & Amanda Hemmingsen
The Birthmark Scar
The Birthmark Scar, Book 2
Dan Bird
Finding Your Way in the Spiritual Age
Waking Up in the Spiritual Age
Julia Cannon
Soul Speak – The Language of Your
 Body
Jack Cauley
Journey for Life
Ronald Chapman
Seeing True
Jack Churchward
Lifting the Veil on the Lost
 Continent of Mu
The Stone Tablets of Mu

Carolyn Greer Daly
Opening to Fullness of Spirit
Patrick De Haan
The Alien Handbook
Paulinne Delcour-Min
Cosmic Crystals!
Divine Fire
Holly Ice
Spiritual Gold
Anthony DeNino
The Power of Giving and Gratitude
Joanne DiMaggio
Edgar Cayce and the Unfulfilled
 Destiny of Thomas Jefferson
 Reborn
Paul Fisher
Like a River to the Sea
Anita Holmes
Twidders
Aaron Hoopes
Reconnecting to the Earth
Edin Huskovic
God is a Woman
Patricia Irvine
In Light and In Shade
Kevin Killen
Ghosts and Me
Susan Linville
Blessings from Agnes
Donna Lynn
From Fear to Love
Curt Melliger
Heaven Here on Earth
Where the Weeds Grow
Henry Michaelson
And Jesus Said – A Conversation
Andy Myers
Not Your Average Angel Book
Holly Nadler
The Hobo Diaries
Guy Needler
The Anne Dialogues
Avoiding Karma
Beyond the Origin
Beyond the Source – Book 1, Book 2
The Curators
The History of God
The OM
The Origin Speaks
Psycho Spiritual Healing
Kelly Nicholson
Ethel Marie

For more information about any of the above titles, soon to be released titles,
or other items in our catalog, write, phone or visit our website:
PO Box 754, Huntsville, AR 72740|479-738-2348/800-935-0045|www.ozarkmt.com

Other Books by Ozark Mountain Publishing, Inc.

James Nussbaumer
And Then I Knew My Abundance
Each of You
Living Your Dram, Not Someone Else's
The Master of Everything
Mastering Your Own Spiritual Freedom
Sherry O'Brian
Peaks and Valley's
Gabrielle Orr
Akashic Records: One True Love
Let Miracles Happen
Nick Osborne
A Ronin's Tale
Nikki Pattillo
Children of the Stars
A Golden Compass
Victoria Pendragon
Being In A Body
Sleep Magic
The Sleeping Phoenix
Alexander Quinn
Starseeds What's It All About
Debra Rayburn
Let's Get Natural with Herbs
Charmian Redwood
A New Earth Rising
Coming Home to Lemuria
David Rousseau
Beyond Our World, Book 1
Beyond Our World, Book 2
Richard Rowe
Exploring the Divine Library
Imagining the Unimaginable
Garnet Schulhauser
Dance of Eternal Rapture
Dance of Heavenly Bliss
Dancing Forever with Spirit
Dancing on a Stamp
Dancing with Angels in Heaven
Annie Stillwater Gray
The Dawn Book
Education of a Guardian Angel
Joys of a Guardian Angel
Work of a Guardian Angel

Manuella Stoerzer
Headless Chicken
Blair Styra
Don't Change the Channel
Who Catharted
Natalie Sudman
Application of Impossible Things
L.R. Sumpter
Judy's Story
The Old is New
We Are the Creators
Artur Tradevosyan
Croton
Croton II
Jim Thomas
Tales from the Trance
Jolene and Jason Tierney
A Quest of Transcendence
Paul Travers
Dancing with the Mountains
Nicholas Vesey
Living the Life-Force
Dennis Wheatley/ Maria Wheatley
The Essential Dowsing Guide
Maria Wheatley
Druidic Soul Star Astrology
Sherry Wilde
The Forgotten Promise
Lyn Willmott
A Small Book of Comfort
Beyond all Boundaries Book 1
Beyond all Boundaries Book 2
Beyond all Boundaries Book 3
D. Arthur Wilson
You Selfish Bastard
Stuart Wilson & Joanna Prentis
Atlantis and the New Consciousness
Beyond Limitations
The Essenes -Children of the Light
The Magdalene Version
Power of the Magdalene
Sally Wolf
Life of a Military Psychologist

For more information about any of the above titles, soon to be released titles, or other items in our catalog, write, phone or visit our website:
PO Box 754, Huntsville, AR 72740|479-738-2348|800-935-0045|www.ozarkmt.com

www.ingramcontent.com/pod-product-compliance
Lightning Source LLC
Chambersburg PA
CBHW071148230426
43668CB00009B/878